Programa de redução de estresse baseado em atenção plena (mindfulness) – MBSR – utilizado em centros médicos no mundo inteiro

Viver a Catástrofe Total

Outras obras de JON KABAT-ZINN

Full Catastrophe Living

A Mente Alerta

Everyday Blessings (coautor com Myla Kabat-Zinn)

Coming to Our Senses

The Mindful Way through Depression
(coautor com Mark Williams, John Teasdale e Zindel Segal)

Arriving at Your Own Door

Letting Everything Become Your Teacher

Mindfulness for Beginners
The Mind's Own Physician (coautor com Richard Davidson)

Mindfulness (coautor com Mark Williams)

Jon Kabat-Zinn

Viver a Catástrofe Total

Como utilizar a sabedoria do corpo e da mente
para enfrentar o estresse, a dor e a doença

Tradução da edição revista e atualizada

Tradução de
Márcia Epstein

Prefácio de
Thich Nhat Hanh

Título original: *Full Catastrophe Living*
2013 Bantam Books Trade Paperback Edition
Copyright © 1990, 2013 by Jon Kabat-Zinn
Preface copyright © 2013 by Unified Buddhist Church, Inc.

Grafia segundo o Acordo Ortográfico da Língua Portuguesa de 1990, que entrou em vigor no Brasil em 2009.

Coordenação editorial: Lia Diskin
Acompanhamento de projeto gráfico e capa: Vera Rosenthal
Criação da capa: Jonas Gonçalves
Produção e diagramação: Tony Rodrigues
Revisão Técnica: Denise Kato
Preparação e revisão de texto: Lídia La Mark e Tônia Van Acker
Revisão das provas: Rejane Moura e Tônia Van Acker
Atualização bibliográfica: Gabriel Vanzella

Dados Internacionais de Catalogação na Publicação (CIP)
(Câmara Brasileira do Livro, SP, Brasil)

Kabat-Zinn, Jon
    Viver a catástrofe total : como utilizar a sabedoria do corpo e da mente para enfrentar o estresse, a dor e a doença / Jon Kabat-Zinn; tradução de Márcia Epstein; prefácio de Thich Nhat Hanh. – Ed. rev. e atual. – São Paulo : Palas Athena, 2017.

    Título original: *Full catastrophe living*
    Bibliografia
    ISBN 978-85-60804-34-4

    1. Administração do estresse 2. Autocuidados de saúde 3. Estresse (Psicologia) 4. Meditação - Uso terapêutico 5. Mente e corpo 6. Mindfulness I. Título.

17-09397   CDD-155.9042

Índices para catálogo sistemático:
1. Administração do estresse : Psicologia 155.9042

4ª edição – julho de 2025

Todos os direitos reservados e protegidos pela
Lei 9610 de 19 de fevereiro de 1998.
É proibida a reprodução total ou parcial, por quaisquer meios, sem a autorização prévia, por escrito, da Editora.

Direitos adquiridos para a língua portuguesa no Brasil por
Palas Athena Editora
Fone (11) 3050-6188
www.palasathena.org.br
editora@palasathena.org.br

Para
minha família,

para
todas as pessoas da Stress Reduction Clinic
na University of Massachusetts
que enfrentaram a catástrofe total e cresceram,

para
participantes passados, presentes e futuros
dos programas MBSR e outros
programas baseados em mindfulness
em toda parte

e para
professores e pesquisadores de mindfulness
no mundo inteiro – em reverência à sua dedicação,
integridade e amor a esse trabalho.

Este livro descreve o programa de Redução de Estresse Baseado em Mindfulness (MBSR) da Clínica de Redução de Estresse do Centro Médico da Universidade de Massachusetts. Seu conteúdo não reflete necessariamente a posição ou princípios da Universidade de Massachusetts, e nenhuma aprovação institucional oficial do conteúdo deve ser inferida.

As recomendações feitas neste livro são genéricas e não têm o propósito de substituir o tratamento médico ou psiquiátrico formal. Indivíduos com problemas de saúde devem consultar seus médicos sobre a conveniência de seguir o programa MBSR e, em particular, algumas das posturas de yoga, bem como discutir com eles as modificações apropriadas relevantes para suas circunstâncias e condições particulares.

Sumário

Prefácio de Thich Nhat Hanh 15
Prefácio à Segunda Edição 17
Introdução – Estresse, Dor e Doença:
Enfrentando a Catástrofe Total 39

I
A PRÁTICA DE MINDFULNESS:
Prestar Atenção

1. Temos apenas momentos para viver 61
2. Os fundamentos da prática de atenção plena (Mindfulness): atitudes e compromisso 76
3. O poder da respiração: um inesperado aliado no processo de cura .. 96
4. Meditação na posição sentada: nutrindo o domínio do ser 111
5. Estar em seu corpo: a meditação do escaneamento corporal 132
6. O cultivo da força, do equilíbrio e da flexibilidade: yoga é meditação 155
7. Meditação caminhando 179
8. Um dia de mindfulness 188
9. Realmente fazer o que estamos fazendo: mindfulness na vida cotidiana 202
10. Primeiros passos na prática 211

II
O PARADIGMA:
Uma Nova Maneira de Pensar a Saúde e a Doença

11 Introdução ao paradigma 223
12 Vislumbres de inteireza, ilusões de separação 229
13 Sobre a cura: restabelecer a inteireza 248
14 Médicos, pacientes e pessoas: uma compreensão integral da saúde e da doença 274
15 Mente e corpo: evidências de que crenças, atitudes, pensamentos, e emoções podem fazer mal ou curar 298
16 Conexão e interconexão 326

III
O ESTRESSE

17 O estresse 345
18 Mudança: a única certeza da vida 355
19 Presos na reatividade ao estresse 364
20 Responder ao estresse em vez de reagir 394

IV
AS APLICAÇÕES:
Assumir a Catástrofe Total

21 Trabalhando com os sintomas: escutando o corpo 411
22 Trabalhando com a dor física: você não é sua dor 419
23 Mais acerca do trabalho com a dor 444
24 Trabalhando com a dor emocional: você não é seu sofrimento, mas pode fazer muito para transformá-lo 468
25 Trabalhando com o medo, o pânico e a ansiedade 486
26 O tempo e o estresse do tempo 508
27 O sono e o estresse do sono 526
28 O estresse gerado pelas pessoas 534
29 O estresse gerado pelos papéis 551
30 O estresse gerado pelo trabalho 558
31 O estresse gerado pela alimentação 572
32 O estresse gerado pelo mundo 595

V
O CAMINHO DA CONSCIÊNCIA

33 Um novo começo 621
34 Mantendo a prática formal 631
35 Mantendo a prática informal 641
36 O caminho da consciência 647

Posfácio 653
Agradecimentos 659
Apêndice:
    Diários de registro de eventos da consciência 666
    Leituras recomendadas 670
    Recursos 679
    CDs de práticas guiadas de meditação mindfulness com
    Jon Kabat-Zinn: Informação sobre encomendas 682
Índice Remissivo 684

Prefácio

Este livro prático e fácil de ler será útil de várias maneiras. Acredito que muitas pessoas serão beneficiadas. Ao ler, você verá que a meditação é algo que lida com a vida diária. O livro pode ser descrito como uma porta que se abre tanto para o *dharma* (na perspectiva do mundo) como para o mundo (na perspectiva do *dharma*). O verdadeiro *dharma* é o que se ocupa dos problemas da vida. E é esse o aspecto que mais aprecio neste livro. Agradeço ao autor por esta obra.

Thich Nhat Hanh
Plum Village, França
1989

Como tantas pessoas descobriram nos últimos 25 anos, mindfulness é a fonte mais confiável de paz e alegria. Qualquer um pode praticar. Está cada vez mais clara a sua contribuição, não só para nossa saúde e bem-estar individual, mas para a continuidade de nossa civilização e até do planeta. Nunca foi tão necessário o convite deste livro para despertar e saborear cada momento que nos é dado viver.

Thich Nhat Hanh
Plum Village, França
2013

Prefácio à Segunda Edição

Bem-vindos à nova edição de *Full Catastrophe Living*. Minha intenção ao revisar este livro foi a de atualizá-lo e, talvez, mais importante, refinar e aprofundar as instruções de meditação e a descrição das abordagens baseadas em atenção plena (mindfulness) aplicadas à vida e ao sofrimento – dada a lacuna de 25 anos passados desde a primeira edição. A atualização pareceu necessária devido ao enorme crescimento, ao longo desse período, das pesquisas científicas acerca de mindfulness e seus efeitos na saúde e no bem-estar. Ainda assim, quanto mais mergulhava no processo concreto de revisão do texto, mais me parecia que a mensagem e o conteúdo básicos do livro deveriam permanecer essencialmente os mesmos, apenas ampliados e aprofundados quando necessário. Apesar de seu poder de sedução, eu não queria que a explosão de evidências científicas acerca da eficácia de mindfulness e de seus efeitos prevalecesse em relação à aventura interior e ao valor potencial oferecido pela redução de estresse baseada em atenção plena (em inglês: Mindfulness Based Stress Reduction ou MBSR). O livro continua sendo o que estava destinado a ser desde o início – um guia prático e sensato para o cultivo de mindfulness e sua visão profundamente otimista e transformadora da natureza humana.

Quanto a mim, desde que conheci a prática de mindfulness, foi surpreendente e encorajador o seu efeito benéfico em minha própria vida. Essa sensação, longe de diminuir ao longo dos últimos 45 anos ou mais, só se aprofundou e se tornou mais confiável, semelhante a uma amizade antiga e sólida que nos ampara nas horas mais difíceis, mas que, ao mesmo tempo, nos coloca em nosso devido lugar.

Quando eu preparava a primeira versão deste livro, o editor fez objeções ao termo *catástrofe* no título. Sua preocupação era de que a palavra afastasse os leitores logo de cara. Portanto, me esforcei para imaginar um título diferente. Pensei em dezenas e descartei todos. *Prestar Atenção: O Poder Curativo de Mindfulness* estava no topo da lista. A meu ver ele transmitia o tema do livro. Mas o título *Full Catastrophe Living* [Viver a Catástrofe Total] voltava sempre à minha mente. Simplesmente não desaparecia.

Por fim, o título acabou sendo aceito. Até hoje as pessoas me dizem que este livro salvou suas vidas, ou a vida de um parente ou amigo. Isso aconteceu um par de vezes: recentemente em um congresso sobre mindfulness aplicado ao campo da educação em Cambridge (Massachusetts) e, na semana seguinte, em um congresso em Chester (Inglaterra). É sempre com profunda emoção, além da que as palavras podem expressar, que tento compreender a plena importância de mindfulness e seus efeitos. Às vezes as histórias são difíceis de ouvir – muito difíceis – e parece inconcebível o sofrimento que levou as pessoas até este livro. No entanto, este era exatamente o objetivo original: acessar algo muito especial dentro de nós, a nossa capacidade de acolher a realidade das coisas de modo curativo e transformador, muitas vezes quando isso parece totalmente impossível em face da catástrofe total da condição humana. Bill Moyers, que dedicou ao programa MBSR um dos episódios de sua série de televisão *Healing and the Mind*, me contou que, quando estava cobrindo o incêndio de Oakland em 1991 (um ano após o lançamento do livro), viu um homem saindo da própria casa em chamas com um exemplar debaixo do braço. E, por algum motivo, os habitantes de Nova York parecem entender o título imediatamente.

Tais reações corroboram minhas percepções desde o início do trabalho na Clínica de Redução de Estresse, ao observar o efeito da prática de mindfulness nos pacientes – muitos dos quais, negligenciados pelo

| *Prefácio à Segunda Edição*

sistema de saúde, não se recuperavam plenamente (quando se recuperavam) dos variados tratamentos que recebiam em virtude de uma doença crônica.* Para mim, é evidente que há algo profundamente curativo no cultivo de mindfulness, algo que nos transforma e devolve a vida, não de uma maneira romântica, mas simplesmente porque, em virtude de sermos humanos (para citar William James, o pai da psicologia norte-americana), "[...] todos temos reservatórios de vida aos quais podemos recorrer, e que nem sequer imaginamos".

Como água subterrânea, ou vastas jazidas de petróleo, ou minerais enterrados dentro da rocha do planeta, estamos tratando aqui de profundos recursos internos, inatos nos seres humanos. São recursos que podem ser aproveitados e utilizados, trazidos à tona — como a incessante capacidade de aprender, crescer, recuperar a saúde integral e transformar a nós mesmos. De que modo acontece essa mudança? Ela nasce de capacidade de adotar uma perspectiva mais ampla, de perceber que somos maiores do que pensamos. Vem de reconhecer e habitar a dimensão total do nosso ser, de ser quem e o que **realmente** somos. Acontece que esses recursos internos inatos — que podemos descobrir e acessar por nós mesmos — apoiam-se na capacidade de corporificar nossa consciência e **cultivar** a relação com ela, prestando atenção de modo especial: intencionalmente, no momento presente, e sem julgamento.

Esse era um domínio com o qual eu estava familiarizado, devido à minha própria experiência com a meditação, muito antes de existir uma ciência de mindfulness. E, se ela nunca tivesse surgido, a meditação ainda seria igualmente importante para mim. As práticas meditativas valem por si mesmas. Sua lógica, sua validade empírica e sua sabedoria intrínsecas só podem ser conhecidas por meio do cultivo proposital e intencional da meditação na nossa própria vida e ao longo do tempo. Este livro e o programa MBSR aqui descrito são oferecidos como um marco de referência e um guia para navegar — com certo nível de clareza e equanimidade — um

---
* A clínica foi estabelecida para servir como um tipo de rede de segurança para as pessoas negligenciadas pelo sistema de saúde, desafiando-as a fazer algo por si próprias, como complemento ao trabalho de seus médicos e da equipe de saúde. Mas essa negligência era enorme. A quem estiver interessado em uma vigorosa denúncia do estado atual de nosso sistema de cuidado da saúde (na realidade, o cuidado da doença) e o processo para torná-lo muito mais centrado no paciente e com base em abordagens integrativas mente-corpo, recomendamos o documentário da CNN de 2013 *Escape Fire*.

território muitas vezes desconhecido e difícil. Há outros livros listados no Apêndice que podem ser úteis. São sugeridos para que o percurso nessa área, caso escolhamos segui-lo ao longo da vida, possa acontecer com apoio de estímulos ricos, valiosos e contínuos, e para que possamos nos beneficiar de múltiplas perspectivas sobre o território, suas oportunidades e desafios. Pois este é verdadeiramente o percurso e a aventura de uma vida inteira, vivida de modo pleno – ou talvez eu devesse dizer, vivida de modo **desperto**.

Uma vez que nenhum mapa descreve completamente o território, em última instância, ele deve ser **vivenciado** para que se possa conhecê-lo, navegá-lo e para obter os benefícios de suas características únicas. O território tem de ser **habitado** ou, no mínimo, visitado de vez em quando para que tenhamos uma experiência própria, direta, em primeira mão.

No caso de mindfulness, essa experiência direta é nada menos do que a grande aventura de nossa vida, que se revela de momento a momento, começando agora, onde quer que estejamos, por maiores que sejam as dificuldades ou desafios. Como dizemos muitas vezes aos pacientes da Clínica de Redução de Estresse no primeiro encontro:

> [...] do nosso ponto de vista, desde que você esteja respirando, há mais coisas certas do que erradas com você, seja qual for o seu problema. No decorrer das próximas oito semanas, dedicaremos nossa energia em forma de atenção para o que está "certo" em nós – os aspectos que muitas vezes passam despercebidos, ou aos quais não damos o devido valor, e, portanto, não desenvolvemos plenamente – e deixaremos que o centro médico e a equipe de saúde se ocupem do que está "errado". Vamos ver o que acontece.

Nesse sentido, mindfulness, em geral, e o programa MBSR, em particular, são um convite para nos familiarizarmos mais com nosso corpo, mente, coração e vida, prestando atenção de modo mais sistemático, novo e amoroso – e assim descobrindo dimensões importantes de nossa própria vida que, por alguma razão, tenham sido ignoradas até agora.

| *Prefácio à Segunda Edição*

Prestar atenção de maneiras novas é uma coisa muito saudável e potencialmente curativa de fazer. No entanto, como veremos, não se trata realmente de **fazer** alguma coisa, ou de chegar a algum lugar. Trata-se muito mais de **ser** – de se dar permissão para ser o que você já é, e descobrir a inteireza e o vasto potencial dessa abordagem. Curiosamente, o programa MBSR de oito semanas é, de fato, apenas um começo, ou um recomeço. A verdadeira aventura é, e sempre foi, a nossa vida inteira. Em certo sentido, o MBSR é apenas uma casa de passagem, e esperamos que também seja um ponto de partida eficaz para uma nova forma de ser em relação às coisas como elas são. A prática da atenção plena tem o potencial de se tornar uma companhia e um aliado para a vida inteira. Cientes disso ou não, ao nos comprometermos com a prática de mindfulness, estamos também aderindo a uma comunidade mundial de pessoas cujos corações foram atraídos por essa maneira de ser, essa forma de interagir com a vida e com o mundo.

Acima de tudo, este livro é sobre o cultivo de mindfulness **através da prática**. Trata-se de um compromisso que teremos de empreender com grande determinação e, ao mesmo tempo, delicadeza. Tudo o que será tratado neste livro destina-se a consolidar esse compromisso.

Esta obra e o trabalho realizado na Clínica de Redução de Estresse (programa MBSR) acabaram sendo fundamentais, juntamente com muitas outras iniciativas, para o lançamento de um novo campo dentro da medicina, da saúde e da psicologia e, em paralelo, para desenvolver os estudos científicos sobre mindfulness e seus efeitos sobre a saúde e o bem-estar, em todos os níveis da nossa biologia, psicologia e conexões sociais. Além disso, a influência de mindfulness é cada vez maior em muitos outros campos, como a educação, o direito, os negócios, a tecnologia, a liderança, os esportes, a economia e até mesmo a política e o governo – um avanço interessante e promissor, com potencial de benefícios para o mundo como um todo.

Em 2005 havia mais de uma centena de artigos sobre mindfulness e suas aplicações clínicas na literatura científica e médica. Em 2013, havia mais de 1 500, além de um número crescente de livros sobre o tema. Existe até uma nova revista científica chamada *Mindfulness*. Outros periódicos científicos passaram a publicar temas especiais ou seções especiais sobre mindfulness. Na verdade, é tão grande o interesse profissional por mindfulness – suas aplicações clínicas para a saúde e o bem-estar e os mecanismos responsáveis por seus efeitos – que a pesquisa nessa área se expandiu exponencialmente. Além disso, é crescente o interesse que despertam as descobertas científicas e as suas implicações para o nosso bem-estar e a nossa compreensão da conexão entre mente e corpo, estresse, dor e doenças.

Ainda assim, esta segunda edição não se concentra tanto na compreensão dos mecanismos psicológicos e das vias neurais através das quais o cultivo de mindfulness pode estar nos afetando (por mais interessante que isso possa ser). O foco principal é a capacidade de assumir o controle de nossa vidas e suas circunstâncias, com imensa ternura e bondade, e de encontrar maneiras de honrar a plena dimensão das possibilidades de viver uma vida sã, satisfatória e significativa. Espero que ninguém cultive a atenção plena para gerar imagens cerebrais mais coloridas, muito embora a prática possa modificar estruturas cerebrais, melhorar sua conectividade e gerar outros benefícios biológicos potenciais que mencionaremos mais adiante. Esses benefícios surgirão independente da nossa vontade, são consequência natural da prática. Mas a motivação para cultivar mindfulness, caso decida adotá-lo como prática para sua vida, terá de ser muito mais básica: talvez viver uma vida mais saudável, integrada e satisfatória, mais feliz e mais sábia. Entre outras possíveis motivações, cabe incluir o desejo de enfrentar e lidar de maneira mais eficaz e compassiva com nosso próprio sofrimento e o dos outros, com o estresse, a dor e as doenças – tudo aquilo que chamo aqui de **catástrofe total*** da condição humana – e ser uma criatura totalmente integrada e emocionalmente inteligente, que já somos, mas com a qual às vezes perdemos contato, ou da qual nos afastamos.

---

* Você encontrará a explicação desta expressão e sua origem na Introdução.

| *Prefácio à Segunda Edição*

Em virtude da minha própria prática de meditação e do meu trabalho, passei a ver o cultivo de mindfulness como um ato radical – um ato radical de sanidade, de autocompaixão e, em última instância, de amor. Como veremos, isso implica a vontade de visitar a nós mesmos, de viver mais no momento presente, de parar, por vezes, e de simplesmente **ser** em vez de ficarmos presos num fazer interminável enquanto esquecemos **quem** é o agente e por que agimos. Mindfulness tem a ver com não confundir nossos pensamentos com a verdade das coisas, e não cair na armadilha das tempestades emocionais, que na maior parte das vezes apenas aumentam a dor e o sofrimento, próprio e alheio. Este modo de abordar a vida é de fato um ato radical de amor em todos os níveis. E parte da beleza disso, como veremos, é que não temos de **fazer** nada além de prestar atenção e permanecer despertos e conscientes. Esses domínios do ser já são quem e o que realmente somos.

Apesar de a prática da meditação dizer respeito mais ao **ser** do que ao **fazer**, pode parecer que se trata de uma tarefa de imensas proporções. Afinal de contas, temos de encontrar tempo para praticar, e isso envolve algumas ações, requer intencionalidade e disciplina, como veremos. Algumas vezes, antes de acolher os inscritos no programa MBSR, dizemos a eles:

> Você não precisa gostar da prática cotidiana de meditação; você só precisa cumprir a programação disciplinada com a qual você concordou e se comprometeu a seguir quando se inscreveu; e fazer o melhor possível. Então, ao fim das oito semanas, poderá dizer se foi ou não um desperdício de tempo. Mas, nesse ínterim, por mais que a sua mente insista em que se trata de uma besteira, ou perda de tempo, pratique mesmo assim, e o mais sinceramente que puder, como se sua vida dependesse disso. Porque, na realidade, depende – de mais maneiras do que você imagina.

Recente manchete da revista *Science,* uma das publicações científicas mais prestigiadas e de alto impacto no mundo, afirma que "Uma mente dispersa é uma mente infeliz". Eis o primeiro parágrafo desse artigo:

Diferente de outros animais, os seres humanos passam muito tempo pensando acerca do que não está acontecendo à sua volta, e contemplando eventos que aconteceram no passado, ou poderiam acontecer no futuro, ou que nunca acontecerão. De fato, "o pensamento independente de estímulo" ou a "divagação mental" parece ser a rede neural padrão do nosso cérebro. Embora essa capacidade seja uma realização evolucionária notável (que permite que as pessoas aprendam, raciocinem e planejem), ela pode ter um alto custo emocional. Muitas tradições filosóficas e religiosas ensinam que a felicidade consiste em viver o presente, e ensinam os seus praticantes a resistir à divagação mental e a "permanecer no aqui e agora". Estas tradições sugerem que uma mente dispersa é uma mente infeliz. Estariam certas? *

Os pesquisadores de Harvard concluíram, como o próprio título sugere, que de fato as antigas tradições – que enfatizam o poder do momento presente e como cultivá-lo – descobriram algo importante.

As conclusões desse estudo têm implicações interessantes e profundas para todos nós. Foi o primeiro estudo em grande escala sobre a felicidade na vida cotidiana. Para realizá-lo, os pesquisadores desenvolveram um aplicativo de iPhone destinado a obter uma amostragem aleatória de respostas de milhares de pessoas a perguntas sobre sua felicidade, sobre o que elas estavam fazendo naquele momento em particular e sobre divagação mental ("Agora você está pensando em algo diferente do que está fazendo?"). Segundo Matthew Killingsworth, um dos autores do estudo, descobriu-se que a mente das pessoas divaga quase metade do tempo, e que a divagação mental, especialmente quando envolve pensamentos negativos ou neutros, parece contribuir para a diminuição do grau de felicidade percebido por elas. Sua conclusão geral: "Seja qual for a atividade das pessoas, elas são muito menos felizes quando sua mente divaga do que quando estão concentradas" e "deveríamos prestar pelo menos tanta atenção ao que se passa na nossa mente quanto ao que ocorre no corpo – mas, para a maioria de nós, o foco dos pensamentos não costuma

---

* Killingsworth, M. A.; Gilbert, D. T. "A Wandering Mind is an unhappy mind". *Science*, 2010; 330: 932.

| *Prefácio à Segunda Edição*

fazer parte de nosso planejamento diário... [Também] convém perguntar a nós mesmos: 'O que vou fazer com minha mente hoje?'".*

Como veremos, o objetivo de mindfulness, do programa MBSR e deste livro é exatamente a tomada de consciência do que acontece na mente a cada momento e o modo como nossa experiência é transformada quando assim fazemos. E é preciso dizer que mindfulness não consiste em forçar a nossa mente a não divagar, porque isso apenas provocaria uma grande dor de cabeça. Mindfulness é perceber os momentos em que a mente está distraída e logo, com muita gentileza e do melhor modo possível, redirecionar nossa atenção e reconectá-la com o que é mais importante para nós neste momento, no aqui e agora, à medida que nossa vida se manifesta.

Mindfulness é uma habilidade que, como qualquer outra, pode ser desenvolvida com a prática. Pense nela como se fosse um músculo. O músculo de mindfulness se fortalece e fica mais maleável e flexível à medida que o usamos. E assim como um músculo, ele se desenvolve mais quando encontra alguma resistência, o que contribui para o seu fortalecimento. Nesse sentido, o corpo, a mente e o estresse da vida cotidiana nos proporcionam muita resistência. De fato, pode-se dizer que nos proporcionam as condições ideais para desenvolver nossa capacidade inata de conhecer a mente, aumentar sua capacidade de permanecer presente àquilo que é mais pertinente e importante na vida, e descobrir, ao longo desse processo, novas dimensões de bem-estar e de felicidade, sem ter de mudar nada.

O próprio fato de que estudos como esse – que utilizam novas tecnologias de consumo para fazer amostragens da experiência de um grande número de pessoas em tempo real – estejam sendo conduzidos com rigor científico e publicados em revistas de alto nível já é um indicador de que a ciência da mente está entrando numa nova era.

Os acontecimentos mentais podem influenciar mais a sensação de bem-estar do que aquilo que estamos fazendo em um dado momento. Esse reconhecimento tem profundas implicações na compreensão da condição humana e no entendimento (muito prático, pessoal e até íntimo) daquilo que é verdadeiramente necessário para ser saudável e feliz. Íntimo, nesse sentido, é a intimidade consigo mesmo. É essa, em suma, a essência de mindfulness e de seu cultivo por meio do programa MBSR.

---

* *Harvard Business Review*. Jan-Feb 2012: 88.

Diversas correntes dentro da ciência – desde a genômica e a proteômica até a epigenética e a neurociência – estão revelando de modo novo e irrefutável que o mundo e o **nosso próprio modo de estar em relação com ele** produzem efeitos significativos e relevantes em todos os níveis do nosso ser, inclusive nos genes e cromossomos, nas células e tecidos, em regiões especializadas do cérebro e nas redes neurais que ligam essas regiões, bem como sobre pensamentos, emoções e relacionamentos. Todos esses elementos dinâmicos de nossa vida, e muitos mais, estão interconectados. Juntos, eles constituem quem somos e definem o nosso grau de liberdade para desenvolver o pleno potencial humano – sempre desconhecido e infinitamente próximo.

Se relacionarmos o significado de ser humano para cada um de nós com a questão colocada pelos pesquisadores de Harvard ("O que vou fazer com a minha mente hoje?") chegaremos ao âmago de mindfulness como um modo de ser. No entanto, para o propósito deste livro, gostaria de reformular ligeiramente a pergunta colocando-a no tempo presente: "Como está minha mente **agora**?" Podemos também incluir a questão: "Como está meu coração agora?" e "Como está meu corpo agora?" Nem é preciso perguntar usando apenas o pensamento, pois somos capazes de **sentir** o que há na mente, no coração e no corpo neste exato momento. Essa sensação, essa percepção, é outra forma de conhecer, além do conhecimento meramente baseado em pensamentos. No nosso idioma há uma palavra que descreve isso: **consciência**. Ao fazermos uso dessa capacidade inata de conhecer, podemos investigar, questionar e apreender o que isso significa para nós de um modo profundamente libertador.

O cultivo de mindfulness requer que prestemos atenção e habitemos o momento presente, fazendo bom uso daquilo que vemos, sentimos, conhecemos e aprendemos ao longo do processo. Como veremos, minha definição operacional de mindfulness é **a consciência que surge ao prestar atenção intencionalmente no momento presente, sem julgamento**. Consciência não é o mesmo que pensamento. É uma forma complementar de inteligência, uma maneira de conhecer que é, no mínimo, tão maravilhosa e poderosa quanto pensar, se não mais. Além disso, podemos manter os pensamentos na consciência e isso oferece uma perspectiva inteiramente nova acerca deles e seu conteúdo. Assim como o pensamento pode ser refinado e desenvolvido, o acesso à consciência também pode ser refinado e desenvolvido, muito embora, via de regra, não tenhamos aprendido nada sobre como fazer isso, nem mesmo que é possível fazê-lo. O acesso à consciência pode ser desenvolvido ao exercitarmos a capacidade de atenção e discernimento.

Além disso, é preciso lembrar que ao falar de atenção plena [*mindfulness*], também estamos falando de coração pleno [*heartfulness*]. De fato, nas línguas asiáticas de modo geral o termo para "mente" e para "coração" é o mesmo. Portanto, falar de "atenção plena" sem se lembrar de "coração pleno" é deixar de captar a essência de mindfulness – que não é meramente um conceito ou uma boa ideia. É um modo de ser. Seu sinônimo, "consciência", é um tipo de conhecimento mais amplo do que o pensamento, que oferece um leque maior de opções e modos de relacionamento com o que quer que apareça na mente, no coração, no corpo e na vida. Mindfulness é uma forma de conhecimento que, estando além do nível conceitual, assemelha-se mais à sabedoria e oferece a liberdade que esta proporciona.

Como veremos mais adiante, quando se trata do cultivo de mindfulness, o ato de prestar atenção aos nossos pensamentos e emoções no momento presente é apenas parte de um cenário maior. Mas é uma parte extremamente importante. Pesquisa recente na University of California, San Francisco, feita por Elissa Epel, Elizabeth Blackburn (Blackburn compartilhou o Prêmio Nobel de 2009 pela descoberta da enzima antienvelhecimento telomerase) e seus colegas, demonstrou que pensamentos e emoções, especialmente pensamentos altamente estressantes associados a preocupações com o futuro ou ruminações obsessivas sobre o passado, parecem influenciar a velocidade e o ritmo do envelhecimento até o nível de nossas células e telômeros – sequências repetidas e especializadas de DNA na extremidade de todos os cromossomos, que são essenciais para a divisão celular e que encurtam ao longo do tempo, à medida que envelhecemos. As autoras e seus colegas mostraram que o encurtamento do telômero é muito mais rápido sob condições de estresse crônico. Demonstraram também que **a maneira como percebemos o estresse** faz toda a diferença na rapidez com que os telômeros se degradam e encurtam. E pode fazer muitos anos de diferença. O importante é que isso significa que não temos de eliminar as fontes de estresse. Na verdade, algumas fontes de estresse jamais desaparecerão. Ainda assim, as pesquisas demonstram que podemos mudar a nossa atitude e, assim, a relação com as circunstâncias, de maneiras que talvez beneficiem a nossa saúde, bem-estar e, possivelmente, nossa longevidade.

As evidências atuais indicam que telômeros mais longos estão associados à diferença entre o grau de presença ("Na semana passada, você teve momentos em que se sentiu totalmente focado ou envolvido no que estava fazendo naquele momento?") e o grau de dispersão mental que você sentiu na semana passada ("Não querendo estar onde você estava no momento ou fazer o que estava fazendo?"). O cálculo da diferença entre os graus obtidos a partir dessas duas perguntas, que os pesquisadores intitularam provisoriamente de "estado de consciência", está intimamente relacionado com a atenção plena (mindfulness).

Outras pesquisas que examinaram os níveis da enzima telomerase em vez do comprimento do telômero indicam que os pensamentos (especialmente quando percebemos situações como sendo ameaçadoras ao nosso bem-estar, quer sejam ou não) podem ter influência sobre todo o sistema até chegar ao nível da molécula específica (que é medida nas células do sistema imunológico que circulam no sangue) que aparentemente desempenha um papel importante na saúde e até mesmo na extensão da nossa vida. As implicações dessa pesquisa podem nos levar a dar mais atenção ao estresse, e a como moldar a relação com ele a longo prazo, com maior intencionalidade e sabedoria.

Este livro é sobre você e a sua vida. Tem a ver com sua mente e seu corpo e como é possível realmente aprender a manter uma relação mais sábia com ambos. É um convite a fazer experiências com a prática de mindfulness e suas aplicações na vida cotidiana. Foi escrito principalmente para nossos pacientes e para pessoas como eles em toda parte – ou seja, foi escrito para **pessoas comuns**. Pessoas como você e eu, qualquer um e todos. Pois, se deixarmos de lado os detalhes de nossos percalços e realizações, ficaremos somente com a essência do que é estar vivo e ter de lidar com a enormidade do que a vida joga no nosso colo. Somos todos apenas pessoas normais, lidando com essa condição da melhor forma possível. E não me refiro apenas às coisas duras e indesejáveis da vida – quero dizer tudo o que surge: o bom, o mau e o feio.

E o bom é enorme. Na minha opinião, enorme o suficiente para dar conta do mau e do feio, do difícil e do impossível. E o bom não está apenas fora, mas dentro também. A prática de mindfulness consiste em encontrar, reconhecer e fazer uso do que já está bom em nós, do que já é bonito, do que já é inteiro em virtude de nossa condição humana – e tirar proveito disso para viver a vida como se a nossa maneira de nos posicionarmos em relação ao que surge, seja lá o que for, realmente fizesse a diferença.

Ao longo dos anos, tem ficado cada vez mais claro para mim que mindfulness diz respeito essencialmente à relacionalidade – em outras palavras, **como nos colocamos em relação a tudo**, incluindo nossa própria mente e corpo, pensamentos e emoções, nosso passado e o que ocorreu para que chegássemos, ainda respirando, a este momento – e como podemos aprender a viver e entrar em todos os aspectos da vida com integridade, bondade (em relação a nós mesmos e aos outros) e sabedoria. Isso não é fácil. Na verdade, trata-se da tarefa mais difícil do mundo. Às vezes, é difícil e confuso, assim como a vida é difícil e confusa. Mas pare por um momento e reflita sobre a outra alternativa. Quais são as implicações de **não** acolher e habitar a vida que devemos viver no único momento em que se pode realmente vivê-la? Quantas perdas, angústia e sofrimento experimentaríamos?

Voltando por um momento ao estudo sobre felicidade que utilizou o aplicativo para iPhone, os pesquisadores de Harvard descobriram diversas coisas relevantes para nós que nos lançamos em nossa própria aventura com mindfulness e MBSR:

Sabemos que as pessoas são mais felizes quando são adequadamente desafiadas – quando estão tentando atingir metas difíceis, mas não fora de seu alcance. Desafios e ameaças não são a mesma coisa. As pessoas prosperam quando desafiadas e definham quando ameaçadas.

O programa MBSR é extremamente desafiador. De muitas maneiras, estar no momento presente com orientação aberta para o que está acontecendo pode realmente ser a tarefa mais difícil do mundo para nós, seres humanos. Ao mesmo tempo, também é infinitamente factível, conforme têm demonstrado tantas pessoas em todo o mundo, por meio de sua participação nos programas MBSR e, depois, pela continuidade da prática e do cultivo de mindfulness como parte integral de sua vida diária por muitos anos. Como veremos, o cultivo de maior nível de mindfulness também proporciona novas maneiras de trabalhar com o que consideramos ameaçador – aprendemos a responder com inteligência a essas ameaças percebidas, em vez de reagir de maneira automática e desencadear possíveis consequências prejudiciais.

> Se eu quisesse prever a sua felicidade e tivesse acesso a apenas uma informação sobre você, não lhe perguntaria seu gênero, religião, saúde ou renda. Procuraria saber sobre sua rede social – seus amigos e família, e a força de seus vínculos com eles.

Sabe-se que a força desses vínculos também está altamente associada com a saúde e o bem-estar em geral. Eles se aprofundam e fortalecem com mindfulness porque, como vimos, mindfulness tem tudo a ver com a relacionalidade e os relacionamentos – com você mesmo e com os outros.

> Imaginamos que uma ou duas coisas importantes terão um efeito profundo [na nossa felicidade]. Mas parece que a felicidade é a soma de centenas de pequenas coisas. [...] As pequenas coisas importam.

Não é só que as pequenas coisas importam. Elas não são tão pequenas assim. Na verdade são enormes. Minúsculas mudanças de ponto de vista, de atitude, em nosso esforço para estarmos presentes, podem ter enormes

| *Prefácio à Segunda Edição*

efeitos sobre o corpo, a mente e o mundo. Até mesmo a menor manifestação de mindfulness em qualquer momento é capaz de levar a uma intuição ou *insight* que pode ser extremamente transformador. Se alimentados com consistência, esses esforços incipientes de estarmos mais atentos muitas vezes se transformam numa nova maneira de ser, mais robusta e estável.

Quais são algumas das pequenas coisas que podemos fazer para aumentar a felicidade e o bem-estar? Segundo Dan Gilbert, um dos autores da pesquisa sobre felicidade:

> As coisas principais são comprometer-se com alguns comportamentos simples – meditar, fazer exercícios, dormir o suficiente – e praticar o altruísmo. [...] E nutrir as relações sociais.

Se é verdade o que eu disse anteriormente sobre a meditação ser um ato radical de amor, então a própria meditação é também um gesto altruísta básico de gentileza e aceitação – começando com você mesmo, mas não limitado a si mesmo.

O mundo mudou enormemente, de maneira inconcebível, desde que este livro apareceu pela primeira vez – talvez mais do que tenha mudado em qualquer outro intervalo de 25 anos. Basta pensar em *laptops, smartphones*, internet, Google, Facebook e Twitter, o onipresente acesso sem fio à informação e às pessoas, o impacto dessa revolução digital cada vez maior em praticamente tudo o que fazemos, a aceleração do ritmo da vida e o fato de estarmos ligados 24 horas por dia, todos os dias da semana – para não falar das enormes mudanças sociais, econômicas e políticas que ocorreram em todo o mundo durante esse período. É improvável que a velocidade cada vez mais acelerada das mudanças vá diminuir. Seus efeitos serão cada vez mais sentidos e cada vez mais inevitáveis. Pode-se dizer que a revolução científica e tecnológica (e seus efeitos na maneira como vivemos) mal começou. Com certeza, nas próximas décadas só aumentará o estresse de nos ajustarmos a isso, além de a todo o resto.

Este livro e o programa MBSR aqui descrito destinam-se a servir como um contrapeso eficaz para todas as instâncias que nos levam para fora de nós mesmos e acabam por nos fazer perder de vista aquilo que é de fato importante. Podemos estar tão presos à urgência das coisas por fazer, aos nossos pensamentos, ao que parece importante, que é fácil cair em um estado de tensão crônica, ansiedade e perpétua distração. Estas impulsionam sem cessar a vida e facilmente se tornam um modo padrão de funcionamento, um piloto automático. O estresse é agravado ainda mais quando nos defrontamos com uma doença grave ou crônica, ou com dor crônica, seja nossa ou de um ente querido. Mais do que nunca, mindfulness é relevante como um contrapeso eficaz e confiável para fortalecer a saúde e o bem-estar, e talvez até nossa sanidade.

Embora hoje sejamos abençoados por conectividade 24 horas por dia, que permite estar em contato com qualquer pessoa, em qualquer lugar, a qualquer momento – talvez estejamos descobrindo, ironicamente, que é mais difícil do que nunca estar realmente em contato com nós mesmos e com a paisagem interior de nossas próprias vidas. Além disso, pode ser que tenhamos a impressão de ter menos tempo para esse contato interior, embora cada um de nós desfrute das mesmas 24 horas por dia. Acontece que preenchemos essas horas **fazendo** tantas coisas que mal temos tempo de **ser**, nem sequer de tomar fôlego, literal e metaforicamente – sem falar no tempo para se inteirar do que estamos fazendo enquanto fazemos e por qual motivo.

O título do primeiro capítulo deste livro é "Temos Apenas Momentos Para Viver". Esta é uma declaração realmente inegável. E continuará sendo verdade para todos nós, por mais digital que o mundo se torne. No entanto, na maior parte do tempo, não estamos em contato com a riqueza do momento presente, nem com o fato de que, ao habitar este momento com maior consciência, podemos moldar o momento que se segue. Assim, se conseguirmos manter a nossa consciência atenta, ela moldará o futuro – e a qualidade de nossa vida e relacionamentos, muitas vezes de maneiras imprevisíveis.

O único modo que temos de influenciar o futuro é nos apoderando do presente, seja ele qual for. Se habitarmos o momento presente com atenção plena, o momento seguinte será muito diferente devido à nossa presença neste. Nesse caso, talvez, encontremos formas criativas para viver de modo pleno a vida que nos cabe realmente viver.

| *Prefácio à Segunda Edição*

Será que podemos sentir alegria e satisfação, além de sofrimento? É possível estar mais à vontade na nossa própria pele em meio ao turbilhão? Podemos desfrutar do alívio, do bem-estar e até mesmo da verdadeira felicidade? É isso o que está em jogo aqui. Essa é a dádiva do momento presente, se for mantido na consciência, sem julgamento, com um pouco de bondade.

Antes de nos lançarmos juntos nessa exploração, você talvez se interesse em saber que uma série de estudos recentes sobre MBSR tem mostrado resultados fascinantes e promissores. Como já foi mencionado, embora mindfulness tenha sua própria poesia e coerência interna – e ofereça muitas razões para você incorporar a prática na sua vida e cultivá-la de modo sistemático –, as descobertas científicas descritas abaixo, juntamente com aquelas apresentadas em outras partes do livro, podem constituir um incentivo extra, se isso for necessário para seguir o plano de estudos do MBSR com o mesmo compromisso e determinação que nossos pacientes costumam dedicar ao programa.

- Os pesquisadores do Hospital Geral de Massachusetts e da Harvard University demonstraram, usando imagens cerebrais obtidas por ressonância magnética funcional, que as oito semanas de treinamento MBSR levam a um espessamento de diversas regiões do cérebro associadas ao aprendizado e à memória, à regulação da atenção, ao senso de eu e ao ganho de perspectiva. Descobriram também que a amígdala, uma região profunda no cérebro, responsável pela avaliação e reação às ameaças percebidas, ficou mais fina após o programa MBSR, e que o grau de afinamento tinha relação com o grau de melhora numa escala de estresse percebido.* Essas descobertas preliminares mostram que ao menos algumas regiões

---

* Hölzel, B. K.; Carmody, J.; Vangel, M.; Congleton, C.; Yerramsetti, S. M.; Gard, T.; Lazar, S. W. Mindfulness practice leads to increases in regional brain gray matter density. *Pychiatry Research: Neuroimaging*. 2010. doi:10.1016/j. psychresns.2010.08.006.
Hölzel, B. K.; Carmody, J.; Evans, K. C.; Hoge, E. A.; Dusek, J. A.; Morgan, L.; Pitman, R.; Lazar, S. W. Stress reduction correlates with structural changes in the amygdala. *Social Cognitive and Affective Neurosciences Advances*. 2010; 5 (1):11-17.

do cérebro respondem ao treinamento da meditação mindfulness reorganizando sua estrutura, um exemplo do fenômeno conhecido como **neuroplasticidade**. Além disso, também mostram que funções vitais para o bem-estar e a qualidade de vida – como assumir uma perspectiva mais abrangente, regular a atenção, o aprendizado e a memória, regular a emoção e a avaliação de ameaças – podem ser influenciadas de maneira positiva pelo treinamento em MBSR.

- Os pesquisadores da University of Toronto, usando imagens de ressonância magnética funcional, descobriram que as pessoas que completam o programa MBSR mostram aumento da atividade neuronal – uma rede cerebral associada à experiência corporificada no momento presente – e diminuição em outra rede cerebral associada ao eu vivido no tempo (descrita como a "rede narrativa", pois em geral envolve a história de quem pensamos que somos). Esta última rede é a mais associada à divagação mental, traço que, conforme acabamos de ver, desempenha um grande papel em determinar se estamos felizes no momento presente ou não. O estudo também mostrou que o programa MBSR consegue desvincular essas duas formas de autorreferência, que em geral funcionam em conjunto.* Tais resultados sugerem que, ao aprender a habitar o momento presente de modo corporificado, as pessoas podem aprender a não ficar tão presas no drama da sua própria narrativa, ou perdidas em pensamentos ou divagações mentais – e, quando ficarem, reconhecerão o que está acontecendo e poderão redirecionar sua atenção para o que é mais visível e importante no momento presente. Os resultados sugerem também que a consciência sem julgamento pode ser uma porta de entrada para maior felicidade e bem-estar no momento presente, sem que mudança alguma seja necessária. Esses resultados têm implicações importantes, não só para as pessoas que sofrem de transtornos de humor como ansiedade e depressão, mas para todos nós. Representam ainda um passo significativo para esclarecer o que os

---

* Farb, N. A. S.; Segal, Z. V.; Mayberg, H.; Bean, J.; McKeon, D.; Fatima, Z.; Anderson, A. K. Attending to the present: mindfulness meditation reveals distinct neural modes of self-reference. *Social Cognitive and Affective Neuroscience*. 2007; 2:313-322.

| *Prefácio à Segunda Edição*

psicólogos querem dizer quando falam do "eu". Ao diferenciar entre essas duas redes cerebrais – uma com a contínua "história do eu", e outra sem – e ao mostrar como elas operam juntas e de que forma mindfulness pode influenciar sua relação mútua, pode-se lançar pelo menos um pouco de luz no mistério de quem pensamos ser e o que pensamos ser, e como conseguimos viver e funcionar como um ser completo e integrado alicerçado (ao menos parte do tempo) no autoconhecimento.

- Pesquisadores da University of Wisconsin demonstraram que o treinamento em MBSR de um grupo de voluntários saudáveis reduziu o efeito do estresse psicológico de ter de dar uma palestra (na frente de pessoas desconhecidas e emocionalmente impassíveis) durante um processo inflamatório induzido em laboratório e que produzia bolhas na pele. Este estudo foi o primeiro a utilizar uma condição de comparação de grupos-controle cuidadosamente arquitetada. O grupo-controle seguiu o Health Enhancement Program – HEP, ou Programa de Melhoria da Saúde, que corresponde ao MBSR em todos os aspectos, exceto pelas práticas de mindfulness. Os grupos se revelaram indistinguíveis no tocante a todas as medidas autorrelatadas de mudança no estresse psicológico e nos sintomas físicos após o MBSR ou o HEP. No entanto, o tamanho das bolhas era sempre menor no grupo MBSR (na sequência do treinamento) do que no grupo HEP. Além disso, aqueles que passaram mais tempo praticando mindfulness apresentaram redução do efeito do estresse psicológico sobre a inflamação (tamanho das bolhas) em comparação com indivíduos que praticavam menos tempo.* Os autores relacionam esses resultados preliminares sobre a inflamação neurogênica àqueles que relatamos para os pacientes com outra doença de pele, a psoríase, também uma doença inflamatória neurogênica. Esse estudo (descrito no Capítulo 13) mostra que as pessoas que estavam meditando enquanto recebiam terapia de luz ultravioleta para a psoríase

---

* Rosenkranz, M. A.; Davidson, R. J.; MacCoon, D. G.; Sheridan, J. F.; Kalin, N. H.; Lutz, A. A comparison of mindfulness-based stress reduction and an active control in modulation of neurogenic inflammation. Brain, Behavior, and Immunity. 2013;27:174-184.

saravam quatro vezes mais rápido do que aquelas que recebiam o tratamento apenas com luz, sem meditação.*

- Colaboramos com esse mesmo grupo da University of Wisconsin num outro estudo relativo aos efeitos do MBSR. Foi realizado durante o expediente em um ambiente corporativo, com funcionários saudáveis, mas estressados, e não com pacientes. Verificou-se que nos participantes do MBSR a atividade elétrica em determinadas áreas do cérebro envolvidas na expressão de emoções (dentro do córtex cerebral pré-frontal) sofreu variação numa direção (do lado direito para o lado esquerdo), o que sugere que os meditadores lidaram de modo mais eficaz (de maneiras consideradas mais inteligentes do ponto de vista emocional) com emoções como ansiedade e frustração, se comparados aos indivíduos do grupo-controle que aguardavam para fazer o curso MBSR após a conclusão do estudo, mas foram testados no laboratório no mesmo horário e da mesma forma que o grupo do MBSR. A mudança da direita para a esquerda verificada no cérebro dos indivíduos do grupo MBSR ainda era evidente quatro meses após o término do programa. Esse estudo descobriu ainda que, quando as pessoas em ambos os grupos receberam uma vacina contra a gripe ao fim das oito semanas de treinamento, a resposta de anticorpos do sistema imunológico no grupo de MBSR foi significativamente mais forte nas semanas seguintes se comparada ao grupo-controle, que estava esperando pelo programa MBSR. O grupo de MBSR também mostrou uma relação consistente entre o grau de mudança na direção direita-esquerda no cérebro e a quantidade de anticorpos produzidos em resposta à vacina. Essa relação não foi encontrada no grupo-controle.** Este foi o primeiro estudo a mostrar que as pessoas podem realmente mudar – em apenas oito semanas por meio do treinamento de MBSR – uma relação típica de atividade cerebral entre os dois lados do córtex pré-frontal, relação característica do estilo emocional, que

---

* Kabat-Zinn, J.; Wheeler, E.; Light, T.; Skillings, A.; Scahrf, M.; Cropley, T. C.; Hosmer, D.; Berhard, J. Influence of a mindfulness-based stress reduction intervention on rates of skin clearing in patients with moderate to severe psoriasis undergoing phototherapy (UVB) and photochemotherapy (PUVA). *Psychosomatic Medicine*. 1998; 60: 625-632.

** Davidson, R. J.; Kabat-Zinn, J.; Schumacher, J.; Rosenkranz, M. A.; Muller, D.; Santorelli, S. F.; Urbanowski, R.; Harrington, A.; Bonus, K.; Sherida, J. F. Alterations in brain and immune function produced by mindfulness meditation, *Psychosomatic Medicine*. 2003; 65:564-570.

havia sido considerada como um ponto de referência mais ou menos fixo e invariável em adultos. Foi também a primeira pesquisa sobre MBSR a mostrar alterações imunológicas.

- Um estudo conduzido na UCLA e na Carnegie Mellon University mostrou que a participação no programa MBSR reduzia de modo eficaz a solidão, importante fator de risco para problemas de saúde, especialmente em idosos. O estudo, realizado em adultos com idade entre de 55 e 85 anos, mostrou que, além de reduzir seu isolamento, o programa resultou na redução da expressão de genes relacionados com a inflamação, medidos em células imunitárias amostradas a partir de exames de sangue. O programa MBSR resultou ainda na redução de um indicador de inflamação conhecido como proteína C-reativa. Considerando-se que a inflamação é cada vez mais considerada um elemento central no câncer, em doenças cardiovasculares e na doença de Alzheimer*, tais resultados são potencialmente importantes devido ao fracasso de muitos programas diferentes criados de modo específico para reduzir o isolamento social e a solidão.

※

Em resumo, mindfulness não é apenas uma boa ideia ou uma bela filosofia. Para que tenha algum valor real, precisa ser incorporado em nossa vida diária, em qualquer dose que possamos administrar, sem forçar ou sobrecarregar – em outras palavras, com um toque leve e suave, preservando assim a autoaceitação, a gentileza e a autocompaixão. A meditação mindfulness é, cada vez mais, parte integrante do cenário norte-americano e mundial. É com esse reconhecimento, e nesse contexto e espírito, que acolho você a esta edição revisada de *Full Catastrophe Living*.

Que a sua prática da atenção plena possa crescer, florescer e nutrir a vida de momento a momento, dia após dia.

Jon Kabat-Zinn
28 de maio de 2013

---

* Creswell, J. D.; Irwin, M. R.; Burklund, L. J.; Lieberman, M. D.; Arevalo, J. M. G.; Ma, J.; Breen, E. C.; Cole, S. W. Mindfulness-Based Stress Reduction training reduces loneliness and pro-inflammatory gene expression. In older adults: A small randomized controlled trial. *Brain, Behavior, and Immunity*. 2012; 26:1095-1101.

Introdução

*Estresse, Dor e Doença:
Enfrentando a Catástrofe Total*

Este livro é um convite para que o leitor embarque numa viagem de autodesenvolvimento, autodescoberta, aprendizagem e restabelecimento. Ele tem como fundamento 34 anos de experiência clínica com mais de 20 mil pessoas que iniciaram essa jornada de vida inteira participando de um curso de oito semanas conhecido como Programa de Redução de Estresse Baseado em Atenção Plena (em inglês: Mindfulness-Based Stress Reduction – MBSR), oferecido pela Clínica de Redução de Estresse do Centro Médico da University of Massachusetts em Worcester, Massachusetts. Agora, no momento que escrevo estas linhas, existem mais de 720 programas baseados em mindfulness, inspirados no programa MBSR, em hospitais, centros médicos e clínicas nos Estados Unidos e ao redor do mundo, onde muitos outros milhares de pessoas participaram dos programas.

Desde a fundação da clínica em 1979, o programa MBSR tem contribuído de modo constante com um movimento novo e crescente dentro das áreas da Medicina, Psiquiatria e Psicologia, cujo nome mais apropriado é **medicina participativa**. Os programas baseados em mindfulness são uma oportunidade para que as pessoas tenham maior compromisso e participação na melhoria da própria saúde e bem-estar, de modo a complementar o tratamento médico que estiverem recebendo no momento em que decidirem assumir este desafio, ou seja, fazer algo por si próprias que ninguém mais no planeta pode fazer por elas.

Em 1979, MBSR era um programa clínico inédito de um ramo novo da medicina conhecido como medicina comportamental ou, na acepção mais ampla adquirida nos dias atuais: **medicina mente-corpo e integrativa**. Da perspectiva da medicina mente-corpo, os fatores mentais e emocionais, o modo como pensamos e os nossos comportamentos podem ter um efeito significativo, para melhor ou para pior, sobre a saúde física e a capacidade de nos recuperarmos de doenças e lesões, levando uma vida com mais qualidade e satisfação, mesmo diante de doenças, dores crônicas e estilos de vida endemicamente estressantes.

Essa perspectiva, radical em 1979, tornou-se axiomática em todos os campos da medicina. Podemos dizer agora que o programa MBSR é apenas mais um aspecto da boa prática da medicina. Isso significa que hoje sua utilização e valor têm eficácia comprovada por evidências científicas cada vez mais numerosas. Não era esse o caso quando o livro foi publicado pela primeira vez. Esta segunda edição resume algumas das evidências científicas mais marcantes em prol da aplicação de programas baseados em mindfulness e sua eficácia na redução do estresse, na regulação dos sintomas e no equilíbrio emocional – além dos efeitos sobre o cérebro e o sistema imunológico. O livro também menciona alguns dos motivos pelos quais o treinamento em mindfulness se integra tanto à boa prática médica como ao ensino eficaz da medicina.

As pessoas que embarcam no programa MBSR, esse caminho de autodesenvolvimento, autodescoberta, aprendizagem e cura, fazem isso na tentativa de recuperar o controle da saúde e conseguir alguma paz de espírito. Elas vêm encaminhadas por seus médicos ou (hoje cada vez mais) por iniciativa própria, devido a uma ampla gama de problemas de vida e de saúde, que vão desde dores de cabeça, pressão arterial elevada e dor nas costas até doenças cardíacas, câncer, AIDS e ansiedade. São jovens e idosos, bem como todos os outros entre essas duas faixas etárias. O que aprendem com o programa MBSR é **como cuidar de si mesmos**, não em substituição ao tratamento médico, mas como complemento de vital importância.

Ao longo dos anos, muitas pessoas nos perguntavam como aprender o que nossos pacientes aprendem no curso de oito semanas, um programa intensivo e dirigido pela própria pessoa sobre a arte de viver com consciência. Este livro é, antes de tudo, uma resposta a essas perguntas e tem por propósito servir de guia prático para qualquer pessoa saudável, doente, estressada ou com dor que busca superar suas limitações e avançar em direção a maior saúde e bem-estar.

O programa MBSR é baseado num treinamento rigoroso e sistemático em mindfulness, uma forma de meditação desenvolvida originalmente nas tradições budistas da Ásia. Em poucas palavras, mindfulness é a consciência de momento a momento sem julgamento. É cultivada quando prestamos atenção de modo intencional a coisas que normalmente desconsideramos. É uma abordagem sistemática para o desenvolvimento de novos tipos de intencionalidade, autonomia e sabedoria, com base na capacidade interna de prestar atenção, bem como na consciência, percepção e compaixão que surgem naturalmente quando prestamos atenção de maneira específica.

A Clínica de Redução de Estresse não é um serviço de urgência e emergência onde os indivíduos são receptores passivos de apoio e aconselhamento terapêutico. Ao contrário, o programa MBSR constitui um meio de aprendizagem ativa, onde as pessoas podem incrementar habilidades que já possuem e, como já mencionamos, fazer algo por si mesmas para melhorar a própria saúde e bem-estar físico e psicológico.

Esse processo de aprendizagem parte do princípio de que, desde que você esteja respirando, há mais coisas certas do que erradas em você, por mais doente e desesperado que esteja se sentindo em determinado momento. Mas, se espera mobilizar suas capacidades internas de crescimento e restabelecimento, assumindo o comando de sua vida num novo patamar, será necessário certo esforço e energia. Costumamos dizer que, às vezes, pode ser estressante fazer o programa de redução de estresse!

Costumo explicar isso dizendo que há momentos em que temos que acender um fogo para apagar outro. Não há droga alguma que nos imunize contra o estresse e a dor, ou que resolva magicamente os problemas da vida, ou promova a saúde integral. É preciso um esforço consciente de nossa parte para avançar na direção do restabelecimento da saúde, da paz interior e do bem-estar. Isso implica aprender a lidar com o estresse e a dor que estão nos fazendo sofrer.

O estresse nos dias de hoje é tão grande e insidioso que cada vez mais pessoas estão determinadas a compreendê-lo melhor e encontrar formas criativas de modificar sua relação com ele. Isso é especialmente relevante para os aspectos do estresse que não podem ser totalmente controlados, mas que podem ser vividos de modo diferente se conseguirmos ao menos um equilíbrio momentâneo que permita integrá-los numa estratégia maior para viver de modo mais saudável. As pessoas que decidem lidar com o estresse dessa maneira percebem que é inútil esperar que alguém faça isso por elas. Esse compromisso pessoal é ainda mais importante se você estiver sofrendo de uma doença crônica, ou de necessidades especiais que imponham um estresse adicional, além das pressões habituais da vida.

O problema gerado pelo estresse não admite soluções simplórias ou saídas rápidas. Ele é uma parte natural e inevitável da vida, tão inescapável quanto a própria condição humana. No entanto, algumas pessoas tentam evitar o estresse isolando-se das experiências da vida; outras tentam anestesiar-se de uma ou outra forma. Claro, é sensato evitar a dor e o sofrimento desnecessários. Com certeza, vez ou outra, todos nós precisamos nos distanciar dos problemas. Mas, se a fuga e a evitação forem nosso modo habitual de lidar com eles, as dificuldades se multiplicam sem cessar. Não desaparecem de modo mágico. Quando não enfrentamos os problemas, fugimos deles ou nos entorpecemos; o que desaparece, ou fica encoberto, é o nosso poder de continuar a aprender e crescer, mudar e recuperar a saúde. No fim das contas, enfrentar os problemas é, em regra, a única maneira de superá-los.

Há uma arte de enfrentar as dificuldades que leva a soluções eficazes e maior paz e harmonia interior. Quando conseguimos mobilizar nossos recursos internos para enfrentar habilmente os problemas, é possível utilizar a pressão do próprio problema para ganhar impulso, assim como um marinheiro posiciona a vela de tal modo a aproveitar a pressão do vento e impelir o barco. Não se consegue ir para a frente com o vento soprando de frente e, se sabemos navegar apenas de vento em popa, iremos somente para onde o vento soprar. Mas, se soubermos como utilizar a energia do vento com paciência, conseguiremos ir para onde queremos. Estaremos no controle.

Se quisermos utilizar a força de nossos problemas para nos impelir, devemos estar conectados com nós mesmos, assim como o marinheiro está ligado ao seu barco, à água, ao mar, ao vento, e à direção desejada.

Além disso, é preciso aprender a lidar consigo mesmo em meio às variadas circunstâncias, por mais estressantes que sejam, e não apenas quando há sol e o vento sopra na direção favorável.

Sabemos que ninguém controla o clima. Os bons marinheiros aprendem a interpretá-lo com atenção e a respeitar seu poder. Na medida do possível, evitam os temporais, mas, se forem pegos no olho do furacão, saberão quando baixar as velas, fechar as escotilhas, soltar a âncora e sobreviver, controlando o que é controlável e despreocupando-se quanto ao resto. Para desenvolver essas habilidades são necessários preparo, prática e muita experiência em todos os tipos de clima. Somente assim é que tais habilidades estarão à nossa disposição quando for preciso. Desenvolver habilidade e flexibilidade para enfrentar e navegar com sucesso pelas várias "condições meteorológicas" da vida é o que chamamos de a arte de viver com consciência.

A questão do controle é fundamental para lidar com os problemas e com o estresse. Há no mundo muitas forças em ação e estão totalmente fora do nosso controle. Há outras que às vezes consideramos fora do nosso controle, mas que na realidade não estão. Em grande medida, a capacidade de influenciar as circunstâncias depende de como vemos as coisas. O que consideramos possível depende das crenças que temos sobre nós e nossas capacidades, e da forma como vemos o mundo e as forças que estão em jogo. O modo como vemos as coisas afeta a energia de que dispomos e as nossas escolhas de como canalizar essa energia.

Por exemplo, quando nos sentimos completamente soterrados pelas pressões da vida e incapazes de administrá-las, é muito fácil cair no padrão da chamada "ruminação depressiva", em que os processos de pensamento não examinados acabam gerando sentimentos crescentes de inadequação, depressão e impotência. Nada parece controlável. Sentimos que nem vale a pena tentar. Por outro lado, nos momentos em que vemos o mundo como algo ameaçador, mas que pode ou não nos derrotar, em vez de depressão, predominam sentimentos de insegurança e ansiedade, trazendo preocupações incessantes acerca de todas as coisas que achamos que podem ameaçar a nossa sensação de controle e bem-estar. Se as ameaças são reais ou não, não importa. O estresse produzido e seu efeito em nossa vida é real.

A sensação de ameaça pode nos levar com facilidade a sentimentos de raiva e hostilidade e, por consequência, a comportamentos abertamente agressivos, movidos por um instinto profundo de defender a própria posição e manter a sensação de controle sobre as coisas. Quando elas parecem estar "sob controle", sentimos uma satisfação momentânea. Mas, quando escapam ao nosso controle novamente, ou mesmo quando assim **parece**, nossas inseguranças mais profundas podem aflorar. Nesses momentos, pode ser que nossas ações se tornem autodestrutivas e dolorosas para os outros. E toda a satisfação e paz interior desaparecem.

Se sofremos de uma doença crônica ou de uma deficiência que nos impede de fazer as coisas que sempre fizemos, perdemos o controle sobre algumas áreas da vida. Se essa doença causa dor física que resiste aos tratamentos médicos, a angústia que sentimos pode ser agravada pela turbulência emocional de saber que nem os médicos parecem ter controle sobre nossa condição.

Além disso, é raro que as preocupações quanto ao controle se limitem aos problemas mais importantes da vida. Na verdade, algumas das maiores fontes de estresse são nossas reações aos acontecimentos menores e mais insignificantes que, de alguma forma, ameaçam nossa sensação de controle – o carro que quebra bem na hora daquele compromisso importante; os filhos que pela décima vez em dez minutos não nos ouvem; as longas filas de espera no supermercado.

※

Não é fácil encontrar uma única palavra ou frase que expresse a ampla gama de experiências que causam sofrimento, dor e uma sensação subjacente de medo, insegurança e perda de controle. Se fizéssemos uma lista, ela certamente incluiria a nossa própria vulnerabilidade, as mágoas, sejam quais forem, e a mortalidade. Talvez incluísse também a nossa capacidade coletiva para a crueldade e a violência, assim como os níveis gigantescos de ignorância, ganância, ilusão e trapaça que parecem motivar ações individuais e coletivas na maior parte do tempo. Como descrever a soma total de vulnerabilidades e inadequações; limitações, debilidades e esquisitices; doenças, lesões e deficiências com que temos que conviver; as derrotas e fracassos pessoais que sentimos ou tememos; as injustiças ou explorações sentidas ou temidas; a perda de pessoas amadas e, cedo ou tarde, de nosso próprio corpo? Teria de ser uma metáfora que não fosse piegas, mas que transmitisse o entendimento de que viver não é um desastre só porque sentimos medo e sofremos – seria preciso uma imagem que comunicasse a compreensão de que existe alegria assim como sofrimento, esperança e também desespero, calma ao lado de agitação, amor e ódio, saúde e doença.

Ao tentar descrever esse aspecto da condição humana – que os pacientes na clínica de estresse (e a maioria de nós) têm de aceitar em um momento ou outro e de algum modo transcender –, sempre me vem à lembrança uma fala do filme *Zorba, o Grego,* baseado no romance de Nikos Kazantzakis. O jovem companheiro de Zorba (interpretado por Alan Bates) pergunta em dado momento:

— Zorba, você já foi casado?

Zorba (interpretado pelo grande Anthony Quinn) responde, resmungando:

— Não sou um homem? Claro que já fui casado. Esposa, casa, filhos... **a catástrofe total!**

Essa resposta não significa um lamento, nem que estar casado ou ter filhos seja uma catástrofe. A resposta de Zorba representa a suprema apreciação da riqueza da vida e da inevitabilidade de todos os seus dilemas, dores, traumas, tragédias e ironias. O seu caminho é "dançar" no vendaval da catástrofe total, celebrar a vida, rir com ela e de si, mesmo diante do fracasso e da derrota pessoal. Assim, ele nunca se deixa abater por muito tempo, jamais é definitivamente derrotado, seja pelo mundo ou por sua própria e considerável loucura.

Quem já leu o livro pode imaginar que simplesmente viver com Zorba já seria "uma catástrofe total" para sua esposa e filhos. Como muitas vezes ocorre, o herói público que os outros admiram pode deixar atrás de si um considerável rastro de mágoas privadas. No entanto, desde que a ouvi pela primeira vez, senti que a expressão "catástrofe total" capta algo positivo sobre a capacidade do espírito humano de enfrentar as coisas mais difíceis da vida e encontrar dentro de si espaço para crescer em força e sabedoria. Para mim, enfrentar a catástrofe total significa encontrar e aprender a conviver com o que há de mais profundo e melhor e, em última instância, mais humano dentro de nós mesmos. Não há uma só pessoa no planeta que não tenha sua própria versão da catástrofe total.

Catástrofe, aqui, não significa desastre. Pelo contrário, significa a pungente enormidade da nossa experiência de vida. Inclui as crises e os desastres, o impensável e o inadmissível, mas também todas as pequenas coisas que não dão certo e que se somam. A frase nos lembra que a vida está sempre em fluxo, que tudo o que consideramos permanente é, na verdade, apenas temporário, e está em constante mudança. Isso inclui ideias, opiniões, relações, empregos, posses, criações e o corpo – tudo.

Neste livro aprenderemos e praticaremos a arte de aceitar a catástrofe total. O objetivo é que as tempestades da vida nos fortaleçam (em vez de nos destruir ou roubar nosso poder e esperança) à medida que nos ensinam a viver, crescer e curar, num mundo de fluxo, mudança e, às vezes, muita dor. Essa arte envolve aprender novas maneiras de ver a nós mesmos e ao mundo, novas maneiras de trabalhar com nosso corpo e pensamentos, sentimentos e percepções. Inclui também aprender a rir um pouco mais das coisas, inclusive de nós mesmos, conforme vamos encontrando e mantendo o equilíbrio da melhor forma possível.

Em nossa época, a catástrofe total está muito mais evidente em todas as frentes. Uma leitura rápida de qualquer jornal matutino despertará a impressão de que existe no mundo um fluxo interminável de sofrimento humano e desgraça, em grande parte infligida por um ser humano ou grupo de seres humanos contra outro. Se escutar com ouvidos atentos aos noticiários de rádio ou televisão, será agredido diariamente por um bombardeio constante de imagens terríveis e devastadoras de violência e sofrimento humano, relatados nos tons sempre impessoais do jornalismo televisivo polido, como se o sofrimento e a morte de pessoas na Síria, Afeganistão, Iraque, na região de Darfur, África Central, Zimbábue, África do Sul, Líbia, Egito, Camboja, El Salvador, Irlanda do Norte, Chile, Nicarágua, Bolívia, Etiópia, Filipinas, Gaza ou Jerusalém, Paris ou Pequim, Boston ou Tucson, Aurora ou Newtown, e qualquer que seja a próxima comunidade na lista (e a lista, infelizmente, parece interminável) fossem apenas parte das condições climáticas que se sucedem à previsão meteorológica local, relatados nos mesmos tons impessoais, sem ao menos um reconhecimento da justaposição incompreensível dos dois. Mesmo sem ler, ouvir ou assistir ao noticiário, nunca estamos longe da catástrofe total da vida. As pressões sofridas no trabalho e em casa, os problemas e as frustrações, o equilíbrio e o malabarismo necessários para se manter à tona neste mundo cada vez mais acelerado, tudo isso faz parte dela. Podemos estender a lista de Zorba e incluir não só a esposa ou o marido, o lar e os filhos, mas também o trabalho, as contas a pagar, os pais, os amantes, os sogros, a morte, as perdas, a pobreza, as doenças, a injustiça, a raiva, a culpa, o medo, a desonestidade, a confusão, e assim por diante. É muito longa a lista de situações estressantes e nossas reações a elas. E a lista está em constante mudança, pois novos e inesperados acontecimentos surgem continuamente e exigem de nós alguma forma de resposta.

Ninguém que trabalha num hospital pode ficar insensível às variações infinitas da catástrofe total, que testemunhamos todos os dias. Cada pessoa que frequenta a Clínica de Redução de Estresse tem sua própria versão exclusiva, assim como todas as pessoas que trabalham no hospital. Embora sejam encaminhadas ao programa MBSR com problemas médicos específicos – que incluem doenças cardíacas e pulmonares, câncer, hipertensão, dores de cabeça, dores crônicas, convulsões, distúrbios do sono, ansiedade e ataques de pânico, problemas digestivos relacionados ao estresse, problemas de pele, de voz e muitos mais –, essa rotulação dos diagnósticos oculta (mais do que revela) cada paciente como pessoa. A catástrofe total encontra-se dentro da complexa teia de experiências pessoais passadas e presentes, relacionamentos, esperanças e temores, e as opiniões sobre o que está acontecendo na vida individual. Cada pessoa, sem exceção, tem uma história única que dá sentido e coerência à sua percepção da própria vida, doenças e dores, e ao que ela acredita ser possível.

Muitas vezes, essas histórias são de partir o coração. Não raro, nossos pacientes chegam sentindo que perderam o controle não só sobre seu corpo, mas sobre sua vida. Sentem-se oprimidos por medos e preocupações, muitas vezes causadas ou agravadas por relações familiares e histórias dolorosas, e por um imenso sentimento de perda. Ouvimos relatos de sofrimento físico e emocional, de frustração com o sistema médico; histórias comoventes de pessoas oprimidas por sentimentos de raiva ou culpa, sem autoconfiança nem autoestima por terem sido derrotadas pelas circunstâncias, muitas vezes desde a infância. E com frequência vemos pessoas que foram ou estão literalmente derrotadas devido a maus tratos físicos e psicológicos.

Muitas das pessoas que vêm para a Clínica de Redução de Estresse não perceberam grande melhora em sua condição física apesar de anos de tratamento médico. Muitas nem sequer sabem onde mais obter ajuda e chegam à clínica como um último recurso, em geral céticas, mas dispostas a fazer qualquer coisa para conseguir algum alívio.

No entanto, após algumas semanas de participação no programa, a maioria já está tomando medidas importantes para transformar a relação com seu corpo, sua mente e seus problemas. De semana a semana, vemos diferença perceptível em seus rostos e corpos. Ao fim da oitava semana, quando o programa chega ao fim, os sorrisos e corpos mais relaxados são evidentes até mesmo para o observador mais eventual. Apesar de terem sido originalmente encaminhados à clínica para aprender a relaxar e lidar melhor com o estresse, é evidente que aprenderam muito mais do que isso. Nossas pesquisas de resultados ao longo de muitos anos, bem como os relatos de observação dos participantes, demonstram que em geral terminam o programa com menos sintomas físicos (e sintomas menos graves) e com maior autoconfiança, otimismo e assertividade. Os participantes mostram mais paciência e aceitação de si mesmos e de suas limitações e deficiências. Confiam mais em sua capacidade de lidar com a dor física e emocional, além das outras forças presentes em suas vidas. A ansiedade, depressão e irritação são menores. Sentem que têm maior controle, mesmo nas situações muito estressantes que, anteriormente, fugiriam de seu domínio. Em resumo, mostram muito mais habilidade para lidar com "a catástrofe total" de suas vidas, com toda a gama de experiências humanas, inclusive com a morte iminente, em alguns casos.

Um homem que veio para o programa sofrera um ataque cardíaco que o obrigara a se aposentar. Durante quarenta anos fora proprietário de uma grande empresa, e morava na casa ao lado. Ele nos contou que durante quarenta anos trabalhou todos os dias, sem tirar férias. Amava seu trabalho. Foi encaminhado ao programa de redução do estresse por seu cardiologista, após um cateterismo (procedimento para diagnosticar doença arterial coronariana), uma angioplastia (procedimento para expandir a artéria coronária no ponto de estreitamento) e a participação em um programa de reabilitação cardíaca. Quando passei por ele na sala de espera, vi um olhar de desespero e confusão em seu rosto. Parecia à beira das lágrimas. Ele estava esperando por meu colega, Saki Santorelli, mas sua tristeza era tão evidente que sentei a seu lado para conversar. Ele falou, metade para mim e metade para o ar, que já não queria viver, que não sabia o que estava fazendo na Clínica de Redução de Estresse, que sua vida estava acabada – não via mais sentido em viver, nada lhe trazia alegria, nem mesmo sua esposa e filhos, e não tinha mais vontade de fazer coisa alguma.

Depois de oito semanas, esse mesmo homem mostrava um brilho inconfundível nos olhos. Quando o encontrei após o programa MBSR ele comentou que o trabalho consumira toda a sua vida e que quase conseguira matá-lo. Ele tinha se dado conta de que nunca dissera aos filhos em crescimento que os amava, mas que começaria a fazer isso enquanto ainda tinha a oportunidade. Estava cheio de esperança e entusiasmo com a vida e conseguiu, pela primeira vez, pensar em vender a empresa. Além disso, deu-me um grande abraço de despedida, provavelmente seu primeiro abraço num outro homem.

A gravidade da doença cardíaca desse homem continuava a mesma, mas no início do programa ele se via como um homem doente. Era um paciente cardíaco deprimido. Em oito semanas, tornou-se mais saudável e feliz. Mostrava entusiasmo pela vida, apesar da doença cardíaca e seus muitos problemas. No entanto, agora não se via mais como um paciente cardíaco, mas de novo como uma pessoa inteira.

O que teria provocado tamanha transformação? Não é possível afirmar com certeza. Eram diversos os fatores envolvidos. Mas ele participou do programa MBSR e o levou a sério. Chegou a me ocorrer que ele se afastaria logo após a primeira semana porque, além de tudo, tinha de viajar 80 quilômetros para chegar ao hospital, coisa difícil de fazer durante uma depressão. Mas ele permaneceu e enfrentou os desafios propostos ainda que, no início, não tivesse ideia de quais seriam os benefícios.

Outro homem, com pouco mais de 70 anos, chegou à clínica com dores fortes nos pés. Na primeira sessão, entrou de cadeira de rodas. Sua esposa o acompanhava em todas as sessões e o esperava sentada do lado de fora da sala durante duas horas e meia. No primeiro dia disse à classe que a dor era tão forte que ele só pensava em cortar seus pés. Não conseguia ver o que a meditação podia fazer por ele, mas a situação estava tão séria que se sentia disposto a tentar qualquer coisa. Todos ficaram com muita pena dele.

Algo naquela primeira aula deve ter tocado esse homem, porque ele mostrou extraordinária determinação em trabalhar com a dor nas semanas que se seguiram. Na segunda sessão, chegou de muletas em vez da cadeira de rodas. Depois disso, vinha apenas com uma bengala. A transição da cadeira de rodas para as muletas e para a bengala foi muito reveladora para todos nós, conforme o observávamos de semana a semana. No fim ele nos disse que a dor não havia mudado muito, mas que sua atitude em relação à dor era outra. Contou que a dor simplesmente parecia mais suportável depois que começou a meditar e que, no fim do programa, seus pés tinham se tornado um problema menor. Ao término das oito semanas, sua esposa confirmou que ele estava muito mais feliz e mais ativo.

A história de uma jovem médica vem à minha mente como outro exemplo de abraçar a catástrofe total. Fora encaminhada ao programa devido a hipertensão e extrema ansiedade. Estava passando por um período difícil na vida, que descreveu como repleto de sentimentos de raiva, depressão e tendências autodestrutivas. Ela viera de outro estado para terminar o período de residência. Sentia-se isolada e exausta. Seu médico insistiu para que ela tentasse o programa MBSR, dizendo: "Que mal pode fazer?" Mas ela desprezava e duvidava de um programa que, na verdade, "não faz coisa alguma por você". E o fato de se tratar de meditação piorava tudo. Ela não apareceu na primeira sessão no dia programado, mas Kathy Brady, uma das secretárias da clínica, que já passara pelo programa como paciente, fez contato telefônico para descobrir o motivo da ausência, mostrando-se amável e preocupada ao telefone. Eu soube disso mais tarde, depois que a médica apareceu timidamente na sessão da noite seguinte.

Como parte de seu trabalho, essa jovem médica tinha de voar no helicóptero do centro médico até o local dos acidentes e acompanhar pacientes gravemente feridos até chegarem ao hospital. Ela odiava o helicóptero. Ficava aterrorizada e sempre sentia náuseas ao voar. Mas, no fim das oito semanas na Clínica de Redução de Estresse, ela já conseguia voar de helicóptero sem ficar enjoada. Embora ainda o odiasse, conseguia tolerá-lo e fazer seu trabalho. A pressão arterial desceu até o ponto em que ela resolveu tirar a medicação para ver se essa condição se manteria (os médicos conseguem fazer isso impunemente) e, de fato, sua pressão se manteve estável. Nessa altura, ela já cumpria os últimos meses da residência médica e sentia-se exausta boa parte do tempo. Além disso, continuava emocionalmente hipersensível e reativa. Mas agora estava muito mais consciente da variação de seus estados de corpo e mente. Decidiu repetir o curso inteiro porque, quando começava a sentir os seus benefícios, o curso terminou. Ela o repetiu e continuou a manter a prática de meditação durante muitos anos.

A experiência dessa médica na Clínica de Redução de Estresse também proporcionou a ela um novo respeito pelos pacientes em geral e pelos seus próprios em particular. Durante o programa ela participou de todas as sessões ao longo de oito semanas junto com os outros pacientes, não em seu papel habitual de "doutora", mas apenas como uma pessoa com seus próprios problemas. Fazia as mesmas coisas que todos faziam, semana após semana. Ela os ouvia falar sobre suas experiências com as práticas de meditação e observava suas mudanças ao longo das semanas. Disse que ficou atônita ao ver o quanto algumas pessoas tinham sofrido, e o que foram capazes de fazer por si mesmas com um pouco de incentivo e treinamento. Além disso, passou a respeitar o valor da meditação, à medida de que sua antiga visão – de que as pessoas só podiam ser ajudadas **se algo fosse feito por elas** – era modificada pelas mudanças que testemunhou. Ela se deu conta de que não era diferente das outras pessoas da turma; eles conseguiam fazer o que ela fazia, e ela conseguia fazer o que eles faziam.

Transformações semelhantes às dessas três pessoas ocorrem com frequência na Clínica de Redução de Estresse. São momentos decisivos na vida de nossos pacientes, pois ali se ampliam as possibilidades e os recursos de cada um.

De modo geral, quando as pessoas terminam o programa, elas nos agradecem pela melhora. Mas, na verdade, o progresso que fazem deve-se inteiramente a seus próprios esforços. No fundo, a gratidão é pela oportunidade de entrar em contato com a própria força e recursos internos, e porque nós acreditamos e não desistimos delas, além de oferecer as ferramentas que possibilitam essas transformações.

É um prazer enfatizar aos participantes que, para passar pelo programa, eles precisaram não desistir de si mesmos. Precisaram estar dispostos a enfrentar a catástrofe total da própria vida, nas circunstâncias agradáveis e nas desagradáveis, quando as coisas aconteciam do modo desejado ou indesejado, quando sentiam que as coisas estavam sob controle e quando não estavam – usando as próprias experiências, pensamentos e sentimentos como matéria-prima para resgatar a própria inteireza. No início, pensavam que o programa talvez pudesse fazer algo por eles, sem acreditar muito nisso. Mas, no fim, descobriram que eles é que poderiam fazer, por si mesmos, coisas importantes que ninguém mais no planeta seria capaz de fazer em seu lugar.

Nos exemplos acima, todas as pessoas aceitaram o desafio apresentado por nós: viver a vida como se cada momento fosse importante, como se cada momento contasse e pudesse ser administrado, mesmo que fosse um momento de dor, tristeza, desespero ou medo. Este "trabalho" envolve, acima de tudo, o cultivo regular e disciplinado da consciência de momento a momento, ou **mindfulness** – "apropriar-se" e "habitar" plenamente cada momento da experiência, seja bom, mau ou feio. Esta é a essência de viver a catástrofe total.

※

Todos nós temos a capacidade de ser conscientes. Basta cultivar a atenção plena no momento presente, ao mesmo tempo em que suspendemos os julgamentos ou, pelo menos, percebemos a quantidade de julgamentos que se sucedem dentro de nós. O cultivo de mindfulness desempenha um papel central nas mudanças observadas na Clínica de Redução de Estresse. Uma maneira de pensar nesse processo de transformação é considerar mindfulness como uma lente que recolhe as energias dispersas e reativas da mente e as concentra em uma fonte coerente de energia a serviço da vida, da resolução de problemas e da cura.

Sem saber, costumamos desperdiçar enorme quantidade de energia nas reações automáticas e inconscientes ao mundo exterior e às próprias experiências interiores. O cultivo de mindfulness significa aprender a aproveitar e focar as próprias energias desperdiçadas. Dessa maneira, aprendemos a nos acalmar o suficiente para entrar e permanecer em momentos prolongados de bem-estar e relaxamento profundo; sentimo-nos inteiros e totalmente integrados enquanto pessoas. Essa forma de provar e apreciar a própria inteireza nutre e restaura o corpo e a mente. Ao mesmo tempo, fica mais fácil ver com clareza o nosso modo de viver e as alterações necessárias para melhorar a saúde e a qualidade de vida. A prática de mindfulness nos ajuda a canalizar a energia com maior eficácia nas situações de estresse, ou quando nos sentimos ameaçados ou desamparados. Essa energia vem de dentro de nós, portanto, está sempre à disposição para ser aproveitada com sabedoria, especialmente se a cultivarmos por meio do treinamento e da prática pessoal.

O cultivo de mindfulness pode levar à descoberta de profundos espaços de bem-estar, calma, clareza e discernimento dentro de nós mesmos. É como se você se deparasse com um novo território, anteriormente desconhecido ou apenas vagamente vislumbrado, que contém um verdadeiro manancial de energia positiva para a autocompreensão e a cura. Além disso, é fácil se familiarizar com esse território e aprender a habitá-lo com mais frequência. A via de acesso, em qualquer momento, está tão perto quanto seu próprio corpo e mente, sua própria respiração. Esse domínio do puro ser, do estado desperto, é sempre acessível. Está sempre aqui, independente de seus problemas. Quer esteja enfrentando doenças cardíacas, câncer, dor ou apenas uma vida muito estressante, essas energias podem ser de grande valor para você.

※

O cultivo sistemático de mindfulness foi chamado de "coração da meditação budista". Floresceu ao longo dos últimos 2 600 anos em muitos países asiáticos, tanto no contexto monástico como no secular. Nos anos 1960 e 1970, a prática desse tipo de meditação difundiu-se muito pelo mundo. Isso se deveu em parte à invasão chinesa do Tibete e às décadas de guerra no Sudeste da Ásia, sendo que ambas levaram ao exílio de muitos monges e mestres budistas; deveu-se em parte também aos jovens ocidentais que viajaram à Ásia para aprender e praticar a meditação em mosteiros, depois tornando-se professores no Ocidente; e em parte aos mestres zen e outros professores de meditação que vieram ao Ocidente para visitar e ensinar, atraídos pelo enorme interesse por práticas meditativas nos países ocidentais. Essa tendência se fortaleceu ainda mais nos últimos trinta anos.

Até pouco tempo atrás, a meditação mindfulness era ensinada e praticada em geral dentro do contexto do budismo. Apesar disso, sua essência é, e sempre foi, universal. Na nossa época, cada vez mais, o mindfulness vai se tornando uma tendência popular na sociedade mundial, agora com velocidade praticamente explosiva. Dado o estado do mundo, isso é muito bom. Pode-se dizer que o mundo está (literal e metaforicamente) sedento de atenção plena. Vamos investigar esse assunto mais adiante, no Capítulo 32, ao examinar algo que chamamos de **estresse do mundo**.

Mindfulness consiste essencialmente em uma maneira específica de prestar atenção, e na consciência que surge ao se prestar atenção dessa maneira. É um modo de olhar profundamente para si mesmo, no espírito de autoinvestigação e autocompreensão. Por isso, pode ser aprendido e praticado (como acontece em programas baseados em mindfulness por todo o mundo) sem necessidade de apelar à cultura asiática ou à autoridade do budismo para valorizar ou legitimar a prática. O mindfulness é autossuficiente como poderoso veículo para a autocompreensão e a cura. Na verdade, um dos principais pontos fortes do MBSR e de todos os outros programas especializados baseados em mindfulness (como a terapia cognitiva baseada em mindfulness – MBCT) é que não dependem de nenhum sistema de crença ou ideologia. Seus benefícios potenciais podem, portanto, ser testados por qualquer pessoa. No entanto, não é por acaso que mindfulness surgiu no budismo, cuja principal preocupação é o alívio do sofrimento e a dissipação das ilusões. Trataremos das consequências dessa coincidência no posfácio.

※

Este livro foi concebido para dar ao leitor pleno acesso ao programa de treinamento MBSR do qual nossos pacientes participam na Clínica de Redução de Estresse. Acima de tudo, é um manual para ajudá-lo a desenvolver sua própria prática de meditação e aprender como usar mindfulness para promover a melhoria da saúde e a cura em sua própria vida. A Parte I, "A Prática de Mindfulness", descreve o que acontece no programa MBSR e as experiências de alguns participantes. Ela oferece orientação sobre as principais práticas de meditação que usamos na clínica e dá instruções explícitas e fáceis de seguir de como fazer uso prático e diário delas, e de como integrar mindfulness às suas atividades cotidianas. Essa parte também fornece um cronograma detalhado da prática de oito semanas de modo que, se quiser, poderá seguir exatamente o mesmo currículo do programa MBSR do qual participam os nossos pacientes. Ao mesmo tempo, poderá ler as outras seções do livro para ampliar e aprofundar sua experiência com a prática de mindfulness. Esse é o procedimento que recomendamos que você adote.

A Parte II, "O Paradigma", fornece uma visão simples, mas reveladora, de alguns dos mais recentes achados de pesquisa em medicina, psicologia e neurociência como pano de fundo para podermos compreender de que modo a prática de mindfulness está relacionada com a saúde física e mental. Essa seção desenvolve uma "filosofia geral da saúde" baseada nas noções de inteireza e **interconexão**, e nas coisas que a ciência e a medicina estão aprendendo sobre a relação entre mente, saúde e o processo de cura.

A Parte III, chamada simplesmente de "Estresse", discute o que é estresse e como a nossa consciência e compreensão disso pode nos ajudar a reconhecê-lo e lidar com ele de modo mais adequado, nessa época tão caracterizada pelo simples desafio de chegar até o fim do dia numa sociedade cada vez mais complexa e acelerada. Essa seção inclui um modelo para compreender o valor de utilizar a consciência de momento a momento em situações estressantes a fim de enfrentar e lidar com elas de modo mais eficaz, minimizando o desgaste que provocam em nós e otimizando nosso bem-estar e saúde.

A Parte IV, "As Aplicações", oferece informações detalhadas e orientação para a utilização de mindfulness em uma ampla gama de áreas específicas onde certas circunstâncias causam sofrimento significativo às pessoas, como por exemplo: sintomas de doenças, dor física e emocional, ansiedade e pânico, falta de tempo, relacionamentos, trabalho, alimentação e os eventos do mundo em geral.

A última seção, "O Caminho da Consciência", Parte V, contém sugestões práticas para você manter o ritmo da prática de meditação depois de ter compreendido os conceitos básicos e começado a praticar, bem como dicas para aplicar mindfulness eficazmente em todos os aspectos da vida cotidiana. Além disso, oferece informações sobre como encontrar grupos de praticantes, bem como hospitais e instituições comunitárias que mantêm programas de meditação. O Apêndice contém alguns formulários para fazer um diário de atividades de consciência (descritos no livro), uma extensa bibliografia para apoiar a continuidade das práticas e a compreensão de mindfulness, além de uma lista curta de recursos úteis e *sites*, com a mesma finalidade.

Se você deseja transformar sua relação com o estresse, a dor e as doenças crônicas envolvendo-se plenamente no programa MBSR – seja ao longo de um período de oito semanas ou com outro cronograma concebido por você mesmo –, recomendo que leia o livro em conjunto com a Série 1 dos CDs de prática de meditação mindfulness (www.mindfulnesscds.com), que os pacientes em minhas aulas utilizam quando praticam as meditações formais aqui descritas. Ao iniciar a prática diária de meditação, quase todas as pessoas acham mais fácil escutar um áudio e deixar-se conduzir pela voz do instrutor nos primeiros estágios, até pegar o jeito – em vez de tentar seguir as instruções de um livro, por mais claras e detalhadas que sejam. Os CDs são um elemento essencial do programa e da curva de aprendizado do MBSR. Eles aumentam de modo significativo sua chance de ter sucesso com as práticas de meditação formal (e isso significa aderir a elas todos os dias, durante oito semanas) e de se conectar com a própria essência de mindfulness. É claro, uma vez que você entenda em que consiste o programa, sempre poderá praticar por conta própria sem a minha orientação quando sentir vontade, como fazem muitos de nossos pacientes. Ouço relatos de várias pessoas que continuam a usar os CDs regularmente por muito tempo depois de terem concluído o período de oito semanas de MBSR, e sempre fico muito comovido diante de seu compromisso continuado com as práticas e suas histórias de como essas práticas tocaram e transformaram suas vidas.

Mas quer os CDs (também disponíveis como *downloads* e aplicativos para iPhone) sejam utilizados ou não, a pessoa que quer experimentar as grandes mudanças observadas na maioria dos participantes da Clínica de Redução de Estresse (ou em programas MBSR de qualidade) deve compreender que os pacientes clínicos e outros participantes do programa assumem o firme compromisso **consigo** de fazer as práticas formais de mindfulness, conforme descritas neste livro, **todos os dias**. Só o fato de criar tempo para dedicar-se ao programa MSBR desta maneira implica numa mudança de estilo de vida importante já de saída. Nossos pacientes devem praticar com os CDs durante 45 minutos por dia, seis dias por semana, ao longo de oito semanas. A partir de estudos de acompanhamento, descobrimos que a maioria continua a praticar por conta própria durante muito tempo após o término das oito semanas. Para muitos, mindfulness se torna rapidamente uma maneira de ser – e um modo de vida.

Ao iniciar o próprio percurso de autodesenvolvimento e descoberta dos recursos internos para se restabelecer e lidar com a catástrofe total, você só precisa se lembrar de suspender o julgamento por enquanto – inclusive o forte apego ao resultado que almeja, por mais digno, desejável e importante que seja – e simplesmente comprometer-se a praticar de modo disciplinado, observando por si mesmo o que está acontecendo à medida que avança. O aprendizado virá principalmente de dentro – a partir do fluir da sua própria experiência de momento a momento – e não de alguma autoridade externa, professor ou sistema de crenças. Nossa filosofia é esta: em se tratando de sua própria vida, corpo e mente, você é o maior especialista mundial ou, pelo menos, você está na melhor posição para se tornar um especialista, se observar com cuidado. Parte da aventura da meditação é usar a si mesmo como um laboratório para descobrir quem você é e o que é capaz de fazer. Conforme disse o lendário Yogi Berra, que jogava como receptor do time de beisebol New York Yankees, com seu jeito único e encanto peculiar: "Dá para observar um bocado apenas olhando".

I

A Prática de Mindfulness: Prestar Atenção

1
Temos Apenas Momentos para Viver

Ah, eu tive meus momentos e, se fosse para começar tudo outra vez, gostaria de ter mais deles. Na verdade, tentaria ter apenas isso. Só momentos, um após o outro, em vez de viver tantos anos à frente de cada dia.

Nadine Stair, 85 anos de idade,
Louisville, Kentucky

Ao olhar para as cerca de trinta pessoas da nova turma na Clínica de Redução de Estresse, fico maravilhado com aquilo que estamos prestes a fazer juntos. Presumo que todos devem estar um pouco na dúvida: que diabos estou fazendo hoje de manhã aqui nesta sala cheia de gente que não conheço? Vejo o rosto brilhante e amável de Edward e tento imaginar o que ele suporta todos os dias. É um executivo de seguros de 34 anos de idade que tem AIDS. Vejo Peter, um homem de negócios, 46 anos de idade, que teve um ataque cardíaco há 18 meses e está aqui para aprender a levar as coisas com mais calma para evitar outro enfarte. Ao lado de Peter está Beverly, inteligente, alegre e falante. Sentado ao lado dela está o marido. Aos 42 anos de idade, a vida de Beverly mudou radicalmente quando um aneurisma estourou em seu cérebro, deixando-a incerta sobre o quanto ela é seu verdadeiro eu. Depois, temos Marge, 44 anos de idade, encaminhada pela clínica de dor. Ela era enfermeira no setor de oncologia até que, anos atrás, machucou as costas e os dois joelhos ao tentar impedir a queda de um paciente. Agora sente tanta dor que não pode mais trabalhar e caminha com grande esforço, apoiada numa bengala. Marge já fez cirurgia num joelho e agora, além do mais, enfrenta o risco de outra cirurgia devido a uma massa no abdômen.

Os médicos têm de operar para descobrir o que é. Sua lesão causou-lhe um choque do qual ela ainda não se recuperou. Sente-se tensa como uma mola contraída e tem perdido o controle por causa de coisas mínimas.

Ao lado de Marge, está Arthur, 56 anos, policial que sofre de fortes enxaquecas e ataques de pânico frequentes. Ao lado dele está Margaret, 75 anos, professora aposentada que tem tido problemas para dormir. Um motorista de caminhão franco-canadense chamado Phil é quem se senta do outro lado dela. Phil também foi encaminhado para cá pela clínica de dor. Ele se machucou ao erguer um palete e está aposentado por invalidez devido à dor lombar crônica. Não consegue mais dirigir um caminhão e precisa aprender a lidar melhor com a dor e descobrir outro tipo de trabalho para sustentar a família, inclusive quatro filhos pequenos.

Ao lado de Phil está Roger, um carpinteiro de 30 anos de idade que machucou as costas no trabalho e também sente dor. Segundo sua esposa, ele tem abusado de medicamentos para dor há vários anos. Ela está inscrita em outra turma do programa, e não esconde que Roger é sua principal fonte de estresse. Está tão farta dele que tem certeza de que vão se divorciar. Ao olhar para ele, me pergunto o que será dele e se conseguirá fazer o que for necessário para ter equilíbrio na vida.

Hector está sentado de frente para mim na sala. Ele foi lutador profissional durante anos em Porto Rico e veio aqui hoje porque tem dificuldade de controlar seu temperamento; sente as consequências disso na forma de explosões violentas e dores no peito. De porte físico avantajado, ele é uma presença imponente na sala.

Todos foram encaminhados por seus médicos para a redução de estresse e nós os convidamos a fazer parte de um grupo no centro médico uma manhã por semana, durante as próximas oito semanas, nessa turma. **Para quê, na realidade?** Isto é o que me pergunto ao olhar à minha volta. Eles ainda não sabem disso tão bem quanto eu, mas o nível de sofrimento coletivo na sala esta manhã é imenso. Este é de fato um encontro de pessoas que sofrem, não só física, mas emocionalmente também, por causa da catástrofe total de suas vidas.

Em um momento de assombro antes do início das atividades, me vejo admirado com a nossa ousadia de convidar todas essas pessoas para embarcar nessa viagem. Eu me pego pensando: **o que podemos fazer** pelas pessoas reunidas aqui esta manhã e pelas 120 outras que estão começando o programa MBSR em diferentes turmas nessa mesma semana – jovens e idosos; solteiros, casados ou divorciados; trabalhadores, aposentados, pessoas em licença por invalidez; pessoas no sistema público de saúde e outras que estão bem de vida? Quanto se pode influenciar o curso da vida de um só indivíduo? O que é possível fazer por toda essa gente em somente oito semanas?

O interessante acerca desse trabalho é que, na verdade, não **fazemos** nada pelas pessoas. Se tentássemos, penso eu, seria um enorme fracasso. Em vez disso, as convidamos a fazer algo por si mesmas radicalmente novo, ou seja, viver intencionalmente de momento a momento. Ao conversar com uma jornalista, ela comentou: "Ah, você quer dizer viver para o momento". Respondi: "Não, não é isso. Isso soa como algo hedonista. Eu quero dizer viver **no** momento".

O trabalho que acontece na Clínica de Redução de Estresse parece simples, mas não é; tanto assim que é difícil entender de que se trata, a menos que você se envolva pessoalmente. Começamos com o estado atual da vida das pessoas, não importa qual seja. Estamos dispostos a trabalhar com elas se estiverem prontas e dispostas a trabalhar **sobre si mesmas**. E nunca desistimos de ninguém, mesmo que a pessoa desanime, tenha reveses ou esteja "fracassando", na própria opinião. Vemos cada momento como um novo começo, uma oportunidade para recomeçar, entrar em sintonia, para se reconectar.

Em alguns aspectos, nosso trabalho é só dar às pessoas permissão para viver seus momentos total e completamente – e proporcionar algumas ferramentas para fazer isso de modo sistemático. Apresentamos meios para que ouçam seu próprio corpo e mente e comecem a confiar mais na própria experiência. O que realmente oferecemos às pessoas é um sentimento de que há uma maneira de ser, de olhar para os problemas, de se reconciliar com a catástrofe total, que pode tornar a vida mais alegre e rica, além de promover uma sensação de estar um pouco mais no controle. Chamamos esse modo de ser de **modo da consciência ou modo de mindfulness**. As pessoas reunidas aqui esta manhã estão prestes a encontrar esse novo modo de ser e de ver, à medida que iniciarem esse percurso na Clínica de Redução de Estresse, essa jornada de redução de estresse baseada em mindfulness. Teremos ocasião de reencontrá-las, e a outras pessoas também, ao embarcarmos em nossa própria exploração de mindfulness e de cura.

※

Se você entrasse para espiar uma das aulas no hospital, o mais provável é que nos encontrasse de olhos fechados, sentados em silêncio, ou deitados no chão, imóveis. Isso durante 10 até 45 minutos seguidos.

Para o observador externo pode parecer estranho, talvez meio maluco. Parece que nada está acontecendo. E, de certa forma, não está. Mas é um "nada" muito rico e complexo. Essas pessoas não estão apenas sonhando acordadas ou dormindo. Não é possível ver o que estão fazendo, mas estão trabalhando duro. Estão praticando a **não ação**. Estão ativamente entrando em sintonia com cada momento, fazendo o esforço de permanecer despertas e conscientes de um momento para o outro. Elas estão praticando mindfulness.

Outra maneira de dizer isso é que elas estão "praticando ser". Pela primeira vez, elas estão intencionalmente parando todo o fazer em suas vidas e relaxando no presente, sem tentar preenchê-lo com nada. Estão permitindo, de modo intencional, que o corpo e a mente repousem no momento, seja qual for o conteúdo da mente ou a sensação do corpo. Elas estão em sintonia com as experiências básicas da vida. Simplesmente se deixam estar no momento com as coisas exatamente como são, sem tentar mudar nada.

Para serem aceitas na clínica de estresse, em primeiro lugar as pessoas tiveram de concordar em assumir o importante compromisso pessoal de passar algum tempo todos os dias praticando esse "simplesmente ser". A ideia básica é criar uma ilha de ser no oceano do fazer constante da vida, um período em que permitimos que todo o fazer cesse.

Aprender a suspender todo o nosso fazer e mudar para o **"modo ser"**, aprender a criar tempo para si mesmo, aprender a desacelerar e alimentar a serenidade e a autoaceitação, aprender a observar o que ocorre na mente de momento a momento, observar os pensamentos e abrir mão deles, sem ser capturado e carregado por eles, dar lugar a novas formas de ver velhos problemas e perceber a interconexão das coisas – estas são algumas das lições de mindfulness. Esse tipo de aprendizagem implica voltar-se para os momentos no "modo ser" e ficar ali, simplesmente cultivando a consciência.

Quanto mais sistemática e regular for a prática, mais o poder de mindfulness crescerá e trará benefícios. Este livro destina-se a servir de guia nesse processo, assim como as aulas semanais são um guia para as pessoas que vêm para a Clínica de Redução de Estresse a pedido de seus médicos.

Como se sabe, o mapa não é o território que retrata. Da mesma forma, você não deve confundir a leitura deste livro com a verdadeira viagem. É preciso que você mesmo vivencie o trajeto, cultivando mindfulness na própria vida.

E não poderia ser de outra forma. Quem pode fazer esse tipo de trabalho por você? Seu médico? Parentes ou amigos? Não importa o quanto as outras pessoas queiram e possam ajudá-lo em sua tentativa de conquistar mais saúde e bem-estar, o esforço básico ainda tem de vir de você. Afinal, ninguém vive sua vida por você e os cuidados de outra pessoa não podem nem devem substituir o cuidado que você pode dedicar a si mesmo.

Nesse sentido, o cultivo de mindfulness não é diferente do processo de se alimentar. Seria absurdo propor que alguém comesse por você. E quando você vai a um restaurante, não confunde o menu com a refeição, nem fica alimentado ao ouvir o garçom descrever os pratos. Você tem de ingerir a refeição para se sentir nutrido. Da mesma forma, deve realmente **praticar** mindfulness, e com isso quero dizer cultivá-lo de modo sistemático, a fim de colher os benefícios e compreender por que é tão valioso.

Mesmo se você encomendar os CDs, ou baixar as meditações guiadas para apoiar as práticas, terá de usá-los. Os CDs ficam nas prateleiras e acumulam pó num instante. Os arquivos de áudio ficam encostados por muito tempo. Além disso, não existe mágica neles. Escutá-los esporadicamente não ajudará muito, embora possa ser relaxante. Para se beneficiar profundamente desse trabalho, é preciso **trabalhar** usando os CDs como ferramenta, como dizemos aos nossos pacientes, e não apenas ouvi-los. Se é que existe mágica em algum lugar, é em você, e não num CD ou prática em especial.

Até pouco tempo atrás, a simples menção da palavra **meditação** causava estranheza e suscitava em muita gente pensamentos sobre misticismo e fórmulas mágicas. Em parte porque as pessoas ignoravam que, na verdade, meditação se trata de prestar atenção. Hoje em dia isso é mais disseminado. E já que prestar atenção é algo que todos fazem, pelo menos ocasionalmente, a meditação não é tão estranha ou distante da experiência de vida das pessoas, como talvez imaginássemos no passado.

No entanto, quando começamos a prestar atenção mais detidamente ao modo como nossa própria mente funciona (como fazemos ao meditar), geralmente descobrimos que durante boa parte do tempo a mente está mais no passado ou no futuro do que no presente. Essa é a mente dispersa, uma experiência comum a todos, que foi estudada em uma pesquisa de Harvard utilizando um aplicativo de iPhone para medir a felicidade. Por esse motivo, nossa consciência do que está acontecendo no presente pode ser apenas parcial em um dado momento. Podemos perder muitos de nossos momentos por não estarmos totalmente presentes. Isso é verdade não apenas enquanto meditamos. A falta de consciência pode dominar a mente em qualquer momento. Portanto, isso pode afetar tudo o que fazemos. Podemos descobrir que boa parte do tempo estamos no piloto automático, funcionando de modo mecânico, sem atenção plena ao que estamos fazendo ou vivenciando. É como se nos ausentássemos de casa grande parte do tempo ou, em outras palavras, como se estivéssemos apenas meio despertos.

Verifique se essa descrição se aplica à sua mente na próxima vez em que estiver dirigindo o carro. Ao dirigir é muito comum ter pouca ou nenhuma consciência do que se vê ao longo do trajeto. Sua mente está no piloto automático; não está realmente presente – apenas o suficiente para dirigir com segurança e sem intercorrências (esperamos que sim).

Mesmo ao tentar se concentrar intencionalmente em determinada tarefa, como dirigir ou algo assim, talvez descubra que é difícil se manter no momento presente por muito tempo. Em geral, nossa atenção é facilmente distraída. A mente tende a divagar. Ela é levada por pensamentos e devaneios.

Nossos pensamentos são tão poderosos, especialmente em momentos de crise ou de perturbação emocional, que facilmente ofuscam a consciência do presente. Mesmo em momentos de relativo relaxamento, os pensamentos podem carregar consigo os nossos sentidos. É o que acontece quando, ao dirigir, nos percebemos olhando atentamente para algo que já passou, quando a nossa atenção já deveria estar de volta na estrada à nossa frente. Naquele momento, não estávamos realmente dirigindo. Estávamos no piloto automático. A mente pensante foi "capturada" por uma impressão sensorial – uma imagem, um som, algo que atraiu a atenção – e sequestrada por essa impressão. A mente se volta para a vaca, o guincho, ou o que quer que tenha atraído a nossa atenção. Como consequência, naquele momento, e durante o tempo em que nossa atenção ficou capturada, estivemos literalmente "perdidos" em pensamentos e inconscientes das demais impressões sensoriais.

Não é verdade que a mesma coisa acontece quase o tempo todo, seja lá o que estivermos fazendo? Tente observar a facilidade com que sua consciência é levada para longe do momento presente por seus pensamentos, esteja você onde estiver, sejam quais forem as circunstâncias. Observe quanto tempo durante o dia você se percebe pensando sobre o passado ou sobre o futuro. O resultado pode ser chocante.

Pode-se experimentar a força de atração da mente pensante agora mesmo se realizarmos o seguinte experimento: feche os olhos, sente com as costas retas, mas não rígidas, e tome consciência da sua respiração. Não tente controlar a respiração. Basta deixá-la acontecer e estar ciente dela, sentindo como é, testemunhando como o ar flui para dentro e para fora. Tente estar com sua respiração desta forma por três minutos.

Se, em algum momento, você achar uma tolice ou chatice apenas ficar sentado observando o fluxo da respiração, note que isso é apenas um pensamento, um julgamento que a mente criou. Então, simplesmente solte esse pensamento e leve a atenção de volta à respiração. Se a sensação for muito forte, tente o seguinte experimento adicional, que às vezes sugerimos aos nossos pacientes que se sentem igualmente entediados quando observam a respiração: leve o polegar e o indicador de qualquer mão ao nariz e aperte-os firmemente sobre as narinas, mantendo a boca fechada, e observe quanto tempo leva para que a respiração comece a se tornar algo muito interessante!

Ao fim dos três minutos observando o ar entrar e sair do corpo, reflita sobre como se sentiu durante esse tempo e quanto ou quão pouco sua mente se desviou da respiração. O que acha que teria acontecido se o exercício continuasse por cinco ou dez minutos, ou meia hora, ou uma hora?

A mente da maioria das pessoas tende a divagar muito e a saltar rapidamente de uma coisa para outra. Por isso é difícil manter a atenção focada na respiração por qualquer período de tempo, a menos que sejamos treinados para estabilizar e acalmar nossa própria mente. Essa pequena experiência de três minutos pode lhe dar um gostinho do que é meditar. É o processo de observar o corpo e a mente de modo intencional, e deixar suas experiências se revelarem momento a momento, e aceitá-las como são. Não implica rejeitar os pensamentos, nem tentar reprimi-los ou suprimi-los, ou regular qualquer coisa que não seja o foco e a direção da sua atenção.

No entanto, seria errado considerar a meditação um processo passivo. É preciso uma boa dose de energia e esforço para regular a atenção e manter-se realmente calmo e não reativo. Mas, paradoxalmente, mindfulness não implica tentar chegar a algum lugar ou sentir algo especial. Pelo contrário, implica permitir-se estar onde você já está, para tornar-se mais familiarizado com sua experiência real de momento a momento. Então, se você não se sentiu especialmente relaxado nesses três minutos, ou se a ideia de fazer isso por meia hora é inconcebível, você não precisa se preocupar. O relaxamento, a sensação de estar mais à vontade na própria pele, vem espontaneamente com a continuidade da prática. O propósito desse exercício de três minutos é simplesmente tentar prestar atenção à respiração e observar o que realmente acontece. O objetivo não é ficar mais relaxado. O relaxamento, a equanimidade, o bem-estar emergem por si quando nos mantemos plenamente atentos.

Se você começar a prestar atenção na sua mente de momento a momento ao longo do dia (já que os pesquisadores do estudo do aplicativo de iPhone sugeriram que isso pode ter uma importância vital para a nossa qualidade de vida), provavelmente descobrirá que gasta muito tempo e energia apegado a lembranças, absorto em devaneios e lamentando coisas que já aconteceram e terminaram. E talvez descubra que usa a mesma energia, ou ainda mais, antecipando, planejando, preocupando-se e fantasiando acerca do futuro e do que você quer ou não quer que aconteça.

Em razão dessa agitação interna, que acontece quase todo o tempo, estamos sujeitos a perder grande parte da textura das experiências da vida, ou a diminuir seu valor e significado. Por exemplo, digamos que você não esteja preocupado demais e consiga observar o pôr do sol, e fique impressionado com o jogo de luz e cor entre as nuvens no céu. Naquele momento, você está simplesmente ali, recebendo tudo aquilo, enxergando de fato. Então chega um pensamento e talvez você diga algo para a pessoa a seu lado, seja sobre a beleza do pôr do sol ou sobre qualquer outra coisa que isso evocou. Ao falar, você perturba a experiência direta do momento – é seduzido e se afasta do Sol, do céu e da luz, capturado pelo próprio pensamento e pelo impulso de expressá-lo. Seu comentário rompe o silêncio. Ou, mesmo que não diga nada, o pensamento ou memória já o levaram para longe do pôr do sol real daquele momento. Portanto, agora você está apreciando o pôr do sol em sua mente, e não o pôr do sol que está realmente acontecendo. Você pode **pensar** que está apreciando o pôr do sol em si, mas na verdade o está vivenciando através do véu do embelezamento de entardeceres anteriores e outras memórias e ideias que este pôr do sol desencadeou em você. Tudo isso pode acontecer abaixo do nível da percepção consciente. Além disso, todo esse episódio pode durar apenas um momento. Desaparecerá rapidamente, à medida que as coisas se sucedem.

Boa parte do tempo é possível escapar às consequências de estar apenas parcialmente consciente. Ao menos é a impressão que temos. Mas o que você está perdendo é mais importante do que imagina. Se estiver apenas parcialmente consciente ao longo dos anos, se costuma passar por seus momentos sem estar plenamente neles, é possível que perca algumas das experiências mais preciosas da vida, como a conexão com as pessoas que ama, ou com o Sol ou o ar fresco da manhã.

Por quê? Porque você estava "ocupado demais"; sua mente estava sobrecarregada demais (com o que **pensou** ser importante naquele momento) para parar, ouvir e perceber as coisas. Talvez estivesse apressado demais para reduzir o ritmo, correndo demais para reconhecer a importância de fazer contato visual, tocar, estar em seu corpo. Quando funcionamos assim, comemos sem degustar, olhamos sem enxergar, ouvimos sem escutar, tocamos sem sentir e falamos sem saber realmente o que estamos dizendo. E, claro, ao dirigir o carro, se a mente não estiver atenta no momento certo, as consequências imediatas podem ser muito graves.

Portanto, o valor de cultivar mindfulness não é apenas uma questão de aproveitar melhor o pôr do sol. Quando a inconsciência domina a mente, todas as nossas decisões e ações são afetadas. A inconsciência pode nos impedir de estar em contato com o nosso próprio corpo, seus sinais e mensagens. Isso, por sua vez, pode criar muitos problemas físicos que geramos sem saber. E, ao viver num estado crônico de inconsciência, podemos perder grande parte do que há de mais belo e significativo na vida e, em consequência, seremos muito menos felizes do que seria possível. Além disso – como vimos no exemplo do carro, ou no caso de abuso de álcool e drogas, ou hábitos como o excesso de trabalho –, a tendência para a inconsciência também pode ser letal, seja a curto ou longo prazo.

※

Quando começamos a prestar atenção ao que a mente está fazendo, descobrimos uma grande atividade mental e emocional sob a superfície. Esses pensamentos e sentimentos incessantes podem drenar muito da nossa energia. Podem impedir até mesmo breves momentos de quietude e contentamento.

Quando a mente está dominada por insatisfação e inconsciência – algo muito mais frequente do que estamos dispostos a admitir –, fica difícil sentir calma ou relaxamento. Pelo contrário, é mais provável que nos sintamos fragmentados e ansiosos. Pensamos nisto **e** naquilo, queremos isto **e** aquilo. Em geral, **isto e aquilo** se opõem. Esse estado mental pode afetar muito nossa capacidade de fazer qualquer coisa ou de ver as situações com clareza. Nesses momentos talvez nem saibamos **o que** estamos pensando, sentindo ou fazendo. E o pior é nem perceber que não sabemos. Podemos pensar que sabemos o que estamos pensando, sentindo e fazendo e o que está acontecendo. Mas, na melhor das hipóteses, este é um saber incompleto. Na verdade, estamos sendo levados por nossas preferências e aversões, totalmente inconscientes da tirania dos próprios pensamentos e dos comportamentos autodestrutivos que deles resultam.

Sócrates era famoso em Atenas por dizer: "Conhece a ti mesmo". Consta que um de seus alunos disse a ele: "Sócrates, você anda por aí dizendo 'Conhece a ti mesmo', mas você conhece a si mesmo?" Sócrates teria respondido: "Não, mas compreendo algo sobre esse não conhecer".

1 | Temos apenas momentos para viver

Ao iniciar sua prática de meditação mindfulness, você, por si mesmo, descobrirá algo acerca de seu próprio desconhecimento. Não é que mindfulness seja a "resposta" para todos os problemas da vida. É que todos os problemas da vida podem ser vistos com mais clareza através das lentes de uma mente clara. Tomar consciência da mente que pensa saber o tempo todo já é um grande passo para aprender a ver o que está por trás de suas próprias opiniões e perceber as coisas como realmente são.

※

O corpo é uma parte muito importante da nossa vida e experiência, mas que tendemos a deixar de notar, a ignorar, a maltratar, ou sobre o qual perdemos o controle por estarmos no modo do piloto automático. Muitas pessoas quase não têm contato com seu corpo, ignorando suas sensações na maior parte do tempo. Como consequência, talvez estejamos insensíveis à forma como nosso corpo é afetado pelo ambiente, por nossas ações e até mesmo por nossos pensamentos e emoções. Inconscientes dessas conexões, é fácil sentir que não temos controle sobre o corpo, e nem sequer sabemos por quê. Como veremos no Capítulo 21, os sintomas físicos são mensagens do corpo que nos falam de seu estado e suas necessidades. Quando estamos mais em contato com o corpo, por prestar atenção a ele de modo sistemático, temos muito mais sintonia com suas mensagens e estamos mais aptos a dar respostas adequadas. Aprender a escutar o corpo é essencial para melhorar a saúde e a qualidade de vida.

Mesmo algo tão simples como o relaxamento pode ser frustrante e difícil de alcançar se você for inconsciente do seu corpo. O estresse da vida diária costuma produzir tensões que tendem a se localizar em grupos musculares específicos, como os ombros, os maxilares e a testa. A fim de liberar essa tensão, é preciso primeiro saber que ela existe. Você tem de sentir isso. Depois, tem de saber como desligar o piloto automático e assumir os controles de seu corpo e de sua mente. Como veremos mais adiante, isso implica dirigir a atenção ao seu corpo com uma mente focada, experimentando as sensações que vêm de dentro dos músculos, e enviando-lhes mensagens para permitir que a tensão se dissolva e solte. Isso é algo que pode ser feito no momento em que a tensão está se formando, se você estiver atento o bastante para perceber. Não é necessário aguardar um grande acúmulo de tensão. Se a tensão se acumular por muito tempo, ela se tornará tão arraigada que você acabará se esquecendo de como é estar relaxado, e talvez perca a esperança de conseguir sentir-se relaxado outra vez.

Um veterano da guerra do Vietnã, que veio para a clínica anos atrás com dor nas costas, colocou esse dilema em poucas palavras. Ao testar sua amplitude de movimento e flexibilidade, notei que ele era muito rígido e suas pernas duras como pedras, mesmo quando pedi para relaxá-las. Era assim desde que ele fora ferido no Vietnã ao pisar numa bomba camuflada. Quando seu médico disse que ele precisava relaxar, ele respondeu: "Doutor, me dizer para relaxar é tão útil quanto me dizer para ser um médico".

A questão é que não adiantava nada dizer a esse homem para relaxar. Ele sabia disso. Mas tinha de **aprender** a relaxar. Tinha de experimentar o processo de se soltar dentro do próprio corpo e mente. Quando começou a meditar, conseguiu aprender a relaxar e os músculos das pernas finalmente recuperaram um tônus saudável.

Quando alguma coisa vai mal com o corpo ou a mente, temos a expectativa natural de que a medicina possa reparar essa condição e, em geral, pode mesmo. Mas, como veremos mais adiante, nossa colaboração ativa é essencial em quase todas as formas de tratamento médico. É especialmente importante no caso de doenças crônicas ou condições para as quais a medicina não oferece cura. Nesses casos, a qualidade da nossa vida pode depender em grande medida de nossa capacidade de conhecer o próprio corpo e mente, o suficiente para tentar otimizar a nossa saúde dentro dos limites (sempre desconhecidos) do possível. Seja qual for a sua idade, o ato de assumir a responsabilidade de aprender mais sobre seu corpo – escutando-o com cuidado e cultivando seus recursos internos de cura e manutenção da saúde – é a melhor maneira de fazer a sua parte em colaboração com os médicos e com a medicina. É aqui que entra a prática da meditação. Ela dá poder e substância a esse esforço. Ela catalisa o trabalho de cura.

※

A primeira apresentação da prática de meditação no programa MBSR sempre surpreende nossos pacientes. No geral as pessoas pensam que a meditação implica fazer algo diferente, algo místico e fora do comum ou, no mínimo, alguma coisa relaxante. A fim de livrá-las dessas expectativas logo de início, distribuímos três uvas-passas a cada participante, para serem comidas uma de cada vez, prestando atenção ao que realmente estão fazendo, sentindo a experiência de momento a momento. Talvez você queira experimentar por si mesmo depois de ler o procedimento a seguir.

Em primeiro lugar, leve a atenção para uma das uvas-passas, observando-a cuidadosamente como se nunca tivesse visto algo assim antes. Sinta sua textura entre os dedos e note as cores e superfície. Perceba também quaisquer pensamentos que ocorram acerca de uvas-passas e alimentos em geral. Observe pensamentos e sensações de gostar ou não gostar de uvas-passas enquanto olha para ela. A seguir, sinta seu aroma por um tempo e, finalmente, com consciência, leve a uva-passa aos lábios, com atenção ao movimento do braço que orienta a mão na direção correta, e percebendo a saliva que se forma conforme mente e corpo antecipam a ingestão da uva-passa. O processo continua enquanto você leva a uva-passa à boca e a mastiga lentamente, sentindo o verdadeiro gosto da uva-passa. Quando chega o momento de engolir, observe o surgimento do impulso de engolir, de modo que até isso seja vivenciado conscientemente. Imagine, ou "sinta", que agora o corpo está uma uva-passa mais pesado. A seguir, repita tudo com outra uva-passa, dessa vez sem nenhuma orientação verbal, ou seja, em silêncio. E depois, mais uma vez, com a terceira uva-passa.

A reação a esse exercício é sempre positiva, mesmo entre as pessoas que não gostam de uvas-passas. Elas relatam que dá satisfação comer dessa maneira para variar, que de fato parece que experimentaram o gosto da uva-passa pela primeira vez, e que uma única passa pode ser satisfatória. Muitas vezes alguém refere que, caso sempre saboreássemos o alimento dessa maneira, comeríamos menos e teríamos experiências mais prazerosas e satisfatórias. Algumas pessoas comentam ter percebido o movimento automático de querer pegar as outras uvas-passas antes mesmo de terminar aquela que tinham na boca, reconhecendo, naquele momento, seu modo habitual de comer.

Dado que muitos de nós usamos a comida como conforto emocional, em especial quando nos sentimos ansiosos ou deprimidos, ou simplesmente entediados, esse pequeno exercício de diminuir o ritmo e prestar bastante atenção ao que estamos fazendo ilustra o quanto nossos impulsos são poderosos, descontrolados e prejudiciais em relação à comida – e que o ato de trazer consciência para o que estamos fazendo no momento em que o fazemos pode ser mais simples e satisfatório, além de nos proporcionar maior sensação de controle.

O fato é que, ao começar a prestar atenção dessa maneira, nossa relação com as coisas muda. Vemos mais, e vemos com maior profundidade e clareza. Podemos começar a ver uma ordem intrínseca e uma conexão entre as coisas que antes não estavam evidentes, como a conexão entre os impulsos que surgem na mente e o ato de comer demais, desconsiderando as mensagens do corpo. Ao prestar atenção, literalmente nos tornamos mais despertos. É como sair do modo habitual que todos nós tendemos a ver e fazer as coisas: mecanicamente e sem atenção plena. Quando comemos com atenção, estamos em contato com o alimento porque nossa mente não está distraída, ou pelo menos está **menos** distraída. Não está pensando em outras coisas. Está presente ao ato de comer. Quando olhamos para a uva-passa, de fato a enxergamos. Quando mastigamos, sentimos seu gosto de verdade.

Saber o que você está fazendo no momento em que está fazendo é a essência da prática de mindfulness. É um saber não conceitual, ou talvez mais abrangente do que um saber conceitual. É a própria consciência. Trata-se de uma capacidade que já temos. É por isso que o exercício de comer a uva-passa é uma "meditação do alimento". Ajuda a mostrar que não há nada particularmente incomum ou místico em meditar ou estar atento. Envolve apenas prestar atenção à experiência de momento a momento. Isto conduz diretamente a novas maneiras de ver e de ser – porque o momento presente, sempre que reconhecido e valorizado, revela um poder muito especial, até mesmo mágico: **é o único momento que qualquer um de nós realmente tem**. O presente é o único tempo que temos para conhecer alguma coisa. É o único momento que temos para perceber, aprender, agir, mudar, curar, amar. É por isso que damos tanto valor à consciência de momento a momento. Embora seja necessário aprender com as práticas a tomar posse dessa nossa capacidade mental, o próprio esforço é um fim em si mesmo. Ele torna nossas experiências mais vívidas e nossa vida mais real.

Conforme veremos no próximo capítulo, ao iniciar a prática da meditação mindfulness é útil introduzir, intencionalmente, um toque de simplicidade em sua vida. Isso pode ser obtido reservando um período do dia para momentos de relativa paz e silêncio, momentos que você pode usar para focar nas experiências básicas da vida, como a sua respiração, as sensações do corpo e o fluxo dos pensamentos na mente. Essa prática formal de meditação logo afetará sua vida diária, na forma de maior atenção intencional de um momento a outro, seja o que for que estiver fazendo. Você se perceberá prestando atenção espontaneamente em mais momentos de sua vida, não apenas quando estiver "meditando".

Praticamos mindfulness fazendo o possível para nos lembrar – e isso requer muita gentileza em relação a nós mesmos, além de determinação e disciplina – de estarmos presentes em todos os nossos momentos de vigília. Podemos praticar levando o lixo para fora com consciência, fazendo as refeições com consciência, dirigindo o carro com consciência. Podemos praticar navegando todos os altos e baixos da vida, as tempestades mentais e as tempestades de nosso corpo, as tempestades da vida exterior e da vida interior. Aprenderemos a estar conscientes dos medos e das dores, mas, ao mesmo tempo, desfrutaremos mais estabilidade e empoderamento devido à conexão com algo mais profundo dentro de nós, uma sabedoria com discernimento que ajuda a penetrar e transcender o medo e a dor, e a descobrir um pouco de paz e esperança na nossa situação **tal como ela é**.

Utilizamos aqui a palavra **prática** com um sentido especial. Não significa um ensaio, ou o aperfeiçoamento de uma habilidade para utilização futura. No contexto meditativo, prática significa "estar no presente de modo intencional". O meio e o fim da meditação são o mesmo. Não estamos tentando chegar a algum lugar, apenas tentando estar onde já estamos, e estar aqui de modo pleno. Nossa prática meditativa pode muito bem se aprofundar no decorrer dos anos, mas não praticamos com esse objetivo. A trajetória em direção a maior saúde e bem-estar é uma progressão natural. A consciência, o *insight* e mesmo a saúde amadurecem por si sós se estivermos dispostos a prestar atenção no momento e lembrar que temos apenas momentos para viver.

2
Os Fundamentos da Prática de Atenção Plena (Mindfulness): Atitudes e Compromisso

O cultivo do poder de cura da atenção plena requer muito mais do que seguir uma receita ou um conjunto de instruções de maneira mecânica. Nenhum processo real de aprendizado é assim. Somente quando a mente está aberta e receptiva é que se consegue aprender, ver e mudar. Ao praticar mindfulness você terá que envolver todo o seu ser no processo. Não adianta ficar em uma postura meditativa e esperar que algo aconteça por um passe de mágica; não se trata também de tocar um CD e pensar que o CD "fará algo" por você.

A atitude com que você se compromete com a prática de prestar atenção e estar no presente é decisiva. É o solo sobre o qual cultivará a capacidade de acalmar a mente e relaxar o corpo, de se concentrar e ver com mais clareza. Se o solo atitudinal estiver esgotado, ou seja, se você dedica pouca energia e compromisso à prática, será difícil desenvolver calma e relaxamento com alguma consistência. Se o solo está muito poluído, isto é, se você está tentando se forçar a ficar relaxado e exige de si mesmo que "algo aconteça", absolutamente nada crescerá nesse solo, e você concluirá rapidamente que "a meditação não funciona".

O cultivo da consciência meditativa requer uma maneira inteiramente nova de olhar para o processo de aprendizagem. Pensar que sabemos o que precisamos e aonde queremos chegar é algo tão arraigado na nossa mente que é fácil ficarmos presos à tentativa de controlar as coisas para que aconteçam da "nossa maneira", do modo como queremos que sejam. Mas esta atitude é contrária ao trabalho de conscientização e cura. A consciência exige apenas atenção; e ver as coisas como elas são. Não é preciso fazer mudanças. E a cura requer receptividade e aceitação; sintonia com a capacidade de conexão e a inteireza. Nada disso pode ser forçado, assim como não conseguimos nos obrigar a dormir. É preciso criar as condições adequadas para adormecer e, em seguida, se soltar. O mesmo é verdadeiro para o relaxamento. Ele não pode ser alcançado por meio da força de vontade. Esse tipo de esforço só produz tensão e frustração.

Se você chega na prática da meditação pensando "Isso não vai dar certo, mas vou fazer mesmo assim," o mais provável é que a prática não seja muito útil. Na primeira vez que sentir alguma dor ou desconforto, dirá a si mesmo: "Viu? Eu sabia que minha dor não passaria", ou "eu sabia que não conseguiria me concentrar" – isso confirmará sua suspeita de que não daria certo e, em consequência, você desiste.

Da mesma forma, se você chegar com "fé cega", seguro de que esse é o caminho certo para você, de que mindfulness é "a resposta", o mais provável é que logo fique decepcionado. Assim que descobrir que você é a mesma pessoa de sempre e que esse trabalho requer esforço e consistência – e não apenas uma crença romântica no valor da meditação, do relaxamento ou de mindfulness –, você talvez acabe bem menos entusiasmado do que antes.

Na Clínica de Redução de Estresse descobrimos que as pessoas que se saem melhor chegam com uma atitude cética, porém mantendo a abertura mental. Sua atitude é: "Não sei se isso dará certo ou não, tenho minhas dúvidas, mas vou me dedicar por inteiro e ver o que acontece".

Assim, a atitude que trazemos para a prática de mindfulness determinará, em grande medida, seu valor para nós a longo prazo. É por essa razão que o cultivo consciente de certas atitudes pode ser muito útil para aproveitarmos ao máximo o processo de meditação. Nossas intenções criam as condições para novas possibilidades. Elas nos lembram, momento a momento, das razões que nos levaram à prática. Manter atitudes específicas em mente faz parte do próprio treinamento de mindfulness. É um modo de dirigir e canalizar as energias para que possam ser utilizadas com mais eficiência no trabalho de crescimento e cura.

Sete fatores atitudinais constituem os pilares fundamentais da prática de mindfulness, conforme ensinada no programa MBSR: ausência de julgamento, paciência, mente de principiante, confiança, não lutar, aceitar e soltar. Essas atitudes devem ser cultivadas de maneira consciente durante a prática. São interdependentes e cada uma influencia o grau em que se consegue cultivar as demais. O cultivo de uma leva rapidamente às outras. Dado que as sete atitudes constituem o fundamento para construir uma forte prática pessoal de meditação, nós as apresentaremos antes das próprias práticas meditativas para que você se familiarize com elas desde o início. Assim que começar a praticar, faça uma releitura deste capítulo, para se lembrar de como continuar a fertilizar o solo atitudinal de modo que a sua prática de mindfulness floresça.

AS ATITUDES FUNDAMENTAIS DA PRÁTICA DE MINDFULNESS

1. Não Julgar

O cultivo de mindfulness requer muita atenção à experiência de momento a momento, na medida do possível, sem se deixar levar por ideias e opiniões, preferências ou aversões. Esta orientação permite ver as coisas como elas são de verdade, sem passar pela distorção de nossas próprias lentes e planos. Para adotar essa postura em relação à sua própria experiência é preciso tomar consciência do fluxo constante de julgamentos e reações às experiências internas e externas (em que estamos sempre enredados) e aprender a manter certo distanciamento de tais julgamentos e reações. Quando começamos a prática de prestar atenção à atividade da mente, é comum descobrir e até se espantar com o fato de que o tempo todo geramos julgamentos acerca de nossa experiência. Quase tudo o que vemos é rotulado e categorizado pela mente. Reagimos a tudo o que vivenciamos com base no valor que lhe atribuímos. Algumas coisas, pessoas e eventos são julgados "bons" porque nos fazem sentir bem por algum motivo. Outros são também rapidamente condenados como "maus" porque nos fazem sentir mal. O restante é categorizado como "neutro" porque não nos parece relevante. As coisas, pessoas e eventos neutros saem quase completamente de nossa consciência. Em geral são considerados enfadonhos demais para merecer nossa atenção.

Esse hábito de categorizar e julgar cada experiência nos aprisiona em reações automáticas que nem sequer percebemos e que não costumam ter nenhuma base objetiva. Esses julgamentos tendem a dominar a mente e dificultam a tarefa de encontrar um pouco de paz interior, ou discernir com alguma clareza o que está realmente ocorrendo, interna e externamente. É como se a mente fosse um ioiô, subindo e descendo o dia inteiro na corda dos nossos julgamentos. Caso duvide de que essa descrição corresponda à atividade de sua mente, simplesmente observe por um período de 10 minutos o quanto você se preocupa com estar ou não gostando de determinada atividade.

Se quisermos encontrar um modo mais eficaz de lidar com o estresse, a primeira coisa que precisamos fazer é tomar consciência desses julgamentos automáticos para podermos enxergar além dos preconceitos e medos que em geral não são explicitados, a fim de liberar-nos de sua tirania.

Ao praticar mindfulness é importante reconhecer a qualidade julgadora da mente quando ela se manifestar e depois adotar uma perspectiva mais ampla, suspendendo intencionalmente o julgamento e assumindo uma postura de imparcialidade, lembrando a si mesmo de simplesmente observar o que está acontecendo, incluindo suas reações àquilo. Quando perceber a mente julgando, não é preciso impedi-la de fazer isso – e seria insensato tentar. A única coisa necessária é estar consciente do julgamento. Não é preciso julgar o julgamento e complicar ainda mais as coisas para si mesmo.

Por exemplo, digamos que você esteja praticando a atenção à respiração, como fizemos no capítulo anterior e como faremos muito mais no próximo. Em certa altura você percebe sua mente dizendo algo como: "Isso é chato", ou "Isso não está dando certo", ou "Não consigo fazer isso". Estes são julgamentos. Quando surgem na mente é muito importante reconhecê-los como pensamentos julgadores e lembrar-se de que a prática requer suspender os julgamentos e apenas observar **o que quer que** aconteça, inclusive seus próprios pensamentos julgadores, sem embarcar neles ou agir a partir deles de modo algum. Em seguida, volte às sensações da sua respiração com atenção plena, mais uma vez.

2. Paciência

A paciência é uma forma de sabedoria. Demonstra que compreendemos e aceitamos o fato de que às vezes as coisas precisam acontecer no seu próprio ritmo. Uma criança pode tentar ajudar uma borboleta a emergir rompendo o casulo. Em geral, a borboleta não se beneficia com isso. Qualquer adulto sabe que a borboleta só pode eclodir em seu próprio tempo, que não se pode acelerar o processo.

Da mesma forma, cultivamos a paciência com a mente e o corpo ao praticar mindfulness. De modo intencional, lembraremos de que não há necessidade de impaciência ao perceber que a mente julga o tempo todo, ou se estivermos tensos, agitados ou amedrontados, ou porque já estamos praticando há algum tempo e nada positivo parece ter acontecido. É preciso dar espaço a nós mesmos para essas experiências. Por quê? Porque elas de fato estão acontecendo! Quando elas aparecem, constituem a nossa realidade; são parte de nossa vida se revelando nesse momento. Portanto, devemos tratar a nós mesmos tão bem como trataríamos a borboleta. Por que apressar alguns momentos para chegar a outros "melhores"? Afinal, cada momento representa a totalidade da vida naquele espaço de tempo.

Quando você pratica estar consigo dessa forma, acaba descobrindo que a sua mente tem "vontade própria". Já vimos no Capítulo 1 que uma das atividades favoritas da mente é divagar sobre o passado e o futuro e perder-se em pensamentos. Alguns desses pensamentos são agradáveis. Outros são dolorosos e produzem ansiedade. Nos dois casos, o pensamento exerce uma grande atração sobre nossa consciência, ofuscando-a. Boa parte do tempo, os pensamentos obliteram a nossa percepção do momento presente. Podem causar a perda total de conexão com o agora.

A paciência pode ser uma qualidade especialmente útil quando a mente está agitada. A paciência nos ajuda a aceitar essa tendência dispersiva da mente e, ao mesmo tempo, nos lembra de que não precisamos nos envolver em suas viagens. A prática da paciência nos lembra de que não precisamos preencher os momentos (com atividades e pensamentos) para torná-los preciosos. Na verdade, a paciência nos ajuda a recordar que o oposto é verdadeiro. Ser paciente é só isso: estar completamente aberto para cada momento, aceitando-o plenamente e sabendo que, como a borboleta, as coisas só acontecem no devido tempo.

3. Mente de Principiante

A riqueza da experiência do momento presente é a riqueza da própria vida. Com demasiada frequência permitimos que pensamentos e crenças acerca do que "sabemos" nos impeçam de ver as coisas como elas realmente são. Temos a tendência a não dar o devido valor às coisas comuns da vida, e deixamos de perceber a qualidade extraordinária dessas coisas. Para ver a riqueza do momento presente é preciso cultivar o que tem sido chamado de "mente de principiante", uma mente que está disposta a ver tudo como se fosse pela primeira vez.

Essa atitude terá especial importância quando fizermos as práticas formais de meditação descritas nos capítulos seguintes. Em qualquer uma das práticas, seja o escaneamento corporal, a meditação sentada, ou o yoga, podemos tomar a decisão de trazer a mente de principiante cada vez que praticarmos para nos libertarmos das expectativas baseadas em experiências passadas. Uma mente aberta, "de principiante", permite que estejamos receptivos a novas possibilidades e nos livra da prisão da rotina dos conhecimentos atuais, que costumamos considerar maiores do que realmente são. Nenhum momento é igual ao outro. Cada um é único e contém possibilidades inusitadas. A mente de principiante nos faz lembrar dessa simples verdade.

Você pode tentar cultivar a mente de principiante na vida diária, como um experimento. Na próxima vez em que vir alguém bem conhecido, pergunte a si mesmo se está vendo essa pessoa com novos olhos, como ele ou ela realmente é, ou se está apenas vendo o reflexo de seus próprios pensamentos e sentimentos acerca dessa pessoa. Experimente fazer isso com filhos, cônjuge, amigos, colegas de trabalho e até mesmo com o gato ou o cão, se tiver um. Experimente fazer isso com os problemas quando surgirem. Experimente isso quando estiver ao ar livre, na natureza. Consegue ver o céu, as estrelas, as árvores, a água e as pedras exatamente como são naquele momento, com uma mente clara e silenciosa? Ou vê tudo isso apenas através do véu de seus próprios pensamentos, opiniões e emoções?

4. Confiança

Desenvolver confiança básica em si mesmo e seus sentimentos é parte integral do treinamento em meditação. É muito melhor confiar na sua própria intuição e autoridade – mesmo cometendo alguns "erros" pelo caminho – do que sempre buscar orientação externa. Se em dado momento alguma coisa não lhe parece certa, por que não valorizar sua percepção? Por que desvalorizá-la ou desprezá-la só porque alguma autoridade ou grupo de pessoas pensa ou diz outra coisa? A atitude de confiar em si mesmo e em sua própria sabedoria e bondade é muito importante em todos os aspectos da prática de meditação. Será especialmente útil no yoga. Ao praticar yoga, você terá de respeitar suas sensações quando o corpo lhe disser para parar ou recuar durante um certo alongamento. Se você não escutar sua própria sensação, poderá sofrer lesões.

Algumas pessoas que meditam ficam tão fascinadas pela reputação e autoridade de seus professores que não respeitam suas próprias sensações e intuições. Acham que o professor é alguém mais sábio e desenvolvido, e consideram que devem venerá-lo como um modelo de perfeita sabedoria e seguir à risca suas orientações, sem questionar. Esta atitude é completamente contrária ao espírito da meditação, que ressalta a independência de ser você mesmo e a compreensão do que significa ser você mesmo. Alguém que imite outra pessoa, seja ela quem for, está caminhando na direção errada.

É impossível ser como outra pessoa. Nossa única esperança é nos tornarmos mais plenamente nós mesmos. É justamente esse o motivo de se praticar meditação. Professores, livros, CDs e aplicativos são apenas guias que oferecem orientações e sugestões. É importante estar aberto e receptivo ao que podemos aprender de outras fontes. Mas, em última análise, temos de viver nossa própria vida, cada momento dela. Ao praticar mindfulness, você está praticando assumir a responsabilidade de ser você mesmo e aprendendo a ouvir e a confiar em seu próprio ser. Quanto mais confiar em si mesmo, mais fácil será confiar nas outras pessoas e ver a bondade natural que existe nelas também.

5. Não lutar

Quase tudo o que fazemos tem algum objetivo – obter algo ou chegar a algum lugar. Mas na meditação esta atitude pode ser um verdadeiro obstáculo. Isso acontece porque a meditação é diferente de todas as outras atividades humanas. Ainda que exija muito trabalho e energia de certo tipo, em última instância a meditação é um não fazer. Seu único objetivo é sermos nós mesmos. A ironia é que já somos. Isso soa paradoxal e um pouco maluco. No entanto, esse paradoxo e essa loucura podem estar apontando para uma nova maneira de ver a si mesmo, em que você tenta menos e é mais. Isso vem a partir do cultivo intencional da atitude de não lutar.

Por exemplo, se você se sentar para praticar meditação e pensar: "Vou ficar relaxado, ou iluminado, ou controlar minha dor, ou me tornar uma pessoa melhor", estará introduzindo na mente a ideia de onde deveria estar, e com isso a noção de que não está tudo bem no momento presente. "Se eu fosse mais calmo ou mais inteligente, ou trabalhasse muito, ou mais isso ou mais aquilo, se meu coração fosse mais saudável, ou meu joelho estivesse melhor, então eu estaria bem. Mas neste momento eu não estou bem."

Essa atitude solapa o cultivo de mindfulness, que implica em simplesmente prestar atenção ao que está acontecendo. Se estiver tenso, apenas preste atenção na tensão. Se estiver sentindo dor, então esteja com a dor tanto quanto possível. Se estiver criticando a si mesmo, observe a atividade da mente julgadora. Apenas observe. Lembre-se, estamos simplesmente permitindo que tudo – todas as coisas que vivenciamos de momento a momento – esteja aqui, porque de qualquer forma já estão. O convite é simplesmente abrir-se a elas e mantê-las na consciência. Você não precisa **fazer** nada a respeito.

As pessoas chegam à Clínica de Redução de Estresse – seja por encaminhamento de seus médicos ou por conta própria – em virtude de algum problema. Na primeira aula, pedimos a elas que identifiquem três objetivos a serem atingidos no programa. Mas, em seguida, para a sua surpresa, nós as encorajamos a não tentar fazer nenhum progresso em direção a esses objetivos durante as oito semanas do programa. Em especial se um dos objetivos for baixar a pressão arterial ou reduzir a dor ou a ansiedade, elas são instruídas a não tentar baixar a pressão arterial nem tentar fazer sua dor ou ansiedade diminuírem; devem simplesmente permanecer no presente e seguir com todo cuidado as instruções da meditação.

Como veremos em breve, no domínio da meditação a melhor maneira de conseguir os objetivos é evitar o esforço por resultados e, em vez disso, concentrar-se em começar a ver e aceitar as coisas como são, de momento a momento. Com paciência e prática regular, o movimento em direção aos objetivos acontecerá sozinho. Esse movimento se torna um desabrochar que acontece dentro de nós, mediante nosso convite.

6. Aceitação

Aceitação significa ver as coisas como elas realmente são no presente. Se você está com dor de cabeça, aceite que tem uma dor de cabeça. Se você está com sobrepeso, por que não aceitar isso como uma descrição de seu corpo neste momento? Cedo ou tarde, é preciso fazer as pazes com as coisas como elas são e aceitá-las, seja um diagnóstico de câncer ou a morte de alguém. Muitas vezes a aceitação acontece apenas depois de passarmos por períodos muito emocionais de negação seguidos de raiva. Esses estágios são a progressão natural ao longo do processo de aprender a conviver com o que está aí. Tudo isso é parte do processo de restabelecimento. Na verdade, minha definição operacional de cura é esta: **aceitar as coisas como elas são**.

No entanto, deixando de lado as grandes calamidades que geralmente requerem um longo tempo de recuperação e cura, no decorrer da vida diária é comum desperdiçarmos muita energia negando e resistindo ao que já é um fato. Ao fazê-lo, estamos basicamente tentando forçar as situações a serem do modo que gostaríamos que fossem, o que só causa mais tensão. Na verdade, essa resistência impede a ocorrência de mudanças positivas. Podemos ficar tão ocupados negando, forçando e lutando que sobra pouca energia para curar e crescer, e mesmo essa pouca energia poderá ser dissipada pela falta de atenção e intencionalidade.

Se você estiver com sobrepeso e se sentir mal com seu corpo, é inútil esperar até atingir o peso supostamente ideal para começar a gostar do seu corpo e de si mesmo. Em certa altura, se não quiser ficar preso em um frustrante círculo vicioso, você poderá se dar conta de que não há problema em amar a si mesmo com o peso atual, porque este é o único momento disponível para amar a si mesmo. Lembre-se: agora é o único momento que você tem para qualquer coisa. É necessário aceitar a si mesmo, assim como é, antes que uma mudança real aconteça. A opção de fazer isso é um ato de autocompaixão e inteligência.

Quando você começa a pensar dessa maneira, perder peso passa a ser menos importante. Além disso, torna-se mais fácil. Ao cultivar a aceitação de modo intencional, você está criando as condições para a cura.

A aceitação não implica ter de gostar de tudo, ou adotar uma atitude passiva em relação às coisas, abandonando os próprios princípios e valores. Não significa que você está satisfeito com as coisas como são, ou que se resignou a tolerar as coisas porque "não tem outro jeito". Não significa que você deva parar de tentar se libertar de hábitos autodestrutivos, ou abandonar o desejo de mudança e crescimento, ou tolerar a injustiça, ou deixar de querer mudar o mundo – porque ele é do jeito que é e não se pode fazer nada a respeito. Isso não é resignação passiva. A aceitação, tal como a entendemos aqui, é simplesmente isto: cedo ou tarde, nos vemos dispostos a ver as coisas como elas são. Essa atitude prepara o terreno para agirmos de modo apropriado, não importa o que esteja acontecendo. É muito mais provável que você saiba o que fazer e tenha a convicção interna para fazê-lo quando tiver clareza do que está realmente ocorrendo, muito mais do que quando sua visão estiver obscurecida por julgamentos e desejos egocêntricos da mente, ou por medos e preconceitos.

Na prática de meditação cultivamos a aceitação recebendo cada momento da forma como ele vem, e estando plenamente com ele assim como é. Não tentamos impor nossas ideias acerca do que "deveríamos" estar sentindo ou pensando ou vendo em nossa experiência. Em vez disso, apenas nos lembramos de estar receptivos e abertos a tudo o que sentimos, pensamos ou vemos – e aceitar, porque é isto que está aqui, agora. Se mantivermos a atenção focada no presente, teremos certeza de uma coisa: aquilo que estamos presenciando neste momento mudará, e nos dará a oportunidade de praticar a aceitação do que surgirá no momento seguinte. É evidente que há sabedoria no cultivo da aceitação.

7. Soltar

Dizem que na Índia há uma maneira particularmente astuta de capturar macacos. Segundo a história, os caçadores pegam um coco e fazem nele um buraco que deixe passar apenas a mão estendida de um macaco. Na outra extremidade fazem dois pequenos furos por onde passam um arame, e assim prendem o coco ao pé de uma árvore. Em seguida, inserem uma banana dentro do coco e se escondem. O macaco desce da árvore, põe a mão dentro do coco e agarra a banana. Mas o buraco foi feito de tal modo que a mão aberta consegue entrar, mas o punho fechado não consegue sair. Tudo o que o macaco precisa fazer para se libertar é soltar a banana. Mas parece que a maioria dos macacos não solta.

Muitas vezes, nossa mente nos aprisiona de modo muito semelhante, apesar de toda a nossa inteligência. Por essa razão, o cultivo da atitude de "soltar", ou o não apego, é fundamental para a prática de mindfulness. Quando começamos a prestar atenção à nossa experiência interior, logo descobrimos que há certos pensamentos, sentimentos e situações aos quais a mente parece querer se agarrar. Se forem agradáveis, tentamos prolongar esses pensamentos, sentimentos ou situações, fazê-los perdurar, evocá-los repetidas vezes.

Da mesma forma, há muitos pensamentos, sentimentos e experiências que queremos evitar, ou dos quais tentamos nos livrar por serem de algum modo desagradáveis, dolorosos, ou assustadores. Queremos nos proteger deles.

Na prática de meditação intencionalmente deixamos de lado a tendência a valorizar alguns aspectos de nossa experiência e rejeitar outros. Em vez disso, simplesmente deixamos nossa experiência ser o que é, observando-a de momento a momento. O desapego é uma forma de deixar as coisas serem como são, de aceitar as coisas como são. Quando observamos nossa mente se apegando a algumas coisas ou rejeitando outras, devemos nos lembrar de abrir mão desses impulsos, de modo intencional, só para ver o que acontece. Ao perceber que estamos julgando nossa experiência, abrimos mão desses julgamentos. Nós os reconhecemos, e simplesmente não os acompanhamos. Deixamos de lado esses julgamentos e, ao fazê-lo, abrimos mão deles. Da mesma maneira, quando surgirem pensamentos sobre o passado ou o futuro, abrimos mão deles. Apenas observamos, permanecendo na própria consciência.

Se for especialmente difícil nos libertarmos de alguma coisa porque ela nos domina, exerce um controle muito forte sobre nossa mente, podemos dirigir a atenção para a sensação de "controle". Controlar, ou "agarrar-se", é o oposto de abrir mão, soltar. Podemos nos tornar especialistas em nossos próprios apegos (sejam quais forem) e nas suas consequências.

2 | Os fundamentos da prática de atenção plena (mindfulness):

Podemos também perceber como são os momentos em que finalmente nos desapegamos e as consequências disso. Em última instância, a disposição de olhar para o modo como exercemos o apego mostra muito acerca da experiência do seu oposto. Assim, quer consigamos ou não nos desapegar, mindfulness continua nos ensinando, se estivermos dispostos a observar.

"Soltar" não é uma experiência tão desconhecida. Fazemos isso todas as noites quando vamos dormir. Deitamos numa superfície macia com as luzes apagadas em um local silencioso e soltamos nossa mente e corpo. Se você não consegue se soltar, não consegue dormir.

A maioria de nós já viveu momentos em que a mente simplesmente não desliga quando deitamos na cama. Este é um dos primeiros sinais de estresse elevado. Nessas ocasiões, talvez não seja possível nos libertar de certos pensamentos porque sua influência sobre nós é muito poderosa. Se tentarmos nos forçar a dormir, as coisas só pioram. Portanto, se você consegue dormir, já é um especialista em "soltar". Agora só precisa praticar essa habilidade quando está desperto.

※

Além desses sete elementos atitudinais básicos da prática de mindfulness, existem outras qualidades da mente e do coração que também contribuem para ampliar e aprofundar a incorporação de mindfulness em nossa vida. Estas incluem o cultivo das atitudes de **não causar danos, generosidade, gratidão, tolerância, perdão, bondade, compaixão, alegria empática e equanimidade**. De inúmeras maneiras, estas qualidades estão ligadas às sete que acabamos de examinar, e surgem naturalmente a partir delas e do hábito de prestar atenção ao modo como nos comportamos diante de circunstâncias difíceis. O poder subjacente dessas atitudes é facilmente revelado se as testarmos, sobretudo nos momentos fáceis e relativamente sem estresse. Uma forma de fazer isso é simplesmente se lembrar delas na medida do possível, percebendo como é difícil entrar em contato com a nossa gratidão, com nossos impulsos de generosidade, com nossa inclinação à gentileza, especialmente em relação a nós mesmos... Em outras palavras, procure tomar consciência da nossa tendência a lutar, da nossa **falta** de confiança, paciência, generosidade, bondade, alegria empática ou equanimidade em momentos decisivos. Estar consciente da desconfiança ou impaciência ou apego em vez de desapego, ou de causar danos em vez de não causar, ou de um foco em si mesmo tomando o lugar da generosidade – tudo isso é mindfulness. E é a partir do cultivo intencional da consciência não julgadora (mindfulness) que uma mudança pode lentamente emergir. Pouco a pouco, a tendência é voltar-se para qualidades até mais virtuosas, de maior vastidão, e que já existem em nós pelo fato de sermos humanos. Podemos então perceber o quanto elas "afetam a qualidade do dia", nas famosas palavras de Thoreau.*

COMPROMISSO, AUTODISCIPLINA E INTENCIONALIDADE

O cultivo intencional das atitudes de não julgar, paciência, confiança, mente de principiante, não lutar, aceitação e soltar favorecerão e aprofundarão muito o envolvimento com as práticas de meditação encontradas nos capítulos seguintes.

Além dessas atitudes, é preciso trazer para a prática um tipo específico de energia ou **motivação**. Mindfulness não acontecerá por si mesmo só porque você decidiu que é uma boa ideia estar mais consciente das coisas. Para desenvolver uma prática meditativa sólida e alto grau de mindfulness, é essencial assumir o firme compromisso de trabalhar sobre si mesmo e ter suficiente autodisciplina para perseverar ao longo do processo.

Na sala de aula de MBSR a regra básica é que todos pratiquem. Ninguém assiste de camarote. Não permitimos a entrada de nenhum observador ou cônjuge, a menos que estejam dispostos a meditar exatamente como os pacientes o fazem, ou seja, 45 minutos por dia, seis dias por semana. Médicos, estudantes de medicina, terapeutas, enfermeiros e outros profissionais de saúde que passam pelo programa como parte de um estágio de capacitação,** todos têm de concordar em praticar a meditação no mesmo esquema dos pacientes. Sem essa vivência pessoal, é impossível ter uma verdadeira compreensão da experiência dos pacientes e do esforço necessário para trabalhar com as energias da mente e do corpo.

O espírito de compromisso obrigatório que solicitamos de nossos pacientes durante as oito semanas no programa MBSR é semelhante

---

* "Afetar a qualidade do dia, esta é a mais elevada das artes." Thoreau, H. D. *Walden*. New York: Modern Library; 1937:81.
** Atualmente chamado de *Practicum* (estágio prático supervisionado, N.T.)

ao exigido no treinamento atlético. O atleta que está treinando para um evento específico não pratica apenas quando ele ou ela sente vontade, por exemplo, apenas quando o tempo está bom, ou quando há outras pessoas para lhe fazer companhia, ou quando surge um tempinho para encaixar uma sessão de treino. O atleta treina regularmente, todos os dias, faça chuva ou faça sol, sentindo-se bem ou não, quer o objetivo pareça valer a pena ou não naquele dia.

Incentivamos os pacientes a desenvolver a mesma atitude. Conforme já mencionamos, dizemos desde o início: "Você não precisa gostar da prática; apenas tem de praticar. Quando as oito semanas terminarem, então poderá nos dizer se valeu a pena ou não. Por enquanto, simplesmente continue praticando".

O sofrimento dos pacientes e a possibilidade de fazerem, eles mesmos, algo para melhorar sua saúde costumam ser motivação suficiente para que os inscritos no MBSR invistam uma boa medida de compromisso pessoal, ao menos durante as oito semanas do programa. Para a maioria é uma experiência nova estar em um treinamento intensivo de corpo e mente, tendo de trabalhar de modo sistemático dentro do domínio do ser. A disciplina requer que as pessoas reorganizem um pouco suas vidas em torno do programa de treinamento. É preciso uma mudança imediata e importante no estilo de vida até para reservar o tempo de 45 minutos das práticas formais de meditação diária e, além disso, para introduzir mindfulness aos poucos na vida cotidiana.

Esse tempo não aparece por magia na vida de ninguém. Você tem de reorganizar sua agenda, suas prioridades e planejar como liberará tempo para praticar. Esse é um motivo pelo qual a entrada no programa de redução de estresse pode aumentar, a curto prazo, o estresse na vida de uma pessoa.

Os professores da clínica consideram a prática de meditação parte integrante de sua própria vida e crescimento pessoal. Assim, não pedimos aos pacientes para fazerem algo que nós próprios não fazemos regularmente. Sabemos o que estamos pedindo porque fazemos a mesma coisa. Conhecemos o esforço necessário para criar espaço na vida para a prática de meditação, e sabemos o valor de viver dessa maneira. Ninguém jamais é chamado a participar da equipe da clínica sem um histórico de muitos anos de meditação e uma sólida prática diária. As pessoas encaminhadas para a clínica sentem que o que pedimos a elas não é algo "paliativo", mas um "treinamento avançado" para mobilizar seus recursos internos profundos de restabelecimento e enfrentamento das situações. Poderia ser considerado um treinamento avançado na arte de viver. Nosso próprio compromisso com a prática, na condição de instrutores de MBSR, comunica sem palavras a convicção de que a trajetória que estamos convidando os pacientes a fazer é uma verdadeira aventura de vida, na qual podemos embarcar juntos e perseverar ao longo das oito semanas do programa MBSR. Essa sensação de envolvimento em uma busca comum torna muito mais fácil para todos manter a disciplina da prática diária. Em última análise, no entanto, estamos pedindo até mais (de nossos pacientes e de nós mesmos) do que apenas um tempo para a prática diária formal de meditação. Isso porque seu potencial só pode ser utilizado quando fazemos da prática uma "maneira de ser". A verdadeira prática de mindfulness é viver a vida de momento a momento, em todas as atividades, sob quaisquer circunstâncias. Mesmo as oito semanas de MBSR são apenas um começo. Vemos o programa MBSR como uma plataforma de lançamento em direção ao resto de nossa vidas. Tal é a importância do cultivo contínuo de mindfulness e sua incorporação na vida diária.

Para sondar esse poder, recomendamos que reserve um determinado período de tempo para a prática – todos os dias, ou pelo menos seis dias por semana, durante no mínimo oito semanas consecutivas. Reservar esse tempo para si mesmo todos os dias já é uma mudança de vida profunda e muito positiva. Na maior parte dos casos, nossa vida é tão complexa e nossa mente tão ocupada e agitada que é necessário, especialmente no início, resguardar e apoiar a prática de meditação reservando um tempo especial para ela e, se possível, um lugar especial da casa onde você se sinta bem confortável e realmente "em casa" enquanto pratica.

Esse tempo precisa ser resguardado de interrupções e outros compromissos, de modo que você possa apenas ser você mesmo, sem ter de fazer nada, nem responder a nada. Embora nem sempre seja possível organizar as coisas dessa maneira, será altamente benéfico se você conseguir fazê--lo. Um sinal do seu compromisso é quando você se dispõe a desligar os diversos aparelhos eletrônicos enquanto pratica.* É um grande desapego (inclusive de si mesmo) estar em casa apenas na própria companhia durante tais momentos. Esse ato simples pode proporcionar grande paz.

Após assumir consigo mesmo o compromisso de praticar dessa forma, a autodisciplina entra em cena para colocar a determinação em prática. Comprometer-se com metas que servem ao próprio interesse é fácil. Mas a medida real do seu compromisso é evidenciada quando você permanece no caminho que escolheu mesmo diante dos eventuais obstáculos e quando não vê "resultados" imediatos. É aqui que entra a intencionalidade consciente, o propósito de praticar com a determinação de um atleta – quer sinta vontade ou não em determinado dia, quer seja conveniente ou não.

A prática formal regular de meditação não é tão difícil como talvez pareça, quando se toma a decisão de fazê-la e se escolhe um horário apropriado. A maioria das pessoas já tem, até certo ponto, uma disciplina interna. Servir o jantar todas as noites requer disciplina. Levantar de manhã e sair para trabalhar requer disciplina. E reservar um tempo para si mesmo também. Você não será pago para fazer isso. É provável que não se inscreva num programa MBSR em que sabe que todos estão praticando e, portanto, sente a pressão social de fazer a sua parte. Você terá de fazê-lo por razões melhores do que essas. Talvez a vontade de funcionar melhor sob pressão, ou ser mais saudável e sentir-se melhor, ou ser mais tranquilo, autoconfiante e feliz sejam razões suficientes. Em última instância, você terá de decidir por si mesmo qual a motivação para assumir esse compromisso.

Algumas pessoas resistem à ideia de dedicar tempo a si mesmas. Pelo menos nos Estados Unidos, a ética puritana deixou um legado de culpa quando fazemos algo por nós mesmos. Algumas pessoas ouvem uma voz

---

* Nesse processo, usando atenção plena, você talvez perceba como isso pode ser difícil, e como sua mente fica quase o tempo todo querendo ver os *e-mails*, ou mensagens de texto, ou entrar no Twitter. Talvez você perceba como estamos viciados nos aparelhos eletrônicos e nessa conectividade de 24 horas por dia, que nos mantém sempre disponíveis e imediatamente receptivos a todas as pessoas. Agarramo-nos a esses aparelhos como se fossem tubos de oxigênio necessários para nos manter vivos e, nesse processo, podemos perder cada vez mais o contato com nós mesmos e com os momentos que temos. E assim, ironicamente, algumas das conexões mais importantes – ou seja, a ligação com nosso eu mais profundo, com nosso corpo e com a experiência do momento presente – podem ficar bastante obscurecidas.

interna dizendo que isso é egoísmo, ou que elas não são merecedoras desse tempo e energia. Em geral, essa voz costuma ser reconhecida como uma mensagem que receberam na infância: "Viva para os outros, não para si mesmo", "Ajude os outros; não pense demais em si mesmo".

Se você não sente que merece reservar tempo para si mesmo, por que não olhar para isso como parte de sua prática de mindfulness? De onde surgem esses sentimentos? Quais são os pensamentos por trás deles? Você consegue observá-los com aceitação? Eles correspondem à realidade?

Com certeza sua capacidade de ajudar os outros de modo eficaz (se você acredita que isso é importante) depende diretamente do seu grau de equilíbrio. Reservar tempo para "afinar" seu próprio instrumento e recuperar suas reservas de energia dificilmente pode ser considerado um gesto egoísta. **Inteligente** seria uma descrição mais apropriada.

Felizmente, ao começar a praticar mindfulness, a maioria das pessoas logo supera a ideia de que tirar tempo para si é "egoísmo" ou "narcisismo". Elas começam a perceber que o tempo que reservam só para "ser" faz uma enorme diferença; melhora sua qualidade de vida e sua autoestima, bem como seus relacionamentos.

Sugerimos que cada um descubra o melhor horário para praticar. O meu é de manhã cedo. Gosto de levantar cerca de uma hora mais cedo para meditar e fazer yoga. Gosto da quietude desse momento. Sinto-me muito bem por estar desperto e não ter mais nada para fazer (por força de um trato comigo mesmo) exceto permanecer no presente, estar com as coisas como elas são, com a mente aberta e atenta – e ficar longe da internet e de todos os aparelhos eletrônicos, por mais forte que seja sua influência. Sei que o telefone não tocará nesse horário. Sei que o resto da família está dormindo, de modo que minha prática de meditação não está roubando o tempo dedicado a ela. Quando nossos filhos eram pequenos, durante anos, o caçula sempre parecia sentir quando havia energia desperta na casa, qualquer que fosse a hora. Assim, houve períodos em que tive de antecipar minha prática para as quatro horas da manhã a fim de garantir algum tempo ininterrupto. Quando ficaram mais velhos, às vezes eles meditavam ou faziam yoga comigo. Nunca os forcei. Era simplesmente algo que papai fazia, de modo que era natural que quisessem saber e fazer comigo de vez em quando.

2 | Os fundamentos da prática de atenção plena (mindfulness):

Para mim, praticar meditação e yoga de manhã cedo sempre tem uma influência positiva no resto do dia. Quando começo o dia permanecendo na quietude, repousando na consciência, habitando e, portanto, nutrindo o domínio do ser, e cultivando algum grau de calma e concentração, parece que fico mais atento e relaxado também no restante do dia, e mais capaz de reconhecer o estresse e lidar com ele com maior eficiência. Quando entro em sintonia com meu corpo e o movimento com gentileza, alongando as articulações e sentindo os músculos, meu corpo se sente mais vivo e vibrante do que nos dias em que não faço isso. Além disso, fico muito mais sensível às condições do meu corpo naquele dia e sei o que inspira cuidados – por exemplo, a parte inferior das costas ou meu pescoço, se naquela manhã apresentarem mais rigidez ou dor.

Alguns de nossos pacientes gostam de praticar de manhã cedo, mas muitos não gostam ou não podem. Deixamos que cada indivíduo faça experiências com os horários de prática e escolha o que cabe melhor em sua agenda. No entanto, praticar tarde da noite não é recomendável no início, porque é muito difícil manter a atenção alerta necessária quando se está cansado.

Nas primeiras semanas do programa de redução de estresse, muitas pessoas têm dificuldade de permanecer despertas quando fazem o escaneamento corporal (ver Capítulo 5), mesmo ao fazê-lo durante o dia, porque ficam muito relaxadas. Quando me sinto sonolento ao acordar de manhã, lavo meu rosto com água fria até sentir que realmente acordei. Não convém meditar atordoado. É preciso estar alerta. Isso pode soar um pouco radical, mas na verdade estou apenas afirmando a importância de estar desperto antes de começar um período de prática formal. É bom lembrar que mindfulness tem a ver com estar plenamente desperto. Não se pode cultivar atenção plena relaxando ao ponto de ser dominado pela inconsciência e o sono. Assim, recomendamos que se faça todo o necessário para despertar, nem que seja um banho frio.

A força de sua prática de meditação será proporcional à sua motivação para dissipar a névoa de sua própria falta de consciência. Quando você está nesse nevoeiro, é difícil lembrar a importância de praticar mindfulness e é difícil seguir as orientações atitudinais. Confusão, fadiga, depressão e ansiedade são estados mentais poderosos que podem comprometer suas melhores intenções de praticar regularmente. É fácil ser enredado e depois ficar preso nesses estados, sem sequer se dar conta.

É nesse momento que seu compromisso com a prática tem o máximo valor. Ele o mantém envolvido no processo. O impulso da prática regular ajuda a manter certa estabilidade mental e resiliência, mesmo quando você se sentir sob uma tremenda pressão de fazer as coisas, ou quando estiver passando por estados de agitação, confusão, falta de clareza e procrastinação. Na verdade, essas são as horas mais proveitosas para a prática – não para se livrar de sua confusão ou seus sentimentos, mas simplesmente para ter consciência deles e aceitá-los.

※

A maioria das pessoas que vêm à Clínica de Redução de Estresse, seja qual for o seu problema médico, diz estar aqui, na verdade, para obter paz de espírito. Esse é um objetivo compreensível, dada sua dor mental e física. Mas para ter paz mental, as pessoas têm de acalentar uma visão daquilo a que realmente almejam para si mesmas e manter essa aspiração viva diante das dificuldades, obstáculos e reveses internos e externos.

Eu costumava pensar que a prática da meditação era em si tão poderosa e tão curativa que, se realizada com dedicação e regularidade, levaria a mudanças e crescimento. Mas com o tempo aprendi que é necessário também ter algum tipo de visão. Talvez uma visão do que, ou de quem, você poderia ser se visse com mais clareza como sua própria mente limita as possibilidades de crescimento – ou quais seriam as capacidades de seu corpo, caso aceitasse e aprendesse a trabalhar dentro das limitações do momento. Essa visão ou aspiração pessoal pode ser essencial para permitir que atravesse os inevitáveis períodos de baixa motivação e dê continuidade à prática.

Para alguns, essa visão poderia ser de vitalidade e saúde. Para outros, poderia ser de relaxamento, ou gentileza, calma, harmonia ou sabedoria. Sua visão deve corresponder ao que você considera mais fundamental para sua capacidade de ser a melhor versão de si mesmo, estar em paz consigo, ser totalmente integrado enquanto pessoa, ser inteiro.

O preço da inteireza é nada menos do que um compromisso total com o reconhecimento de sua inteireza intrínseca e uma crença inabalável em sua capacidade de incorporá-la a qualquer momento. Em nossa opinião, você já é perfeito assim como é, no sentido de já ser perfeitamente quem você é, incluindo todas as imperfeições. O momento presente é o momento perfeito para se abrir a essa dimensão do seu ser, para incorporar a dimensão total do que você já é na consciência. Carl Jung colocou desta forma: "A obtenção da inteireza exige a plena participação de todo o nosso ser. Menos do que isso não resolve, não há condições mais fáceis, não há substitutos, nenhum meio termo".

Com esta perspectiva em vista, e mais aquelas atitudes que são úteis de se cultivar em nossa prática meditativa, estamos agora prontos para explorar a prática em si.

3

O Poder da Respiração: Um Inesperado Aliado no Processo de Cura

Poetas e cientistas sabem que nosso organismo pulsa com os ritmos de nossa ancestralidade. O ritmo e a pulsação são intrínsecos a toda a vida: do batimento dos cílios bacterianos, passando pelos ciclos alternados da fotossíntese e da respiração nas plantas, aos ritmos circadianos de nosso próprio corpo e sua bioquímica. Esses ritmos do mundo vivo estão integrados aos ritmos mais amplos do próprio planeta: o fluxo e refluxo das marés, os ciclos do carbono, do nitrogênio e do oxigênio na biosfera, a alternância de dia e noite e das estações. Nosso próprio corpo está unido ao planeta em uma troca rítmica contínua conforme a matéria e a energia circulam nos dois sentidos entre o nosso corpo e o que chamamos de "meio ambiente". Alguém uma vez calculou que, em média, a cada sete anos todos os átomos de nosso corpo são substituídos por outros que vêm de fora. Isto em si merece reflexão. O que sou eu se apenas uma pequena parte da substância de meu corpo se mantém a mesma em qualquer década de minha vida?

Uma das maneiras pelas quais essa troca de matéria e energia acontece é a respiração. Em cada inspiração trocamos moléculas de dióxido de carbono do nosso corpo por moléculas de oxigênio do ar circundante. A eliminação de resíduos acontece a cada expiração; a renovação, a cada inspiração. Se esse processo for interrompido por mais de alguns minutos, o cérebro fica carente de oxigênio e sofre danos irreversíveis. E, é claro, sem respirar nós morremos.

A respiração conta com um parceiro muito importante em seu trabalho, ou seja, o coração. Pense nisso: durante toda a nossa vida esse músculo surpreendente nunca para de bombear. Começa a bater dentro de nós muito antes do nascimento e simplesmente continua a bater, dia após dia, ano após ano, sem nenhuma pausa, sem nenhum descanso, por toda a nossa vida. E pode até mesmo ser mantido vivo por meios artificiais algum tempo depois de nossa morte. Tal como acontece com a respiração, o batimento cardíaco é um ritmo fundamental da vida. O coração bombeia o sangue que vem rico em oxigênio dos pulmões (através das artérias e capilares menores) para todas as células do corpo, fornecendo a elas o oxigênio de que necessitam para funcionar. À medida que as hemácias entregam o oxigênio, elas também levam embora o dióxido de carbono, que é o maior produto residual de todos os tecidos vivos. O dióxido de carbono é então transportado de volta para o coração por meio das veias, e de lá é bombeado para os pulmões, onde é descarregado na atmosfera durante a expiração. Isto é seguido por outra inspiração, que novamente oxigena as moléculas portadoras da hemoglobina e que circularão pelo corpo inteiro na próxima contração do coração. Este é literalmente o pulsar da vida em nós, o ritmo do mar primordial internalizado, o fluxo e o refluxo de matéria e energia em nosso corpo.

Respiramos desde o momento em que nascemos até o momento em que morremos. O ritmo de nossa respiração varia consideravelmente em função de nossas atividades e nossos sentimentos. Ela acelera com o esforço físico ou a perturbação emocional, e diminui durante o sono ou nos períodos de relaxamento. A título de experiência, tente tomar consciência da respiração quando estiver animado, zangado, surpreso e relaxado. Perceba como o ritmo muda. Às vezes a nossa respiração é muito regular. Outras vezes é irregular, difícil até.

Temos certo grau de controle consciente sobre a respiração. Se quisermos, podemos segurar a respiração por um curto tempo ou controlar de modo voluntário a velocidade e profundidade com que respiramos.

Entretanto, seja lenta ou rápida, controlada ou livre, a respiração prossegue dia e noite, ano após ano, em todas as experiências e estágios da nossa vida. Em geral, não lhe damos valor. Não prestamos nenhuma atenção à nossa respiração, a menos que algo nos impeça de respirar normalmente – ou quando começamos a meditar.

A respiração desempenha um papel importantíssimo na meditação e no processo curativo. Ela é uma aliada e mestra de incrível poder na prática da meditação, embora as pessoas que não aprenderam a meditar não lhe deem importância e não tenham interesse por ela.

É especialmente proveitoso focar nas pulsações fundamentais do corpo durante a meditação, já que estão intimamente conectadas à experiência de estar vivo. Embora em teoria pudéssemos nos concentrar nas batidas do coração em vez de na respiração, é muito mais fácil ter consciência da respiração. O fato de se tratar de um processo rítmico em constante mudança faz com que a respiração seja ainda mais valiosa para nós. Ao colocar o foco na respiração ao meditar, aprendemos logo de início a nos acostumar com mudanças. Percebemos que temos de ser flexíveis. Precisamos aprender a atentar para um processo que não apenas circula e flui, mas também responde ao nosso estado emocional, alterando seu ritmo, às vezes de modo bastante drástico.

Nossa respiração tem a virtude adicional de ser um processo muito conveniente para dar continuidade à consciência na vida diária. Enquanto estamos vivos, ela está sempre conosco. Não podemos sair de casa sem ela. Está sempre aqui à disposição, não importa o que estivermos fazendo, sentindo ou experimentando, não importa o lugar onde estejamos. Entrar em sintonia com a respiração nos traz diretamente para o aqui e agora. A respiração ancora de imediato nossa consciência no corpo, num processo vital fundamental, rítmico, de fluxo.

Algumas pessoas têm dificuldade de respirar quando ficam ansiosas. Sua respiração se torna cada vez mais rápida e superficial, e acabam hiperventiladas, ou seja, não recebem oxigênio suficiente e expelem demasiado dióxido de carbono. Isso traz sensações de tontura, acompanhadas muitas vezes de certa pressão no peito. Quando de repente você sente que não está recebendo ar suficiente, vem uma irresistível onda de medo ou pânico. É claro que entrar em pânico dificulta ainda mais o controle da respiração.

As pessoas que passam por episódios de hiperventilação podem pensar que estão tendo um ataque cardíaco e que vão morrer. Na verdade, o pior que pode acontecer é um desmaio, que já é bastante perigoso. Mas desmaiar é a forma pela qual o corpo quebra o círculo vicioso que começa quando você não consegue respirar, o que leva ao pânico, que leva a uma sensação mais forte de não conseguir respirar. Quando desmaiamos, nossa respiração volta ao normal por conta própria. Se não conseguimos controlar a respiração, o corpo e o cérebro fazem isso por nós, se necessário, causando um curto-circuito na consciência por alguns momentos.

Os pacientes que sofrem de hiperventilação e são enviados à Clínica de Redução de Estresse são convidados, com todos os outros, a se concentrar na respiração, primeiro passo para entrar na prática formal de meditação. Para muitos, só pensar em focar no processo respiratório já produz ansiedade. Pode ser muito difícil **observar** a respiração sem tentar regulá-la. Mas, com perseverança, a maioria recupera a confiança na respiração à medida que se familiariza com ela na prática da meditação.

Gregg, um bombeiro de 37 anos, chegou à clínica, encaminhado por seu psiquiatra, com histórico de um ano de episódios de hiperventilação e tratamentos medicamentosos malsucedidos para a ansiedade. O problema começou quando ele se viu cercado por fumaça num prédio em chamas. Daquele dia em diante, sempre que tentava colocar a máscara contra gás para entrar numa construção em chamas, sua respiração ficava rápida e superficial e ele não conseguia vestir a máscara. Inúmeras vezes fora tirado às pressas de incêndios e levado para a sala de emergência do hospital local com suspeita de ataque cardíaco. Mas o diagnóstico era sempre de hiperventilação. Quando foi encaminhado à Clínica de Redução de Estresse, há mais de um ano já não conseguia entrar em um edifício para combater incêndios.

Na primeira aula, Gregg e sua turma foram apresentados ao método fundamental de observar a respiração. Assim que começou a se concentrar nas sensações corporais do ar entrando e saindo, sentiu crescer a ansiedade. Gregg relutou em sair correndo da sala, então esperou e conseguiu de alguma forma chegar até o fim da sessão. Ele também conseguiu se obrigar a praticar todos os dias daquela semana, principalmente por desespero, apesar do desconforto e do medo. Aquela primeira semana praticando o escaneamento corporal – que, como veremos em breve, requer muito foco na respiração – foi uma tortura para ele. Cada vez que entrava em contato com a respiração, sentia-se péssimo, como se a respiração fosse um inimigo. Ele a via como uma força pouco confiável e potencialmente incontrolável, que já inviabilizara seu trabalho, alterando assim o relacionamento com seus colegas bombeiros e sua visão de si como homem.

No entanto, após duas semanas de um trabalho tenaz com a respiração durante o escaneamento corporal, ele descobriu que conseguia pôr a máscara e entrar em edifícios em chamas novamente.

Gregg descreveu para o grupo como essa surpreendente mudança aconteceu. Ao passar tempo observando a respiração, sua confiança nela foi aumentando. Embora não se desse conta no início, ele conseguia relaxar um pouco durante o escaneamento corporal e, conforme relaxava, seus sentimentos acerca da respiração começaram a mudar. Ao permanecer simplesmente observando o ar que entrava e saía, enquanto movia o foco da atenção por todo o corpo, passou a conhecer de fato qual era a sensação da respiração. Além disso, descobriu que estava menos preso em seus pensamentos e medos sobre a respiração. A partir da própria experiência direta, percebeu que a respiração não era uma inimiga e que era possível até mesmo usá-la para relaxar.

Para Gregg não foi um grande salto começar a praticar a consciência da respiração em outros momentos do dia e usá-la para se acalmar onde quer que estivesse. Um dia ocorreu-lhe fazer a experiência durante um incêndio. Ele saía com os caminhões de bombeiro em algumas ocasiões, mas só conseguia fazer atividades de apoio. Ao colocar a máscara, ele se propôs a focar na respiração, observando-a, deixando-a ser como era, aceitando a sensação da máscara no rosto enquanto a colocava, assim como havia trabalhado com a aceitação da respiração e de quaisquer sensações presentes durante o escaneamento corporal em casa. E descobriu que estava tudo bem.

Daquele dia em diante, Gregg conseguiu colocar a máscara e trabalhar sem entrar em pânico ou hiperventilar. Em diversos momentos, nos três anos que se seguiram ao programa, ele temeu ficar aprisionado em locais fechados e cheios de fumaça. Entretanto, quando isso acontecia, Gregg tomava consciência do medo, reduzia o ritmo respiratório e mantinha o equilíbrio mental. Nunca mais teve episódios de hiperventilação.

3 | O poder da respiração: um inesperado aliado no processo de cura

A maneira mais fácil e eficiente de começar a cultivar mindfulness como prática formal de meditação é simplesmente focar a atenção na respiração e ver o que acontece enquanto você mantém essa atenção, exatamente como fizemos no Capítulo 1, mas por um período maior do que três minutos. Há diversas partes do corpo em que podemos focar a atenção nas sensações associadas à respiração. As narinas, certamente, são uma delas. Se estiver observando a respiração nesse ponto, você deve focar nas sensações nas narinas à medida que o ar entra e sai. Outra parte é o tórax, conforme ele contrai e se expande. E outra ainda é o abdômen que, se estiver relaxado, dilata e se retrai a cada entrada e saída do ar.

Qualquer que seja o ponto escolhido, a ideia é tomar consciência das sensações que acompanham a respiração naquele ponto específico e sustentá-las no primeiro plano da consciência de momento a momento. Ao fazer isso, **sentimos** o ar que entra e sai pelas narinas, **sentimos** o movimento dos músculos associados com a respiração, **sentimos** o abdômen que se expande e retrai.

Prestar atenção à respiração significa apenas prestar atenção. Nada mais. Não implica "controlar" ou forçar a respiração, nem torná-la mais profunda, nem mudar seu padrão ou ritmo. O ar vem entrando e saindo do seu corpo há vários anos, e é provável que jamais tenha pensado nisso. Não há necessidade de tentar exercer **controle** apenas por ter decidido prestar atenção. Na verdade, tentar controlar a respiração é contraproducente. O esforço que fazemos ao prestar atenção na respiração é simplesmente o de estar em contato com a **sensação** de cada inspiração e cada expiração. Outra possibilidade é estar consciente da sensação da respiração no momento em que o fluxo se inverte.

Outro erro comum que as pessoas cometem, ao ouvir pela primeira vez as instruções sobre a respiração durante a meditação, é supor que estamos dizendo para que **pensem** na respiração. Isso é totalmente incorreto. Focar na respiração não implica pensar sobre a respiração! Pelo contrário, significa **tomar consciência** da respiração **sentindo** as sensações associadas a ela, e **estando atento** às mudanças nas características dessas sensações respiratórias.

No programa MBSR em geral focamos nas sensações da respiração no abdômen, e não nas narinas ou no peito. Em parte porque isso tende a ser muito relaxante e calmante nos primeiros estágios da prática. Todos os profissionais que utilizam de modo especial a respiração como parte de seu trabalho – cantores de ópera, instrumentistas de sopro, bailarinos, atores e artistas marciais – conhecem o valor da respiração abdominal e de "aterrissar", ou ancorar, sua consciência nessa região. Eles sabem por experiência própria que terão mais fôlego e melhores condições de modular a respiração se ela for abdominal.

O foco na respiração abdominal pode ser calmante. Assim como a superfície do oceano tende a ser agitada quando o vento está soprando, as "condições atmosféricas" em sua própria mente podem influenciar as ondas da respiração. A respiração tende a ser reativa e agitada quando o ambiente externo ou o ambiente interno não estão calmos e pacíficos. No caso do oceano, se você descer três ou quatro metros, haverá apenas uma ondulação suave; ali reinará a calma, mesmo que a superfície esteja agitada. Da mesma maneira, quando focamos na respiração no baixo ventre, estamos entrando em contato com uma região do corpo distante da cabeça e, portanto, bem abaixo das agitações da mente pensante. Existe ali uma calma intrínseca. Assim, a sintonia com a respiração na barriga é uma forma valiosa de reestabelecer calma interna e equilíbrio frente a uma perturbação emocional ou quando a mente está muito agitada.

Na meditação a respiração pode servir como uma âncora confiável e sempre presente para sua atenção. Ao entrar em contato com as sensações da respiração no corpo, mergulhamos abaixo da superfície agitada da mente e encontramos relaxamento, calma e estabilidade, sem ter de mudar absolutamente nada. Pode haver agitação e inquietação na superfície da mente, assim como há ondas e turbulência na superfície da água durante as tempestades, porém, ao repousar na consciência das sensações da respiração, mesmo por alguns momentos, saímos do alcance dos ventos e somos protegidos da trepidação das ondas e de seus efeitos que causam tensão. Esse é um modo extremamente eficaz de reconexão com o potencial de calma dentro de nós. A estabilidade geral da mente melhora, mesmo em momentos muito difíceis, quando mais precisamos de equilíbrio e clareza mental.

3 | O poder da respiração: um inesperado aliado no processo de cura

Quando, em qualquer momento, você faz contato com a parte de sua mente que já está calma e estável, a perspectiva muda imediatamente. Você consegue enxergar as coisas com mais clareza e agir a partir do equilíbrio interno em vez de ser jogado de um lado para o outro pelas agitações da mente. Este é um motivo pelo qual focar na respiração abdominal é tão útil. O abdômen é literalmente o centro de gravidade do corpo, bem abaixo da cabeça e do tumulto da mente pensante. Por esse motivo, "fazemos amizade" com a barriga desde o início, como uma aliada para estabelecer calma e consciência. Mas o que realmente queremos é fazer amizade com a própria consciência. Estamos nos tornando íntimos dessa profunda capacidade, que é uma dimensão inata e inestimável da vida humana. Estamos aprendendo a **habitar** a consciência e corporificar a consciência de momento a momento, de respiração a respiração.

Qualquer momento do dia em que levarmos a atenção à respiração dessa maneira se tornará um momento de consciência meditativa. É um modo eficaz de prestar atenção ao presente e se orientar em relação ao corpo e aos sentimentos, não apenas quando meditamos, mas também enquanto vivemos.

Quando você praticar mindfulness da respiração, talvez descubra que fechar os olhos ajuda a aprofundar a concentração. No entanto, não é necessário meditar sempre com os olhos fechados. Se decidir mantê-los abertos, deixe o olhar desfocado pousar na superfície à sua frente, ou no chão, e mantenha-o estável, mas sem olhar fixamente. Para sentir a respiração, utilize o mesmo tipo de sensibilidade que usamos ao comer as passas, conforme descrito no Capítulo 1. Em outras palavras, esteja consciente do que você está realmente sentindo de momento a momento. Mantenha a atenção na respiração durante toda a duração de cada inspiração e de cada expiração, tanto quanto possível. Quando perceber que a mente divagou e não está mais presente às sensações da respiração, apenas observe **o que** está em sua mente nesse momento e, então, com gentileza e firmeza, traga a atenção de volta à respiração no abdômen.

RESPIRAÇÃO DIAFRAGMÁTICA

Muitos de nossos pacientes sentiram os benefícios de respirar de um modo específico, que envolve o relaxamento do abdômen. Ele é conhecido como respiração diafragmática. Talvez este já seja (ou não) o modo como você respira. Se não for, à medida que tomar consciência de seu padrão respiratório, quando se concentrar em seu abdômen, talvez se perceba respirando naturalmente dessa maneira, porque ela é mais lenta e profunda do que a respiração peitoral, que tende a ser rápida e superficial. Se observar como as crianças pequenas respiram, verá que utilizam a respiração diafragmática. É assim que começamos a respirar quando somos bebês.

A respiração diafragmática seria melhor descrita como respiração abdominal ou da barriga, porque todos os padrões respiratórios envolvem o diafragma. Para visualizar esta forma particular de respiração, é muito útil saber um pouco a cerca de como seu corpo inspira o ar e o expele para fora dos pulmões.

O diafragma é uma grande camada de músculos em forma de guarda-chuva aderida a toda a extremidade inferior da caixa torácica. Ele separa os conteúdos do tórax (coração, pulmões e grandes vasos sanguíneos) dos conteúdos do abdômen (estômago, fígado, intestinos, etc.). Ao se contrair, ele se enrijece e desce (ver Figura 1), porque está ancorado ao longo de toda a borda da caixa torácica. Esse movimento descendente aumenta o volume da cavidade torácica, na qual os pulmões estão localizados em cada lado do coração. O volume aumentado no tórax produz uma redução na pressão de ar nos pulmões. Devido à pressão reduzida no interior dos pulmões, o ar do lado de fora do corpo, sujeito a uma pressão mais alta, flui para os pulmões de modo a igualar a pressão. Isso é a inspiração.

Depois que o diafragma se contrai, passa por um relaxamento. À medida que o músculo do diafragma relaxa, torna-se mais solto e retorna à sua posição original na parte superior do tórax, diminuindo assim o volume da cavidade torácica. Isso aumenta a pressão no peito, que força o ar dos pulmões para fora através do nariz (e da boca se estiver aberta). Esta é a expiração. Assim, em toda a respiração, o ar é aspirado para os pulmões quando o diafragma se contrai e desce, e é expelido quando o diafragma relaxa e volta para cima.

3 | O poder da respiração: um inesperado aliado no processo de cura

Agora, suponha que, quando o diafragma se contrai, os músculos que formam a parede de seu abdômen estejam tensos, e não relaxados. À medida que o músculo do diafragma descer, empurrando para baixo o estômago, o fígado e outros órgãos do abdômen, ele encontrará resistência e não conseguirá descer muito. Sua respiração tenderá a ser superficial e bastante alta no tórax.

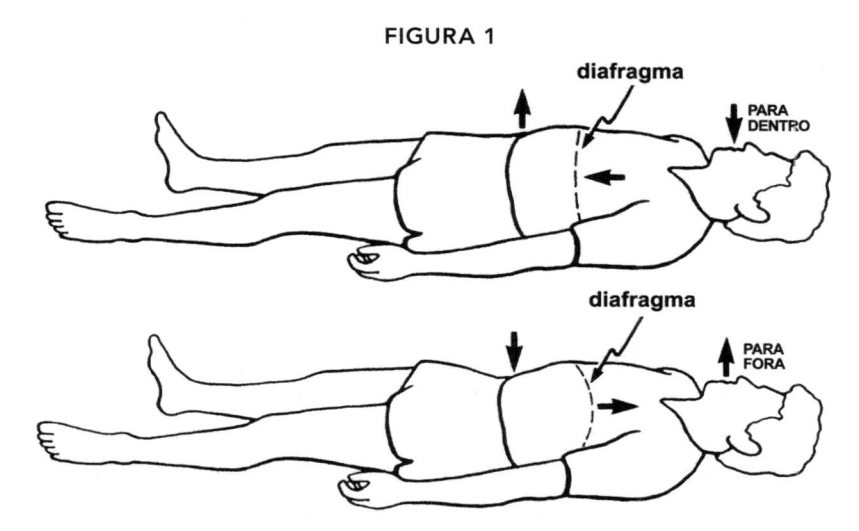

FIGURA 1

Na respiração abdominal ou diafragmática, a ideia é intencionalmente relaxar a barriga o máximo possível. Assim, conforme o ar entra, a barriga se expande ligeiramente (por si própria) para fora, enquanto o diafragma empurra para baixo o conteúdo do abdômen. Quando isso acontece, o diafragma consegue descer mais, portanto a inspiração fica um pouco mais longa e os pulmões se enchem com um pouco mais de ar. Em seguida, um pouco mais de ar será expelido na expiração. No geral, o ciclo completo da sua respiração será mais lento e profundo.

Se você não está acostumado a relaxar a barriga, as primeiras tentativas nesse sentido podem ser frustrantes e confusas. Mas se perseverar sem forçar, tudo virá naturalmente. Os bebês não tentam relaxar a barriga quando respiram, pois já estão relaxados. Mas quando o corpo desenvolve certa quantidade de tensão muscular, como acontece quando ficamos mais velhos, pode levar um tempo para pegar o jeito de relaxar a barriga. Entretanto, essa é definitivamente uma habilidade que vale a pena cultivar, e que se adquire quando prestamos atenção, com gentileza, à respiração.

No início, pode ser útil deitar-se de costas ou se esticar numa poltrona reclinável. Feche os olhos e coloque uma das mãos sobre a barriga. Leve a atenção para a sua mão e sinta o movimento conforme a respiração flui para dentro e para fora. Se sua mão subir durante a inspiração e descer durante a expiração, você conseguiu. Não deve ser um movimento violento ou forçado, e não precisa ser muito grande. Dará a impressão de um balão, expandindo gentilmente na inspiração e esvaziando suavemente na expiração. Se estiver sentindo isso agora, ótimo. Se não, tudo bem. Virá com o tempo e por si mesmo, com a prática de sintonia com a respiração. Apenas para esclarecer, saiba que não há nenhum balão em sua barriga. É só uma maneira de visualizar o movimento. Se há algo que parece um balão, são seus pulmões!

※

Fizemos uma pesquisa com centenas de pacientes que já tinham completado o programa de redução de estresse havia vários anos e perguntamos a eles qual foi a coisa mais importante que obtiveram no programa. A maioria disse: "A respiração". Acho graça nessa resposta uma vez que todos já respiravam muito antes de fazer o programa de redução de estresse. Por que a respiração (que afinal sempre existiu) teria de repente se tornado tão importante e tão valiosa?

A resposta: quando se começa a meditar, a respiração deixa de ser apenas respiração. Quando começamos a prestar atenção à respiração de modo sistemático, nossa relação com ela muda radicalmente. Como já vimos, a sintonia com a respiração ajuda a reunir nossa energia, que costuma estar dispersa, e a promover o centramento. A respiração é um lembrete para nos sintonizarmos com o corpo e irmos ao encontro do restante de nossa experiência com atenção plena, nesse exato momento.

Quando atentamos à respiração, ela ajuda a acalmar tanto o corpo como a mente de modo automático. E então fica mais viável ter consciência de pensamentos e sentimentos com mais calma e discernimento. Conseguimos ver as coisas com mais clareza e em uma perspectiva mais ampla – isso porque estamos um pouco mais despertos, um pouco mais conscientes. E com essa consciência surge uma sensação de maior amplitude, de ter mais opções, de ser livre para escolher respostas adequadas e

3 | O poder da respiração: um inesperado aliado no processo de cura

eficazes em situações de estresse, em vez de perder o equilíbrio e o senso de nós mesmos por nos sentirmos sobrecarregados, desequilibrados por reações automáticas.

Tudo isso surge a partir da simples prática de prestar atenção à respiração quando nos dedicamos a praticar com regularidade. Além disso, você descobrirá que é possível dirigir a respiração a várias partes do corpo com grande precisão, de modo a penetrar e suavizar regiões lesionadas ou doloridas, ao mesmo tempo em que acalma e estabiliza a mente.

Podemos também usar a respiração para refinar nossa capacidade inata de descansar por longos períodos de tempo na calma e na atenção focada. O poder de concentração aumenta quando damos à mente somente **uma coisa** para monitorar – ou seja, a respiração – em vez de toda a gama de coisas com que ela em geral se preocupa. Permanecer atento à respiração durante a meditação, aconteça o que acontecer, em última análise conduz a profundas experiências de calma e consciência. É como se houvesse um poder, oculto na própria respiração, que acessamos pela simples entrega a ela, por segui-la como se fosse um caminho.

Esse poder se revela quando trazemos consciência à respiração sustentando-a por períodos prolongados de modo sistemático. Cresce assim o sentimento de que a respiração é um aliado confiável. Suspeito de que essa seja a razão pela qual nossos pacientes dizem com tanta frequência que a respiração é a coisa mais importante que aprenderam no curso. Eu não diria "bem debaixo do nosso nariz", mas na velha e conhecida respiração encontra-se uma fonte esquecida de poder para transformar a vida. Para fazer uso dela, basta aprofundar nossas habilidades atencionais e a paciência.

É a própria simplicidade da prática de mindfulness na respiração que lhe confere o poder de nos livrar do domínio compulsivo e habitual das inúmeras preocupações da mente. Os iogues sabem disso há séculos. A respiração é a base universal da prática da meditação.

Entretanto, com o tempo, por meio da prática contínua, podemos descobrir que a respiração não é o elemento mais importante da equação. A própria tomada de consciência é o mais importante – aí reside o verdadeiro potencial de transformação. A respiração é apenas um objeto de atenção extremamente útil no cultivo da capacidade de habitar a consciência e agir a partir da consciência corporificada. Não obstante, ela de fato possui todas as virtudes únicas mencionadas aqui, e muitas outras também, que a tornam um objeto especial de atenção, digno de intimidade e familiaridade muito maiores do que costumamos conceder-lhe. Além disso, como nossos pacientes descobrem por si mesmos, a respiração como objeto principal de atenção pode catalisar a descoberta da importância primordial da própria consciência. O respirar deixa de ser "apenas" respirar. Mantido em consciência ele se transforma, como todas as outras coisas. **Tudo depende de como nos colocamos em relação à experiência.**

※

Há duas maneiras de praticar mindfulness da respiração. Uma implica a disciplina formal de reservar um período específico no qual você cessa todas as atividades, faz uma postura especial e permanece por algum tempo na consciência de momento a momento da inspiração e da expiração – conforme descrito acima. Ao praticar com regularidade desse modo, a capacidade de manter a atenção na respiração por um longo período de tempo aumenta de modo natural. Esse aumento melhora a capacidade de concentração em geral à medida que a mente se torna mais focada e calma e menos reativa, tanto em relação aos próprios pensamentos como frente às pressões externas. Conforme continuamos a praticar, a calma – que surge quando simplesmente atentamos à respiração por um período de tempo – desenvolve uma estabilidade própria e se torna muito mais robusta e confiável. Então, qualquer que seja a prática que você escolha fazer, e qualquer que seja o objeto de atenção em que decida se concentrar, criar tempo para meditar não será nada além de criar tempo para voltar para casa, para as dimensões mais profundas de seu ser; um tempo de paz interna e de renovação.

A segunda maneira de praticar o uso da respiração é tomar consciência dela de tempos em tempos durante o dia, ou até mesmo o dia inteiro, esteja onde estiver, fazendo o que for. Dessa forma, o fio condutor da consciência meditativa, inclusive o relaxamento físico, a calma emocional e a clareza mental dela decorrentes, estará inserido em cada aspecto de sua vida diária. Isso é chamado de **prática informal de meditação**. É no mínimo tão valiosa quanto a prática formal, mas é facilmente negligenciada e perde muito de sua capacidade de estabilizar a mente se não for combinada com a prática regular formal de meditação. A prática formal e a informal que fazem uso da respiração se complementam e se enriquecem mutuamente. É melhor se puderem funcionar em conjunto. Sem dúvida, a segunda modalidade não requer tempo determinado, apenas a lembrança. Nela, a prática de meditação se torna simplesmente a própria vida revelando-se na consciência.

A atenção plena à respiração é básica em todos os aspectos da prática meditativa. Vamos usá-la quando praticarmos a meditação sentada, o escaneamento corporal, o yoga e a meditação caminhando, que são todas práticas formais de meditação. Também a utilizaremos no decorrer do dia, conforme praticarmos o desenvolvimento da continuidade da consciência em nossa vida diária. Se você mantiver a prática, logo chegará o dia em que considerará a respiração uma velha amiga e poderosa aliada no processo de cura – e no viver a vida como se ela realmente importasse, de momento a momento a momento, e de respiração em respiração.

EXERCÍCIO 1

1. Encontre uma posição confortável, deitado de costas ou sentado. Se estiver sentado, procure adotar uma postura que expresse dignidade, mantendo a coluna reta e relaxando os ombros.
2. Permita que os olhos se fechem, caso isso seja confortável.
3. Permita que sua atenção pouse suavemente no abdômen, como se estivesse se aproximando de um animal tímido expondo-se ao sol sobre um toco de árvore numa clareira da floresta. Sinta o abdômen subir ou expandir-se suavemente na inspiração e descer ou retrair-se na expiração.
4. Tanto quanto possível, mantenha o foco nas várias sensações associadas à respiração, "estando com" cada inspiração por toda a sua duração e "estando com" cada expiração por toda a sua duração, como se você estivesse surfando as ondas de sua própria respiração.
5. Sempre que notar que sua mente divagou e não está mais na respiração, observe o que levou você embora e então, gentilmente, traga a atenção de volta ao abdômen e às sensações associadas ao ar entrando e saindo.

6. Se a mente divagar para longe da respiração milhares de vezes, então o seu "trabalho" é simplesmente perceber o que preocupa sua mente no momento em que percebeu que ela desviou da respiração e, em seguida, trazê-la de volta à respiração todas as vezes, seja qual for a preocupação. Da melhor maneira possível, repouse continuamente na consciência da sensação da respiração movimentando seu corpo, ou retorne a ela repetidas vezes.
7. Pratique esse exercício todos os dias por 15 minutos, em um horário conveniente, com ou sem vontade, durante uma semana. Veja como é incorporar uma prática disciplinada de meditação em sua vida. Tome consciência de como é passar algum tempo todos os dias apenas permanecendo com a respiração, sem fazer mais nada.

EXERCÍCIO 2

1. Entre em sintonia com a respiração em diferentes horários durante o dia, sentindo o abdômen expandir-se e retrair uma ou duas vezes.
2. Tome consciência de seus pensamentos e emoções nesses momentos, apenas observando-os com gentileza, sem julgar os pensamentos ou a si mesmo.
3. Ao mesmo tempo, esteja consciente de quaisquer mudanças na maneira como você vê as coisas e se sente em relação a si mesmo.
4. Pergunte a si mesmo e examine profundamente se a consciência de uma emoção ou pensamento que surgiu foi **sequestrada** pelo sentimento da emoção ou pelo conteúdo do pensamento.

4
Meditação na Posição Sentada: Nutrindo o Domínio do Ser

Na primeira sessão de MBSR cada pessoa tem a oportunidade de dizer o motivo de ter vindo ao programa e o que espera obter com a sua participação. Linda descreveu a sensação de que parecia haver sempre um "imenso caminhão" colado nela, rodando numa velocidade maior do que ela conseguia caminhar. Foi uma imagem vívida, que fez sentido para as pessoas; uma onda de acenos e sorrisos de reconhecimento percorreu a sala.

— Na verdade, o que você acha que o caminhão representa? – perguntei. Ela respondeu que eram seus impulsos, vontades (ela estava com excesso de peso), seus desejos. Em uma palavra: sua mente. A mente era o caminhão. Sempre colada nela, empurrando, pressionando, sem lhe dar descanso, nenhuma paz.

Já mencionamos como o comportamento e os estados emocionais podem ser conduzidos pelo jogo de preferências e repulsas da mente, por nossas dependências e aversões. Podemos observar que a mente está em constante busca de satisfação, fazendo planos para garantir que as coisas aconteçam do seu jeito, tentando conseguir o que quer, ou o que acha que precisa e, ao mesmo tempo, tentando afastar as coisas que teme, as coisas que não quer que aconteçam. Como resultado desse jogo rotineiro da mente, não é verdade que todos nós tendemos a preencher nossos dias com coisas que simplesmente **precisam** ser feitas e, depois, corremos como loucos tentando fazer tudo, mesmo que ao longo do processo não estejamos muito satisfeitos com a sensação de pressão pela falta de tempo, pressa, ocupações demais, ansiedade demais? Às vezes nos sentimos sobrecarregados por horários, responsabilidades e papéis, mesmo quando tudo o que estamos fazendo seja importante, mesmo quando foi escolha nossa. Vivemos imersos em um mundo de constante fazer. Raramente estamos em contato com a pessoa que faz aquele fazer ou, em outras palavras, com o mundo do ser.

Retomar o contato com o ser não é tão difícil. Só temos que nos lembrar de estar plenamente atentos. Os momentos de mindfulness são momentos de paz e quietude, mesmo em meio à atividade. Quando a vida é impulsionada pelo fazer, a prática formal de meditação oferece um refúgio de sanidade e estabilidade, que pode ser usado para recobrar certo equilíbrio e perspectiva. Pode ser uma maneira de deter o ímpeto desenfreado de todo o fazer e de dar a si mesmo algum tempo para permanecer em profundo relaxamento e bem-estar e para recordar quem você é. A prática formal pode proporcionar a força e o autoconhecimento para retornar ao que você precisa ou quer fazer, e permitir que tal fazer parta de um enraizamento no domínio do ser. Assim, ao menos algum grau de paciência, serenidade interior, clareza e equilíbrio mental acabarão impregnando o que você está fazendo, e a correria e a pressão serão menos pesadas. Na verdade, podem simplesmente desaparecer por completo à medida que saímos do tempo do relógio e passamos a habitar, mesmo que por breves momentos, a qualidade atemporal do agora.

Na verdade, a meditação é um não fazer. Que eu saiba, é a única atividade humana que não tenta fazer você chegar a outro lugar; ao contrário, a ênfase está onde você já se encontra. Grande parte do tempo estamos tão envolvidos por todo o fazer, o esforço, o planejamento, as reações, a correria que, quando paramos para apenas sentir onde estamos, pode parecer um pouco estranho no início. Por um lado, tendemos a ter pouca consciência da atividade implacável e incessante da mente e do quanto somos levados por ela. Isso não surpreende, pois quase nunca paramos para observar a mente de frente e ver o que ela está aprontando. Raramente olhamos com imparcialidade para as reações e hábitos da nossa própria mente, seus medos e desejos.

Demora algum tempo para sentir o conforto e a riqueza de permitir-se simplesmente estar com a própria mente. É um pouco como encontrar um velho amigo depois de muitos anos sem vê-lo. Pode haver algum desconforto inicial, não sabemos quem é essa pessoa agora, não sabemos muito bem como estar com ela. Demora algum tempo para restabelecer o vínculo, para resgatar a familiaridade mútua.

É irônico que, embora todos tenhamos consciência, parece que precisamos retomar a consciência de quem somos de tempos em tempos. Se não o fizermos, o impulso de todo esse fazer pode assumir o controle e nos arrastar para viver o seu projeto, em vez do nosso próprio, quase como se fôssemos robôs, e ainda por cima robôs frenéticos. O impulso do fazer desenfreado pode nos sequestrar por décadas, até a sepultura, sem nos darmos conta de que a vida está passando e temos apenas momentos para viver.

Dado o impulso subjacente ao nosso fazer, medidas um tanto incomuns e até mesmo drásticas parecem ser necessárias para nos lembrarmos da preciosidade do momento presente. Por isso reservamos um tempo especial, todos os dias, para a prática formal de meditação. É uma maneira de parar, uma forma de nos recordarmos de nós mesmos, de nutrirmos o domínio do ser – para variar.

À primeira vista, pode parecer forçado e artificial arranjar tempo para ser, para não fazer. Até que realmente estejamos envolvidos na prática, isso pode soar como apenas mais uma coisa a fazer. "Agora tenho de encontrar tempo para meditar, além de todas as obrigações e tensões que já tenho na vida." Em certo sentido, não há como contornar o fato de que isso é verdade.

No entanto, assim que perceber a necessidade urgente de nutrir o seu ser – de acalmar o coração e a mente e encontrar um equilíbrio interior para enfrentar as tempestades da vida – o compromisso de priorizar esse tempo e a disciplina necessária surgirão naturalmente. Ficará mais fácil reservar um tempo para meditar. Afinal, descobrir por si mesmo que meditar realmente alimenta o que há de melhor e mais profundo em você será um grande motivador. Talvez você descubra que até mesmo **quer** meditar, e que aguarda com vontade os momentos de prática formal.

O coração da prática de meditação formal é chamado "meditação sentada", ou simplesmente "sentar". Assim como ocorre com a respiração, sentar não é estranho para ninguém. Todos nós nos sentamos. Não há nada de especial nisso. Mas sentar de modo consciente é diferente de apenas sentar, assim como a respiração consciente é diferente da respiração normal. A diferença, claro, é a nossa consciência.

A prática de sentar requer um tempo e lugar especial para o não fazer, conforme sugerido no Capítulo 2. Com consciência, adotamos uma postura corporal alerta e relaxada, de modo a conseguir conforto sem movimento. A seguir, simplesmente permanecemos no presente com aceitação e calma, sem tentar preenchê-lo com nada. Você já fez isso nos diversos exercícios em que observou a sua respiração.

É muito útil adotar uma postura ereta e digna, alinhando verticalmente a cabeça, o pescoço e as costas. Isso permite que a respiração flua com mais facilidade. É também a contraparte física das atitudes internas que estamos cultivando: autoconfiança, autoaceitação e atenção alerta.

Em geral, praticamos meditação sentados na cadeira ou no chão. Se preferir uma cadeira, o ideal é uma com espaldar reto e que permita que os pés fiquem apoiados no chão. Recomendamos que, se possível, você se sente longe do espaldar da cadeira, de modo que a coluna sustente a si mesma (ver Figura 2A). Mas, se for necessário repousar no espaldar, faça isso. Se preferir sentar no chão, utilize uma almofada firme e espessa que erga as nádegas de 8 a 15 centímetros do chão Um travesseiro dobrado uma ou duas vezes serve; outra alternativa é comprar uma almofada de meditação, ou zafu, especificamente para este fim.

Há uma série de posturas sentadas de pernas cruzadas, ou posturas ajoelhadas, que podemos escolher se quisermos sentar no chão. A que eu mais uso é a chamada postura birmanesa (ver Figura 2B), que consiste em aproximar um calcanhar do corpo e dobrar a outra perna na frente dele. Dependendo da flexibilidade de seus quadris, joelhos e tornozelos, os joelhos conseguem ou não tocar o chão; é um pouco mais confortável, caso consiga. Há também a postura ajoelhada, com a almofada entre os pés (ver Figura 2C) ou com um banco de meditação concebido para esse fim.

Sentar-se no chão pode proporcionar uma sensação reconfortante de estar "enraizado" ou "aterrado" e de ser completamente autossuficiente na postura de meditação. Mas de modo algum é necessário meditar sentado no chão ou com as pernas cruzadas. Alguns dos nossos pacientes preferem o chão, mas a maioria senta em cadeiras de espaldar reto. Em última análise, o que importa não é onde você está sentado, mas a sinceridade do seu esforço.

Quer escolha o chão ou uma cadeira, a postura é muito importante na prática da meditação. Ela é o apoio externo ao cultivo de uma atitude interna de dignidade, paciência, presença e autoaceitação. Os principais pontos a ter em mente no tocante à postura são: manter as costas, o pescoço e a cabeça alinhados verticalmente na medida do possível, relaxar os ombros e deixar as mãos em posição confortável. Geralmente as colocamos sobre os joelhos, como na Figura 2, ou as deixamos pousadas no colo, com os dedos da mão esquerda sobre os dedos da mão direita de uma forma que as pontas dos polegares se toquem de leve.

Depois de escolher a postura, levamos a atenção à respiração. **Sentimos** o ar entrar, **sentimos** o ar sair. Permanecemos no presente, momento a momento, respiração a respiração. Parece simples – e é. A atenção plena da inspiração, a atenção plena da expiração – deixar a respiração simplesmente acontecer, observá-la, sentir todas as sensações associadas a ela, grosseiras e sutis, da melhor maneira possível.

É simples, mas não é fácil. É provável que você consiga sentar-se durante horas em frente a uma TV ou viajando de carro, sem pensar duas vezes. Mas quando tenta ficar sentado em casa, sem nada para observar, exceto a respiração, o corpo e a mente, sem nada para entretê-lo e nenhum lugar para ir, a primeira coisa que notará é que ao menos uma parte de você não deseja permanecer assim por muito tempo.

Depois de um minuto ou dois, ou três ou quatro, o corpo ou a mente se cansarão e exigirão alguma coisa: mudar a postura ou fazer algo totalmente diferente. É inevitável. Acontece com todas as pessoas, não apenas com iniciantes.

É nesse ponto que a tarefa de auto-observação fica particularmente interessante e produtiva. Em geral, quando a mente se agita, o corpo faz a mesma coisa. Se a mente estiver inquieta, o corpo estará inquieto. Se a mente deseja beber algo, o corpo vai até o filtro ou abre a geladeira. Se a mente diz "isso é chato", antes que você se dê conta, o corpo se levanta e olha ao redor em busca do que fazer para manter a mente feliz, em geral entretendo-a ou distraindo-a, e assim desviando você de sua intenção original de permanecer com a prática de meditação. Essa relação funciona em ambos os sentidos. Se o corpo sente o menor desconforto, ele se movimenta para buscar mais conforto, ou apela à mente para descobrir outra coisa para fazer e, novamente, você se levanta antes de se dar conta. Outra possibilidade é você se perceber totalmente perdido em pensamentos ou devaneios.

Se o seu compromisso com a calma e o relaxamento for sério, talvez você se pergunte por que a mente se entedia com tanta rapidez quando olha para si própria, e por que o corpo sente tanta inquietação e desconforto. O que está por trás dos impulsos para preencher cada momento com algo? O que está por trás da necessidade de se levantar de um salto, ou ser entretido sempre que há um momento "vazio"? O que leva o corpo e a mente a rejeitarem a quietude?

Ao praticar a meditação, não tentamos responder a essas perguntas. Apenas observamos o impulso de se levantar ou os pensamentos e emoções que surgem na mente e, em vez de levantar depressa e fazer seja lá o que for que a mente estiver pedindo, com gentileza, mas com firmeza, trazemos a atenção de volta para a barriga, para a respiração, e simplesmente continuamos a observar e sentir, e flutuar nas ondas da respiração de momento a momento. Podemos considerar os motivos de a mente ser assim por alguns instantes, mas basicamente praticamos a aceitação de cada momento como ele é, sem reagir a ele. Assim, continuamos sentados, em contato com as sensações da respiração, sendo o "conhecer" que a consciência já é.

AS INSTRUÇÕES BÁSICAS DE MEDITAÇÃO

As instruções básicas para praticar a meditação sentada são muito simples. Observamos o fluir da respiração, para dentro e para fora do corpo. Dedicamos plena atenção à **sensação** da respiração entrando no corpo, e plena atenção à **sensação** da respiração saindo do corpo, exatamente como fizemos nos Capítulos 1 e 3. Sempre que percebermos que a atenção se desviou para outro foco, seja qual for, simplesmente notamos isso e, então, abrimos mão da distração e, com delicadeza, acompanhamos

FIGURA 2

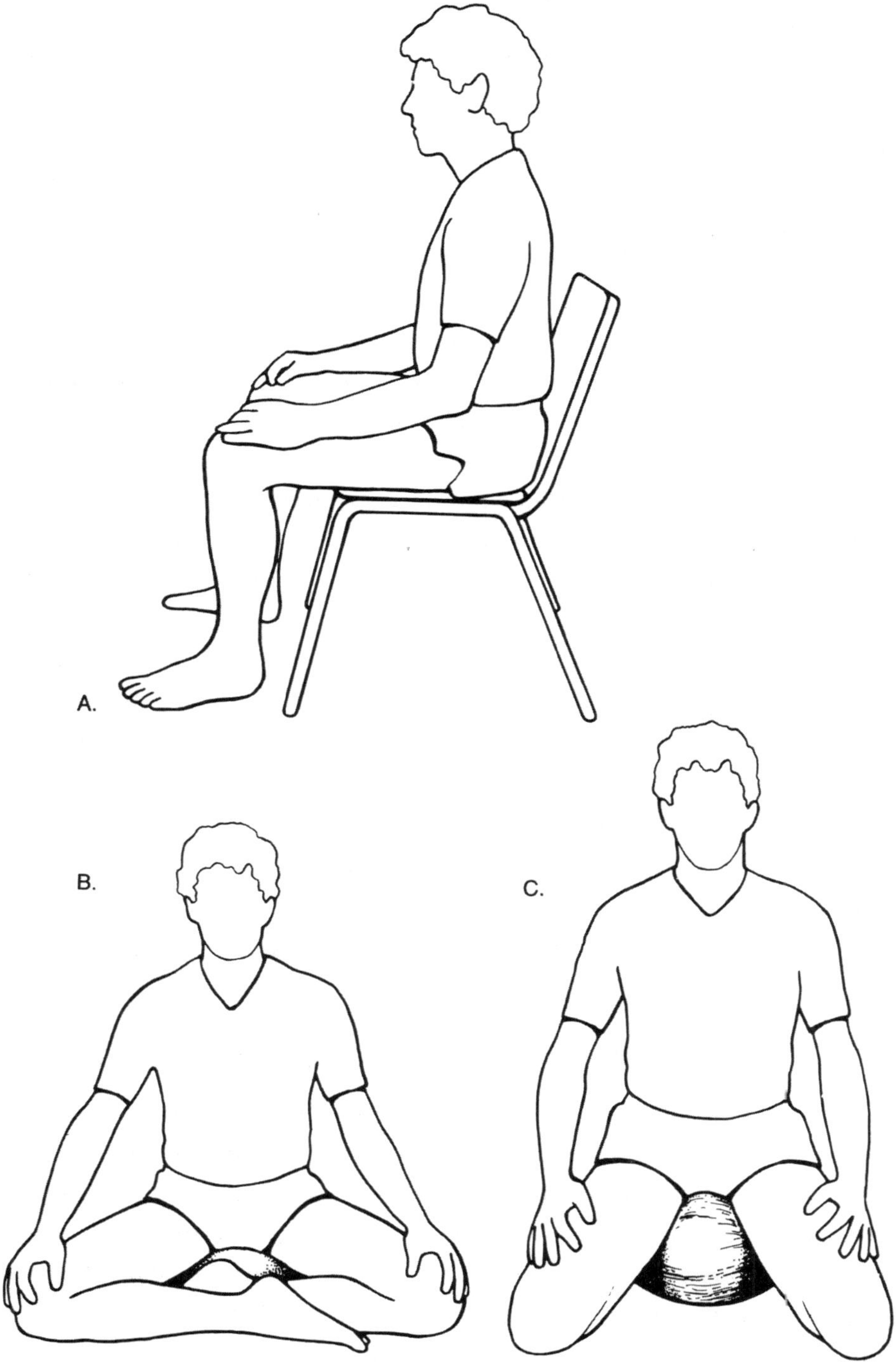

A.

B.

C.

a atenção de volta para a respiração, de volta para o movimento de subir e descer do abdômen.

Se você vem praticando a meditação, talvez já tenha notado que a mente tende a se dispersar muito. É possível que tenha feito um trato consigo mesmo de manter a atenção focada na respiração custe o que custar. Mas, sem dúvida, logo percebeu que a mente escapou e foi para outro lugar. Ela se esqueceu da respiração; foi levada para longe.

Todas as vezes em que tomar consciência disso enquanto estiver sentado meditando, a instrução é: em primeiro lugar, observe brevemente o que ocupa sua mente, ou o que afastou você da respiração; depois, com gentileza, traga a atenção de volta à barriga e à respiração, seja qual for o motivo da dispersão. Se a atenção se desviar cem vezes da respiração, você a trará de volta cem vezes, com calma, com gentileza.

Ao fazer isso, você habitua a mente a ser menos reativa e mais estável. Dá importância a cada momento. Recebe cada momento como ele chega, sem valorizar uns em detrimento de outros. Dessa forma se cultiva a capacidade natural de concentrar a mente. Ao trazer repetidamente a atenção de volta à respiração sempre que a mente divaga, a concentração se fortalece e se aprofunda, da mesma forma que os músculos se desenvolvem por meio de repetidos levantamentos de peso. Trabalhar regularmente usando a resistência da própria mente (em vez de lutar contra ela) constrói força interior. Ao mesmo tempo, desenvolve-se a paciência e a prática de não julgar. Não devemos nos castigar quando a mente perde o foco na respiração. Com simplicidade e naturalidade, devemos trazer a atenção de volta para a respiração, de maneira gentil, mas firme.

O QUE FAZER COM O DESCONFORTO DO CORPO

Você logo perceberá que, ao se sentar para meditar, quase tudo ganha o potencial de desviar a atenção da respiração. Uma grande fonte de distrações impulsivas é o corpo. Via de regra, se você se sentar quieto por algum tempo em qualquer posição, o corpo sentirá desconforto. Em geral, mudamos de postura em resposta ao desconforto, sem muita (ou nenhuma) consciência disso. No entanto, na prática de meditação sentada formal vale a pena resistir ao primeiro impulso de mudar de posição em resposta ao

4 | Meditação na posição sentada: nutrindo o domínio do ser

desconforto físico. Em vez de ceder ao impulso, dirigimos a atenção às sensações de desconforto e mentalmente as acolhemos.

Por quê? Porque no momento em que entram na consciência, essas sensações de desconforto tornam-se parte da experiência do momento presente e, desse modo, são objetos dignos de observação e investigação em si mesmos. Essas sensações nos oferecem a oportunidade de olhar diretamente para nossas reações automáticas e para todo o processo que se desencadeia quando a mente perde o equilíbrio e fica agitada, sendo levada e se perdendo na corrente de pensamentos, muito distante de qualquer consciência da respiração.

Dessa maneira, a dor no joelho, ou a dor nas costas, ou a tensão nos ombros, em vez de serem tratadas como distrações que tiram sua atenção da respiração, podem ser incluídas no campo da consciência e simplesmente aceitas. Não é preciso considerá-las indesejáveis nem tentar eliminá-las. Essa perspectiva oferece um modo alternativo de encarar o desconforto. Por mais desconfortáveis que sejam, essas sensações corporais se tornam professoras e potenciais aliadas na aprendizagem sobre nós mesmos. Podem nos ajudar a desenvolver concentração, calma e tomada de consciência, em vez de serem somente obstáculos frustrantes no caminho de tentar manter a atenção fixa na respiração.

O cultivo desse tipo de flexibilidade, que permite acolher **o que quer que** apareça e permanecer com isso, em vez de insistir em prestar atenção a uma coisa só (por exemplo, a respiração), é um dos traços mais característicos e valiosos da meditação mindfulness. Isso porque, como observamos antes, não é a respiração o fator mais importante nesse processo, mas sim a própria consciência. E a consciência pode ser de **qualquer** aspecto da experiência, não apenas da respiração – porque a consciência é sempre a mesma, qualquer que seja o objeto ou objetos de atenção escolhidos.

Na prática isso significa que fazemos algum esforço para ficar sentados e conviver com as sensações de desconforto que surgirem durante nossas tentativas de meditar – não necessariamente até sentirmos dor, mas pelo menos um pouco além do ponto em que normalmente reagiríamos a elas. Respiramos **com** elas. Respiramos **dentro** delas. Nós as acolhemos e realmente tentamos manter uma continuidade de consciência de momento a momento na sua presença. Então, se for necessário, movimentamos o corpo para reduzir o desconforto, mas mesmo isso é feito com mindfulness, com a consciência de momento a momento durante a movimentação do corpo.

Não é que o processo meditativo considere irrelevantes as mensagens sobre desconforto e dor que o corpo produz. Pelo contrário: como veremos nos Capítulos 22 e 23, consideramos a dor e o desconforto importantes o suficiente para merecer um exame muito mais profundo. A melhor maneira de explorar as sensações de dor e desconforto é acolhendo-as quando surgem, sem resistir a elas ou tentar afastá-las por serem indesejáveis. Ao se sentar com certo desconforto e aceitá-lo como parte da experiência no momento presente, mesmo não gostando dele (e é desagradável mesmo), descobrimos que na realidade é possível voltar-se para o desconforto físico e relaxar dentro dele, incluindo-o na consciência tal como é. Esse é um exemplo de como o desconforto ou mesmo a dor podem se tornar seu professor e ajudá-lo a se restabelecer.

Às vezes, relaxar e se acalmar na presença do desconforto reduz de fato a intensidade da dor. Quanto mais você praticar, mais desenvolverá a habilidade de reduzir a dor ou de, pelo menos, tornar-se mais transparente a ela, de modo que a dor não consiga corroer sua qualidade de vida. No entanto, quer sinta (ou não) uma redução da dor durante a meditação sentada, o trabalho intencional com suas reações ao desconforto e a tudo o que for desagradável e indesejado ajudará você a desenvolver certo grau de calma, serenidade e flexibilidade mental, qualidades que serão úteis para enfrentar diversos desafios e situações estressantes, bem como a dor (ver Partes II e III).

COMO LIDAR COM OS PENSAMENTOS NA MEDITAÇÃO

Além de desconforto físico e dor, existem inúmeras outras situações durante a meditação que podem levar a atenção para longe da respiração. A principal é o pensamento. Só porque você decidiu aquietar o corpo e observar a respiração de momento a momento não significa que sua mente pensante irá cooperar. Ela não se acalma só porque você decidiu meditar. Muito pelo contrário.

O que acontece quando prestamos atenção intencional à nossa respiração é que logo percebemos estar imersos num fluxo aparentemente interminável de pensamentos, que ocorrem a esmo um após o outro, em rápida sucessão. Muitas pessoas ficam bastante aliviadas quando retornam à aula – depois de praticar a meditação por conta própria durante a primeira semana de MBSR – e descobrem que não foram as únicas a perceberem que seus pensamentos fluíam como uma torrente ou cachoeira, completamente fora de seu controle. Elas ficam mais tranquilas ao saber que a mente de todos os participantes se comporta assim. Esse é o jeito de ser da mente.

Essa descoberta é uma revelação para muitos participantes da Clínica de Redução de Estresse. Torna-se oportunidade e cenário para uma profunda experiência de aprendizagem que muitos consideram a coisa mais valiosa de seu treinamento em mindfulness: a percepção de que eles não são seus pensamentos. Esta descoberta significa que podem escolher conscientemente se relacionar (ou não) com seus pensamentos, de inúmeras maneiras – que não lhes eram acessíveis antes de ter consciência desse fato simples.

Nos estágios iniciais da prática de meditação, a atividade do pensamento afasta constantemente nossa atenção da tarefa básica que estabelecemos para nós mesmos com o propósito de desenvolver algum grau de calma e concentração, ou seja: estar com a respiração. Para ter continuidade e ganhar impulso crescente na prática de meditação, é preciso lembrar-se continuamente de voltar à respiração, muitas e muitas vezes, seja o que for que a mente esteja tramando de momento a momento.

As coisas em que você se pega pensando durante a meditação podem ou não ser importantes para você, mas, seja como for, parecem ter vida própria, como vimos antes. Se você estiver passando por um período de grande estresse, a mente tenderá a ficar obcecada com a situação – o que você deve fazer ou deveria ter feito, o que não deve fazer ou não deveria ter feito. Nessas ocasiões, os pensamentos podem estar altamente carregados de ansiedade e preocupação.

Em épocas menos estressantes os pensamentos que passam pela mente talvez sejam menos aflitivos, mas podem ter o mesmo poder de levar a atenção para longe da respiração. Você talvez se pegue pensando num filme que assistiu, ou preso por uma música que insiste em ficar na sua cabeça. Ou pode se ver pensando no jantar, no trabalho, nos seus pais, nos seus filhos, em outras pessoas, nas férias, na saúde, na morte, nas contas a pagar, ou em qualquer outra coisa. Enquanto está sentado, meditando, pensamentos de todo tipo cascateiam na mente, a maioria abaixo do nível da consciência – até que por fim você percebe que não está mais observando a respiração e nem sequer sabe quanto tempo se passou desde que esteve consciente dela, nem como chegou ao que está pensando agora.

É nesse ponto que você diz para si mesmo: "Tudo bem, agora vamos voltar para a respiração e deixar de lado esses pensamentos, sejam quais forem. Mas, em primeiro lugar, devo reconhecer que são apenas pensamentos, eventos no campo da minha consciência". Vale a pena lembrar que abrir mão dos pensamentos não significa empurrá-los para longe. Significa simplesmente permitir que sejam o que são, enquanto nós, mais uma vez, colocamos as sensações da respiração no centro do campo da consciência. Nesses momentos, vale a pena também conferir a postura e sentar-se ereto novamente, caso o corpo tenha pendido para a frente, o que costuma acontecer quando o tédio e as distrações dominam a mente.

Durante a meditação, de modo intencional, tratamos todos os pensamentos como se tivessem igual valor. Da melhor forma possível, e com grande suavidade, tomamos consciência deles quando surgem e depois, intencionalmente, voltamos a atenção para a respiração como principal foco, **seja qual for o conteúdo do pensamento e sua carga emocional**. Em outras palavras, de modo proposital praticamos o desapego em relação a cada pensamento, quer pareça importante e esclarecedor ou sem importância e trivial. Apenas os observamos como pensamentos, eventos isolados e muito transitórios que aparecem no campo da consciência. Tomamos consciência deles por estarem presentes, mas ficamos firmes na intenção de não nos deixarmos envolver pelo conteúdo dos pensamentos durante a meditação, por mais significativos ou atraentes que possam parecer em qualquer dado momento. Em vez disso, nos lembramos de vê-los simplesmente como pensamentos, como eventos que ocorrem no campo da consciência de modo aparentemente independente. Notamos seu conteúdo e sua carga emocional – em outras palavras, se têm muito ou pouco poder de dominar a mente naquele momento. Então, por maior

4 | Meditação na posição sentada: nutrindo o domínio do ser

que seja sua carga emocional para nós naquele momento, quer sejam basicamente agradáveis ou desagradáveis, abrimos mão deles de modo intencional e focamos novamente na respiração e na experiência de estar "no corpo", aqui, sentados. Repetiremos esse processo centenas de milhares de vezes, milhões de vezes se preciso for – e será.

É importante reiterar que abrir mão dos pensamentos não implica suprimi-los. Muitas pessoas entendem dessa maneira e cometem o erro de pensar que a meditação exige que bloqueiem seus pensamentos ou sentimentos. Por algum motivo, interpretam o significado das instruções como se pensar fosse "mau" e que uma "boa meditação" é aquela que contém pouco ou nenhum pensamento. **Pensar não é mau nem mesmo indesejável durante a meditação. O que importa é que você esteja ciente de seus pensamentos e sentimentos durante a meditação, e de sua relação com eles**. Tentar suprimir os pensamentos resulta apenas em maior tensão e frustração e mais problemas – e não em calma, *insight*, clareza e paz.

A atenção plena não implica rechaçar os pensamentos, ou isolar-se deles para acalmar a mente. Não estamos tentando deter os pensamentos que pululam na mente. Estamos apenas abrindo espaço para eles, observando-os como pensamentos, permitindo que existam, usando a respiração como âncora ou "base" para a observação, e para nos lembrarmos de manter o foco e a calma. Vale a pena ter em mente que a consciência de pensamentos e emoções **é a mesma** consciência que observa a respiração.

Ao adotar essa orientação no cultivo de mindfulness, descobrirá que cada período de prática de meditação formal é diferente. Às vezes você pode sentir relativa calma e relaxamento, sem se perturbar com pensamentos ou emoções intensas. Outras vezes os pensamentos e emoções são tão fortes e recorrentes que tudo o que consegue fazer é observá-los do melhor modo possível e permanecer com a respiração tanto quanto puder ao longo do processo. **A meditação não se preocupa tanto com a quantidade de pensamentos, mas sim com a quantidade de espaço que concedemos a eles para que se manifestem no campo da consciência de um momento para o outro.**

Conseguir perceber que os pensamentos são apenas pensamentos e que eles não são "você" ou a "realidade" é algo formidavelmente libertador. Por exemplo, se surge o pensamento de que hoje você precisa realizar determinadas tarefas, e você não reconhece isso como um pensamento, mas age como se fosse a "a verdade", **naquele momento** você terá criado uma realidade e acreditará que de fato todas aquelas tarefas precisam ser completadas hoje.

Peter – que, como vimos no Capítulo 1, procurou o treinamento MBSR depois de sofrer um ataque cardíaco e a fim de prevenir outro no futuro – percebeu isso de modo teatral, quando se viu lavando o carro às 10 horas da noite, sob a luz de holofotes na entrada da garagem. Ele percebeu que não **precisava** lavar o carro naquele momento. Foi simplesmente o resultado inevitável de um dia inteiro tentando encaixar tudo o que ele **pensava** que precisava ser feito. Quando viu o que estava fazendo a si mesmo, percebeu também que não conseguira questionar a veracidade da convicção original de que tudo tinha de ser feito hoje, pois estava completamente dominado por essa crença.

Se você se percebe agindo assim, deve estar se sentindo pressionado também, e tenso e ansioso sem saber por quê, assim como Peter. Portanto, se o pensamento acerca das inúmeras tarefas de hoje surgir durante a meditação, esteja atento para perceber que se trata de um pensamento – caso contrário, antes de se dar conta, estará se levantando para fazer um monte de coisas, sem perceber que decidiu parar de meditar só porque um pensamento passou pela sua cabeça.

Por outro lado, quando um pensamento desses surgir, se você conseguir dar um passo atrás e ver com clareza o seu conteúdo, conseguirá priorizar as coisas e tomar decisões sensatas acerca do que realmente deve ser feito. Saberá quando encerrar o expediente e quando introduzir pausas durante o trabalho para se recuperar e completar o serviço de modo mais eficaz. Assim, o simples ato de reconhecer seus pensamentos como **pensamentos** pode liberar você da realidade distorcida que muitas vezes criam, permitindo maior lucidez e capacidade de gestão, e até mesmo mais produtividade.

Essa libertação da tirania da mente pensante surge diretamente da própria prática da meditação. Quando todos os dias passamos algum tempo no estado de não fazer, descansando na consciência, observando o fluxo da respiração e das atividades da mente e do corpo (sem sermos sequestrados por elas), estamos cultivando calma e mindfulness em conjunto. À medida que a mente desenvolve estabilidade e fica menos emaranhada no conteúdo dos pensamentos, sua capacidade de concentração e de calma se fortalece. Todas as vezes que reconhecemos um pensamento como pensamento no momento em que surge – e registramos seu conteúdo, avaliamos seu domínio sobre nós e a precisão de seu conteúdo – estamos fortalecendo o músculo de mindfulness. Todas as vezes que nos desapegamos desse pensamento e voltamos à respiração e às sensações do corpo, estamos fortalecendo o músculo de mindfulness. Ao longo desse processo, nos conhecemos melhor e aceitamo-nos mais – não como gostaríamos de ser, mas como já somos de fato. Esta é uma expressão de nossa sabedoria e compaixão inatas.

OUTROS OBJETOS DA ATENÇÃO NA PRÁTICA DA MEDITAÇÃO SENTADA

Costumamos introduzir a prática da meditação sentada na segunda sessão do programa de MBSR. As pessoas a praticam como lição de casa durante 10 minutos, uma vez por dia, ao longo da segunda semana – além dos 45 minutos de escaneamento corporal, que será apresentado no próximo capítulo. Nas semanas seguintes, o tempo de meditação sentada vai aumentando até atingir 45 minutos de uma só vez. Ao aumentar o tempo, também expandimos a variedade de experiências que convidamos ao campo da consciência, e que serão foco de nossa atenção enquanto nos sentamos em meditação.

Durantes as primeiras semanas apenas observamos a inspiração e a expiração. É possível praticar dessa forma por muito tempo e nunca chegar ao fim da riqueza dessa experiência. Ela se aprofunda cada vez mais. Aos poucos, a mente fica mais calma e mais flexível, e mindfulness – a consciência não julgadora de momento a momento – se fortalece cada vez mais.

No campo das instruções de meditação, as práticas mais simples (como a atenção plena na respiração) são tão curativas e libertadoras como os métodos mais elaborados, que as pessoas erroneamente consideram mais "avançados". Em hipótese alguma pode-se dizer que estar presente para a respiração é menos avançado do que prestar atenção a outros aspectos da experiência interior e exterior. Todos têm seu lugar e seu valor no cultivo de mindfulness e da sabedoria. Em essência, o que importa é a qualidade e a sinceridade do esforço ao praticar e a profundidade de sua visão – e não a "técnica" que você está usando ou o objeto de sua atenção.

Se você estiver realmente atento, qualquer objeto pode se tornar um acesso à consciência de momento a momento. É bom lembrar que se trata da mesma consciência, seja qual for o objeto de atenção que tiver primazia em qualquer prática específica. Não obstante, mindfulness da respiração pode ser uma base muito poderosa e eficaz para todas as outras práticas de meditação do MBSR. Por esse motivo retornaremos a ela inúmeras vezes.

À medida que o programa MBSR prossegue ao longo das oito semanas, o campo de atenção na prática sentada é expandido de modo gradual. Além da respiração, são incluídas as sensações corporais em regiões específicas, a impressão do corpo como um todo, os sons e, finalmente, o próprio processo de pensamento e as emoções. Às vezes focamos apenas em um desses elementos como principal objeto de atenção. Outras vezes, abrangemos todos eles em sequência num período de prática e terminamos com a consciência do que surgir, seja o que for, sem procurar nada específico em que focar – nem sons, nem pensamentos, nem mesmo a respiração. Essa maneira de praticar é chamada de **consciência sem escolha ou presença aberta**. Trata-se simplesmente de estar presente e receptivo a tudo o que surgir em cada momento enquanto você descansa na consciência. Por mais simples que isso pareça, praticar desse modo requer o desenvolvimento de um grau mínimo de estabilidade mental, além de calma e capacidade de atenção relativamente fortes. Conforme já vimos, essas qualidades são mais bem cultivadas quando escolhemos um objeto, em geral a respiração, e trabalhamos com ele por vários meses, até mesmo anos. Por esse motivo, algumas pessoas terão maiores benefícios se permanecerem com a respiração e com a sensação do corpo como um todo nos primeiros estágios da prática de meditação – em especial se forem levar mais de oito semanas para completar o programa MBSR. Você pode praticar a consciência da respiração por conta própria, sem usar

CDs ou gravações em áudio como orientação. Ou pode encontrar outras meditações guiadas que o ajudarão nesse ou em outros estágios de sua prática (por exemplo, Séries 2 e 3). Por enquanto, sugerimos que pratique conforme está descrito nos exercícios ao fim deste capítulo. Depois, no Capítulo 10, e também nos Capítulos 34 e 35, você encontrará as linhas gerais de um programa abrangente para desenvolver a prática de meditação, de maneira formal e informal, no decorrer de um período de oito semanas, seguindo o cronograma que utilizamos nas próprias aulas de MBSR. Desse modo, todas as práticas de meditação serão desenvolvidas e aprofundadas em conjunto, à medida que formos apresentados a elas em sequência. Muitas pessoas concluem o programa inteiro de oito semanas por conta própria, usando os CDs de meditação guiada juntamente com este livro como manual. Sei disso porque encontro muitas vezes com elas em minhas viagens e ouço o que têm a dizer.

Quando apresentamos a meditação sentada na segunda aula, em geral as pessoas se mexem de um lado para outro, ficam inquietas, e notamos o abrir e fechar de olhos à medida que se habituam à ideia de não fazer nada e aprender a se acomodar à situação de apenas ser. Para as pessoas com diagnóstico de dor, ou de ansiedade, ou TDAH (transtorno do *deficit* de atenção com hiperatividade), ou que são exclusivamente orientadas para a ação, permanecer sentado na imobilidade pode parecer impossível no início. Elas costumam pensar, como seria de se prever, que sentirão muita dor, muito nervosismo ou muito tédio, e que não conseguirão ficar sentadas. Mas depois de algumas semanas de prática por conta própria em casa, o silêncio coletivo na sala se torna "ensurdecedor" – apesar do fato de que, a essa altura, estejamos meditando por 20 a 30 minutos de uma vez. Há muito pouco movimento e inquietação, mesmo entre as pessoas com dores e problemas de ansiedade, e os "batalhadores", que em geral não param um minuto sequer. Estes são sinais claros de que estão de fato praticando em casa e desenvolvendo algum grau de intimidade com a quietude, tanto do corpo como da mente.

Em pouco tempo, a maioria das pessoas descobre que meditar pode ser bastante estimulante. Às vezes nem mesmo parece um trabalho. É apenas uma abertura e uma liberação sem esforço na quietude de ser, aceitando cada momento conforme ele se revela, descansando na consciência.

Esses são verdadeiros momentos de inteireza, acessíveis a todos nós. De onde vêm? De lugar algum. Estão aqui o tempo todo. Todas as vezes que você se senta numa postura alerta e digna e volta a sua atenção para a respiração, pelo tempo que for, está retornando à própria inteireza, afirmando seu equilíbrio intrínseco de mente e corpo em qualquer momento. Sentar em meditação torna-se um acomodar-se na quietude e na paz que estão sob as agitações de superfície da mente. É fácil assim: ver e deixar ser, ver e abrir mão, ver e deixar ser.

EXERCÍCIO 1
Meditação sentada com foco na respiração

1. Continue a praticar a consciência de sua respiração numa postura sentada, confortável e digna, por pelo menos 10 minutos, uma vez ao dia no mínimo.
2. Cada vez que perceber que a mente se desviou da respiração, apenas note o que há em sua mente. A seguir, seja o que for, deixe que aquilo seja como é e volte a focar nas sensações da respiração na barriga como centro do campo da consciência.
3. Com o tempo, tente ampliar a duração da prática até ficar sentado meditando por 30 minutos ou mais. Mas lembre-se de que, quando você está realmente no momento presente, não existe tempo, portanto, o tempo do relógio não é tão importante como a sua disposição de prestar atenção e surfar as ondas da respiração da melhor maneira possível, momento a momento, uma respiração por vez.

EXERCÍCIO 2
Meditação sentada com foco na respiração e no corpo todo

1. Quando sua prática estiver mais forte, isto é, quando você conseguir manter certa continuidade de atenção na respiração, tente expandir o campo de sua consciência "em torno" da respiração e "em torno" do abdômen e inclua uma sensação do corpo como um todo, sentado e respirando.
2. Mantenha-se consciente do corpo sentado e respirando. Quando a mente divagar, note o que está em sua mente e então traga-a de volta, com gentileza, para a consciência de estar sentado e respirando.

EXERCÍCIO 3
Meditação sentada com foco no som

1. Se quiser, tente colocar a própria audição como protagonista no campo da consciência durante períodos de prática formal de meditação sentada. Isso não significa escutar os sons, mas simplesmente ouvir o que está aqui para ser ouvido, momento a momento, sem julgar ou pensar acerca do que está sendo ouvido. Apenas ouvir os sons como sons. Imagine que a mente é um "espelho de sons", simplesmente refletindo tudo o que surgir no campo da audição. Você também pode tentar ouvir os silêncios dentro e entre os sons.

2. Você pode praticar dessa maneira com música também, ouvindo cada nota conforme ela surge e ouvindo da melhor maneira possível os espaços **entre** as notas. Tente imaginar os sons entrando no corpo numa inspiração e fluindo para fora novamente na expiração. Imagine que o corpo é transparente para os sons, que os sons podem entrar e sair do corpo pelos poros da pele. Imagine que os sons podem ser "ouvidos" e sentidos pelos próprios ossos. Como é essa experiência?

EXERCÍCIO 4
Meditação sentada com foco nos pensamentos e sentimentos

1. Quando sua atenção estiver relativamente estável na respiração, procure mudar o foco e atentar ao próprio processo de pensar. Deixe que as sensações da respiração fiquem como pano de fundo e permita que o próprio processo de pensar apareça no primeiro plano, colocando-o no centro do campo da consciência – observando os pensamentos surgirem e desaparecerem como nuvens no céu, ou como escrita na água. Permita que a mente funcione como um "espelho de pensamentos", simplesmente refletindo e registrando o que aparece enquanto aparece; e o que desaparece enquanto desaparece.

2. Veja se pode perceber esses pensamentos como eventos descontínuos no campo da consciência – eles surgem, se demoram um pouco, talvez, e então desaparecem.

3. Na medida do possível, perceba seu conteúdo e sua carga emocional sem se envolver com eles, nem ser levado a pensar no pensamento

seguinte, mas apenas mantendo a "moldura" por meio da qual você observa o processo de pensamento.
4. Note que um pensamento isolado não dura muito. É impermanente. Se surgir, desaparecerá. Vale a pena estar consciente desta observação e deixar seu significado registrado na consciência.
5. Perceba como alguns pensamentos insistem em voltar.
6. É especialmente esclarecedor notar os pensamentos que estão centrados nos pronomes pessoais ou conduzidos por eles, especialmente os pensamentos acerca de **eu**, **mim**, ou **meu**, observando cuidadosamente como o conteúdo desses pensamentos pode ser autocentrado. Como você se sente em relação a esses pensamentos quando simplesmente os percebe como pensamentos no campo da consciência, sem levá-los para o lado pessoal? Como se sente em relação a eles quando os observa dessa maneira isenta de julgamentos? Existe algo a aprender?
7. Observe aqueles momentos em que a mente cria um "eu" para se preocupar com o bom ou o mau andamento das coisas em sua vida.
8. Note os pensamentos acerca do passado e do futuro.
9. Note os pensamentos de ganância, desejo, cobiça e apego.
10. Note os pensamentos de raiva, desgosto, ódio, aversão ou rejeição.
11. Note os sentimentos e humores conforme surgem e desaparecem.
12. Note que sentimentos e humores se relacionam com os diferentes conteúdos de pensamento.
13. Se você ficar perdido em meio a tudo isso, apenas retorne à respiração até que a atenção fique estável, e então, se quiser, reestabeleça o pensar como objeto principal da atenção. Lembre-se: este não é um convite para gerar pensamentos, apenas um convite para observar seu aparecimento, o tempo de sua permanência e seu desaparecimento no campo da consciência.

Este exercício requer um certo grau de estabilidade da atenção. Talvez seja melhor praticá-lo por períodos de tempo relativamente curtos nos primeiros estágios da prática. Mas até mesmo dois ou três minutos de mindfulness do processo de pensar podem ser extremamente valiosos.

EXERCÍCIO 5
Meditação sentada com consciência aberta

1. Apenas sente-se. Não se ancore em nada. Não procure nada. Pratique o estar completamente aberto e receptivo ao que quer que surja no campo da consciência, deixando que tudo apareça e desapareça, observando, testemunhando, assistindo na quietude. Permita-se ser o saber não conceitual (e o não saber) que a consciência já é.

5
Estar em Seu Corpo:
A Meditação do Escaneamento Corporal

Para mim é surpreendente que sejamos tão preocupados com a aparência do corpo e, ao mesmo tempo, não tenhamos contato algum com ele. Isso também se aplica à nossa relação com o corpo das outras pessoas. Enquanto sociedade, parece que estamos excessivamente preocupados com as aparências em geral, em especial com a aparência do corpo. Corpos são usados nos anúncios para vender de tudo, desde automóveis até *smartphones* e cervejas. Por quê? Porque os anunciantes capitalizam a forte identificação das pessoas com determinadas imagens do corpo em certas fases da vida. As imagens de homens atraentes e mulheres sedutoras geram no espectador pensamentos acerca de buscar uma dada aparência para se sentir especial, ou mais jovem, ou melhor.

Grande parte da preocupação com a aparência vem de uma profunda insegurança em relação ao corpo. Muitas pessoas cresceram sentindo-se desajeitadas e pouco atraentes, sem gostar de seu corpo por uma razão ou outra. De modo geral, é porque existia uma aparência ideal específica, que alguém tinha e nós não, talvez quando éramos adolescentes, quando esse tipo de preocupação atinge um pico febril. Então, não tendo essa aparência, ficávamos obcecados com o que fazer para obtê-la, ou como compensar a sua ausência; ou nos sentíamos arrasados pela impossibilidade de "ter a aparência certa". Para muitas pessoas, em algum ponto de suas vidas a **aparência** do corpo adquiriu importância social suprema, levando-as a sentir alguma forma de inadequação e incômodo pelo seu julgamento da própria aparência. No outro extremo, estavam aqueles que tinham a "aparência

5 | Estar em seu corpo: a meditação do escaneamento corporal

certa". Essas pessoas com frequência se apaixonavam por si mesmas ou se sentiam de alguma forma atropeladas por toda a atenção que atraíam.

Cedo ou tarde, as pessoas superam essas obsessões, mas a insegurança básica em relação ao próprio corpo pode perdurar. Muitos adultos sentem, lá no fundo, que seu corpo é gordo demais, ou baixo demais, ou alto demais, ou velho demais, ou feio demais, como se existisse algum modo perfeito de ser. É triste, mas talvez nunca nos sintamos completamente confortáveis com a forma do nosso corpo. Isso pode causar problemas com o ato de tocar e ser tocado e, portanto, com a intimidade. À medida que o tempo passa, esse mal-estar pode ser agravado pela consciência de que o corpo está envelhecendo, e de que a perda da aparência e das qualidades da juventude é inexorável.

Esses sentimentos intensos sobre nosso corpo não mudam, a menos que mude a maneira pela qual você vivencia o corpo. Para começar, esses sentimentos nascem de um modo limitado de olhar para o corpo. Os **pensamentos acerca** do corpo podem restringir muito a variedade de sentimentos que permitimos a nós mesmos vivenciar.

Quando dirigimos a energia para a **experiência** real do corpo e não nos envolvemos com a justaposição conceitual de **julgamentos sobre o corpo**, toda a nossa visão do corpo e de nós mesmos pode sofrer uma mudança radical. Para começar, ele faz coisas notáveis! Consegue andar, falar, se sentar, pegar coisas; consegue estimar distâncias, digerir alimentos e conhecer as coisas por meio do toque. De modo geral, nem sequer nos lembramos dessas capacidades e não reconhecemos a importância de tudo o que o corpo consegue realizar – até surgir alguma lesão ou doença. Só então compreendemos o valor de poder fazer as coisas que não conseguimos mais realizar.

Assim, antes de nos convencermos de que nosso corpo é demasiado isso ou aquilo, será que não deveríamos estar mais em contato com a maravilha de poder ter um corpo, seja qual for sua aparência e sensação?

Fazemos isso ao prestar atenção ao corpo e estar consciente dele sem julgamento. Você já iniciou esse processo entrando em contato com a respiração na meditação sentada. Ao dirigir a atenção para a barriga e sentir seu movimento você está entrando em contato com as sensações geradas pelo corpo e que estão associadas com a própria vida. Em geral deixamos de prestar atenção a essas sensações porque são demasiado familiares. Ao entrar em contato com elas, você recupera a sua vida naquele exato momento, e seu corpo também, tornando-se mais real e mais vivo. Você está vivendo sua vida em tempo real, à medida que ela se revela, momento a momento, na consciência. Você está presente para a vida, com a vida e na vida. Sua experiência está **corporificada**.

A MEDITAÇÃO DO ESCANEAMENTO CORPORAL

Uma prática de meditação muito poderosa usada no programa MBSR para restabelecer o contato com o corpo é conhecida como escaneamento corporal (*body scan*). Devido ao foco completo e minucioso no corpo, este é um método eficaz para o desenvolvimento simultâneo de concentração e flexibilidade de atenção. A prática costuma ser feita na posição deitada, em decúbito dorsal (de barriga para cima), e a atenção é dirigida de maneira sistemática às diferentes regiões do corpo.

Iniciamos com os dedos do pé esquerdo e lentamente dirigimos a atenção às diferentes partes do pé e da perna esquerda, habitando cada região com atenção plena por um período de tempo, o que implica prestar atenção a cada e a todas as sensações que encontramos (incluindo o adormecimento ou ausência de sensações) – seja qual for a experiência naquela região do corpo, à medida que levamos a atenção a ela e permanecemos ali com consciência. O foco numa região específica é muitas vezes associado ao direcionamento intencional da respiração para dentro e fora daquela região. Ao chegar ao quadril esquerdo e à pelve, movemos a atenção para os dedos do pé direito e então, vagarosamente, subimos pela perna direita até o quadril direito e de volta à pelve. Daqui, subimos pelo torso, prosseguindo para a região lombar e o abdômen, a região dorsal e o peito, as escápulas, as axilas e os ombros.

Nesse ponto, dirigimos a atenção a qualquer sensação (e todas elas) nos dedos de ambas as mãos, nos polegares (geralmente fazemos ambas as mãos ao mesmo tempo), depois nas palmas e dorsos das mãos, e então, cada um por vez, nos punhos, antebraços, cotovelos, na parte superior dos braços – e voltamos aos ombros. A seguir, passamos ao pescoço e garganta e, finalmente, a todas as regiões da face, à parte posterior da cabeça e ao topo da cabeça.

5 | Estar em seu corpo: a meditação do escaneamento corporal

Concluímos respirando através de um "orifício" imaginário no próprio topo da cabeça, como se fôssemos uma baleia com um espiráculo. Deixamos que a respiração percorra o corpo inteiro, de uma extremidade à outra, como se o ar entrasse pelo topo da cabeça e saísse pelas solas dos pés; depois, como se entrasse pelas solas dos pés e saísse pelo topo da cabeça. Às vezes contemplamos na consciência todo o revestimento da pele e imaginamos ou sentimos que ela também está respirando.

Ao concluirmos o escaneamento corporal, podemos ter a impressão de que todo o corpo desapareceu ou se tornou transparente, como se sua substância tivesse sido de alguma forma apagada. Pode dar a sensação de que não existe nada senão a respiração fluindo livremente através de todos os limites do corpo. Não devemos tentar "obter" essa experiência porque, no espírito de não fazer, abrimos mão de tentar conseguir algo ou atingir algum "estado especial" de ser. Estamos simplesmente presentes na nossa experiência do corpo de momento a momento, à medida que trazemos a consciência a ele do modo que acabamos de descrever. Na consciência, cada momento e cada experiência que temos é especial, mesmo as mais penosas e difíceis, e por isso não há necessidade de tentar "atingir" nada. Isto se torna mais claro à medida que praticamos.

Ao completar o escaneamento corporal, nos permitimos habitar o silêncio e a quietude, uma consciência que a essa altura pode ter se expandido para além do corpo. Depois de algum tempo, quando estivermos prontos, voltamos ao corpo, à sensação do corpo como um todo. De novo entramos em contato com a sua solidez. A seguir, com vagar e gentileza, experimentamos movimentar intencionalmente nossas mãos e pés, percebendo as sensações que surgirem enquanto fazemos isso. Podemos também massagear o rosto e balançar um pouco o corpo antes de abrir os olhos. Por fim, voltamos à posição sentada por algum tempo e depois ficamos em pé, enquanto fazemos a transição para a atividade seguinte do dia.

A intenção ao escanear o corpo é realmente **sentir** e **habitar** cada região permanecendo ali no presente atemporal do melhor modo possível. Você inspira **para dentro** e expira **para fora** de cada região do corpo algumas vezes e, a seguir, com os olhos de sua mente, solta aquela região, deixando-a para trás à medida que a atenção passa para a região seguinte. Conforme você solta as sensações percebidas em cada região (e quaisquer pensamentos e imagens que tenham surgido em relação a essa parte do corpo), os músculos nessa região literalmente se soltam também, alongando-se e liberando grande parte da tensão ali acumulada. Pode ser útil sentir ou imaginar que a tensão em seu corpo e as sensações de fadiga associadas a ela **fluem para fora** em cada expiração e que, em cada inspiração você **inala** vitalidade, energia e abertura.

No programa MBSR praticamos o escaneamento corporal intensivamente, no mínimo durante as quatro primeiras semanas do programa. É a primeira prática de meditação formal que nossos pacientes da clínica adotam por um período considerável de tempo. Junto com a consciência da respiração, ela proporciona o fundamento para todas as outras práticas de meditação que serão utilizadas depois, inclusive a meditação sentada. É por meio do escaneamento corporal que nossos pacientes aprendem pela primeira vez a manter sua atenção focada por um período prolongado de tempo. Esta é a primeira prática com a qual se envolvem de modo sistemático, e que alimenta e desenvolve maior estabilidade mental (concentração), calma e mindfulness. Para muitas pessoas, o escaneamento corporal é o catalisador da primeira experiência de bem-estar e atemporalidade na prática de meditação. É um excelente ponto de partida para iniciar a prática formal de meditação mindfulness, seguindo a programação descrita no Capítulo 10. É especialmente valiosa para pessoas que sofrem de dor crônica ou outros problemas físicos e que precisam permanecer deitadas durante boa parte do tempo.

Nas duas primeiras semanas do programa nossos pacientes praticam o escaneamento corporal pelo menos uma vez por dia, utilizando o CD de Meditação do Escaneamento Corporal na Série 1 de meditações guiadas de mindfulness. Isso significa 45 minutos por dia para examinar vagarosamente o corpo. Nas duas semanas seguintes, eles praticam dia sim dia não, alternando com o CD de Mindful Yoga 1 (yoga na posição deitada) se estiverem aptos para isso. Se não puderem, continuam com o escaneamento corporal todos os dias. O mesmo CD de meditação guiada é utilizado dia após dia, e é também o mesmo corpo dia após dia. Sem dúvida, o desafio é trazer para a prática uma mente de principiante; todos os dias encontrar seu corpo como se fosse a primeira vez. Isso implica

5 | Estar em seu corpo: a meditação do escaneamento corporal

senti-lo de momento a momento, e abrir mão de todas as expectativas e ideias preconcebidas, inclusive a lembrança do corpo durante a prática do dia anterior. Cada vez que você pratica, a meditação é diferente, mesmo que a orientação seja sempre igual. Cada vez que você pratica, você também está diferente.

Existem algumas razões para iniciamos com a prática do escaneamento corporal nas primeiras semanas do programa MBSR. Em primeiro lugar, ela é feita na posição deitada. Isso a torna muito mais confortável e acessível do que a meditação na posição sentada, com a coluna ereta durante 45 minutos. Especialmente no início, muitas pessoas acham mais fácil soltar o corpo e relaxar profundamente quando estão deitadas. Às vezes, enquanto oriento o escaneamento corporal, faço inclusive a recomendação de Shakespeare: "[...] que esta tão sólida carne derretesse, degelasse e se dissolvesse num orvalho!".

Além disso, o trabalho interno de cura aumenta de modo considerável quando se desenvolve a capacidade de levar a atenção de modo sistemático a qualquer parte do corpo e, intencionalmente, dirigir-lhe energia de diversos tipos em forma de atenção, amabilidade, simpatia e aceitação. Isso requer certa sensibilidade ao corpo e intimidade com a gama de sensações que podemos sentir em diferentes locais. Junto com a respiração, o escaneamento corporal é um veículo perfeito para desenvolver e refinar esse tipo de sensibilidade, intimidade e amizade. Para muitos participantes das aulas do programa MBSR, o escaneamento corporal proporciona a primeira experiência positiva do corpo em muitos e muitos anos.

Ao mesmo tempo, praticar o escaneamento corporal equivale a cultivar a consciência de momento a momento sem julgamento. Se estivermos praticando sem orientação externa, cada vez que a mente divagar e notarmos isso, simplesmente a traremos de volta para a parte do corpo que estava sendo trabalhada quando a atenção divagou, do mesmo modo como trazemos a mente de volta à respiração quando ela divaga na posição sentada. Se estivermos praticando com o CD de escaneamento corporal, ao perceber o devaneio da atenção, traremos a mente de volta para a parte do corpo referida pela voz que estamos ouvindo.

Ao fazer o escaneamento corporal com regularidade por algum tempo, percebemos que o corpo não é exatamente o mesmo cada vez que praticamos. Você se dá conta de que seu corpo está mudando constantemente, que mesmo as sensações, digamos, nos dedos dos pés, podem ser diferentes a cada prática, ou mesmo de um momento para o outro. Talvez você também ouça as instruções de modo diferente a cada vez. Muitas pessoas não escutam certas palavras no CD senão depois de semanas, mesmo com a prática diária. Essas percepções, quando ocorrem, ensinam muito sobre como as pessoas se sentem em relação ao corpo.

※

Mary praticou o escaneamento corporal todos os dias, religiosamente, durante as primeiras quatro semanas do ciclo inicial do programa MBSR no hospital, muitos anos atrás. Após quatro semanas, ela comentou na aula que conseguia fazer bem a prática até chegar à região do pescoço e da cabeça. Relatou que, todas as vezes, sentia-se "bloqueada" nessa região e incapaz de passar pelo pescoço e chegar até o topo da cabeça. Sugeri que experimentasse imaginar sua atenção e respiração fluindo para fora dos ombros e em torno da região bloqueada. Naquela semana ela veio me ver para discutir o que tinha acontecido.

Tentara escanear o corpo novamente, com a intenção de fluir em torno do "bloqueio" no pescoço. Entretanto, enquanto percorria a região pélvica, ouviu pela primeira vez a palavra "genitais" na gravação. Ouvir a palavra desencadeou o *flashback* de uma experiência que (Mary percebeu de imediato) estava reprimida desde os nove anos de idade. Ela fora molestada sexualmente por seu pai, com frequência, a partir dos cinco anos de idade. Quando estava com nove, seu pai teve um ataque cardíaco na sala de estar, em sua presença, e morreu. Segundo o relato de Mary, ela (a menina) não sabia o que fazer. É fácil imaginar os sentimentos conflitantes de uma criança, dividida entre o alívio pela impotência de seu torturador e a preocupação com o pai. Ela não fez nada.

O *flashback* terminou com sua mãe descendo as escadas, encontrando o marido morto e Mary encolhida num canto. Sua mãe a culpou pela morte do pai, por não ter pedido ajuda e, furiosa, pegou uma vassoura e bateu na cabeça e pescoço da menina.

Toda essa experiência, incluindo a história de abuso sexual durante quatro anos, ficou reprimida por mais de 50 anos, mesmo após mais de cinco anos de psicoterapia. No entanto, é óbvia a conexão entre a sensação de bloqueio no pescoço durante o escaneamento corporal e a surra recebida décadas antes. Não podemos deixar de admirar a força daquela menina que reprimiu as vivências com as quais era incapaz de lidar de outra forma. Ela cresceu e criou cinco filhos num casamento razoavelmente feliz. Contudo, seu corpo sofreu ao longo dos anos pelo agravamento de diversos problemas crônicos, incluindo hipertensão, doença coronária, úlceras, artrite, lúpus e infecções urinárias recorrentes. Quando veio para a Clínica de Redução de Estresse, com 54 anos, seu prontuário médico tinha um metro de espessura, e nele os médicos faziam referência às doenças utilizando um sistema de numeração de dois dígitos. Ela foi encaminhada à Clínica de Redução de Estresse para aprender a controlar a pressão arterial, que não baixava com medicamentos, em parte porque ela se revelou altamente alérgica à maioria deles. Mary passara por uma cirurgia de ponte de safena para desobstruir uma artéria coronária no ano anterior. Várias outras artérias coronárias também estavam bloqueadas, mas eram consideradas inoperáveis. Ela participou do programa MBSR com o marido, um eletricista, que também sofria de hipertensão. Uma de suas maiores queixas no momento era que não conseguia dormir bem. Ficava acordada por longos períodos no meio da noite.

Quando o programa terminou, Mary relatou que estava dormindo normalmente durante a noite (ver Figura 3); sua pressão arterial caiu de 16,5/10,5 para 11/7 (ver Figura 4), e ela sentia bem menos dor nas costas e nos ombros (ver Figuras 5A e B). Ao mesmo tempo, o número de sintomas **físicos** reportados nos dois meses anteriores diminuíra radicalmente, enquanto aumentara o número de sintomas **emocionais** que causavam sofrimento. Isto foi devido ao fluxo de emoções desencadeadas pelo *flashback*. Para lidar com isso, aumentou as sessões de psicoterapia de uma para duas por semana. Além disso, continuou a praticar o escaneamento corporal. Ela retornou para um acompanhamento dois meses após o fim do programa. A essa altura o número de sintomas emocionais relatados ao longo do período também diminuiu drasticamente, já que pôde falar sobre alguns dos seus sentimentos e elaborá-los. As dores no pescoço, ombro e costas também melhoraram (Figura 5 – C).

Mary sempre se mostrou muito tímida nos grupos. Durante a primeira aula quase não conseguiu dizer seu nome quando chegou a sua vez de falar.

FIGURA 3

GRÁFICOS DO SONO DE MARY, ANTES E DEPOIS DO PROGRAMA

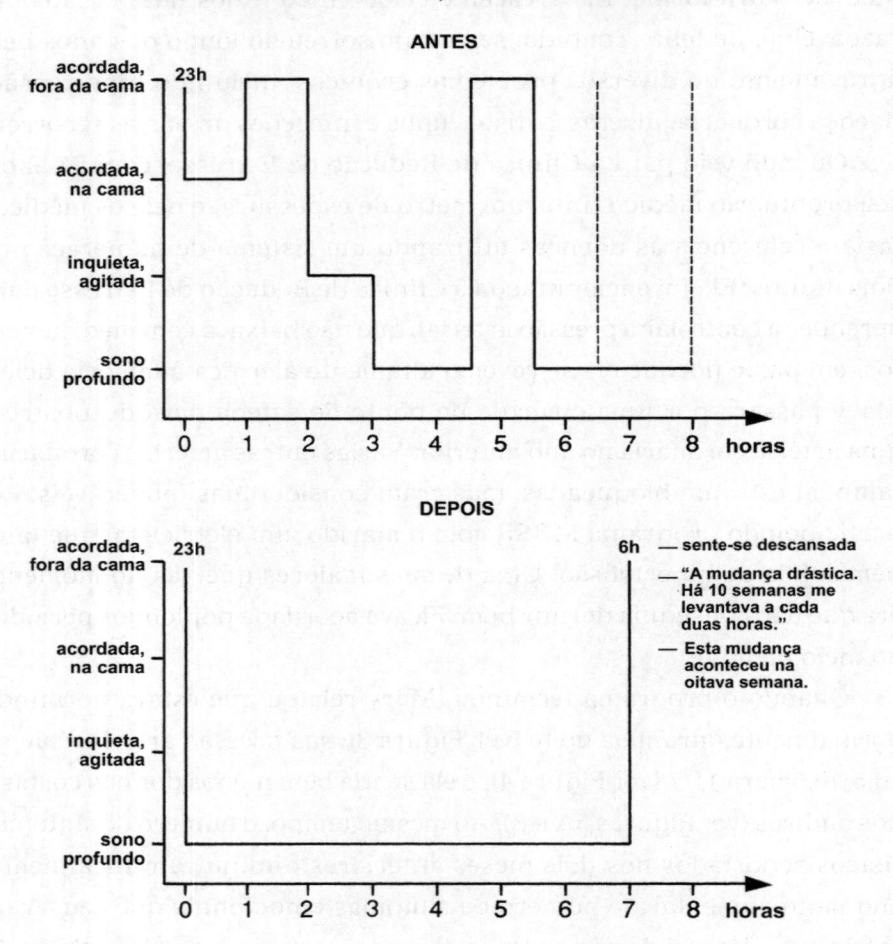

ANTES

DEPOIS
— sente-se descansada
— "A mudança drástica. Há 10 semanas me levantava a cada duas horas."
— Esta mudança aconteceu na oitava semana.

Nos anos seguintes, ela manteve uma prática regular de meditação, usando principalmente o escaneamento corporal. Retornou muitas vezes para falar na primeira aula de outros pacientes que estavam começando o programa MBSR, dizendo-lhes o quanto o programa tinha ajudado e recomendando que praticassem com regularidade. Ela respondia às perguntas graciosamente e se maravilhava com sua nova habilidade de falar em público. Ficava nervosa, mas queria compartilhar um pouco de sua experiência com os outros. Sua descoberta também a levou a ingressar num grupo de sobreviventes de incesto, no qual ela compartilhou seus sentimentos com pessoas que tiveram experiências semelhantes.

FIGURA 4
MEDIÇÕES DA PRESSÃO ARTERIAL DE MARY DURANTE O ANO
EM QUE FEZ O PROGRAMA DE REDUÇÃO DE ESTRESSE

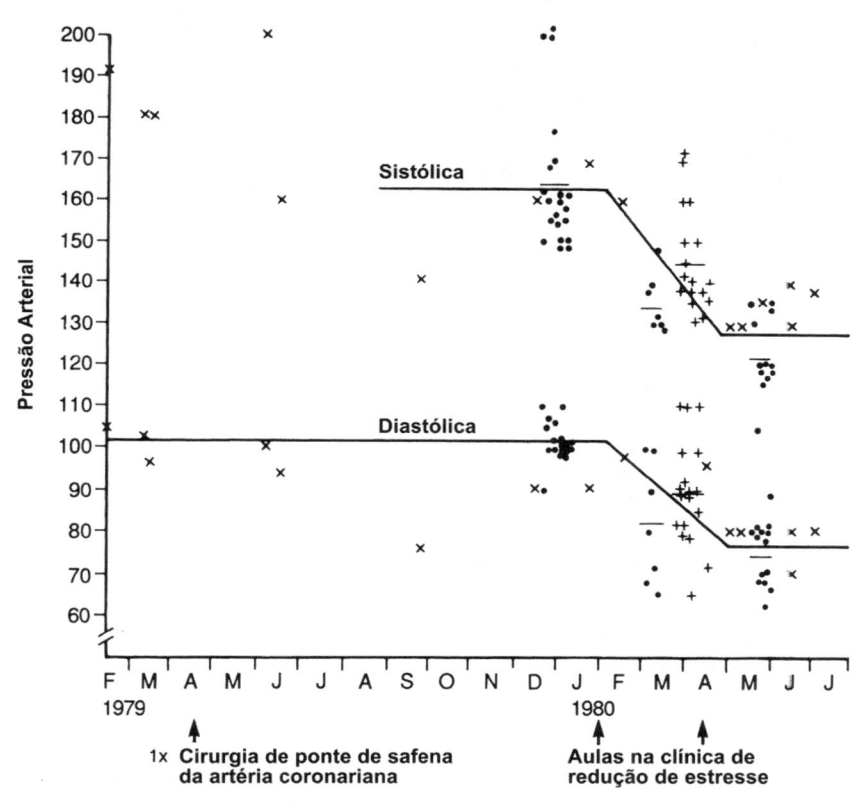

[Gráfico: eixo Y = Pressão Arterial (60-200); eixo X = meses de F/1979 a J/1980. Linhas Sistólica e Diastólica. Setas indicam: 1x Cirurgia de ponte de safena da artéria coronariana; Aulas na clínica de redução de estresse.]

x = Medição no hospital
• / + = Medição em casa

Nos anos que se seguiram, Mary foi hospitalizada com frequência, seja pela doença cardíaca, seja pelo lúpus. Parecia que ela sempre ia ao hospital para fazer exames, mas acabava tendo de permanecer por semanas, sem que ninguém soubesse dizer quando teria alta. Em pelo menos uma ocasião seu corpo inchou até o ponto em que o rosto parecia ter dobrado de tamanho. Ficava quase irreconhecível.

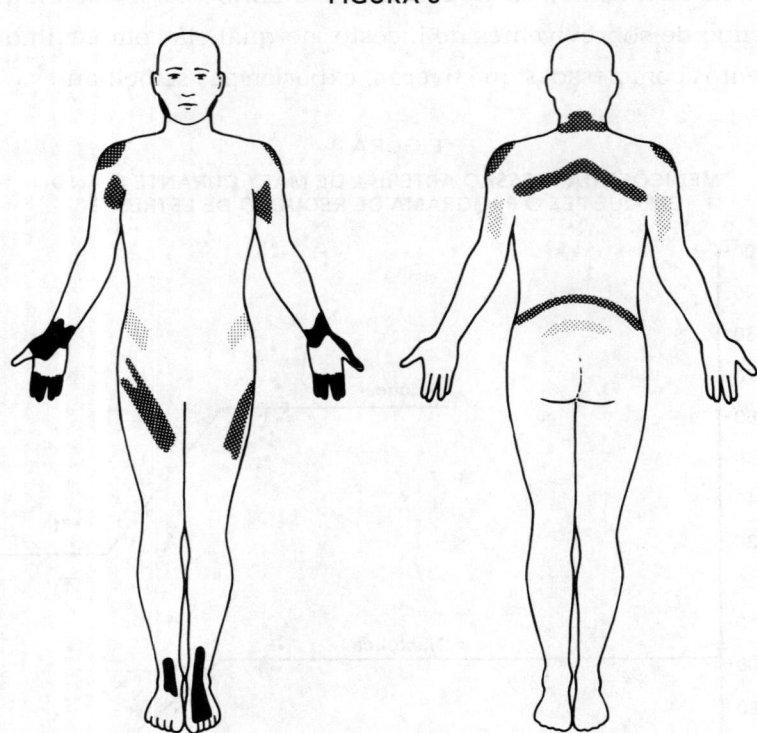

FIGURA 5

A. Gráfico das dores de Mary antes do início do programa

preto = dor intensa
cinza = dor intermediária
pontos = zona dolorida

Apesar de tudo, Mary conseguiu manter uma notável aceitação e equanimidade. Ela se sentia quase que **obrigada** a fazer uso contínuo do treinamento de meditação a fim de lidar com seus problemas de saúde cada vez mais graves. Espantou os médicos que cuidavam dela com sua capacidade de controlar a pressão arterial por meio da meditação e de lidar com procedimentos muito estressantes aos quais teve de se submeter. Às vezes, eles diziam a ela antes de um procedimento: "Agora, Mary, talvez você sinta um pouco de dor, então é melhor fazer a sua meditação".

Recebi a notícia da morte dela de manhã cedo, num sábado de junho em que estávamos tendo uma de nossas sessões de dia inteiro (descritas no Capítulo 8). Fui para seu quarto no hospital logo que fiquei sabendo e,

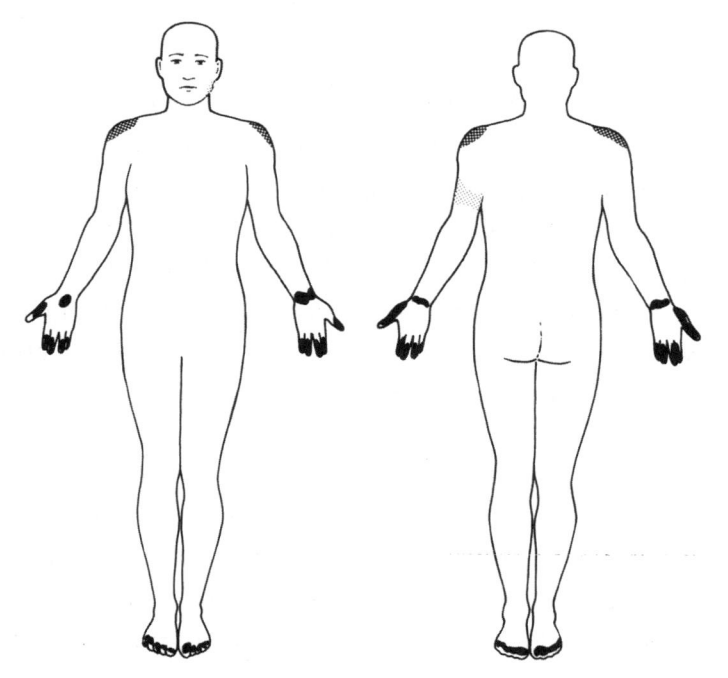

5 | *Estar em seu corpo: a meditação do escaneamento corporal*

B. Gráfico da dor de Mary 10 semanas depois.

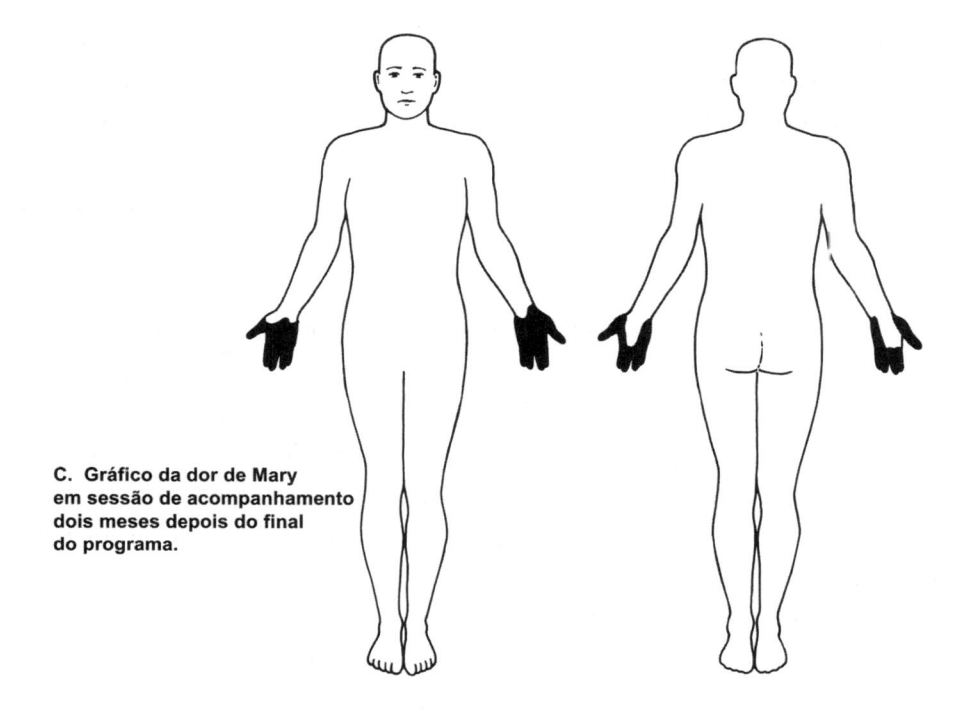

C. Gráfico da dor de Mary em sessão de acompanhamento dois meses depois do final do programa.

em silêncio, me despedi e ofereci meu amor e admiração. Mais ou menos uma semana antes, ela me dissera que já sabia havia algum tempo que o fim estava próximo, e que estava surpresa pela paz com que esperava sua chegada. Ela sabia que seu sofrimento acabaria logo, e lamentou ter tido apenas uns poucos anos para (nas palavras dela) desfrutar seu ser "recém-libertado e consciente" fora do hospital. Naquele dia, dedicamos à sua memória a sessão de "dia inteiro". Na Clínica de Redução de Estresse, os veteranos que a conheceram sentem saudades dela até hoje. Muitos de seus médicos foram a seu funeral e choraram abertamente. Ela acabou ensinando a todos o que é realmente importante na vida.

*

No decorrer dos anos, vimos algumas pessoas na clínica com graves problemas médicos e um histórico semelhante de abuso sexual e psicológico contínuo na infância. Isso certamente sugere uma possível conexão entre a repressão desse tipo de trauma no início da vida (já que na infância a repressão e a negação podem ser os únicos mecanismos de enfrentamento disponíveis à vítima) e doenças somáticas futuras. A retenção e o bloqueio de experiências psicológicas tão traumáticas devem produzir um estresse enorme no corpo que, com o passar dos anos, compromete a saúde física. Como veremos mais adiante, isso ocorre por meio de muitos mecanismos.

Mary participou do programa MBSR em 1980, mesmo ano em que o termo TEPT (transtorno do estresse pós-traumático) foi cunhado e incluído na terceira edição do DSM (*Manual Diagnóstico e Estatístico de Transtornos Mentais*), manual base para os profissionais de saúde mental, que é atualizado e revisado de maneira periódica. No entanto, levou muitos anos para compreendermos o TEPT e conduzirmos pesquisas de qualidade sobre os efeitos biológicos, neurológicos e psicológicos de traumas infantis e adultos. Nada do que sabemos agora era amplamente conhecido no início e em meados dos anos 1980. Esse transtorno muitas vezes passou despercebido, como no caso de Mary e, em comparação com o que sabemos hoje, os tratamentos eram rudimentares e pouco desenvolvidos. Atualmente, as práticas de mindfulness fazem parte do tratamento de TEPT, tanto para adultos quanto para crianças.

Ao relatar a experiência de Mary não pretendemos dar a entender que todo aquele que pratica o escaneamento corporal terá *flashbacks* de conteúdo reprimido. Essas experiências são raras.*

As pessoas consideram o escaneamento benéfico porque ele reconecta a mente consciente com as sensações do corpo. Com a prática regular, elas se sentem mais em contato com as sensações em partes do corpo que nunca haviam sentido ou considerado anteriormente. Além disso, sentem-se mais relaxadas e à vontade com seu corpo. Em resumo, o escaneamento corporal nos ajuda a fazer amizade com nosso corpo e nutri-lo, dando-lhe a atenção apropriada, ou até mesmo **sábia**, para que nossa vida seja mais plenamente corporificada.

DESAFIOS INICIAIS DA PRÁTICA DE ESCANEAMENTO CORPORAL

Algumas pessoas, quando começam a praticar o escaneamento corporal, têm dificuldades para sentir os dedos dos pés ou outras partes do corpo. Outras, especialmente as pessoas com problemas de dor crônica, podem sentir-se inicialmente tão dominadas pela dor que não conseguem se concentrar em nenhuma outra parte do corpo. E também há pessoas que sempre dormem no escaneamento corporal, não importa o quanto se esforcem. Na medida em que relaxam, elas sentem dificuldade de se manter acordadas, e simplesmente adormecem sem querer.

Essas experiências, quando ocorrem, proporcionam mensagens importantes sobre nosso corpo e nossa mente. Nenhuma delas é um obstáculo sério, se houver disposição de trabalhar e aceitar tudo o que surgir como um objeto legítimo e digno de atenção compassiva. Ao aprofundar a prática de mindfulness, tudo pode nos ensinar coisas importantes sobre nós mesmos. Qualquer coisa que aflore pode se tornar parte da grade curricular do momento, se simplesmente for mantida na consciência, com gentileza. Agora vamos examinar em maior detalhe como fazer isso.

---

* Mas de fato ocorrem. Se surgirem, o ideal é que os programas de mindfulness sejam acompanhados por psicoterapeutas especializados em tratamento de traumas. Mas os instrutores de MBSR deveriam ter formação apropriada para reconhecer os sinais e sintomas de experiências traumáticas latentes que podem surgir como consequência da prática de mindfulness, e para apoiar rápida e adequadamente a pessoa com essas lembranças – que têm o potencial de traumatizar novamente, mas que também podem iniciar um processo de cura, se tratadas com gentileza num ambiente terapêutico seguro.

COMO UTILIZAR O ESCANEAMENTO CORPORAL QUANDO NÃO SENTIMOS NADA OU QUANDO TEMOS DOR

A prática de escaneamento corporal nos convida e encoraja a levar a atenção às diferentes regiões do corpo, uma por vez, e entrar em contato com as sensações presentes. Se, por exemplo, levamos a atenção aos dedos do pé e não sentimos nada, então "não sentir nada" será a nossa experiência dos dedos do pé naquele momento específico. Isso não é bom nem ruim; é simplesmente a sua experiência naquele momento. Então nós a observamos, aceitamos e seguimos adiante. Não é necessário mexer os dedos nem estimular sensações nessa região para que possamos senti-la, ainda que, no início, também não seja errado fazer isso.

O escaneamento corporal é muito poderoso nos casos em que há uma região específica do corpo com problemas ou dor. Exemplo disso é a dor lombar. Vamos supor que ao deitar de costas para fazer o escaneamento, você sinta uma dor lombar considerável, que não diminui com pequenas mudanças de posição. Mesmo assim, iniciamos com a consciência da respiração e tentamos levar a atenção para o pé esquerdo, inspirando e levando o ar até lá, e expirando a partir de lá. Mas a dor nas costas continua chamando a atenção para essa região e impedindo a concentração nos pés ou em qualquer outra parte do corpo. A mente fica voltando sempre para a região lombar e para a dor.

Quando isso acontece, uma forma de proceder consiste em dirigir novamente a atenção para os dedos do pé e redirecionar a respiração para essa região cada vez que as costas prenderem a nossa atenção. Continuamos a percorrer sistematicamente a perna esquerda, depois a perna direita, então a pelve, o tempo todo prestando meticulosa atenção às sensações nas várias regiões e aos pensamentos e sentimentos que percebemos, independentemente de seu conteúdo. Sem dúvida, boa parte do conteúdo dos pensamentos pode ter relação com a região lombar e suas sensações. Assim, à medida que percorremos a pelve e nos aproximamos da região problemática, tentamos, da melhor maneira possível, permanecer abertos e receptivos, notando com precisão as sensações que surgem enquanto passamos por essa região, assim como fizemos com as precedentes.

Agora, novamente, da melhor maneira possível, inspiramos levando o ar para dentro das costas e expiramos a partir das costas, ao mesmo tempo que permanecemos conscientes de quaisquer pensamentos e emoções que surgirem. Seguimos respirando assim durante um tempo até que, quando estivermos prontos, abandonamos de modo intencional a região lombar e movemos o foco da atenção para a parte superior das costas e o peito. Dessa maneira, estamos praticando **atravessar** a região de intensidade máxima, sentindo-a plenamente **quando chega a vez dela** de receber nossa atenção, e fazendo isso na intensidade que for possível. Como sempre, o convite é para sermos gentis em relação a nós mesmos e não avançar os limites do momento, ou da nossa intuição. Mesmo assim, estamos nos permitindo ser curiosos e abertos a todas as sensações presentes nessa região, em toda a sua intensidade, observando-as, respirando com elas e então soltando-as à medida que prosseguimos.

Outra forma de trabalhar com uma dor que surge durante o escaneamento corporal é deixar que a atenção vá até a região de maior intensidade. Essa estratégia é melhor quando, devido à intensidade da dor, a concentração em diferentes partes do corpo fica difícil. Em vez de escanear, apenas inspiramos para **dentro** e expiramos para **fora** da própria dor. Tentamos imaginar ou sentir a inspiração penetrando no tecido até ser completamente absorvida, e imaginamos a expiração como um canal que permite que a região descarregue para fora do corpo qualquer dor ou elementos tóxicos ou mal-estar de que consiga abrir mão. Ao fazer isso, continuamos a prestar atenção de momento a momento e de respiração em respiração, notando que até nas regiões mais problemáticas do corpo as sensações que temos de momento a momento mudam em qualidade. Podemos perceber que a intensidade das sensações também muda. Se diminuir um pouco, podemos tentar voltar aos dedos dos pés e entrar em contato com as sensações do corpo inteiro, conforme descrito acima. Nos Capítulos 22 e 23 haverá sugestões adicionais de como utilizar mindfulness para trabalhar com a dor.

O ESCANEAMENTO CORPORAL COMO PROCESSO DE PURIFICAÇÃO

Uma das pessoas que influenciaram minha concepção do escaneamento corporal na versão MBSR foi um engenheiro aeroespacial, antes de se tornar professor de meditação. Ele gostava de descrever o escaneamento corporal como uma "purificação por zonas" metafórica. A purificação por zonas [em português, refino por zonas ou refino pirometalúrgico] é uma técnica industrial que serve para refinar certos metais usando um forno em formato de anel, deslocando-o por toda a extensão de uma barra de metal. O calor liquefaz o metal dentro da zona anular do forno, e as impurezas ficam concentradas no metal liquefeito. Conforme a zona de metal derretido se desloca pela extensão da barra, as impurezas vão ficando no metal líquido. O metal novamente solidificado que sai da extremidade posterior do forno tem uma pureza muito maior do que no início do processo. Quando a barra inteira tiver sido tratada dessa maneira, a extremidade da barra, que foi a última a derreter e a solidificar novamente (e que agora contém todas as impurezas), é cortada e eliminada, deixando uma barra purificada.

Da mesma forma, é possível considerar o escaneamento corporal como uma purificação ativa do corpo. A atenção que se desloca para as distintas regiões vai recolhendo a tensão e a dor acumuladas, levando-as para o topo da cabeça, onde, com a ajuda da respiração, são descarregadas para fora do corpo, que assim fica mais leve e límpido. Podemos pensar ou imaginar que cada escaneamento é um processo de purificação ou de desintoxicação, que promove a cura porque restabelece a sensação de totalidade e integração do corpo.

Ainda que esta metáfora possa dar a impressão de que o escaneamento corporal tem um determinado objetivo (purificar o corpo), o espírito com que o praticamos continua a ser o de não forçar nada. Como veremos no Capítulo 13, é preciso deixar que qualquer purificação aconteça por si mesma. Nosso papel é apenas perseverar na prática todos os dias, pela prática em si ou, dito de outra forma, para podermos ser plenamente quem já somos, mas de quem perdemos contato demasiadas vezes.

A prática contínua do escaneamento corporal no decorrer do tempo nos leva a compreender a realidade do nosso corpo como um todo no momento presente. Essa sensação de inteireza pode ser experimentada seja qual for o problema físico. Uma ou várias partes de nosso corpo podem estar afetadas pela doença ou pela dor, ou podem ter sido amputadas. No entanto, sempre é possível acolhê-las na consciência, e reconhecer e alimentar a inteireza inata e intrínseca do corpo e do nosso ser.

5 | Estar em seu corpo: a meditação do escaneamento corporal

Cada vez que examinamos nosso corpo, deixamos que flua para fora o que tiver de fluir. Não pretendemos forçar o "soltar" nem a purificação, algo que de todo modo seria impossível. Abrir mão é um ato de aceitação de nossa situação. Não é uma rendição aos nossos medos. É nos vermos maiores que os problemas e a dor, maiores que o câncer, maiores que a doença cardíaca, maiores que o corpo, ou o coração, ou as costas ou os medos. A experiência da inteireza que transcende nossos problemas chega de modo natural com a prática regular do escaneamento corporal. Ela é nutrida cada vez que expiramos a partir de uma determinada região e passamos adiante, soltando-a.

A ACEITAÇÃO E O NÃO FORÇAR NA PRÁTICA DO ESCANEAMENTO CORPORAL

Ao praticar o escaneamento corporal, o mais importante é, tanto quanto possível, manter a consciência em cada momento sentindo a respiração e o corpo, região por região, ao percorrê-lo dos pés até o topo da cabeça. Fazemos isso de um jeito muito leve, sem forçar nada e, tanto quanto possível, sem rejeitar nada também – embora em última instância a decisão seja sempre de cada um. A qualidade da atenção e a disposição de simplesmente sentir e permanecer com o que surge é muito mais importante do que imaginar a tensão saindo do corpo ou a inspiração revitalizando-o. Se nosso único objetivo é liberar tensões, podemos conseguir ou não; mas isso não é praticar mindfulness. No entanto, se você procura estar presente em cada momento e, ao mesmo tempo, permite que a respiração e a atenção purifiquem o corpo nesse contexto de presença, com a disposição de experimentar e aceitar tudo o que acontece, então realmente você está praticando mindfulness e acessando seu poder de cura.

A distinção é importante. Na introdução à prática do escaneamento corporal, dizemos que a melhor maneira de obter resultados na meditação não é tentando atingir algum objetivo mais adiante, mas simplesmente praticando como se praticar fosse um objetivo em si mesmo. Quando nossos pacientes utilizam o CD do escaneamento corporal, ouvem essa mensagem todos os dias. As pessoas se inscrevem em nosso programa com a intenção de encontrar uma solução para os seus graves problemas.

Mas a mensagem é esta: a melhor maneira de obter algum resultado na prática de meditação é simplesmente praticar todos os dias e abandonar as expectativas, os objetivos, e até mesmo os motivos que os levaram ao programa.

Essa forma de abordar o trabalho de meditação coloca os pacientes numa situação paradoxal. Eles vão à clínica esperando que algo positivo aconteça, mas são instruídos a praticar sem pretensão de obter nada. Ao contrário, os incentivamos a tentar estar de modo pleno onde já estão, com aceitação. Além disso, sugerimos que suspendam os julgamentos tanto quanto possível durante as oito semanas do programa e que apenas no final decidam se valeu a pena participar ou não.

Por que adotamos tal enfoque? Ao criar essa situação paradoxal convidamos as pessoas a experimentar a atitude de não forçar e a autoaceitação como um modo de ser e estar no mundo. Esse enfoque concede a elas permissão para começar do zero, explorar uma nova maneira de ver e sentir, sem apego aos padrões de sucesso e fracasso que nascem do modo habitual e limitado de ver seus problemas e suas expectativas de como as coisas **deveriam** ser. Praticamos a meditação dessa forma porque o esforço de tentar "chegar a algum lugar" costuma ser uma abordagem inadequada para catalisar mudanças, crescimento e cura – visto que se baseia na rejeição da realidade do momento presente sem que essa realidade tenha sido percebida e compreendida plenamente.

O desejo de que as coisas sejam diferentes do que são é simplesmente sonhar com o impossível. Não é uma maneira muito eficaz de concretizar mudanças reais. Aos primeiros sinais de um suposto "fracasso", quando vemos que não estamos "chegando a lugar algum", ou não chegamos aonde "queríamos", corremos o risco de sentir desânimo, cansaço, perder a esperança, culpar fatores externos e desistir. Desse modo, nenhuma mudança real pode acontecer.

Na perspectiva da meditação, a mudança, o crescimento e a cura só podem acontecer por meio da aceitação da realidade do presente, por mais dolorosa, assustadora ou indesejável que seja. Como veremos na Parte II, "O Paradigma", novas possibilidades já estão contidas na realidade do momento presente – elas precisam apenas ser nutridas para que se revelem e desenvolvam.

5 | Estar em seu corpo: a meditação do escaneamento corporal

Se é assim, não há necessidade de chegar a lugar algum quando fazemos o escaneamento corporal ou qualquer outra prática de mindfulness. Só precisamos estar de verdade onde já estamos e tornar real essa percepção. Da perspectiva meditativa, **não existe nenhum outro lugar para ir**, de modo que todo esforço para chegar a algum lugar é um equívoco que só conduzirá à frustração e ao fracasso. Por outro lado, não podemos deixar de estar onde já estamos. Portanto, não é possível "fracassar" na meditação se nos dispusermos a estar com as coisas como elas são.

Em sua expressão mais autêntica, a meditação transcende as noções de sucesso e fracasso; justo por esse motivo é um poderoso veículo para o crescimento, a mudança e a cura. Mas isso não significa que seja impossível fazer progresso na prática meditativa, ou que seja impossível cometer erros que reduzirão o valor da prática para você. A prática da meditação exige um tipo específico de esforço, mas não é o esforço de atingir um estado especial, seja o relaxamento, a redução da dor, a cura ou a compreensão. Esses estados virão naturalmente com a prática, porque já são inerentes ao momento presente e a todos os momentos. Portanto, para sentir esses estados, qualquer momento serve.

A partir dessa perspectiva, faz todo o sentido acolher cada momento tal como é, observá-lo claramente em sua inteireza e deixá-lo passar.

Eis um teste decisivo para quem não tem certeza se está praticando "corretamente". Quando, durante a meditação, nos damos conta de que surgem ideias sobre "chegar lá", desejar algo, ou "êxito" ou "fracasso", será que conseguimos reconhecer cada uma dessas ideias como um aspecto da realidade do momento presente? Será que conseguimos vê-las claramente como um impulso, um pensamento, um desejo, um julgamento, e deixar que surjam e desapareçam sem que sejamos arrastados por essas ideias, sem atribuir-lhes demasiada força, sem perder a nós mesmos nesse processo? Essa é a maneira de cultivar mindfulness.

※

Portanto, escaneamos o corpo uma vez após a outra, dia após dia – não para purificar o corpo nem para nos livrar de nada, nem mesmo para relaxar ou atingir paz mental. Talvez essas tenham sido nossas motivações originais, e pode ser que nos ajudem a perseverar todos os dias nos estágios iniciais. Na verdade, é provável que nos **sintamos** mais relaxados e com maior bem-estar após a prática. Mas, para praticar corretamente **em cada momento**, cedo ou tarde temos de abandonar essas metas. Só então a prática do escaneamento corporal se tornará apenas uma maneira de estar com o nosso corpo tal como ele é, uma maneira de estar com nós mesmos tais como somos neste momento, de sermos inteiros agora mesmo.

EXERCÍCIO

1. Deite-se de costas num local confortável, como um tapete de espuma ou um acolchoado no chão, ou na cama. Desde o início, lembre-se de que nesta prática em posição deitada a intenção é "ficar desperto" e não cair no sono. Tome providências para não passar frio. Cubra-se com uma manta, ou faça a prática num saco de dormir se o aposento estiver frio.
2. Deixe que os olhos se fechem suavemente. Mas, se houver sonolência, pode abrir os olhos e continuar a prática de olhos abertos.
3. Com gentileza, dirija a atenção ao abdômen sentindo a subida e a descida da barriga em cada inspiração e expiração; em outras palavras, "surfando as ondas" da própria respiração, com atenção plena durante a duração total de cada inspiração, e a duração total de cada expiração.
4. Dedique alguns momentos para sentir seu corpo como um todo, da cabeça aos pés; o "envelope" da sua pele; as sensações do contato das partes do corpo que tocam o chão ou a cama.
5. Leve a atenção aos dedos do pé esquerdo. Enquanto dirige a atenção a eles, veja se consegue dirigir ou canalizar a respiração para lá também, como se você estivesse inspirando **até** os dedos do pé e expirando **a partir** dos dedos. Talvez leve um tempo para conseguir isso sem sentir que é forçado ou artificial. Você pode imaginar a respiração viajando pelo corpo desde o nariz até os pulmões e continuando pelo torso, descendo pela perna esquerda até chegar aos dedos do pé. A seguir, faça o percurso de volta até que o ar saia pelo nariz. Na verdade, a respiração de fato faz este e vários outros percursos no corpo, por meio da corrente sanguínea.

5 | Estar em seu corpo: a meditação do escaneamento corporal

6. Permita-se **sentir** toda e qualquer sensação nos dedos do pé, talvez sentindo cada dedo e observando o fluxo das sensações nessa região. Se não sentir nada em algum momento, não tem importância. Apenas se permita sentir o "não sentir nada".
7. Quando estiver pronto para deixar essa região dos dedos e seguir adiante, faça uma respiração mais profunda, mais intencional, por todo o percurso até os dedos e, na expiração, deixe que os dedos se "dissolvam" no olho de sua mente. Esteja presente a algumas respirações e, então, siga para a sola do pé, o calcanhar, o peito do pé e depois o tornozelo, inspirando e expirando **até** e **a partir de** cada parte do corpo, enquanto observa todas as sensações do momento. A seguir, solte aquela região do corpo e passe para a próxima.
8. Seguindo a mesma instrução válida para os exercícios de consciência da respiração (Capítulo 3) e as práticas de meditação sentada (Capítulo 4), cada vez que notar que a atenção divagou, traga a mente de volta à respiração e à região que estiver focando, observando o que desviou você do foco ou o que ocupava sua mente quando percebeu que ela divagou do foco no corpo.
9. Dessa maneira, conforme descrito no texto deste capítulo, continue a subir lentamente pela perna esquerda e o resto do corpo, enquanto mantém o foco na respiração e nas sensações das regiões individuais em que estiver – respire com elas e depois abra mão delas. Se estiver sentindo qualquer tipo de dor ou desconforto, consulte as seções neste capítulo que sugerem como trabalhar com o desconforto, bem como os Capítulos 22 e 23.
10. Pratique o escaneamento corporal pelo menos uma vez ao dia. É útil utilizar o CD como orientação nos estágios iniciais da prática para manter um ritmo lento e para ajudá-lo a se lembrar do tom exato das instruções.
11. Lembre-se de que o escaneamento corporal é a primeira prática formal de mindfulness que nossos pacientes fazem intensivamente durante 45 minutos por dia, seis dias por semana, por no mínimo duas semanas logo no início do programa MBSR. Assim, quando estiver pronto, esta seria uma boa estratégia para dar os próximos passos na sua própria prática de meditação – especialmente se quiser seguir o programa

completo de MBSR, dando uma oportunidade tanto ao programa como a si mesmo.
12. Se for difícil permanecer desperto, tente fazer o escaneamento corporal de olhos abertos, conforme mencionado no passo 2 acima.
13. O mais importante de tudo é deitar-se e praticar. Quantas vezes ou por quanto tempo você pratica não é tão importante como reservar um tempo para a prática, se possível todos os dias.

6
O Cultivo da Força, do Equilíbrio e da Flexibilidade: Yoga é Meditação

Como já deve ter compreendido a esta altura, trazer atenção plena a qualquer atividade transforma-a numa espécie de meditação. A atenção plena aumenta muito a probabilidade de qualquer atividade à qual nos dediquemos expandir nossa visão e compreensão de quem somos. Boa parte da prática é simplesmente lembrar-se de estar plenamente desperto, sem se perder no estado de sono acordado ou nas divagações da mente pensante. A prática intencional é vital nesse processo, porque num instante o piloto automático assume o comando quando nos esquecemos de lembrar.

Gosto das palavras **lembrar** e **fazer lembrar** porque envolvem conexões que já existem, mas precisam ser restabelecidas. Lembrar significa restabelecer contato com algo que está aí, em algum lugar dentro de nós, porém foi esquecido. Apenas o **acesso** àquilo ficou temporariamente velado. Aquilo que foi esquecido deve renovar sua filiação à consciência. Por exemplo, no momento em que recordamos a necessidade de prestar atenção, de estar presente, de estar no corpo, já estamos despertos. A filiação se restabelece quando recordamos nossa inteireza.

O mesmo pode ser dito a respeito de fazer lembrar. Isso nos reconecta com o que algumas pessoas denominam "grande mente", com uma mente de inteireza, uma mente que vê a floresta inteira e também as árvores individuais. E uma vez que somos sempre inteiros, não se trata de algo que tenhamos de fazer. Temos apenas de nos lembrar disso.

Creio que uma das razões fundamentais por que os participantes da Clínica de Redução de Estresse se adaptam com rapidez à prática de meditação e a consideram curativa é esta: o cultivo de mindfulness faz com que se lembrem do que já sabiam – mas não sabiam que sabiam, ou não conseguiam fazer uso do que sabiam. Elas se lembram de que já são inteiras.

Recordamos da inteireza com tanta rapidez porque não temos de ir longe para encontrá-la. Está sempre dentro de nós, em geral na forma de uma vaga sensação, uma memória que nos acompanha desde a infância. Mas é uma lembrança profundamente familiar, que reconhecemos de imediato quando voltamos a senti-la. É como voltar para casa depois de passar muito tempo fora. Quando estamos imersos no fazer sem estarmos centrados, isso é como estar longe de casa. E quando nos reconectamos ao ser, mesmo que só por alguns momentos, percebemos imediatamente. Então nos sentimos em casa, não importa onde estejamos ou quais sejam os problemas que enfrentamos.

Parte da sensação desses momentos é a de estar em casa também no próprio corpo. É curioso que a língua inglesa não permita um termo como "recorporizar-se". À primeira vista parece ser um conceito tão necessário e útil como "relembrar". De uma maneira ou de outra, todo o trabalho que fazemos no programa MBSR consiste em "nos recorporizar".

A decadência do corpo é inevitável. Mas tudo indica que, quando ele não é cuidado nem escutado, decai mais cedo e se cura de modo mais lento e menos completo. Por isso, os cuidados adequados com o corpo são de grande importância, tanto na prevenção como na cura das doenças e lesões.

O primeiro passo para cuidar do corpo, quer estejamos doentes, lesionados ou saudáveis, é a prática de estar "no" corpo, de fato **habitá-lo**, com atenção plena. Uma maneira muito prática de estar presente no corpo é pela ligação com a respiração e com as sensações corporais. Isso nos ajuda a manter o contato com ele e a agir com base naquilo que aprendemos ao escutar suas mensagens. O escaneamento corporal é uma forma muito poderosa de se "recorporizar", porque cada região do corpo é consultada, escutada, bem tratada e acolhida por nós de modo regular e sistemático. É inevitável que disso resulte maior familiaridade e confiança em relação ao corpo e, na maior parte das vezes, a resposta corporal é de alívio e bem-estar, sem que seja preciso **tentar** relaxar ou aliviar coisa alguma.

6 | O cultivo da força, do equilíbrio e da flexibilidade: yoga é meditação

Existem muitas maneiras de praticar o estar no próprio corpo. Todas favorecem o crescimento, a mudança e a cura, em especial quando praticamos com a consciência meditativa. O hatha yoga é uma das maneiras mais admiráveis de fazê-lo, não apenas pelo seu poder de transformar o corpo, mas também por ser muito prazerosa sua prática.

O hatha yoga feito com atenção plena é a terceira principal prática de meditação que utilizamos no programa MBSR, junto com o escaneamento corporal e a meditação sentada. Consiste em exercícios suaves de alongamento, fortalecimento e equilíbrio, realizados com muita lentidão, com consciência de momento a momento da respiração e das sensações que surgem quando praticamos determinadas posturas. Muitos dos participantes da Clínica de Redução de Estresse confiam plenamente na prática de yoga e a preferem às práticas de sentar e do escaneamento, pelo menos no início. Sentem-se atraídos pelo relaxamento e pela crescente força muscular e flexibilidade que a prática regular do yoga promove. Além disso, depois de suportar a imobilidade da meditação sentada e do escaneamento corporal por várias semanas, o yoga permite movimento afinal!

E isso também ajuda a compreender que a própria postura que adotamos ao praticar o escaneamento corporal é uma postura de yoga, conhecida como "postura do cadáver". Diz-se que, na verdade, é considerada a mais difícil do formidável número de posturas tradicionais de yoga, que chegam aos milhares, algumas das quais parecem completamente fora do nosso alcance. Por que é considerada a postura mais difícil de todas? Porque ela é a um só tempo muito fácil e muito difícil pois exige permanecer completamente desperto no momento presente – morrer para o passado e para o futuro (por isso é chamada de "postura do cadáver") e, desta forma, estar completamente vivo no momento presente.

Além de ser uma excelente maneira de explorar o corpo e torná-lo mais maleável e relaxado, mais forte, flexível e equilibrado, o Mindful Yoga é um excelente meio de aprender sobre nós mesmos e de experimentar a nossa inteireza, seja qual for a condição de saúde ou forma física. Embora pareça proporcionar os benefícios de um exercício, e de fato proporcione, o yoga é muito mais do que um exercício. Se realizado com atenção plena, é também uma meditação, tanto quanto a meditação sentada ou o escaneamento corporal.

No programa MBSR praticamos o yoga com a mesma atitude utilizada para a meditação sentada ou o escaneamento corporal. Sem buscar resultados, sem forçar. Praticamos a aceitação do corpo do jeito que ele está, no presente, de momento a momento. Enquanto nos alongamos, ou nos levantamos ou nos equilibramos, aprendemos a conhecer e a trabalhar com nossos limites, sempre mantendo a consciência de momento a momento. Somos pacientes com nós mesmos. Por exemplo, quando levamos um alongamento ao limite, praticamos a respiração nesse ponto, permanecendo no espaço criativo entre não desafiar o corpo e ultrapassar nossos limites.

Isso é muito diferente da maioria das aulas de ginástica e aeróbica, e até mesmo de muitas aulas de yoga, que só focam no que o corpo está **fazendo**. Tal abordagem do movimento tende a dar destaque ao progresso, e a exigir cada vez mais esforço. Não se dá muita atenção à arte da não ação e do não forçar, nem ao momento presente e, aliás, nem à mente. No exercício que é totalmente centrado no corpo há pouca atenção explícita ao domínio do ser, que é tão importante para o trabalho com o corpo como para qualquer outra coisa. Sem dúvida, qualquer pessoa pode acessar o domínio do ser por conta própria, porque ele está sempre disponível. Mas é muito mais difícil acessá-lo se a atmosfera e a atitude predominantes forem diametralmente opostas a essas experiências. Mesmo assim, hoje as coisas estão mudando e muitos professores de yoga estão incorporando instruções de atenção plena às suas aulas. De fato, muitos professores de yoga praticam a atenção plena e participam de retiros de meditação em centros de mindfulness.

※

A maioria de nós precisa de permissão para passar do "modo fazer" para o "modo ser" – em grande parte porque fomos condicionados desde pequenos a valorizar mais a realização das coisas do que o caminho do ser. Nunca nos ensinaram como trabalhar com o "modo ser", ou como descobri-lo. Assim, a maioria de nós precisa de pelo menos algumas indicações sobre como ficar a vontade dentro dele e habitá-lo de modo mais confiável.

Não é nada fácil entrar em contato com o "modo ser" por conta própria quando estamos fazendo um exercício, sobretudo em um grupo fortemente orientado para ação e resultados. Além disso, é difícil porque estão sempre conosco as preocupações, a reatividade e a falta de consciência habituais – também quando nos exercitamos.

Para localizar e estar presente no domínio do ser, precisamos aprender a mobilizar e praticar a atenção e a consciência durante os exercícios. Nos dias de hoje, os atletas profissionais, e até os amadores, estão percebendo que, se não prestarem à mente a mesma atenção que prestam ao corpo, estarão desconsiderando todo um domínio de poder e compromisso pessoal que pode fazer toda a diferença no desempenho.

Até mesmo a fisioterapia – que é especificamente orientada para ensinar e prescrever exercícios de alongamento e fortalecimento para pessoas em recuperação de cirurgias ou com dores crônicas – costuma ser ensinada sem prestar muita atenção à respiração, e sem aproveitar a capacidade inata da pessoa de relaxar durante os exercícios de alongamento e fortalecimento. Geralmente, os fisioterapeutas se dedicam a ensinar atividades curativas para o corpo, enquanto negligenciam dois dos aliados mais poderosos no processo de cura: a respiração e a mente. Nossos pacientes com problemas de dor relatam com frequência que suas sessões de fisioterapia são muito melhores quando aplicam a consciência da respiração enquanto realizam os exercícios. É como se se revelasse para eles toda uma nova dimensão acerca do que estão sendo solicitados a fazer. E os fisioterapeutas muitas vezes comentam sobre as mudanças impressionantes que costumam acontecer.

Quando o domínio do ser é cultivado de modo ativo durante exercícios suaves de alongamento e fortalecimento, como o yoga ou a fisioterapia, o que tradicionalmente é considerado exercício se transforma numa meditação. Isso permite que sejam realizados e até mesmo apreciados pelas pessoas que não toleravam o mesmo tipo de atividade física num contexto mais acelerado e orientado para o progresso.

A regra básica do programa MBSR é que cada pessoa deve conscientemente assumir responsabilidade pela interpretação dos sinais de seu corpo durante o yoga. Isso implica em escutar com muita atenção o que o corpo está dizendo e respeitar suas mensagens, **sempre privilegiando**

a cautela. Ninguém pode escutar o seu corpo por você. Se quisermos crescer e nos curarmos, temos de assumir essa responsabilidade. O corpo de cada pessoa é diferente, portanto cada uma tem de identificar seus próprios limites. E a única maneira de conhecer esses limites é investigá-los com cuidado e atenção durante um longo período de tempo.

Essa abordagem nos ensina que, seja qual for o estado do corpo, quando trazemos consciência a ele e trabalhamos seus limites, estes tendem a se expandir com o tempo. Você descobre que os limites de um alongamento ou do tempo de sustentação de uma postura não são fixos nem estáticos. Assim, seus pensamentos acerca do que você consegue ou não consegue fazer também não deveriam ser fixos nem estáticos, porque seu próprio corpo pode lhe mostrar que não é bem assim, se você o escutar com atenção.

Essa observação não é novidade. Os atletas sempre usaram esse princípio para melhorar seu desempenho. Estão sempre explorando seus limites. Mas fazem isso para chegar a algum lugar, ao passo que nós o fazemos para estar onde estamos e descobrir mais sobre esse lugar. De modo paradoxal, descobriremos que também chegaremos a algum lugar, mas sem esforço incessante.

O motivo pelo qual é tão importante que as pessoas com problemas de saúde trabalhem seus limites como os atletas o fazem é este: quando existe algo "errado" com uma parte do corpo, há uma tendência a recuar e a **não** usar essa parte. Este é um mecanismo sensato de proteção quando estamos doentes ou lesionados. O corpo exige períodos de descanso para se recuperar.

Mas o que era uma solução sensata a curto prazo acaba se tornando um estilo de vida sedentário a longo prazo. Com o tempo, especialmente se tivermos uma lesão ou um problema físico, uma imagem corporal restrita pode acabar se infiltrando na nossa visão de nós mesmos. Se estivermos inconscientes desse processo, acabaremos nos identificando com essa imagem diminuída e acreditando nela. Em vez de descobrir quais são nossos limites e limitações pela experiência direta, decretaremos que aquilo é daquele jeito com base no que pensamos, ou escutamos de um médico, ou de membros da família preocupados com o nosso bem-estar. Sem nos darmos conta disso, podemos colocar uma barreira entre nós mesmos e o nosso bem-estar.

Essas ideias preconcebidas podem gerar uma visão rígida e fixa de nós mesmos, que nos leva a concluir que estamos "fora de forma" ou "incapacitados"; "passamos da idade"; "tem algo errado". Essas ideias acabam sendo motivo suficiente para nos recolhermos à inatividade e negligenciarmos o corpo. Pode ser que tenhamos uma crença exagerada de que é preciso permanecer na cama para sobreviver até o fim do dia, ou que não podemos sair de casa nem fazer as coisas. Ideias como essas conduzem facilmente ao que às vezes é referido como "comportamento do enfermo". O enfermo passa a construir sua vida psicológica em torno de suas preocupações com a doença, lesão ou incapacidade, enquanto o corpo e os outros aspectos da vida vão se atrofiando. De fato, mesmo se não houver nada "errado" com o corpo, quando deixamos de desafiá-lo, isso pode levar a uma imagem muito restrita do que o corpo (e a pessoa) é capaz de fazer. Essa autoimagem/imagem corporal reduzida é agravada pelo ônus do excesso de peso, uma condição que vem se tornando cada vez mais comum devido à epidemia de obesidade pela qual o mundo desenvolvido passa nesse momento.

Os fisioterapeutas têm duas máximas maravilhosas muito relevantes para as pessoas que procuram cuidar melhor de seu corpo. Uma delas é: "Se o corpo se move, é terapia". A outra é: "Se o corpo não se exercita, atrofia". A primeira implica que o importante não é tanto o que fazemos, mas que façamos **alguma coisa** com o corpo. A segunda máxima nos lembra de que o corpo nunca se encontra num estado fixo. Está em constante mudança, respondendo às exigências a ele impostas. Se nunca lhe pedimos que se curve, ou fique de cócoras, ou faça uma torção, ou se alongue, ou corra, sua capacidade de fazer essas coisas não continuará a mesma, mas diminuirá ao longo do tempo. Às vezes isso é chamado de "estar fora de forma", mas este termo subentende um estado fixo. De fato, quanto mais tempo você ficar "fora de forma", pior será a forma de seu corpo. Ele decai.

Essa decadência é chamada tecnicamente de **atrofia de desuso**. Quando ficamos em repouso absoluto na cama – por exemplo, quando estamos nos recuperando de uma cirurgia no hospital –, rapidamente perdemos muita massa muscular, sobretudo nas pernas, e vemos os músculos enfraquecerem dia a dia. O tecido muscular sem uso constante se atrofia, decompõe e é reabsorvido pelo corpo. Quando finalmente saímos da cama e começamos a nos movimentar e exercitar as pernas, a musculatura volta a se desenvolver lentamente.

Os músculos das pernas não são os únicos que atrofiam pelo desuso. O mesmo ocorre com toda a musculatura esquelética, que tende a encurtar, perder o tônus e ficar mais vulnerável a lesões em pessoas sedentárias. Além disso, longos períodos de desuso ou subutilização também podem afetar as articulações, os ossos, os vasos sanguíneos que irrigam diversas regiões e até as suas inervações. É provável que com o desuso todos esses tecidos passem por mudanças de estrutura e função, levando à degeneração e à atrofia.

Em uma época anterior à prática clínica, o repouso prolongado na cama era o tratamento recomendado após um ataque cardíaco. Hoje, no entanto, em poucos dias as pessoas se levantam da cama, andam e se exercitam, porque a medicina reconheceu que a inatividade só agrava os problemas do paciente cardíaco. Até o coração das pessoas com aterosclerose responde melhor e se beneficia mais com os desafios impostos por exercícios regulares e gradativos, que aumentam sua força e funcionalidade (especialmente se a pessoa adotar uma dieta com teor muito baixo de gordura, como veremos no Capítulo 31).

Sem dúvida, o nível de exercício deve ser ajustado ao estado físico do corpo para não forçá-lo, em nenhum momento, além dos seus limites – mas mantê-lo trabalhando dentro da zona alvo da frequência cardíaca, que produz o chamado "efeito de treinamento" no coração. À medida que o coração se fortalece, os exercícios são aumentados. Hoje em dia, não é raro que as pessoas que sofreram um ataque cardíaco se recuperem a ponto de poder correr uma maratona, isto é, 42 quilômetros!

※

O yoga é uma atividade física maravilhosa por diversas razões. Para começar, é muito suave. Pode beneficiar pessoas com qualquer nível de condicionamento físico e sua prática regular neutraliza o processo de atrofia por desuso. Pode ser praticado na cama, numa cadeira, ou na cadeira de rodas. Pode ser realizado em pé, deitado ou sentado. De fato, a qualidade que distingue o hatha yoga é poder ser feito em qualquer posição. Qualquer postura pode ser um ponto de partida para a prática. Os únicos requisitos são: conseguir respirar e realizar algum movimento voluntário.

6 | O cultivo da força, do equilíbrio e da flexibilidade: yoga é meditação

O yoga também é um bom exercício porque condiciona o corpo inteiro, melhora o equilíbrio e aumenta a força e a flexibilidade. É como a natação, por envolver e beneficiar o corpo todo. Pode até ter benefícios cardiovasculares quando realizado com vigor. Mas no programa MBSR não o fazemos como exercício cardiovascular. A prática de yoga visa basicamente alongar e fortalecer músculos e articulações, despertar o corpo para todo seu potencial e amplitude de movimentos e equilíbrio. As pessoas que necessitam ou querem incluir exercícios cardiovasculares em sua rotina podem caminhar, nadar, andar de bicicleta, correr ou remar, além de fazer yoga. Essas atividades também podem ser feitas com atenção plena, com resultados muito favoráveis.

Talvez o mais notável do yoga seja a dose de energia que sentimos após a prática. Podemos estar exaustos, mas depois de praticar yoga logo nos sentimos rejuvenescidos. As pessoas que praticam o escaneamento corporal todos os dias durante duas semanas consecutivas, mas sentem dificuldades para relaxar ou estar presentes em seu corpo, ficam animadas quando descobrem, na terceira semana do programa, sensações de profundo relaxamento e presença corporal por meio do yoga. É quase impossível que isso não ocorra (a menos que exista uma condição de dor crônica, caso no qual se deve ter muito cuidado com a maneira de abordar o yoga e as posturas a fazer, como veremos logo a seguir). Elas também descobrem que, de maneira geral, permanecem despertas durante o yoga e entram em contato com sensações de quietude e paz, desconhecidas anteriormente no escaneamento corporal, quando adormeciam ou não conseguiam se concentrar. E, ao ter uma experiência desse tipo, muitas pessoas também começam a sentir mais positividade em relação ao escaneamento corporal. Começam a compreendê-lo melhor e fica mais fácil permanecerem acordadas e em contato com sua experiência de momento a momento durante o escaneamento.

Pratico yoga quase todos os dias e faço isso há mais de 45 anos. Levanto da cama, lavo o rosto com água fria para me sentir desperto. A seguir trabalho com meu corpo com atenção plena por meio do yoga. Às vezes, parece que meu corpo está literalmente integrando suas partes enquanto pratico. Outras vezes não é assim. Mas sempre sinto que sei como está meu corpo hoje por ter passado algum tempo com ele de manhã, por ter ficado a seu lado, nutrindo-o, fortalecendo-o, alongando-o, escutando-o. Essa sensação gera muita segurança para quem tem problemas físicos e limitações e nunca sabe como o corpo estará naquele dia.

Há dias em que faço yoga por 15 minutos, apenas alguns exercícios básicos de costas, pernas, ombros e pescoço, sobretudo quando tenho de ir cedo para o trabalho ou viajar. Na maioria das vezes, pratico no mínimo meia hora ou uma hora, usando uma sequência de posturas e movimentos que considero especialmente benéficos e que desenvolvi no decorrer desses anos ao escutar meu corpo e sentir suas maiores necessidades em dado momento. Quando ensino yoga, minhas aulas geralmente duram duas horas, porque quero que as pessoas tomem o tempo necessário para poder desfrutar da experiência de ancorar-se no corpo enquanto praticam, explorando seus limites nas diversas posturas. Mas até mesmo cinco ou dez minutos por dia podem ser muito úteis na condição de rotina constante. No entanto, se tivermos a intenção de participar de um programa MBSR, recomendo uma prática de 45 minutos por dia, a começar da Semana 3, alternando o Mindful Yoga num dia com o escaneamento corporal no outro, como fazem nossos pacientes e conforme descrito no Capítulo 10.

※

Yoga é uma palavra sânscrita que literalmente significa "jugo" ou "cangalha". A prática de yoga é a prática de unir ou unificar corpo e mente. Em outras palavras, é mergulhar na experiência de que jamais estiveram separados. Também se pode pensar na experiência da unidade ou conexão entre o indivíduo e o universo como um todo (ver a citação de Einstein no Capítulo 12). O termo tem outras acepções especializadas que não vêm ao caso aqui, mas o cerne é sempre o mesmo: compreender a interconexão, a não separação, a integração – em outras palavras, compreender a inteireza por meio da prática disciplinada. A imagem da cangalha combina com o que dizíamos acerca de relembrar (trazer de novo à mente) e recorporizar.

O problema é que falar do yoga não ajuda a praticá-lo, e as instruções de um livro, mesmo na melhor das circunstâncias, não comunicam realmente a sensação do que é a experiência do yoga. Um dos aspectos mais agradáveis e relaxantes da prática atenta do yoga é a sensação do

6 | O cultivo da força, do equilíbrio e da flexibilidade: yoga é meditação

corpo fluindo de uma postura para a seguinte e usufruindo os períodos de imobilidade enquanto estamos deitados de costas ou sobre o ventre. Isso não é possível quando alternamos entre ver as ilustrações e descrições no livro e nos ocupar de nosso corpo no chão. As poucas vezes em que tentei aprender yoga a partir de um livro deixaram a desejar, por melhor que fosse o livro. Essa é a razão pela qual recomendamos enfaticamente a quem estiver seguindo o programa MBSR, ou simplesmente atraído pela prática do yoga atento, que utilize os CDs 1 e 2 de Mindful Yoga para começar. Nesse caso, só temos que tocar o CD e nos deixar guiar através das várias sequências de posturas. Isso nos dá a liberdade de apenas praticar, concentrar toda a nossa energia no cultivo da consciência do corpo, da respiração e da mente de momento a momento. As ilustrações e instruções neste capítulo podem então ser utilizadas para esclarecer possíveis dúvidas e suplementar nossa própria compreensão, que se aprofundará principalmente a partir da experiência pessoal com a prática. Uma vez familiarizados com a prática, podemos continuar por conta própria, sem orientação, e criar diferentes sequências de posturas para nós mesmos.

No programa MBSR, tendemos a fazer o yoga muito lentamente, como uma exploração atenta do corpo de momento a momento. E porque trabalhamos com pessoas com grande variedade de problemas de saúde, utilizamos somente algumas posturas, com o intuito de apresentar esse venerável portal que leva a uma maior consciência do corpo e da conexão mente-corpo. Alguns pacientes têm seu interesse despertado ao ponto de, posteriormente, continuarem a praticar em alguma das diversas escolas de yoga, que podem ter enfoques diferentes, algumas com exercícios aeróbicos, enérgicos e até acrobáticos. Mas para nossos objetivos, consideramos o yoga uma forma de meditação, como todas as formas de yoga, quando compreendidas de maneira adequada. E, pelo mesmo motivo, não há separação entre o yoga e a vida. A própria vida é a verdadeira prática de yoga, e cada movimentação do corpo pode ser uma postura de yoga, se feita com consciência.

Já vimos que a postura é muito importante na meditação sentada e que o posicionamento do corpo de determinada maneira pode ter efeitos imediatos sobre os estados mentais e emocionais. Tomar consciência do modo como portamos o corpo, e da linguagem corporal, incluindo as expressões faciais e o que revelam sobre suas atitudes e sentimentos – tudo isso pode nos ajudar a mudar atitudes e sentimentos pelo simples ajuste da postura física. Mesmo algo tão simples como esboçar meio sorriso numa determinada postura pode invocar sentimentos de felicidade e relaxamento que não estavam presentes antes da mobilização dos músculos faciais para imitar o sorriso.

É importante recordar isso ao praticar o Mindful Yoga. Cada vez que assumimos de maneira intencional uma postura diferente, estamos literalmente mudando nossa orientação física, o modo como portamos o corpo e, portanto, também nossa perspectiva interna. Assim, podemos considerar todas as posições que assumimos enquanto praticamos yoga como oportunidades de praticar a atenção plena dos nossos pensamentos, sentimentos e estados de humor, como também da respiração e das sensações associadas ao alongamento e à elevação das diferentes partes do corpo. Afinal, trata-se sempre da mesma consciência, quer estejamos em movimento ou parados, fazendo uma ou outra prática. Em certo sentido, as diversas práticas formais do programa MBSR, incluindo as posturas de yoga, são diferentes portas para o mesmo aposento. Portanto, temos a liberdade de não realizar certas posturas se não forem apropriadas para nós. É sempre possível retornar a elas depois. Potencialmente, este é um compromisso para a vida inteira, até porque essa é a duração do relacionamento com o nosso corpo.

Por exemplo, pode não ser fácil adotar uma postura fetal apoiada sobre a parte posterior da cabeça, pescoço e ombros (Postura 21 na Figura 6). Aliás, pode parecer impossível. Podemos considerá-la opcional e, em seu lugar, repetir as Posturas 9 e 10. Além disso, uma postura invertida desse tipo não é recomendável em caso de problemas cervicais ou hipertensão. Mas, na ausência desses problemas, e se puder ser realizada com facilidade e sem forçar, essa postura proporciona uma mudança de perspectiva importante e desejada, e pode resultar numa mudança positiva de estado de ânimo, ao mesmo tempo que alonga a parte inferior das costas e oferece um ângulo diferente para a experiência interior do seu corpo, de momento a momento. O mesmo vale para cada uma das posturas, se tivermos a disposição de realizá-las de maneira consciente, mesmo que por alguns minutos. Realizadas com a cautela e o respeito adequados, essas posturas não apenas têm um efeito físico sobre o corpo, mas mudam e melhoram a nossa perspectiva. Elas convidam e catalisam uma maior corporização.

Até mesmo as coisas simples, como a posição das mãos quando estamos sentados – se as palmas estão viradas para cima ou sobre os joelhos, se tocam o colo ou não, se os polegares se tocam ou não –, tudo isso pode ter um efeito sobre seu estado interno em determinada postura. Fazer experiências com essas mudanças de posição em determinada postura pode ser muito proveitoso para desenvolver a consciência do fluxo de energia no corpo.

Quando se pratica yoga, à medida que somos levados a adotar posturas diferentes e permanecer nelas por algum tempo, prestando atenção a cada momento, devemos estar atentos às muitas alterações (algumas bastante sutis) de nossa perspectiva sobre o corpo, os pensamentos e todo o nosso senso de eu. Praticar dessa maneira enriquece o trabalho interior de modo considerável, muito além dos benefícios físicos que acontecem naturalmente com o alongamento, o fortalecimento e o equilíbrio. Na minha experiência, esse tipo de yoga atento e suave é uma prática para a vida inteira. É um verdadeiro laboratório de aprofundamento do conhecimento de nosso corpo. Quando tratamos o corpo com respeito e como árbitro final das posturas que podemos realizar em determinado dia (se for apropriado, consultando nosso médico e nosso professor de yoga, caso tenhamos), ele pode produzir ricas e contínuas revelações à medida que envelhecemos.

COMO COMEÇAR

1. Deite-se de costas na postura do cadáver sobre uma esteira ou colchonete no chão. Se não conseguir deitar de costas, deite-se do modo que for possível.
2. Tome consciência do fluxo da respiração e sinta a expansão e a retração do abdômen com cada inspiração e expiração.
3. Dedique alguns momentos para sentir o corpo como um todo, da cabeça aos pés, e as sensações nas partes do corpo que estão em contato com o chão.

4. Assim como na meditação sentada e no escaneamento corporal, mantenha a atenção no momento presente da melhor maneira possível, e traga-a de volta à respiração quando devanear. Perceba o que fez a mente divagar, antes de abrir mão dessa distração.
5. Posicione seu corpo da melhor maneira possível nas várias posturas ilustradas nas páginas seguintes, e tente permanecer em cada uma por algum tempo enquanto concentra a respiração no abdômen. As Figuras 6 e 7 apresentam as sequências de posturas que fazemos no programa MBSR. Nos CDs 1 e 2 de Mindful Yoga e algumas das posturas são repetidas em diferentes pontos da sequência. Tais repetições não estão incluídas nos desenhos. Quando uma postura for desenhada do lado direito do corpo ou do lado esquerdo, faça ambos os lados, como indicado.
6. Em cada postura, tome consciência das sensações nas várias partes do corpo e, se quiser, dirija a respiração para dentro e para fora da região onde as sensações são mais intensas, num alongamento ou postura determinada. A ideia é relaxar dentro de cada postura e respirar com o que você estiver sentindo.
7. Sinta-se livre para não realizar alguma postura que possa exacerbar um problema que você tenha. **É importante e prudente consultar seu médico, fisioterapeuta ou professor de yoga sobre posturas específicas se você tiver problemas cervicais ou dor nas costas. Esta é uma área em que você tem de usar seu bom senso e assumir responsabilidade por seu próprio corpo**. Muitos participantes com problema cervical ou nas costas relatam que conseguem fazer algumas dessas posturas, mas o fazem com **muito cuidado**, sem forçar nem avançar os limites. Embora sejam exercícios relativamente suaves e possam ser curativos se praticados com regularidade, são também muito intensos e podem levar a lesões musculares ou problemas mais graves se não forem realizados de maneira lenta, atenta e gradual.
8. Não entre em competição consigo mesmo e, caso isso aconteça, observe essa tendência e procure abandoná-la. O espírito do yoga consciente consiste em aceitar a si mesmo no momento presente. A ideia é explorar os próprios limites corporais com gentileza, amabilidade e respeito pelo corpo – e não tentar ir além desses limites com o fim de melhorar

a aparência ou exibir um corpo esbelto no próximo verão. Esses objetivos podem ser atingidos naturalmente com a prática regular, mas, em si mesmos, estão longe de expressar a atitude de não forçar e a amizade com o corpo assim como ele é. Além disso, se em vez de relaxar e serenar o corpo no momento presente a tendência for de forçar os limites atuais, isso pode resultar em lesões. Nesse caso, talvez você fique desanimado e abandone a prática, em vez de reconhecer que foi a atitude competitiva que levou a um excesso. Certas pessoas tendem a entrar no círculo vicioso de exagerar nas práticas (quando se sentem bem e entusiasmadas) e depois desanimar e não fazer nada durante um tempo. Assim, caso haja essa tendência, vale a pena prestar muita atenção e sempre adotar uma medida mais conservadora.

9. Embora isso não seja mostrado nas sequências de posturas ilustradas nas Figuras 6 e 7, por questão de espaço, **você deve sempre descansar entre as posturas**. Dependendo da postura que estiver fazendo, descanse deitado de costas na postura do cadáver ou em outra posição confortável. Nesses momentos, tome consciência do fluir da respiração de momento a momento, sentindo a barriga se expandir suavemente na inspiração e depois se retrair na expiração. Se estiver deitado no chão, sinta os músculos se soltando à medida que você relaxa na esteira a cada expiração. Surfe as ondas de sua respiração com atenção plena à medida que se solta mais e mais no chão. Você pode praticar da mesma forma enquanto descansa nas posturas em pé da Figura 7, sentindo o contato dos pés no chão, e soltando os ombros a cada expiração. Nos dois casos, conforme os músculos se soltam e relaxam, permita-se perceber e abrir mão de qualquer pensamento que apareça, enquanto continua surfando as ondas da respiração.

10. Há duas regras gerais que podem ajudar você na prática do yoga. A primeira é **expirar** em qualquer movimento que contraia o abdômen e a parte da frente do corpo, e **inspirar** nos movimentos que expandem a frente do corpo e contraem as costas. Por exemplo, estando deitado de costas, ao erguer uma perna (ver Figura 6, Postura 14), você deve expirar. Mas se estiver deitado de barriga para baixo e erguer a perna (Figura 6, Postura 19), você deve inspirar. Isso se aplica apenas à duração do movimento. Uma vez que a perna estiver erguida,

você simplesmente continua a observar o fluxo natural da respiração. A outra regra é permanecer em cada postura por tempo suficiente para se soltar nela. A ideia é entrar suavemente em cada postura e "alojar-se" nela com atenção plena – mesmo que no início seja apenas por algumas respirações. Pule as posturas que seu corpo sente como inapropriadas no momento presente. Se você se perceber fazendo força e brigando com determinada postura, veja se consegue simplesmente descansar na consciência de sua respiração. No início, talvez sinta que inconscientemente está se preparando para inúmeras dificuldades enquanto faz uma postura específica. Depois de algum tempo, seu corpo perceberá isso de algum modo, e você se verá relaxando, ou se aprofundando ou se expandindo ainda mais na postura. Permita que cada inspiração expanda a postura levemente em todas as direções. Em cada expiração, aumente ainda mais seu conforto na postura, deixando que a gravidade seja uma amiga que ajuda a explorar seus limites no momento. Tente não utilizar nenhum músculo além daqueles necessários para o que você está fazendo. Por exemplo, pratique relaxar o rosto quando perceber que está tenso.

11. Sempre trabalhe dentro do limite do seu corpo, ou no limite, com a intenção de observar e explorar a fronteira entre aquilo que o corpo pode fazer e onde ele diz: "Pare por enquanto". Nunca ultrapasse esse limite até o ponto da dor. Quando se trabalha perto do limite (com intimidade, suavidade e cuidado), algum incômodo é inevitável, mas devemos ficar sempre aquém do limite. É preciso aprender a entrar nessa zona elástica saudável de modo lento e consciente, para nutrir o seu corpo e não machucá-lo, à medida que o investiga amorosa e atentamente e permanece nele, aprendendo (a partir de dentro) o que ele é capaz de fazer.

12. Mais uma vez, como ocorre com o escaneamento corporal, o ponto mais importante é deitar no chão e praticar. O período de tempo que você dedica à prática não é tão importante; o que importa é criar o tempo para realizá-la todos os dias, se possível.

FIGURA 6

SEQUÊNCIA DE POSTURAS DE YOGA
(SÉRIE 1, CD 2)

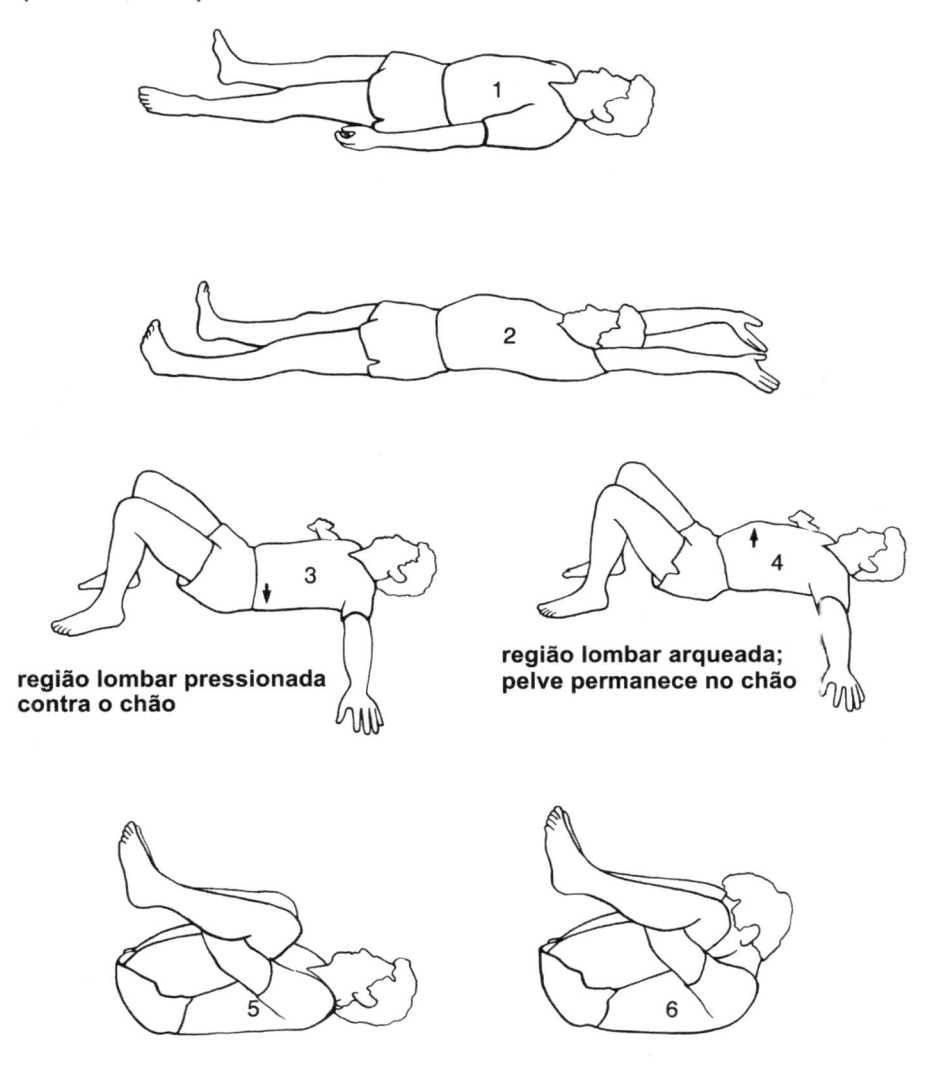

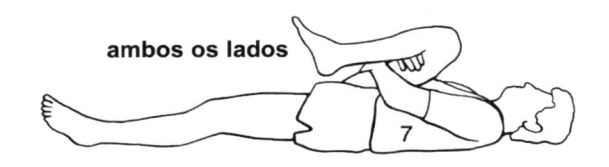

região lombar pressionada contra o chão

região lombar arqueada; pelve permanece no chão

ambos os lados

ambos os lados

8

9

10

ambos os lados

11

12

13

ambos os lados

ambos os lados

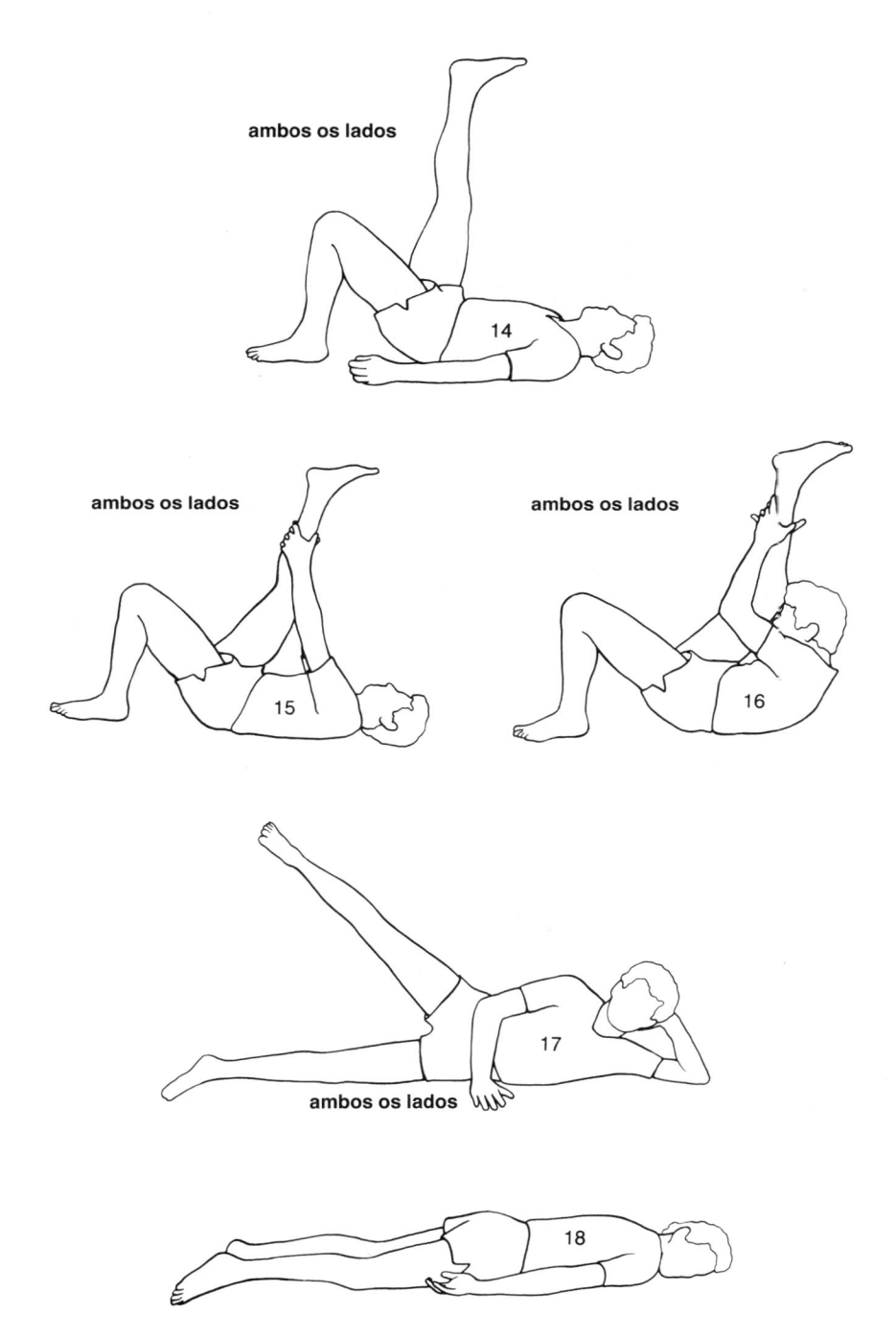

14

ambos os lados

15

ambos os lados

16

17

ambos os lados

18

ambos os lados

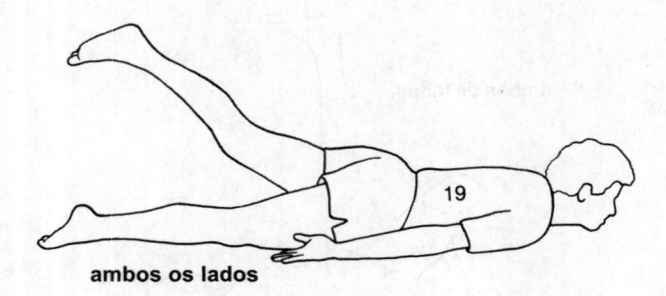

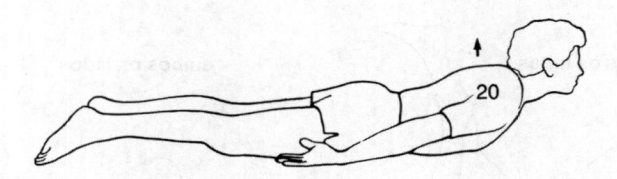

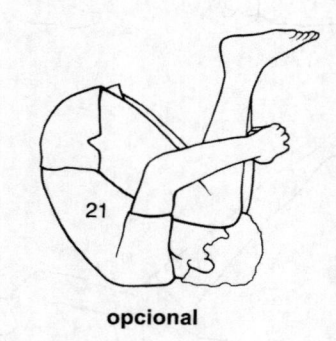

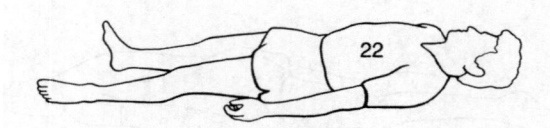

opcional

FIGURA 7

**SEQUÊNCIA DE POSTURAS DE YOGA
(SÉRIE 1, CD 4)**

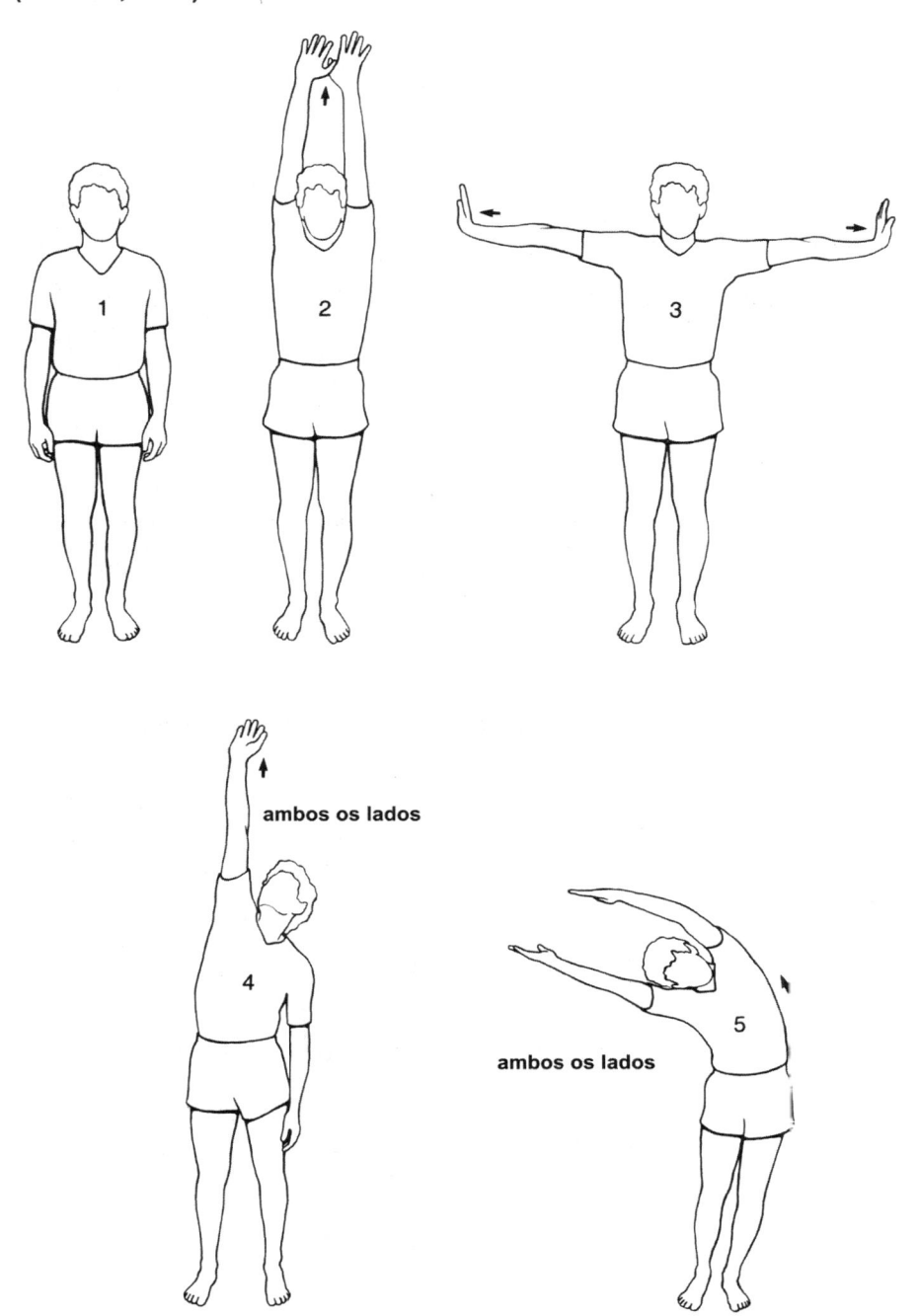

ambos os lados

ambos os lados

rolamento dos ombros: em uma direção e depois na outra

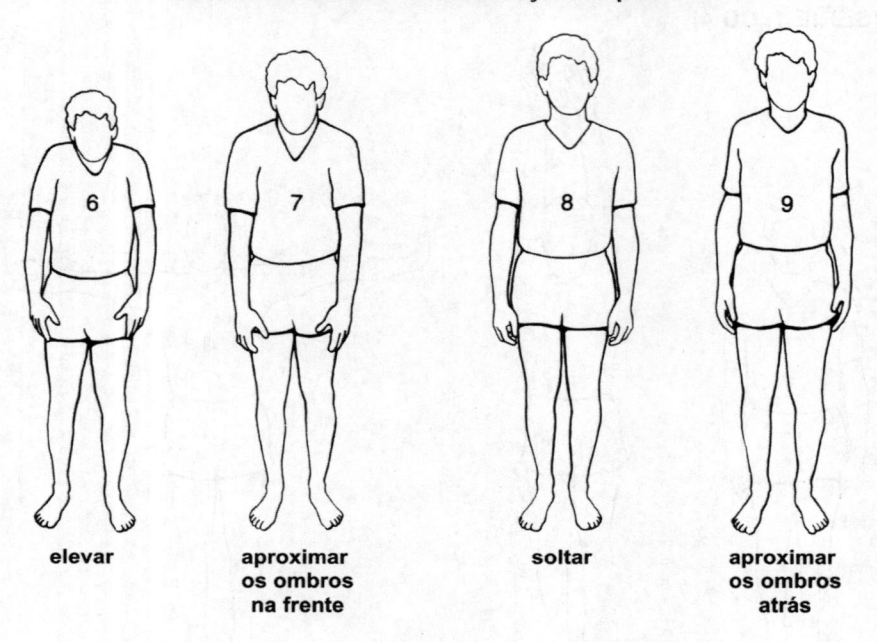

6	7	8	9
elevar	aproximar os ombros na frente	soltar	aproximar os ombros atrás

rolamento do pescoço: em uma direção e depois na outra

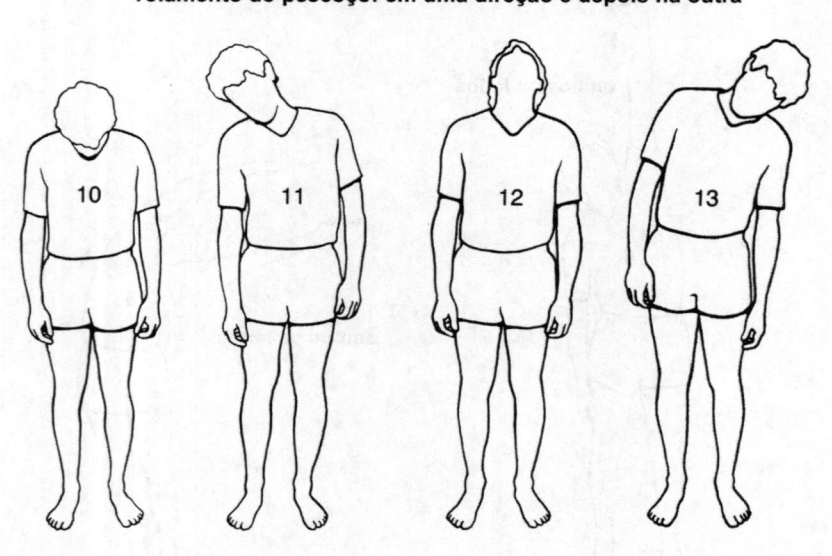

10 11 12 13

14 ambos os lados

15 **16** ambos os lados

17 **18** ambos os lados

19

ambos os lados

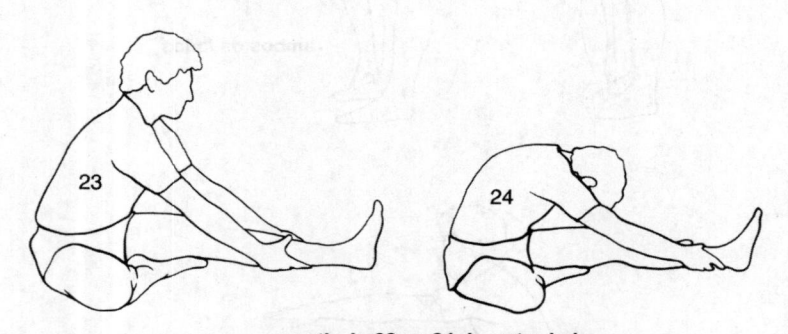

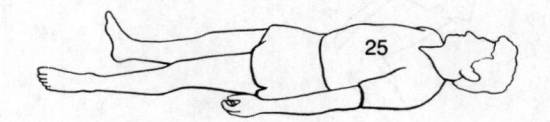

repetir do 22 ao 24 do outro lado

7
Meditação Caminhando

Uma maneira simples de trazer consciência à vida diária é praticar a caminhada meditativa, uma prática formal que consiste em caminhar com atenção plena. Significa levar a atenção à experiência real de caminhar no momento em que caminhamos. Em poucas palavras, significa caminhar **e** saber que estamos caminhando. Isso **não** significa ficar olhando para os pés!

Uma das coisas que descobrimos depois de um tempo praticando mindfulness é que nada é tão simples quanto parece. Isso é válido tanto para o caminhar como para qualquer outra coisa. É claro que ao caminhar nossa mente está conosco e, portanto, ficamos em alguma medida absortos nos próprios pensamentos. Quase nunca estamos simplesmente caminhando, mesmo quando saímos "só para dar uma volta".

Em geral caminhamos por algum motivo. O mais comum é querer ir de um lugar para outro, sendo que caminhar é a melhor maneira de fazê-lo. Claro que a mente tende a pensar sobre aonde quer ir e o que fará assim que chegar lá – ela pressiona o corpo, por assim dizer, para levá-la ao seu destino. Portanto, podemos dizer que, na verdade, muitas vezes o corpo é o motorista da mente e ele, de bom grado ou com relutância, a transporta e cumpre a ordem. Se a mente estiver com pressa, o corpo corre. Se a mente for atraída por algo, a cabeça vira para o lado e o corpo talvez mude de direção ou pare. Pensamentos de todo tipo inundam a mente enquanto estamos caminhando, assim como quando estamos sentados imóveis e respirando. Como regra geral, tudo isso acontece sem a menor consciência da nossa parte.

Meditar caminhando consiste em prestar atenção intencionalmente à própria experiência de caminhar. O foco está nas sensações dos pés ou das pernas, ou, se preferirmos, em sentir o corpo inteiro enquanto se movimenta. É também possível integrar a consciência da respiração com a experiência de caminhar.

Começamos em pé, tomando consciência do corpo como um todo e da respiração. Em certo momento percebemos um impulso inicial para começar a andar e damos atenção a ele. Percebemos também que, quando nos preparamos para erguer um pé, o outro se estabiliza conforme recebe o peso do corpo. Continuamos conscientes das sensações no corpo enquanto o outro pé, por sua vez, se eleva, avança, desce e faz contato com o piso ou o chão. Então tomamos consciência do peso do corpo que lentamente se desloca para esse pé, enquanto o outro se ergue e avança à nossa frente para dar o segundo passo. E assim caminhamos, passo a passo, com atenção plena ao ciclo da marcha: a elevação do pé, o movimento para a frente, o apoio no chão e o deslocamento do peso. Não é necessário dizer essas palavras; basta simplesmente permanecer em contato com os pés e as pernas e com o corpo inteiro caminhando. No programa MBSR caminhamos com muita lentidão para realmente experimentar os vários aspectos do ciclo da marcha, que em termos bem simples é um movimento contínuo e controlado no qual caímos para a frente e nos equilibramos com o próximo passo.

Como fizemos em todas as outras práticas de mindfulness examinadas até agora, quando a mente se afasta dos pés ou das pernas, ou das sensações no corpo inteiro enquanto caminha, simplesmente notamos o que há em nossa mente naquele momento e, com gentileza, a trazemos de volta ao ponto em que estamos da caminhada. Uma alternativa é parar completamente a caminhada, encontrar o próprio centro, sentir o corpo em pé respirando, e então começar a caminhar novamente, consciente uma vez mais do impulso de começar.

Para aprofundar a concentração durante a prática da meditação caminhando, não olhamos para as coisas em volta, mas mantemos o olhar focado à frente. Também não olhamos para os pés, que sabem muito bem como caminhar sem supervisão. O que estamos cultivando é uma observação interna, apenas as sensações associadas à caminhada, nada mais. Isso não implica uma atitude sombria ou séria. Como fazemos com todas as práticas meditativas, podemos abordar a meditação caminhando com leveza e conforto. Afinal, não há nada de especial, trata-se apenas de caminhar e saber que se está caminhando – por isso é também muito especial.

A nossa tendência é viver de maneira tão inconsciente que não damos o devido valor a muitas coisas, por exemplo, o caminhar. Quando começamos a prestar mais atenção, reconhecemos que caminhar é um incrível exercício de equilíbrio, dada a reduzida superfície de nossos pés. Leva cerca de um ano para que um bebê esteja pronto para aprender o ato de equilíbrio dinâmico da locomoção que, como já vimos, é essencialmente o ato (coordenado de modo primoroso e elegante) de deixar-se cair para a frente e impedir a queda apoiando um pé no chão.

Ainda que todos saibamos como caminhar, quando estamos conscientes de que alguém nos observa, ou mesmo quando observamos a nós mesmos, podemos nos sentir constrangidos e desajeitados, e até perder o equilíbrio. É como se, ao exame mais atento, não soubéssemos realmente o que estamos fazendo. Parece que nem sabemos como andar! Os aspirantes a atores têm de aprender a andar novamente quando chega o momento de "apenas caminhar" no palco. Nem mesmo caminhar é tão simples.

Todos os dias, vemos no hospital muitas pessoas que não podem andar devido a lesões ou doenças, e algumas que nunca voltarão a andar. Para toda essa gente, o simples ato de dar um passo sem ajuda é um milagre – que dizer de uma caminhada pelo corredor ou até o carro. No entanto, raramente reconhecemos a grande maravilha que é caminhar.

Acima de tudo, quando praticamos a meditação caminhando, é útil lembrar que não estamos tentando chegar a lugar algum! Trata-se apenas de um convite a experimentar o lugar onde já estamos, nesse momento, com **esse** passo, sem antecipar o andamento da marcha. O truque é estarmos completamente presentes onde estamos, passo a passo.

Na prática formal de meditação caminhando, para reforçar a mensagem de que não estamos tentando chegar a lugar algum, andamos em círculo ao redor da sala, ou de um lado para o outro em linha reta. Isso ajuda a descansar a mente, pois de fato não há lugar algum para ir, e nada de interessante está acontecendo para manter a mente entretida.

Ou estamos andando em círculos ou indo e vindo em linha reta, e nessa situação a mente entende que não há porque ter pressa para chegar a outro lugar, e talvez se disponha a ficar simplesmente onde você se encontra a cada momento, com cada passo, sentindo as sensações nos pés, o ar na pele, no corpo inteiro caminhando junto com o movimento da respiração.

Isso não significa que a mente acompanhará por muito tempo sua intenção de simplesmente estar com cada passo – não sem um esforço orquestrado para mantê-la focada. Logo perceberemos que ela começa a condenar todo o exercício, e o rotula de inútil, idiota e burro. Ou então a mente começa a nos enganar jogando com o ritmo ou o equilíbrio, ou nos obriga a olhar ao redor e pensar em outras coisas. Mas, se o seu compromisso com a prática de caminhar com atenção plena for forte, você logo perceberá esses impulsos, simplesmente notando-os, e dirigirá a atenção para os pés, pernas e para o corpo inteiro caminhando. É bom iniciar com a consciência dos pés e pernas e praticar assim por algum tempo. Depois, quando sua concentração estiver mais forte, você poderá expandir o campo de consciência e incluir a sensação da totalidade de seu corpo caminhando e respirando. Se quiser, pode incluir também a sensação do ar no rosto e na pele, a vista à sua frente, os sons à sua volta. Devemos lembrar que se trata sempre da mesma consciência, não importa os objetos do nosso foco – e essa consciência pode sustentar toda a experiência de caminhar em cada um e em todos os momentos.

Você pode praticar a meditação caminhando em qualquer ritmo. Às vezes a fazemos muito lentamente, de modo que um passo pode levar um minuto. Isto nos permite de fato estar com cada movimento, de momento a momento. Mas também a praticamos num ritmo mais natural. Durante a sessão de dia inteiro na sexta semana do programa, descrita no próximo capítulo, há momentos em que fazemos a meditação caminhando num ritmo muito rápido. O objetivo é praticar estar consciente mesmo quando nos movemos rapidamente. Se tentar, descobrirá que não é tão fácil estar com cada passo, mas você pode deslocar a atenção e focar na sensação do corpo como um todo se movimentando no espaço. Assim, mesmo apressado, você pode estar consciente, se conseguir se lembrar.

Para começar a caminhar como uma prática formal de meditação, é proveitoso estabelecer a intenção de praticar por determinado período de tempo, digamos 10 minutos, em um local onde você possa andar lentamente para a frente, dar meia volta e retornar ao ponto de partida. Para fortalecer a prática é melhor focar a atenção em **um** aspecto de sua caminhada, em vez de mudar o tempo todo. Por exemplo, se decidir prestar atenção aos pés, tente permanecer com as sensações dos pés durante todo o período de caminhada, em vez de mudar o foco para a respiração, ou as pernas, ou o corpo. Como pode parecer estranho para os outros ver alguém andando para lá e para cá sem motivo aparente (em especial a passos lentos), é recomendável praticar num local onde você não seja observado, como dentro do seu quarto. Escolha um ritmo que favoreça ao máximo sua capacidade de prestar atenção. Isso pode variar de uma prática para outra, mas, no geral, o passo deve ser mais lento do que seu ritmo normal.

Certa jovem estava tão nervosa quando começou o programa de redução de estresse que não tolerava ficar imóvel. Não conseguia parar quieta, tinha tiques nervosos, caminhava e golpeava as paredes, ou mexia sem parar com o fio do telefone sobre a mesa enquanto conversávamos. A prática do escaneamento corporal e a meditação sentada, mesmo por curtos períodos de tempo, estavam fora de cogitação. Até mesmo o yoga era muito estático. Mas, apesar de sua extrema ansiedade, essa mulher sabia intuitivamente que mindfulness seria para ela um caminho para a sanidade – se conseguisse encontrar uma maneira de praticar. A meditação caminhando se tornou sua tábua de salvação. Ela a utilizava para ancorar sua mente enquanto enfrentava seus demônios com atenção plena, numa época em que as coisas estavam totalmente fora de controle. De modo gradual, sua situação foi melhorando no decorrer de vários meses e, com os anos, conseguiu fazer as outras práticas também. Mas foi a meditação caminhando que a salvou quando nada mais era viável. A meditação caminhando pode ser uma prática meditativa tão profunda quanto a meditação sentada, ou o escaneamento corporal, ou o yoga.

※

Quando meus filhos eram bebês, fiz muitas caminhadas meditativas "forçadas". Em minha própria casa, tarde da noite, segurando um deles no colo. Para a frente e para trás. Para a frente e para trás. Como tinha de andar com eles de qualquer maneira, fazer disso uma ocasião para meditar me ajudava a estar 100% presente ao que acontecia.

É claro que boa parte das vezes minha mente resistia à ideia de levantar no meio da noite. Eu não gostava de ser privado de horas de sono e queria muito voltar para a cama. Essa é uma situação que todos os pais conhecem bem, especialmente quando uma criança fica doente.

A realidade é que eu tinha de ficar acordado. Então, me parecia lógico estar completamente acordado; em outras palavras, praticar a presença plena segurando o bebê e andando lentamente para a frente e para trás, e abrindo mão dos pensamentos que insistiam em se fazer notar. Às vezes, parecia que essas caminhadas levavam horas. A prática de mindfulness tornava muito mais fácil fazer o que tinha de ser feito, e também me levava a um contato muito maior com meus filhos naqueles momentos, já que eu incluía no campo da consciência a sensação do pequeno corpo aconchegado em meu ombro ou nos meus braços, e de nossos corpos respirando juntos. Quando um pai ou mãe está plenamente presente, é muito reconfortante e satisfatório para a criança, que sente a calma, a presença e o amor entrando em seu corpo.

É provável que haja circunstâncias em sua vida nas quais você tenha de caminhar, quer queira ou não. Estas podem ser ocasiões maravilhosas para trazer consciência à sua caminhada que, em vez de ser uma tarefa chata e em grande parte inconsciente, passa a ser uma atividade enriquecedora.

※

Depois de praticar a meditação caminhando como exercício formal e ter alguma experiência do que isso significa, será fácil fazer uma caminhada meditativa mais informal em diversas circunstâncias. Por exemplo, quando estacionamos o carro e andamos até a loja para fazer compras, ou até o local onde temos de fazer alguma coisa, essas são boas ocasiões para tentar manter a consciência ao caminhar até o destino. Muitas vezes nos sentimos obrigados a correr no nosso dia a dia até completar todas as pequenas coisas de rotina que devemos fazer. Isso pode ser exaustivo, até mesmo deprimente, devido à monotonia de ir sempre aos mesmos lugares repetidas vezes. A mente anseia por novidades. Mas se caminharmos de modo consciente durante essas tarefas rotineiras, isso causará um curto-circuito no modo de piloto automático, tornando nossas experiências rotineiras mais vívidas e realmente interessantes, e deixando-nos mais calmos e menos exaustos no final. Nesse sentido, é uma boa ideia ficar longe do celular e simplesmente estar presente ao que você está fazendo. Se isso for inviável, então faça e receba o mínimo possível de telefonemas.

Costumo praticar a caminhada atenta na vida cotidiana sintonizando-me à sensação do corpo inteiro caminhando e respirando. Podemos andar num ritmo normal, ou andar um pouco mais lentamente do que o habitual para estar mais atentos. Ninguém notará nada de anormal nisso, mas pode fazer uma grande diferença em nosso estado de espírito.

Muitos pacientes caminham com regularidade para se exercitar. Eles apreciam muito mais quando intencionalmente praticam a consciência da respiração e dos pés e pernas a cada passo. Alguns fazem isso de manhã cedo, como rotina. John, um corretor da bolsa com 44 anos e dois filhos, foi encaminhado para a Clínica de Redução de Estresse com cardiomiopatia idiopática (uma doença malcompreendida e muito perigosa que enfraquece e alarga o coração, resultando em dilatação e mau funcionamento do miocárdio, o próprio músculo cardíaco). Ele estava acabado, segundo sua própria descrição, quando chegou ao programa MBSR. Fora diagnosticado dois anos antes, após graves problemas de coração, e entrou em depressão profunda, adotando comportamentos autodestrutivos. Sua atitude na época foi: "Já que vou morrer, para que me dar ao trabalho de cuidar de mim mesmo?" Amava tudo o que lhe fazia mal: álcool, por exemplo, e alimentos gordurosos e salgados. Suas repentinas mudanças de humor desencadeavam um ciclo vicioso de ansiedade seguida por falta de ar. Então ele comia coisas que não devia. Esse comportamento muitas vezes causava graves edemas pulmonares (um estado perigoso em que os pulmões se enchem de fluido) e ele precisava ser hospitalizado.

Depois de três meses do término do curso, numa sessão de acompanhamento que fizemos para sua turma, ele relatou que no início do programa era incapaz de caminhar por mais do que cinco minutos. Ao fim do programa, estava se levantando às 5 h 15 min da manhã, fazendo a meditação e caminhando por 45 minutos antes de ir para o trabalho. Agora, três meses depois, ele continuava a praticar. Sua pulsação havia caído abaixo de 70 batidas por minuto e, segundo o cardiologista, seu coração diminuíra de tamanho, um ótimo sinal.

John telefonou para mim seis meses depois, para dizer que a prática ia bem e que ainda "funcionava para ele". Ele sabia disso porque nos últimos tempos fora submetido a grande estresse e achava que tinha lidado muito bem com as coisas. Sua mãe falecera algumas semanas antes e ele sentia que tinha conseguido aceitar sua morte, ficar consciente durante todo o processo e ainda ajudar sua família naquela situação. Também acabara de sair de um período muito intenso de estudos para um exame profissional, durante o qual dormia apenas três horas por noite. Ele disse que a prática de meditação o ajudou a atravessar esse período sem recorrer a nenhum medicamento para ansiedade. Ele continua a praticar o escaneamento corporal com o CD cerca de três noites por semana. Nesses dias, assim que chega em casa do trabalho, vai para o andar de cima e faz a prática imediatamente. Antes do programa de redução de estresse, John passara dois anos apenas sentindo pena de si mesmo. Ele simplesmente sentava em casa e dizia; "Ah, Deus, estou morrendo". Agora ele sai para caminhar todas as manhãs – mesmo no frio do inverno da Nova Inglaterra – e se sente mais saudável a cada dia que passa. Há pouco tempo seu cardiologista me disse que mindfulness é a prática perfeita para John. Segundo ele, John tem de estar consciente em sua vida. Quando realmente presta atenção a cada aspecto de sua vida, ele se sai muito bem. Sem isso, é possível que, sem querer, provoque uma emergência médica grave.

Nessa mesma sessão de acompanhamento, diversas outras pessoas comentaram que a meditação havia melhorado sua capacidade de caminhar e aumentado seu gosto por essa atividade. Rose comentou que fazia a meditação caminhando com constância desde o término do programa, e que na prática ela se concentrava nas sensações táteis, como o calor do sol na pele ou a sensação do vento. Karen, uma mulher de 40 e poucos anos, relatou que está andando de cinco a seis quilômetros todas as noites, como parte de sua prática de meditação. Há 22 anos ela não fazia nenhum exercício físico regular e se sente empolgada por estar "usando seu corpo" novamente.

7 | *Meditação caminhando*

Em resumo, qualquer momento em que esteja caminhando é um bom momento para praticar mindfulness. Mas, às vezes, é bom procurar um local isolado e fazer a prática formal também, um pouco mais lentamente – para a frente e para trás, passo por passo, momento a momento, caminhando suavemente sobre a terra, em sintonia com sua vida, estando exatamente onde você está.

8
Um Dia de Mindfulness

É uma linda manhã de início de junho na Nova Inglaterra. O céu está azul e sem nuvens. Às 8 h 15 min as pessoas começam a chegar ao hospital, carregando sacos de dormir, almofadas, mantas e comida. Parece muito mais um grupo de acampamento do que de pacientes. Na sala de conferências da faculdade as cadeiras azuis de plástico e metal com espaldar reto estão dispostas num grande quadrado junto às paredes. Às 8 h 45 min já temos 120 pessoas nesse espaço amplo, acolhedor e ensolarado. Elas guardam seus casacos, sapatos, bolsas e almoço sob os assentos e sentam nas cadeiras ou almofadas de meditação coloridas espalhadas pela sala. Cerca de quinze pessoas que já passaram pelo programa de redução de estresse (nós as chamamos de "formados") voltaram ou para participar do dia uma segunda vez, ou porque não puderam vir na primeira. Sam, 70 anos, vem com seu filho Ken, de 40. Ambos participaram do programa em anos anteriores e decidiram voltar para um "reforço". Acharam que seria divertido estarem juntos.

Sam é motorista de caminhão aposentado, está com uma aparência excelente. Sorri de orelha a orelha enquanto se aproxima para me abraçar e dizer como está feliz por ter voltado. É um homem baixo e esguio, e parece relaxado e alegre. É incrível o contraste com o homem abatido, tenso e irritado que entrou pela primeira vez na minha sala dois anos atrás, com o rosto contraído e as mandíbulas apertadas. Fico maravilhado com a transformação e por um momento me lembro de seus problemas de raiva e seu histórico de ser muito duro com a esposa e os filhos. Desde a aposentadoria, ele mesmo admite, se tornara uma pessoa "impossível de se conviver", um verdadeiro "canalha" em casa, mas "um cara legal" em relação a todas as outras pessoas.

Quando comento sobre sua ótima aparência, ele me diz: "Jon, sou outra pessoa". Seu filho, Ken, concorda acenando com a cabeça e diz que Sam não é mais hostil, mal-humorado e inacessível. Agora ele se dá bem com sua família, está feliz e relaxado em casa e até mesmo tranquilo. Trocamos umas piadinhas até começar a sessão, às 9 horas em ponto.

Enquanto os professores da clínica se preparam para começar as atividades, olham ao redor da sala. Além dos formados, como Sam e Ken, os demais estão na sexta semana do programa MBSR. Eles têm mais duas semanas pela frente até terminar. Costumamos misturar todos os grupos que fazem o programa nesta sessão de dia inteiro no sábado. Esse dia é parte integrante e necessária do curso e sempre acontece entre a sexta e a sétima semana.

Na sala há diversos médicos que estão inscritos no programa. Um deles é um experiente cardiologista que decidiu participar do programa depois de encaminhar diversos pacientes. Está vestido com uma camisa de futebol e um moletom, e descalço, como todos nós – bem diferente de sua roupa habitual no hospital: gravata, jaleco branco e estetoscópio pendurado para fora do bolso. Hoje os médicos na sala são simplesmente pessoas comuns, mesmo que trabalhem no hospital. Hoje estão aqui para si mesmos.

Norma Rosiello está aqui também. Ela participou do programa pela primeira vez como paciente de dor, na mesma turma que Mary, que conhecemos no Capítulo 5. Agora Norma trabalha como secretária e recepcionista do escritório da clínica. Por muitas razões, Norma é o coração da clínica. Ela é a primeira pessoa com quem os pacientes conversam sobre o programa após o encaminhamento médico. Portanto, já falou com a maioria das pessoas que estão aqui hoje, em um ou outro momento, muitas vezes oferecendo-lhes conforto, calma e esperança. Ela faz seu trabalho com tanta graça, calma e independência que quase nem percebemos o quanto realmente faz, e como é importante o seu desempenho para garantir que as coisas funcionem sem problemas.

Ela veio à clínica pela primeira vez com diagnóstico de dor facial e cefaleias tão insuportáveis que, pelo menos uma vez por mês, ia parar no

Pronto Atendimento. Ela trabalhava como cabeleireira alguns dias por semana, mas faltava no trabalho constantemente devido às dores que a acompanhavam havia quinze anos, apesar das consultas a inúmeros especialistas. Na Clínica de Redução de Estresse, após um período relativamente curto de tempo, conseguiu controlar as dores por meio da meditação em vez de recorrer ao hospital e medicamentos. A seguir começou a trabalhar conosco de vez em quando, como voluntária. Finalmente acabei conseguindo convencê-la a aceitar o emprego de secretária e recepcionista da clínica, embora fosse cabeleireira, não soubesse datilografar e desconhecesse o trabalho de escritório. Eu a considerava a pessoa ideal para o cargo, porque já havia passado pelo programa e estava mais capacitada a conversar com os pacientes do que alguém que considerasse sua tarefa "um trabalho". Eu acreditava que ela aprenderia a datilografar e a desempenhar as outras tarefas necessárias, e foi o que aconteceu. Além disso, desde o momento em que começou a trabalhar na clínica, as dores a obrigaram a se ausentar apenas alguns dias nos primeiros anos e, depois disso, nunca mais. Quando olho para ela agora, fico maravilhado, e estou muito feliz que tenha decidido passar o dia conosco hoje.

Ao olhar em volta, vejo uma mescla de idades. Algumas pessoas têm cabelos brancos, enquanto outras têm cerca de 25 anos. A maioria está entre 30 e 50. Alguns chegaram de muletas ou bengala. Amy, uma formada que tem paralisia cerebral, participou de todas as nossas sessões de dia inteiro em sua cadeira de rodas, desde que fez o programa há vários anos. Ela não está aqui hoje, e sinto sua falta. Mudou-se para Boston recentemente, onde estuda na universidade. Ligou ontem para dizer que não viria porque não conseguiu encontrar alguém para acompanhá-la durante o dia todo. Ela tem sua própria *van* com um elevador especial para cadeira de rodas, mas precisa de alguém para conduzi-la. Quando olho ao redor do círculo de rostos, lembro-me de sua determinação em participar plenamente das atividades do dia, mesmo que isso exigisse que um de nós a ajudasse a se alimentar, limpar a boca e ir ao banheiro. Sua coragem, perseverança e falta de constrangimento em relação a seu estado tornou-se para mim parte do significado da sessão de dia inteiro, e lamento a sua ausência hoje porque ela sempre nos ensinou muito por ser quem é. Embora às vezes seja difícil de entender o que ela fala, sua vontade e coragem de se manifestar, fazer perguntas e compartilhar suas experiências com um grupo tão grande tornou-se uma fonte de inspiração para todos nós.

Às 9 horas meu colega e amigo Saki Santorelli acolhe o grupo e nos convida a sentar, isto é, a começar a meditar. Os sons das conversas na sala diminuem quando ele fala, mas desaparecem completamente quando nos convida a sentar nas cadeiras ou no chão e entrar em contato com a respiração. Enquanto 120 pessoas atentam para a própria respiração, o crescente silêncio que percorre a sala é audível. Isso é algo que sempre me comove.

Assim começam as seis horas de prática silenciosa de mindfulness nessa linda manhã de sábado. Num dia como esse poderíamos estar fazendo muitas coisas, mas escolhemos estar aqui juntos, fazendo amizade com nossa própria mente e corpo, praticando prestar atenção a cada momento durante o dia inteiro, explorando com cuidado e talvez aprofundando nossa capacidade de estar em silêncio e simplesmente descansar na consciência, com tudo o que se revela dentro e fora de nós – em outras palavras, a capacidade de relaxar no próprio ser, simplesmente estando presentes.

Conforme explica Saki após a primeira prática, só por estarmos aqui hoje já simplificamos muito a nossa vida. Se estamos aqui é porque fizemos a escolha de não ficar correndo atrás das tarefas habituais de fim de semana, como fazer compras, limpar a casa, sair ou trabalhar. Para simplificar as coisas ainda mais e aproveitar ao máximo esse dia muito especial, Saki agora revê certas regras básicas para o dia, como não conversar nem fazer contato visual. Ele explica que essas regras favorecem o aprofundamento da prática de meditação e ajudam a conservar nossa energia para o trabalho de mindfulness. São seis horas muito concentradas que passaremos praticando o não fazer, apenas sentando, caminhando, deitando, nos alimentando e alongando o corpo. Muitas sensações diferentes podem surgir. Gostamos de ressaltar que tudo o que surge durante o dia torna-se o "programa de estudos" daquele dia, porque é o que se apresenta diante de nós, já está aqui e, portanto, é o material que temos para trabalhar. Muitos dos sentimentos que surgem podem ser bastante intensos, especialmente quando todas as válvulas de escape habituais (falar, fazer coisas, mudar de um lugar para outro, ler ou ouvir rádio) são intencionalmente suspensas e ficam indisponíveis. Muitas pessoas apreciam a sessão intensiva desde o início, mas, para outras, os momentos de relaxamento e paz, se é que acontecem, talvez venham intercalados com outras experiências muito menos agradáveis. A dor física pode surgir devido a longos períodos de imobilidade; também a dor emocional ou o desconforto em forma de ansiedade, tédio, ou sentimento de culpa por estar aqui e não em outro lugar, especialmente para alguém que teve de desistir de muitas coisas para vir hoje. Tudo isso faz parte do programa de estudos.

Em vez de comentar sobre esses sentimentos com a pessoa ao lado e talvez perturbar a experiência do outro – além de agravar as próprias reações emocionais – Saki nos aconselha no dia de hoje a observar tudo o que surgir e simplesmente aceitar esses sentimentos e experiências a cada momento. O silêncio e a proibição de contato visual facilitam o processo de olhar para dentro e aceitar a nós mesmos, diz ele. Favorecem maior intimidade e familiaridade com os eventos mentais e corporais, mesmo aqueles que são tristes ou dolorosos. Não podemos conversar sobre eles com nosso vizinho; não podemos nos queixar ou comentar como estão indo as coisas ou o que estamos sentindo. O que podemos fazer é simplesmente estar com as coisas como elas são. Podemos praticar a calma. Podemos praticar o acolhimento a tudo o que surgir. Podemos praticar exatamente da mesma maneira que temos praticado a meditação nas últimas seis semanas durante as sessões de MBSR. A diferença é que hoje teremos um período mais prolongado de tempo, sob circunstâncias mais intensas, talvez até estressantes.

Saki nos faz lembrar que estamos intencionalmente dedicando tempo para que esse processo ocorra. Este deve ser um dia de mindfulness, um dia para estarmos com nós mesmos. Em geral nossas obrigações e compromissos não nos deixam tempo para isso e, além do mais, não temos muita vontade de prestar atenção ao nosso ser, especialmente se estamos sofrendo – e a calma e a quietude não costumam ser nossos estados preferidos. Assim, quando temos algum tempo "livre", tendemos a preenchê-lo imediatamente com algo que nos mantenha ocupados. Nós nos entretemos ou nos distraímos para "passar" o tempo; às vezes falamos até em "matar o tempo".

Hoje será diferente, conclui. Hoje não teremos nenhum artifício para nos ajudar a passar o tempo ou nos distrair. Vamos praticar tudo o que aprendemos no programa nas últimas cinco semanas de prática da atenção plena. O convite é estar com o que sentimos a cada momento e aceitá-lo, à medida que praticamos ficar com a respiração, com a caminhada, com o alongamento, ou com qualquer outra prática proposta pelos instrutores. Hoje não é um dia para tentar sentir determinado estado, Saki ressalta, mas apenas para deixar as coisas se revelarem. Então, ele nos aconselha a abandonar todas as nossas expectativas, incluindo a de ter um dia relaxante e agradável e, em vez disso, a praticar estar totalmente despertos e conscientes em relação a tudo o que acontece, momento a momento.

Elana Rosenbaum e Kacey Carmichael são as outras instrutoras da clínica de estresse que hoje orientarão o fluxo do dia juntamente com Saki e eu. Após a fala de Saki, vamos todos para os colchonetes no chão fazer uma hora de yoga. Praticamos de modo lento, suave, atento, ouvindo nosso corpo. Quando começo a orientar essa parte do dia, ressalto a importância de lembrar-se de escutar o próprio corpo com cuidado e respeitá-lo, não fazendo nada que seja inapropriado para nossa condição de saúde específica. Alguns dos pacientes, especialmente os que têm problemas lombares ou cervicais, não praticam yoga, mas apenas se sentam nas laterais da sala e observam ou meditam. Outros praticam um pouco, mas só realizam as posturas apropriadas para seu estado. Os pacientes cardíacos estão monitorando seu pulso, como aprenderam na reabilitação cardíaca, e mantêm as posturas somente enquanto sua pulsação estiver no intervalo apropriado. Em seguida, descansam e repetem o mesmo exercício, enquanto os demais mantêm a postura por mais tempo, tentando "apenas observar" a intensidade das sensações, percebendo como elas mudam à medida que mantemos cada postura, repousando na consciência.

Todo o mundo está fazendo tanto ou tão pouco quanto sua condição permite. Trabalhamos dentro de nossos limites, momento a momento, com atenção plena, cuidado, sem forçar, sem lutar, à medida que cumprimos a sequência lenta de posturas de yoga. Ao inspirar levamos o ar até esses limites e expiramos a partir desses limites, e nos familiarizamos com toda e qualquer sensação nas várias partes do nosso corpo à medida que levantamos, alongamos, flexionamos, torcemos e rolamos, com longos períodos de descanso entre as posturas, procurando manter tudo isso em um fluxo contínuo de consciência. Ao mesmo tempo, detectamos nossos pensamentos e sentimentos à medida que surgem; nós os percebemos e deixamos que se manifestem, observando e abrindo mão deles, trazendo a mente de volta à respiração cada vez que ela se distrai e divaga.

Após o yoga, nos sentamos para meditar por 30 minutos. Então caminhamos com atenção plena num círculo em torno da sala por cerca de 10 minutos. Tudo o que fazemos nesse dia é feito com consciência e em silêncio. Até mesmo o almoço é silencioso, para que possamos nos alimentar sabendo que estamos abocanhando, mastigando, saboreando, engolindo, fazendo uma pausa. Não é fácil. Manter o foco e a concentração no presente requer muita energia.

Durante o almoço, noto que um homem está lendo jornal, apesar do espírito do dia e da regra explícita de não ler. Nossa esperança é que todos percebam o valor de concordar com as regras básicas do dia e assumir a responsabilidade de cumpri-las, pelo menos como um experimento. Mas para ele talvez seja demasiado intenso comer com atenção plena no momento. Então, sorrio para mim mesmo, observando meu impulso "justiceiro", de insistir que ele faça do "nosso jeito" hoje, e abandono essa tendência. Afinal, ele está aqui, não é? Talvez seja o suficiente. Talvez ele tenha tido uma manhã difícil; quem sabe?

Houve um ano em que fizemos um programa especial de redução de estresse para juízes do tribunal distrital. A intenção era que eles pudessem falar livremente sobre suas tensões e os problemas específicos da profissão. Uma vez que seu trabalho consiste em "sentar" no tribunal, pareceu apropriado que recebessem algum treinamento formal de meditação na posição sentada, e também para cultivar intencionalmente o não julgamento.* Alguns ficaram muito interessados pelo conceito de mindfulness quando discutimos pela primeira vez a possibilidade de um programa para eles. Fazer bem seu trabalho requer grande concentração e paciência, e também compaixão e desapego. Eles têm de ouvir um fluxo constante de depoimentos, às vezes dolorosos e repugnantes, mas principalmente chatos e previsíveis, mantendo a serenidade e, acima de tudo, prestando

---

* Ver "Sitting on the Bench", em *Coming to Our Senses*. New York: Hyperion; 2005:451-455.

muita atenção ao que está realmente se revelando momento a momento na sala do tribunal. Conhecer uma forma sistemática de lidar com os pensamentos e sentimentos intrusivos e com reações emocionais talvez intensas pode ser muito útil na profissão de juiz, sem falar do seu valor para a redução do estresse pessoal.

Quando vieram para a sessão de dia inteiro, os juízes estavam anônimos dentro do grupo mais amplo de pacientes. Notei que se sentaram um ao lado do outro e que almoçaram juntos no gramado. Eles comentaram mais tarde, na aula seguinte, que sentiram uma proximidade especial durante o almoço, enquanto estavam sentados sem falar nem olhar para os outros; uma experiência muito incomum para eles.

※

Hoje a energia na sala é quase palpável. A maioria das pessoas está claramente desperta e focada durante a meditação sentada e na caminhada meditativa. É possível sentir o esforço despendido para estar presente e permanecer focado. A quietude até agora tem sido muito especial.

Após um período de caminhada silenciosa depois do almoço, no qual as pessoas podem andar sozinhas por onde queiram durante meia hora, iniciamos a tarde com uma meditação sobre a bondade e o perdão. Esta meditação simples (ver Capítulo 13) muitas vezes provoca lágrimas de tristeza ou de alegria. A seguir passamos para a meditação sentada e, então, para mais uma caminhada lenta.

Costumávamos fazer uma "caminhada maluca" no meio da tarde para manter a energia em alta. Quase todos apreciavam a mudança de ritmo, embora alguns precisassem sentar-se durante essa parte e apenas observar. A caminhada maluca consistia em andar muito rapidamente mudando de direção a cada sete passos, depois a cada quatro, depois três, com os maxilares e punhos cerrados, sem fazer contato visual, sempre mantendo a consciência de momento a momento. A seguir fazíamos de novo no mesmo ritmo, mas com contato visual proposital, dessa vez percebendo as diferenças. Então caminhávamos para trás muito lentamente, de olhos fechados, mudando de direção ao esbarrar em alguém, depois de nos permitirmos sentir o esbarrão, o contato com outro corpo. O período de caminhada maluca terminava com todos andando para trás de olhos fechados, devagar, em direção ao que supúnhamos ser o centro da sala, até que todos formassem uma grande massa. E então apoiávamos a cabeça sobre o que quer que estivesse disponível para apoio. Todos davam muita risada nesse ponto. Isso aliviava um pouco a intensidade que se forma à medida que o nível de concentração se aprofunda durante a tarde.

Com o passar dos anos abandonamos esse período de caminhada maluca e, em vez disso, fazemos ciclos simples de sentar e caminhar em silêncio. Fizemos essa mudança, pois a própria prática e a oportunidade inestimável dessas poucas horas juntos num só dia parecem ter uma lógica própria, exigindo menos coisas, e não mais – mesmo que muito atraentes. Este é um princípio geral do MBSR: esvaziar em vez de preencher o espaço, mesmo que seja com exercícios interessantes e potencialmente relevantes para transmitir algo. Como instrutores, aprendemos a confiar que tudo o que precisa emergir ou ser compreendido pelos participantes vem por si só, com o tempo, como fruto natural da simplicidade básica da prática de mindfulness. Portanto, procuramos manter o programa MBSR o mais simples possível, deixando em seu bojo tanto espaço quanto possível, com a compreensão de que, nesse caso, menos é mais – e que o programa do curso é a própria vida, assim como tudo o que surge em nossa experiência de momento a momento, quando nos abrimos a ela com consciência e bondade em relação a nós mesmos.

A meditação sentada mais longa da tarde começa com o que chamamos de "meditação da montanha". Usamos a imagem de uma montanha para ajudar as pessoas a se lembrarem do significado de sentar em meditação à medida que o dia avança e surge certa fadiga. A imagem é inspiradora e sugere que nos sentemos como as montanhas, sentindo-nos enraizados, maciços e imóveis em nossa postura. Os braços são as encostas da montanha, a cabeça é o pico elevado, todo o corpo é majestoso e magnífico, como as montanhas costumam ser. Estamos sentados em silêncio, simplesmente sendo o que somos, assim como uma montanha "se senta" impassível diante das mudanças do dia para a noite, do clima e das estações. A montanha é sempre ela mesma, sempre presente, aterrada, com raízes no solo, sempre imóvel, sempre bela. A montanha é bela simplesmente por ser o que é, esteja à vista ou oculta, coberta de vegetação ou de neve, molhada de chuva ou envolta em nuvens.

8 | *Um dia de mindfulness*

Essa imagem da montanha às vezes nos ajuda a recordar e sentir toda a nossa força e intencionalidade dentro da prática de meditação sentada, quando no fim da tarde a luz do Sol começa a diminuir na sala e esse dia juntos vai chegando ao seu fim natural. Nesse momento, recordamos que é possível olhar para algumas das mudanças que estão ocorrendo em nossa mente e corpo como se fossem padrões climáticos internos. A montanha nos faz lembrar que podemos permanecer estáveis e equilibrados enquanto sentados aqui – e também na vida, diante das tempestades que às vezes surgem dentro da mente e no corpo.*

As pessoas gostam da meditação da montanha porque ela oferece uma imagem que podem utilizar para ancorar-se na prática sentada e aprofundar a calma e a serenidade. Mas a imagem tem seus limites, pois somos um tipo de montanha que, além de se sentar imóvel, também pode andar, falar, dançar, cantar, pensar e agir.

※

E assim o dia se revela, de momento a momento e de respiração em respiração. Muitas pessoas apareceram esta manhã apreensivas, sem saber se conseguiriam permanecer 6 horas em silêncio, se aguentariam apenas sentar e andar e respirar em silêncio durante grande parte do dia. Mas já são 3 horas da tarde e todos continuam aqui e parecem muito envolvidos.

Agora quebramos o silêncio e a restrição de fazer contato visual. Isso acontece de maneira específica. Primeiro, olhamos ao redor da sala em silêncio, fazendo contato visual com os outros e sentindo o que surge nesse momento. Geralmente são sorrisos grandes, escancarados. Então, ainda em silêncio, procuramos um parceiro e nos aproximamos o bastante para poder sussurrar, pois é sussurrando que dissolveremos o silêncio do dia. Falamos sobre o que vimos, sentimos, aprendemos; as dificuldades; o modo como trabalhamos as coisas que surgiram, especialmente se foi difícil; o que nos surpreendeu; e como nos sentimos agora. Primeiro uma pessoa fala e a outra apenas escuta. Depois elas invertem. São 120 pessoas espalhadas pela sala em duplas, engajadas em conversas íntimas, em

---

* Para mais informações sobre a meditação da montanha, ver *Wherever You Go, There You Are*, e Series 2 Guided Mindfulness Meditation Practice, CD # 3.

sussurros, acerca das experiências muito diretas e pessoais desse dia. A sensação na sala durante o sussurro geral é ao mesmo tempo tranquila e elétrica, como o zumbido de uma laboriosa colmeia. Depois das conversas sussurradas, nos juntamos novamente num grupo para compartilhar com todos, desta vez no tom normal de voz. As pessoas são convidadas a falar acerca de sua experiência durante o dia, da maneira que elas quiserem, inclusive em relação ao que as trouxe pela primeira vez à Clínica de Redução de Estresse e ao programa MBSR. À medida que as pessoas levantam a mão e pedem para falar, a sensação de paz e calma na sala é palpável. Mesmo com tanta gente, há uma sensação rara de intimidade. É quase como se partilhássemos uma grande mente conjunta no círculo e refletíssemos seus diferentes aspectos uns para os outros. As pessoas estão realmente ouvindo, realmente escutando e sentindo o que os demais estão dizendo.

Uma mulher diz que, durante a meditação de bondade amorosa e perdão, ela conseguiu dirigir um pouco de amor e bondade a si mesma, e que conseguiu perdoar um pouco o seu marido por anos de violência e maus tratos físicos. Sente que é bom deixar isso para trás, mesmo que apenas um pouco, pois é como se algo estivesse sendo curado dentro dela, devido ao perdão. Diz que agora vê que não precisa carregar sua raiva como um peso enorme para sempre, e que pode seguir com sua vida deixando tudo isso para trás.

Nesse ponto, outra mulher se pergunta em voz alta se será sempre apropriado perdoar. Diz que no momento, para ela, não seria saudável perdoar. Ela foi uma "vítima profissional" na maior parte da vida adulta e sempre perdoou as pessoas, fazendo de si mesma o objeto das necessidades dos outros à custa das próprias. Acha que agora precisa sentir sua raiva. Diz que hoje entrou em contato com a raiva pela primeira vez e percebeu que no passado não quis enfrentá-la. Hoje percebe que precisa prestar atenção e legitimar o sentimento dominante que surgiu agora, que é de muita raiva; e que "o perdão pode esperar".

Vários formados dizem que vieram para "recarregar as baterias", como uma maneira de retomar a rotina diária de meditação, da qual alguns se afastaram. Janet diz que o nosso dia de práticas a fez lembrar de que se sente muito melhor quando medita regularmente. Mark diz que sua prática regular de meditação sentada o ajuda a confiar no corpo e a ouvi-lo também, sem dar exclusividade aos médicos. Seus médicos lhe disseram que havia muitas coisas que ele já não conseguiria fazer devido ao agravamento de sua doença da coluna vertebral (conhecida como espondilite anquilosante, em que as vértebras se fundem, formando uma estrutura em forma de barra), mas ele agora já consegue fazer muitas dessas coisas novamente.

Durante uma hora de conversa entre as 120 pessoas, todas presentes, todas ouvindo com atenção, há períodos frequentes de silêncio no grupo, como se tivéssemos coletivamente transcendido a necessidade de falar. É como se o silêncio comunicasse algo mais profundo do que somos capazes de expressar com palavras. Ele nos une. Sentimo-nos em paz no silêncio, à vontade, em casa. Não temos de preenchê-lo com nada.

E o dia chega ao fim. Sentamo-nos em meditação silenciosa pelos últimos 15 minutos, e depois nos despedimos. Sam ainda tem um grande sorriso no rosto. É óbvio que teve um dia bom. Nós nos abraçamos mais uma vez e prometemos manter contato. Algumas pessoas ficam para ajudar a enrolar e guardar os colchonetes.

※

Alguns dias depois, na mesma semana, em nossas aulas regulares, conversamos um pouco mais sobre a sessão de dia inteiro. Bernice disse que estava tão nervosa na noite anterior à sessão que nem conseguiu dormir. Por volta das cinco da manhã, fez o escaneamento corporal por conta própria, pela primeira vez sem o CD, numa tentativa emergencial de relaxar o suficiente para sentir-se apta a vir. Para sua surpresa, funcionou. Mas quando se levantou, ainda estava embotada pela falta de sono, e quase se convenceu de que seria muito difícil passar o dia todo sentada com tantas pessoas sem falar. Por alguma razão desconhecida, em certo momento ela chegou à conclusão de que conseguiria fazê-lo. Entrou no carro e tocou o CD de escaneamento corporal durante todo o percurso até o centro médico, usando o som de minha voz para se tranquilizar. Ela disse isso timidamente e riu junto com o restante da classe, porque todos sabem que não recomendamos o uso do CD de meditação guiada ao volante.

Bernice prosseguiu e contou que durante a manhã houve três momentos distintos em que quase saiu correndo da sala em estado de pânico. Mas afinal acabou não indo embora. Em cada ocasião dizia a si mesma que ninguém a mantinha prisioneira ali, e que sair da sala sempre seria uma opção. Essa ressignificação da situação foi o suficiente para ajudá-la a permanecer com seus sentimentos de ansiedade e respirar com eles quando surgiam. À tarde não sentiu nenhuma sensação de pânico. Ao contrário, estava tranquila. Ela nos disse que pela primeira vez na vida descobriu que de fato podia permanecer com seus sentimentos e observá-los, sem fugir.

Além de descobrir que eles finalmente desaparecem por conta própria, encontrou uma nova sensação de confiança em sua capacidade de lidar com esse tipo de episódio. Viu que foi possível desfrutar de longos períodos de relaxamento e paz na parte da tarde, apesar da insônia da noite anterior – que lhe dava todos os "motivos" para esperar que as coisas saíssem "errado". Encantou-se com essa descoberta, sentindo que terá relevância nas situações em que anteriormente via-se controlada por seus medos.

Bernice ficou particularmente satisfeita com essa descoberta porque sofre da doença de Crohn, uma doença ulcerativa crônica do intestino que provoca dores abdominais intensas sempre que está tensa e estressada. Bernice não teve nenhum de seus sintomas habituais durante o dia de práticas, porque conseguiu enfrentar e regular as sensações de pânico naquela manhã.

Em seguida, Ralph contou uma história. Quando criança, o carro em que estava com seus pais ficou preso no trânsito dentro de um longo túnel. Ele saltou do carro e correu em direção ao fim do túnel, movido por um medo incontrolável. Essa lembrança afetou Bernice, que confessou que não vai ao Aeroporto de Logan, em Boston, porque tem de passar pelo túnel Callahan ou pelo Ted Williams. No entanto, mais tarde, antes do fim da aula, ela comentou que atravessar um túnel deve ser semelhante a passar pela sessão intensiva de meditação. Já que conseguira fazer isso, concluiu que provavelmente conseguirá passar por um desses túneis. Parece que ela pensa em fazê-lo agora, quase como uma lição de casa para si mesma, um rito de passagem para pôr à prova seu progresso no programa.

Fran disse que não descreveria sua experiência de meditação de dia inteiro como "relaxamento" nem "paz"; era mais como sentir-se "firme" e "livre". Relatou que até mesmo deitar no gramado depois do almoço lhe pareceu especial. Desde criança não deitava na grama para simplesmente olhar o céu. Agora ela estava com 47 anos. O primeiro pensamento depois de ter percebido como se sentia bem foi: "Que desperdício" – referindo-se aos anos em que tinha perdido o contato consigo mesma. Sugeri que foram esses anos que a trouxeram até a experiência atual de liberdade e solidez, e que talvez fosse bom levar consciência para o impulso de rotulá-los de "maus" ou de "desperdício", como fazemos na meditação. Talvez, então, ela possa ver aqueles anos com maior aceitação, pois na época ela fazia o que podia, segundo a visão que tinha das coisas então.

O cardiologista disse que percebeu ter passado a vida inteira tentando chegar a algum outro lugar, usando o presente para alcançar resultados no futuro. Durante a sessão de dia inteiro percebeu que nada de ruim aconteceria se começasse a viver no presente e apreciá-lo pelo que é.

Uma jovem psiquiatra falou de como ficou desanimada no sábado ao meditar. Tivera dificuldades para manter a atenção focada na respiração ou no corpo. Era como "se arrastar na lama", pois tinha de "começar de novo, uma vez após a outra, e começar do zero".

Essa imagem tornou-se tema de algumas considerações, pois há uma grande diferença entre "começar de novo" e "começar do zero". Começar de novo implica apenas estar no momento, e a possibilidade de um recomeço a cada inspiração. Dessa perspectiva, voltar à respiração cada vez que a mente divaga não custa muito esforço, ou pelo menos é algo neutro. Cada respiração é realmente o novo começo do resto de nossas vidas. Mas as palavras que ela usou transmitiam um forte julgamento negativo. "Começar do zero" significa que ela tinha perdido o chão, estava submersa, tinha de se levantar. O peso e a resistência da imagem da lama nos permitiram ver que ela se sentia desanimada em trazer a mente de volta para a respiração cada vez que divagava.

Quando se deu conta disso, riu muito. A prática de meditação é um espelho perfeito. Ela nos permite olhar para os problemas criados por nossos pensamentos – armadilhas pequenas e não tão pequenas que a própria mente cria, e nas quais caímos, e às vezes ficamos presos. Aquilo que nós mesmos tornamos trabalhoso e difícil se torna mais fácil no momento em que vemos o reflexo de nossa mente no espelho de mindfulness. Em um momento de *insight*, a confusão e a dificuldade daquela psiquiatra se dissolveram, deixando o espelho vazio, pelo menos por um momento – e ela riu.

9

Realmente Fazer o que Estamos Fazendo: Mindfulness na Vida Cotidiana

Jackie voltou para casa no fim da tarde do sábado depois do encontro intensivo de dia inteiro. Embora estivesse cansada do esforço realizado, sentia que fora um dia bom. Participou e gostou de estar em silêncio e sozinha com todas aquelas pessoas. Na verdade, estava agradavelmente surpresa por se sentir tão bem consigo mesma depois de sete horas e meia de não fazer nada além de sentar e caminhar, simplesmente presente com sua própria experiência.

Chegando em casa, encontrou um bilhete de seu marido. Dizia que ele passaria a noite na casa de verão do casal (num estado vizinho) para cuidar das coisas por lá. Ele mencionara essa possibilidade, mas ela não levou a sério, pois ele sabia muito bem que ela não gostava de passar a noite sozinha. Se soubesse de antemão que o marido viajaria, teria providenciado companhia para não ficar sozinha, como sempre. Jackie tinha passado muito pouco tempo desacompanhada na vida, e estava bem consciente de que a perspectiva a assustava. Quando suas filhas eram mais jovens e ainda moravam em casa, ela sempre as incentivava a sair e a fazer coisas, a se reunir com amigos, qualquer coisa que não fosse ficarem sozinhas em casa; ao que elas sempre respondiam: "Mas, mãe, nós **gostamos** de ficar sozinhas". Jackie nunca conseguiu entender isso. A perspectiva era simplesmente aterrorizante.

Quando chegou em casa e encontrou o bilhete do marido, seu primeiro impulso foi pegar o telefone e convidar uma amiga para jantar e passar a noite na casa dela. No meio da discagem, parou e pensou: "Por que estou com tanta pressa de ocupar esse tempo? Por que não levar realmente a sério o que eles dizem na Clínica de Redução de Estresse sobre viver nossos momentos plenamente?" Ela desligou o telefone e permitiu que continuasse a sua experiência do dia de mindfulness, que começara naquela manhã no hospital. Ela se deixou estar em casa sozinha, pela primeira vez na vida adulta, para sentir como era.

Conforme descreveu para mim poucos dias depois, aquele tempo que passou sozinha foi especial. Em vez de sentir solidão e ansiedade, foi preenchida por um sentimento de alegria que durou a noite toda. Com algum esforço, moveu o colchão e a cama para outro quarto, onde sabia que se sentiria mais segura em manter as janelas abertas numa noite de sábado, estando sozinha. Ficou acordada até tarde divertindo-se na própria casa. Levantou cedo na manhã seguinte, antes do dia raiar, ainda se sentindo exuberante, e viu o Sol nascer.

Jackie fez uma descoberta da maior importância. Aos 50 e poucos anos, descobriu que é dona de seu próprio tempo. Sua experiência naquela noite e na manhã seguinte a ajudou a perceber que vive a própria vida o tempo todo, que todos os momentos são dela, disponíveis para serem sentidos e vividos como bem entender. Quando conversamos, ela expressou a preocupação de não conseguir sentir de novo a paz que vivenciou naquela noite e no dia seguinte. Lembrei a ela que essa preocupação era apenas outro pensamento sobre o futuro, e ela concordou, consciente de que fora sua disposição de estar no presente aquela noite que originou a sensação de paz interior – e que ter vivido uma experiência tão positiva naquelas condições foi, em si, um grande avanço.

A descoberta de que podia ser feliz sozinha aconteceu porque escolheu usar o embalo da prática intensiva de meditação de sábado. Revimos seu relato de como ela manteve vivo o "modo ser" ao chegar em casa e encontrar o inesperado. Ela se percebeu primeiro pensando em ocupar o tempo para evitar a solidão e depois escolhendo, em vez disso, intencionalmente, permanecer no presente, aceitá-lo como era naquele momento. Sendo assim, discutimos a possibilidade de que talvez ela não tenha de se preocupar em repetir ou perder essa experiência. A felicidade que experimentou surgiu do interior de si mesma. Foi liberada pela sua coragem e intenção de tomar consciência da situação e estar atenta às suas inseguranças. Enquanto conversávamos, ela percebeu que pode desfrutar essa dimensão do seu ser a qualquer momento, que é uma parte dela, e que é necessário apenas a vontade de estar atenta e ajustar suas prioridades para valorizar e proteger o tempo que dedica a si mesma.

※

A calma que Jackie experimentou naquela noite é algo que se pode sentir a qualquer momento, em qualquer circunstância, se o compromisso de praticar a atenção plena for forte. É um grande presente que podemos dar a nós mesmos. Isso significa que podemos tomar posse de toda a nossa vida, em vez de simplesmente viver para as férias ou outras ocasiões "especiais", quando tudo estará "perfeitamente organizado" para nos dar as esperadas sensações de bem-estar, paz interior e serenidade. É evidente que as coisas quase nunca funcionam dessa maneira, mesmo nas férias.

O desafio é tornar a calma, o equilíbrio interior e a clareza mental uma parte da vida cotidiana. Assim como é possível estar atento sempre que caminhamos, e não apenas quando estamos praticando a meditação andando, podemos tentar dirigir a atenção de momento a momento às tarefas, experiências e encontros da vida comum – como preparar o jantar, pôr a mesa, comer, lavar a louça, lavar a roupa, limpar a casa, tirar o lixo, trabalhar no jardim, cortar a grama, escovar os dentes, fazer a barba, tomar uma ducha ou um banho, secar-se com a toalha, brincar com as crianças ou ajudá-las a se aprontarem para ir à escola, comunicar-se por meio de *e-mails* e mensagens de texto, falar ao telefone, limpar a garagem, levar o carro para consertar ou consertá-lo nós mesmos, andar de bicicleta, tomar o metrô, entrar num ônibus, acariciar o gato, levar o cão para passear, abraçar, beijar, tocar, fazer amor, cuidar de pessoas que dependem de nós, ir para o trabalho, trabalhar, ou apenas sentar nos degraus da frente de casa, ou em um parque.

Se é possível nomear ou sentir algo, também é possível prestar atenção a isso. Como já vimos várias vezes, ao trazer atenção plena a uma atividade ou experiência, seja qual for, você a enriquece. Ela se torna mais viva, mais brilhante, mais real para você. Em parte, as coisas se tornam mais vivas porque o fluxo do seu pensamento diminui um pouco e é menos provável

9 | Realmente fazer o que estamos fazendo: mindfulness na vida cotidiana

que o pensamento se interponha entre você e o que está realmente acontecendo. Essa maior clareza e inteireza podem ser vivenciadas nas atividades da vida diária, da mesma forma que acontece quando praticamos o escaneamento corporal, a meditação sentada e o yoga. A prática formal de mindfulness aumenta nossa capacidade de enfrentar com consciência, de momento a momento, a totalidade de nossa vida. Com a prática regular, mindfulness tenderá naturalmente a impregnar os múltiplos aspectos da vida cotidiana. Nossa mente se tornará mais tranquila e menos reativa.

Conforme adquirimos familiaridade com o processo de viver cada momento com consciência, descobrimos que isso não é apenas possível, mas também agradável, mesmo em relação a tarefas rotineiras como lavar a louça. Percebemos que não é preciso lavar a louça com pressa para depois passar a uma atividade mais relevante porque, no momento em que estamos lavando os pratos, essa é a nossa vida. Se não vivermos esses momentos (porque a nossa mente está em outro lugar), estaremos empobrecendo a vida de modo significativo. Portanto, vale a pena pegar cada pote, cada copo e cada prato tal como se apresentam, tomando consciência dos movimentos do nosso corpo ao segurar, esfregar, enxaguar, os movimentos da respiração e os movimentos da nossa mente. Isso também se aplica ao ato de pôr a mesa, ou guardar os pratos depois de lavados e secos.

Podemos adotar um enfoque semelhante em toda e qualquer atividade, tanto quando estamos sozinhos como quando acompanhados. Já que estamos fazendo algo, será que não faz sentido estarmos completamente presentes na ação, com a totalidade do ser? Se optarmos por fazer as coisas com atenção plena, nosso fazer surgirá a partir do não fazer. Será mais significativo e exigirá menos esforço.

Se estivermos presentes nas atividades diárias e de rotina – com a disposição de lembrar que, além de estarmos fazendo as coisas que têm de ser feitas, estes momentos podem ser de atenção calma e alerta –, veremos que é possível não apenas apreciar mais o processo, mas também ter *insights* sobre nós mesmos e nossa vida enquanto estamos fazendo as coisas do dia a dia.

Por exemplo, ao lavar a louça com atenção plena, talvez possamos ver com grande nitidez a realidade da impermanência. Aqui estamos nós, lavando os pratos de novo. Quantas vezes já fizemos isso? Quantas vezes mais o faremos ao longo da vida? O que é essa atividade que chamamos de lavar pratos? **Quem** é que está realmente lavando os pratos?

Ao fazer esse tipo de indagações sem procurar respostas, especialmente respostas conceituais, mas contemplando com profundidade e mantendo a atenção na rotina totalmente comum de lavar a louça, podemos descobrir que o mundo inteiro está representado nela. Podemos aprender muito sobre nós mesmos e sobre o mundo quando lavamos os pratos com todo o nosso ser, com um interesse alerta e uma mente que indaga. Com essa abordagem, os pratos podem nos ensinar algo importante. Tornam-se um espelho de nossa própria mente.

Não estamos falando apenas de entender que a vida é uma sequência de pratos sujos, e então voltar a lavar a louça mecanicamente. O importante é realmente lavar a louça enquanto o fazemos, estarmos despertos e vivos enquanto o fazemos, levando em conta a tendência a voltar a cair no piloto automático e a fazer o que fazemos de modo inconsciente. É importante também termos consciência da nossa resistência a ir até a pia, da tendência de procrastinar, ou da mágoa em relação a outras pessoas que poderiam nos ajudar, mas não o fazem. Mindfulness também pode levar à decisão de fazer mudanças de vida baseadas nessas descobertas. Talvez seja possível até conseguir que outros assumam sua parte na lavagem da louça! Ou, caso utilizemos uma máquina de lavar louça, podemos deixar que a tarefa de colocar a louça na máquina se torne parte da prática de mindfulness. Uma coisa que se percebe é o nosso apego ao modo de fazer as coisas, como carregar a máquina de lavar louça da maneira certa ("a nossa maneira", é claro) – pois ninguém mais sabe como fazer isso direito, exceto nós. Às vezes, observar a mente dessa forma é uma lição de humildade e também algo muito engraçado, seja qual for a tarefa.

Vamos considerar a limpeza da casa como outro exemplo de atividade da vida diária. Já que temos de limpar a casa, por que não fazê-lo com atenção plena? Muitas pessoas me dizem que sua casa é impecável, que não podem viver na bagunça, na desordem, que estão sempre limpando, recolhendo, colocando em ordem e tirando o pó. Mas por quanto tempo fazem isso com atenção plena? Por quanto tempo estão conscientes do próprio corpo enquanto limpam a casa? E será que se indagam, enquanto limpam, sobre seu apego a determinada aparência da casa, ou sobre o

9 | Realmente fazer o que estamos fazendo: mindfulness na vida cotidiana

que conseguem com isso, ou se existe algum ressentimento nessa tarefa? Estarão se perguntando sobre quando devem parar, ou sobre que outras coisas poderiam estar fazendo com sua energia em vez de manter a casa como uma vitrine? Por que são levadas a limpar de modo compulsivo? Quem fará a limpeza de sua casa depois que estiverem mortas? Isso terá importância para elas?

Quando incluímos a limpeza da casa como parte da prática de meditação, essa tarefa rotineira pode se tornar uma experiência completamente nova. Talvez possamos realizá-la de maneira diferente, ou menos intensa, sem que a ordem e a limpeza deixem de ser importantes. Estas não precisam ser sacrificadas. Mas você pode mudar **o modo** de limpar a casa por ter examinado com mais profundidade sua relação com a ordem e a limpeza, e também a si mesmo e suas próprias necessidades, prioridades e apegos. Indagar, aqui, significa simplesmente uma consciência não julgadora, enxergar para além da falta de consciência que geralmente disfarça nossas atividades, sobretudo as de rotina.

Talvez essas sugestões de como lavar a louça ou limpar a casa com atenção plena tragam algumas ideias de como fazer qualquer atividade com maior consciência e nutrir uma visão mais clara acerca de sua mente e situação de vida. O ponto importante é lembrar que cada momento de vida é um momento em que você pode viver plenamente, um momento que não deve perder. Por que **não** viver a vida como se ela realmente importasse?

✳

George faz as compras para si e para a esposa toda semana. Não tem outro modo de fazer isso a não ser com atenção plena. No seu estado, quase qualquer coisa que faça pode causar-lhe um episódio grave de falta de ar. A consciência de momento a momento o ajuda a manter seu corpo e sua respiração sob controle. George tem doença pulmonar obstrutiva crônica (DPOC). Não pode trabalhar. Portanto, tenta ao menos ajudar com as tarefas de casa enquanto sua esposa trabalha. Ele tem 66 anos e convive com a doença há seis. Era fumante e, além disso, trabalhou a vida inteira em uma oficina mecânica mal ventilada, continuamente respirando produtos químicos e poeira abrasiva. Há pouco tempo tornou-se dependente de oxigênio 24 horas por dia. Está conectado a um cilindro de oxigênio portátil sobre rodas, que leva consigo a toda parte. Um tubo conduz o oxigênio às narinas. Dessa maneira, consegue se locomover.

George aprendeu a praticar mindfulness quando fez o programa de reabilitação pulmonar no hospital. Parte do programa consiste em usar a atenção plena na respiração para controlar a falta de ar e o pânico que surgem quando não chega ar suficiente aos pulmões. Durante os últimos quatro anos ele tem praticado religiosamente por 15 minutos, quatro ou cinco manhãs por semana. Enquanto está meditando, sua respiração não é ofegante e ele não sente que precisa do oxigênio, embora ainda o utilize.

Para George, a prática da meditação fez uma grande diferença na qualidade de vida. Isto porque ele aprendeu a reduzir a frequência dos episódios de falta de ar ao trazer atenção plena à respiração. "Minha respiração não está tão difícil, vamos dizer assim. Ela retarda um pouco, mas não tenho que correr atrás dela, ela simplesmente se estabiliza." Embora saiba que seu problema de saúde não melhorará e que há muitas coisas que não consegue fazer, George já aceita isso. Ele aprendeu que pode se locomover no seu ritmo lento e ainda assim ser feliz. É muito consciente de seus limites e tenta manter a atenção plena ao corpo e à respiração durante o dia inteiro.

Quando chegou hoje ao hospital, estacionou o carro, caminhou lentamente até o prédio e então parou no banheiro masculino para descansar e respirar por alguns minutos. A seguir, foi até o elevador e descansou por mais alguns minutos. Ele encontra seu próprio ritmo intencionalmente e não se apressa, seja qual for seu destino. Tem de fazer isso. De outro modo estaria sempre no Pronto Atendimento.

Levou um tempo para que se acostumasse com a ideia de usar o oxigênio 24 horas por dia. No início, parou de fazer compras porque se sentia inibido e constrangido pelo tanque de oxigênio, mas, por fim, pensou: "Isso é loucura. Isso só me faz sofrer". Agora ele voltou a fazer as compras de supermercado. Consegue colocar tudo em pequenas sacolas com alças e levar até o porta-malas do carro, desde que seja lentamente, com atenção plena.

Ao chegar em casa, ele tem de caminhar cerca de 15 metros do carro até a entrada lateral da casa. Consegue retirar o cilindro de oxigênio e levar algumas sacolas menos pesadas. As pesadas ele deixa no carro, e

9 | Realmente fazer o que estamos fazendo: mindfulness na vida cotidiana

sua esposa as retira mais tarde. Diz ele: "O pessoal do mercado agora me conhece e me dá essas sacolas de compras sem nenhum problema. Então eu meio que superei essa dificuldade. Essa é a rotina; é um jeito de simplificar, sabe. Eu digo para mim mesmo: 'Se consigo fazer, faço. Se não consigo, deixo pra lá e pronto'".

Ao fazer as compras para a família, George contribui para o trabalho de manutenção da casa e desafoga sua esposa dessa tarefa a mais, pois ela trabalha fora. Isso o ajuda a continuar se sentindo comprometido com a própria vida. Dentro dos limites de sua doença, ele está enfrentando de maneira ativa os desafios da vida, em vez de ficar sentado em casa lamentando o destino. Ele responde a cada momento descobrindo como pode lidar com o que se apresenta e continuar relaxado e consciente. Ao viver dessa maneira, explorando seus limites e monitorando seu ritmo, permanecendo com sua respiração durante todo o dia, George está se saindo extremamente bem na vida, apesar da insuficiência pulmonar fisiológica que poderia incapacitar completamente outra pessoa. Nessa doença em particular, o grau de incapacidade (em determinado nível de dano pulmonar) depende mais de fatores psicológicos do que de qualquer outra coisa, caso a pessoa esteja recebendo tratamento médico adequado.

Assim como George descobriu uma maneira de utilizar a prática de mindfulness em sua vida cotidiana e adaptá-la à sua situação e condição física, cada um de nós pode começar a assumir a responsabilidade pelo cultivo de mindfulness na vida diária, sejam quais forem as circunstâncias. Conforme veremos no capítulo sobre o tempo e o estresse causado pelo tempo (Capítulo 26), trazer a atenção plena para cada momento é uma maneira especialmente eficaz de aproveitar ao máximo o tempo que temos. Ao viver dessa maneira, a vida se torna naturalmente mais equilibrada e a mente mais estável e calma.

※

Em suma, o desafio de mindfulness é compreender que **"é isso"**. Agora mesmo é a minha vida. De imediato, essa compreensão gera diversas questões vitais: como será o meu relacionamento com minha própria vida? Será que minha vida "acontece" automaticamente para mim? Serei totalmente prisioneiro de minhas circunstâncias e obrigações, ou do corpo, da doença, do passado, ou até mesmo da minha lista de coisas por fazer? Será que me torno hostil, ou defensivo, ou deprimido quando me provocam? Fico feliz quando as circunstâncias mudam, ou ansioso e assustado se alguma coisa inesperada acontece? Quais são as escolhas possíveis? Será que tenho opções?

Vamos examinar essas questões com mais profundidade quando tratarmos do tema das reações ao estresse e como as emoções afetam a saúde. Por enquanto, a coisa mais importante é perceber o valor de trazer a prática de mindfulness para as condutas da nossa vida cotidiana. Existe algum momento de vigília da sua vida que não ficaria mais rico e mais vivo se você estivesse mais desperto para ele enquanto acontece?

10
Primeiros Passos na Prática

Se você tem interesse em desenvolver ainda mais sua prática de meditação mindfulness e vem seguindo as diferentes sugestões que oferecemos até agora nesse percurso conjunto, talvez esteja se perguntando qual a melhor maneira de proceder daqui em diante. Deve começar pela prática de meditação sentada ou pelo escaneamento corporal? Quando fazer yoga? Onde se encaixam as recomendações sobre a respiração e as instruções sobre a meditação sentada? Qual a frequência das práticas e qual o melhor horário? Por quanto tempo meditar? E com relação à meditação caminhando e à prática de mindfulness na vida diária?

Já demos algumas indicações sobre a maneira de combinar os diversos aspectos das práticas formais no programa MBSR. Este capítulo oferece recomendações específicas para dar os primeiros passos na prática diária de mindfulness exatamente como fazemos com os participantes na Clínica de Redução de Estresse, em outras palavras, com base no programa MBSR formal. Dessa forma, à medida que avança na leitura, o leitor poderá praticar do mesmo modo como faria na clínica. Outra opção é ler o livro até o fim antes de começar a praticar regularmente. Mais detalhes acerca de como desenvolver e manter uma prática regular de mindfulness estão nos Capítulos 34 e 35.

Se o exposto até o momento foi inspirador, seria boa ideia começar a praticar. Por certo é isso o que faríamos em qualquer programa MBSR. Toda a conversa sobre a prática, as instruções sobre como praticar, a discussão das aplicações de mindfulness no caso de doenças e problemas específicos, sua relação com a medicina em geral, com a saúde e a doença, com a mente e o corpo, com o cérebro e o estresse – tudo isso é secundário em relação ao cultivo regular da prática de meditação. O mais fundamental é o compromisso pessoal com a prática formal diária de mindfulness, da qual derivam toda a aprendizagem, o crescimento, a cura e a transformação.

No programa MBSR começamos a praticar desde o primeiro dia de aula. O material das sessões seguintes deste livro será mais rico e fará mais sentido se você já estiver cultivando mindfulness. Então, se a esta altura você se dispõe a começar um programa estruturado, este capítulo dará orientações sobre como proceder nas próximas oito semanas. Se, ao completar a leitura do livro, você não tiver passado da segunda ou terceira semana, não tem problema. Não é necessário dedicar oito semanas à leitura do livro, apesar de esta também ser uma maneira confiável de seguir o programa. A coisa mais importante é simplesmente começar, se estiver pronto a assumir esse compromisso. É de se esperar que, uma vez iniciada a prática, sua própria experiência será a motivação para manter a dinâmica e a intencionalidade que estamos cultivando, e para avançar pelo programa inteiro. Certamente é isso que recomendaríamos. Relembro o que dizemos aos nossos pacientes: "Você não precisa gostar da prática; só precisa praticar". A partir do momento em que tivermos completado as oito semanas, o entusiasmo e a experiência pessoal direta com a prática serão suficientes para continuarmos durante anos, talvez pelo resto da vida, se assim decidirmos. Dezenas de milhares de pessoas usaram o livro dessa forma desde que foi publicado pela primeira vez. E centenas de milhares concluíram o programa MBSR e outros programas baseados em mindfulness no mundo todo.

O ponto de partida, claro, é a respiração. Caso não tenha passado pela experiência de prestar atenção à respiração por três minutos (ver Capítulo 1) e observar a atividade da mente, talvez deva fazer isso agora para estar seguro de que compreendeu o que significa manter a mente na respiração e trazê-la de volta quando divaga. Recomendamos que faça isso todos os dias por cinco ou dez minutos no mínimo, sentado ou deitado, num momento conveniente para você. Releia o Capítulo 3 sobre a respiração e comece a se acostumar com a sensação da barriga se expandindo e contraindo enquanto você respira. Em seguida, siga as instruções dos Exercícios 1 e 2 no fim do Capítulo 1.

O mais importante é praticar todos os dias. Mesmo que por apenas 5 minutos de prática de mindfulness durante o dia, esse tempo pode ser muito revigorante e restaurador. Lembre-se de que exigimos que as pessoas na Clínica de Redução de Estresse se comprometam a praticar entre 45 minutos a uma hora por dia, seis dias por semana, durante pelo menos oito semanas – e recomendamos fortemente que você tenha uma programação semelhante e que utilize os CDs da Série 1 como fazem nossos pacientes. Já mencionamos que reservar tempo para praticar com os CDs é, já de saída, uma grande mudança de estilo de vida. Ninguém tem uma hora extra por dia, sobretudo para se dedicar à não ação, que pode parecer "nada" para nossa mente pensante, mas que acaba por influenciar positivamente quase tudo na vida. Devemos realmente **criar** tempo para praticar todos os dias, pois, caso contrário, não o **encontraremos**. E lembre-se: considerando a dor e o sofrimento que podem ter nos trazido até aqui, é essencial **praticar** mindfulness – e criar tempo para a prática formal todos os dias – como se nossa vida dependesse disso. Porque, como já dissemos, de fato depende.

Os CDs da Série 1, de práticas guiadas de mindfulness, podem ser uma importante ajuda para dar os primeiros passos e aprofundar a prática no decorrer das oito semanas do programa MBSR, e podem nos ajudar além das oito semanas. Todos os participantes do programa MBSR utilizam os CDs de meditação guiada, geralmente gravados com a voz de seus próprios instrutores. Muitas pessoas continuam a praticar com eles durante anos após o término do programa. Seguir a voz e as instruções nos ajuda a ficar atentos apenas ao que está sendo solicitado, sem ter de ficar relembrando o que devemos fazer. Em especial quando se trata de **ser** mais do que **fazer**, é difícil se lembrar de confiar no **ser** em meio à atividade da própria mente e, às vezes, mediante o estresse e as dificuldades do corpo. Nesta seção, você encontrará indicações específicas sobre qual CD deve utilizar em cada momento.

Se você optar por não usar os CDs de prática e preferir começar a prática de mindfulness e alguns aspectos do programa MBSR por conta própria e no seu próprio ritmo, existem muitas instruções nesta seção do livro para desenvolver uma prática formal de mindfulness, sem a orientação dos CDs. Esteja ou não utilizando os CDs, é recomendável que estude todos os capítulos desta seção de vez em quando para rever as descrições e sugestões que eles contêm.

PROGRAMA MBSR – CRONOGRAMA

Semanas 1 e 2

Durante as duas primeiras semanas de prática formal do programa MBSR recomendamos praticar o escaneamento corporal conforme descrito no Capítulo 5 (Série 1, CD 1). Deve ser praticado todos os dias, quer goste dele ou não. Leva cerca de 45 minutos, embora o convite seja sempre para permanecer na qualidade atemporal do momento presente. Conforme vimos, só a experiência nos mostrará o melhor horário do dia para fazer a prática, lembrando que a ideia implícita no escaneamento corporal não é fechar os olhos para "cair no sono", mas para "cair na realidade do estado de vigília". Que cada escaneamento corporal seja feito como se fosse pela primeira vez, tanto quanto possível abrindo mão de qualquer expectativa. O mais importante é simplesmente praticá-lo. Se sentir muita sonolência, é melhor praticar de olhos abertos. Além do escaneamento corporal, devemos praticar a atenção plena à respiração na posição sentada por 10 minutos em algum outro horário do dia.

Para cultivar mindfulness na vida diária – algo que chamamos de "prática informal" – podemos tentar trazer a consciência de momento a momento para as atividades rotineiras, como acordar de manhã, despertar nossos filhos, escovar os dentes, tomar banho, secar o corpo, vestir a roupa, comer, dirigir, levar o lixo para fora, fazer compras, cozinhar, lavar a louça e até mesmo verificar os *e-mails* – a lista é interminável. A questão é simplesmente chegar e **experimentar o que estamos fazendo enquanto o fazemos de modo integral** – em outras palavras, estar totalmente presente, do melhor modo possível, momento a momento, à medida que a vida se apresenta. Isso também inclui a consciência dos pensamentos e emoções que surgem na mente de momento a momento, e como se manifestam em nosso corpo.

Se isso tudo parece um pouco complicado, devemos escolher apenas uma atividade de rotina a cada semana, como tomar banho, e nos lembrar de estar inteiramente no chuveiro enquanto estamos no chuveiro – sentindo a água na pele, os movimentos do corpo, a totalidade da experiência. Talvez nos surpreenda perceber o quanto isso é difícil. Estamos no chuveiro, mas pensando no trabalho, participando de uma reunião enquanto tomamos banho – apesar de estarmos sozinhos debaixo da água. Além disso, se quisermos, podemos tentar fazer pelo menos uma refeição com atenção plena durante essas duas semanas.

Semanas 3 e 4

Depois de praticar desse modo por duas semanas, passamos a alternar o escaneamento corporal num dia com a primeira sequência de posturas de hatha yoga (Série 1 do CD 2) no dia seguinte, prosseguindo assim durante as Semanas 3 e 4. As recomendações para a prática de yoga estão no Capítulo 6. Lembre-se de respeitar os limites do corpo, ouvindo atentamente suas mensagens, preferindo pecar pela falta que pelo excesso durante a prática. Tenha o cuidado de consultar seu médico ou fisioterapeuta antes de começar a praticar yoga em caso de dor crônica, algum tipo de problema musculoesquelético, ou doença pulmonar ou cardíaca.

Continue a praticar a atenção plena na respiração em postura sentada durante 15 a 20 minutos por dia na Semana 3, e até 30 minutos por dia na Semana 4.

Na Semana 3, para a prática informal, procure observar **um evento agradável** por dia **enquanto estiver acontecendo**. Mantenha um diário de registro semanal e anote qual foi sua experiência; se você estava realmente consciente dela enquanto ocorria (essa é a tarefa, mas nem sempre funciona assim), como seu corpo se sentiu naquele momento, que pensamentos e sentimentos estavam presentes e seu significado no momento em que os anotamos. Um modelo de diário consta do Anexo. Na Semana 4, faça a mesma coisa em relação a um evento desagradável ou estressante por dia, novamente trazendo atenção plena a ele enquanto estiver acontecendo.

Semanas 5 e 6

Nas Semanas 5 e 6, recomendamos suspender o escaneamento corporal por um tempo e substituí-lo pela prática de meditação sentada por 45 minutos (Série 1, CD 3), alternando-a com as posturas de yoga. A essa altura é provável que já sejamos capazes de sentar em meditação por 45 minutos, ainda que nem sempre nos pareça possível. A orientação no CD conduzirá nossa atenção a um âmbito maior de objetos de atenção: a respiração; outras sensações corporais; a sensação do corpo como um todo sentado e respirando; sons; pensamentos e emoções e, depois, a consciência aberta daquilo que, no presente momento, é mais vívido em nossa experiência – algo às vezes chamado de "presença aberta".

Se preferir praticar sem o CD, você pode seguir a descrição dos exercícios no fim do Capítulo 4. Pode meditar sentado o tempo todo apenas com foco na respiração (Exercício 1) ou, aos poucos, expandindo o campo da consciência para incluir outros objetos – como as sensações corporais e a sensação do corpo como um todo sentado e respirando (Exercício 2), sons (Exercício 3), pensamentos e emoções (Exercício 4), ou nenhum objeto específico: a consciência aberta (Exercício 5). Lembre-se de manter a respiração como uma âncora para sua atenção em todas as práticas.

Se você decidir modificar o cronograma do programa MBSR, uma possibilidade é manter a respiração como objeto básico da atenção durante a meditação sentada (sobretudo se não estiver usando o CD como guia) por várias semanas, ou até meses. Nos primeiros estágios da meditação sentada, pode haver insegurança em relação a **onde** e **quando** focar a atenção, e uma preocupação excessiva em fazer a prática do modo "certo". Só para esclarecer: se sua energia se dirigir à observação contínua e paciente do surgimento da experiência de momento a momento (quer o foco da atenção esteja nas sensações corporais da respiração ou em outros objetos), e se você procurar observar o que acontece na mente ao perceber que se distraiu, e então trazer a mente de volta sempre que ela divagar, com delicadeza, com um leve toque, sem se criticar – então é sinal de que está fazendo tudo certo. Se você estiver em busca de uma sensação especial, seja de relaxamento, calma, concentração ou discernimento, é sinal de que está tentando chegar a algum lugar diferente de onde está. No momento em que perceber isso, lembre-se de simplesmente estar com as sensações da respiração no momento presente. Paradoxalmente, como vimos, não tentar chegar a lugar algum é a maneira mais eficaz de chegar aonde queremos, no sentido de maior bem-estar, relaxamento, calma, concentração e discernimento. Estes florescerão naturalmente com o tempo se você mantiver a disciplina diária e praticar de acordo com essas diretrizes.

Nas Semanas 5 e 6, os participantes da Clínica de Redução de Estresse alternam a prática de 45 minutos de meditação sentada em um dia com a prática de yoga no dia seguinte. Se não estiver fazendo yoga, talvez seja bom alternar a meditação sentada com o escaneamento corporal durante essas semanas, ou simplesmente meditar sentado todos os dias. Esse também é um bom momento para iniciar a prática de meditação caminhando, conforme descrita no Capítulo 7.

A essa altura, é provável que você queira decidir quando e o que praticar, e por quanto tempo. Após quatro ou cinco semanas, muitos participantes se sentem prontos para começar a personalizar a própria prática a partir da experiência pessoal, utilizando nossas orientações apenas como sugestão. No fim das oito semanas, o objetivo do programa MBSR é construirmos **nossa própria prática**, adaptando-a em função de nossos compromissos e das necessidades e capacidades do nosso corpo e temperamento, em termos de qual combinação de práticas formais e informais consideramos mais eficazes, e até mesmo da duração de nossa prática.

Semana 7

Para incentivar a prática personalizada e aumentar a autossuficiência, a Semana 7 do programa MBSR está voltada à prática sem os CDs, na medida do possível. Os participantes dedicam um total de 45 minutos por dia a uma combinação de práticas de meditação sentada, yoga e escaneamento corporal, mas eles próprios decidem como combiná-las. São estimulados a fazer experiências, talvez mesclando duas ou três práticas diferentes no mesmo dia, digamos, 30 minutos de yoga seguidos de 15 minutos de meditação sentada; ou 20 minutos de meditação sentada seguidos de yoga num mesmo período de tempo ou em horários diferentes ao longo do dia.

Algumas pessoas não se sentem preparadas para praticar assim nesse ponto do programa. Preferem continuar utilizando os CDs. Consideram a orientação reconfortante e tranquilizadora e sentem que têm mais condições de se concentrar e descansar na consciência de uma maneira relaxada e ampla quando não cabe a elas decidir o que fazer a seguir, em particular no escaneamento corporal e no yoga. De nosso ponto de vista, isso não é problema. Esperamos que com o tempo elas possam internalizar a prática e sentir-se à vontade para praticar por conta própria, sem as instruções de CDs ou livros. No entanto, o desenvolvimento desse tipo de confiança e fé na própria capacidade de guiar a si mesmo leva tempo, e varia de pessoa para pessoa. Muitos de nossos pacientes conseguem meditar muito bem por conta própria, mas ainda preferem utilizar os CDs, mesmo anos depois de completar o programa.

Semana 8

Na oitava semana, voltamos a utilizar os CDs. Retomar os CDs – depois de ter parado de utilizá-los na sétima semana para praticar por conta própria – pode ser bem revelador. Ao retornar aos CDs é provável descobrir neles coisas que nunca havíamos escutado antes e perceber de um modo novo a estrutura profunda da prática de meditação. Nessa semana, incentivamos você a praticar com os CDs, mesmo se preferir fazer isso sem eles. Mas agora você é quem decide que prática ou práticas vai utilizar. Assim, você pode decidir praticar apenas a meditação sentada, ou o yoga, ou o escaneamento corporal, dependendo da situação, ou talvez combinar duas ou todas as práticas de várias maneiras, e incluir também a prática formal de meditação caminhando.

É importante reconhecer que nesse ponto do desenvolvimento da prática de meditação você tem, no mínimo, alguma familiaridade, ou até mesmo intimidade com as quatro práticas formais de mindfulness do programa MBSR. Essa familiaridade é muito útil, pois agora existe uma base de conhecimento com a qual contar em circunstâncias específicas. Por exemplo, de vez em quando pode surgir o desejo de praticar yoga ou o escaneamento corporal, mesmo que sua prática diária seja principalmente a meditação sentada. Além disso, o escaneamento corporal pode ser especialmente benéfico quando estivermos acamados, com dor aguda ou com insônia. Da mesma forma, um pouco de Mindful Yoga pode ser particularmente útil em determinados momentos, quando estamos muito cansados e precisamos nos revitalizar, quando algumas regiões do corpo estão enrijecidas – ou quando acontecer de estarmos num espaço especialmente belo na natureza, onde as condições são adequadas, não há ninguém por perto, e o frescor do ar nos convida a fazer e manter uma postura de yoga naquele instante.

A oitava semana é o final das nossas recomendações formais para a prática de mindfulness e, esperamos, a primeira semana de prática por conta própria. Dizemos aos nossos pacientes que a oitava semana do programa MBSR dura o resto de suas vidas. Para nós, não se trata de um final, mas de um começo. A prática não termina apenas porque a orientação formal acabou. As oito semanas do programa MBSR devem servir como uma plataforma de lançamento para a prática e para o resto de sua vida. A aventura simplesmente continua.

Espero que, a essa altura, você saiba conduzir a si mesmo e, se praticou de modo regular e disciplinado no decorrer da leitura, agora já terá familiaridade e experiência suficientes para manter o ritmo adquirido e orientar a própria prática de atenção plena. No fim do livro há mais sugestões de como manter a motivação e aprofundá-la ao longo dos anos. Isso inclui não apenas uma revisão das práticas formais, mas sugestões adicionais para levar a atenção plena à vida diária e usá-la como auxiliar para lidar com as situações que enfrentará. Entretanto, muito provavelmente, no momento em que chegarmos a essa parte do livro já teremos inventado práticas mais personalizadas.

Na próxima seção refletiremos sobre uma nova maneira de pensar sobre saúde e doença e como isso se relaciona diretamente com nossos esforços para desenvolver uma prática pessoal de meditação mindfulness. A seguir, continuaremos a examinar formas de olhar para o estresse e a mudança a partir de uma perspectiva meditativa, e veremos aplicações específicas de mindfulness para diferentes problemas de saúde e para lidar com o estresse em suas mais variadas formas. À medida que avançamos, recomendamos que você cumpra a estrutura de práticas descrita acima para que, enquanto avança na leitura sobre o processo e suas ramificações, a atenção plena possa de fato se manifestar em sua vida e em seu coração.

II

O Paradigma: Uma Nova Maneira de Pensar a Saúde e a Doença

11
Introdução ao Paradigma

Para que a prática de meditação crie raízes em sua vida e floresça, é preciso que você saiba por que pratica. De que outra maneira se conseguiria manter a não ação em um mundo onde apenas a ação parece ter importância? Qual será sua motivação para despertar de manhã cedo, sentar e meditar, permanecer no momento presente com consciência, talvez simplesmente entrar em contato com a respiração por um tempo, enquanto todo o mundo está aconchegado na cama? Qual será sua motivação para praticar enquanto as engrenagens do mundo da ação estão girando, as obrigações e responsabilidades chamando – e uma parte de você decide ou se lembra de reservar um tempo para "apenas ser"? Qual será sua motivação para tomar consciência de cada momento da vida diária? O que impedirá que sua prática perca energia e frescor, ou esmoreça completamente, após uma explosão inicial de entusiasmo?

Para sustentar o compromisso e manter revigorada a prática de meditação durante um período de meses, anos e décadas, é importante desenvolver uma visão pessoal própria que oriente seus esforços e, em momentos críticos, o faça se lembrar do valor de traçar um curso tão incomum na vida. Haverá momentos em que esta visão será seu único apoio para manter a prática.

Em parte, essa visão será determinada pelas circunstâncias únicas de sua vida, por convicções e valores pessoais. Outra parte se desenvolverá a partir da experiência com a própria prática meditativa, a vivência de deixar que tudo se torne seu professor: o corpo, suas atitudes, a mente, a dor, a alegria, as outras pessoas, os erros, os fracassos, os sucessos – em suma, todos os momentos que temos. Se cultivarmos mindfulness, tudo o que acontece nos ensinará algo sobre nós mesmos ao espelhar nossa mente e nosso corpo.

Outro elemento dessa visão terá de vir da nossa inserção no mundo e das convicções acerca de onde e como nos encaixamos nele. Se a saúde for um fator importante de sua motivação para procurar a prática meditativa, então o conhecimento e respeito do corpo e seu funcionamento, a perspectiva do que a medicina pode (ou não pode) fazer por nós, e a compreensão do papel da mente na saúde e na cura, tudo isso contribuirá com elementos importantes para sua motivação. A força de sua visão pessoal dependerá em grande medida do que você sabe acerca desses assuntos e de quanta disposição tem para aprender. Assim como na própria prática de meditação, este tipo de aprendizagem requer um compromisso duradouro com a indagação contínua e a disposição para mudar de perspectiva à medida que se adquire conhecimento e se chega a novos patamares de compreensão e discernimento.

No programa MBSR, procuramos inspirar as pessoas a aprenderem mais acerca de seu corpo e do papel da mente na saúde e na doença, elemento fundamental da contínua aventura de aprender, crescer e se curar. Fazemos isso ao falar sobre as recentes pesquisas científicas e outros saberes – e como estão transformando a própria prática da medicina – e também ao explorar a relevância direta desses novos avanços científicos para a vida individual e para a prática da meditação. Agora isso ficou muito mais fácil graças à internet e às buscas que podemos fazer de quando em quando, se quisermos nos manter em dia com as mais recentes descobertas.

A Clínica de Redução de Estresse e o programa MBSR não existem num vácuo. A clínica ganhou corpo originalmente em 1979, sob o patrocínio do Departamento de Cuidados Ambulatoriais do Hospital da University of Massachusetts. Logo recebeu um lar acadêmico dentro do Departamento de Medicina e, alguns anos depois, dentro da recém--formada Divisão de Medicina Preventiva e Comportamental. Naquele tempo, a medicina comportamental representava uma nova corrente dentro da própria medicina e contribuiu para a rápida expansão de ideias e conhecimentos sobre saúde e doença. Os resultados de pesquisas recentes e as novas maneiras de pensar sobre saúde e doença a partir da abordagem comportamental – e, mais tarde, através das lentes do que foi chamado de **medicina integrativa** – com o tempo deram origem a uma perspectiva mais abrangente dentro da própria medicina. Essa perspectiva reconhece a unidade fundamental de mente e corpo e considera essencial que, sempre que possível, as pessoas assumam ativamente o cuidado da própria saúde – aprendendo mais acerca da saúde em geral e desenvolvendo recursos e esforços próprios para mantê-la e aperfeiçoá-la – em estreita colaboração com seu médico e o restante da equipe. Como já vimos, essa perspectiva passou a ser chamada de **medicina participativa**. Baseia-se na ideia de que todos nós, por estarmos vivos, temos recursos interiores profundos para aprender, crescer, curar e transformar. São recursos que podem ser utilizados, cultivados e mobilizados a serviço de uma vida mais plena e melhor em todos os níveis – os mais básicos, moleculares e celulares (genes, cromossomos e células); os mais elevados, de organização do corpo (tecidos, órgãos e sistemas de órgãos, incluindo o cérebro e o sistema nervoso); o nível psicológico (domínio de nossos pensamentos e emoções); e o nível interpessoal (domínio do social e cultural, incluindo as relações com os outros, com a sociedade como um todo e, claro, com o meio ambiente, o mundo natural do qual somos parte integrante).

Esse novo olhar da medicina mais participativa reconhece e ressalta a importância de uma comunicação mais eficaz entre médicos e pacientes, que garanta a estes todas as explicações necessárias para elucidar sua condição de saúde e suas opções de tratamento. Também ressalta a importância de os pacientes serem vistos, conhecidos e compreendidos por seus médicos, e de saberem que suas necessidades serão atendidas, levadas a sério e, sempre que possível, valorizadas.* É nesse espírito e perspectiva

---

* Quando os pacientes chegam ao hospital, cada visita gera um "formulário de encontro" com a finalidade de garantir o pagamento. Do ponto de vista da medicina participativa, é importante que um verdadeiro encontro aconteça, por razões médicas e éticas; um encontro em que o paciente sente que foi visto, conhecido e escutado como pessoa, e que suas preocupações foram levadas a sério e valorizadas pelo médico e por toda a equipe de cuidados de saúde, da melhor maneira possível. Cada vez mais, esse princípio e perspectiva estão se tornando o novo padrão da prática da medicina, à medida que a medicina e os cuidados de saúde estão começando a reconhecer a individualidade de cada ser humano e a maneira como os fatores biológicos, psicológicos, sociais e culturais específicos podem influenciar a escolha de opções de tratamento e o grau de aceitação, participação e adesão do paciente.

que apresentamos aos participantes da Clínica de Redução de Estresse alguns dos avanços mais relevantes e convincentes nas pesquisas das áreas da neurociência, psicologia e medicina, e que podem estimular seu envolvimento no programa MBSR. Eles também tomam conhecimento das novas perspectivas sendo desenvolvidas dentro da medicina, de modo a ter uma melhor compreensão do que lhes está sendo solicitado e da importância disso.

Talvez o avanço mais fundamental na medicina das últimas décadas seja o reconhecimento de que não podemos mais pensar em saúde como apenas uma característica do corpo ou da mente, porque corpo e mente não são dois domínios separados – estão interligados de modo muito íntimo e totalmente integrados. A nova perspectiva reconhece a importância central de se pensar em termos de **inteireza** e **interconexão**, e a necessidade de prestar atenção às interações entre mente, corpo e comportamento em qualquer esforço abrangente para compreender e tratar as doenças. Essa perspectiva ressalta que a ciência nunca conseguirá descrever a totalidade de um processo dinâmico e complexo como a saúde (nem mesmo uma doença crônica relativamente simples) sem examinar o funcionamento do organismo como um todo – ao invés de se restringir apenas à análise das partes e componentes, por mais que esse estudo também seja importante.

Hoje, a própria medicina está expandindo seu modelo operacional de saúde e doença – e sua visão de como estilo de vida, padrões de pensamento e sentimento, relacionamentos e fatores ambientais interagem para influenciar a saúde. O novo modelo rejeita explicitamente que a mente e o corpo sejam fundamental e inexoravelmente distintos. Em vez disso, a medicina hoje procura articular uma visão alternativa mais abrangente para compreender o que de fato queremos dizer com **mente** e **corpo**, **saúde** e **doença**.

Essa transformação na medicina é o que se chama de **mudança de paradigma**: a passagem de uma visão de mundo para outra completamente diferente. É certo que não apenas a medicina, mas toda a ciência está passando por essa transformação à medida que ficam cada vez mais claras as implicações das mudanças revolucionárias na compreensão da natureza e de nós mesmos (que surgiram nos séculos XX e XXI). A maior parte de nosso pensamento cotidiano acerca da realidade física – nossas crenças

11 | Introdução ao paradigma

tácitas acerca do mundo, do corpo, da matéria e da energia – está baseada numa visão ultrapassada da realidade, visão que mudou muito pouco nos últimos trezentos anos. Hoje, a ciência busca modelos mais abrangentes e afinados com nossa compreensão da interconexão entre espaço e tempo, matéria e energia, mente e corpo, e mesmo consciência e universo – e o papel do cérebro humano em tudo isso, visto que o cérebro é de longe a organização material mais complexa, interconectada, especializada e sempre dinâmica do universo conhecido.

Nesta seção, conheceremos algumas das novas formas de olhar o mundo com base nos princípios da inteireza e da interconexão, assim como suas implicações para a medicina, cuidados de saúde e a própria vida. Seguiremos dois fios condutores principais. Ambos estão intimamente relacionadas entre si e com a prática da atenção plena. O primeiro tem a ver com todo o processo de prestar atenção. No próximo capítulo, examinaremos em maior detalhe o modo como vemos (ou não) as coisas e como pensamos sobre elas e as representamos para nós mesmos. Isso tem influência direta sobre a forma como concebemos os problemas e sobre nossa capacidade de enfrentar, compreender e, talvez, conhecer e transcender alguns dos efeitos mais árduos e tóxicos do estresse e da doença. Exploraremos o significado de inteireza e interconexão, e por que razão são tão importantes para a saúde e a cura. Voltaremos a esse tema no último capítulo desta parte.

O segundo fio condutor que seguiremos relaciona-se à nova perspectiva, ainda em desenvolvimento, baseada nas pesquisas da medicina comportamental e integrativa, da psicologia da saúde e da neurociência. Trata-se da questão de como mente e corpo interagem para influenciar a saúde e a doença, quais são as implicações dessa nova compreensão para os cuidados de saúde e o que queremos dizer quando falamos de "saúde" e "cura".

Em conjunto, esses dois fios condutores nos ajudarão a expandir nossa perspectiva sobre a prática da meditação e o valor de cultivar maior atenção na própria vida. Salientam a importância de prestar atenção à experiência pessoal **e** aos progressos atuais da pesquisa médica, se quisermos melhorar e aperfeiçoar nossa saúde.

Entretanto, se a informação e a perspectiva apresentadas nesta parte forem assimiladas apenas pela mente pensante, terão pouco valor prático.

Esta parte e a seguinte, sobre o estresse, servem para despertar interesse, respeito e valorização crescente da beleza e complexidade do corpo e sua notável capacidade de autorregulação e cura em todos os níveis. O objetivo não é dar informações detalhadas sobre disciplinas especializadas como fisiologia ou psicologia, psiconeuroimunologia ou neurociência. Pelo contrário. A intenção é expandir nossa perspectiva sobre quem somos e sobre nosso relacionamento com o mundo, e talvez até nos inspirar a refletir mais profundamente e desenvolver maior confiança em nosso corpo e mente; conhecer a nós mesmos como seres totalmente integrados que pensam, sentem e interagem socialmente. Esperamos que os pontos de vista e informações apresentados aqui ajudem você a desenvolver sua própria visão de por que se comprometer a praticar meditação regularmente – uma visão pessoal a partir da qual poderá colocar em prática o poder curativo da atenção em nossa própria vida.

12
Vislumbres de Inteireza, Ilusões de Separação

Você já olhou bem para um cachorro, a ponto de conseguir percebê-lo em toda a sua "cachorrice"? Um cão é algo muito milagroso quando o vemos com clareza. O que é aquilo? De onde veio? Para onde vai? O que está fazendo aqui? Por que tem o formato que tem? Qual a sua "perspectiva" das coisas, da vizinhança? Quais são seus sentimentos?

As crianças costumam pensar dessa maneira. Elas têm essa clareza no olhar. Sempre veem as coisas como se fosse pela primeira vez. Às vezes nós ficamos cansados de ver. Enxergamos apenas um cachorro: "Se você viu um cachorro, viu todos". E assim, mal chegamos a percebê-lo. Tendemos a ver muito mais com os pensamentos e emoções do que com os olhos. Os pensamentos agem como uma espécie de véu que nos impede de ver com o olhar renovado. Aquilo que está à vista é identificado pela mente pensante analítica e rapidamente classificado: um cachorro. Esse estado de espírito nos impede de ver o cachorro em sua inteireza, pois muito rápido se processa e categoriza o sinal "cachorro" e suas diversas associações em nosso cérebro. E logo em seguida fazemos o mesmo com a próxima percepção ou pensamento.

Quando meu filho tinha 2 anos, quis saber se havia uma pessoa dentro do cachorro da família. Foi muito tocante enxergar através dos olhos dele naquele momento. Entendi por que ele estava perguntando. Sage era mesmo um membro da família. Conquistou seu lugar de direito e sua presença era sentida. Sage era um ser completo que participava conosco no espaço psíquico do lar com tanta "personalidade" quanto qualquer outra pessoa da família. O que dizer a meu filho?

E quanto a um pássaro, gato, árvore, flor ou rinoceronte? Todos eles são um milagre. Quando olhamos bem para um deles, quando realmente o percebemos, mal conseguimos acreditar que existe. Lá está, essa coisa perfeita, viva, simplesmente sendo o que é, plena em si mesma. Qualquer criança com imaginação poderia conceber um rinoceronte, elefante ou girafa. Mas eles não chegaram aqui como produto da imaginação de uma criança. O universo é que conjura esses sonhos. Eles vêm do universo, assim como nós.

Manter isso em mente todos os dias não faz mal a ninguém, e pode nos ajudar a ter mais atenção plena. Toda a vida é bela e fascinante quando, mesmo que apenas por um instante, retiramos o véu do pensamento domesticado por hábitos.

Existem formas diferentes de olhar para qualquer coisa, evento ou processo. De certo modo, o cachorro é apenas um cachorro, e não tem nada de especial. Ao mesmo tempo, é também extraordinário, um milagre até. Tudo depende de como se olha. Podemos dizer que é ambos: ordinário e extraordinário. O cachorro não se transforma quando você muda sua forma de vê-lo e, portanto, aquilo que vê. O cachorro é sempre o que é. Por isso os cachorros, as flores, as montanhas e o mar são professores tão bons. Eles refletem a sua mente. É a sua mente que muda.

Quando a mente muda, novas possibilidades tendem a surgir. Na verdade, tudo muda quando se consegue enxergar as coisas em diferentes níveis simultaneamente, quando se consegue ver a inteireza e a conexão, e também a individualidade e a separação. Amplia-se o escopo do pensamento. Essa pode ser uma experiência profundamente liberadora. Pode nos levar para além da limitação de preocupações autocentradas. Pode colocar as coisas em uma perspectiva mais vasta. Com certeza mudará a forma como interagimos com o cachorro.

Ao observar as coisas pelas lentes da atenção plena, seja durante a prática formal de meditação ou na vida cotidiana, passamos a apreciar as coisas de outra forma, pois nossas próprias percepções mudam. Experiências comuns podem, de repente, ser vistas como extraordinárias. Isso não significa que deixarão de ser comuns. Cada uma continua sendo apenas aquilo que é. Mas agora você as aprecia de modo mais pleno e isso, ao que parece, muda tudo.

Tomemos de novo a alimentação como exemplo. Comer é uma atividade comum, algo que fazemos o tempo todo, em geral sem grande consciência e sem pensar muito a respeito. Já vimos isso no exercício de meditação da alimentação, com as uvas-passas. Mas o fato de que o corpo consegue digerir comida e disso retirar energia é extraordinário. É um processo incrivelmente organizado e regulado em todos os níveis, desde a capacidade da língua e bochechas de manter a comida entre os dentes para que possa ser mastigada, passando pelos processos bioquímicos através dos quais o alimento é processado, absorvido e utilizado para energizar o corpo e reconstruir as células, até a eliminação eficiente dos resíduos para que as toxinas não se acumulem, e o corpo permaneça em equilíbrio metabólico e bioquímico.

Na verdade, tudo o que seu corpo faz normalmente é maravilhoso e extraordinário, mas essa percepção pode ser muito rara. Caminhar é outro bom exemplo. Se você já teve a experiência de ficar sem conseguir andar, sabe como é precioso e milagroso poder caminhar. É uma capacidade extraordinária. Assim como enxergar e falar, pensar e respirar, virar de lado na cama e qualquer outra coisa que seu corpo faça, se você decidir focar sua atenção nisso.

Refletindo um pouco acerca do corpo, concluirá com facilidade que ele faz coisas maravilhosas, coisas que você nunca sequer reparou. Quando foi a última vez que pensou no trabalho excepcional que seu fígado tem feito, por exemplo? Ele é o maior órgão interno do corpo e realiza mais de 30 mil reações enzimáticas por segundo para garantir a harmonia metabólica. O Dr. Lewis Thomas, um grande imunologista e ex-chanceler do Memorial Sloan-Kettering Cancer Center, escreveu em seu livro clássico *As Vidas da Célula* que preferiria assumir o controle de um 747 sem saber pilotar a ser responsável pelo funcionamento do próprio fígado.

E quanto ao seu coração, cérebro e o resto do sistema nervoso? Você pensa nessas partes do corpo quando estão funcionando bem? Caso pense, será que enxerga essas partes do corpo como banais, ou como extraordinárias? E quanto à capacidade dos olhos de enxergar, dos ouvidos de escutar, dos braços e pernas de se moverem apenas quando você quer?

E os pés que mantêm o corpo inteiro equilibrado quando você está em pé, e carregam seu peso e o transportam sem perder o equilíbrio nem tropeçar quando você anda? Essas capacidades do corpo são extraordinárias. Nosso bem-estar depende íntima e profundamente do trabalho integrado e ininterrupto de todos os nossos sentidos – e há bem mais que cinco – além de músculos e nervos, células, órgãos e sistemas de órgãos. Ainda assim, tendemos a não enxergar nem pensar dessa forma e, portanto, esquecemos ou ignoramos o fato de que nosso corpo é de fato maravilhoso. É um universo em si mesmo, constituído por mais de 10 trilhões de células – que, em última análise, derivam todas de uma única célula – organizadas em tecidos, órgãos, sistemas e estruturas, com capacidade inata de regular a si mesmos como um todo para manter o equilíbrio e a ordem internos em todos os detalhes, até o nível nanométrico das estruturas moleculares que interagem entre si. Em suma, o corpo é sem dúvida alguma capaz de se organizar e de se restabelecer em qualquer nível que queiramos observar. Essa é uma das razões pelas quais vemos os participantes das turmas de MBSR como "seres milagrosos". Na verdade, todos somos.

O corpo conquista e mantém esse equilíbrio interno por meio de mecanismos de retroalimentação finamente calibrados, que vinculam e integram todos os aspectos do organismo. Por exemplo, quando você faz um esforço físico, como correr ou subir escadas, seu coração começa a bater mais rápido para fornecer mais oxigênio aos músculos, de modo que possam cumprir sua função. Quando o esforço termina, o ritmo cardíaco volta ao nível de repouso e os músculos utilizados para subir a escada, e também o coração, começam a se recuperar. O esforço pode gerar muito calor se for contínuo. Talvez o calor o faça transpirar. É através do suor que seu corpo reduz a temperatura. Se transpirar muito, sentirá sede e beberá água; e desse modo seu corpo garante a reposição do líquido perdido. Todos esses processos são altamente integrados e interconectados, operando por meio de elaborados sistemas de retroalimentação.

Interconexões desse tipo são parte integrante dos sistemas vivos. Quando a pele é cortada, sinais bioquímicos que desencadeiam processos celulares de coagulação são enviados para interromper o sangramento e curar a ferida. Quando o corpo está infectado por micro-organismos, como bactérias ou vírus, o sistema imunológico entra em ação para identificar, isolar e neutralizar esses agentes. Se qualquer uma das nossas células apresentar um defeito nos mecanismos de retroalimentação que controlam o crescimento celular, tornando-se uma célula cancerosa, o sistema imunológico saudável mobiliza tipos específicos de linfócitos, chamados de células exterminadoras naturais (ou *NK – Natural Killer*), que conseguem reconhecer mudanças estruturais na superfície das células cancerosas e destruí-las antes que façam algum estrago.

Em todos os níveis de organização, da biologia molecular no interior das células até o nível do genoma e do funcionamento dos órgãos e sistemas de órgãos, nossa biologia é regulada pelo fluxo de informação que liga cada parte do sistema às demais, que também são importantes para seu funcionamento. A incrível rede de interconexões através da qual o sistema nervoso monitora, regula e integra todas as nossas funções orgânicas; os incontáveis hormônios e neurotransmissores produzidos por glândulas especializadas, pelo próprio cérebro, e por todo o sistema nervoso, e que de modo orquestrado transmitem mensagens químicas para alvos em todo o corpo por meio da corrente sanguínea e das fibras nervosas; assim como a miríade de diferentes células especializadas do sistema imunológico – todos exercem papéis diferentes, mas vitais na organização e regulação do fluxo de informações no corpo para que possamos funcionar como um ser integrado, coerente e inteiro.

Se a interconexão é vital para a integração e a saúde física, ela é de igual importância psicológica e social. Os sentidos nos permitem entrar em contato com a realidade externa e com os nossos estados internos. Eles fornecem informações essenciais acerca do ambiente e das outras pessoas, que nos permitem organizar uma impressão coerente do mundo, funcionar no "espaço psicológico", aprender, ter recordações, raciocinar, responder ou reagir com emoção – tudo a que nos referimos quando usamos a palavra **mente**. Sem essas impressões coerentes, não conseguiríamos funcionar com um mínimo de eficiência no mundo. Portanto, a organização do corpo possibilita uma ordem psicológica, que surge a partir da ordem física e ao mesmo tempo a contém. Que incrível! A cada nível do nosso ser existe uma inteireza que está, ela própria, integrada a uma inteireza ainda maior. E essa inteireza está sempre incorporada. Ela não pode ser separada do corpo, nem do pertencimento sofisticado e íntimo a uma expressão ainda mais ampla da vida que se manifesta. Isso pode ser visto na descoberta dos chamados "neurônios-espelho", redes de células cerebrais ativadas quando vemos outra pessoa desempenhar uma ação intencional específica. Esses neurônios-espelho podem ser a base da nossa capacidade biológica para a empatia, para "sentir junto com" outro indivíduo.

Essa rede de interconectividade vai muito além do nosso próprio eu psicológico. Ao mesmo tempo que somos inteiros em nós mesmos, como seres humanos individuais, também somos parte de um todo maior, estamos interconectados por meio da família, amigos e conhecidos à sociedade mais ampla e, em última análise, à humanidade inteira e a toda a vida no planeta. Além daquilo que podemos perceber através de nosso vínculo com o mundo dos sentidos e das emoções, também existem incontáveis ligações pelas quais o nosso ser se entrelaça intimamente aos padrões e ciclos da natureza, vínculos que só podemos conhecer através da ciência e do pensamento – muito embora os povos indígenas tenham, a seu modo, conhecido e respeitado esses aspectos da interconectividade como leis naturais. Para mencionar apenas alguns: dependemos da camada de ozônio da atmosfera para nos proteger da radiação ultravioleta letal; dependemos das florestas tropicais e oceanos para a reciclagem do ar que respiramos; dependemos de uma concentração relativamente estável de dióxido de carbono na atmosfera para amenizar mudanças globais de temperatura. Existe inclusive uma hipótese científica, conhecida como Hipótese de Gaia, segundo a qual o planeta Terra age como um único organismo vivo autorregulado. A hipótese recebeu o nome de Gaia em homenagem à deusa grega da terra. Essa hipótese propõe uma perspectiva fundamentada em fortes evidências científicas e um raciocínio que, em essência, foi também contemplado por todos os povos e culturas tradicionais – vivemos em um mundo no qual toda a vida, inclusive a vida humana, está interconectada e é interdependente, e essas interconexões e interdependências se estendem ao próprio planeta.

A capacidade de perceber interconectividade e inteireza, assim como separação e fragmentação, pode ser cultivada por meio da prática da atenção plena. Em parte essa capacidade advém do reconhecimento de que, por hábito ou por distração, a mente salta rapidamente para maneiras específicas de ver as coisas. Advém também da facilidade com que nossa visão dos eventos e de nós mesmos é moldada por preconceitos, crenças, gostos e desgostos adquiridos no passado. Se queremos ver as coisas com mais clareza, vê-las pelo que realmente são e, dessa forma, perceber sua inteireza e interconectividade intrínsecas, devemos prestar atenção aos caminhos batidos que o nosso pensamento percorre, e às suposições tácitas que fazemos o tempo todo sobre coisas e pessoas. Precisamos aprender a ver e a abordar as coisas de um jeito um pouco diferente.

Para ilustrar a natureza automática de nossos padrões de ver e pensar, assim como o poder intrínseco de se manter a inteireza em mente, costumamos propor o seguinte exercício às pessoas na Clínica de Redução de Estresse. É um "problema" de lição de casa que é apresentado logo na primeira aula. Esse exercício costuma produzir bastante estresse durante a semana, pois invariavelmente alguns pensam que serão julgados por suas respostas – sem dúvida, um resquício dos tempos de escola. De propósito, até a aula seguinte não dizemos nada sobre como esse quebra-cabeça pode estar relacionado ao programa. Deixamos que eles cheguem sozinhos a essa conclusão. O exercício é chamado de problema dos nove pontos. Talvez você o conheça de sua infância. É um exemplo vívido e fácil de compreender que ilustra como o modo de perceber um problema tende a limitar a habilidade de encontrar soluções.

O exercício é o seguinte: Abaixo está um arranjo de nove pontos. Sua missão é ligar todos os pontos desenhando quatro linhas retas, sem tirar o lápis do papel nem cobrir de novo uma linha já desenhada. Antes de virar a página, passe 5 ou 10 minutos tentando resolver o problema sozinho, caso ainda não saiba a resposta.

O que acontece com a maioria das pessoas é que elas começam em um canto e fazem três linhas ao redor do quadrado, até perceberem que, dessa maneira, um dos pontos ficará de fora.

VIVER A CATÁSTROFE TOTAL

FIGURA 8

A.

Nesse momento, a mente talvez vivencie certo nível de desconforto. Quanto mais soluções você tenta e não funcionam, mais frustrado você fica.

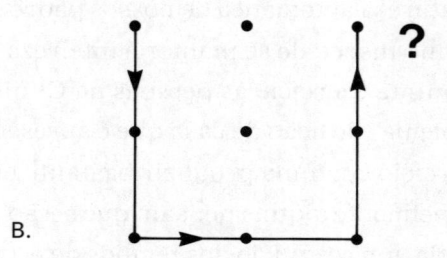

B.

Quando repassamos o exercício em aula na semana seguinte, pedimos a todas as pessoas que não sabem a resposta para observarem atentamente qual é sua reação quando, de repente, elas "veem" a solução depois que um voluntário a desenha na lousa.

Quando você enxerga ou descobre por si a solução desse exercício, especialmente depois de passar um tempo se esforçando para tentar decifrá-lo, costuma haver uma experiência de "ahá!" no momento da descoberta. Isso está associado à percepção de que a solução reside em estender as linhas para **além** do quadrado imaginário formado pelos pontos. O enunciado do exercício não o proíbe de desenhar para além dos pontos, mas a tendência "normal" é ver o padrão quadrado composto pelos nove pontos como sendo a abrangência do problema, em vez de enxergar os pontos no contexto do papel e reconhecer que a abrangência do problema é a superfície inteira na qual os pontos estão contidos.

12 | Vislumbres de inteireza, ilusões de separação

Se você isola os nove pontos e os considera como a abrangência total do problema – por causa da maneira automática como percebe as coisas e pensa a respeito delas – nunca encontrará uma solução satisfatória. Dessa forma, talvez acabe culpando a si mesmo por ser burro, ou ficando bravo com o exercício e declarando que ele é impossível ou tolo, e certamente irrelevante para seus problemas de saúde. O tempo todo, coloca sua energia no lugar errado. Não enxerga a abrangência inteira do problema. Você deixa de ver o contexto maior, e talvez até mesmo a potencial relevância do problema para sua própria situação.

O problema dos nove pontos sugere que talvez seja necessário desenvolver uma visão mais ampla acerca de determinados problemas, se quisermos resolvê-los. Essa abordagem envolve perguntar a si mesmo qual é a real abrangência do problema, e discernir a relação entre as partes isoladas do problema e o problema como um todo. Isso é chamado de adotar uma **perspectiva sistêmica**. Se não pudermos identificar o sistema corretamente em sua totalidade, nunca conseguiremos chegar a uma solução satisfatória, pois um campo vital sempre estará ausente: o campo do todo, do inteiro.

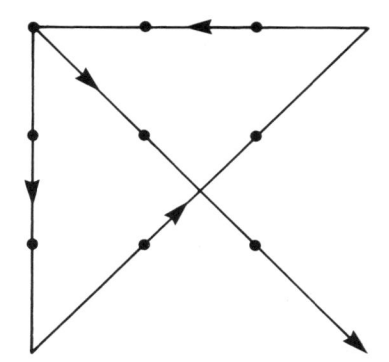

C.

O problema dos nove pontos mostra que talvez seja necessária uma expansão para além das nossas maneiras habituais e fortemente condicionadas de ver, pensar e agir, a fim de decifrar, resolver ou mesmo desfazer certos tipos de problema. Se essa expansão não ocorrer, as tentativas de identificar e resolver os problemas muitas vezes serão frustradas pelos nossos próprios preconceitos e estereótipos. A falta de consciência do sistema como um todo costuma nos impedir de enxergar novas opções e maneiras de abordar os problemas. Sempre temos uma tendência a ficar presos em nossos problemas e crises, e a fazer escolhas e decisões ruins devido a uma apreensão incorreta da realidade das coisas e das circunstâncias. Em vez de **ver o contexto maior** e chegar ao ponto onde soluções podem ser encontradas quando empacamos no problema, tendemos a criar mais deles, torná-los piores e também desistir de tentar resolvê-los. Experiências assim podem gerar sentimentos de frustração, inadequação e insegurança. Quando a autoconfiança é corroída, é muito mais difícil resolver qualquer outro problema que se apresente. As dúvidas acerca de nossa própria capacidade se transformam em profecias autorrealizáveis. Passam a dominar a vida. Dessa forma, acabamos impondo limites a nós mesmos através de nosso próprio processo de pensamento. E depois, na maioria das vezes, esquecemos que fomos nós, nós mesmos, quem criamos essas barreiras. Como consequência, acabamos empacados e sentimos que não conseguimos superar os problemas.

No dia a dia é possível enxergar de perto esse processo ao focar a atenção no seu diálogo interno e nas suas crenças, observando o efeito que têm sobre as ações que você acaba realizando em determinadas situações. Sem praticar atenção plena, é raro observarmos nosso diálogo interno com muita clareza, ou ponderarmos sobre sua validade, em especial no que diz respeito a pensamentos e crenças sobre nós mesmos. Por exemplo, se você tem o hábito de dizer a si mesmo "nunca conseguirei fazer isso" –, quando encontra algum tipo de problema ou dilema, como aprender a usar uma ferramenta, consertar um dispositivo mecânico ou ser assertivo perante um grupo de pessoas – uma coisa já está muito clara: não será capaz de fazê-lo. É nesse momento que o pensamento corrobora ou torna real o seu próprio conteúdo. Dizer "eu não consigo" ou "eu nunca conseguirei" é uma profecia autorrealizável.

Se você tem o costume de pensar sobre si mesmo dessa forma, quando surgir uma oportunidade de agir ou fazer algo para resolver um problema recorrente e desafiador, talvez já tenha se fechado numa caixa de sua própria criação e limitado suas possibilidades. A realidade é que, em boa parte das situações, você de fato não sabe o que seria capaz de fazer em dado momento. Talvez se surpreendesse caso decidisse resolver um problema, sem compromisso, tentando algo novo, mesmo sem entender do assunto e duvidando internamente da sua capacidade. Eu mesmo já consertei muitos relógios e portas de carro agindo assim, por vezes aprendendo sobre relógios e portas de carro ao longo do processo, mas às vezes dando um jeito de consertar a coisa apenas mexendo nela, sem ter a menor ideia de como acabou funcionando.

A questão é que nem sempre conhecemos nossos verdadeiros limites. No entanto, se crenças, atitudes, pensamentos e sentimentos estão sempre produzindo motivos para você não aceitar novos desafios, não correr riscos, não explorar o que pode ser possível dentro dos limites de sua compreensão e crenças, não enxergar um problema em sua abrangência total, assim como sua relação com ele, então talvez você esteja limitando severa e desnecessariamente seu próprio aprendizado, crescimento e capacidade de fazer mudanças positivas na vida, independente de qual seja o problema (perder peso; parar de fumar de uma vez por todas; não gritar com os seus filhos o tempo todo; retomar os estudos; começar um negócio próprio; descobrir uma razão para viver depois de ter vivenciado uma profunda perda pessoal; ou então passar por uma mudança gigantesca de vida que ameace seu bem-estar e tudo o que lhe é mais caro). O que você faz para enfrentar problemas desse tipo depende muito de como você vê as coisas, suas crenças sobre seus próprios limites e recursos e suas perspectivas em relação à vida em si. Como veremos no Capítulo 15, crenças, atitudes, pensamentos e emoções podem ter uma enorme influência sobre a saúde. Na Clínica de Redução de Estresse a maioria das pessoas consegue enfrentar o desafio e assumir os riscos de olhar para a frente e contemplar a situação completamente catastrófica em que estão com a aquisição de atenção plena. Ao longo desse processo, costumam surpreender a si mesmas e a suas famílias com uma coragem e clareza recém-descobertas – elas percebem seus limites se ampliando e conseguem fazer coisas que nunca teriam imaginado, impulsionadas por um novo senso de inteireza e conexão internas.

※

Inteireza e conexão são a parte mais fundamental da nossa natureza como seres vivos. Não importa quantas cicatrizes carregamos em virtude do que vivenciamos e sofremos no passado, a nossa inteireza intrínseca permanece – caso contrário, onde se instalariam as cicatrizes? Nenhum de nós precisa ser vítima impotente daquilo que aconteceu ou deixou de acontecer conosco no passado, e tampouco somos impotentes perante o que estamos sofrendo agora. Somos também aquilo que já estava presente antes das cicatrizes – a inteireza original, aquilo que nasceu íntegro. E podemos nos reconectar com essa inteireza intrínseca a qualquer momento, pois ela é nossa própria natureza, sempre presente. Isso é o que realmente somos. Então, quando tentamos entrar em contato com o domínio do ser na prática de meditação, já estamos, em um sentido muito profundo, no lugar além das cicatrizes, além do isolamento, fragmentação e sofrimento que possam estar presentes na vida. Isso significa que, enquanto estamos respirando, é sempre possível fazer incursões importantes para observar os efeitos nocivos de traumas do passado, pelo menos até certo ponto – e não sabemos qual é esse ponto ao começar. Significa que sempre temos a possibilidade de reconhecer, lidar com a fragmentação, o medo, a vulnerabilidade, a insegurança e até mesmo com o desespero, e talvez transcendê-los, se conseguirmos enxergá-los de outra forma, vendo com os olhos da inteireza.

Talvez, mais do que qualquer outra coisa, o trabalho de MBSR seja o de ajudar as pessoas a ver, sentir e acreditar em sua própria inteireza; ajudá-las a tratar, acarinhar e curar as feridas da desconexão e da dor de sentirem-se isoladas, fragmentadas e separadas; ajudá-las a descobrir uma estrutura subjacente de inteireza e conexão **dentro de si mesmas**. Obviamente, esse é um trabalho que continua por toda a vida. Para os nossos pacientes, a Clínica de Redução de Estresse costuma ser o primeiro passo consciente e intencional da vida adulta em direção a um processo que seguirá pelo resto da vida.

O corpo é o ponto de partida ideal. Em primeiro lugar, como vimos, é conveniente. Também é uma porta para o mundo mais amplo, pois aquilo que observamos no funcionamento do nosso corpo nos ensina muitas lições aplicáveis a outros aspectos da vida. Além disso, o corpo precisa se refazer com alguma frequência. Todos carregamos pelo menos alguma tensão física e psicológica, alguma armadura. A maioria já sofreu feridas e danos pessoais, algum estresse física ou emocionalmente traumático, ou ambos. Certos psicólogos se referem a isso como "trauma com 't' minúsculo", para distingui-lo da catástrofe que é o "trauma com 'T' maiúsculo",

12 | Vislumbres de inteireza, ilusões de separação

como aquele vivido por Mary e descrito no Capítulo 5. Qualquer que tenha sido a experiência que tivemos e à qual sobrevivemos (independentemente de ter sido um trauma com "t" minúsculo ou maiúsculo), nosso corpo, mente e coração, que apenas **parecem** ser separados, constituem um recurso profundo de cura. Se ouvirmos o corpo com atenção, ele pode nos ensinar muito sobre as experiências que temos mais dificuldade de reconhecer e superar, e também sobre como abordar as feridas com gentileza e sabedoria. O corpo tem muito a nos ensinar sobre estresse e dor, doença e saúde, e sobre o sofrimento e a possibilidade de nos libertarmos dele. A atenção plena é um ingrediente-chave para abordar e nutrir aquilo que temos de mais profundo, de melhor, e que sempre está saudável.

Dado o papel central que o corpo tem no processo de cura, e dependendo de quanta dor ou mágoa o corpo carrega (significado original do verbo "sofrer", em latim), não é de surpreender que nossas práticas dediquem tanta atenção à respiração, pois ela pode ser considerada uma ponte entre o corpo e a vida emocional. Isso também explica por que o programa MBSR começa com duas semanas de prática de escaneamento corporal, durante as quais focalizamos sistematicamente as diferentes regiões do corpo. Cultivamos um senso do corpo como algo inteiro; prestamos atenção em aspectos básicos como alimentação, caminhada, movimento e alongamento. Todas essas facetas da experiência corporal são portas para, desde o começo, conseguirmos vislumbres de nossa própria inteireza. Com o tempo, e por meio da prática diária, podemos entrar por essas portas com cada vez mais frequência e viver na inteireza da plena atenção. Esse processo de criar um relacionamento amigável com o próprio mecanismo de atenção e aprender a habitá-lo é sempre muito mais importante do que qualquer objeto de atenção específico que estejamos focalizando, por mais importante que seja. Pela prática contínua, podemos passar a viver de maneira mais integrada no dia a dia e em cada momento, mais sintonizados com nossa própria inteireza e conectividade, cientes de nossa **interconexão** com os outros, com o mundo maior dentro do qual estamos inseridos, e com a vida em si. Sentir-se inteiro, mesmo que por períodos curtos de tempo, é algo que nos nutre em um nível muito profundo. Constitui uma fonte de cura e sabedoria para os momentos em que nos vemos diante do estresse e da dor em suas mais variadas formas.

Não é de surpreender que a própria palavra **saúde** signifique "inteiro, intacto". Implica integração, interconexão de todas as partes de um sistema ou organismo; algo que é completo. A natureza da inteireza é estar sempre presente. Alguém que teve um braço amputado ou perdeu alguma outra parte do corpo, ou que está enfrentando a morte iminente por causa de uma doença incurável, ainda assim é essencialmente inteiro. Contudo, ele ou ela terão de **fazer as pazes com** a perda física, ou com o significado do prognóstico, a fim de vivenciar a inteireza. Isso certamente acarretará mudanças profundas na perspectiva que uma pessoa tem de si mesma, do mundo, do tempo e até mesmo da própria vida. Esse processo de fazer as pazes, de aceitar as coisas da forma como são, é o que constitui o processo de cura.

Embora todo organismo vivo seja inteiro em si mesmo, também está inserido em um todo mais amplo. Somos inteiros em nossos corpos, mas, como já vimos, os corpos estão sempre trocando matéria e energia com o ambiente. Portanto, apesar de termos corpos completos em si mesmos, eles também estão em contínua mutação. Nosso corpo está literalmente imerso em um todo mais amplo: o ambiente, o planeta, o universo. Vista por esse ângulo, a saúde é um processo dinâmico. Não é um estado fixo ao qual se "chega" e nele se consegue permanecer.

A noção de inteireza é encontrada não apenas no significado das palavras **saúde** e **sanar** (e, é claro, na palavra **santo**), mas está também incorporada no significado profundo das palavras **meditação** e **medicina**, palavras que estão obviamente relacionadas de alguma forma. Segundo o renomado e sábio David Bohm – físico teórico cujo trabalho envolvia explorar a inteireza como propriedade fundamental da natureza –, as palavras **medicina** e **meditação** vêm do latim *mederi*, que significa "curar". A própria palavra *mederi* deriva de uma linguagem ainda mais antiga, de raiz indo-europeia, cujo significado é "mensurar".

O que o verbo mensurar tem a ver com meditação ou medicina? Nada, se pensarmos em mensuração como estamos habituados: processo de comparar as dimensões de um objeto com um padrão externo. Mas o conceito de mensuração tem outro significado mais antigo e mais platônico.

É a noção de que todas as coisas têm, nas palavras de Bohm, sua própria "medida interna correta", que as torna aquilo que são, que define suas propriedades. A medicina, por esse viés, é basicamente o meio pelo qual a medida interna correta é restaurada depois de ter sido perturbada por uma doença ou ferimento. A meditação, da mesma forma, consiste no processo de perceber diretamente a medida interna correta do seu próprio ser, através de uma auto-observação cuidadosa e isenta de julgamentos. A medida interna correta, nesse contexto, é outra forma de dizer inteireza. Portanto, talvez não seja tão ousado, como pareceria de início, ter uma clínica voltada para praticar meditação dentro de um centro médico.

Não foi arbitrária a escolha de ensinar meditação, em específico a meditação da atenção plena, como elemento central e unificador do programa MBSR e do programa da Clínica de Redução de Estresse. A prática de meditação de atenção plena, da forma como é ensinada no programa MBSR, tem características únicas que a distinguem das diversas técnicas de relaxamento e redução de estresse habitualmente utilizadas. O mais importante é que se trata de um portal que conduz a experiências diretas de inteireza, experiências que não são muito facilmente conquistadas e aprofundadas por métodos que insistem no foco em fazer coisas, ou chegar a algum lugar – ao invés de focar em não fazer e apenas ser. Segundo o Dr. Roger Walsh, professor de psiquiatria e ciências comportamentais na Escola de Medicina da University of California, em Irvine, a meditação pode ser mais bem descrita como uma **disciplina da consciência**. O Dr. Walsh é praticante de longa data da meditação de atenção plena e estuda a interface entre as psicologias ocidentais e orientais. Ele enfatiza que as disciplinas da consciência estão fundadas em um paradigma muito diferente daquele das principais correntes da psicologia ocidental. Na perspectiva das disciplinas de consciência, nosso estado comum de vigília está muito abaixo do ótimo. Em vez de negar o paradigma ocidental, esta perspectiva apenas o estende para além da principal preocupação da psicologia, que, até muito recentemente, eram as patologias e as terapias voltadas a restaurar as pessoas ao funcionamento "normal", ou seja, ao estado comum de consciência durante a vigília. No cerne dessa perspectiva "ortogonal" e inovadora, jaz a convicção de que é essencial estarmos engajados em um treinamento pessoal, intensivo e sistemático da mente por meio da prática de meditação, para nos liberarmos das distorções incessantes e altamente condicionadas que caracterizam os processos emocionais e racionais do cotidiano e que, como já vimos, podem continuamente nos impedir de viver nossa inteireza intrínseca.

Muitas mentes brilhantes já se preocuparam com a noção de inteireza e como conquistá-la na vida cotidiana. Carl Jung, eminente psiquiatra suíço, tinha as tradições meditativas da Ásia em grande consideração no tocante à conquista da inteireza. Segundo ele, "essa questão tem ocupado as mentes mais arrojadas do Oriente há mais de 2 mil anos e, nesse quesito, foram desenvolvidos métodos e doutrinas filosóficas que simplesmente ofuscaram as tentativas ocidentais". Jung compreendeu muito bem a relação entre a prática de meditação e a percepção da inteireza.

Albert Einstein também articulou com muita clareza a importância de enxergar com olhos de inteireza. Na última aula do programa de oito semanas do programa MBSR, presenteamos os pacientes com um livreto que termina com a citação de uma carta de Einstein, publicada no *New York Times* em 29 de março de 1972. Recortei este artigo do jornal naquele dia e ainda o tenho guardado, hoje já amarelado pelo tempo e frágil ao toque. Esse texto tem especial significado para mim, em parte porque capta muito bem a essência da prática de meditação, mas também porque foi escrito por um cientista que, mais do que qualquer outro, revolucionou nossa compreensão da realidade física e demonstrou a unidade de espaço e tempo, matéria e energia.

Quando Einstein vivia em Princeton e trabalhava no Institute for Advanced Study, recebia cartas de pessoas do mundo todo que buscavam seus conselhos para resolver os próprios problemas. Einstein era muito conhecido pelos leigos de todo o mundo por sua sabedoria e conquistas acadêmicas, que poucos eram capazes de compreender, mas quase todos reconheciam como revolucionárias. Entretanto, ele também era conhecido como uma pessoa muito compassiva, devido ao seu jeito simpático e envolvimento em causas humanitárias. Muitos pensavam nele como "o homem mais inteligente do mundo", embora o próprio Einstein nunca tenha conseguido compreender por que as pessoas ficavam tão impressionadas com ele. O trecho a seguir foi tirado de uma carta que Einstein escreveu em resposta a um rabino que o procurou explicando que tentara, em vão, reconfortar sua filha de 19 anos após a morte de sua irmã, uma "criança pura e linda de 16 anos". A carta que o rabino escreveu a Einstein era claramente um pedido de ajuda, nascido de uma das experiências humanas mais dolorosas: a morte de uma criança. Einstein respondeu:

> Cada ser humano é parte de um todo, chamado por nós de "Universo", uma parte limitada no tempo e no espaço. Vivencia a si mesmo, e aos próprios pensamentos e sentimentos, como algo separado do resto – uma espécie de ilusão de óptica da consciência. Esta ilusão é uma espécie de prisão para nós, ela nos restringe aos nossos desejos pessoais e afeições pelas poucas pessoas que estão à nossa volta. Nossa tarefa deve ser libertar-nos desta prisão ampliando a abrangência da compaixão a fim de acolher todas as criaturas vivas e toda a natureza em sua beleza. Ninguém é capaz de conquistar isso completamente, mas o esforço voltado para tal conquista é, em si mesmo, parte da liberação e elemento básico para a segurança interior.

Em sua resposta, Einstein sugere que os nossos próprios pensamentos e sentimentos podem nos aprisionar e cegar com facilidade, pois são muito endemicamente autocentrados, preocupados apenas com as particularidades da nossa vida e dos nossos desejos. Einstein não está minimizando o sofrimento que vivenciamos com uma perda desse tipo. De modo algum. O que ele de fato está dizendo é que a excessiva preocupação com nossa própria vida pessoal nos aprisiona, pois ignora e esconde um outro nível de realidade mais fundamental. Na visão de Einstein, todos nós entramos e saímos deste mundo como aglomerados muito passageiros de energia altamente estruturada. Einstein nos lembra de ver a inteireza como sendo mais fundamental do que a separação. Ele nos lembra de que nossa experiência de nós mesmos como separados e duradouros é uma ilusão e, em última análise, uma prisão.

É claro que todos somos individuais, no sentido de que nossas vidas estão localizadas no tempo (a duração de uma vida) e no espaço (um corpo). Temos pensamentos e sentimentos específicos, assim como relacionamentos únicos, maravilhosos e cheios de amor, e também sofremos imensa e compreensivelmente quando tais laços e vínculos são rompidos, especialmente quando a morte vem para os jovens. Mas, ao mesmo tempo, é igualmente verdadeiro que agora estejamos todos aqui, mas partiremos num instante, como pequenos redemoinhos dentro de uma corrente fluida; ondas que se erguem por um momento em um oceano de inteireza. Assim como ondas e redemoinhos, nossas vidas são de certa forma únicas, mas também fazem parte de uma inteireza maior que se expressa de maneiras que, no fim das contas, estão além da nossa compreensão.

Einstein nos lembra de que, quando negligenciamos a perspectiva da inteireza e conexão, vemos apenas um dos lados da vida. Tal visão infla o senso de **minha** vida, **meus** problemas, **minha** perda, **minha** dor, tornando-os questões de suprema importância, que nos impedem de enxergar outra dimensão do nosso ser, também muito real, que não é tão separada nem única. Quando nos identificamos com um "si mesmo" sólido e permanente, segundo Einstein, trata-se de uma ilusão da consciência, um tipo de prisão. Em outra ocasião ele escreveu que "o verdadeiro valor de um ser humano é determinado em primeiro lugar pelo modo como conquistou a libertação do eu e em que medida o fez".

A cura de Einstein para o dilema da ilusão e tirania daquilo que podemos chamar de "pequeno eu", que ele exemplificou em grande medida com sua própria vida, consiste em libertarmo-nos dessa "ilusão de óptica" da consciência intencionalmente cultivando a compaixão por todos os seres vivos e uma apreciação de nós mesmos e de todas as criaturas como parte de um mundo natural infinitamente interconectado em toda a sua beleza. Ao sugerir este caminho para a liberdade e segurança interna, Einstein não estava apenas falando romântica ou filosoficamente. Ele compreendia que é necessário fazer um certo tipo de **esforço** para se libertar da prisão dos nossos pensamentos e ilusões recorrentes. Ele sabia também que esse esforço é intrinsecamente restaurador e curador.

Voltando ao problema dos nove pontos, vimos que a maneira como percebemos um problema (e, portanto, como percebemos o mundo e também a nós mesmos) pode exercer influência profunda sobre nossa capacidade de fazer e de amar. Enxergar com olhos de inteireza significa reconhecer que nada ocorre de modo isolado, que os problemas precisam ser vistos dentro do contexto de sistemas inteiros. Vendo dessa forma, é possível perceber a rede intrínseca de interconexões subjacente à nossa experiência e integrar-se a ela. Enxergar dessa maneira é restaurador e nos ajuda a reconhecer que, em muitos aspectos, somos extraordinários e milagrosos; sem perder de vista o fato que, em outros aspectos, não somos nada de especial, apenas parte de um todo maior que está se revelando, como ondas no mar, erguendo-se e caindo novamente em um breve momento chamado vida.

13

Sobre a Cura:
Restabelecer a Inteireza

Quando usamos a palavra **cura** para descrever a experiência de pessoas engajadas no treinamento de atenção plena do programa MBSR, o que queremos dizer, acima de tudo, é que elas estão passando por uma profunda transformação de perspectiva, algo que costumo chamar de "rotação de consciência". Essa transformação é provocada pelo encontro da pessoa com sua própria inteireza e catalisada pela prática da meditação. Quando vislumbramos nossa inteireza no silêncio de um momento, quando entramos em contato direto com nós mesmos por meio do escaneamento corporal ou da meditação na posição sentada, ou enquanto praticamos yoga como seres inteiros nesse instante, e também como parte de um todo maior, começa a surgir uma compreensão e aceitação mais profunda dos nossos problemas e do nosso sofrimento. Começamos a ver – tanto a nós mesmos como aos nossos problemas – com outro olhar, ou seja, a partir da perspectiva da inteireza. Essa transformação de perspectiva cria um contexto completamente diferente no qual podemos ver e trabalhar com os problemas, por mais graves que sejam. É um ajuste de percepção que nos distancia da fragmentação e do isolamento, e nos leva ao caminho da inteireza e da interconexão. Junto com essa mudança de perspectiva, ocorre outra transformação: deixamos de sentir que estamos fora de controle e sem salvação (impotentes e pessimistas) e conquistamos um senso do possível, uma percepção de que a situação talvez possa ser resolvida se estivermos dispostos a um pouco de esforço. Consegue-se descobrir um senso de aceitação e paz interior, e até mesmo de controle, se controle for definido como a possibilidade de encontrar soluções dentro de uma perspectiva maior. A cura sempre envolve uma transformação emocional e de atitude. Às vezes, mas nem sempre, é também acompanhada de grande redução de sintomas físicos e de melhora da saúde do praticante.

Essa transformação de perspectiva ocorre de várias maneiras diferentes, conforme as pessoas mergulham no currículo do programa MBSR e na prática da meditação de atenção plena. Na Clínica de Redução de Estresse, às vezes as pessoas têm experiências tão súbitas e drásticas durante a meditação, que as levam a desenvolver novas formas de enxergar as coisas. Com mais frequência, as pessoas falam de momentos nos quais se sentiram profundamente relaxadas ou confiantes. Não raro, nem sequer consideram importantes essas experiências no momento em que estão ocorrendo, muito embora jamais tenham sentido algo semelhante antes. Essas transformações graduais às vezes são muito sutis. Mas podem ser tão profundas, ainda mesmo mais profundas do que transformações mais drásticas. Sejam drásticas ou sutis, tais mudanças de perspectiva são sinal de que estamos enxergando com os olhos da inteireza. A partir dessa alteração de perspectiva, conseguimos agir com maior equilíbrio e segurança interna no mundo, em especial quando enfrentamos o estresse ou a dor.

※

Phil, um caminhoneiro franco-canadense de 47 anos, foi encaminhado à Clínica de Redução de Estresse pelos médicos na Clínica de Dor, pois tinha lesionado a coluna ao levantar peso, três anos antes. Na primeira semana do programa, teve uma epifania enquanto praticava o escaneamento corporal. Começou escutando o CD deitado de costas. Sentia muita dor e pensou: "Ah, meu Deus, não sei se conseguirei fazer isso". Mas, por ter se comprometido a "fazer direito" apesar da dor, obedeceu a voz da gravação. Depois de uns 20 minutos, Phil começou a sentir sua própria respiração "no corpo inteiro", e percebeu que estava completamente focado naquela sensação extraordinária de sentir o corpo respirar. Ele disse a si mesmo: "Uau, isso é incrível!". E então percebeu outra coisa: não estava sentindo dor alguma. Phil conseguiu vivenciar uma experiência semelhante com a prática do escaneamento corporal todos os dias daquela semana. Chegou à segunda aula em êxtase.

Na semana seguinte, foi tudo ao contrário. Nenhuma prática fazia a menor diferença. Ele fez o escaneamento corporal com o CD todos os dias, mas a dor estava pior do que nunca. Nada do que ele fizesse resgatava as emoções que tinha sentido na primeira semana. Sugeri que talvez ele estivesse forçando demais a prática, na tentativa de resgatar as experiências da semana anterior. Talvez agora ele estivesse lutando com a dor, tentando se livrar dela para poder sentir novamente aquelas emoções agradáveis. Phil foi para casa determinado a pensar na hipótese que eu sugerira. Decidiu que tentaria simplesmente deixar qualquer coisa acontecer durante o escaneamento corporal, independente do que fosse, sem tentar atingir um resultado específico. Depois disso, as coisas ficaram mais fáceis. Quando Phil parou de lutar contra a dor, conseguiu se concentrar e ficar muito mais calmo durante o escaneamento corporal. Descobriu que a dor diminuía conforme seu nível de concentração aumentava. Em média, Phil relatou, a dor diminuía cerca de 40% a 50%, às vezes até mais, já no final dos 45 minutos da prática.

※

Joyce veio à Clínica de Redução de Estresse encaminhada por seu oncologista, pouco depois de receber tratamento para um câncer na perna. À época ela tinha 50 anos de idade. Seu marido morrera de câncer do esôfago dois anos antes; tinha sido uma "morte horrível e dolorosa". No dia em que ele morreu, a mãe de Joyce também morreu inesperadamente. Os problemas de Joyce começaram quando ela estava cuidando do marido. Com cada vez mais frequência, ela sentia uma dor na coxa direita que irradiava até a perna. Joyce consultou diversos médicos, e todos disseram que não devia ser nada grave; talvez varizes, ou então parte natural do processo de envelhecimento. Um dia, dois anos após a morte de seu marido e de sua mãe, enquanto Joyce escolhia uma árvore de Natal com o filho, seu osso da coxa se quebrou. Durante a cirurgia descobriu-se um tumor chamado plasmacitoma, que corroera o osso até que ele se partira. Os médicos removeram o tumor e reconstruíram o osso com um enxerto. Durante a cirurgia, Joyce sangrou tanto que o cirurgião disse aos filhos dela que provavelmente não sobreviveria. Mas Joyce sobreviveu. E passou por seis semanas de radioterapia, logo antes de ser encaminhada à Clínica de Redução de Estresse.

Quando Joyce levou o CD para casa depois de sua primeira aula, disse a si mesma que seguiria todas as instruções recebidas no curso e que realmente se comprometeria. Na primeira vez que fez o escaneamento corporal, teve o que descreveu como "uma experiência muito poderosa de 'alteridade'". Essa sensação surgiu quase no final do CD, durante um trecho de silêncio prolongado. Joyce se lembra de ter dito a si mesma naquele momento: "Ah, então é isso que Deus é!". Ao descrever a experiência, ela relatou: "Senti que não havia nada e que havia tudo ao mesmo tempo. Era uma forma de pensar em Deus muito diferente do que eu já tinha concebido até então".

Joyce ainda se lembrava dessa sensação dez anos depois, e disse que a memória a ajudou a superar enormes dificuldades, inclusive múltiplas cirurgias para consertar o enxerto ósseo, uma reconstrução do quadril e sérios estresses familiares. Joyce estava convencida de que sua prática de meditação era responsável por manter o plasmacitoma em remissão e impedi-lo de evoluir para um mieloma múltiplo, como acontece em quase todos os casos nos cinco anos após a cirurgia. Seu oncologista lhe disse que nunca vira outro caso no qual um plasmacitoma não evoluísse para um mieloma múltiplo naquele período de tempo. O médico não se convenceu de que a meditação de Joyce era responsável pela remissão, mas admitiu que não tinha a menor ideia de por que a doença não evoluíra. Qualquer que fosse a razão, ele estava feliz com o resultado e esperava que as coisas continuassem assim. O médico estimulou Joyce a se envolver com tudo de positivo em que acreditasse para manter a mente e o corpo em harmonia.

※

Tanto Phil como Joyce tiveram experiências fortes com o escaneamento corporal logo no início. Algumas pessoas passam semanas antes de vivenciar até mesmo um leve relaxamento, serenidade ou mudança de perspectiva. Mesmo assim, vemos que, ao explorar sua experiência no grupo, em diálogo, algo de positivo já começa a emergir na maioria das pessoas como resultado da prática recorrente do escaneamento corporal nas primeiras duas semanas, mesmo se não for uma mudança drástica.

Curiosamente, às vezes acontece de este "algo positivo" não se manifestar por inteiro até que a pessoa entre na prática do yoga. A mudança para um uso mais ativo do corpo pode catalisar alterações de perspectiva que foram sendo criadas de modo gradual, abaixo do nível da consciência, durante as semanas de trabalho com o escaneamento corporal.

Em última análise, a trajetória de cura é diferente para cada indivíduo. A cura é sempre uma experiência profundamente única e íntima. Cada um de nós, saudável ou doente, tem de enfrentar as próprias circunstâncias de vida específicas e lidar com elas. A prática de meditação, realizada com a intenção de investigar e explorar a si mesmo, pode transformar a capacidade de enfrentar, acolher e trabalhar com a catástrofe total (estando no meio dela). Mas para tornar essa transformação uma realidade, é preciso assumir a responsabilidade de adaptar a prática básica até que ela se torne sua – até que você "se aproprie dela" – para que ela se incorpore à sua vida e às suas necessidades. As escolhas específicas que você fará dependerão das circunstâncias específicas da sua vida, e também do seu temperamento.

É aqui que a sua imaginação e criatividade entram em cena. Como vimos, a prática de meditação é, acima de tudo, uma forma de ser. Não é um conjunto de técnicas de cura. A cura vem da própria prática, quando esta se torna **uma forma de ser**. Se a meditação for usada para ser curadora, é menos provável conseguir algo, mesmo que seja a inteireza. Do ponto de vista da consciência você já é pleno, então qual é o propósito de tentar se tornar algo que você já é? O necessário é, acima de tudo, **soltar-se no** domínio do ser e residir nessa inteireza com atenção, fora do tempo. Aí reside a natureza da cura.

※

Na clínica de estresse somos sempre surpreendidos pelas diversas maneiras que nossos pacientes encontram para adaptar as práticas às suas próprias vidas, e também pelos efeitos que a prática da atenção plena tem sobre eles. São efeitos completamente imprevisíveis. Esta é uma razão forte para se entregar por inteiro à prática da meditação e, no melhor de sua capacidade, abrir mão de todo apego a resultados específicos, mesmo se tais resultados forem aquilo que nos atraiu ao programa MBSR.

13 | Sobre a cura: restabelecer a inteireza

A maioria vem à clínica na esperança de conquistar paz de espírito. Querem aprender a relaxar, lidar com o estresse e a dor de maneira mais eficiente. Mas, com frequência, saem muito mais transformados do que esperavam. Um exemplo é Hector, lutador de luta livre porto-riquenho, que frequentou o programa por ter ataques frequentes de raiva acompanhados de dores no peito. Ele saiu oito semanas depois tendo encontrado novas formas de regular e controlar tanto a dor no peito como a raiva, e tendo descoberto uma fonte profunda de gentileza em si mesmo, algo que nunca antes experimentara. Bill, açougueiro, veio à clínica a pedido do seu psiquiatra quando ficou sozinho com seis filhos para criar depois que sua esposa cometeu suicídio. Bill tornou-se vegetariano, e um dia me disse: "Jon, a prática se aprofundou em mim a tal ponto que não sou mais capaz de mentir". Depois de completar o programa, começou seu próprio grupo de prática de meditação. Edith aprendeu a meditação de atenção plena no programa de reabilitação pulmonar para contornar uma dificuldade respiratória. Ela continuou a prática sozinha, e relatou com orgulho em uma reunião de sua turma de reabilitação pulmonar, muitos anos depois, que tinha usado a prática durante uma cirurgia de catarata para controlar a dor com sucesso – depois de ter sido avisada pelos médicos no último instante que não poderia receber anestesia por causa da doença pulmonar, logo antes de começarem a enfiar agulhas em seu olho. Henry veio para o programa MBSR com ansiedade, doença cardíaca e pressão alta. Na quarta semana do programa, vomitou sangue devido a uma úlcera. Levado para a UTI e pensando que poderia morrer, Henry se acalmou usando a consciência da respiração enquanto estava deitado na cama, com tubos saindo de seus braços e do nariz. Nat era um empresário de meia-idade que chegou extremamente perturbado devido a uma combinação de pressão alta resistente a remédios (Nat fora demitido duas semanas antes) e diagnóstico positivo para o vírus HIV. Sua esposa contraíra AIDS (devido à transfusão de sangue durante uma apendicectomia) e tinha morrido havia pouco tempo. Ele estava tão mal que uma enfermeira da Clínica de Cuidados Primários o conduziu pessoalmente ao escritório da Clínica de Redução de Estresse para ter certeza de que ele se matricularia. Oito semanas depois, a pressão sanguínea de Nat estava de volta ao normal, ele tinha conseguido colocar seu temperamento sob controle e melhorar o relacionamento com seu único filho; e passara a olhar a vida com muito mais otimismo, apesar de sua situação e perdas. Edward era um jovem com AIDS. Seis meses depois de completar o programa MBSR ele me disse que passara aqueles seis meses praticando meditação todos os dias, sem falhar nenhum, e relatou que não estava mais "uma pilha de nervos" no trabalho. Quando teve de passar por outra análise de medula óssea, lembrou-se de usar a respiração para abrir mão de seu medo da dor e acabou não sentindo dor alguma. Nenhum desses resultados específicos de mindfulness era previsível. Todos brotaram diretamente da prática de meditação.

Como veremos mais adiante, é claro que o processo de integrar a prática à sua vida deve incluir a atenção a hábitos e comportamentos específicos que podem influenciar sua saúde, direta ou indiretamente, para melhor ou para pior. Isso envolve dieta e exercícios; hábitos como fumar ou abusar de álcool ou drogas; atitudes negativas e destrutivas, especialmente hostilidade e cinismo; e a configuração específica de estresses e dificuldades que você enfrenta, além da forma como os enfrenta. Cultivar uma consciência mais ampla acerca dessas questões ou hábitos já arraigados pode melhorar e ampliar o processo de transformação pessoal que cresce de modo natural à medida que habitamos o domínio do ser.

※

O termo cura (*healing*), no sentido utilizado aqui, não significa "curar" (*cure*), embora as duas palavras sejam usadas de maneira intercambiável no discurso comum (em português e em francês a palavra é a mesma.). No entanto, é preciso diferenciar os dois conceitos, visto que têm implicações muito diferentes. Como veremos no próximo capítulo, existem vários tratamentos simples para doenças crônicas ou transtornos relacionados ao estresse. Talvez não seja possível para uma pessoa curar a si mesma, ou encontrar alguém que possa curá-la, mas todos podemos nos **restabelecer, recuperar, reabilitar** – aprender a viver e a trabalhar com as condições que se apresentam no momento presente. O restabelecimento implica na possibilidade de nos relacionarmos de outra maneira com a doença, a deficiência ou mesmo a morte – à medida que aprendemos a enxergar com os olhos da inteireza. Como vimos, isso advém da prática de habilidades

13 | Sobre a cura: restabelecer a inteireza

básicas, como entrar e residir no espaço aberto da consciência, associado ao profundo relaxamento fisiológico e psicológico, e também à possibilidade de ver nossos medos, limitações e vulnerabilidades dentro de um contexto maior. Talvez você perceba que já é pleno, mesmo que por breves momentos de quietude – que já está completo em seu ser, mesmo se seu corpo tem câncer, uma doença cardíaca, AIDS ou dor, e mesmo se você não souber quanto tempo viverá, ou o que acontecerá na sua vida.

As vivências de inteireza são tão acessíveis para pessoas com doenças crônicas ou problemas relacionados ao estresse quanto para qualquer outra pessoa. Os momentos de vivência da inteireza, momentos nos quais você se vincula ao domínio do seu próprio ser, em geral são acompanhados por um senso palpável de ser maior do que a doença, ou os problemas, e de estar em uma posição muito melhor para aprender a lidar com essas dificuldades. Portanto, pensar que você é um "fracasso" porque "ainda" tem dor, problemas cardíacos, câncer ou AIDS, mesmo depois de praticar meditação por algum tempo, significa que você compreendeu mal a prática da atenção plena e o programa MBSR. **Não meditamos para fazer com que algo desapareça**, tampouco meditamos para atingir algum estado ou sentimento específico. No momento podemos gozar de plena saúde, ou então sofrer de uma doença terminal, mas nenhum de nós sabe quanto tempo tem para viver. A vida se revela apenas em momentos. O poder curativo da atenção plena jaz em viver cada um desses momentos tão plenamente quanto possível, aceitando a realidade desses momentos da melhor forma possível enquanto nos abrimos para o que vem a seguir – o momento que vem depois do agora.

Paradoxalmente, essa mudança de orientação e de consciência tem o poder de transformar tudo. Lembre-se de que aceitação não significa resignação passiva. De modo algum. Significa fazer a leitura de uma situação, sentir o que está presente e acolher aquilo na consciência da forma mais completa possível, por mais desafiadora ou horrível que a situação possa ser – e reconhecer que as coisas são da forma como são, independente de gostarmos ou não da situação, ou de desejarmos que fosse diferente. E então, poderemos **escolher**, intuitiva ou intencionalmente, participar do que pode ser um relacionamento mais sábio com o momento presente. Isso significa, quando possível ou necessário, agir de uma forma ou de outra. Mas também pode significar apenas ficar parado, consciente de que tudo está sempre mudando e de que nossa mente, atitude e capacidade de repousar na amplitude da consciência contribuem para a compreensão das circunstâncias e para uma aceitação dessas circunstâncias – algo subjacente ao processo de cura. Esse não agir é, em si mesmo, uma forma poderosa de ação.

Certo dia, uma mulher com câncer de mama estava meditando e teve o *insight* de que ela não era o câncer. Viu com clareza, por um instante, que ela era uma pessoa plena, e que o câncer era um processo que se passava dentro de seu corpo. Antes daquele momento, sua vida vinha sendo consumida pela identificação com a doença e com o rótulo de "paciente com câncer". Perceber que ela não era seu câncer fez com que sentisse mais liberdade. Conseguiu pensar com mais clareza acerca de sua vida e decidiu que poderia usar o fato de ter câncer como oportunidade para crescer e viver mais plenamente, pelo período de tempo que lhe fosse dado viver. Ao assumir o compromisso de viver a vida tão plenamente quanto possível, usando o câncer para ajudá-la – em vez de se debulhar em culpa ou pena de si mesma por ter ficado com câncer –, ela preparava o palco para a cura, para dissolver os limites mentais que a confinavam, para aceitar aquilo que estava enfrentando. Ela compreendeu que, embora tivesse esperanças de que essa abordagem pudesse influenciar a evolução do câncer, não havia garantia alguma ou mesmo sugestão de que o tumor diminuiria, ou que ela viveria por mais tempo. A determinação de viver com maior consciência não partiu dessas esperanças. Partiu do fato de ela querer viver sua vida da forma mais plena possível. Ao mesmo tempo, queria se manter aberta à possibilidade de, talvez, a evolução da doença ser influenciada positivamente por uma integração mais profunda entre corpo e mente por meio da prática de atenção plena.

※

Há evidências crescentes de que a mente pode, de fato, influenciar a evolução de (ao menos) algumas doenças. Hoje existe uma área completamente nova de conhecimento chamada psiconeuroimunologia, ou PNI, cujos estudos vêm demonstrando que os muitos mecanismos sofisticados de defesa do corpo contra infecções e doenças, conhecidos coletivamente como sistema imunológico, não operam de modo isolado para nos manter saudáveis. Como o próprio termo **psiconeuroimunologia** sugere, agora se sabe que o sistema imunológico é regulado, ao menos em parte, pelo cérebro e pelo sistema nervoso, que, por sua vez, integra todos os sistemas de órgãos do corpo. E, é claro, o cérebro e o sistema nervoso possibilitam a vida mental. Portanto, parece que existem interconexões importantes entre o cérebro e o sistema imunológico, e que essas conexões permitem que a informação flua nos dois sentidos. Em outras palavras, o cérebro pode influenciar e modular o funcionamento do sistema imunológico, mas a condição do sistema imunológico também pode influenciar o cérebro de modo específico. A descoberta dessas conexões significa que hoje a ciência tem um modelo de trabalho plausível para elucidar as vias e mecanismos biológicos por meio dos quais pensamentos, emoções e experiências de vida podem influenciar a suscetibilidade ou resistência às doenças.

Existe hoje um grande volume de estudos demonstrando que experiências de vida estressantes podem influenciar a atividade do sistema imunológico, que, sabemos, exerce um papel fundamental nos mecanismos de defesa do corpo contra o câncer e as infecções. Os doutores Janice Kiecolt-Glaser e Ron Glaser, da Faculdade de Medicina da Ohio State University, demonstraram que a atividade das células *natural killer* (NK ou células exterminadoras naturais) de estudantes de medicina aumentava e diminuía de maneira claramente relacionada à quantidade de estresse vivenciado em dado momento. Durante a época de provas, a atividade das NK e de outras funções imunológicas se revelou reduzida quando comparada aos níveis fora da época de provas. Esses pesquisadores e outros também demonstraram que solidão, separação, divórcio e cuidar de um cônjuge com demência são todas situações associadas a uma função imunológica reduzida, e que diversas técnicas de relaxamento e abordagens de enfrentamento podem ajudar a proteger e até mesmo aprimorar o sistema imunológico. Funções imunológicas mensuradas em estudos desse tipo, como a atividade das células NK, parecem ter um papel fundamental nos mecanismos de defesa do corpo contra o câncer e infecções virais.

Outros estudos demonstraram uma ligação entre o programa MBSR e a melhor função imunológica. Em estudo colaborativo com Richard Davidson e seus colegas da University of Wisconsin, mencionado no Prefácio, conduzi o primeiro experimento randomizado sobre o programa MBSR. Além de mensurar aspectos de bem-estar psicológico por meio de questionários, nosso estudo avaliou aspectos biológicos dos participantes, especialmente a atividade elétrica em determinadas regiões do córtex pré-frontal (mensuradas por EEG), além de respostas imunes a uma vacina para gripe (medidas pelo volume de anticorpos no sangue). Estudamos um grupo saudável de funcionários que trabalhavam em um ambiente corporativo muito estressante e descobrimos que os funcionários que passaram pelas oito semanas do programa MBSR demonstraram um nível muito mais alto de resposta dos anticorpos após receber a vacina, em comparação com os funcionários do grupo-controle, que aguardavam para realizar o treinamento em uma data posterior, mas passaram pelos testes ao mesmo tempo que o grupo de MBSR. Também descobrimos que a resposta imunológica variava de acordo com a quantidade de mudanças observada na atividade cerebral de cada pessoa. No grupo de MBSR, quanto mais a atividade cerebral alternava do hemisfério direito para o esquerdo (um indicador de menor reatividade emocional e maior resiliência emocional), mais forte era a resposta dos anticorpos daquela pessoa à vacina da gripe. O grupo-controle não apresentou padrões similares.

Uma série de experimentos impressionantes – conduzidos por Robert Ader e Nicholas Cohen na Faculdade de Medicina da University of Rochester, que tiveram início em meados dos anos 1970 e foram responsáveis pelo surgimento da psiconeuroimunologia – levou a uma explosão de interesse e pesquisas bastante abrangentes nessa área de conhecimento. Ader e Cohen projetaram um experimento bem sofisticado para revelar o forte e indiscutível vínculo entre o cérebro e o sistema imunológico. Eles demonstraram que a imunossupressão (uma redução da resposta imune) em ratos podia ser psicologicamente **condicionada**. Para isso, administraram nos animais uma droga imunossupressora combinada com químicos doces (sacarina) na água que os ratos tomavam. Em seguida, os animais passaram a receber apenas sacarina na tigela de água – mas continuaram demonstrando imunossupressão, mesmo depois de terem parado de receber a droga imunossupressora! Parecia que o corpo dos ratos havia de alguma forma **aprendido** a suprimir o funcionamento imunológico na presença do gosto da sacarina servida junto com a droga

13 | *Sobre a cura: restabelecer a inteireza*

imunossupressora. Os animais do grupo-controle não demonstraram essa resposta condicionada. Isso sugere que, nos animais condicionados, o funcionamento imunológico foi afetado por uma espécie de aprendizado psicológico, algo que só pode ocorrer por meio do sistema nervoso.

Muitos experimentos indicam que animais que passam por estresse incontrolável podem apresentar *deficit* nas funções imunológicas e redução da resistência natural ao câncer e ao crescimento de tumores. Estudos recentes com pessoas também estão revelando ligações intrigantes entre o estresse, sentimentos de desamparo, *deficit* no sistema imunológico e doenças como o câncer. Em última análise, a maior questão que se apresenta para pesquisas futuras é até que ponto a mente pode influenciar o **tratamento** de doenças específicas, não apenas indiretamente, por meio de mudanças no estilo de vida (por mais importantes que sejam), mas também diretamente, ao influenciar o funcionamento do sistema imunológico e do próprio cérebro. No entanto, é preciso cautela ao interpretar o significado de mudanças específicas no sistema imunológico em estudos desse tipo, pois ainda não existem evidências firmes de que as muitas mudanças observadas em diversos estudos estejam diretamente relacionadas a mudanças em processos de adoecimento específicos. E, embora estudos com animais e humanos tenham demonstrado que o estresse crônico suprime de vários modos a função imunológica e provoca maior sensibilidade perante uma miríade de agentes infecciosos, outros estudos demonstraram que, na verdade, o estresse melhora a resposta imunológica, em vez de suprimi-la. Portanto, mais pesquisas são necessárias para compreender exatamente o que está acontecendo.

※

Em 1998, publicamos os resultados de uma pesquisa projetada para estudar se seria possível provar que a mente teve efeito direto sobre uma cura bem definida.* Em colaboração com o Dr. Jeffrey Bernhard e seus colegas da Divisão de Dermatologia do Centro Médico da University of Massachusetts, decidimos observar pessoas com a doença de pele psoríase

---

* Kabat-Zinn, J.; Wheeler, E.; Light, T. et al. Influence of a mindfulness meditation-based stress reduction intervention on rates of skin clearing in patients with moderate to severe psoriasis undergoing phototherapy (UVB) and photochemotherapy (PUVA) in *Psychosomatic Medicine*. 1998: 60, 625-632.

enquanto faziam terapia com luz ultravioleta. As pessoas com psoríase sofrem de um crescimento exacerbado das partículas da pele, que acaba produzindo manchas escamosas. A causa da doença ainda é desconhecida e atualmente não existe cura. Sabemos que a intensidade da doença varia e está relacionada a estresse emocional e outros fatores. As manchas escamosas chegam a desaparecer completamente, mas depois retornam. A psoríase é caracterizada por uma proliferação descontrolada de células na camada epidérmica da pele. Não é câncer, mas envolve fatores de crescimento similares ao câncer de pele. Por essa razão, compreender melhor como a psoríase funciona pode levar a implicações mais amplas para a medicina. Certamente foi um bom modelo para investigar a questão que quisemos postular: a mente pode influenciar um processo de cura passível de ser visto e fotografado?

O tratamento padrão para a psoríase consiste em exposição à luz ultravioleta, conhecida como **fototerapia**. Utiliza-se uma frequência específica de luz ultravioleta (UVB), pois ela reduz o crescimento das células nas partes escamosas da pele que, em casos graves, podem cobrir áreas grandes do corpo. Às vezes uma droga chamada psoraleno é usada sistematicamente em conjunto com a luz ultravioleta, se um tratamento mais forte for necessário. Nesse caso, emprega-se uma frequência diferente de luz (UVA). A exposição à luz UVA ativa o psoraleno que entra na pele, e esta molécula ativada acelera a limpeza ao evitar que as células de pele se dividam. Esse tratamento é conhecido como **fotoquimioterapia**. No estudo que conduzimos, acompanhamos pacientes que estavam em tratamento com fototerapia ou fotoquimioterapia. Em ambos os casos, o tratamento requer que o paciente fique quase nu dentro de uma caixa cilíndrica de luz (que tem mais ou menos o mesmo tamanho de uma daquelas cabines telefônicas antigas) por períodos de tempo gradativamente maiores, até chegar a uns 10 minutos, enquanto a pele do paciente é exposta à luz ultravioleta. O interior da cabine têm lâmpadas de luz ultravioleta dos pés à cabeça. Os tratamentos costumam acontecer três vezes por semana, durante cerca de quatro meses. No começo a exposição é muito breve, e vai aumentando gradualmente, para evitar que a pele sofra queimaduras. Às vezes, muitas sessões de tratamento são necessárias até que a pele seja completamente restaurada.

Em nosso estudo, 37 pessoas prestes a começar o tratamento com luz ultravioleta na clínica de fototerapia foram distribuídas aleatoriamente em dois grupos. Um dos grupos praticou a meditação de atenção plena durante o tempo na caixa de luz, orientado por um programa de áudio que, conforme as sessões de exposição à luz ficavam mais longas, focava sequencialmente na atenção plena da respiração, das sensações corporais (de ficar em pé, do calor intenso vindo das lâmpadas, e da corrente de ar dos exaustores), dos sons, pensamentos e emoções. Conforme as sessões ficavam mais longas, os praticantes de meditação também eram encorajados a visualizar a luz ultravioleta reduzindo o crescimento das células de pele ao "travar o equipamento" do qual elas dependem para se dividir. Após vinte sessões, os praticantes também tinham a opção de praticar atenção plena sem orientação, em vez disso escutando música de harpa. As pessoas no grupo-controle seguiram o protocolo normal de tratamento com luz, sem nenhuma prática de atenção plena nem opção de música.

Embora a metodologia desse estudo possa ter tido suas falhas, as descobertas replicaram e estenderam os resultados de um estudo-piloto anterior. Descobrimos que, durante o período de tratamento, a pele dos praticantes de meditação foi restaurada cerca de quatro vezes mais rápido do que a pele dos pacientes do grupo-controle, que receberam apenas o tratamento com luz. Esse resultado surgiu tanto no tratamento com fototerapia quanto no tratamento com fotoquimioterapia. Isso torna a questão ainda mais surpreendente, pois o máximo de tempo que essas pessoas ficaram na caixa de luz a qualquer momento do tratamento não passou de 12 minutos, portanto, elas só meditaram por períodos relativamente curtos de tempo. Além do mais, diferente dos participantes do programa MBSR, os participantes do estudo de psoríase não levaram CDs de meditação guiada para praticar em casa, mas receberam a instrução de não meditar em outros momentos. O fato de termos visto melhorias tão drásticas deve ser um indicador do poder da atenção plena para influenciar positivamente diversos fatores mente-corpo, mesmo num tempo de prática relativamente breve. Também sugere que mesmo um pouco de prática de atenção plena pode ser muito benéfico. Veremos um uso similar de práticas de meditação com duração breve quando examinarmos os estudos de dor induzida em laboratório no Capítulo 23.

Os resultados do estudo com pacientes de psoríase são preliminares, até serem replicados por outros pesquisadores, mas de fato levantam muitas implicações intrigantes. A mais óbvia é que a mente pode influenciar positivamente o processo de cura, pelo menos em alguns contextos. Não podemos dizer, com certeza, se foi a prática de atenção plena em si que produziu a melhora, pois também incluímos a visualização da pele se regenerando em resposta à exposição à luz, além da música – e o grupo-controle não teve tais elementos em seu tratamento. Por exemplo, eles não escutaram um programa de rádio com música. Ainda assim, os resultados sugerem que alguma dimensão da mente exerceu um papel significativo na aceleração da regeneração da pele. Visto que agora sabemos que o cérebro pode influenciar processos inflamatórios no corpo, bem como diversos fatores epigenéticos e imunológicos que podem influenciar a psoríase, é provável que os efeitos da mente possam alcançar todos os níveis do corpo, até a expressão genética e a atividade imunológica umeral. Futuros estudos nessa área podem elucidar muito a esse respeito.

Nosso estudo também avaliou o custo-benefício intrínseco do tratamento, pois o grupo de meditação obteve uma regeneração mais rápida da pele se comparado ao grupo-controle. Dessa forma, as pessoas do grupo de meditação precisaram de menos sessões de tratamento e, assim, o custo do tratamento foi reduzido. O estudo foi ainda um exemplo clássico de medicina participativa em ampla escala. Da mesma forma, é um exemplo de medicina integrativa, pois a prática meditativa foi integrada diretamente ao próprio protocolo médico. Além do mais, visto que a luz ultravioleta é, em si, um fator de risco para câncer de pele (carcinoma basocelular), reduzir o número de exposições necessárias para obter a regeneração da pele reduziu o risco intrínseco associado ao tratamento fototerápico.

※

De vez em quando, a ligação mente-corpo e os processos de cura recebem intensa cobertura nas mídias populares. Isso está se tornando cada vez mais comum com as abordagens mente-corpo, em geral, e com a atenção plena, em particular, agora que existem tantos estudos sendo lançados nas áreas da neurociência, psicologia da saúde e psiconeuroimunologia. Depois de ter contato com os resultados desses estudos, muitas pessoas com câncer ou AIDS ficaram interessadas em aprender meditação para controlar o estresse. Querem melhorar sua qualidade de vida, e também têm a expectativa de conseguir estimular o sistema imunológico para combater a doença com mais eficácia. É perfeitamente possível que praticar meditação e visualizações específicas influencie o sistema imunológico significativamente, estimulando a cura – mas essa conjectura ainda está longe de ter sido comprovada no presente momento, conforme já observamos.

Do nosso ponto de vista, pessoas que vêm fazer o programa MBSR com expectativa muito intensa de que seu sistema imunológico seja fortalecido pela meditação talvez estejam criando impedimentos ao processo de cura, tanto física como psicológica. Um investimento muito alto em fazer com que o sistema imunológico responda da forma como você quer pode acabar sendo mais um problema do que uma solução, pois o espírito e a qualidade da prática de meditação podem facilmente acabar prejudicados por **qualquer foco em metas**, por mais compreensível e digna que seja a meta – algo que temos enfatizado bastante. Se a essência da meditação é não fazer, então tentar manipulá-la para conseguir o que você quer, mesmo que sutilmente, pode distorcer e enfraquecer as qualidades de abrir mão e de aceitação, que nos permitem a vivência direta da inteireza – que consideramos ser o alicerce da cura. Isso continuará sendo verdadeiro mesmo se ficar provado, em última instância, que a meditação pode gerar mudanças positivas na função imunológica, levando à maior capacidade do corpo para curar processos de adoecimento.

Mas isso não significa que a meditação não possa ser utilizada para determinados fins. Existem incontáveis maneiras de incorporar visualizações específicas e metas à prática de meditação (descritas no Capítulo 8). Exemplos disso são o experimento com a psoríase, que acabamos de mencionar, e a meditação da bondade amorosa que veremos a seguir. Em todas as tradições meditativas do mundo, visualizações e imagens são usadas para invocar estados mentais e emocionais específicos. Existem meditações sobre o amor, Deus, bondade amorosa, paz, perdão, altruísmo, impermanência e sofrimento. Existem meditações que versam sobre energia, estados corporais, emoções específicas, calma, generosidade, alegria, sabedoria, morte e, é claro, cura. As imagens e a canalização específica da nossa energia e atenção são parte integrante dessas práticas.

No entanto, é importante enfatizar que todas elas são **práticas**. São adotadas sempre com disciplina sistemática e compromisso, e sempre dentro do contexto mais amplo da meditação **como uma forma de ser**. Quando utilizamos tais práticas como se fossem técnicas isoladas, úteis apenas para quando nos sentimos mal ou queremos algo, invariavelmente ignoramos ou descartamos o contexto maior. Na verdade, talvez nem sequer consigamos perceber que ele existe. Em todas as situações, a sabedoria e o poder inerentes à perspectiva do não fazer podem ser facilmente perdidos e negligenciados, de modo que o poder mais profundo da visualização específica é anulado. Existe pouca sabedoria nessa abordagem e um potencial muito grande para a frustração, decepção e desperdício de energia.

Para aumentar a eficácia da cura, o uso de visualizações e imagens funciona melhor se for inserido em um contexto mais amplo, que compreenda e respeite o não fazer e o não esforço. Caso contrário, os exercícios de visualização podem facilmente degenerar de meditação em mero pensamento positivo – e o poder de cura e a sabedoria intrínsecos à prática simples da atenção plena podem ficar ao largo, intocados, ou então sofrer uma banalização pela busca de algo mais elaborado e orientado para metas. Até mesmo no caso da redução da pressão arterial – algo que inúmeros estudos clínicos comprovaram advir da meditação –, não é sensato meditar com foco nesse propósito. Isso tende a tornar a meditação mecânica, voltada demais para sucessos ou fracassos. Acreditamos que é muito mais eficiente praticar meditação com regularidade e deixar que a pressão arterial baixe por si mesma.

Quando praticamos meditação como uma forma de ser, e não como um meio para fins específicos, o uso de visualizações especiais para trabalhar com questões preocupantes, a partir do contexto mais amplo, às vezes pode ser muito útil. Não foram realizadas pesquisas suficientes para determinar a importância relativa das visualizações específicas no processo de cura, se estas forem comparadas à prática simples da consciência de momento a momento. O experimento sobre a psoríase pode levar a mais estudos nesse campo.

A partir das nossas experiências com o programa MBSR, percebemos que é mais provável que a redução de sintomas e a transformação de perspectiva aconteçam se você cultivar ativamente o "não fazer" na prática de meditação, em vez de se preocupar com sua pressão arterial, seus sintomas específicos ou seu sistema imunológico.

Dizemos aos pacientes na clínica de estresse – tenham eles pressão alta, câncer ou AIDS – que não há problema algum em chegar com a esperança de controlar a pressão arterial ou melhorar a função imunológica, ou querer aprender a relaxar e ser mais calmo. Mas a partir do momento em que decidem se comprometer com o programa, precisam abrir mão de suas metas por um tempo e apenas praticar a atenção plena, sem segundas intenções. Então, se a pressão arterial desses pacientes diminuir, se as células **NK** ou as células **T** aumentarem em número e atividade, ou se houver redução da dor, melhor ainda. Queremos que os pacientes testem o que seus corpos e mentes conseguem fazer, sem sentir que precisam influenciar ou aprimorar alguma função fisiológica específica, dentro de um prazo determinado. Trazer calma para a mente e o corpo exige, em algum momento, uma disposição de abrir mão de querer que algo específico aconteça, e de aceitar as coisas assim como são – e a nós mesmos assim como somos – com o coração aberto e receptivo. Esta paz e aceitação internas jazem no cerne da saúde e da sabedoria.

※

Idealmente os hospitais deveriam ser ambientes onde se aprecia e cultiva a capacidade interna das pessoas para a cura, pois assim se complementaria o tratamento médico de suas doenças. Muitos médicos e enfermeiras respeitam tal perspectiva e tentam cultivar essa capacidade da melhor forma possível, dadas as condições limitadas com as quais costumam trabalhar, características do lugar onde o paciente buscou ajuda. Encontrar formas criativas de mobilizar os recursos internos dos pacientes para conduzi-los a um estado de maior saúde e bem-estar é, como temos visto, um elemento importante da medicina mais participativa.

Para oferecer um recurso que permitisse ao paciente participar mais diretamente de seu próprio processo de cura enquanto estava no hospital, e para proporcionar a médicos e enfermeiros ocupados e sobrecarregados um recurso que pudessem oferecer aos seus pacientes, nos primeiros anos da Clínica de Redução de Estresse, desenvolvi um programa em vídeo e o divulguei com o intuito de ensinar pacientes hospitalizados a meditar. A esperança era que os pacientes internados, acamados, pudessem se engajar em um tipo de trabalho meditativo similar àquele das pessoas que vêm à Clínica de Redução de Estresse com encaminhamento para o programa MBSR, que é um tratamento ambulatorial.

Em geral, a televisão serve para nos distrair e amortecer. Diante dela fica fácil nos distanciarmos de nós mesmos e do momento presente (discutiremos essa questão mais detalhadamente no Capítulo 32). Com este "programa de televisão", chamado *The World of Relaxation* [O Mundo do Relaxamento], tentei usar a mídia de outra forma. Talvez se possa pensar nesta produção como um programa de televisão interativo interpessoal.

Muitos pacientes deixam a televisão ligada a maior parte do tempo enquanto estão internados, embora nem sequer estejam assistindo. O bombardeio constante de sons e imagens não é propício ao bem-estar geral nem ao processo de cura, mesmo se for para ajudar a passar o tempo. Silêncio seria melhor, especialmente se as pessoas soubessem o que fazer com ele – se soubessem **como** estar em silêncio, **como** concentrar suas energias para estarem no momento presente e habitarem a calma e a quietude.

Caso esteja internado em um quarto com outra pessoa, talvez tenha de tolerar o que o seu colega assiste na televisão dele, mesmo que a sua esteja desligada. Para pessoas que estão com dor, ou morrendo, ou passando por algum tipo de crise, pode ser desumano, degradante e desmoralizante ter de tolerar novelas e programas banais como trilha de fundo para os problemas da vida real. Este não é um ambiente digno para morrer ou para sofrer – e não oferece as melhores condições para tentar se recuperar e sarar.

The World of Relaxation [O mundo do relaxamento] foi uma maneira que encontrei de chegar aos pacientes acamados através da televisão montada na parede, para propor algo mais ou menos assim: "Veja: enquanto você estiver deitado aqui no hospital querendo matar o tempo, talvez tenha interesse em usar um pouco desse tempo para exercitar determinados "músculos" que talvez nem saiba que existam – por exemplo, o "músculo" da atenção, o "músculo" da atenção plena, o "músculo" que trabalha com o momento presente – sejam quais forem as circunstâncias. Talvez seja interessante explorar, com intenção e propósito, uma forma de aprender a sistematicamente entrar e permanecer em profundo relaxamento e bem-estar. Na pior das hipóteses, engajar-se neste programa pode aumentar sua capacidade de controlar e reduzir parte do estresse, dor e ansiedade que talvez esteja vivenciando. E, mais importante, talvez esta atividade também ajude no próprio processo de cura".

The World of Relaxation faz um uso incomum da televisão. Visualmente, aparece apenas o meu rosto na tela por uma hora – não é grande coisa em termos de teatro ou entretenimento. Para piorar as coisas, depois de uma breve introdução, peço ao telespectador que feche os olhos e eu também fecho os meus. E então a maior parte do vídeo (de uma hora) consiste apenas no meu rosto na tela com os olhos fechados. Eu medito e conduzo o ouvinte a uma longa meditação, orientada para a cura, que inclui a atenção plena da respiração, um escaneamento corporal adaptado e o direcionamento da respiração para as regiões que o paciente sentir que precisam de mais atenção. A orientação verbal é acompanhada por uma melodia relaxante de harpa, composta e tocada por Georgia Kelly, musicista e compositora dedicada a usar a música e o som em prol da saúde.

Talvez você se pergunte: "Por que criar um programa de televisão se o paciente fica com os olhos fechados a maior parte do tempo?" A resposta é que a imagem de outra pessoa no quarto, agindo de modo receptivo e convidativo, pode contribuir para uma sensação de confiança e aceitação. Se a pessoa ficar desorientada ou entediada durante algum momento específico do programa, ela sempre tem a opção de abrir os olhos e ver uma pessoa real na tela, meditando – e assim talvez se sinta reconfortada e consiga retornar à respiração, ao momento presente e aos sons da harpa, voltar para algum nível de calma e bem-estar.

Incentivo o telespectador a deixar sua atenção se fixar naquilo que está sendo dito, ou então desfocar, conforme desejar; ou então se entregar aos sons, às notas musicais e ao espaço entre elas. A harpa é um instrumento que tem sido associado à cura desde os tempos bíblicos. As notas musicais da harpa, nessa música específica, soam como se estivessem vindo do nada e ao nada retornando. Há um profundo silêncio dentro dessa música, em meio ao tanger das cordas e subjacente a ele, o que dá a ela uma qualidade atemporal muito diferente das músicas que têm uma melodia ou tema dominante, por mais incríveis que sejam, melodias que podem acabar interferindo na atenção do ouvinte. A trilha sonora de Kelly é uma trilha de fundo eficiente para o cultivo da atenção plena como prática formal, especialmente para alguém que está tentando praticar pela primeira vez, pois a melodia espelha o comportamento dos nossos pensamentos, sentimentos e percepções, que também surgem do nada e se dissolvem no nada, de momento a momento.

O programa *The World of Relaxation* passa em um canal interno do nosso hospital sete vezes a cada 24 horas. Já está no ar há décadas. Médicos podem "prescrever" o programa aos pacientes para ajudá-los a lidar com a dor, ansiedade ou problemas de sono, ou então para aumentar o relaxamento e o bem-estar e reduzir o estresse da internação. Com esse fim, eles entregam aos pacientes um folheto que inclui os horários em que o programa passa e algumas sugestões sobre como utilizá-lo. A orientação é para que os pacientes "pratiquem" dessa forma duas vezes por dia durante sua estada no hospital. Em nossa opinião, a prática regular de meditação usando esse programa consiste num regime muito melhor para os pacientes internados do que a programação que costuma ser oferecida pela televisão. No decorrer dos anos, ouvimos inúmeros relatos de pacientes que confirmam essa hipótese. Hoje o programa já foi comprado por centenas de hospitais nos Estados Unidos e no Canadá, e também está disponível na internet (www.betterlisten.com).

Muito tempo atrás, fui procurado por uma mulher que usou o *The World of Relaxation* quando hospitalizada no New York University Medical Center. Conversamos longamente e, no final, perguntei se ela estaria disposta a fazer um relato escrito das circunstâncias nas quais utilizou o programa. Foi assim que ela descreveu sua experiência:

Prezado Dr. Kabat-Zinn,
"Há mais saúde do que doença em você" – essas suas palavras permaneceram comigo durante duas assustadoras cirurgias para remover um câncer. Muitos dos outros pensamentos reconfortantes que você oferece no seu vídeo me ajudaram a manter a sanidade.
À noite, quando ficava sozinha depois que os visitantes já tinham ido embora, mal podia esperar para ligar o canal interno do NYU Medical

Center, pois, de alguma forma, me tornei dependente do conforto que você oferecia. Ainda vejo seu rosto na minha frente, quase como se minha experiência tivesse sido pessoal. Você oferece uma filosofia importante que coloca tudo em perspectiva para um ser humano assustado. Muito obrigada por isso. Tentei com muito afinco me lembrar de como praticar a técnica de relaxamento, mas ainda preciso da ajuda que o programa fornece.

Muitos outros pacientes durante minha estada no hospital encontraram conforto na sua voz. Quando eu fazia minhas caminhadas obrigatórias ao longo do corredor, pude ouvir o programa sendo assistido em diferentes quartos. Sempre que tinha a oportunidade de conversar com um paciente em sofrimento, lhe dizia para ligar o programa e recebia agradecimentos (minha primeira estada no hospital durou 23 dias. Tive muito tempo para conhecer as outras pessoas).

Ainda sinto a dor da minha cirurgia mais recente, e ainda estou com medo, mas tenho muitos momentos bons, aliás, maravilhosos, graças à sua ajuda. Sou-lhe realmente muito grata.

MEDITAÇÃO DA BONDADE AMOROSA

A energia curativa – na forma de atenção plena e plenitude emocional – pode ser direcionada para os nossos corpos, mas também para pessoas e relacionamentos. O processo de descortinar em nós profundos sentimentos de empatia, compaixão e amor pelos outros traz consigo efeitos purificadores sobre a mente e o coração. Quando sentimentos desse tipo são convidados a entrar no coração, em qualquer grau de intensidade e sem nenhum esforço, eles podem ser vivenciados por nós e depois direcionados para os outros. Fazer isso pode trazer grandes benefícios, e com toda probabilidade você será o primeiro favorecido.

Em geral incluímos uma meditação da bondade amorosa na sessão de dia inteiro (que acontece durante a sexta semana do programa MBSR) para que as pessoas experimentem o poder de evocar sentimentos de gentileza, generosidade, boa vontade, amor e perdão – os quais devem ser direcionados primeiro para a própria pessoa que está fazendo a prática. A resposta é sempre tocante. Muitas lágrimas são derramadas, tanto de alegria como de pesar. Esse tipo de meditação toca profundamente muitas pessoas. Ela pode nos ajudar a cultivar fortes emoções positivas dentro de nós mesmos e a abrir mão da má vontade e de ressentimentos. Algumas impressões dos participantes sobre esse tipo de meditação já foram mencionadas no Capítulo 8. Para praticar a meditação da bondade amorosa, começamos com a consciência da respiração. Em seguida, intencionalmente deixamos surgir sentimentos de bondade e amor voltados a nós mesmos, talvez lembrando de um momento quando nos sentimos completamente vistos e aceitos por outro ser humano. Evocamos esses sentimentos de bondade e amor para que sejam revividos na nossa memória, mantidos na consciência e sentidos no corpo. Em seguida, podemos usar nossa voz interna para pensar em frases simples, inventadas ou copiadas de outras pessoas – frases como: "Que eu esteja livre da dor interna e externa; que eu seja feliz; que eu seja saudável; que eu viva na calma". Imagine o que dizer essas coisas para si mesmo pode causar, se você de verdade inclinar o coração na direção que as palavras apontam – não para chegar a algum lugar ou fingir que sentiu algo, nem mesmo para pensar que deveria sentir algo, mas apenas como um experimento, para ver o que já existe dentro de você ao se entregar ao processo de todo o coração, ou mesmo só um pouco.

Depois de um tempo podemos seguir em frente, se quisermos, para focar outra pessoa, talvez alguém próximo a quem queiramos bem. Podemos visualizar essa pessoa no "olho" da nossa mente ou sentir a pessoa em nosso coração enquanto desejamos o bem a ela: "Que ele/ela seja feliz, que ele/ela seja livre da dor e do sofrimento, que ele/ela vivencie alegria e amor, que ele/ela viva tranquilamente". Da mesma forma, podemos então incluir outras pessoas que conhecemos e amamos: pais, filhos e amigos.

Em seguida podemos identificar uma pessoa com quem talvez seja difícil lidar por algum motivo. Alguém que gere sentimentos de aversão ou antipatia. Não deve ser alguém que causou um mal significativo a você, apenas alguém por quem não tenha simpatia. Novamente, e apenas se desejar, você pode cultivar intencionalmente sentimentos de bondade, generosidade e compaixão para com essa pessoa, deliberadamente reconhecer e abrir mão dos seus sentimentos de ressentimento e desgosto por ele ou ela, se lembrando de enxergá-la como outro ser humano, alguém tão merecedor de amor e bondade quanto você mesmo, alguém que também tem sentimentos, esperanças e medos, alguém que sente dor e ansiedade assim como você, alguém que também sofre.

A prática pode então continuar com o foco numa pessoa que **de fato** tenha prejudicado você de algum modo. Isso é sempre opcional. Não significa que você está sendo orientado a perdoar a pessoa pelo que ela fez de mal, ou por fazer mal aos outros. De maneira alguma. Você está apenas reconhecendo que ela também é um ser humano, mesmo que muito danificado; que ela também tem aspirações, assim como você; que ela também sofre; que ela também tem o desejo de sentir-se segura e de ser feliz. Visto que sofremos quando carregamos sentimentos de mágoa e raiva, ou até ódio, a disposição de tentar (mesmo que apenas um pouco, e só se você se sentir receptivo à ideia) direcionar um pouco de bondade a essa pessoa que causou tanta dificuldade, que nos feriu, é de fato um modo de trazer à tona nosso sofrimento e liberá-lo no espaço maior da nossa própria inteireza. A outra pessoa talvez não se beneficie disso de modo algum. Mas você terá se beneficiado enormemente. Neste ponto, também existe a opção de intencionalmente perdoar a pessoa. Esse impulso pode ou não surgir com o tempo, se você praticar continuamente a meditação da bondade amorosa. Só você pode decidir quem incluirá na prática e até que ponto. E, se nós causamos mal a outros, deliberadamente ou não, em algum momento também podemos trazê-los para o foco da nossa atenção e pedir perdão.

A prática da bondade amorosa pode ser feita com pessoas que ainda estão vivas ou com as que já faleceram. Pode haver uma grande liberação de emoções negativas crônicas quando se pede perdão e se tenta perdoar as pessoas. É um processo intenso (no próprio coração e mente) de aceitação das coisas como elas são neste momento; um profundo abrir mão de sentimentos e mágoas passadas. O cultivo da bondade amorosa praticada dessa forma pode ser muito libertador se soubermos seguir nosso próprio caminho, se tomarmos cuidado para não forçar nada, se respeitarmos nossos próprios limites no momento presente, assim como fazemos no yoga.

A prática vai ainda mais além conforme expandimos o campo das pessoas que estamos dispostos a incluir. Podemos direcionar a bondade amorosa para outros indivíduos, conhecidos e desconhecidos, talvez para pessoas que vemos sempre, mas não conhecemos de verdade, como os funcionários da lavanderia, que cuidam de nossas roupas, os cobradores do pedágio, os garçons e garçonetes. Podemos estender esse escopo ainda mais, irradiando sentimentos de bondade amorosa para as pessoas que estão sofrendo em todo e qualquer lugar do mundo, que sofreram traumas graves, que são oprimidas, que estão muito carentes de bondade e acolhimento humano. A meditação pode ser levada ainda mais longe, se assim desejarmos, expandindo o campo da bondade amorosa do nosso coração para todas as direções, até que inclua todas as criaturas vivas do planeta (não apenas as pessoas) e o próprio planeta, que cria e sustenta toda a vida.

Por fim, retornamos ao nosso corpo, voltamos para a respiração por um tempo, e terminamos com um simples repouso ao fim do processo, acolhendo e aceitando quaisquer sentimentos que possam estar presentes e observando com cuidado se temos sensações de ternura, generosidade e amor fluindo do nosso coração.

Quando fiz a prática da bondade amorosa pela primeira vez, achei um pouco estranha e artificial. Pareceu-me muito diferente do espírito da prática de atenção plena, pois parecia sugerir que o meditador deveria gerar determinadas emoções, em vez de ficar atento e aceitar toda e qualquer emoção que pudesse surgir, acolhendo-a com bondade amorosa. Por ver o cultivo da atenção plena como um ato radical de amor e bondade amorosa, parecia supérfluo usar uma prática mais especializada, que talvez confundisse os praticantes de atenção plena, pois, a princípio, a prática da bondade amorosa parece contrariar as orientações de não esforço e de não fazer, próprios da prática de atenção plena.

Mudei de ideia quando vi e senti o poder de cultivar a bondade amorosa de maneira intencional. Quando praticada regularmente, ela pode ter um efeito impressionante sobre o coração, acalmando-o. A prática pode ajudá-lo a ser mais gentil consigo mesmo e com os outros. Pode ajudá-lo a ver todos os seres como merecedores de bondade e compaixão, de modo que, mesmo quando disputas surgirem, sua mente consiga ver com clareza e seu coração não se feche nem se perca em emoções negativas, egoístas e, em última análise, autodestrutivas.

13 | Sobre a cura: restabelecer a inteireza

Nas melhores circunstâncias, às vezes leva anos e anos para enfraquecer os hábitos mentais mais confinantes e conseguir se libertar deles. Ao menos para alguns de nós, práticas de sabedoria precisam ser suavizadas por práticas de compaixão e bondade, começando com nós mesmos. Caso contrário, talvez as práticas não fomentem sabedoria real, pois a sabedoria e a compaixão não são separadas; elas se entrelaçam. Como veremos, devido à interconexão de todas as coisas –, e, portanto, por não haver nenhuma separação absoluta entre o eu e o outro – a sabedoria real não pode existir sem bondade e compaixão, assim como a bondade e a compaixão reais não podem surgir sem a sabedoria.

※

Em suma, a cura (no sentido de *healing*) é uma transformação de ponto de vista, em vez de uma cura. Envolve reconhecer a nossa inteireza intrínseca e, ao mesmo tempo, nossa interconexão com todo o resto. Acima de tudo, implica aprender a sentir-se em casa e em paz consigo mesmo. Como vimos e continuaremos a ver nas sessões posteriores deste livro, essa maneira de ser, baseada nas práticas do programa MBSR, pode levar a uma drástica melhora dos sintomas, a uma capacidade renovada de conquistar mais saúde e bem-estar e até mesmo a mudanças no cérebro, que talvez tenha papel importante nessas transformações vitais.

14

Médicos, Pacientes e Pessoas: Uma Compreensão Integral da Saúde e da Doença

Nos últimos quinze anos, testemunhamos três instigantes descobertas fundamentais que dizem respeito às bases da ciência e que estão transformando nossa compreensão do corpo e da mente e de como influenciam um ao outro e a nossa saúde.

A primeira descoberta foi o fenômeno da **neuroplasticidade**. Hoje está provado que o cérebro é um órgão que ganha experiência de modo ininterrupto. Ele continua a crescer, mudar e alterar sua forma em resposta às experiências que temos durante toda a vida, inclusive na velhice. Já se sabe que vários tipos de treinamento sistemático, bem como a exposição repetida a desafios, são formas de ativar essa capacidade intrínseca do cérebro. A descoberta da neuroplasticidade abalou um dogma central e há muito prevalente na neurobiologia segundo o qual, depois de fazer 2 anos de idade, os humanos passam a perder neurônios no cérebro e no sistema nervoso central em ritmo cada vez maior, conforme crescemos e envelhecemos. Agora, no entanto, ficou claro que ao menos algumas regiões do cérebro podem gerar novos neurônios funcionais até mesmo na velhice, além de produzir continuamente novas conexões sinápticas geradas pela experiência e aprendizados de uma vida inteira. Um novo campo de estudos chamado **neurociência contemplativa** surgiu para investigar o que pode ser descoberto acerca do funcionamento do cérebro, da consciência e da ligação mente-corpo por meio do estudo de meditadores experientes e também de pessoas que praticam meditação com regularidade há relativamente pouco tempo – por exemplo, participantes de programas baseados em atenção plena, como o MBSR.

O segundo novo campo emergente consiste na área da **epigenética**. Acontece que o nosso genoma é igualmente "plástico", de maneiras que até pouco tempo atrás eram inimagináveis. A epigenética também explora, em detalhes, como as nossas experiências, comportamentos, escolhas de vida e mesmo atitudes podem influenciar quais genes serão ativados em nossos cromossomos (o termo técnico é **regulado positivamente**) e quais genes serão desativados (**regulados negativamente**). As implicações dessa investigação são profundas. Sugerem que não somos prisioneiros da nossa herança genética, no sentido clássico que supúnhamos – podemos trabalhar nossa herança genética de modo a modular sua expressão e, dessa forma, potencialmente influenciar nossa suscetibilidade a doenças específicas. Tais experimentos também indicam que nos fetos e nas crianças o cérebro em desenvolvimento é extremamente sensível ao estresse e a outros fatores ambientais que podem influenciar, para melhor ou para pior, o grau de desenvolvimento do cérebro. Isso significa que todas as capacidades exigidas para o desenvolvimento ótimo de um ser humano completo podem ser comprometidas devido ao estresse em momentos-chave do desenvolvimento, desde antes do parto até o período da adolescência. Essas capacidades têm a ver com a habilidade de aprender (funcionamento executivo, capacidade da memória de trabalho), de se desenvolver adequadamente (realização, incluindo a coordenação motora fina e grossa), de regular as emoções e relações sociais (desenvolvimento da empatia e decifração de emoções e motivações subjetivas em si e nos outros – às vezes chamada de **inteligência emocional**) e de cura (funções de criar perspectivas, empatia por si mesmo e processamento de estímulos relevantes).

A terceira evolução recente na ciência e na medicina veio com a descoberta dos telômeros e da enzima telomerase, que regenera os telômeros. Os telômeros são estruturas localizadas na extremidade do cromossomo e têm um papel importante na divisão celular. Os telômeros ficam um pouco mais curtos a cada divisão celular, e por fim se desgastam totalmente. Quando isso acontece, as células perdem a capacidade de se replicar. Essa descoberta recebeu reconhecimento através de um prêmio Nobel, concedido em 2009 a Elizabeth Blackburn, da University of California em San Francisco, e colaboradores. Ao descobrir que o estresse encurta os telômeros, Elizabeth e seus colegas começaram a investigar os efeitos da atenção plena e outras práticas meditativas sobre a redução do encurtamento dos telômeros, e os resultados preliminares foram promissores. Hoje sabemos que o comprimento dos telômeros está diretamente relacionado ao envelhecimento celular e, por consequência, à duração da vida. A velocidade de degradação e encurtamento dos telômeros é muito influenciada pela quantidade de estresse que vivenciamos e pela forma como enfrentamos esse estresse.

Devido a essas recentes e revolucionárias descobertas, e também à proliferação de outras descobertas nas ciências biológicas durante as últimas sete décadas, estamos agora em uma conjuntura muito promissora para a evolução da medicina, das ciências médicas e das instituições de cuidado da saúde. Com a conclusão do Projeto do Genoma Humano e o desenvolvimento das áreas de genômica e proteômica, hoje sabemos muito mais sobre os detalhes da estrutura e funcionamento dos organismos vivos em todos os níveis, especialmente em humanos. Pesquisas na área da biologia estão sendo conduzidas em ritmo acelerado e aprendemos mais a cada dia. Desde 1944, ano em que o DNA foi revelado como material genético, a biologia molecular revolucionou completamente a prática da medicina, fornecendo novos fundamentos científicos, abrangentes e cada vez mais profundos, que levaram a grande sucesso em diversas áreas. Essa disciplina continua a oferecer muito potencial de futuras inovações.

Agora já sabemos muito sobre as bases genéticas e moleculares de diversas doenças, inclusive de muitos tipos de câncer, e estamos percebendo que, devido aos nossos genomas diferenciados, pessoas diferentes podem vivenciar a mesma doença de maneiras diferentes e, portanto, podem necessitar de intervenções medicamentosas especificamente projetadas para cada uma. Também temos uma elaborada e crescente gama de remédios para controlar doenças infecciosas e regular várias respostas fisiológicas do corpo, quando estão descontroladas. Já sabemos que nossas células abrigam determinados genes, conhecidos como proto--oncogenes, que controlam as funções normais dentro da célula, mas que, quando alterados por alguma mutação, podem levar ao surgimento de tumores e câncer. Sabemos muito mais sobre a prevenção e tratamento das doenças cardíacas do que dez anos atrás. Se houver uma intervenção rápida, alguém que acabou de sofrer um ataque cardíaco já pode receber uma enzima específica (estreptoquinase, ou TPA) por injeção na corrente sanguínea para dissolver o coágulo na artéria coronária lesionada, diminuindo muito o risco de danos ao músculo cardíaco. Na verdade, já sabemos muito sobre a prevenção de doenças em geral. Ainda assim, neste campo, os sistemas médicos e políticas públicas de saúde ficam muito aquém do ideal quando se trata de implementar aquilo que já sabemos sobre prevenção de doenças. Educar as pessoas acerca de como otimizar a saúde e o bem-estar no decorrer da vida poderia levar a uma imensa redução de custos sociais. É aqui que a medicina participativa – incluindo o programa MBSR e outras abordagens baseadas em mindfulness e voltadas para a saúde e o bem-estar – pode exercer um papel cada vez mais importante para melhorar a saúde geral da população e, ao mesmo tempo, reduzir significativamente os custos disso para a sociedade. São custos inevitáveis quando doenças que podem ser prevenidas acabam surgindo por causa da pobreza, falta de educação ou falta de vontade política. Um sintoma chocante disso é que os Estados Unidos está em 37º lugar na lista de nações com maior expectativa de vida, e em 50º lugar na lista de mortalidade infantil.

 Atualmente a medicina e as agências de saúde podem fazer uso rotineiro de tecnologias diagnósticas computadorizadas cada vez mais sofisticadas, incluindo ultrassonografias, tomografias, tomografias por emissão de pósitrons e imagens por ressonância magnética. Tudo isso confere aos médicos uma visão interna do corpo bastante completa, que ajuda a descobrir o que está acontecendo no organismo. Progressos tecnológicos comparáveis surgiram nos procedimentos cirúrgicos: *lasers* são utilizados rotineiramente para fazer reparos finos em casos de descolamento de retina e preservação da visão; próteses de joelhos e quadris foram desenvolvidas para restaurar a capacidade de movimento das pessoas que sofrem com artrite severa, a ponto de devolver a elas a capacidade de correr; cirurgias cardíacas e transplantes de órgãos já se tornaram eventos comuns.

No entanto, embora hoje saibamos muito mais sobre as doenças do que em qualquer outra época, e apesar de termos aprimorado formas de diagnosticar e tratar diversas enfermidades, muito mais ainda permanece uma incógnita. A medicina moderna não está nem perto de se tornar desnecessária pela erradicação ou mesmo controle das doenças. Apesar do rápido progresso nas áreas da genética, neurologia, biologia molecular e celular, nossa compreensão da biologia dos organismos vivos, mesmo dos mais simples, ainda é rudimentar. E no que diz respeito à capacidade da medicina de tratar determinadas doenças e pacientes, é possível ver limites muito reais e áreas bem amplas de desconhecimento, mesmo nos dias de hoje.

É natural colocar muita fé na medicina moderna em razão de seus espetaculares sucessos. Ao mesmo tempo, as pessoas têm poucas informações sobre aquilo que a medicina desconhece ou não sabe tratar. Em geral, somente descobrimos os limites bastante reais da medicina quando é o nosso próprio corpo que está com dor – ou enfrentando alguma doença, transtorno ou diagnóstico específico – ou então quando alguém que amamos está sofrendo e não existe solução ou tratamento eficiente disponível. Quando isso acontece, podemos ficar muito desiludidos, frustrados e até mesmo raivosos com a discrepância entre a realidade e as nossas expectativas daquilo que a medicina pode fazer.

Não seria justo culpar um médico específico pelos limites do conhecimento da medicina. Uma análise mais objetiva revela que existem poucas curas médicas disponíveis, ou mesmo em desenvolvimento, para doenças e condições crônicas (inclusive diversas formas de dor), apesar de causarem tanto sofrimento, comprometimento físico e morte em nossa sociedade. É muito melhor prevenir as doenças, se possível, do que ter de passar por um tratamento depois do surgimento dela. Mas a verdadeira prevenção – especialmente a que envolve mudanças no estilo de vida e a reestruturação de prioridades sociais – ainda é um desafio constante. Existem muitas doenças cuja origem é um mistério total, ou que estão intimamente ligadas a fatores sociais, tais como pobreza e exploração social; condições de trabalho perigosas; condições ambientais estressantes e tóxicas; além de hábitos culturalmente arraigados, como o desenfreado abuso de antibióticos no gado, que leva ao desenvolvimento de superbactérias resistentes a antibióticos.

Todos esses exemplos estão fora da área de influência direta da medicina e da ciência, pelo menos na forma como se apresentam hoje em dia.

Já sabemos muito sobre a biologia molecular de determinados tipos de câncer e existem tratamentos eficientes, até mesmo cura, para algumas formas de câncer. Mas existem muitas outras formas de câncer sobre as quais se sabe muito pouco e para as quais não existem tratamentos eficientes. Mesmo quando este é o caso, sempre há pessoas que sobrevivem por muito mais tempo do que seria esperado. Há casos documentados de tumores que regrediram ou até desapareceram por completo, ainda que sem tratamento médico. Não sabemos quase nada sobre por que ou como isso acontece. Mas acontece. Esse fato pode ser uma pequena fonte de esperança para as pessoas que já exploraram todas as opções disponíveis da medicina tradicional. É aqui que nossa compreensão dos fatores epigenéticos e sua mobilização por meio de mudanças no estilo de vida (inclusive a meditação) podem fazer uma profunda diferença.

A maioria dos médicos reconhece o papel da mente e de fatores sociais no processo de cura e adoecimento, e muitos já observaram isso em seus pacientes. Às vezes essa variável é discutida usando termos bastante genéricos, como simplesmente "a vontade de viver". Mas ninguém compreende bem; essa "vontade de viver" costuma ser vista como uma questão meio mística, e normalmente só é levada em conta depois que todas as opções médicas já foram exploradas. É uma forma de dizer "não podemos fazer mais nada, mas sei que ainda é possível que um 'milagre' aconteça, um tipo de milagre que a medicina tradicional simplesmente não consegue explicar nem produzir".

Se uma pessoa acredita que vai morrer e perde a esperança, essa capitulação emocional pode ser suficiente para abalar o equilíbrio do processo de recuperação. Sabe-se que, em alguns casos, motivações pessoais para viver podem influenciar a sobrevivência. A disposição emocional e o apoio da família e dos amigos podem fazer grande diferença na atitude de quem enfrenta uma doença grave ou a perspectiva do envelhecimento.

Ainda assim, até pouco tempo atrás, os médicos recebiam pouca ou nenhuma instrução de como ajudar os pacientes a utilizarem seus próprios recursos internos de cura, ou mesmo de ensinar os pacientes a perceber o quanto eles mesmos podem estar, inconscientemente, boicotando recursos que poderiam se tornar seus maiores aliados no processo de cura.

Com muita frequência, a sofisticação científica e tecnológica da abordagem médica tradicional às doenças leva a interações impessoais (e às vezes até mesmo não presenciais) com o paciente, como se o conhecimento da medicina fosse tão poderoso que a compreensão, cooperação e colaboração do próprio paciente fossem de pouco valor para o tratamento. Quando um médico demonstra tal atitude no relacionamento com o paciente, quando o paciente é levado a se sentir (seja por omissão ou deliberadamente) inadequado, ignorante ou culpado pela própria doença, ou pelo fato de não estar reagindo ao tratamento, ou então quando os sentimentos da pessoa são ignorados – todos estes são exemplos de cuidados médicos negligentes e impróprios.

Existe um importante aforismo da medicina tradicional, expresso pela primeira vez por Francis W. Peabody da Escola de Medicina de Harvard em 1926: "O segredo para cuidar bem do paciente é se importar com ele". Esse aforismo precisa ser posto em prática por mais profissionais de saúde. Em um encontro ideal entre paciente e médico, cada um tem sua área de conhecimento e experiência, e ambos têm papéis essenciais a desempenhar no processo da cura, que deveria começar no primeiro encontro, antes de qualquer diagnóstico ou plano de tratamento. A dignidade do paciente precisa ser valorizada e preservada no decorrer de todos os encontros médicos, independente de conduzirem a um resultado "bem-sucedido" ou não.

Não é incomum que os médicos que adoecem descubram pela primeira vez na vida as pequenas (e não tão pequenas) insensibilidades do sistema de saúde – que roubam as pessoas de sua dignidade e senso de protagonismo. Nesses momentos, ao transitarem da condição de "médico" para a de "paciente", talvez vejam com mais clareza que este último papel submete a pessoa a um risco imediato de vergonha, perda de controle e falta de dignidade, embora continuem sendo a mesma pessoa que eram antes da troca de papéis. Se isso acontece com os médicos, que compreendem o processo muito melhor do que a maior parte das pessoas, não é difícil perceber o quão alienante o sistema de saúde pode se tornar para aqueles que não têm experiência nem conhecimento a respeito do que estão passando.

Quando ficamos doentes e buscamos cuidados médicos é inevitável assumirmos o papel de "paciente". Nessa circunstância é comum estarmos em um estado de muita vulnerabilidade psicológica, pois nos preocupamos com as implicações mais amplas que a doença pode ter. Também ficamos, na maioria dos casos, em uma posição de pouco acesso a informações e pouca autoridade, se comparada com a posição dos médicos – ainda que seja o nosso corpo o sujeito de toda a atenção. Nessa situação, o paciente pode se tornar exageradamente sensível às mensagens verbais e não verbais que recebe de seu médico. Tais mensagens tanto podem melhorar o processo de cura quanto subvertê-lo de vez, caso o médico seja insensível aos próprios comportamentos e aos efeitos que podem ter sobre a pessoa que está tratando.

A história a seguir foi contada por Bernard Lown, renomado cardiologista da Escola de Medicina de Harvard, do Brigham Hospital e do Women's Hospital*. Versa sobre um incidente que presenciou enquanto era estudante e ilustra de modo eloquente a influência do médico:

A experiência ainda me provoca um arrepio de descrença. Cerca de trinta anos atrás, eu tinha uma bolsa de pós-doutorado com o Dr. S. A. Levine, professor de cardiologia da Escola de Medicina de Harvard, no Peter Brent Brigham Hospital. Ele era um observador astuto das questões humanas, tinha uma presença incrível, era preciso em suas formulações e abençoado com uma memória extraordinária. Levine era, para todos os efeitos, o clínico ideal à beira do leito. Chefiava a clínica cardíaca do hospital. Depois que nós, jovens aprendizes, examinávamos o paciente, ele passava para avaliar nossos achados clínicos e sugerir mais indicações diagnósticas, ou então mudanças no programa terapêutico. Com os pacientes, era sempre reconfortante e convincente, e eles veneravam tudo o que o Dr. Levine dizia. Em uma das primeiras consultas recebi uma paciente, a Sra. S., bibliotecária de meia-idade, bem conservada, que tinha um estreitamento em uma das válvulas no lado direito do coração, a válvula tricúspide. Ela sofria de insuficiência cardíaca leve com edema (inchaço) moderado nos tornozelos,

---
* Muito mais tarde em sua carreira, o Dr. Lown aceitou o Prêmio Nobel da Paz em 1935 em nome da organização Médicos Internacionais contra a Guerra Nuclear.

mas conseguia trabalhar e cuidar bem das tarefas domésticas. Tomava digitálicos e injeções semanais de um diurético mercurial. O Dr. Levine, que tinha acompanhado o caso dela por mais de uma década, cumprimentou a Sra. S. com afeição e então voltou-se para o grupo de médicos residentes, dizendo: "Esta mulher tem E. T.". Em seguida, partiu abruptamente.

No instante em que o Dr. Levine saiu pela porta a Sra. S. mudou de comportamento. Parecia ansiosa, assustada e respirava rápido, hiperventilando. Sua pele ficou encharcada de suor, e seu pulso acelerou para mais de 150 batimentos por minuto. Ao reexaminá-la, fiquei muito surpreso ao constatar que os pulmões, até alguns instantes atrás bastante saudáveis, agora apresentavam estertores crepitantes nas bases. Isso era extraordinário, pois com a obstrução na válvula cardíaca direita, os pulmões ficam livres do acúmulo excessivo de fluidos.

Questionei a Sra. S. quanto às razões dessa mudança súbita de estado. Sua resposta foi que o Dr. Levine havia dito que tinha E. T., e ela entendera a sigla como um jargão médico referente a "estado terminal". No começo achei engraçada essa interpretação incorreta da sigla médica para "estenose tricúspide". Porém, em pouco tempo o riso deu lugar à apreensão, pois minhas palavras não a reconfortavam e sua condição cardíaca piorou. Pouco tempo depois ela já apresentava extenso edema pulmonar. Medidas heroicas não puderam reverter a congestão espumante. Tentei entrar em contato com o Dr. Levine, mas ele estava incomunicável. Mais tarde, naquele mesmo dia, ela morreu de insuficiência cardíaca intratável. Até hoje a lembrança desse acontecimento trágico me faz tremer com o espantoso poder das palavras de um médico.

Nesta história, temos oportunidade de ver a microanatomia de uma interação mente-corpo drástica e muito rápida que, por mais inacreditável que parecesse, levou diretamente ao óbito. Pelos olhos do Dr. Lown, testemunhamos o surgimento de um pensamento específico na mente da paciente, desencadeado pelo uso de um termo técnico não explicado por seu médico, profissional que ela tinha na mais alta consideração. Ter pensado que sua situação era terminal, apesar de ser um engano, **foi considerado por ela algo verdadeiro**. Isso disparou uma reação psicofisiológica imediata. A crença da Sra. S. naquele pensamento foi tão firme e arraigada que ela se fechou até mesmo para as garantias assertivas de outro médico que afirmava categoricamente que aquilo tudo era um mal-entendido. Mas, àquela altura, sua mente já estava em estado de turbulência, claramente sobrecarregada por medo e ansiedade. Parece que o estado emocional daquela paciente comprometeu os mecanismos regulatórios do corpo, que normalmente mantêm o equilíbrio fisiológico. Como resultado, o corpo da Sra. S. teve uma grave reação de estresse que ninguém (nem ela, nem seus médicos) conseguiu reverter. Nem mesmo as heroicas medidas de cuidados intensivos e ressuscitação de um dos melhores hospitais do mundo puderam salvá-la depois que essa sucessão de eventos foi disparada, embora o fator desencadeante tenha sido um simples comentário, talvez feito com pouca sensibilidade, que certamente parecia inofensivo.

A história do Dr. Lown ilustra bem o imenso poder que crenças arraigadas (na verdade elas não passam de pensamentos) podem ter sobre nossa saúde. Em última análise, os efeitos dos pensamentos e emoções sobre a saúde dependem da atividade do cérebro e do sistema nervoso, e do quão profunda e imediatamente os pensamentos e emoções podem influenciar nossa fisiologia. Isso significa que a forma como lidamos com os pensamentos e emoções pode fazer uma diferença imensa para a qualidade de vida e a saúde, tanto no momento presente como no decorrer do tempo. Uma coisa fica clara logo de início a partir do caso clínico do Dr. Lown: se a Sra. S. fosse um pouco menos reativa; se estivesse um pouco mais disposta a olhar para a crença recém-adquirida como um pensamento que talvez precisasse ser esclarecido, ou que talvez fosse impreciso; se conseguisse abrir mão de seus pensamentos – ao menos pelo tempo suficiente para considerar que talvez aquilo que o Dr. Lown estava dizendo era verdade, ou para dar ouvido às suas tentativas de tranquilizá-la, mostrando que estava enganada –, talvez ela não tivesse morrido. Infelizmente, parece que não houve tal flexibilidade mental no momento em que o Dr. Lown tentou resolver o mal-entendido da melhor forma que pôde. Talvez sua fé no seu médico fosse forte demais, e a fé em si mesma muito fraca. Em todo caso, com base no relato do Dr. Lown, podemos ver com clareza que a reação emocional a um comentário mal compreendido foi a causa direta da morte da Sra. S.

Se o Dr. Levine não tivesse ido embora tão abruptamente, talvez observasse o efeito de suas palavras na paciente, como fez o Dr. Lown. Levine teria percebido que a Sra. S. ficara transtornada. Se ele perguntasse acerca daquela súbita reação de ansiedade, talvez pudesse ter aplacado os medos da paciente na mesma hora e impedido toda a sequência de eventos.

Embora, felizmente, mortes em circunstâncias assim sejam ocorrência rara na prática médica, a dor, ansiedade e, por vezes, humilhação que os pacientes vivenciam nas mãos do sistema de saúde não são tão incomuns. Muito disso seria evitado com facilidade se os médicos recebessem mais instrução para valorizar observações de natureza psicológica e social, além de cuidar dos aspectos físicos do caso. E, cada vez mais, eles têm recebido este tipo de treinamento.

Por natureza, muitos médicos são sensíveis e proativos nessa dimensão do relacionamento médico-paciente. Isso se deve à sua própria constituição psicológica, aliada à prescrição hipocrática de "não causar mal". É claro que não causar mal exigiria uma consciência contínua de como as interações com o paciente são recebidas por ele. Caso contrário, o médico não teria nenhum instrumento para mensurar os efeitos que suas falas e modo de ser têm sobre o paciente. A atenção plena fornece este instrumento de mensuração. O que a maioria dos pacientes quer de seus médicos é serem vistos, ouvidos e recebidos. Isso, claro, exige que o médico seja habilidoso em escutar atentamente as preocupações do paciente, e até mesmo que se dê ao trabalho de investigar preocupações que talvez nem tenham sido articuladas.

Hoje em dia, a atenção plena no relacionamento médico-paciente e nas comunicações clínicas está se tornando cada vez mais uma parte do treinamento médico adequado, tanto para estudantes de medicina como para médicos residentes. E alguns médicos, como Ron Epstein, da Faculdade de Medicina da University of Rochester, estão escrevendo sobre o valor da atenção plena na prática médica e publicando suas opiniões e pesquisas nas melhores revistas científicas. Em artigo do *Journal of the American Medical Society* intitulado "Prática Médica com Atenção Plena", o Dr. Epstein enfatiza o valor de médicos que atentam aos seus próprios "processos físicos e mentais durante as tarefas normais do cotidiano", e diz que "essa autorreflexão crítica [sobre sua própria vida] capacita o médico a ouvir com atenção as dificuldades de seus pacientes, a reconhecer seus próprios erros, refinar suas habilidades técnicas, tomar decisões baseadas em evidências e ter clareza sobre seus valores, para que possam agir com compaixão, competência técnica, presença e *insight*". Junto com seus colegas Mick Krasner, Tim Quill e outros, todos médicos pesquisadores da University of Rochester, criou um programa pioneiro de cuidados primários voltado para médicos. O programa tem foco na comunicação com atenção plena e reduziu a incidência de esgotamento ou *burnout* (definido como exaustão emocional), comportamento de despersonalização (tratar os pacientes como objetos) e sensação de insatisfação profissional entre os médicos. O programa "foi associado à melhora a curto prazo e continua no bem-estar e nas atitudes ligadas ao cuidado centrado no paciente".*

Este tipo de treinamento profissional para médicos, participativo e fundado na prática da atenção plena, representa uma notável mudança de tendência na educação e na prática médica. Em conjunto com outros programas para promover bem-estar e significado entre os médicos, que chegam em formatos inovadores que alegram o coração – tal como o currículo "The Healer's Art" [A Arte do Curador], que Rachel Naomi Remen implementou para médicos e estudantes de medicina na Escola de Medicina de San Francisco da University of California, e que agora é oferecido em escolas de medicina em todo o país e no exterior –, abordagens desse tipo têm tido impactos cada vez mais positivos no modo como a medicina é praticada em nível pessoal e interpessoal.

A raiz desse movimento está, em parte, no trabalho seminal do Dr. George Engel, por décadas uma figura de liderança na Escola de Medicina da University of Rochester, onde revolucionou o ensino da medicina para alunos e residentes ao defender a importância de treinar médicos capazes de abordar as questões psicológicas e sociais dos pacientes com o mesmo cuidado e rigor científico normalmente dedicados à análise de relatórios laboratoriais e exames complementares. O Dr. Engel articulou

---

* É digno de nota que os médicos da atenção primária à saúde relatam níveis alarmantes de sofrimento profissional e pessoal e, em alguns estudos, até 60% dos médicos relatam sintomas de *burnout*, ou esgotamento. Krasner, M. S.; Epstein, R. M.; Beckman, H. et al. Association of an Educational Program in Mindful Communication with Burnout, Empathy, and Attitudes Among Primary Care Physicians JAMA. 2009; 302: 1284-1293.

um modelo expandido para a prática da medicina que leva em conta a importância de fatores psicológicos e sociais na saúde e na doença, e adotou uma perspectiva sistêmica (ver Capítulo 12) da saúde e da doença, tratando o paciente como uma pessoa plena. O **modelo biopsicossocial** do Dr. Engel influenciou toda uma geração de jovens médicos, incluindo o Dr. Krasner e o Dr. Epstein, que foram incentivados e treinados para ir além dos limites do modelo tradicional de praticar a medicina então em vigor.

Até o surgimento do modelo do Dr. Engel, o efeito dos fatores psicológicos nas doenças físicas não era levado em muita consideração no currículo do moderno curso de medicina – apesar de sabermos, desde os tempos de Hipócrates, que a mente exerce um papel importante (e às vezes central) na doença e na saúde. A exclusão dos aspectos mentais nas principais correntes de ensino da medicina era devida, principalmente, ao fato de, desde os tempos de Descartes, no século XVII, o pensamento científico ocidental ter dividido a inteireza intrínseca nos domínios separados e essencialmente não interativos de soma (corpo) e psique (mente). Se por um lado tais categorias são convenientes e facilitam a compreensão, por outro lado tendemos a nos esquecer de que a mente e o corpo estão separados apenas em nosso pensamento. Essa forma dualista de ver e pensar permeou a cultura ocidental a tal ponto que deslegitimou o campo das interações corpo-mente em saúde como foco de investigação científica. Até o nosso uso convencional da linguagem reflete esse dualismo e, portanto, limita nosso modo de pensar sobre a não separação entre corpo e mente. Falamos "meu corpo", e "ter um corpo", mas esquecemos de perguntar "quem é o ser separado do corpo que declara este corpo como algo que lhe pertence?" Foi apenas nas últimas décadas que essa perspectiva e a própria linguagem começaram a mudar, conforme as grandes fraquezas e contradições do paradigma dualista se tornaram cada vez mais evidentes e intelectualmente indefensíveis. Essa aceitação está surgindo, em parte, devido ao advento da neurociência contemplativa, disciplina que demonstrou que o treinamento da mente por meio de práticas meditativas produz em praticantes de longa data padrões neurais nunca antes vistos – um exemplo de que mente não material (psique) altera o cérebro material (soma) e que, portanto, constituem um sistema inteiro e sem divisões.

Uma fraqueza notável do modelo biomédico padrão foi sua incapacidade de explicar por que algumas pessoas ficam doentes e outras não, tendo sido expostas aos mesmos agentes patológicos e às mesmas condições ambientais. Embora a variabilidade genética possa explicar certas diferenças na resistência a doenças, outros fatores também parecem exercer papéis importantes. O modelo biopsicossocial de Engel propõe que fatores sociais e psicológicos podem proteger uma pessoa das doenças ou aumentar sua suscetibilidade a elas. Tais fatores incluem as crenças e atitudes da pessoa, o quanto ela se sente amada e apoiada pela família e pelos amigos, os estresses psicológicos e ambientais aos quais é exposta e hábitos pessoais saudáveis. A descoberta de que o sistema imunológico pode ser influenciado por fatores psicológicos reforçou o modelo biopsicossocial ao fornecer uma via biológica plausível para explicar essas interações mente-corpo. Hoje, com o desenvolvimento de disciplinas especializadas, tais como a neurociência cognitiva, a neurociência afetiva e a neurociência contemplativa, também podem surgir outras explicações biológicas possíveis vinculando a mente e o corpo, a saúde e a doença.

※

Outro dado importante que sugere a necessidade de incluir o papel da mente em um modelo mais preciso de saúde e doença é, desde há muito, **o efeito placebo**, fenômeno bem conhecido para o qual o modelo padrão biomédico não tem explicação. Muitos estudos conduzidos no decorrer dos anos demonstraram repetidas vezes que, quando as pessoas acreditam estar tomando um medicamento de determinada potência, elas manifestam efeitos clínicos significativos típicos daquele remédio, mesmo tendo tomado, em vez dele, uma pílula de açúcar chamada placebo. Às vezes a extensão do efeito placebo se aproxima do efeito causado pelo próprio remédio. Este fenômeno só pode ser explicado pela hipótese de que a própria **sugestão** de ter tomado um remédio potente pode, de alguma forma, influenciar o cérebro e o sistema nervoso a criar no corpo condições similares àquelas produzidas pelo medicamento em nível molecular. O efeito placebo também sugere que, por meio de algum mecanismo, as crenças de uma pessoa podem mudar o funcionamento bioquímico, ou então replicar, de maneira funcional, uma mudança na bioquímica do corpo. O poder da sugestão também jaz na raiz do fenômeno conhecido como hipnose, que, há muito se sabe, pode afetar intensamente diversas atividades humanas, inclusive a memória e a percepção de dor. É claro que o modelo médico atual também exclui o fenômeno da hipnose de suas práticas.

Outra influência no movimento em direção a uma perspectiva ampliada da saúde e da doença surgiu com a aceitação da acupuntura pelo Ocidente. O momento mais emblemático se deu quando James Reston, do *New York Times*, sofreu uma ruptura de apêndice enquanto estava na China e passou por uma operação na qual a acupuntura foi usada para controle da dor após a cirurgia, que foi realizada sob anestesia química. A acupuntura se baseia em um modelo chinês clássico de saúde e doença com 5 mil anos de existência. O tratamento consiste em estimular os canais energéticos, chamados de **meridianos**, que não têm nenhuma base anatômica no pensamento médico ocidental. A partir do testemunho de James Reston, a mentalidade no Ocidente se expandiu ao menos até o ponto de admitir que uma maneira diferente de olhar para o corpo pode produzir métodos eficientes de tratamento e diagnóstico.

Os estudos do Dr. Herbert Benson, da Escola de Medicina de Harvard no começo dos anos 1970, conduzidos com pessoas que praticavam uma forma de meditação conhecida como Meditação Transcendental, ou MT, demonstraram que a meditação pode produzir um padrão de mudanças fisiológicas significativas, que ele denominou de **resposta de relaxamento**. Essas mudanças incluem a redução da pressão arterial, redução do consumo de oxigênio e diminuição geral do nível de excitação. O Dr. Benson propôs que a resposta de relaxamento seria o oposto fisiológico da **hiperexcitação**, estado que vivenciamos quando estamos estressados ou nos sentimos ameaçados. Criou uma hipótese segundo a qual, se a resposta de relaxamento fosse suscitada com frequência, poderia ter uma influência positiva sobre a saúde e nos proteger de alguns dos efeitos mais nocivos do estresse. O Dr. Benson ressaltou que todas as tradições religiosas têm maneiras de gerar essa resposta, e que há uma espécie de sabedoria associada a formas de oração e à meditação – sabedoria relevante para a saúde do corpo e merecedora de mais estudos. Pesquisas recentes demonstraram que o treinamento da resposta de relaxamento pode ter efeitos epigenéticos drásticos, regulando a influência de centenas de genes. Descobertas epigenéticas similares foram observadas pelo Dr. Dean Ornish (ver Capítulo 31) em homens com câncer de próstata que seguiram seu programa para mudança de estilo de vida, que incluía, entre outras coisas, a meditação e uma dieta vegetariana com pouca gordura. Muitos dos genes que tiveram sua influência reduzida pelo programa têm relação com processos inflamatórios e câncer.

Voltando no tempo até o final dos anos 1960 e começo dos 1970, as primeiras pesquisas acerca do que era então chamado de *biofeedback* e autorregulação demonstraram que seres humanos poderiam aprender a controlar diversas funções fisiológicas consideradas involuntárias, como frequência cardíaca, temperatura e condutividade da pele, pressão arterial e ondas cerebrais, se recebessem informação de uma máquina que lhes mostrava o resultado de seus esforços. Essa pesquisa foi desbravada pelos doutores Elmer e Alyce Green, da Menninger Foundation, pelos doutores David Shapiro e Gary Schwartz, da Escola de Medicina de Harvard, pela Dra. Chandra Patel, da Inglaterra, e muitos outros. Diversos desses estudos com *biofeedback* ou retroalimentação usavam relaxamento, meditação ou yoga para ensinar às pessoas como regular as reações corporais.

Em 1977 surgiu um livro que reuniu muitas dessas vertentes pela primeira vez e as tornou acessíveis ao público em geral. Intitulado *Mind as Healer, Mind as Slayer* [Mente como Curadora, Mente como Destruidora] de autoria do Dr. Kenneth Pelletier, o livro apresentou uma ampla gama de evidências convincentes de que a mente tem um papel essencial na doença, assim como pode ser um fator fundamental da saúde. A publicação despertou amplo interesse nas interações mente-corpo e na possibilidade de se assumir responsabilidade pela própria saúde, em vez de esperar que ela seja solapada pelo estresse para, então, recorrer a cuidados médicos a fim de recuperá-la. Este livro se tornou um clássico sobre o assunto.

Os escritos de Norman Cousins, na época em que foram publicados, também contribuíram para o crescimento do interesse público na possibilidade de assumir o controle da própria saúde. Os livros de Cousins relatam sua experiência com a doença e a sua determinação em tirar das mãos do médico a responsabilidade principal pela cura, assumindo-a para si. Esses livros criaram muita controvérsia e debates no meio médico tradicional daquele tempo. Em *Anatomy of an Illness as Perceived by the Patient* [Anatomia de uma doença conforme percebida pelo paciente], Cousins detalha seus esforços bem-sucedidos para superar uma doença degenerativa do colágeno usando, entre outros recursos, doses altas de terapia do riso (que ele mesmo prescreveu). A risada parece ser um estado profundamente saudável de integração e harmonia momentânea entre o corpo e a mente. Na perspectiva de Cousins, cultivar intensos estados emocionais positivos por meio do humor, deixando de se levar tão a sério, mesmo perante circunstâncias que ameaçam a própria vida, tem imenso valor terapêutico no processo de cura. Essa imagem ilustra bem o espírito de Zorba, que dança e canta em meio à catástrofe total.

Em *The Healing Heart* [O Coração que Cura], Cousins descreve sua experiência após o ataque cardíaco que sofreu alguns anos depois de passar pela doença degenerativa do colágeno. Os dois livros contêm relatos sobre como Cousins lidou com as doenças analisando o conhecimento médico atual e seus limites, em termos dos problemas e circunstâncias específicas de seu próprio caso. Ele também mapeou sua própria trajetória inteligente e idiossincrática a caminho da recuperação, em colaboração próxima com seus médicos, alguns dos quais ficaram bastante surpresos.

Devido à sua fama como editor do *Saturday Review*, periódico já extinto há tempos, e à sua sofisticação em assuntos médicos, Cousins recebeu um tratamento muito especial de seus médicos. De modo geral, eles foram muito tolerantes às ideias de Cousins e ao seu desejo de participar ativamente de todas as decisões referentes ao seu tratamento, muito tempo antes de essas práticas se tornarem comuns.

Não apenas Norman Cousins, mas **qualquer pessoa** que quiser participar do processo de cura de uma doença merece esse tipo de parceria no tratamento – por parte de seus médicos e do sistema de saúde. Isso exige pedir informações e explicações aos médicos e insistir para ter um papel ativo na tomada de decisões que dizem respeito ao tratamento. Muitos médicos acolhem e estimulam esse tipo de interação com seus pacientes. Cousins inspirou muitas pessoas adoecidas (e também muitas outras responsáveis por tratá-las) a considerar a participação ativa do paciente em seu próprio tratamento como algo essencial ao processo de cura. Ainda assim, muita gente tende a ser intimidada pela autoridade dos médicos.

Isso acontece com mais frequência quando o sujeito se sente vulnerável acerca de sua saúde e tem pouco ou nenhum conhecimento sobre medicina. Se este for o seu caso, talvez você tenha de se esforçar ainda mais para ser assertivo e manter o equilíbrio psicológico e a autoconfiança. Trazer atenção plena à sua interação com os médicos, tanto antes da consulta como durante o atendimento, pode ajudá-lo a articular e a formular as perguntas que você mais precisa fazer e a agir de modo mais empoderado como paciente.

Outra influência que empurrou a medicina na direção de um novo paradigma, mesmo que indiretamente, foi a revolução na ciência da física, que teve início no começo do século XX e ainda continua, agora com a descoberta recente do bóson de Higgs e debates contínuos acerca da teoria das cordas, da supersimetria, da natureza última da matéria, da energia e do próprio espaço, bem como a questão de quantos universos existem: se há apenas um, ou se existem diversos outros além do nosso. A mais rigorosa das ciências físicas teve de fazer as pazes com as novas descobertas que demonstram, no nível mais profundo e fundamental, que o mundo natural não é passível de descrição e tampouco de compreensão dentro dos parâmetros convencionais. As nossas noções básicas – de que as coisas são **aquilo** que são, que elas estão **onde** estão, e que um determinado conjunto de condições sempre apresentará a mesma consequência – tiveram de ser completamente revisadas para compreender o mundo das coisas muito pequenas e muito rápidas. Por exemplo, hoje se sabe que as partículas subatômicas (elétrons, prótons e nêutrons) – que compõem os átomos, dos quais todas as substâncias são formadas, inclusive o nosso corpo – têm propriedades que por vezes se apresentam ora na forma de onda, ora na forma de partícula. Além disso, não se pode dizer com certeza se estas partículas têm determinada quantia de energia em determinado momento, e as ligações entre eventos nesse nível da realidade física são passíveis de descrição apenas em termos probabilísticos.

Os físicos tiveram de expandir radicalmente sua visão da realidade para conseguir descrever o que encontraram dentro do átomo. Cunharam o termo **complementaridade** para explicar que um elemento (por exemplo, um elétron) pode ter dois conjuntos de propriedades físicas completamente diferentes e aparentemente contraditórios (por exemplo, quando aparecem ora como onda, ora como partícula), dependendo do método utilizado para observar aquele elemento. Foram forçados a utilizar um princípio de **incerteza** como lei fundamental da natureza para explicar que só é possível conhecer a posição de uma partícula subatômica, ou então analisar o seu *momentum* (ou quantidade de movimento) – mas não é possível fazer ambos ao mesmo tempo. E tiveram de desenvolver a teoria **quântica de campos**, segundo a qual a matéria não pode ser separada do espaço que a cerca, ou seja, as partículas são apenas "condensações" de um campo contínuo, que existe em toda a parte. Nesta descrição de mundo, talvez não seja muito útil questionar o que "causa" o surgimento ou o desaparecimento da matéria no vácuo, embora se saiba que isso ocorre. Essas novas descrições da realidade, da estrutura interna de todos os átomos que compõem nosso corpo e o mundo, estão tão distantes do nosso modo costumeiro de pensar e viver que exigem uma grande mudança de visão do mundo.

    Esses conceitos revolucionários, com os quais os físicos vêm lutando há mais de cem anos, foram gradualmente sendo absorvidos pela cultura, levando-nos a pensar mais em termos de modos complementares de conhecimento. Isso significa que hoje é mais aceitável propor, por exemplo, que enquanto a ciência e a medicina oferecem uma descrição específica da saúde, esta talvez não seja a única descrição válida possível. A noção de complementaridade nos lembra de que todos os sistemas de conhecimento podem ser incompletos e precisam ser vistos como aspectos de uma inteireza maior, que existe além de todos os modelos e teorias que tentam descrevê-la. Longe de invalidar o conhecimento de uma área específica, a complementaridade simplesmente ressalta que o conhecimento é limitado e precisa ser usado dentro das áreas de conhecimento nas quais suas descrições sejam válidas e relevantes.

    As ideias de um médico sobre as implicações que essa nova forma de pensar da física pode ter para a medicina estão expostas no livro *Espaço, Tempo e Medicina*, do Dr. Larry Dossey. Ele considera que "nossa forma comum de ver a vida, a morte, a saúde e a doença baseia-se firmemente na física do século XVII e, se a física evoluiu para favorecer uma descrição mais completa e precisa da natureza, uma questão inevitável se apresenta: será que a maioria das nossas definições para vida, morte, saúde e doença precisam ser alteradas?" O Dr. Dossey sugere que "temos à nossa frente a possibilidade extraordinária de confeccionar um [sistema de saúde] que, daqui em diante, enfatize a vida em vez da morte, a unidade e a singularidade em vez da fragmentação, da escuridão e do isolamento".

Enquanto isso, com todas as manobras políticas perversas envolvidas na reforma do sistema de saúde norte-americano (que, na realidade, consiste mais numa reforma do sistema de reembolso do que numa reforma que diga respeito à saúde), parece que aqueles que se importam – e todos deveríamos nos importar, é claro – terão de ter paciência e trabalhar da melhor forma possível para fomentar uma mudança autêntica de paradigma, dotada de perspectiva de longo prazo. Todos os elementos da medicina participativa contribuem para essa empreitada de longo prazo. Outros países estão fazendo mais progresso do que nós na arena política. Por exemplo, a atenção plena na forma de terapia cognitiva baseada em mindfulness já é aplicada no Serviço Nacional de Saúde do Reino Unido para ajudar a prevenir recidivas em pessoas com histórico de três ou mais episódios de depressão maior. Discutiremos mais a respeito da MBCT (Terapia Cognitiva Baseada em Mindfulness) no Capítulo 24.

Também no Reino Unido, membros do Parlamento estão defendendo o uso da atenção plena para tratar uma gama mais ampla de males sociais. Alguns membros do Parlamento, tanto na Câmara dos Comuns como na Câmara dos Lordes, têm participado de turmas para aprender a prática da atenção plena nos moldes dos programas MBSR e MBCT. O médico que lidera o sistema público de saúde na Escócia, Sir Harry Burns, é um adepto do uso da atenção plena para tratar males sociais e disparidades no sistema de saúde de seu país. Nos Estados Unidos, Tim Ryan, membro do Congresso pelo estado de Ohio, recentemente escreveu um livro chamado *A Mindful Nation* [Uma Nação Atenta]. O deputado Ryan defende com firmeza o maior uso da atenção plena no sistema de saúde e também em outras áreas importantes como a educação, as forças armadas e a justiça criminal. Em seu livro, constrói uma argumentação muito sólida explicando por que precisamos de mais atenção plena nessas e em outras áreas da sociedade.

※

Conforme vimos, a necessidade de conceituar a saúde e a doença dentro de uma estrutura mais ampla que a tradicional levou à formulação de um novo paradigma, que ainda está engatinhando, mas lentamente passa a ter repercussões significativas na prática da medicina e na perspectiva mais ampla que a sociedade adota acerca da saúde e da doença e do que é desejável para a medicina e os cuidados médicos. Uma dessas repercussões foi o desenvolvimento de uma orientação expandida dentro da pesquisa e da prática médica, chamada por vezes de **medicina mente-corpo**, ou **medicina comportamental**, ou ainda **medicina integrativa**, que se dedica a obter uma compreensão mais profunda do significado de saúde; explorar modos mais eficientes de promover a saúde e evitar a doença; ensinar as pessoas a tratar e curar as doenças e limitações das quais sofrem.

A medicina comportamental reconhece explicitamente que a mente e o corpo estão intimamente interconectados e que, para compreender melhor a saúde e a doença, é vital levar em conta essas interconexões e os estudos científicos a respeito delas. Trata-se de um campo interdisciplinar que une as ciências comportamentais às ciências biomédicas, na esperança de que a fertilização cruzada possa propiciar uma visão mais abrangente da saúde e da doença, algo que não poderia ser feito por estas ciências separadamente. A medicina comportamental reconhece que nossos padrões mentais e emocionais podem desempenhar um papel significativo na saúde e na doença por meio dos mecanismos que já discutimos aqui. Reconhece ainda que a visão que as pessoas têm de seu corpo e das doenças pode ser importante para a cura, e que seu modo de vida, o que pensam e fazem são elementos que podem influenciar a saúde de maneira significativa.

O campo da medicina comportamental oferece uma esperança renovada para aqueles que não conseguem encontrar ajuda no sistema de saúde e acabam saindo sem tratamento, frustrados e amargurados. Conforme já vimos, programas clínicos como o MBSR propiciam às pessoas uma oportunidade de tentar fazer algo por si mesmas e complementar as abordagens mais convencionais. Agora os pacientes estão sendo estimulados por seus médicos a buscar programas baseados em mindfulness e a aprender meditação e yoga, como mecanismos eficientes para administrar e minimizar o estresse, as doenças, a dor e os efeitos destes na qualidade de vida e na capacidade de funcionamento eficiente de cada um. Nos programas baseados em mindfulness, aprende-se a enfrentar os problemas pessoais e a desenvolver estratégias personalizadas para lidar com as dificuldades, em vez de se entregar completamente nas mãos de "especialistas" que, supostamente, deveriam "consertá-las" ou fazer com que esses problemas desapareçam num passe de mágica. Programas como o MBSR são ferramentas que as pessoas podem utilizar para ficar mais saudáveis e resilientes, mudar suas crenças acerca do que conseguem fazer, e aprender a relaxar e a lidar melhor com o estresse da vida. Ao mesmo tempo, podem se esforçar para conquistar transformações importantes em seu estilo de vida, de modo a promover mais saúde e bem-estar físico. É possível que o passo mais importante a ser dado em programas desse tipo seja a expansão da forma como alguém vê a si mesmo e os relacionamentos que formou com sua vida e o mundo ao seu redor. Além do MBSR e do MBCT, hoje existem programas baseados em mindfulness desenvolvidos a partir do modelo MBSR, mas destinados especificamente a determinadas condições: abuso de bebidas alcoólicas em estudantes universitários, compulsão alimentar periódica (MB-EAT), trabalho com veteranos de guerra que sofrem de estresse pós-traumático (MBTT), tropas militares na ativa e suas famílias (MMFT), cuidado do idoso (MBEC), arteterapia para pacientes com câncer (MBSR-AT), parto e parentalidade (MBCP) e ansiedade persistente em crianças (MBCT-C) – para citar apenas alguns exemplos.

    A medicina comportamental, medicina integrativa, medicina corpo--mente (não importa o nome), expande o modelo tradicional de cuidados médicos para abordar a mente e o corpo, o comportamento e as crenças, os pensamentos e as emoções, assim como os sinais, sintomas, tratamentos e procedimentos farmacológicos e cirúrgicos mais tradicionais. Ao envolver as pessoas de maneira participativa nessa definição expandida da medicina e cuidados com a saúde, as novas disciplinas (cada vez mais baseadas em evidências) têm ajudado os pacientes a ganhar uma parcela de responsabilidade pelo seu bem-estar: eles deixam de depender apenas dos médicos e criam recursos próprios, sobre os quais têm mais controle do que teriam sobre hospitais, procedimentos e médicos. Portanto, participar intimamente de sua própria saúde e bem-estar, para complementar aquilo que os médicos e as equipes do sistema de saúde estão fazendo por você, pode ajudar a restaurar e melhorar sua saúde, sempre partindo do ponto onde você se encontra quando começa a assumir essa responsabilidade.

Participar de um programa MBSR, seja por indicação médica ou por iniciativa própria, é uma maneira pela qual você (ou qualquer pessoa com estresse, dor e doenças de todo tipo) pode assumir responsabilidade pessoal de participar e contribuir para seu próprio processo de cura. Conforme vimos, um pequeno, porém importante, elemento do programa MBSR é aprender com os dados mais recentes de pesquisas nas diversas áreas do conhecimento, os quais discutimos antes e que demonstram a importância de prestar atenção às interações mente-corpo.

Quando este livro foi publicado pela primeira vez, praticamente não havia uma ciência de mindfulness nem programas clínicos baseados em mindfulness, como o MBSR. Agora existe um corpo crescente de evidências científicas que sugerem que o programa MBSR e outras intervenções baseadas em mindfulness podem afetar regiões específicas do cérebro, influenciar positivamente ao menos algumas das funções imunológicas, regular as emoções em situações de estresse, reduzir dores e melhorar uma série de indicadores de saúde presentes em muitas categorias diagnósticas e também em indivíduos saudáveis. Dessa forma, enquanto continuamos a aprofundar nosso engajamento com o currículo MBSR, conforme descrito na Parte I – talvez agora com uma percepção renovada do novo paradigma que cria raízes definitivas na medicina e nos sistemas de saúde –, podemos também examinar algumas das recentes evidências científicas das conexões entre a mente e a saúde, e os efeitos de treinar a mente por meio de práticas de atenção. Isso pode propiciar uma compreensão ainda melhor dos benefícios de praticar a atenção plena, como se disso dependesse a nossa vida; e também pode esclarecer por que alguns profissionais da área de saúde fazem determinadas recomendações de mudança no estilo de vida. A evidência científica pode desmistificar o conhecimento médico ao revelar de onde vem o saber dos profissionais de saúde, e como as declarações de "fatos" médicos são produzidas. No programa MBSR estimulamos as pessoas a pensar por si mesmas acerca das implicações e limites desse corpo de conhecimento, além de questionar a relevância desse conhecimento para suas próprias situações e doenças. Os resultados de estudos que investigam a relação de fatores psicológicos com saúde e doença podem nos estimular a examinar nossas próprias crenças, por vezes muito limitantes, sobre nós mesmos e nossa saúde, e a pensar no que seria possível se entrássemos em contato íntimo com nossos recursos internos de aprendizado, crescimento, cura e transformação. Enquanto estivermos respirando, nunca é tarde demais para nos entregarmos a esse processo, pelo menos por um tempo, para ver o que acontece. Podemos enxergar este momento como a aventura mais incrível da nossa vida.

Examinando as evidências a favor da atenção plena e da conexão mente-corpo na saúde e na doença, em toda e qualquer idade, percebemos que a ciência está meramente confirmando o que já sabíamos há muito tempo – que cada um de nós tem um papel importante a desempenhar no próprio bem-estar. Este papel pode ser desempenhado com mais eficácia se nos conscientizarmos e tentarmos mudar determinados aspectos de nosso modo de vida, aspectos que influenciam a saúde para melhor ou para pior. Isso inclui atitudes, pensamentos e crenças, emoções, o relacionamento com a sociedade e com o mundo natural, e também nossos comportamentos: como agimos de fato e como levamos a vida. Tudo isso pode influenciar a saúde de diferentes maneiras. Todas essas maneiras estão relacionadas ao estresse e às nossas tentativas de lidar com ele, e todas são diretamente influenciadas pela prática da atenção plena. No próximo capítulo, examinaremos uma série de evidências que apontam para uma perspectiva mente-corpo nova, unificada, sobre a saúde e a doença, ressaltando a importância de nos tornarmos conscientes dos nossos padrões de pensamento, sentimento e comportamento.

15

Mente e Corpo: Evidências de que Crenças, Atitudes, Pensamentos e Emoções Podem Fazer Mal ou Curar

O PAPEL DAS PERCEPÇÕES E DOS PADRÕES DE PENSAMENTO NA SAÚDE

No capítulo anterior vimos o exemplo dramático de como um pensamento, suscitado por um comentário mal compreendido, gerou uma grave crise mente-corpo que resultou na morte de uma mulher. Um único pensamento dela, apesar de incorreto, precipitou eventos em série que rápida e fatalmente desregularam os (em geral) robustos processos homeostáticos do corpo, inclusive a regulação do funcionamento sincronizado de coração e pulmões. Assim, processos fisiológicos que quase nunca acontecem acabaram ocorrendo com grande rapidez e de modo irreversível. Embora raramente percebamos os pensamentos como pensamentos, eles têm um efeito tangível em tudo o que fazemos, e também podem ter grande impacto na nossa saúde, para melhor ou para pior. Outro caso ilustrativo é o fenômeno da **ruminação depressiva**: padrões de pensamento negativos que, uma vez iniciados, podem precipitar uma queda nas profundezas da depressão, lugar muito difícil de sair. Trataremos desta questão com mais detalhes quando discutirmos como o treinamento em atenção plena, na forma do programa MBCT, pode fazer grande diferença na capacidade de deixar ou não que um incipiente pensamento negativo dispare uma sucessão de eventos muito perturbadores.

Nossos padrões de pensamento ditam o modo como percebemos e exploramos a realidade, inclusive o relacionamento que cada pessoa tem consigo e com o mundo. Cada um tem uma forma única de pensar e de explicar para si mesmo por que as coisas acontecem com ele. Os padrões de pensamento são a base da motivação para agir e tomar decisões. Influenciam o nível de confiança que temos na nossa habilidade de fazer as coisas acontecerem. Estão no centro das nossas crenças sobre o mundo, como ele funciona e qual o nosso lugar dentro dele. Nossos pensamentos também podem ser muito carregados de emoções. Alguns trazem emoções muito positivas, tais como alegria, felicidade e satisfação. Outros trazem tristeza, sensações de isolamento, falta de esperança e até mesmo desespero. É muito comum que os pensamentos se estruturem em forma de extensas narrativas, histórias que contamos a nós mesmos a respeito do mundo, dos outros, de nós mesmos, do passado e do futuro. No entanto, ao examiná-los aplicando a atenção plena ao processo de pensar e também à nossa vida emocional, muitos dos pensamentos se revelam imprecisos ou, na melhor das hipóteses, apenas parcialmente verdadeiros. Muitos não são verdade, apesar de os considerarmos verdade desde sempre. Isso pode gerar problemas imensos, que produzem determinados padrões de crença e comportamento que podem nos aprisionar por anos. É muito fácil deixar de enxergar o modo como os pensamentos criam nossa realidade. Padrões de pensamento podem ter influência profunda no modo como vemos a nós mesmos e aos outros; no que consideramos possível; em quanta confiança temos na nossa capacidade de aprender, crescer e viver de maneira mais ativa – e até mesmo no quanto somos felizes. Padrões de pensamento podem ser agrupados em categorias e estudados sistematicamente por cientistas para descobrir como pessoas com determinados padrões se comparam a outras com padrões diferentes.

Otimismo e pessimismo: filtros básicos sobre o mundo

O Dr. Martin Seligman é um dos principais fundadores de um novo campo de conhecimento chamado psicologia positiva. Por muitos anos, ele e seus colegas da University of Pennsylvania e de outras instituições estudaram as diferenças na saúde de pessoas que foram identificadas como sendo basicamente otimistas e outras basicamente pessimistas no tocante a pensamentos sobre por que as coisas acontecem com elas. Esses dois grupos de pessoas explicam de modo muito diferente as causas do que o Dr. Seligman chama de eventos "ruins" (inclusive desastres naturais, como enchentes ou terremotos; derrotas ou contratempos pessoais, como perder um emprego ou ser rejeitado por uma pessoa importante; ou então uma doença, ferimento ou outras ocorrências estressantes).

Algumas pessoas tendem a ser pessimistas na forma como explicam os eventos ruins para si mesmas. Esse padrão envolve sentir culpa pelas coisas ruins que aconteceram e pensar que os efeitos desse acontecimento ruim durarão muito tempo e afetarão vários aspectos da vida. O Dr. Seligman se refere a este estilo de atribuição (como é chamado tecnicamente) como o padrão "é minha culpa, vai durar para sempre e afetar tudo o que eu fizer". Levado ao extremo, esse padrão reflete uma pessoa com depressão severa, sem esperança e excessivamente preocupada consigo mesma. Alguns chamam esse tipo de pensamento de **catastrofização**. Um exemplo desse estilo pode ser a reação do tipo "eu sempre soube que era idiota, e isso é a prova; eu nunca consigo fazer nada direito" quando a pessoa vivencia algum fracasso.

Um otimista que viva a mesma situação vê as coisas de maneira bem diferente. Pessoas otimistas não tendem a se culpar por eventos negativos ou, caso sintam culpa, enxergam tais eventos como ocorrências pontuais que serão resolvidas. Tendem a ver os eventos negativos como limitados no tempo e no seu potencial de gerar implicações negativas. Em outras palavras, os otimistas focam nas consequências específicas daquilo que aconteceu e não fazem generalizações exageradas nem projeções que distorcem a proporção do evento. Um exemplo desse estilo seria: "Bem, eu realmente estraguei tudo daquela vez, mas pensarei um pouco mais a respeito, farei alguns ajustes e da próxima vez dará certo".

O Dr. Seligman e seus colegas demonstraram que pessoas com um estilo de atribuição excessivamente pessimista correm riscos muito maiores de ter uma depressão depois de encarar eventos negativos – se comparadas àquelas que têm um estilo positivo de pensamento. Em relação aos otimistas, os pessimistas também são mais propensos a ter sintomas físicos, alterações hormonais e imunológicas – mudanças que aumentam a suscetibilidade a doenças após a ocorrência de eventos negativos. Em um estudo conduzido entre pacientes com câncer, esses pesquisadores demonstraram que quanto pior o estilo de atribuição, maior a rapidez com que a doença levava à morte. Em outro estudo, revelaram que jogadores de beisebol do Hall da Fama que tinham um estilo de atribuição pessimista (quando jovens e saudáveis) estavam mais propensos a morrer cedo do que os jogadores com estilos positivos de pensamento.

A conclusão geral do Dr. Seligman, a partir destes e de outros estudos, é a de que não é o mundo em si que aumenta nosso risco de adoecer, e sim nossa forma de ver e pensar no que está acontecendo conosco. Um padrão de explicação excessivamente pessimista para eventos negativos ou estressantes parece ter consequências bastante tóxicas. O trabalho do Dr. Seligman sugere que essa maneira de pensar deixa as pessoas mais vulneráveis à doença e pode explicar por que algumas são mais suscetíveis do que outras a doenças e morte prematura, mesmo quando fatores como idade, gênero, tabagismo e dieta são levados em conta. Um padrão de pensamento otimista em resposta a eventos estressantes, por outro lado, parece ter um efeito protetor contra a depressão, doenças e morte prematura.

Autoeficácia: a confiança em nossa capacidade de crescer influi na capacidade de crescer

Um padrão de pensamento que parece ser extremamente poderoso para melhorar o estado de saúde é chamado de autoeficácia. A autoeficácia é uma crença em nossa capacidade de exercer controle sobre eventos específicos da vida. Ela reflete a confiança que você tem em sua capacidade de fazer coisas, a crença em sua capacidade de fazer com que as coisas aconteçam, mesmo quando é necessário enfrentar situações novas, imprevisíveis e estressantes. Estudos clássicos conduzidos pelo Dr. Albert Bandura e seus colegas da Faculdade de Medicina da Stanford University demonstraram que um forte senso de autoeficácia é o melhor e mais consistente indicador de prognóstico positivo para muitas doenças, inclusive para saber quem se recuperará melhor de um ataque cardíaco, quem conseguirá lidar bem com a dor da artrite e quem conseguirá fazer mudanças necessárias no estilo de vida (como parar de fumar). Uma crença forte em sua capacidade de conseguir fazer qualquer coisa que decida fazer pode, já de início, influenciar o tipo de atividade com a qual decidirá se engajar, quanto esforço dedicará a atividades novas e diferentes antes de desistir, e quão estressantes serão seus esforços para adquirir controle em áreas importantes da vida.

A autoeficácia aumenta quando você já conseguiu fazer algo que considera importante. Por exemplo, se você está praticando o escaneamento corporal e, como resultado, sente-se mais em contato com seu corpo e mais relaxado, esse gostinho de sucesso o fará sentir-se mais confiante para relaxar quando quiser. Ao mesmo tempo, viver essa experiência aumentará sua vontade de continuar praticando o escaneamento corporal.

A autoeficácia também pode aumentar se você for inspirado por exemplos do que outras pessoas conseguem fazer. Nas aulas de MBSR, quando alguém relata uma experiência positiva no escaneamento corporal, por exemplo, modular a dor, isso costuma ter um efeito muito positivo nos outros participantes da turma que ainda não tiveram essa experiência. É provável que eles pensem: "Se aquele ali consegue ter uma experiência tão positiva, mesmo com todos os seus problemas, então provavelmente eu também consigo, mesmo com todos os meus problemas". Assim, ver alguém com problemas ser bem-sucedido, no sentido de ter vivido uma experiência positiva, pode aumentar a confiança de todos os outros membros do grupo em sua própria capacidade e na eficácia das práticas que estão sendo utilizadas.

O Dr. Bandura e seus colegas estudaram a autoeficácia em um grupo de homens infartados que passavam por reabilitação cardíaca. Conseguiram demonstrar que os homens com forte convicção de que seu coração era robusto e de que se recuperariam completamente tinham menos propensão a negligenciar o programa de exercícios se comparados aos homens com menos confiança, mesmo que a gravidade da doença cardíaca fosse similar nos dois grupos. Aqueles com boa autoeficácia conseguiram se exercitar na esteira sem se preocuparem nem se sentirem derrotados pelo desconforto, falta de ar e fadiga – parte natural e normal de qualquer programa de exercícios. Conseguiram aceitar seu desconforto sem percebê-lo como "mau sinal" e puderam focar, em vez disso, nos efeitos positivos do programa, como a sensação de estarem mais fortes e capazes de fazer mais. Por outro lado, os homens que não tinham essa convicção positiva tenderam a parar de se exercitar, confundindo desconforto, falta de ar e fadiga (que são sintomas normais) com sinais de um coração debilitado. Estudos posteriores demonstraram que pessoas com pouca autoeficácia que participam de treinamentos para adquirir a experiência de maestria em algo desenvolvem e fortalecem a confiança em sua capacidade de ter sucesso e de influenciar positivamente áreas da vida que antes pareciam fora de seu controle.

※

Outra linha interessante de pesquisa acerca dos efeitos que pensamentos e sentimentos têm sobre a saúde envolve o estudo de pessoas que parecem prosperar em condições de estresse, ou que sobreviveram a condições extremamente estressantes. Neste caso, a meta é determinar se alguns sujeitos possuem características específicas de personalidade que possam explicar sua aparente "imunidade" ao estresse e às doenças relacionadas ao estresse. A Dra. Suzanne Kobasa, junto com seus colegas da City University of New York, e o Dr. Aaron Antonovsky, um sociólogo médico de Israel, estão conduzindo estudos nessa área.

Robustez

A Dra. Kobasa estudou executivos, advogados, motoristas de ônibus, funcionários de empresas do setor de telefonia e outros grupos que levam vidas marcadas por muito estresse. Em todos os grupos, como seria de se imaginar, ela encontrou algumas pessoas muito mais saudáveis do que outras, apesar de vivenciarem nível similar de estresse. Ela queria saber se estas mais saudáveis tinham alguma característica de personalidade em comum que as protegesse dos efeitos negativos do estresse excessivo. Descobriu que uma característica psicológica específica diferenciava as pessoas que ficavam doentes daquelas que se mantinham saudáveis. A Dra. Kobasa chamou esta característica de **robustez psicológica** (por vezes chamada de **robustez ao estresse**).

Assim como ocorre com outros fatores psicológicos que observamos, a robustez também envolve uma forma específica de ver a si mesmo e ao mundo. Segundo a Dra. Kobasa, indivíduos com robustez psicológica demonstram alto grau de três características psicológicas: **controle,**

compromisso e desafio. Pessoas com altos níveis de controle têm forte crença de que podem exercer influência sobre os ambientes em que vivem e conseguem fazer com que as coisas aconteçam. Esse elemento é similar à noção de autoeficácia apresentada pelo Dr. Bandura. Aquelas que têm alto grau de compromisso tendem a se sentir completamente engajadas no que estão fazendo dia após dia e comprometidas a se esforçarem ao máximo em suas atividades. E as pessoas com alto grau de desafio enxergam a mudança como parte natural da vida que, no mínimo, propicia possibilidades de maior desenvolvimento. Essa perspectiva permite que indivíduos com robustez ao estresse enxerguem situações novas como oportunidades em vez de ameaças, se comparados àqueles que não compartilham essa perspectiva da vida como um desafio contínuo.

A Dra. Kobasa enfatiza que podemos fazer muitas coisas para aumentar nosso grau de robustez. A melhor maneira de ganhar mais robustez é encarar de frente a própria vida e questionar abertamente para onde ela vai e como pode ser enriquecida por escolhas e mudanças específicas nas áreas do controle, do compromisso e do desafio. Ela também propõe que a robustez pode ser aprimorada em condições de trabalho muito estressantes por meio de uma reestruturação de papéis e relacionamentos dentro das organizações, uma reestruturação que promova maior senso de controle, compromisso e desafio nos funcionários. Esses princípios têm conquistado cada vez mais espaço no atual ambiente de trabalho à medida que a complexidade e os diversos desafios vão aumentando.

Senso de Coerência

A pesquisa do Dr. Aaron Antonovsky concentrou-se em pessoas que sobreviveram a situações de estresse extremo e quase inconcebível, como os prisioneiros nos campos de extermínio nazistas. Na visão do Dr. Antonovsky, ser saudável envolve a habilidade de restaurar o equilíbrio sempre que há um evento perturbador. Ele se perguntou o que permitia a alguns indivíduos resistirem a níveis altíssimos de estresse, mesmo enquanto seus recursos para lidar com o estresse e a tensão eram constantemente perturbados durante o aprisionamento nos campos de concentração. O Dr. Antonovsky descobriu que os sobreviventes de situações de estresse extremo têm um senso inerente de coerência acerca do mundo e de si próprios.

Esse senso de coerência é caracterizado por três componentes, que podem ser chamados de **capacidade de compreensão, manejo e significado**. Pessoas com um forte senso de coerência têm muita confiança de que conseguirão compreender suas experiências internas e externas (acreditam que elas são, essencialmente, compreensíveis); que dispõem de recursos para lidar com as demandas que encontrarão (manejo); e que tais demandas são desafios nos quais podem encontrar algum sentido e com os quais podem se comprometer (significado). Essas qualidades estão elegantemente resumidas na famosa declaração de Viktor Frankl, sobrevivente de Auschwitz (e também neurologista e psicólogo): "Pode-se tirar tudo de um homem, exceto uma coisa, a última das liberdades humanas: escolher a própria atitude em qualquer circunstância, escolher o próprio caminho".

MBSR, Resistência ao Estresse e Senso de Coerência

Por muitos anos medimos tanto a robustez ao estresse quanto o senso de coerência dos pacientes que participaram do programa MBSR. Nesse período, descobrimos que ambos aumentavam no decorrer das oito semanas do programa. Não foi um grande aumento – uma média de 5% – mas foi significativo. Isso é impressionante, pois tanto a robustez ao estresse quanto o senso de coerência são considerados variáveis da personalidade, ou seja, são traços que tendem a não sofrer nenhuma mudança significativa na vida adulta. Por essa razão, o senso de coerência foi utilizado como variável para distinguir as pessoas que sobreviveram aos campos de extermínio com muito menos danos psicológicos dos outros sobreviventes que sofreram consequências mais graves. Contudo, durante o curto período de oito semanas do programa MBSR, vimos um pequeno, mas inegável, aumento nessas variáveis que, na verdade, não deveriam sofrer alterações se realmente fossem traços inalteráveis. Além do mais, quando conduzimos estudos de seguimento, descobrimos que mesmo três anos depois os aumentos na robustez ao estresse e no senso de coerência se mantiveram e até mesmo melhoraram um pouco, atingindo uma média de 8%. Trata-se de um achado científico extraordinário e sugere que alguma vivência dos nossos pacientes durante o programa MBSR teve um efeito muito mais profundo do que apenas reduzir sintomas físicos e psicológicos – o efeito foi mais similar a um rearranjo na forma como os pacientes viam a si mesmos e sua relação com o mundo.

Compartilhamos esses achados com o Dr. Antonovsky um ou dois anos antes de seu falecimento. Ele demonstrou surpresa diante das mudanças que observamos após uma intervenção tão breve, especialmente por ser uma intervenção que tem como fundamento o "não fazer". O Dr. Antonovsky entendia que apenas eventos sociais ou políticos de grande escala, perturbadores e transformadores, poderiam causar mudanças tão consistentes em grupos de pessoas. Mas nós já supúnhamos fazia algum tempo, com base nos relatos de nossos pacientes ao longo dos anos, que eles realmente vivenciavam uma profunda mudança na forma como se viam como indivíduos em relação a outros seres e em relação ao mundo como um todo. Na verdade, essa intuição foi a principal razão pela qual começamos a observar a robustez ao estresse e o senso de coerência nos pacientes – para descobrir se essas medidas podiam ser alteradas com o tempo. Talvez estudos futuros confirmem esses dados preliminares ao correlacionar mudanças nessas duas medidas com alterações em regiões específicas do cérebro, associadas ao senso de si mesmo e de relacionalidade. Entretanto, para os nossos pacientes isso não importa. O que importa é que essas transformações podem ocorrer, e de fato ocorrem com frequência, e se perpetuam e até mesmo se aprofundam, em especial com a prática contínua.

O PAPEL DAS EMOÇÕES NA SAÚDE: CÂNCER

As pesquisas que analisamos até agora focaram mais no aspecto cognitivo, ou seja, investigaram principalmente os padrões de pensamento e crença e seus efeitos na saúde e na doença. Uma linha paralela de pesquisa concentrou-se mais no papel que as emoções têm na saúde e na doença. É claro que os padrões de pensamento e as emoções se moldam e se influenciam mutuamente. Muitas vezes é difícil determinar, em uma situação específica, se um exerce papel mais fundamental que o outro. Vejamos agora alguns dados de pesquisas que focaram principalmente na relação entre saúde e padrões emocionais.

Há algum tempo se discute se alguns tipos de personalidade são mais propensos a determinadas doenças. Por exemplo, alguns estudos sugerem que pode haver uma personalidade "propensa ao câncer", e outros sugerem personalidades "propensas a doenças coronarianas". O padrão que é propenso ao câncer costuma ser descrito como aquele de pessoas com tendência a ocultar seus sentimentos; pessoas muito voltadas para os outros, mas que ao mesmo tempo sentem-se profundamente alienadas dos outros, mal-amadas e indignas de amor. Sentir falta de proximidade com os próprios pais na juventude está associado a este padrão.

Boa parte das evidências que apoiam essa ligação vem de um estudo de quarenta anos atrás conduzido pela Dra. Caroline Bedell Thomas, da Johns Hopkins Medical School. Ela reuniu muitas informações sobre o estado psicológico de calouros de medicina da Johns Hopkins a partir dos anos 1940 e acompanhou esses indivíduos periodicamente ao longo dos anos enquanto envelheciam e, em alguns casos, adoeciam e morriam. Dessa forma, conseguiu correlacionar características psicológicas específicas e experiências familiares do início da vida – relatadas por esses alunos quando eram jovens e saudáveis aos 21 anos – com grande variedade de doenças que alguns deles tiveram durante os quarenta anos seguintes. Os resultados demonstraram, entre outras coisas, que **há uma constelação específica de características no início da vida que estão associadas à maior probabilidade de desenvolver câncer na vida adulta**. Entre essas características, destacaram-se a ausência de um relacionamento próximo com os pais e uma atitude ambivalente em relação à vida e às relações humanas. A conclusão, claro, é que as experiências emocionais no começo da vida podem exercer um papel importante no modo como nossa vida vai sendo moldada ao longo do tempo.

Ao examinar pesquisas que relacionam padrões de pensamento e fatores emocionais à saúde, é importante ter sempre em mente, com muita clareza, que é perigosíssimo e quase sempre incorreto supor que, só porque foi encontrada uma conexão entre determinados aspectos da personalidade (ou comportamentos) e uma doença, isso signifique que ser de certa maneira, ou pensar de certa forma, pode **causar** uma doença específica. Seria mais exato dizer que isso pode ou não aumentar, até certo ponto (e isso depende da força da correlação e de muitos outros fatores), a probabilidade de desenvolver a doença. Isso porque as pesquisas sempre resultam em relações estatísticas e não em correspondências individuais.

Nem todo o mundo com traços de personalidade associados ao câncer acaba desenvolvendo câncer. De fato, nem todo o mundo que fuma morre de câncer nos pulmões, enfisema ou doença cardíaca, embora tenha sido comprovado, sem dúvida alguma, que o tabagismo é um grande fator de risco para todas essas doenças. A relação é de natureza estatística e envolve probabilidades.

É errado, portanto, concluir, com base em qualquer uma das evidências que correlacionam as emoções e o câncer, que determinados traços de personalidade são a causa direta da doença. Ainda assim, existem cada vez mais indícios de que determinados padrões psicológicos e comportamentais podem **predispor** uma pessoa a pelo menos alguns tipos de câncer, enquanto outros atributos da personalidade podem proteger alguém do câncer, ou aumentar suas chances de sobreviver a ele. Dessa forma, os sentimentos que você nutre por si mesmo e por outras pessoas e a maneira pela qual você os expressa ou deixa de expressar parecem ter grande importância.

O Dr. David Kissen e seus colaboradores da University of Glasgow, na Escócia, conduziram uma série de pesquisas no final dos anos 1950 para estudar homens com câncer de pulmão. Em uma delas, analisaram a anamnese de centenas de pacientes que entraram no hospital queixando-se de dores no peito. Os homens posteriormente diagnosticados com câncer pulmonar haviam relatado infâncias muito mais difíceis, marcadas, por exemplo, por lares infelizes ou pela morte de um dos pais – se comparados aos pacientes que receberam outros diagnósticos. Este achado é consistente com os resultados obtidos pela Dra. Thomas, quarenta anos antes, com os estudantes de medicina na Johns Hopkins, quando descobriu que o câncer na vida adulta estava associado a uma falta de proximidade com os pais e a sentimentos ambivalentes quanto à natureza dos relacionamentos em geral. No estudo de Kissen, os homens que descobriram ter câncer pulmonar também relataram mais adversidades na vida adulta, inclusive relacionamentos interpessoais problemáticos. Os pesquisadores observaram que, como grupo, aqueles com câncer pulmonar demonstravam maior dificuldade em expressar suas emoções. Não revelavam o que sentiam a respeito de eventos negativos, especialmente eventos que envolvessem relacionamentos (como laços conjugais ou a morte de alguém próximo), mesmo quando, para os pesquisadores, tais eventos eram obviamente a causa de muita dor emocional. Em vez disso, os pacientes tendiam a negar sua dor emocional e, durante as entrevistas, falavam de suas dificuldades com um tom impessoal e emocionalmente neutro que, dadas as circunstâncias, pareceu inadequado aos entrevistadores. Já os pacientes no grupo-controle (que depois descobriram ter outras doenças que não o câncer de pulmão) eram muito diferentes, descrevendo situações similares com expressões emocionais adequadas.

A incapacidade de expressar emoções foi fortemente associada à mortalidade dos pacientes com câncer pulmonar nesse estudo. **Os pacientes com câncer pulmonar e menor habilidade de expressar emoções apresentaram uma taxa de mortalidade anual 4,5 vezes maior do que os pacientes com repertório mais adequado de expressão emocional.** Essa descoberta se manteve válida independente dos pacientes serem fumantes ou não, embora, como se pode imaginar, houvesse dez vezes mais incidência de câncer nos fumantes inveterados do que nas pessoas que nunca fumaram.

Mais evidências que relacionam fatores emocionais ao câncer vieram de pesquisadores no King's College Hospital, em Londres, que conduziram um estudo semelhante em mulheres com câncer de mama. Os doutores S. Greer e Tina Morris fizeram entrevistas psicológicas em profundidade com 160 mulheres, assim que deram entrada no hospital devido a um nódulo na mama e antes de saberem se tinham câncer ou não. No momento da entrevista, todas as mulheres estavam sofrendo um nível semelhante de estresse por não saberem se tinham câncer. As entrevistas com as mulheres, seus maridos e outros parentes foram usadas como ferramenta para medir até que ponto as mulheres ocultavam ou expressavam seus sentimentos.

A maioria das mulheres que não recebeu o diagnóstico de câncer apresentava o que os pesquisadores chamaram de padrão "normal" de expressividade emocional. No entanto, a maioria das mulheres diagnosticadas com câncer de mama tinha um padrão de extrema supressão dos sentimentos (de raiva, na maioria dos casos) ou de "explosões" emocionais. Os dois extremos foram associados a um risco maior de desenvolver câncer. No entanto, era muito mais comum as mulheres suprimirem seus sentimentos do que serem "explosivas".

No seguimento de cinco anos, das cinquenta mulheres que tiveram câncer de mama, depois de todas terem sido tratadas cirurgicamente, os pesquisadores descobriram que aquelas que pareciam enfrentar sua realidade (três meses depois da cirurgia) com o que eles chamaram de "espírito de luta" – isto é, atitudes e crenças muito otimistas quanto à própria capacidade de sobreviver – foram muito mais propensas a permanecerem vivas do que aquelas que (no mesmo período de três meses após a cirurgia) adotaram uma atitude de aceitação estoica em relação à doença ou que ficaram completamente arrasadas, sem esperança e derrotadas. As mulheres que negaram completamente o fato de ter câncer, que se recusaram a discutir o assunto e não demonstraram nenhum incômodo emocional acerca de sua situação também apresentaram maior probabilidade de sobreviver até cinco anos após o diagnóstico. Os resultados deste estudo sugerem que as emoções podem ter papel fundamental na sobrevivência ao câncer, sendo que emoções positivas fortes (espírito de luta ou negação completa) aumentam as nossas defesas, enquanto a expressividade emocional bloqueada (estoicismo ou desesperança) diminui a sobrevida. No entanto, conforme os pesquisadores ressaltaram, seu estudo envolveu um número relativamente pequeno de pessoas, de modo que os resultados podem ser considerados apenas "indicativos".

O estabelecimento de ligações inequívocas entre uma característica psicológica e uma doença requer a realização de estudos clínicos bastante extensos e, em geral, muito caros. Os resultados de um desses estudos dizem respeito à relação entre depressão e câncer em mais de 6 mil homens e mulheres nos Estados Unidos. Embora muitos estudos menores de delineamento inferior tenham relatado uma associação entre depressão e câncer, nenhuma relação foi encontrada nesse estudo maior. O grupo de pessoas com sintomas depressivos e o grupo sem sintomas apresentaram a mesma incidência de câncer, cerca de 10%. Contudo, em animais, muitos estudos bem elaborados de fato demonstram uma ligação inequívoca entre o padrão comportamental de desamparo (que está relacionado à depressão), redução das funções imunológicas (inclusive no nível de células exterminadoras naturais/*natural killer*) e maior crescimento tumoral. Outras pesquisas precisam ser conduzidas para determinar como esses achados – junto a trabalhos que têm demonstrado um vínculo entre desamparo em seres humanos e redução na função imunológica – podem estar relacionados à aparente falta de correlação entre depressão e câncer observada nesse estudo clínico. Esta é uma área de constante controvérsia.

※

O câncer é uma doença na qual as células do corpo perdem os mecanismos bioquímicos que mantêm seu crescimento sob controle. Consequentemente, elas se multiplicam demais e, com frequência, formam grandes massas chamadas tumores. Muitos cientistas acreditam que a produção de células cancerosas no corpo acontece o tempo todo, em nível reduzido, e que o sistema imunológico, quando saudável, reconhece essas células anormais e as destrói antes que possam causar dano. Segundo esse modelo, quando o sistema imunológico está enfraquecido (seja por dano físico direto ou pelos efeitos psicológicos do estresse) e não consegue mais identificar e destruir com eficácia essa pequena produção de células cancerosas, elas passam a se multiplicar descontroladamente. Então, dependendo do tipo de câncer, essas células obtêm um fornecimento próprio de sangue até formar um tumor sólido, ou então sobrecarregam o sistema com grande volume de células cancerosas na circulação, como ocorre na leucemia.

Naturalmente, é possível ser exposto a níveis altíssimos de substâncias carcinogênicas, que sobrecarregariam até mesmo um sistema imunológico saudável. Isso aconteceu com pessoas que vivem em áreas de despejo de material tóxico, como o infame Love Canal, no estado de Nova York. De modo similar, a exposição a doses altas de radiação, como ocorreu após os bombardeios de Hiroshima e Nagasaki e no acidente nuclear de Chernobyl, pode provocar a formação de células cancerosas e, ao mesmo tempo, enfraquecer a capacidade do sistema imunológico de reconhecê-las e neutralizá-las. Em suma, o desenvolvimento de qualquer tipo de câncer é algo complexo que se dá em diversos estágios, envolvendo nossos genes e processos celulares, o ambiente e o comportamento individual.

※

Mesmo se descobrirmos uma relação estatística importante entre emoções negativas e câncer, seria completamente injustificável sugerir a um paciente com câncer que sua doença foi causada por estresse psicológico, conflitos não resolvidos ou emoções não expressadas. Fazer isso seria o mesmo que, sutil ou não tão sutilmente, culpar o paciente por sua doença. Faz-se isso com frequência, sem intenção, talvez ao se tentar racionalizar uma realidade dolorosa a fim de lidar melhor com ela. Sempre que conseguimos formular uma explicação para alguma coisa, isso nos alivia um pouco, pois assim podemos nos tranquilizar, mesmo se estivermos errados com a ideia de que "compreendemos" por que alguém "teve" câncer. Entretanto, isso é uma violação da integridade psíquica do outro, com base apenas em ignorância e suposições. Essa atitude também rouba a pessoa do momento presente ao dirigir sua atenção para o passado, justamente quando ela mais precisa focar e enfrentar a realidade de ter uma doença que ameaça sua vida. Infelizmente, esse tipo de pensamento, que parece apontar uma sutil deficiência psicológica como "causa" do câncer, tornou-se moda em alguns meios. Tal atitude tem muito mais chances de provocar maior sofrimento do que cura. Com base em tudo o que sabemos sobre a relação entre as emoções e a saúde, os elementos mais importantes a serem cultivados para aprimorar o processo de cura são a aceitação e o perdão, e não sentimentos de autocondenação ou culpa.

Se um paciente com câncer acredita que estresse ou questões emocionais podem ter sido um fator importante para o desenvolvimento de sua doença, esta é uma prerrogativa dele. Talvez possa ser muito útil explorar esse ponto, talvez não, dependendo da vida do paciente e de como o assunto é abordado. Algumas pessoas sentem-se mais empoderadas pela percepção de que a forma como lidaram com suas emoções no passado possa ter contribuído para sua doença. Para elas, isso significa que estar mais ciente dessas questões específicas e fazer determinadas mudanças pode aumentar a qualidade de vida no dia a dia, portanto, até onde for possível, pode propiciar-lhe cura e recuperação. No entanto, essa perspectiva não deveria ser imposta pelos outros, por mais bem-intencionado que seja o impulso por trás do gesto. Incursões nesse campo devem ser empreendidas com grande compaixão e cuidado, seja pelo paciente, seja com a ajuda de um médico ou terapeuta. Perguntas acerca de possíveis fatores que possam ter contribuído para uma doença só podem ser úteis se vierem de uma postura isenta de julgamentos, se partirem da generosidade e compaixão, da aceitação de si mesmo e do próprio passado, e não de condenações.

Nunca será possível saber, com certeza, se fatores psicológicos exerceram um papel causal ou exacerbador na doença específica de determinado sujeito. Uma vez que a mente e o corpo não são realmente separados, o estado de saúde física sempre será afetado, em algum nível, por fatores psicológicos. No entanto, quando alguém já foi diagnosticado com determinada doença, qualquer fator causal psicológico terá, na melhor das hipóteses, importância secundária. Quando a pessoa chega a esse estágio da evolução da doença, passa a ser muito mais importante assumir responsabilidade pelo que precisa ser feito no presente. Como existem evidências que demonstram que fatores emocionais positivos podem aprimorar o processo de cura, o diagnóstico de câncer pode ser um ponto decisivo muito importante na vida do paciente, um contexto para que ele mobilize uma perspectiva mais otimista, coerente, autoeficaz e engajada. É hora de lutar para ser menos suscetível ao apelo dos estados psicológicos pessimistas, desamparados e ambivalentes. Direcionar intencionalmente para si mesmo a bondade, a aceitação e o amor é uma forma muito boa de começar.

E como fazemos isso? Sintonizando-nos com o momento atual e fazendo amizade com ele; tomando residência na própria consciência, repousando nela, usando qualquer um ou todos os métodos descritos na Parte I para voltarmos à nossa mente e corpo. Em algum nível mais profundo, o resto se resolve sozinho.

MINDFULNESS E CÂNCER

Hoje existem diversas abordagens baseadas em atenção plena desenvolvidas especificamente para pessoas com câncer que querem praticar as propostas aqui descritas. Uma delas é o Mindfulness-Based Cancer Recovery Program, idealizado por Linda Carlson e Michael Speca, do Tom Baker Cancer Center da University of Calgary. Eles publicaram uma série de artigos demonstrando melhoras significativas em diversas medidas fisiológicas e psicológicas de pacientes com câncer de mama e de próstata que participaram do programa MBSR voltado para o câncer. Os artigos também incluem um estudo de seguimento de um ano, que revela melhora na qualidade de vida, diminuição dos sintomas de estresse, de padrões alterados de cortisol e do sistema imunológico, que são condizentes com menor estresse e menos transtornos do humor, bem como redução da pressão arterial. Outro programa baseado na atenção plena para pacientes com câncer é o MBSR para Câncer, desenvolvido por Trish Bartley e baseado no trabalho conduzido na University of North Wales, em Bangor. As duas equipes escreveram livros recentemente, o que torna seus programas mais acessíveis.

HIPERTENSÃO E RAIVA

Existem evidências que demonstram que suprimir a expressividade emocional pode afetar a hipertensão, além do câncer. Nesta área, o foco tem sido principalmente a raiva. Pessoas que costumam expressar raiva quando provocadas por outras têm pressão arterial média inferior à de pessoas que costumam suprimir esses sentimentos. Em um estudo feito com 431 homens adultos de Detroit, Margaret Chesney, Doyle Gentry e colaboradores descobriram que a pressão arterial era mais alta nos homens que relatavam muito estresse no emprego ou na família **junto com** uma tendência a suprimir sentimentos de raiva. Parece que, em situações de muito estresse, a capacidade de desabafar sentimentos de raiva protege contra a pressão alta. Outro estudo sugere que a pressão alta pode estar associada aos dois extremos do comportamento emocional: tanto em pessoas que suprimem a raiva quanto nas que expressam raiva contínua e exageradamente.

DOENÇA ARTERIAL CORONARIANA, HOSTILIDADE E CINISMO

Talvez a investigação científica mais extensa que procurou relacionar fatores de personalidade com doenças crônicas tenha sido a que estudou a existência (ou não) de personalidades com propensão a doenças cardíacas. Por algum tempo pensava-se que havia evidências conclusivas indicando um padrão comportamental específico associado ao risco aumentado de doença arterial coronariana, conhecido como comportamento tipo A.

Pesquisas posteriores, no entanto, demonstraram que não era o padrão tipo A como um todo que estava relacionado a essas doenças, mas apenas um aspecto dele.

As pessoas com a chamada personalidade tipo A são aquelas motivadas por um senso de urgência e competitividade. Costumam ser impacientes, hostis e agressivas. Seus gestos e discursos tendem a ser apressados e abruptos. Nessa terminologia, aqueles que não apresentam o padrão tipo A são chamados de tipo B. Segundo o Dr. Meyer Friedman, um dos criadores do conceito tipo A de personalidade, as pessoas consideradas tipo B são mais tranquilas do que sua contraparte. Não são motivadas pelo senso de urgência, tampouco dominadas por padrões generalizados de irritabilidade, hostilidade e agressividade. São também mais inclinadas a períodos de contemplação. Contudo, não existe nenhuma evidência que demonstre que as do tipo B sejam menos produtivas ou menos bem-sucedidas do que as do tipo A.

As evidências originais que relacionam o comportamento tipo A com a doença arterial coronariana vieram de um grande projeto de pesquisa conhecido como Western Collaborative Group Study. Este estudo caracterizou 3 500 homens saudáveis e sem nenhum sinal de doença como sendo tipo A ou tipo B. Oito anos depois, os pesquisadores os procuraram novamente para ver quem tinha desenvolvido doenças cardíacas e quem não tinha. Os homens classificados como tipo A desenvolveram doença arterial coronariana de duas a quatro vezes mais do que os homens considerados tipo B (dependendo da idade, sendo que os homens mais jovens sofriam o maior risco).

Muitos outros estudos confirmaram a relação entre o padrão de comportamento tipo A e a doença coronariana, demonstrando que essa relação vale tanto para mulheres quanto para homens. Contudo, outros estudos, especialmente os conduzidos pelo Dr. Redford Williams e seus colaboradores da Duke University, observaram apenas o componente de hostilidade do padrão comportamental tipo A e descobriram que esse componente isolado prevê com mais precisão as doenças cardíacas do que o padrão comportamental completo das pessoas tipo A. Em outras palavras, você corre menos risco de sofrer doenças cardíacas por ter uma personalidade tipo A se os seus níveis de hostilidade forem baixos, independentemente do quão competitivo possa ser, ou quão forte seja seu senso de urgência. E, mais importante, a presença de **alto grau de hostilidade foi relacionada não apenas a enfartes do miocárdio e morte por doenças cardíacas, mas também a risco aumentado de óbito por câncer e outras causas de morte**.

Em sua fascinante pesquisa, o Dr. Williams e seus colaboradores conduziram um estudo de seguimento de médicos cujos níveis de hostilidade foram mensurados por meio de um teste psicológico específico quando eram estudantes de medicina, 25 anos antes. Ao longo dos 25 anos de seguimento, os indivíduos que apresentaram graus baixos de hostilidade quando eram estudantes tiveram um risco quatro vezes menor de sofrer doenças cardíacas se comparados àqueles com alto grau de hostilidade. Quando a equipe investigou a mortalidade (por todas as causas possíveis), os resultados também foram impressionantes. Depois de se formarem médicos, apenas 2% dos homens no grupo de hostilidade baixa haviam falecido, enquanto 13% dos homens com alto grau de hostilidade morreram no mesmo período de tempo. Em outras palavras, os homens que demonstraram níveis altos de hostilidade em um teste psicológico feito 25 anos antes morreram em ritmo 6,5 vezes maior do que aqueles que apresentaram menor hostilidade naquele teste.

Williams descreve a hostilidade como "uma ausência de confiança na bondade essencial dos outros", fundamentada na "crença de que as outras pessoas costumam ser más, egoístas e pouco confiáveis". Ele enfatiza que essa atitude pode ser adquirida cedo na vida, por meio de cuidadores, como os pais ou outras pessoas, e que provavelmente reflete um desenvolvimento interrompido da confiança básica. Williams também ressalta que tal atitude carrega um componente forte de cinismo, além de hostilidade, como foi exemplificado por dois itens corriqueiros no questionário para mensurar a hostilidade: "A maioria faz amizades porque amigos podem ser úteis" e "Já trabalhei muito para gente que sabia receber os créditos por um trabalho bem feito, mas dava um jeito de atribuir os erros a seus subordinados". Qualquer indivíduo que acredite fortemente nessas duas declarações provavelmente tem uma visão muito cínica das pessoas em geral. Com esta visão do mundo e dos seres humanos, os indivíduos hostis e cínicos acabam sentindo raiva e agressividade com muito mais frequência do que os outros, independente de externarem essa raiva ou tentarem suprimi-la em certas circunstâncias.

O estudo desses médicos oferece forte evidência de que uma perspectiva hostil e cínica acerca do mundo pode, por si só, colocar um indivíduo em risco muito maior de doença e morte prematura se comparado ao risco de indivíduos com mais capacidade de confiar nos outros. Tudo indica que uma atitude arraigada de cinismo e hostilidade é muito tóxica para o bem-estar. Estes e outros dados são detalhados no livro do Dr. Williams, *The Trusting Heart* [O Coração que Confia], no qual ele também ressalta que todas as grandes tradições religiosas do mundo enfatizam o valor de desenvolver qualidades que a ciência agora está demonstrando serem boas para a saúde, tais como bondade, compaixão e generosidade. Hoje existe um interesse crescente dos pesquisadores em estudar os efeitos de emoções pró-sociais (às vezes chamadas de emoções positivas) ou qualidades virtuosas, em paralelo à pesquisa sobre o cultivo da atenção plena.

EMOÇÕES PRÓ-SOCIAIS E SAÚDE

Barbara Fredrickson e seus colegas da University of North Carolina, em Chapel Hill, por exemplo, demonstraram que nove semanas de treinamento da meditação da bondade amorosa aumentaram o senso de propósito das pessoas e reduziram sintomas de doenças. Os trabalhos de Paul Gilbert, no Reino Unido, Kristin Neff, no Texas, e Christopher Germer, na Harvard University, estão revelando que desenvolver a autocompaixão e a compaixão pelos outros resulta em mudanças significativas no bem-estar físico, psicológico e relacional. Também é interessante pontuar que um estudo clínico recente, conduzido por pesquisadores da Northeasten University, do Massachusetts General Hospital e de Harvard[*], demonstrou que o treinamento em atenção plena por oito semanas, em comparação ao treinamento de compaixão durante um período similar, resultou em comportamentos observáveis bastante semelhantes, como socorrer alguém que parecia estar sentindo muita dor, embora outras pessoas na sala estivessem intencionalmente (devido ao delineamento do experimento) ignorando o sofrimento dele. Os meditadores em ambos os grupos

---

[*] Condon, P.; Desbordes, G.; Miller, W.; DeSteno, D. Meditation Increases Compassionate Responses to Suffering. *Psychological Science,* 2013.

ajudaram a pessoa em sofrimento com uma frequência cinco vezes maior do que os indivíduos no grupo-controle, que ainda não tinham passado por treinamento em atenção plena ou compaixão. Não houve nenhuma diferença no nível de auxílio demonstrado pelo grupo que recebeu o treinamento de atenção plena e o grupo que treinou a compaixão. Esses dados apoiam a perspectiva de que a atenção plena, por si mesma, é uma expressão da bondade e da compaixão e pode ser aprofundada por meio da prática contínua.

Muitas outras linhas de evidência sugerem que existe uma forte relação entre as emoções (e o que é chamado de **estilo emocional**) e a saúde. Essas pesquisas estão muito bem descritas no livro *O Estilo Emocional do seu Cérebro*, de Richard Davidson em parceria com Sharon Begley. O trabalho de Davidson elucidou seis dimensões de estilo emocional, que são descritas da seguinte maneira: **resiliência** – o quão lenta ou rapidamente você se recupera após uma adversidade; **perspectiva** – por quanto tempo você é capaz de sustentar emoções positivas; **intuição social** – seu nível de aptidão para ler os sinais não verbais das pessoas ao seu redor; **autoconsciência** – sua capacidade de perceber sensações corporais que refletem emoções; **sensibilidade ao contexto** – sua capacidade de regular as respostas emocionais levando em conta o contexto no qual você está inserido; e **atenção** – o nível de clareza e intensidade do seu foco. Como fica claro, essas dimensões são todas aspectos do cultivo da atenção plena, ou derivam dela. E, o que é mais importante, Davidson e Begley apresentaram evidências convincentes de que o estilo emocional de determinada pessoa pode, a um só tempo, ser aceito e transformado por meio do treinamento meditativo.

OUTROS TRAÇOS DE PERSONALIDADE E A SAÚDE

A motivação é outra característica psicológica que já foi relacionada à saúde. O Dr. David McClelland, renomado psicólogo de Harvard nos anos 1960 e 1970, identificou um perfil motivacional específico que parece gerar maior suscetibilidade a doenças se comparado a outros perfis. Pessoas que demonstram esse perfil de maneira muito intensa, chamado **motivação de poder estressante**, sentem forte necessidade de ter poder em seus relacionamentos interpessoais. Essa motivação por poder costuma prevalecer sobre qualquer outra necessidade social. Indivíduos com esse perfil tendem a ser agressivos, argumentativos e competitivos, e costumam se afiliar a organizações que aumentem seu prestígio e *status*. Por outro lado, ficam muito frustrados e sentem-se travados e ameaçados quando enfrentam eventos estressantes, que desafiam seu senso de poder. As pessoas com esse padrão motivacional específico adoecem muito mais rapidamente ao enfrentar o estresse – mais do que outras que não compartilham dessa motivação.

McClelland também identificou um padrão motivacional oposto, que parece promover robustez ou resistência a doenças. Ele chamou este padrão de **motivação de afiliação não estressante**. Pessoas que demonstram níveis altos de afiliação não estressante gostam de ter companhia e querem ser simpáticas e apreciadas por outros, não como meios para um fim (como ocorre com o tipo A, cínico), mas como um fim em si mesmo. Elas também se sentem livres para expressar sua necessidade de relacionamento, visto que esta não está bloqueada nem ameaçada por eventos estressantes. Em um estudo realizado com universitários, os indivíduos que apresentaram mais motivação de poder estressante que a média relataram mais doenças do que os outros alunos, enquanto aqueles que estavam acima da média em afiliação não estressante relataram o menor número de doenças.

Novamente, assim como ocorreu com a robustez ao estresse e com o senso de coerência, vemos que existem evidências convincentes de que determinadas maneiras de olhar para si mesmo e para o mundo podem predispor uma pessoa a doenças, enquanto outras perspectivas parecem promover maior saúde e resiliência. Em um dos primeiros estudos-piloto que conduzimos em colaboração com o Dr. McClelland e seus colegas, Joel Weinberger e Carolyn McCloud, descobrimos que a maioria dos participantes do programa MBSR mostram um aumento na medida de **confiança de afiliação** no decorrer das oito semanas, enquanto um grupo de pacientes que esperava para iniciar o programa, que foi avaliado no mesmo período, não mostrou nenhuma alteração nesta medida. Tal descoberta é representativa dos relatos de nossos pacientes. Neles fica claro que a experiência no programa MBSR costuma exercer uma influência duradoura e profundamente positiva no modo como os pacientes enxergam o mundo e a si mesmos, e também na sua capacidade de confiar mais em si e nos outros.

INFLUÊNCIAS SOCIAIS NA SAÚDE

Revisamos algumas das evidências que indicam que padrões de pensamento, crenças e emoções – em suma, nossa personalidade – podem afetar a saúde de maneira significativa. Também existem evidências consideráveis de que fatores sociais, naturalmente relacionados a fatores psicológicos, também exercem papel preponderante na saúde e na doença. Já se sabe há muito tempo, por exemplo, que em termos estatísticos pessoas isoladas tendem a ser menos saudáveis, tanto física quanto psicologicamente, e tendem a morrer antes das que têm mais relacionamentos sociais. As taxas de mortalidade para todas as doenças são mais altas em solteiros do que em casados, em qualquer idade. Parece que existe algo nos vínculos que formamos com os outros que é essencial para a saúde. Claro que isso é bastante intuitivo. É profundamente humano sentir uma grande necessidade de pertencimento, de ser parte de algo maior que si mesmo, de manter relacionamentos interpessoais significativos e solidários. As pesquisas acerca de confiança nas afiliações, compaixão e bondade sugerem que esse tipo de laço social é extremamente importante para a saúde e o bem-estar.

Evidências que apontam a importância dos vínculos sociais para a saúde já foram reforçadas por diversos estudos sérios que abrangeram grandes populações, tanto neste país como no exterior. Todas essas evidências demonstram uma relação entre saúde e vínculos sociais. Pessoas com nível muito baixo de interação social – mensurada por estado civil, contatos com família estendida e amigos, pertencimento a igrejas e outros envolvimentos em grupo – apresentam de duas a quatro vezes mais propensão a morrer nos dez anos posteriores à pesquisa se comparadas com aquelas que têm alto grau de interação social, depois que todos os outros fatores (idade, histórico de doenças, renda e hábitos como tabagismo, consumo de álcool, atividade física, raça e similares) foram levados em consideração. Hoje, a solidão e o isolamento social são considerados fatores de risco para depressão e câncer.

Diversos estudos propõem explicações para esse fenômeno. O Dr. James Lynch, da University of Maryland, autor do clássico *The Broken Heart: The Medical Consequences of Loneliness* [O Coração Partido: As Consequências Médicas da Solidão], demonstrou que o contato físico ou a mera presença de outra pessoa exercem um efeito relaxante na fisiologia cardíaca e reatividade no contexto estressante de uma unidade de tratamento intensivo. Mais recentemente, como já vimos, David Creswell e seus colegas das universidades Carnegie Mellon e UCLA demonstraram que a participação em um programa MBSR conseguiu reduzir a solidão em pessoas idosas. Além de demonstrar que a solidão diminuiu pela simples participação no programa MBSR, também verificaram que o grupo MBSR demonstrou menor produção de citocinas pró-inflamatórias (componente associado a diversas doenças físicas) em comparação ao grupo-controle que aguardava na fila de espera. Visto que em idosos a solidão é um importante fator de risco para doenças cardiovasculares, doença de Alzheimer e morte, essas descobertas podem ter grande relevância, especialmente sabendo-se que, segundo o Dr. Creswell, não têm sido eficazes os esforços para diminuir a solidão por meio de programas de *networking* social e pelo desenvolvimento de centros comunitários para estimular novos relacionamentos.

Em uma série de estudos ainda em andamento, Philippe Goldin, James Gross e seus colegas da Stanford University estão pesquisando pessoas diagnosticadas com o chamado Transtorno de Ansiedade Social, antes e depois de participarem do treinamento MBSR, usando ressonância magnética funcional para analisar a atividade cerebral. Descobriram que, após completar o programa MBSR, elas apresentaram melhoras na ansiedade e na depressão e um aumento da autoestima. Quando solicitados a praticar a consciência da respiração durante o exame, os membros do grupo MBSR também apresentaram o que os pesquisadores descrevem como uma vivência emocional negativa reduzida, além de uma redução marcante na atividade da amígdala e aumento da atividade nas regiões do cérebro envolvidas no processo de regular o direcionamento da atenção. Eles também estudaram o processamento autorreferencial relacionado à região narrativa do cérebro, descrita anteriormente no estudo de Toronto (página 34), região envolvida na divagação mental em geral e, nas pessoas com ansiedade social, no exagerado foco autocentrado e demasiadamente crítico, que torna as interações sociais muito desafiadoras e insatisfatórias para elas. O estudo demonstrou redução da atividade na região narrativa após o programa MBSR, indicando maior controle sobre as visões negativas que os pacientes tinham de si mesmos.*

Em outro estudo clássico, o Dr. Lynch mostrou que donos de animais de estimação vivem por mais tempo após um enfarte do miocárdio se comparados a pessoas que não os têm. O Dr. Lynch também demonstrou que a mera presença de um animal amistoso pode reduzir a pressão arterial de uma pessoa. Essa evidência é sugestiva de que a **relacionalidade** é vital para nossa saúde. **E é a relacionalidade, acima de tudo, o que está no coração da atenção plena**.

É interessante, mas não surpreendente, que o contato entre humanos e animais tende a beneficiar não apenas os humanos, mas também os animais de estimação. De acordo com o Dr. Lynch, receber carinho em situações estressantes reduz a reatividade cardiovascular de cães, gatos, cavalos e coelhos. Um estudo notável das interações entre homens e animais foi conduzido depois que pesquisadores da University of Ohio perceberam que coelhos que recebiam dieta rica em gordura e colesterol, desenvolvida para gerar doenças cardíacas, sofriam muito menos dessas doenças se estivessem nas gaiolas mais baixas, em vez das mais altas. Essa descoberta não fez o menor sentido. Por que a posição das gaiolas influenciaria a intensidade da doença cardíaca se os coelhos eram todos geneticamente idênticos, recebiam a mesma dieta e eram tratados da mesma forma? Um dos pesquisadores descobriu a resposta ao observar que eles **não** estavam sendo tratados exatamente da mesma forma: um dos membros da equipe tirava os coelhos das gaiolas mais baixas de vez em quando para acariciá-los e conversar com eles.

Isso levou os pesquisadores a conduzirem um experimento cuidadosamente controlado, acariciando somente alguns coelhos e não outros enquanto mantinham todos na mesma dieta rica em gordura e colesterol. Os resultados demonstraram conclusivamente que os coelhos que recebiam carinho afetuoso ficaram muito mais resistentes às doenças cardíacas do que os coelhos que não recebiam carinho. Os autores repetiram o experimento inteiro uma segunda vez para garantir sua validade e obtiveram resultado idêntico.

---

* Goldin, P. R.; Gross, J. J. Effects of Mindfulness-based stress reduction (MBSR) on emotion regulation in social anxiety disorder. *Emotion* 2010; 10: 83-91.

Em resumo, todas as pesquisas que examinamos, e muitas outras, corroboram a ideia de que a saúde física está intimamente relacionada aos padrões de sentimento e pensamento que temos sobre nós mesmos, bem como à qualidade dos nossos relacionamentos com outras pessoas e com o mundo. A evidência sugere que determinados padrões de pensamento e certas maneiras de lidar com nossos sentimentos podem nos deixar mais suscetíveis a doenças. **São especialmente tóxicos os pensamentos e crenças que fomentam sentimentos de desamparo e falta de esperança, o senso de perda de controle, hostilidade e cinismo para com outras pessoas, falta de motivação para enfrentar os desafios da vida, dificuldade de expressar os próprios sentimentos e isolamento social.**

Por outro lado, outros padrões de pensamento, sentimento e relacionamento parecem estar associados a uma saúde robusta. **Aqueles que têm uma perspectiva essencialmente otimista, ou ao menos conseguem deixar para trás um evento negativo, que percebem que ele é impermanente e que sua situação mudará, tendem a ser mais saudáveis do que suas contrapartes mais pessimistas. Os otimistas sabem intuitivamente que na vida sempre haverá escolhas a fazer, e que sempre existe a possibilidade de exercer algum nível de controle. Tendem também a desenvolver um senso de humor mais positivo, conseguindo rir de si mesmos.**

Outras características psicológicas relacionadas à saúde incluem **um forte senso de coerência, a convicção de que a vida pode ser compreensível, administrável e significativa; um espírito de engajamento na vida; a capacidade de ver obstáculos como desafios; a confiança na própria capacidade de fazer mudanças consideradas importantes e o cultivo de estilos emocionais que fortalecem a saúde, como a resiliência emocional.**

Características sociais saudáveis incluem a valorização dos relacionamentos, a capacidade de honrar obrigações sociais e um senso de que as pessoas são, essencialmente, boas e confiáveis.

Uma vez que todas as evidências relatadas aqui têm validade apenas estatística, isto é, valem apenas para grandes populações, não podemos dizer que determinada crença, atitude ou estilo emocional causem doenças; o que se pode afirmar é que mais gente fica doente ou morre prematuramente quando tem padrões fortes de determinados pensamentos ou comportamentos. Como veremos no próximo capítulo, faz mais sentido pensar na saúde e na doença como polos opostos de um contínuo dinâmico em constante mutação, em vez de pensar que você ou é "saudável" ou é "doente". Sempre haverá um fluxo de forças diversas agindo sobre nossa vida em dado momento; algumas podem nos levar à doença, enquanto outras alteram o equilíbrio para uma condição de maior saúde. Algumas dessas forças estão sob nosso controle, ou podem estar, se aplicarmos todos os nossos recursos internos e externos no tratamento, enquanto outras jazem além da zona de influência de qualquer indivíduo. O nível de estresse que o sistema consegue suportar antes de entrar em colapso não é conhecido com precisão e muito provavelmente difere de uma pessoa para outra, ou mesmo de um momento para outro na mesma pessoa. Porém, essa dinâmica recíproca de diferentes forças que influenciam a saúde incide em todos os pontos do contínuo saúde-doença, o tempo inteiro, e segue em constante mutação por toda a vida. O propósito deste livro e do programa MBSR é mostrar que muito pode ser feito – com gentileza, amor e firmeza, por meio do não esforço e da não ação, e também por meio da ação nos momentos em que fazer algo com atenção plena é necessário para influenciar o modo como as coisas acontecem ao longo da vida, fazendo a balança pender para maior bem-estar, autocompaixão e sabedoria, na medida do possível – uma medida sempre desconhecida.

COMO USAR ESSE CONHECIMENTO NA PRÁTICA

Para nós, como indivíduos, a relevância das evidências apresentadas aqui está principalmente no fato de que é possível trazer a consciência para nossos próprios pensamentos, sentimentos e suas consequências físicas, psicológicas e sociais **ao observá-los**. Se pudermos observar em nós mesmos o efeito tóxico de determinados padrões de pensamento e crença, padrões emocionais e comportamentos no momento em que surgem, conseguiremos agir para diminuir sua influência sobre nós. Talvez conhecer um pouco das evidências nos motive a olhar com mais atenção para os momentos em que pensamos de modo mais pessimista, suprimimos nossos sentimentos de raiva, ou pensamos em outras pessoas ou em nós mesmos com cinismo. Podemos levar atenção plena para as consequências desses pensamentos, sentimentos e atitudes, conforme se manifestam.

Por exemplo, perceba como se sente quando reprime a raiva. O que acontece quando você manifesta essa raiva? Como isso afeta as outras pessoas? Você consegue ver as consequências imediatas da sua hostilidade e desconfiança acerca dos outros quando estes sentimentos surgem? Sentir-se assim o faz tirar conclusões precipitadas que não se justificam, ou pensar o pior sobre as pessoas e dizer coisas das quais se arrepende depois? Você consegue perceber como essas atitudes causam dor aos outros enquanto estão acontecendo? Consegue ver como essas atitudes criam problemas desnecessários e dor bem no momento em que os sentimentos de raiva surgem?

Por outro lado, você também pode ter atenção plena dos pensamentos positivos e das emoções afiliativas positivas enquanto ocorrem. Como você se sente quando vê obstáculos como desafios? Como você se sente quando vivencia alegria? Ao ser generoso e demonstrar bondade e preocupação genuínas? Quando está apaixonado? Quais os efeitos dessas experiências internas e que manifestações externas elas geram nos outros? Você consegue ver as consequências imediatas dos seus estados emocionais positivos e das suas perspectivas positivas enquanto elas se formam? Será que essas expressões positivas têm um efeito sobre a ansiedade e a dor de outras pessoas? Você tem um senso maior de paz interior nesses momentos?

Se pudermos ter consciência, especialmente graças à **nossa própria experiência pessoal** (além das evidências de estudos científicos), de que determinadas atitudes e formas de ver a nós mesmos e aos outros melhoram a saúde; de que confiança afiliativa, compaixão, gentileza e capacidade de ver uma bondade essencial nos outros e em nós mesmos têm um poder de cura intrínseco; de ver crises ou até mesmo ameaças como sendo desafios e oportunidades; então poderemos trabalhar com a atenção plena para desenvolver essas qualidades em nós mesmos de momento a momento, dia após dia. Elas se tornam novas opções a cultivar, que podem se transformar em maneiras novas e profundamente satisfatórias de ver e estar no mundo.

16
Conexão e Interconexão

Imagine o seguinte experimento, que é famoso e foi conduzido anos atrás por Judith Rodin e Ellen Langer, duas psicólogas sociais bastante proeminentes. Elas estudaram residentes idosos em uma casa de repouso. Com a cooperação da equipe que trabalhava na casa, as doutoras Rodin e Langer dividiram os participantes do estudo em dois grupos equivalentes em termos de idade, gênero, gravidade da doença e tipos de doença. Em seguida, um dos grupos foi explicitamente incentivado a tomar mais decisões no que dizia respeito à própria vida na casa de repouso, tais como onde receber visitas e quando assistir a filmes – enquanto os membros do outro grupo foram explicitamente encorajados a deixar a equipe ajudá-los com decisões desse tipo.

Como parte do estudo, cada residente também recebeu uma planta para pôr em seu quarto. No entanto, os dois grupos de pacientes ouviram explicações muito diferentes sobre as plantas que estavam recebendo. As pessoas do primeiro grupo, que estavam sendo incentivadas a tomar mais decisões, ouviram algo assim: "Esta planta serve para alegrar o seu quarto. Ela é sua agora, e é de sua responsabilidade se ela vai viver ou morrer. Você decide quando regá-la e o melhor lugar para deixá-la". As pessoas do outro grupo, estimuladas a deixar que a equipe tomasse as decisões, ouviram algo assim: "Esta planta serve para alegrar o seu quarto. Mas não se preocupe; você não precisa regá-la nem tomar conta dela. A faxineira cuidará disso para você".

As doutoras Rodin e Langer descobriram que, após um ano e meio, certo número de idosos em ambos os grupos havia morrido, algo previsível em uma casa de repouso. Porém, surpreendentemente, os dois grupos mostraram uma diferença drástica no número de óbitos. As pessoas do grupo estimulado a deixar que a equipe ajudasse com as decisões acerca de visitantes e outros detalhes de suas vidas, e cuja planta ficou sob cuidado da equipe, morreram na mesma taxa que costuma ser observada em casas de repouso. Entretanto, no grupo de pessoas incentivadas a tomar decisões por si próprias, e que receberam responsabilidade sobre a planta, a taxa de mortalidade foi a metade do habitual.

Rodin e Langer interpretaram esses dados como indícios de que dar aos residentes de casas de repouso a opção de assumir mais controle sobre suas vidas, mesmo em decisões aparentemente triviais (como quando regar a planta), acabou protegendo-os da morte precoce. Qualquer um que esteja familiarizado com casas de repouso sabe que poucas coisas naquele ambiente ficam sob controle do residente. Esta interpretação é consistente com o trabalho da Dra. Kobasa acerca de robustez psicológica, que, como vimos no capítulo anterior, identificou o senso de controle como um fator importante na resistência às doenças.

Existe uma interpretação complementar ao experimento conduzido na casa de repouso que muda um pouco a ênfase da observação, mas que considero muito interessante. Segundo essa interpretação, as pessoas que receberam a responsabilidade de cuidar de uma planta tiveram uma oportunidade de sentir-se necessárias, mesmo que só um pouco, e talvez tenham desenvolvido um vínculo com a planta. Na verdade, elas podem ter passado a sentir que a planta dependia delas para seu bem-estar. Essa forma de olhar para o experimento enfatiza a **conectividade** entre pessoa e planta, em vez de enfatizar o exercício do controle. É plausível pensar que o estímulo para decidir como cuidar da planta, além de onde receber visitas e quando ver os filmes, tenha levado os idosos do primeiro grupo a sentir que estavam participando mais, que estavam mais conectados com a casa de repouso, que **pertenciam** à casa, mais do que o grupo que não foi motivado dessa maneira.

Quando você se sente conectado a algo, essa conexão oferece um propósito para a vida. São os relacionamentos que dão significado à vida.

Já vimos que relacionamentos, até mesmo relacionamentos com animais de estimação, protegem a saúde. Também vimos que a afiliação, o significado e o senso de coerência são atributos do bem-estar. Já afirmamos, inclusive, que em seu cerne a atenção plena diz respeito à **relacionalidade**.

Significado e relacionamento são fios de conexão e interconexão que entrelaçam sua vida numa tapeçaria mais ampla – um todo maior que, por assim dizer, dá singularidade à vida individual. No caso do experimento com a planta na casa de repouso, podemos supor que os residentes que ganharam a planta, sem a responsabilidade de cuidar dela, tiveram menos propensão a desenvolver esse tipo de vínculo com a planta. É mais provável que tenham visto a planta como outro item neutro do quarto, como a mobília, em vez de algo que dependia delas para seu bem-estar.

A meu ver, a conectividade (e a interconectividade, que enfatiza a reciprocidade intrínseca de todos os relacionamentos) pode ser o aspecto mais fundamental da relação entre o que chamamos de **mente** e a saúde física e emocional. Os estudos acerca de envolvimento social e saúde certamente sugerem ser esse o caso. Demonstram que o mero **número** de relacionamentos e conexões que uma pessoa tem em virtude do casamento, da família, da religião e de outras organizações sociais é um fator determinante para a expectativa de vida. Essa é uma forma simplificada de mensurar relacionamentos, visto que não leva em conta a **qualidade** das relações, seu significado para o indivíduo analisado e tampouco se existe reciprocidade nas relações.

Não é difícil imaginar que um ermitão feliz, vivendo em isolamento, talvez se sinta conectado com a natureza e todas as pessoas do planeta, sem ser minimamente afetado pela escassez de vizinhos humanos. Podemos especular que um indivíduo assim provavelmente não sofre de má saúde ou morte prematura devido ao seu isolamento voluntário. Por outro lado, alguém casado pode ter conexões muito superficiais e turbulentas, o que pode gerar grande estresse e uma suscetibilidade maior a doenças e morte prematura. Ainda assim, o fato de estudos demonstrarem uma relação forte entre o mero número de relações sociais e a taxa de morte em amostras populacionais grandes sugere que as conexões que formamos desempenham um papel muito importante em nossa vida. Esse dado indica que mesmo conexões negativas ou estressantes com outras pessoas podem ser melhores para a saúde do que o isolamento, exceto para quem sabe ser feliz sozinho – e poucos sabem.

Muitos estudos com animais também sugerem que a conectividade é importante para a saúde. Como vimos, ter animais de estimação e acariciá-los parece melhorar a saúde tanto do dono quanto do animal. Animais criados em isolamento quando jovens nunca agem como adultos normais e tendem a morrer mais cedo do que animais criados em ninhada. Macacos de quatro dias de idade se apegam a uma "mãe" substituta feita de tecidos felpudos se forem separados da mãe verdadeira. Eles passam mais tempo tendo contato físico com a "mãe" feita de tecido do que com uma mãe feita de tela metálica, mesmo se a mãe metálica fornecer leite e a mãe macia, não. O Dr. Harry Harlow, da University of Wisconsin, conduziu experimentos deste tipo no final dos anos 1950 e demonstrou com clareza a importância do contato físico caloroso entre mãe e filhote em macacos. Os macaquinhos estudados por Harlow preferiram o contato com objetos inanimados macios do que a disponibilidade de alimento.

O renomado antropólogo Ashley Montagu documentou a profunda importância do toque e sua relação com o bem-estar físico e psicológico em um livro memorável chamado *Touching: The Human Significance of the Skin* [Tocar: O Significado Humano da Pele]. O toque físico é uma das formas mais básicas de conexão humana. Por exemplo, apertar mãos e abraçar são rituais simbólicos que comunicam abertura à conexão. Esses gestos são reconhecimentos formais do relacionamento. E, quando nos envolvemos neles com atenção plena e presença sincera, tornam-se muito mais, transcendendo a mera formalidade e tocando um aspecto mais profundo da conectividade. Servem como canal para o reconhecimento mútuo e dão origem à possibilidade de expressar sentimentos autênticos e até mesmo diferenças de perspectiva e aspiração, talvez de maneiras mutuamente benéficas.

O toque físico é uma maneira maravilhosa de comunicar sentimentos, mas não é a única. Temos vários outros canais para o toque, além da pele. Entramos em contato uns com os outros usando todos os sentidos – olhos, ouvidos, nariz, língua e todo o corpo e a mente. São as nossas portas de conexão com os outros e com o mundo. Podem carregar um significado extraordinário quando o contato é feito com atenção plena, em vez de ser feito por força do hábito.

Quando o toque é apenas uma formalidade ou ocorre por força do hábito, o significado incorporado ao toque muda rapidamente de conexão para desconexão e logo surgem sentimentos de frustração e incômodo. Ninguém gosta de ser tratado mecanicamente e, por certo, não gostamos de ser tocados com automatismo. Se pensarmos por um instante no ato sexual, uma das expressões mais íntimas da conexão humana por meio do toque, talvez seja possível reconhecer e admitir para nós mesmos que o sexo sofre quando o toque é automático e mecânico. A impressão, quando isso acontece, é que falta afeto e intimidade verdadeira, que há ausência de conexão – é um sinal de que a outra pessoa não está completamente presente. Essa distância pode ser sentida em todos os aspectos do toque: na linguagem corporal, no tempo e ritmo, no movimento e na fala. Às vezes nos distraímos em momentos específicos, e essas distrações podem levar a uma ruptura no fluxo de energia entre o casal. Quando isso acontece, os sentimentos positivos ficam muito prejudicados. Isso acaba se tornando um padrão crônico, que pode facilmente levar a ressentimento, resignação e alienação. Mas, muitas vezes, a incapacidade de trazer a consciência para o momento presente durante o sexo e de vivenciar uma conexão profunda com a outra pessoa é apenas um sintoma de um quadro mais amplo de desconexão, que tende a se manifestar de diversas maneiras no relacionamento e não apenas na cama.

Pode-se dizer que o grau de conexão harmônica entre o corpo e a mente de alguém reflete o nível de consciência que ele traz para sua vivência do momento presente. Se você não estiver em contato consigo mesmo, é muito pouco provável que suas conexões com os outros sejam satisfatórias a longo prazo. Quando você presta atenção em si mesmo, fica mais fácil agir habilmente no relacionamento com os outros, apreciar todas as formas de conexão que dão significado ao seu mundo e ajustar essas conexões conforme as coisas mudam e a vida se manifesta. Essa é uma área muito rica para o uso da prática de meditação, como demonstraremos na Parte IV.

※

No capítulo anterior vimos o estudo conduzido pela Dra. Caroline Bedell Thomas com médicos, cujos resultados demonstraram que uma falta de proximidade com os pais durante a infância foi associada a um risco maior de câncer. Podemos nos perguntar se isso tem algo a ver com a extrema importância que as primeiras experiências de conexão têm para a saúde do indivíduo quando adulto. Talvez seja na infância que se firmem as raízes de todas as atitudes, crenças e competências emocionais positivas abordadas no capítulo anterior, especialmente a confiança básica em outras pessoas e a necessidade de afiliação. Se essas experiências nos foram negadas quando éramos crianças, seja por qual motivo for, é provável que seja muito importante cultivar essas qualidades com uma atenção especial se quisermos nos sentir inteiros quando adultos.

O fato é que as primeiras experiências de vida sempre foram, literal e biologicamente, vivências de conexão e unidade. Cada um de nós chegou ao mundo pelo corpo de outro ser. Antes éramos uma parte de nossa mãe, conectados ao seu corpo, contidos nele. Todos carregamos a marca daquela conexão. Os cirurgiões sabem que não devem remover o umbigo se tiverem que fazer uma incisão na linha média; ninguém quer ficar sem umbigo, por mais "inútil" que ele seja. O umbigo indica de onde viemos, é o nosso atestado de pertencimento à raça humana.

Depois que o bebê nasce, imediatamente busca outro canal para se conectar ao corpo de sua mãe. Esse canal é encontrado quando o bebê mama, caso sua mãe esteja ciente desse canal e o valorize. Amamentar é uma reconexão, é voltar para uma condição de unidade, mas de outra forma. Agora o bebê está no lado de fora, seu corpo separado, mas ainda recebendo vida da mãe através do peito, do calor corporal, da atenção e dos sons que a mãe produz. Estes são momentos iniciais de conexão, momentos que solidificam e aprofundam o vínculo entre mãe e recém--nascido, mesmo enquanto o bebê vai aprendendo, gradualmente, a viver separado.

Sem pais ou ninguém para cuidar deles, os bebês humanos ficam completamente desamparados. No entanto, quando são protegidos e cuidados na rede de conexão que a família oferece, os bebês prosperam e crescem, completos e perfeitos em si mesmos e, ao mesmo tempo, totalmente dependentes dos outros para satisfazer suas necessidades básicas. Cada um de nós já foi assim em algum momento – completo e também desamparado.

Conforme crescemos, aprendemos cada vez mais sobre separação e individualidade, sobre ter um corpo, sobre o "eu" e o "meu", sobre ter sentimentos e a capacidade de manipular objetos. Enquanto as crianças aprendem a se separar e a se ver como entidades separadas, continuam precisando se sentir conectadas para ter segurança e desenvolver saúde psicológica. **Precisam sentir que pertencem ao ambiente onde estão**. Não é uma questão de ser dependente ou independente, mas de ser **interdependente**. Não podem mais ser parte de suas mães, como costumavam ser, mas precisam vivenciar conexões emocionais contínuas com suas mães, pais e outras pessoas para poderem se sentir plenas.

Naturalmente, a energia que alimenta essa conexão contínua é o amor. Contudo, o amor também precisa ser nutrido para florescer completamente, mesmo entre pais e filhos. O amor "existe", mas pode facilmente ser tomado por algo líquido e certo, que não precisa ser conquistado, permanecendo subdesenvolvido em sua expressão. O amor precisa estar "presente no aqui e agora", e não apenas "existir". O fato de você amar seus filhos (ou seus pais) lá no fundo do coração significa pouco se a expressão desse amor for constantemente subvertida ou inibida por sentimentos fortes de raiva, ressentimento ou alienação. O amor perde muito de seu significado se a principal maneira de expressá-lo for pressionando os outros a atenderem às suas expectativas de como deveriam ser ou o que deveriam fazer. É especialmente triste quando você não tem consciência do que está fazendo nessas situações, nem a mínima ideia de como sua ação está sendo percebida por outros, ainda mais no caso dos filhos.

O caminho para desenvolver a capacidade de expressar amor mais plenamente consiste em trazer a consciência para aquilo que de fato sentimos, observando os sentimentos com atenção plena, esforçando-nos para não julgar, sendo mais pacientes e receptivos com a realidade do momento presente. Se ignorarmos nossos sentimentos e a maneira como nos comportamos – e apenas nos conformarmos com a crença de que o amor existe e que ele é forte e bom –, mais cedo ou mais tarde o vínculo que temos com nossos filhos será prejudicado, se desgastará e, talvez, até mesmo se romperá. O risco fica ainda maior se não conseguirmos ver e aceitar nossos filhos como são. A prática regular da meditação da bondade amorosa (ver Capítulo 13), mesmo que por breves momentos, pode fortalecer muito a expressão externa dos nossos sentimentos de amor incondicional. Essa prática também aumenta a probabilidade de trazermos mais atenção plena à aventura contínua de ser pai ou mãe. De fato, hoje existe um novo campo de estudos na psicologia que investiga os efeitos da atenção plena na criação dos filhos.

※

A maioria dos pediatras e psicólogos infantis costumava pensar que os bebês ainda não tinham desenvolvido os sentidos no momento do nascimento, que ainda não sentiam dor da mesma forma que os adultos sentem, ou que a dor não os afetaria, caso a sentissem, pois não se lembrariam do que aconteceu. Portanto, não importava muito como os bebês eram tratados. É provável que as mães intuíssem algo diferente, mas até mesmo as respostas instintivas de uma mãe ao seu bebê são fortemente influenciadas pelas normas culturais, especialmente pelos pronunciamentos autoritários dos pediatras.

Estudos mais recentes conduzidos com recém-nascidos eliminaram a ideia de que eles são insensíveis à dor e não têm contato sensorial com o mundo externo no momento do nascimento. Agora os dados revelam que os bebês estão alertas e conscientes até mesmo no útero. No momento em que nascem, e até mesmo antes, eles já estão criando sua visão de mundo e seus sentimentos passam a ser moldados por mensagens que recebem do ambiente ao seu redor. Alguns estudos sugerem que, se um recém-nascido for separado de sua mãe no momento do nascimento por um período prolongado, algo que costuma ocorrer por conta de complicações médicas completamente fora do controle da mãe e, se o processo normal de formação do vínculo mãe-bebê não puder se estabelecer dentro daquele período, a futura relação emocional entre a criança e a mãe poderá ser emocionalmente conturbada e distante. Talvez a mãe nunca sinta o forte vínculo com a criança que as mães costumam sentir. Talvez faltem determinados sentimentos de conexão profunda. Ninguém sabe dizer com certeza como isso poderá se transformar em problemas emocionais ou de saúde para a criança, vinte ou trinta anos depois, mas parece existir alguma relação.

Os estudos de John Bowlby, Mary Ainsworth, D. W. Winnicott e outros levaram ao surgimento de um novo campo na psicologia chamado **pesquisa do apego**, que enfatiza a qualidade do relacionamento entre pais e filhos e seus efeitos no desenvolvimento das crianças. Estilos de apego seguro produzem um senso robusto de bem-estar conforme a criança cresce. Já o apego inseguro, assim como outras formas desordenadas de vínculo, costuma produzir problemas significativos em todas as fases do desenvolvimento, que perduram na vida adulta. O psiquiatra Daniel Siegel argumentou que os princípios do apego seguro refletem exatamente os princípios da atenção plena, conforme ensinados no programa MBSR.

Na primeira infância, experiências de isolamento, crueldade, violência e abuso (elementos opostos ao estilo de apego seguro) podem levar a sérios impedimentos emocionais na vida adulta. É o estilo de apego que determina, em grande parte, a impressão que uma pessoa tem do mundo como sendo significante ou insignificante, benevolente ou indiferente, administrável ou fora de controle – e também sua visão de si mesma como merecedora ou não de amor e estima. Enquanto algumas crianças são verdadeiras sobreviventes que conseguem encontrar formas de crescer e de se curar de tais experiências, apesar de todas as dificuldades, inúmeras outras talvez não se recuperem da ruptura precoce dos seus vínculos com o calor humano, a aceitação e o amor. Carregam feridas que nunca cicatrizam e que raramente são compreendidas ou definidas. Hoje sabemos que essa é uma característica típica do transtorno de estresse pós-traumático. Existem cada vez mais terapias disponíveis para tratar esse quadro, e as abordagens baseadas em atenção plena estão cada vez mais à frente desses esforços, tanto para pessoas que sofreram traumas na primeira infância como para veteranos que retornam das guerras do Iraque e Afeganistão. Devemos lembrar, como já mencionado, que, embora as experiências mais horríveis na primeira infância advenham de abusos de toda espécie, acidentes e perdas, assassinatos em escolas e guerras declaradas (tudo aquilo que chamamos de "Trauma com 'T' maiúsculo"), também existe um reconhecimento crescente de que todos nós, em algum nível, podemos ter sofrido "traumas com 't' minúsculo" – eventos desorganizadores no nosso passado que podem ser mais difíceis de identificar mas que, se não forem reconhecidos nem tratados,

16 | Conexão e interconexão

também podem gerar sofrimento significativo e uma sensação de estar debilitado ou preso em padrões disfuncionais de comportamento. Filhos de alcoólicos e dependentes químicos, assim como vítimas jovens de abuso físico ou sexual, com frequência sentem grande sofrimento e pesar, além do trauma com "T" maiúsculo que vivenciaram. Entretanto, outros – que talvez tenham sido abusados de maneira menos ostensiva – também podem carregar feridas e cicatrizes emocionais profundas simplesmente por sentirem que foram ignorados ou descuidados pelos pais e outras pessoas enquanto cresciam.

A falta de proximidade com os pais durante a infância pode deixar uma chaga profunda, consciente ou não. É uma ferida que pode ser curada, mas precisa ser reconhecida como tal, como uma conexão quebrada, para que uma cura psicológica profunda possa ocorrer. Talvez essa ferida se manifeste na forma de sentimentos de alienação, até mesmo do próprio corpo. Isso também pode ser curado. Às vezes os ferimentos da nossa conexão com o próprio corpo clamam por socorro. Porém, com demasiada frequência, esses chamados passam despercebidos ou não são reconhecidos.

O que seria necessário para iniciar a cura de feridas desse tipo? Primeiro, reconhecer que existem. Em seguida, encontrar uma forma de escutar sistematicamente o próprio corpo, reestabelecendo o senso de conexão com ele e com sentimentos positivos acerca do seu corpo e de você como pessoa.

Na Clínica de Redução de Estresse, todos os dias vemos feridas desse tipo e as cicatrizes que elas deixam. Várias pessoas vêm à clínica sentindo muito mais dor do que a causada por seus problemas físicos e pelo estresse. Muitas acham difícil sentir amor ou compaixão por si mesmas. Muitas sentem que não são dignas de amor e se veem incapazes de expressar carinho ou gentileza por outros membros da própria família, mesmo quando querem fazê-lo. Muitas se sentem desconectadas de seu corpo e têm dificuldade para sentir qualquer coisa, ou então para saber o que estão sentindo. A vida dessas pessoas parece desprovida de qualquer senso de coerência ou conexão, pessoal ou interpessoal. Quando crianças, muitas ouviram de seus pais, da escola, da igreja ou, às vezes, de todos esses agentes, que eram más, burras, feias, sem valor ou egoístas.

Tais mensagens foram internalizadas, tornando-se parte de sua autoimagem e de sua visão do mundo, e estão bem arraigadas em sua psique adulta.

É claro que a maioria dos adultos – sejam pais, professores ou membros do clero – não tem a **intenção** de transmitir essas mensagens para as crianças. No entanto, se não prestarmos atenção a esse aspecto dos nossos relacionamentos, talvez jamais consigamos perceber o verdadeiro impacto daquilo que dizemos e fazemos. Temos elaboradas defesas psicológicas que nos permitem acreditar, inquestionavelmente, que sabemos o que é melhor para as crianças, que sabemos exatamente o que estamos fazendo e por quê. A maioria de nós ficaria bastante chocada se um agente neutro subitamente interrompesse nossa ação em determinados momentos e mostrasse as coisas a partir da perspectiva da criança, ou apontasse para as prováveis consequências daquilo que fazemos ou dizemos a elas.

Para usar um exemplo simples, quando os pais chamam o filho ou filha de "garoto mau", ou "garota má", provavelmente querem dizer que não gostam daquilo que a criança está fazendo. Mas não é isso que estão comunicando. A mensagem, nesse caso, é que a criança é "má". Quando uma criança escuta isso, tende a interpretar a mensagem de modo literal: entende que não é digna de amor. Essa mensagem é muito fácil de ser internalizada pela criança. É fácil pensar que existe algo de errado com você. Às vezes os pais dizem, com todas as palavras, "não sei o que há de errado com você!".

É provável que a soma total de violências psicológicas sutis sofridas por uma criança nas mãos dos pais, professores e outros adultos (que não têm consciência de suas ações e dos efeitos dessas ações sobre a autoestima das crianças) seja muito maior do que as proporções já endêmicas de abuso físico e psicológico intencional que as crianças sofrem em nossa sociedade – e que essas violências mais sutis influenciem geração após geração de pessoas, no tocante ao modo como se sentem acerca de si mesmas e ao que concebem como possível para suas vidas. Carregamos as cicatrizes desse tipo de tratamento na forma de muitas conexões perdidas e, às vezes, também padrões limitantes que criamos continuamente para nós mesmos, relacionados a questões centrais como abandono, desmerecimento, fracasso ou vitimização. Tentamos compensar de muitas maneiras, procurando nos sentir bem lá no fundo de nós mesmos. Contudo, até que as feridas cicatrizem, em vez de serem soterradas e ignoradas, nossos esforços não resultarão em inteireza, nem saúde. É mais provável que resultem em doenças. Já vimos um bom número de casos que exemplificam essa tendência.

UM MODELO DE CONEXÃO E SAÚDE

No final dos anos 1970, Gary Schwartz (que na época trabalhava na Yale University) propôs um modelo autorregulatório geral atribuindo a origem das doenças à desconexão, e relacionando a manutenção da saúde à conexão. Tal modelo baseou-se em uma perspectiva sistêmica que, conforme vimos no Capítulo 12, considera sistemas complexos de qualquer tipo como "inteiros", em vez de reduzir o todo às suas partes componentes e considerar apenas as partes, isoladas umas das outras. Esse modelo foi desenvolvido e aprofundado no decorrer dos anos por uma aluna do Dr. Schwartz, a Dra. Shauna Shapiro, da University of Santa Clara, que também estuda atenção plena. Este é um exemplo do novo paradigma científico que encontra cada vez mais espaço dentro da medicina.

Vimos no Capítulo 12 que sistemas vivos mantêm o equilíbrio, a harmonia e a ordem interna por meio de sua capacidade de autorregulação através da retroalimentação entre funções e sistemas específicos. Vimos que a frequência cardíaca varia de acordo com o nível de esforço muscular e que nos alimentamos de acordo com a fome que sentimos. A autorregulação é o processo por meio do qual um sistema se mantém estável e em funcionamento, preservando sua adaptabilidade a circunstâncias novas. Esse processo inclui a regulação do fluxo de energia que entra e sai do sistema, bem como o uso dessa energia para manter a organização e integridade do sistema vivo em um estado dinâmico, complexo e em contínua mutação, enquanto interage com o ambiente – algo chamado em termos técnicos de **alostase**. Para atingir e manter uma condição de autorregulação, as partes individuais do sistema precisam transmitir continuamente informações acerca de seu estado para as outras partes com as quais interagem. Essas informações podem ser usadas para regular ou, em outras palavras, controlar seletivamente ou modular o funcionamento da rede de partes individuais a fim de manter um equilíbrio geral do fluxo de energia e informação dentro do sistema como um todo.

O Dr. Schwartz usou o termo **desregulação** para descrever o que acontece quando um sistema autorregulatório normalmente integrado (como o ser humano) perde o equilíbrio da retroalimentação. A desregulação ocorre como consequência de uma ruptura ou **desconexão** dos circuitos essenciais de retroalimentação. Um sistema desregulado perde sua estabilidade dinâmica ou, em outras palavras, seu equilíbrio interno. O sistema tende a ficar menos rítmico e mais **desordenado**, perdendo a capacidade de utilizar os mecanismos de retroalimentação ainda intactos para se restaurar. Essa desordem pode ser vista no comportamento do sistema como um todo e pela observação de suas partes componentes em interação. O comportamento desordenado de um sistema vivo costuma ser descrito em termos médicos como **doença**. O tipo de doença dependerá de quais subsistemas específicos estão mais desregulados.

O modelo enfatizava que uma das maiores causas de desconexão nas pessoas é a **desatenção**, isto é, deixar de atentar para as mensagens relevantes de *feedback* do nosso corpo e mente, necessárias para o funcionamento harmonioso do todo. Neste modelo, a desatenção leva à desconexão, a desconexão gera desregulação, a desregulação se torna desordem, e a desordem vira doença.

Por outro lado – e isso é muito importante do ponto de vista da cura – o processo também pode funcionar na outra direção. A atenção leva à conexão, a conexão gera regulação, a regulação se torna ordem, e a ordem mantém a saúde. Então, sem entrar em todos os detalhes fisiológicos acerca dos mecanismos de retroalimentação, podemos dizer em termos gerais que a qualidade das conexões que existem em nós e entre nós e o mundo mais amplo determinam nossa capacidade de autorregulação e cura. E a qualidade dessas conexões é mantida e pode ser restaurada quando prestamos atenção a *feedbacks* relevantes.

Neste ponto surge uma questão importante: o que significa *feedback* relevante? Qual é a aparência de um *feedback*? Onde devemos focar a atenção para promover a transição da doença para a saúde, da desordem para a ordem, da desregulação para a autorregulação, da desconexão para a conexão? Alguns exemplos concretos podem ajudá-lo a compreender a simplicidade e o poder desse modelo em termos práticos, e a fazer relações entre o modelo e a prática de meditação. Quando seu organismo inteiro

– corpo e mente unidos – está em um estado relativamente saudável, ele cuida de si próprio sem exigir muita atenção. Por exemplo, quase todas as nossas funções autorregulatórias estão sob o controle do cérebro e do sistema nervoso e ocorrem continuamente sem nossa atenção consciente. E seria muito pouco desejável exercer controle consciente sobre essas funções por qualquer período significativo de tempo, mesmo se fosse possível. Isso nos deixaria sem tempo para fazer qualquer outra coisa.

A beleza do corpo está no fato de que normalmente nossa biologia cuida de si mesma. O cérebro está continuamente fazendo ajustes em todos os órgãos em resposta ao *feedback* que recebe do mundo externo e dos próprios órgãos. No entanto, algumas funções vitais chegam à nossa consciência e podem ser observadas com atenção plena. Nossas necessidades básicas são um exemplo. Comemos quando estamos com fome. A mensagem da sensação de "fome" é um *feedback* do organismo. Comemos e depois paramos de comer quando estamos saciados. A mensagem da sensação de "saciedade" é um *feedback* do corpo, que indica que já ingerimos o suficiente. Este é um exemplo de autorregulação.

Se você se alimentar por outras razões que não a mensagem de "fome" do corpo – talvez por sentir ansiedade ou depressão, um vazio emocional que tenta preencher de qualquer forma, por falta de atenção ao que está fazendo e às consequências dessas ações –, isso pode fazer com que seu sistema sofra um desequilíbrio grave, especialmente se essa desatenção se tornar um padrão comportamental crônico. Talvez você passe a comer compulsivamente, ignorando as mensagens de *feedback* do seu corpo, que mostram que já é suficiente. O simples processo de comer quando se tem fome e parar de comer ao se sentir saciado pode se tornar extremamente desregulado e levar a doenças. Assim, vemos uma série de transtornos alimentares que vão do comer em excesso à anorexia, inclusive à epidemia de obesidade nas sociedades pós-industriais.

A dor e o mal-estar também são mensagens que merecem nossa atenção, pois nos ajudam a retomar o contato com algumas necessidades básicas do organismo. Por exemplo, se a nossa reação à dor de estômago – por má alimentação permanente, por estresse ou abuso de álcool e cigarros –, for simplesmente tomar antiácidos e continuar vivendo da mesma forma, estaremos deixando de dar ouvidos a uma mensagem muito relevante que o corpo está tentando nos passar. Em vez disso e, sem saber, desconectamo-nos do corpo anulando seus esforços para restaurar o equilíbrio. Por outro lado, quando prestamos atenção à mensagem, tendemos a modificar nosso comportamento e, de alguma forma, buscar alívio e restaurar a regulação e o equilíbrio do sistema. Retomaremos a questão de prestar atenção adequada às mensagens do nosso corpo no Capítulo 21.

Quando buscamos a ajuda dos médicos, eles se tornam parte do nosso sistema de retroalimentação. Prestam atenção às nossas queixas e ao que conseguem detectar em nosso corpo usando ferramentas diagnósticas. Em seguida, receitam os tratamentos que consideram apropriados a fim de reconectar os elos de *feedback* dentro do organismo, para que ele recupere a capacidade de se autorregular. Quando informamos aos médicos os efeitos do tratamento receitado, isso dá a **eles** um *feedback* que pode levá-los a modificar sua abordagem, pois normalmente temos maior acesso do que os médicos ao que está acontecendo dentro de nosso próprio corpo.

Funcionamos relativamente bem sem consciência, pois as conexões e elos de *feedback* do nosso corpo conseguem regular-se bem quando estamos mais ou menos saudáveis. Contudo, quando o sistema perde o equilíbrio, **restaurar a saúde exige mais atenção a fim de reestabelecer essa conexão**. É preciso reconhecer o *feedback* para saber se a forma como estamos agindo nos proporcionará mais saúde e bem-estar. E, mesmo quando estamos relativamente saudáveis, sempre que buscamos intencionalmente sintonizar e estabelecer conexões eficientes com o corpo, a mente e o mundo, levamos nosso sistema como um todo a níveis ainda maiores de equilíbrio e estabilidade. **Visto que os processos de cura e "adoecimento" estão sempre acontecendo dentro de nós, o equilíbrio relativo desses processos, em qualquer ponto de nossa vida, pode depender da qualidade da atenção que levamos à experiência do nosso corpo e mente; e da nossa capacidade de estabelecer níveis confortáveis de conexão e aceitação**. Até certo ponto, isso acontece automaticamente, mas o cultivo intencional, prolongado e disciplinado de atenção sustentada – como enfatiza Shauna Shapiro em sua modificação do modelo original de Schwartz – costuma ser necessário para conduzir o sistema na direção da conexão, regulação, equilíbrio e saúde. É aqui que a atenção plena entra em cena, visto que ela **é** o cultivo intencional da atenção, acompanhado pelas atitudes fundamentais apresentadas no Capítulo 2. A Dra. Shapiro e seus colegas desenvolveram um modelo, hoje chamado de modelo AAI (atitude, atenção e intenção), que tem sido utilizado com muita eficácia para explorar as maneiras como a atenção plena exerce efeitos positivos na saúde, efeitos que são cada vez mais observados nos estudos, tanto no nível biológico como no psicológico.

※

A maioria de nós não é especialmente sensível ao próprio corpo, nem aos próprios pensamentos. Isso fica muito claro quando começamos a praticar a atenção plena. Sempre me surpreendo com a dificuldade que temos para escutar o corpo ou observar os pensamentos como simples eventos no campo da consciência. Quando trabalhamos sistematicamente para trazer a atenção plena ao corpo, como na prática do escaneamento corporal, da meditação sentada ou do yoga, estamos aumentando a conexão com o corpo. Nós o habitamos mais plenamente; nos tornamos amigos dele. Portanto, ficamos mais íntimos dele e passamos a conhecê-lo melhor. Podemos confiar mais nele, ler seus sinais com mais precisão e saber como é bom sentir-se completamente unido ao próprio corpo, sentir-se em casa dentro da própria pele, mesmo que apenas por breves momentos. Também aprendemos a regular o nível de tensão do corpo no decorrer do dia, intencionalmente, e de maneiras que não seriam possíveis sem essa consciência.

O mesmo vale para nossos pensamentos e emoções e para o relacionamento que mantemos com o ambiente ao nosso redor. Ao voltar a atenção plena para o próprio processo de pensar, é possível perceber com mais rapidez os lapsos, os pensamentos que não são muito precisos e os comportamentos prejudiciais que costumam acompanhá-los. Conforme temos visto, a grande ilusão de separação na qual embarcamos, junto com os hábitos mentais profundamente condicionados, as cicatrizes que carregamos e a falta de consciência em geral podem trazer consequências especialmente tóxicas e desreguladoras, tanto para o corpo como para a mente. Moral da história: podemos acabar nos sentindo profundamente inadequados quando é preciso confrontar, habitar e trabalhar com a catástrofe total da vida.

Por outro lado, quanto mais consciência tivermos da interconexão entre pensamentos e emoções, entre as escolhas que fazemos e as ações que tomamos no mundo, mais capazes seremos de enxergar através dos olhos da inteireza e lidar com obstáculos, desafios e estresse de maneira eficiente.

Se quisermos mobilizar nossos recursos internos mais poderosos para conquistar mais saúde e bem-estar, será necessário aprender a acessar esses recursos enquanto enfrentamos o estresse (por vezes imenso) presente na vida. Por isso utilizaremos a próxima seção para examinar o que queremos dizer com "estresse". Examinaremos as reações mais comuns ao estresse e veremos como ele pode desregular o corpo, o cérebro, a mente e toda nossa vida. Também exploraremos maneiras de utilizar esse mesmo estresse para aprender, crescer, fazer escolhas diferentes e, dessa forma, chegar à cura e à paz interior.

III

O Estresse

17
O Estresse

Hoje em dia, a catástrofe total é conhecida como estresse. Qualquer conceito que envolva uma gama tão vasta de circunstâncias de vida quanto o estresse tende a ser um tanto complexo. Ainda assim, em seu cerne, a noção de estresse é também muito simples: unifica um amplo conjunto de reações humanas sob um único conceito com o qual as pessoas se identificam muito. Assim que digo a alguém que trabalho com redução de estresse, a resposta é sempre a mesma: "Ah, isso me faria muito bem!". As pessoas sabem exatamente o que significa estresse, pelo menos para elas.

Entretanto, o estresse acontece em muitos níveis diferentes e tem diversas origens. Todos vivenciamos nossa própria versão do estresse com detalhes que mudam constantemente – mas o padrão geral permanece inalterado. Para compreender o que é estresse em sua formulação mais abrangente, e para saber como trabalhar com ele de maneira eficiente em diversas circunstâncias, convém pensar na questão a partir de uma perspectiva sistêmica. Neste capítulo, conheceremos a origem do conceito de estresse, veremos vários modos de defini-lo, e apresentaremos um princípio unificador que nos ajudará a lidar com o estresse de maneira mais eficaz.

O estresse atua em diversos níveis, inclusive o fisiológico, o psicológico e o social. Como é de se imaginar, esses níveis interagem entre si. Essas interações múltiplas influenciam o estado do corpo e da mente sob determinadas circunstâncias. Também influenciam nosso leque de opções para enfrentar e lidar com eventos estressantes. Para simplificar, vamos considerar esses diversos níveis separadamente, lembrando que estão interconectados como aspectos diferentes de um mesmo fenômeno.

O Dr. Hans Selye foi o primeiro a popularizar o termo estresse em extensos estudos fisiológicos conduzidos nos anos 1950 sobre os efeitos de ferimentos e situações incomuns ou extremas em animais. No uso popular, a palavra tornou-se um termo abrangente que remete às variadas pressões que sofremos. Infelizmente, essa forma de usar a palavra não revela se o estresse é a **causa** das pressões que sentimos, ou se é o **efeito** dessas pressões ou, em termos mais científicos, se o estresse é o estímulo ou a resposta. É comum dizermos coisas como "estou estressado", indicando que o estresse é aquilo que vivenciamos como reação ao contexto. Por outro lado, às vezes dizemos algo como "minha vida é muito estressante", indicando que o estresse é um estímulo externo que nos causa determinados sentimentos.

Selye decidiu definir o estresse como uma resposta, e cunhou outra palavra – **estressor** – para descrever o estímulo ou evento que produziu a resposta de estresse. Definiu estresse como a "resposta não específica do organismo a qualquer pressão ou demanda". Nessa terminologia, o estresse é a resposta total do organismo (corpo e mente) a qualquer contexto estressante vivenciado. No entanto, a questão é ainda mais complicada, pois um estressor pode ser uma ocorrência interna ou externa. Por exemplo, um pensamento ou sentimento pode causar estresse, tornando-se um estressor. Ou, em outras circunstâncias, esse mesmo pensamento ou sentimento pode ser a resposta a algum estímulo externo, de modo que se torna o próprio estresse.

O efeito recíproco de fatores internos e externos na identificação da causa original da doença foi considerado com muita seriedade por Selye ao formular sua teoria do estresse, assim como a noção de que as doenças poderiam se originar de tentativas frustradas de adaptação a condições estressantes. Trinta anos antes do surgimento do campo da psiconeuroimunologia, Selye já sabia de que o estresse podia comprometer a imunidade e, portanto, a resistência a agentes infecciosos:

> É importante observar que o estresse muito intenso (causado por fome, preocupação, fadiga ou frio prolongados) pode abalar os mecanismos

17 | *O estresse*

que protegem o organismo. Isso vale tanto para as adaptações que dependem da imunidade química quanto para as que dependem de barreiras inflamatórias. É por essa razão que tantos males tendem a predominar durante guerras e períodos de escassez de alimentos. Se um micróbio está dentro de nós ou ao nosso redor o tempo inteiro, mas não causa doença alguma – a menos que ocorra exposição ao estresse –, qual é a "causa" da doença: o micróbio ou o estresse? Penso que são ambos, em igual medida. Na maioria dos casos, a doença não se deve ao micro-organismo em si nem às nossas reações adaptativas a ele, mas à inadequação de nossas reações contra o micro-organismo.

O *insight* de Selye foi genial por enfatizar a não especificidade da resposta ao estresse. Ele sugeriu que o aspecto mais interessante e fundamental do estresse consiste na resposta fisiológica generalizada que ocorre quando o organismo tenta se adaptar às demandas e pressões vivenciadas, quaisquer que sejam. Selye chamou essa resposta de **síndrome de adaptação geral**: uma maneira de os organismos conseguirem manter a boa saúde física, e até mesmo a própria vida, ao enfrentarem ameaças, traumas e mudanças. Enfatizou que o estresse é parte natural da vida e não pode ser evitado. Entretanto, em última instância, o estresse requer adaptação para que o organismo possa sobreviver.

Selye observou que, em determinadas circunstâncias, o estresse pode levar ao que ele chamou de **doenças adaptativas**. Em outras palavras, nossas próprias tentativas de responder à mudança e à pressão, não importa de onde venham, podem levar ao esgotamento e à doença, se forem inadequadas ou desreguladas. Portanto, quanto mais atenção dermos à eficácia dos nossos esforços para lidar com os estressores, maior será nossa capacidade de nos protegermos contra a desregulação e, talvez, de evitarmos o adoecimento ou a piora de doenças já instaladas.

É claro que hoje, sessenta anos depois, já se sabe muito mais sobre a importância do papel desempenhado pelo cérebro, pelo sistema nervoso, pelas emoções e pelas cognições nesse processo, bem como nos diversos mecanismos biológicos que determinam como vivenciamos e lidamos com o estresse – seja bem (facilidade de adaptação) ou mal (dificuldade de adaptação). No fundo, temos muito poder de escolha nesse processo.

Consciência e protagonismo em relação à própria vida são atitudes que fazem muita diferença.

Conforme vimos nos estudos do Dr. Seligman sobre otimismo e saúde, **não é o estressor potencial em si, mas a maneira como você o percebe e lida com ele que determinará se a situação levará ou não a uma condição de estresse**. Sabemos disso por experiência própria. Às vezes, coisas mínimas podem gerar reações emocionais intensas, completamente desproporcionais ao acontecimento em si. Isso acontece com mais frequência quando estamos sob muita pressão, sentindo-nos muito ansiosos e vulneráveis. Pode ser que em outros momentos seja possível lidar com pequenos incômodos e até grandes emergências sem nenhum esforço digno de nota. Em momentos assim talvez você nem perceba que está passando por algo estressante. Sentirá os efeitos da experiência apenas depois que ela já passou, na forma de exaustão física ou emocional.

Até certo ponto, nossa capacidade de lidar com estressores depende de sua intensidade. Em uma ponta do espectro temos os estressores que, se não forem evitados, destruirão a vida sem que nossa percepção deles faça a menor diferença. Como exemplos, podemos pensar na exposição a níveis elevados de substâncias tóxicas ou radiação, ou ferimentos gerados por balas, que destroem órgãos vitais. A absorção de um nível excessivo de energia de qualquer tipo é letal ou altamente prejudicial a qualquer ser vivo.

Na outra ponta do espectro existem inúmeras forças que agem sobre nós, mas que quase ninguém considera demasiado estressantes. Por exemplo, todos nós somos continuamente expostos à atração gravitacional da Terra, assim como somos expostos às mudanças de estação e ao clima. Uma vez que a gravidade está sempre nos afetando, tendemos a não perceber sua ação. Não prestamos muita atenção ao modo como nos adaptamos a ela, passando o peso do corpo de uma perna para a outra ou apoiando-nos nas paredes, quando em pé. Contudo, se trabalharmos por 8 horas seguidas parados, em pé, sobre um chão de concreto, ficaremos muito conscientes da natureza estressora da gravidade.

A menos que você seja montador de estruturas de ferro em prédios altos, ou pintor de torres de igreja, trapezista ou esquiador, ou se tiver idade muito avançada, é claro que a gravidade não lhe trará muito estresse.

No entanto, isso ilustra o fato de que alguns estressores são inevitáveis e que estamos continuamente nos adaptando às demandas que impõem ao nosso corpo. Como Selye ressaltou, estressores desse tipo são parte natural da vida. O exemplo da gravidade serve para nos lembrar de que o estresse por si só não é bom nem ruim; é apenas o jeito que as coisas são.

Dentro do vasto espectro de estressores, aqueles que não causam morte imediata (como tiros ou veneno e radiação em grande quantidade) nem são essencialmente benignos (como a gravidade) compartilham uma regra geral no que diz respeito ao estresse psicológico que causam: **o modo como você vê as coisas e lida com elas faz toda a diferença em termos de quanto estresse vivenciará**. Você tem o poder de influenciar o ponto de equilíbrio entre seus recursos internos para lidar com o estresse e os estressores que são parte inevitável da vida. Ao exercitar essa capacidade com consciência e inteligência, poderá modular e minimizar grande parte do estresse que experimenta. Além disso, em vez de ter de inventar uma nova maneira de lidar com cada estressor individual que surgir, poderá desenvolver uma forma de lidar com mudanças **em geral**, com problemas **em geral**, com pressões **em geral**. O primeiro passo, claro, é aprender a reconhecer se você está estressado.

Boa parte das primeiras pesquisas acerca dos efeitos fisiológicos do estresse foi conduzida com animais e não fazia distinção entre componentes psicológicos e fisiológicos da reação ao estresse. Por exemplo: os críticos de Selye ressaltaram que o dano psicológico observado em um animal forçado a nadar em água muito gelada talvez esteja relacionado mais ao medo do animal do que apenas às reações puramente fisiológicas ao frio ou à água como estressores. Portanto, talvez Selye estivesse mensurando os efeitos da resposta psicológica a uma experiência adversa, em vez de medir apenas as respostas fisiológicas, como pensou estar fazendo. Diante dessa hipótese, os pesquisadores começaram a investigar o papel dos fatores psicológicos na resposta ao estresse em pessoas, além de animais. Esses esforços levaram à demonstração de que fatores psicológicos constituem parte importante da resposta animal aos estressores físicos. Hoje já foi demonstrado conclusivamente que a quantidade de opções que um animal tem para responder com eficácia a um estressor específico influencia fortemente o grau de desregulação fisiológica e colapso que resultarão da exposição àquele estressor. A sensação de controle, um fator psicológico, é fundamental para proteger os animais de doenças induzidas pelo estresse.

Com base em tudo o que sabemos sobre o estresse em seres humanos, a mesma relação vale também para nós (é bom lembrar que o controle foi um fator decisivo no estudo com os residentes idosos da casa de repouso – o experimento com a planta descrito no Capítulo 16; e no trabalho da Dra. Kobasa sobre a robustez psicológica, descrito no Capítulo 15). Uma vez que as pessoas costumam ter muito mais opções psicológicas do que os animais em experimentos de laboratório, é possível deduzir que tomar consciência de nossas opções em situações estressantes – e o exercício da atenção plena à relevância e eficácia das nossas respostas a essas situações – pode nos ajudar a exercer considerável influência sobre a vivência do estresse, ajudando a determinar se ele levará ao sofrimento e, com o passar do tempo, à doença.

Estudos sobre estresse conduzidos em animais demonstraram a extrema toxicidade do desamparo aprendido, termo que descreve uma condição na qual descobrimos que nada do que façamos produzirá alguma diferença. Entretanto, se o desamparo pode ser aprendido, então também pode ser desaprendido, pelo menos por seres humanos. Mesmo quando não há alternativas **externas** capazes de influenciar de modo significativo certas circunstâncias muito estressantes, contamos com profundos recursos psicológicos **internos** que podem, até certo ponto, dar-nos a sensação de engajamento e controle, protegendo-nos do desamparo e do desespero. Essa possibilidade foi sugerida pelo Dr. Antonovsky em seus estudos com sobreviventes dos campos de concentração.

O falecido Richard Lazarus e sua colega Susan Folkman (que posteriormente desempenharia papel importante na articulação da visão que coloca a atenção plena no cerne da medicina integrativa) eram pesquisadores do estresse na University of California, em Berkeley, quando sugeriram que um modo produtivo de enxergar o estresse, do ponto de vista psicológico, seria considerá-lo uma "transação" entre um ser humano e seu ambiente. Lazarus definiu o estresse psicológico como "uma relação específica entre a pessoa e o ambiente, que é avaliado por ela como uma carga ou exigência que excede seus recursos, colocando em risco seu bem-estar". Essa foi uma abordagem muito perspicaz, pois enfatizou a relacionalidade e, portanto, o papel crítico da avaliação e da escolha conscientes. Visto que a relacionalidade é fundamental para a atenção plena, essa formulação também acabou fornecendo amparo teórico para o uso da atenção plena no enfrentamento do que quer que esteja acontecendo no momento presente, pois ajuda a pessoa a avaliar a situação e a escolher como se relacionar com os fatos de maneira sábia. Essa definição também explicou por que um evento pode ser mais estressante para uns (que não tenham muitos recursos para lidar com ele) do que para outros (que tenham mais recursos de enfrentamento). A implicação disso é que o **significado** que atribuímos à nossa "transação" com o ambiente – a forma como o enxergamos e o mantemos em nossa consciência, bem como nossa perspectiva como um todo – pode determinar se uma situação será classificada como estressante ou não. Se você avaliar ou interpretar um evento como ameaçador para o seu bem-estar, então o evento será desgastante para você. No entanto, se você o enxergar de outra maneira, através de lentes diferentes, talvez o mesmo evento não seja nem um pouco estressante, ou muito menos estressante, ou até mesmo potencialmente positivo, algo com que você consegue lidar habilmente e que o ajudará a crescer.

Essa é uma notícia muito boa, pois sugere que qualquer situação pode ser vista e enfrentada de diversas maneiras. Como veremos mais adiante em detalhe, também existem muitas formas de viver que contribuem desde já para o seu "extrato bancário" de recursos internos, permitindo que você esteja mais bem preparado para lidar com experiências de estresse intenso quando surgirem. Dedicar algum tempo à meditação formal todos os dias e cultivar intencionalmente a atenção plena ao longo do dia é uma forma garantida de fazer "depósitos na sua conta". Não sei dizer quantas vezes já ouvi de pessoas que tiveram de lidar com perdas terríveis e dolorosas que, se não fosse por sua prática de atenção plena "estariam perdidas". Com base na minha experiência isso faz muito sentido. Depois que já se está praticando há algum tempo, é quase inconcebível imaginar como conseguiria enfrentar a vida sem esse recurso – é muito poderoso e também muito sutil, pois ao mesmo tempo em que não parece ser "nada demais", a atenção plena é incrivelmente especial – totalmente comum e completamente extraordinária, tudo ao mesmo tempo.

De uma perspectiva transacional, a forma como vemos, julgamos e avaliamos nossos problemas determinará como responderemos a eles e quanto estresse experimentaremos. Isso significa que podemos ter muito mais influência do que imaginamos sobre as coisas que podem nos causar estresse. O ambiente em que vivemos sempre terá muitos estressores em potencial que não podemos controlar, mas **ao mudar a forma pela qual nos enxergamos em relação a esses estressores, podemos expandir nossa experiência do relacionamento e, assim, modificar e modular até que ponto a experiência consome ou excede nossos recursos, ou põe em perigo nosso bem-estar.**

A visão transacional do estresse psicológico nos lembra de que podemos ser muito mais resistentes, mais resilientes ao estresse se aprimorarmos nossos recursos e melhorarmos nosso bem-estar físico e psicológico em geral (por meio de exercícios regulares, meditação, sono adequado e profunda conexão na intimidade interpessoal, para citar apenas quatro dos exemplos mais importantes) durante as épocas em que não nos sentimos especialmente desgastados ou sobrecarregados. Essa é nossa "conta bancária" biológica e psicológica, da qual podemos sacar recursos necessários em algumas ocasiões e depositar recursos em outras. No fundo, é isso que significa a frase "estilo de vida saudável". Nossos recursos são uma combinação de forças e apoios internos e externos que nos ajudam a lidar com um campo de experiências em constante mutação. Relações familiares amorosas e solidárias, boas amizades e a participação em grupos que apreciamos são exemplos de recursos externos que podem ajudar a amenizar as situações de estresse. Recursos internos incluem: nossa confiança na própria capacidade de lidar com adversidades e desafios de todos os tipos (autoeficácia); a visão que temos de nós mesmos como pessoas; a forma como vemos mudanças e possibilidades; crenças religiosas; uma avaliação de autoeficácia mais voltada a desafios específicos do que gerais; robustez ao estresse; senso de coerência e confiança afiliativa. Todos esses aspectos podem ser fortalecidos, como já vimos, através da prática da atenção plena.

Indivíduos com robustez ao estresse são mais resilientes. Contam com mais recursos de enfrentamento do que outras pessoas quando passam por situações semelhantes, pois conseguem enxergar a vida como um desafio. Têm o firme compromisso de viver a vida com plenitude, conforme ela se apresenta momento a momento, e assumem um papel ativo ao interagir com suas circunstâncias, usando clareza e protagonismo, ou seja, exercendo controle significativo. O mesmo vale para indivíduos com alto senso de coerência. Fortes convicções internas acerca da capacidade de compreensão, manejo e significado das experiências de vida são recursos internos poderosos. Pessoas que cultivam essas forças têm menos propensão a se sentirem desgastadas ou ameaçadas por eventos se comparadas àquelas que dispõem de menos recursos internos. Isso também é válido para os demais padrões cognitivos e emocionais que fortalecem a saúde, discutidos no Capítulo 15.

Por outro lado, se nossas reações são obscurecidas por medo, desesperança ou raiva, ganância ou desconfiança, medo de perdas e traições – formas de ver o mundo e padrões emocionais de reatividade que desenvolvemos no início da vida, e que muitas vezes carregamos conosco, praticamente sem saber, como esquemas fixos de comportamento que dominam a vida quando são ativados –, é provável que nossas ações criem problemas adicionais e nos levem a um buraco mais profundo, até o ponto em que talvez seja difícil enxergar a saída de algo que parece cada vez mais aterrador. Atolamos e ficamos empacados. Isso pode levar a sentimentos de vulnerabilidade, exaustão e desesperança.

Uma das implicações da definição de Lazarus é esta: para que algo seja psicologicamente estressante, precisa ter sido de algum modo avaliado como uma ameaça. Entretanto, sabemos por experiência, que a maioria não tem ideia do quanto a relação com determinados ambientes internos ou externos pode estar consumindo seus recursos, mesmo quando de fato estão. Por exemplo, muitos aspectos do nosso estilo de vida podem estar comprometendo nossa saúde, gerando exaustão física e mental, mesmo sem percebermos. Além disso, nossas atitudes e crenças negativas (acerca de nós mesmos, dos outros e do que é possível) também podem ser fatores importantes que impedem nosso crescimento, transformação, ou até mesmo obtenção de um pouco de clareza, sabedoria e protagonismo em momentos de dificuldade. Essas atitudes e crenças negativas geralmente estão abaixo do nosso nível de atenção consciente – mas não precisa ser assim.

A percepção e a avaliação (ou falta de avaliação) desempenham um papel muito importante em nossa capacidade de adaptação e resposta apropriada a mudanças, dor e ameaças ao nosso bem-estar. Por esse exato motivo, o principal caminho disponível para lidar com o estresse de maneira eficiente consiste em compreender o que está acontecendo conosco. A melhor maneira de fazer isso é cultivar a capacidade de perceber o contexto total de nossa experiência, como fizemos com o problema dos nove pontos no Capítulo 12. Assim poderemos discernir conexões e relacionamentos e entrar em sintonia com canais de *feedback* que talvez não conhecêssemos antes. Isso nos permite enxergar as situações da vida com mais clareza, dessa forma influenciando o quanto nos deixamos levar por nossas reações habituais e automáticas em situações difíceis – algo que nos permite reduzir o nível geral de estresse. Agir assim também nos liberta da prisão das crenças e esquemas emocionais inconscientes que, em última análise, inibem nosso crescimento. Portanto, pode ser muito útil lembrar a cada momento que o importante não são os estressores que encontramos na vida, mas sim o modo como os enxergamos e o que fazemos com eles; como nos colocamos **em relação** a eles – isto é o que determina o quanto ficamos à sua mercê. Se pudermos mudar nossa maneira de ver, mudaremos nossa resposta – e isso reduzirá imensamente o estresse que sentimos, assim como suas consequências a curto e longo prazo na saúde e no bem-estar.

18
Mudança: A Única Certeza da Vida

O conceito de estresse sugere que, de uma forma ou de outra, estamos sempre diante da necessidade de adaptação às diversas pressões da vida. Basicamente, isso significa adaptar-se à **mudança**. Se aprendermos a ver a mudança como parte integrante da vida, e não como uma ameaça ao nosso bem-estar, ficaremos em posição muito mais vantajosa para lidar bem com o estresse. A prática de meditação nos coloca de frente com a experiência inegável de mudança contínua em nosso próprio corpo e mente, pois, ao meditar, observamos os pensamentos, sentimentos, sensações, percepções e impulsos em constante mutação – além das alterações nos ambientes externos e em todas as pessoas com quem nos relacionamos. Isso já deveria ser suficiente para nos convencer de que vivemos imersos em um mar de mudança – e que tudo em que prestamos atenção muda de momento a momento.

Até mesmo materiais inanimados estão sujeitos a alterações contínuas: continentes, montanhas, rochas, praias, oceanos, a atmosfera, o próprio planeta Terra e até mesmo as estrelas e galáxias mudam com o passar do tempo. Todas essas coisas evoluem e falamos de seu nascimento e morte. Em termos relativos, nós, humanos, vivemos por tão pouco tempo que tendemos a pensar nessas coisas como permanentes e imutáveis. Mas não são. Nada é.

Ao considerar as grandes forças que afetam nossa vida, a primeira coisa que precisamos reconhecer é que nada é absolutamente estável, mesmo quando a vida parece equilibrada. O mero fato de estar vivo é um estado de fluxo contínuo. Nós também evoluímos. Passamos por uma série de mudanças e transformações, e é difícil determinar o momento exato em que começaram ou terminaram. Surgimos como seres individuais a partir de uma série de seres que nos precederam, dos quais nossos pais são apenas os representantes mais recentes. Em determinado momento, nossa vida como ser individual termina. Entretanto, ao contrário dos objetos inanimados e da maioria das coisas vivas, sabemos que a mudança é inevitável e que morreremos. Também conseguimos pensar nas mudanças que vivenciamos, refletir sobre elas e até mesmo temê-las.

Pense apenas nas mudanças físicas às quais estamos sujeitos. No decorrer da vida o corpo está em constante mutação. Uma vida humana começa sua jornada como uma única célula: o óvulo humano fertilizado. Essa entidade microscópica contém todas as informações necessárias para se tornar um novo ser. Ao atravessar a tuba uterina e chegar à parede do útero, ela começa a se dividir. Dessa célula individual surgem duas, e então ambas se dividem para formar quatro, e as quatro se dividem para formar oito, e assim por diante. Enquanto as células se multiplicam, o agrupamento que formam gradualmente se transforma em uma esfera oca. As células no topo diferenciam-se ligeiramente daquelas que ficam na base da pequena esfera, que se tornará um corpo. A esfera cresce à medida que as células continuam se dividindo. Ao longo dessa sequência, a esfera também muda de formato. Começa a criar diferentes camadas e regiões que, ao fim do processo, diferenciam-se em células especializadas que, a seguir, desenvolvem os tecidos e órgãos – cérebro, sistema nervoso, coração, ossos, músculos, pele, órgãos sensoriais, cabelo, dentes e todo o resto –, todos com funções altamente especializadas e que, por fim, integram o indivíduo pleno que somos.

Ainda assim, mesmo nos estágios mais precoces de desenvolvimento do corpo, a morte já faz parte do processo. Algumas das células desenvolvidas para formar as estruturas das mãos e dos pés morrem seletivamente para formar os espaços entre os dedos das mãos e dos pés. Caso contrário, teríamos nadadeiras em vez de mãos e pés. Muitas células formadas no sistema nervoso em desenvolvimento morrem antes do nosso nascimento se não encontrarem outras células com as quais se conectarem. Até mesmo em nível celular a conexão com o todo parece ser de vital importância.

No momento em que nascemos nosso corpo tem mais de 10 trilhões de células, todas cumprindo sua função, todas mais ou menos no lugar certo. Se esse processo acontecer de modo adequado, nasceremos inteiros, prontos para as transformações contínuas que vivenciaremos como bebês, durante a infância, pré-adolescência, adolescência e o início da vida adulta. E se formos receptivos à ideia, crescimento, desenvolvimento e aprendizado não precisam parar no início da vida adulta. Podemos continuar aprendendo e crescendo pelo resto da vida. Podemos continuar cultivando nosso desenvolvimento (o significado original da palavra páli para meditação, *bhavana,* é "desenvolver") em todos os níveis do corpo, mente e coração, tornando-nos cada vez mais integrados ao longo do processo.

No outro extremo dessa sequência ininterrupta, se chegarmos até lá, nosso corpo envelhece e morre. A morte é parte da natureza, um mecanismo inerente ao corpo. A vida dos indivíduos sempre chega ao fim, mesmo enquanto o potencial para a vida segue em frente no fluxo de genes e no surgimento de novos membros da família e da espécie.

A questão é que, desde o início, a vida consiste em mudanças constantes. Nosso corpo muda de incontáveis maneiras enquanto crescemos e nos desenvolvemos. O mesmo vale para a visão que temos do mundo e de nós mesmos. Ao mesmo tempo, o ambiente externo no qual vivemos também está em fluxo contínuo. Na verdade, não existe nada que seja permanente, embora algumas coisas pareçam eternas por mudarem muito lentamente.

※

Os organismos vivos desenvolveram maneiras impressionantes de proteger a si mesmos das flutuações imprevisíveis do ambiente e preservar as condições internas básicas para a vida diante de mudanças exageradas. O conceito de estabilidade bioquímica interna foi mencionado pela primeira vez pelo fisiologista francês Claude Bernard, no século XIX. Segundo sua tese, o corpo desenvolveu mecanismos regulatórios dotados de alta precisão – controlados pelo cérebro e mediados pelo sistema nervoso e pela secreção de moléculas mensageiras (hormônios) na corrente sanguínea – de modo a garantir a manutenção das condições ideais de funcionamento celular em todo o corpo, apesar de grandes variações no ambiente. Tais oscilações podem envolver alterações de temperatura, ausência de alimento por períodos prolongados e, claro, ameaças de predadores e rivais. As respostas regulatórias, todas realizadas através de circuitos de retroalimentação, preservam o equilíbrio dinâmico interno chamado de **homeostase** (ou, para ser mais preciso, **alostase**), que mantém as oscilações correspondentes do organismo dentro de determinados limites. A temperatura corporal é regulada dessa forma, assim como as concentrações de oxigênio e glicose no sangue. A diferença entre homeostase e alostase é que a homeostase refere-se à manutenção de faixas rigorosas de variabilidade nos sistemas fisiológicos que promovem a **sobrevivência imediata**, como temperatura, níveis de oxigênio no sangue e química sérica. No entanto, outros sistemas fisiológicos, como a pressão arterial, a secreção de cortisol e o armazenamento de gordura em tecidos corporais, têm "faixas operacionais" muito mais amplas e que podem variar entre limites também mais amplos. Essas faixas são reguladas em parte por nosso cérebro e pela maneira como nos adaptamos ao ambiente em constante mudança, algo que acontece dentro de um intervalo de tempo maior – dias, semanas, meses e anos –, intervalo característico do estresse crônico. Esses sistemas fisiológicos de "manutenção da saúde" são regulados por meio da alostase e não da homeostase. No entanto, os dois sistemas trabalham para nos manter saudáveis e podem ser seriamente desregulados pela pressão imposta por estilos de vida cronicamente estressantes.

Desenvolvemos impulsos e instintos que apoiam a homeostase e a alostase ao direcionarem nosso comportamento para a satisfação das necessidades corporais. Nessa categoria estão instintos como a sede (quando o corpo precisa de água) e a fome (quando o corpo precisa de comida). É claro que até certo ponto também podemos regular nosso estado fisiológico por meio de ações conscientes, tal como colocar ou tirar roupas dependendo da temperatura externa, ou abrir uma janela para resfriar o ambiente.

Assim, embora as mudanças constantes sejam a regra no mundo fora do organismo individual (tanto nos ambientes sociais como naturais), o nosso corpo está, em grande parte, biologicamente protegido por mecanismos que atenuam essas mudanças externas. Temos mecanismos inatos para estabilizar a química interna de modo a aumentar nossas chances de sobrevivência perante condições instáveis. Também temos mecanismos inatos de reparo que possibilitam o reconhecimento e a correção de erros biológicos: células cancerosas são detectadas e neutralizadas; ossos quebrados se consolidam; o sangue coagula na ferida permitindo que ela feche e cicatrize. Temos até uma enzima, a telomerase, capaz de reparar os telômeros, que ficam nas extremidades de todos os cromossomos, prolongando a vida das células. Essa enzima é sensível até mesmo aos pensamentos que temos, especialmente quando nos sentimos ameaçados.

As inúmeras vias regulatórias da biologia funcionam respondendo a sinais específicos do organismo por meio da linguagem química interna do nosso corpo. Não precisamos pensar na química do fígado, pois, felizmente, ela se autorregula. Não temos de pensar na próxima inspiração; ela própria se encarrega disso. Tampouco temos de lembrar à hipófise de liberar hormônios de crescimento em determinados momentos para que cresçamos e cheguemos à idade adulta com o tamanho apropriado. Quando sofremos cortes ou feridas, não temos de pensar em fazer o sangue coagular para formar uma casca, nem para fazer com que a pele se regenere sob a casca.

Por outro lado, se abusarmos demais do sistema, como quando tomamos mais álcool do que o corpo consegue tolerar, em algum momento pode ser necessário pensar no fígado. Porém, quando chegarmos a esse ponto, talvez ele já esteja desregulado demais para voltar ao normal. O mesmo vale para o efeito do tabagismo nos pulmões. Até mesmo com uma sofisticada capacidade de reparo e sistemas inatos de proteção e purificação, o corpo só consegue tolerar um certo nível de abuso antes de ficar sobrecarregado.

※

Talvez seja reconfortante saber que nosso corpo tem mecanismos inatos muito robustos e resilientes, desenvolvidos ao longo de milhões de anos de evolução para manter estabilidade e vitalidade na presença de mudanças constantes. Essa resiliência biológica é uma grande aliada para enfrentar o estresse e produzir mudanças em nossa vida. É sempre bom lembrar que podemos confiar muito no corpo, mesmo em momentos de grande estresse, e trabalhar em harmonia com ele em vez de lutar contra ele.

Como vimos, Hans Selye enfatizou que uma vida livre de estresse é impossível e que o próprio processo de estar vivo significa que haverá certo nível de desgaste associado à necessidade de adaptação a ambientes internos e externos em constante mutação. A pergunta que nos interessa é a seguinte: quanto desgaste é necessário para levar à doença?

A terminologia moderna para desgaste biológico é **carga alostática**, termo introduzido por Bruce McEwen, renomado pesquisador do estresse da Rockefeller University. Pesquisadores anteriores já haviam introduzido o conceito de **alostase** para ampliar a noção de **homeostase**, apresentada por Claude Bernard, (que consiste literalmente em "permanecer estável ao ficar sempre igual") e torná-la mais precisa em relação à fisiologia do estresse e, mais especificamente, ao papel do cérebro na regulação da resposta ao estresse. A resposta benéfica do corpo ao estresse a curto prazo pode se tornar prejudicial a longo prazo. Nosso corpo tem mecanismos alostáticos inatos para regular e otimizar as interações complexas que enfrentamos sob diferentes condições de estresse. A palavra "alostase" significa literalmente "permanecer estável ao conseguir mudar". Segundo McEwen, "em nenhuma outra área essas mudanças são tão drásticas quanto nos sistemas responsáveis pela resposta ao estresse" que, levados ao extremo, determinam a reação de luta ou fuga. Responder ao estresse com mais atenção plena, em vez de reagir a ele de maneira habitual e automática, pode reduzir radicalmente os efeitos negativos do estresse no organismo (sua carga alostática). Esse é o tópico que discutiremos nos próximos dois capítulos.

Nos anos 1960, os pesquisadores começaram a investigar se havia relação entre a quantidade de mudanças na vida de uma pessoa ao longo de um ano e o que acontece com a saúde dessa mesma pessoa no futuro. Os doutores Thomas Holmes e Richard Rahe, da Faculdade de Medicina da University of Washington, enumeraram diversas mudanças de vida, inclusive falecimento do cônjuge, divórcio, encarceramento, lesões ou doenças, casamento, perda do emprego, aposentadoria, gravidez, problemas sexuais, morte de um membro da família ou amigo próximo, mudança na área de trabalho ou nas responsabilidades profissionais, empréstimo imobiliário, conquistas pessoais excepcionais, mudança de hábitos pessoais, tirar férias e receber uma multa de trânsito. Holmes e Rahe ordenaram esses "eventos" de acordo com o nível percebido de ajuste que exigiam e lhes atribuíram um valor numérico arbitrário, começando com 100 para a morte do cônjuge e descendo até 11 para uma pequena infração de trânsito. O estudo revelou que uma pontuação alta de mudanças de vida estava associada à maior probabilidade de doenças no ano seguinte, se comparada com uma pontuação menor. Isso sugere que a mudança em si poderia predispor as pessoas à doença.

Muitas das mudanças de vida mencionadas na lista, tais como casar-se, ser promovido ou fazer conquistas pessoais excepcionais, costumam ser consideradas ocasiões alegres. Estão na lista porque até mesmo eventos que parecem positivos representam profundas mudanças de vida que demandam adaptação e, portanto, são estressantes. Na terminologia de Selye, esses são exemplos de **eustresse**, ou "estresse bom". Se levarão, ou não, ao **distresse**, ou "estresse ruim", dependerá, em grande parte, de como você se adapta às mudanças. Isso é determinado pelo verdadeiro significado que as mudanças têm para você – e se esse significado muda ou não ao longo do tempo. Caso você se ajuste com facilidade, o **eustresse** será relativamente inofensivo e benigno; poderá até mesmo ser benéfico e promover crescimento, tanto físico como psicológico. Certamente não vai sobrecarregar, exceder ou aniquilar sua capacidade de lidar com as mudanças. É muito fácil ver como uma mudança de vida positiva pode passar do **eustresse** para o **distresse** se você tiver dificuldades de se adaptar às novas circunstâncias.

Por exemplo, você pode ter passado anos aguardando a aposentadoria e ficado muito feliz quando esse momento chegou. Finalmente pôde parar de acordar cedo para ir trabalhar. No entanto, depois do primeiro alívio, talvez você não saiba o que fazer com todo esse tempo livre. Talvez comece a sentir falta dos colegas, da sensação de conexão e pertencimento, do sentimento de propósito e significado que a atividade profissional lhe proporcionava. A menos que tenha formado novas ligações e encontrado outras oportunidades para dar significado à sua vida, talvez seja difícil se adaptar a essa grande mudança, e isso poderá se transformar em fonte de estresse, mesmo se tratando de algo que você não via a hora de acontecer.

A alta taxa de divórcios em nossa sociedade comprova que a ocasião feliz do casamento também pode levar a grande **distresse** e sofrimento.

Isso acontece especialmente quando o casal é pouco compatível, ou quando os cônjuges não conseguem se ajustar às mudanças associadas à vida a dois, inclusive, é claro, abrir espaço para que o outro cresça e mude. O estresse de um casamento é agravado se o casal não consegue se adaptar às grandes demandas da paternidade/maternidade e à mudança de papéis e estilo de vida que a acompanham. O **eustresse** de ter filhos pode facilmente se transformar em **distresse** ou até algo pior. O mesmo vale para promoções, graduações, envelhecimento e todas as demais mudanças de vida positivas. Elas exigem adaptação à própria mudança.

O significado que você atribui às mudanças de vida depende muito do contexto total em que ocorrem. Se você tem um cônjuge que sofre há muito tempo de uma doença degenerativa, ou com quem seu relacionamento foi marcado por períodos extensos de tristeza, exploração ou alienação, então o significado do falecimento dessa pessoa pode ser muito diferente (e a dificuldade de se ajustar à mudança também será muito diferente) do que se a morte tivesse ocorrido repentinamente em meio a um relacionamento muito próximo. Atribuir à "morte de um cônjuge" uma pontuação de 100 em todos os casos, como os doutores Holmes e Rahe fizeram, é ignorar o **significado** da experiência para o cônjuge sobrevivente e o nível de ajuste ou de adaptação necessário.

Não são apenas as grandes guinadas da vida que exigem adaptação. Todos os dias enfrentamos uma gama de obstáculos e situações que vão do moderadamente importante ao trivial, com os quais temos de lidar, queiramos ou não – sendo que todas essas situações podem ser transformadas em problemas muito maiores do que seria necessário se perdermos a perspectiva e o equilíbrio mental nos momentos mais cruciais.

A escala de eventos de vida de Holmes e Rahe foi uma contribuição importante à época, mas tem pontos falhos, como acabamos de ver. Outra falha é a exclusão completa da dimensão dos traumas e das consequências de eventos muito chocantes que podem acontecer a qualquer um – especialmente os traumas com "T" maiúsculo e aqueles que ocorrem no início da vida. Experiências traumáticas podem agravar, distorcer negativamente e às vezes até banalizar outros eventos importantes da vida que têm o potencial de proporcionar mais senso de significado e satisfação, mas que precisam ser reconhecidos, enfrentados e trabalhados de modo criativo para que a conexão da pessoa com sua própria inteireza seja recuperada e restaurada. Muitas abordagens terapêuticas foram e continuam a ser desenvolvidas na forma de terapias para tratar traumas, incluindo o uso criativo da atenção plena e do yoga*.

※

O efeito final do estresse na saúde depende, em grande parte, de como percebemos a própria mudança em suas diversas formas, e também da habilidade de adaptação à mudança contínua, alinhada à manutenção do equilíbrio interno e do senso de coerência. Isso, por sua vez, depende do significado que atribuímos aos eventos, das nossas crenças acerca do mundo e de nós mesmos e, especialmente, de quanta consciência conseguimos trazer para as nossas reações automáticas e irrefletidas quando somos desafiados. É justamente nas reações corpo-mente às situações da vida consideradas estressantes que a atenção plena precisa ser aplicada com maior intensidade. É aí que seu poder de transformar nossa qualidade de vida pode se mostrar mais eficaz.

---

* Veja, por exemplo, o recente trabalho do Dr. Bessel van der Kolk no Trauma Center, em Boston.

19
Presos na Reatividade ao Estresse

Ao parar um pouco para pensar, podemos ver que nós, seres humanos, somos de fato criaturas incrivelmente resilientes. De um jeito ou de outro, conseguimos perseverar e sobreviver, por vezes diante da catástrofe total que se anuncia, gigantesca e aterrorizante. Ainda assim, temos nossos momentos de prazer, paz e satisfação, apesar de todo o estresse, dor e pesar. Somos peritos em lidar com problemas e resolvê-los. Podemos lidar com problemas por pura determinação – ou usar criatividade e imaginação, orações e crenças religiosas, envolvimentos e distrações que alimentam nossa necessidade de propósito, significado, alegria e pertencimento – ou tirar o foco de nós mesmos e cuidar dos outros. Somos impulsionados por um amor obstinado pela vida, e também pelo amor, estímulo e apoio de nossos familiares, amigos e da comunidade em geral.

Subjacente ao engajamento consciente com os desafios que enfrentamos, existe uma espantosa inteligência biológica inconsciente. Esse sistema, aperfeiçoado no decorrer de milhões de anos de evolução, funciona no nível da percepção, das respostas motoras e dos mecanismos alostáticos, e pode operar com extrema rapidez. O neurocientista Cliff Saron, do Center for Mind and Brain da University of California, enfatiza que nós, humanos, temos uma incrível capacidade inata para completar padrões com base em informações muito incompletas. Esse é um exemplo da sabedoria do corpo inteiro – cérebro, sistema nervoso, músculos, coração e tudo o mais. Cada elemento colabora pelo bem do todo. Como acabamos de ver, alguns desses sistemas exercem influência restauradora sobre o corpo ao longo de horas e até de dias, muito além da urgência de diversas ameaças. Quando esse sistema está funcionando de maneira adaptativa, as reações automáticas podem salvar nossa vida em emergências nas quais não temos tempo de pensar – por exemplo, quando estamos dirigindo e o carro começa a derrapar. Isso significa que não há nada de errado com algumas das nossas respostas automáticas. Elas são reações biologicamente confiáveis.

Contudo, ao mesmo tempo, nosso dinamismo e equilíbrio psicofisiológico inato, a alostase geral (cuja natureza adaptável, flexível e multifacetada promove um equilíbrio confiável sem exigir atenção consciente) pode estar sendo exigida demais, a ponto de provocar desregulação e desordem em todos os níveis do nosso organismo – caso sofra uma demanda que exceda sua capacidade de responder e adaptar-se de maneira saudável. Vemos exemplos disso no hospital todos os dias. A saúde pode ser minada por uma vida inteira de arraigados padrões comportamentais que intensificam e exacerbam as contínuas pressões impostas pela vida. Em última análise, nossas reações habituais e automáticas aos estressores que enfrentamos, especialmente quando desenvolvemos o hábito de reagir de maneira mal-adaptativa, determinam em grande medida a intensidade do estresse que acabamos vivenciando. Reações automáticas ativadas sem muita atenção – especialmente quando as circunstâncias não são muito ameaçadoras, embora percebidas como se fossem – podem agravar e exacerbar o estresse, transformando problemas potencialmente simples em questões cada vez mais complicadas. Essas reações podem nos impedir de enxergar com clareza, de resolver problemas com criatividade e de expressar as emoções com eficiência quando precisamos nos comunicar com outras pessoas, ou até mesmo quando queremos compreender o que está acontecendo dentro de nós. Em última instância, essas reações podem anular nossa capacidade de vivenciar paz mental que, no fim das contas, provavelmente é o que mais desejamos. Em vez disso, cada vez que reagimos de modo pouco saudável, sem consciência dos padrões de comportamento nos quais caímos, estressamos um pouco mais nossa capacidade intrínseca de manter o equilíbrio e o bem-estar. Uma vida inteira de reatividade inconsciente não questionada perante desafios e ameaças percebidas tende a aumentar significativamente o risco de um futuro colapso e adoecimento. Um número cada vez maior de evidências sugere que, de fato, é isso que acontece.

FIGURA 9
O CICLO DE REAÇÃO AO ESTRESSE
(Automático/Habitual)

Eventos Externos
(estressores/ameaças potenciais)
físicos, sociais ou ambientais

Sentidos
Percepção
Avaliação

Amígdala
Hipocampo
Córtex pré-frontal

Cérebro
Sistema Nervoso
Cardiovascular
Digestório
Imunológico
Músculo-esquelético

Estressores Internos
Pensamentos, emoções e dor

Luta ou Fuga
Reação de Alarme

Automático/Habitual
Reação de Estresse
Hipotálamo, pituitária, adrenais, sistema nervoso autônomo, sistema imunológico

hiperexcitabilidade aguda
PA ↑, FC ↑

Internalização: inibição da reação de estresse

Desregulação: aumento da carga alostática

Hiperexcitabilidade crônica
PAE
Arritmia
Transtornos do sono
Dores de cabeça crônicas, dores nas costas, ansiedade, pânico, doenças precoces e inflamações

Enfrentamento Mal-adaptativo

Comportamentos autodestrutivos

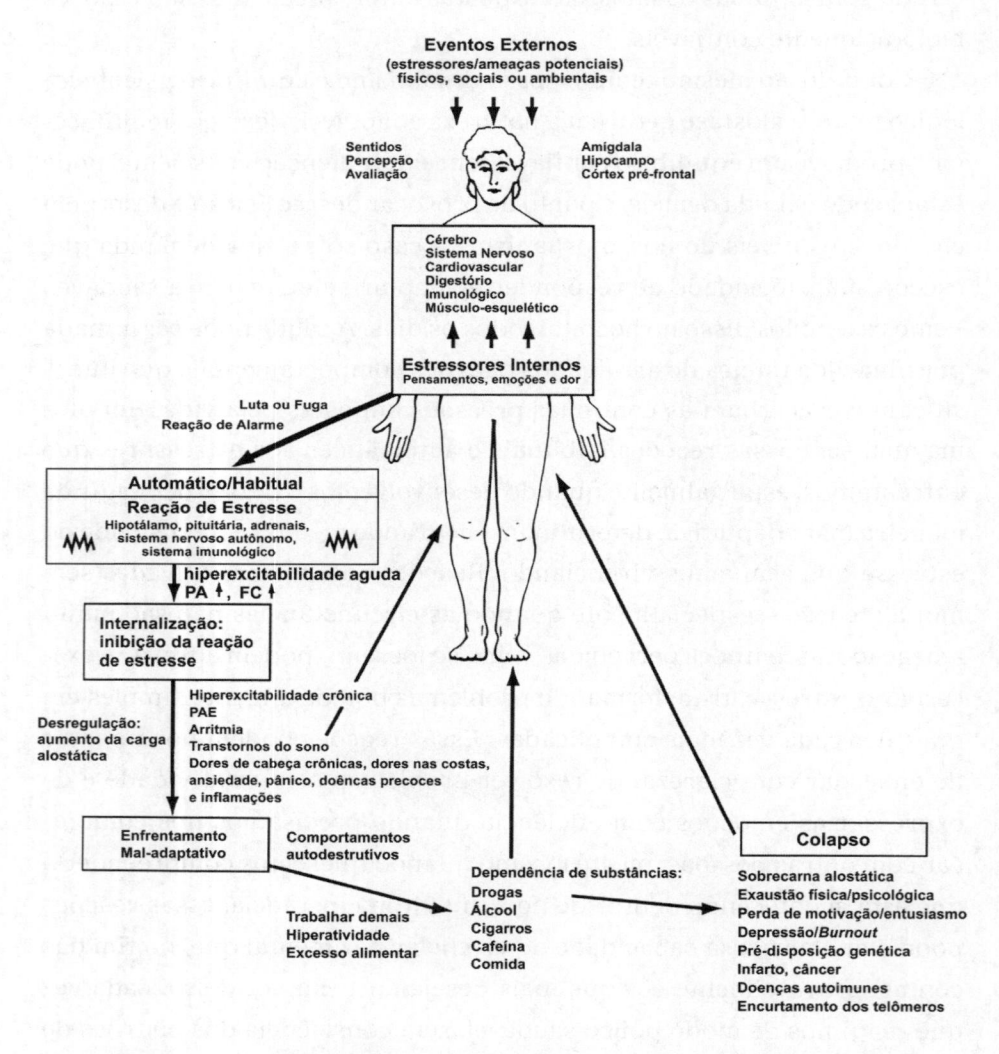

Trabalhar demais
Hiperatividade
Excesso alimentar

Dependência de substâncias:
Drogas
Álcool
Cigarros
Cafeína
Comida

Colapso
Sobrecarga alostática
Exaustão física/psicológica
Perda de motivação/entusiasmo
Depressão/*Burnout*
Pré-disposição genética
Infarto, câncer
Doenças autoimunes
Encurtamento dos telômeros

Imagine, por um instante, que você é a pessoa retratada na Figura 9. Eventos externos que são estressores em potencial – sejam ambientais, físicos, sociais, emocionais, econômicos ou políticos – podem afetá-lo e gerar mudanças no corpo, na vida e na condição social. Esses estressores em potencial estão representados pelas pequenas flechas acima da cabeça da figura. Todas essas forças nos impingem influências externas em algum grau. Costumam ser percebidas e avaliadas muito rapidamente quanto ao nível de ameaça que representam para o organismo, especialmente em condições de perigo extremo.

O corpo e a mente não mudam apenas em resposta à nossa percepção e avaliação dessa complexa miríade de forças externas. Como sabemos, corpo e mente conseguem também gerar suas próprias demandas e energias reativas, produzindo outro conjunto de pressões sobre o organismo. Na Figura 9, essas pressões são designadas "Estressores Internos" (setas pequenas dentro do quadrado). Como vimos, até mesmo pensamentos e sentimentos podem agir como grandes estressores caso sobrecarreguem ou ultrapassem nossa capacidade de responder com eficiência ao conteúdo que trazem. Isso é válido mesmo se o pensamento ou sentimento não tiver nenhuma correspondência com a "realidade". Por exemplo, o mero **pensamento** de que talvez você tenha uma doença fatal pode causar muito estresse e até mesmo se tornar incapacitante, mesmo não sendo verdade. Em caso extremo, o pensamento pode desregular profundamente a fisiologia, como vimos na história contada pelo Dr. Bernard Lown, no Capítulo 14.

Alguns estressores nos afetam por bastante tempo. Chamamos a estes de **estressores crônicos**. Por exemplo: tomar conta de um membro da família com doença incapacitante ou crônica costuma ser uma fonte inevitável de estresse crônico para o cuidador. Situações assim costumam se perpetuar por muitos anos, de modo que exigem de nós uma profunda adaptação para minimizar seus efeitos desestabilizadores. Naturalmente, quando a própria pessoa tem uma doença crônica isso também é fonte de estresse contínuo. Por outro lado, alguns estresses vêm e vão no decorrer de períodos relativamente breves. Chamamos a estes de **estressores agudos**. Prazos, como o de entrega da declaração de renda, são um exemplo desse tipo de pressão. Outros estressores agudos têm origem na vida cotidiana e podem parecer pequenos, mas ocorrem com frequência, de modo que seus efeitos podem ser cumulativos: sair com pressa pela manhã, dirigir no trânsito, chegar atrasado a compromissos ou reuniões, discutir com o cônjuge ou os filhos. Também existem estressores pouco frequentes ou esporádicos, como acidentes, perda do emprego ou morte de alguém próximo. Mas todos podem causar estresse agudo e demandar adaptação eficiente para que a cura finalmente ocorra por meio de um processo de aceitação daquilo que aconteceu. Sem esse processo, corremos o risco de cair em padrões de comportamento duradouros que resultam em fontes adicionais de estresse crônico.

Elissa Epel, que pesquisa o estresse na University of California em San Francisco, descreve nossa interface com o estresse agudo como uma corrida de curta duração. De uma forma ou de outra, termina logo, possibilitando um retorno à nossa linha basal de bem-estar.* Expandindo a metáfora, a Dra. Epel vê o estresse crônico como uma maratona que costuma incluir diversas corridas de curta distância. Por exemplo, mesmo que alguém enfrente uma situação a longo prazo (como ser o principal cuidador de um familiar com doença crônica), sempre surgirá um ou outro evento estressante que precisa ser enfrentado. Se não percebemos que estamos engajados em uma maratona contínua, facilmente esgotamos a energia que pode ser considerada **energia de enfrentamento**, entrando em uma condição de exaustão crônica ou *burnout*. Esse tipo de estresse a longo prazo requer de nós o estabelecimento de um ritmo mais lento e talvez até mesmo tréguas periódicas para podermos preservar os recursos em nossa "conta bancária" e continuar fazendo depósitos maiores sempre que possível. Epel argumenta que um estressor agudo pode se tornar crônico por meio de pensamentos intrusivos, preocupação e ruminação. Esses padrões de pensamento se transformam em eventos internos estressores, que agravam e prolongam o estresse. Epel ressalta evidências que indicam que a ruminação, por si só, constitui um mecanismo pelo qual o estresse crônico leva à hipertensão. Conforme vimos, e veremos novamente, a própria pesquisa de Epel acerca de telômeros e telomerase em populações cronicamente estressadas fornece forte evidência dos efeitos tóxicos desses processos ruminativos – quando não são modulados por processos psicológicos mais intencionais e adaptativos, como a prática da atenção plena.

---

* Tomemos como exemplo o estresse agudo de uma gazela para fugir do leão que a persegue na savana. Ao atingir uma distância segura, ela volta a pastar calmamente, como se nada tivesse acontecido. Para nós, seres humanos, é um pouco diferente porque podemos continuar pensando sobre o que poderia ter acontecido mesmo depois que a ameaça imediata já cessou – e esse processo pode nos deixar transtornados. O trauma pode permanecer por longo tempo e é necessário um certo tipo de atenção para trabalhar com ele de modo eficaz e resolvê-lo de alguma maneira.

Alguns estressores são bastante previsíveis, como a declaração do imposto de renda. Outros são menos previsíveis, como acidentes ou outras coisas que surgem inesperadamente e exigem atenção. Na Figura 9, as flechas pequenas representam todos os estressores internos e externos, tanto agudos como crônicos, na forma como são sentidos **a qualquer momento**. A imagem da pessoa representa todos os aspectos do seu ser, a totalidade do seu organismo – corpo **e** mente. Isso inclui todos os sistemas de órgãos, dos quais apenas alguns foram nomeados (o cérebro e o sistema nervoso, o sistema cardiovascular, o sistema musculoesquelético, o sistema imunológico e o sistema digestório), além do sentido psicológico convencional de você como ser humano, incluindo percepções, crenças, pensamentos e sentimentos. É claro que o cérebro exerce um papel de comando fundamental ao regular o funcionamento de todos os processos que contribuem para a continuidade da vida e da experiência integrada da vida acontecendo: sistemas de órgãos do corpo, inclusive os sistemas perceptivos e neuroendócrinos, assim como pensamentos, emoções e o significado que atribuímos aos eventos.

Quando você está tão estressado a ponto de sua mente identificar, antecipar ou imaginar uma ameaça ao seu ser – seja uma ameaça ao seu bem-estar físico, à integridade do seu senso de eu ou à sua posição social em relação aos outros –, você tende a reagir de maneiras específicas. No caso de uma ameaça passageira, ou algo que se revele neutro depois de ser reavaliado no instante seguinte, talvez não haja reação alguma, ou a reação seja mínima. No entanto, se o estressor exercer uma carga emocional muito forte, ou se você o considerar ameaçador, a tendência será a ativação de uma **reação de alarme** automática.

A reação de alarme é um recurso do corpo que o prepara para a ação defensiva ou agressiva. Em situações ameaçadoras, tal recurso pode ajudar a nos proteger, a manter ou recuperar o controle. O cérebro e o sistema nervoso foram programados para agir dessa maneira em determinadas circunstâncias. A reação de alarme nos permite acionar a força total de todos os nossos recursos internos em situações que ameaçam a vida. Como veremos, uma pequena estrutura bilateral alojada no fundo do cérebro, chamada amígdala, tem muito a ver com a reação de alarme.

Walter B. Cannon, o grande fisiologista norte-americano – que trabalhou na Faculdade de Medicina de Harvard no começo do século XX e expandiu o conceito de Claude Bernard acerca da estabilidade interna de nossa fisiologia –, estudou a fisiologia dessa reação de alarme em diversos sistemas experimentais. Em um deles, Cannon investigou o que ocorre com um gato ao ser ameaçado por um cachorro latindo. Cannon denominou a reação do gato de **resposta de luta ou fuga**, pois as mudanças fisiológicas sofridas pelo animal ameaçado são as mesmas que mobilizam o corpo para lutar ou fugir. *

Os seres humanos estão sujeitos às mesmas reações fisiológicas que os outros animais. O padrão básico está profundamente arraigado em nossa biologia. Quando nos sentimos ameaçados, a reação de luta ou fuga ocorre de modo quase instantâneo, mediada (como veremos em breve) pelo sistema nervoso autônomo. Pouco importa se é uma ameaça física ou uma ameaça muito mais abstrata ao nosso bem-estar social e senso de eu. Os cenários resultantes são muito similares: um estado generalizado de **hiperexcitabilidade** fisiológica e psicológica, caracterizado por bastante tensão muscular, inclusive nos músculos faciais; a ativação de emoções fortes, que podem variar do terror, medo ou ansiedade, vergonha ou constrangimento, até fúria e raiva. A reação de luta ou fuga envolve uma cascata muito rápida de disparos neuronais no cérebro e no sistema nervoso, e a liberação de um enxame de hormônios de estresse, dos quais os mais conhecidos são as catecolaminas (epinefrina [adrenalina] e norepinefrina [noradrenalina]), liberadas muito rapidamente em resposta a uma ameaça aguda imediata, bem como o cortisol, liberado um pouco mais lentamente. A hiperexcitabilidade inclui um aguçamento das percepções sensoriais, o

---

* Para nossos propósitos aqui, decidi usar o termo **reação** a fim de ressaltar sua natureza muitas vezes automática e relativamente inconsciente. Dessa forma, posso reservar o termo **resposta** para uma forma de ação relativamente mais consciente diante de um desafio ou ameaça. Porém, o fato é que, seja qual for o termo usado, o processo de luta ou fuga é um fenômeno extremamente complexo, tanto no cérebro como no corpo. Associados a ele há elementos altamente evoluídos e vitais de percepção, avaliação, pensamento e escolha, mesmo que no geral estejamos inconscientes desses processos – a menos que cultivemos a capacidade de prestar muita atenção de momento a momento, por meio da aplicação da atenção plena à nossa experiência real do que está se manifestando na mente e no corpo. Dessa forma, podemos transformar reações habituais e inquestionadas – muitas das quais podemos ter adquirido e reforçado por meio da repetição ao longo de anos e décadas, e só recentemente percebido que são inúteis, senão tóxicas, em determinadas situações – em respostas mais apropriadas, habilidosas e mediadas pela atenção plena.

que nos possibilita assimilar o máximo de informação relevante possível, com a maior rapidez possível: as pupilas dilatam para deixar entrar mais luz, a audição fica mais precisa e os pelos do corpo se eriçam, o que nos deixa mais sensíveis às vibrações do ar ao nosso redor. Ficamos muito alertas e atentos. A frequência cardíaca acelera, aumenta a força das contrações da musculatura do coração e, portanto, também a pressão arterial aumenta, fazendo com o que o débito cardíaco aumente quatro a cinco vezes mais que o normal, para que mais sangue e, portanto, mais energia possam ser levados aos músculos grandes das pernas e braços, que serão acionados em caso de luta ou fuga.

Ao mesmo tempo, o fluxo de sangue para o sistema digestório é interrompido, assim como a própria digestão. Afinal, se você está prestes a ser devorado por um tigre, não há razão para continuar digerindo a comida em seu estômago. Ela será bem digerida no estômago do tigre se você for pego. Para lutar ou para fugir, seus músculos precisam de todo o sangue que puderem receber. Talvez você consiga sentir essa alteração do fluxo sanguíneo em momentos de estresse na forma de um "frio na barriga".

Muitas dessas mudanças rápidas no corpo e nas emoções ocorrem como consequência da ativação de um segmento do chamado **sistema nervoso autônomo** (SNA). O sistema nervoso autônomo é a parte do sistema nervoso que regula os estados internos do corpo, tais como a frequência cardíaca, a pressão arterial e o processo digestório. O segmento específico do sistema nervoso autônomo que é estimulado na reação de luta ou fuga é conhecido como **segmento simpático**. Sua função é acelerar os processos. O outro segmento, chamado **segmento parassimpático**, age como um freio. Sua função é reduzir e acalmar os processos. É o segmento parassimpático que interrompe a digestão quando temos uma reação de luta ou fuga. O segmento simpático estimula o coração quando reagimos ao estresse, e o segmento parassimpático reduz o ritmo dos batimentos durante a recuperação. O segmento parassimpático do SNA assim como o altamente evoluído nervo vago (de "vagar", em latim) exercem um papel essencial na forma como lidamos com o estresse. Em situações de estresse, a maioria das pessoas demonstra uma redução no tônus do nervo vago, o que significa que ele é menos ativado – e essa redução está relacionada a maior reatividade a ameaças. Um tônus maior do nervo vago está associado a mais calma e resiliência, tempo menor de recuperação após eventos estressantes, maior engajamento social e emoções positivas. Curiosamente, o simples ato de levar a atenção para a respiração e permitir que ela fique mais lenta, especialmente na expiração, aumenta o tônus do nervo vago. O SNA é regulado pelo **hipotálamo**, glândula localizada logo abaixo do **sistema límbico** e acima do tronco encefálico. O hipotálamo exerce controle sobre o sistema nervoso autônomo. Melhor dizendo, ele é o principal maestro da orquestra formada pelo sistema nervoso autônomo.

 O sistema límbico é um agregado de regiões altamente interconectadas localizado abaixo do córtex cerebral e bem acima do hipotálamo. Tem muitas estruturas distintas, incluindo a amígdala, o hipocampo e o tálamo. O sistema límbico costumava ser considerado a "base das emoções", mas essa visão não é mais considerada inteiramente válida, pois algumas das regiões do sistema límbico, como o hipocampo, também são essenciais para as funções cognitivas superiores, inclusive a cognição espacial e a memória declarativa. Além disso, hoje sabemos que o córtex pré-frontal – região logo atrás da testa onde ocorrem as chamadas **funções executivas**, tais como senso de perspectiva, controle de impulsos, tomada de decisões, planejamento a longo prazo, adiamento da gratificação e memória de trabalho, entre outras – também influencia o nível de resiliência que uma pessoa apresentará ao enfrentar estresse e adversidades. Já foi dito que essa é a parte do cérebro que nos confere capacidades e qualidades unicamente humanas. Em termos evolutivos, foi a última parte do cérebro a se desenvolver. O córtex pré-frontal pode reduzir a reatividade ao estresse por meio de sua grande conectividade neuronal com as diversas estruturas e regiões do sistema límbico (incluindo a amígdala, que exerce um papel importante quando nos sentimos ansiosos, temerosos ou ameaçados, e também na capacidade de decifrar as emoções no rosto de outras pessoas). Essa conectividade bidirecional entre o córtex pré-frontal e diversas áreas do sistema límbico permite tanto a regulação como o reconhecimento das emoções. E, como foi demonstrado pelo trabalho de Richard Davidson – inclusive seus estudos com meditadores experientes e praticantes do programa MBSR –, os lados direito e esquerdo do córtex pré-frontal regulam as emoções de modo diferente. A resiliência perante desafios emocionais é caracterizada por maior ativação no lado esquerdo do córtex pré-frontal, associada à redução de medo, ansiedade e agressividade (talvez, em parte, por reprimir a atividade da amígdala). Vale lembrar que observamos uma ativação maior no lado esquerdo do córtex pré-frontal em nosso estudo colaborativo do MBSR no ambiente corporativo. Segundo Davidson, "o nível de ativação na região pré-frontal esquerda de uma pessoa resiliente pode ser trinta vezes maior do que em alguém que não é resiliente".*

Uma das principais funções das diversas estruturas dentro do sistema límbico é regular o funcionamento do hipotálamo. Por sua vez, o hipotálamo influencia não apenas o sistema nervoso autônomo e, portanto, todos os sistemas de órgãos no corpo, mas também o sistema endócrino (sistema de glândulas que secretam hormônios de estresse) e o sistema musculoesquelético. As interconexões entre essas vias nos permitem vivenciar as emoções **visceralmente**, isto é, por meio do corpo e dos sentimentos, e também mantê-las na consciência enquanto respondemos de maneira coordenada e integrada aos eventos externos e internos.

Como se pode ver, a profunda conexão do sistema límbico e do córtex pré-frontal possibilita uma experiência integrada da vida. Os dois sistemas utilizam informações emocionais e regulam nossa reatividade emocional com base em uma compreensão mais profunda das situações ou estressores específicos que enfrentamos. Essa compreensão mais profunda nasce dos nossos valores, do nosso senso de eu (a noção de quem somos) e da capacidade de estarmos atentos – de maneira intencional – e de adequarmos as ações que em última instância escolheremos adotar. Em outras palavras, é possível cultivar maior resiliência e bem-estar e também sabedoria e equanimidade perante circunstâncias estressantes. Esse tipo de bem-estar é chamado de **eudaimonia**, e requer apenas prática, prática e mais prática. Certamente teremos muitas oportunidades para praticar, dado o nível de estresse com o qual convivemos diariamente.

Quando a ramificação simpática do sistema nervoso autônomo é ativada por estimulação límbica de áreas específicas no hipotálamo, o resultado é uma grande descarga de sinais neuronais que influenciam o funcionamento de todos os sistemas de órgãos em nosso corpo. Isso ocorre

---

* Davidson e Begley, *The Emotional Life of Your Brain*, 69.

de duas maneiras: por conexões diretas dos neurônios (células nervosas) com todos os órgãos internos, inclusive o nervo vago, e pela secreção de hormônios e neuropeptídios na corrente sanguínea. Alguns hormônios (chamados de neuropeptídios) são secretados por glândulas, outros por células nervosas e ainda outros são secretados pelos dois sistemas. Esses hormônios e neuropeptídios são mensageiros químicos que viajam pelo corpo inteiro transmitindo informações e ativando respostas específicas em diferentes grupos de células e tecidos. Quando chegam ao seu alvo, ligam-se a moléculas receptoras específicas e transmitem sua mensagem. Pode-se pensar nesses mensageiros como chaves químicas que ativam e desativam funções de controle ao longo do corpo. É muito provável que todas as nossas emoções e estados emocionais dependam da secreção de hormônios e neuropeptídios sob diferentes condições.* Alguns desses mensageiros hormonais são liberados como parte da reação de luta ou fuga. Por exemplo, a epinefrina e a norepinefrina são liberadas na corrente sanguínea pela medula adrenal (parte das glândulas adrenais localizadas no topo dos rins) quando estas glândulas são estimuladas por sinais do hipotálamo, por meio das vias do nervo simpático. Esses hormônios são responsáveis pela "energia" e sensação de poder adicional em situações de emergência, que chamamos de "reação ao estresse" (habitual ou automática) na Figura 9. Além disso, a glândula pituitária, logo abaixo do hipotálamo, é também estimulada (pelo hipotálamo) quando sofremos estresse. Sob estimulação, a pituitária ativa a liberação de outros hormônios (alguns vêm de uma região das glândulas adrenais chamada de córtex adrenal) que também fazem parte dessa reação habitual ao estresse, inclusive o cortisol e uma molécula chamada DHEA (desidroepiandrosterona). A amígdala também é uma protagonista importante, conforme mencionado anteriormente, e é ativada sempre que surge algum sinal de ameaça, desafio, frustração ou até mesmo uma frustração em potencial.

Uma notícia divulgada pelo *Boston Globe* ilustra o poder notável inerente à reação do estresse. Ali se lê:

---

* A dopamina, por exemplo, é secretada pelo hipotálamo e por outras regiões do cérebro e é conhecida por influenciar a atenção, o aprendizado, a retenção de informações na memória de trabalho e a vivência de experiências agradáveis. A serotonina controla o humor, o apetite e o sono, e está associada a sentimentos de bem-estar e felicidade, sendo secretada principalmente pelo trato intestinal.

Arnold Lemerand, de Southgate, Michigan, tem 56 anos de idade e sofreu um ataque cardíaco seis anos atrás. Por causa disso, não gosta de levantar objetos pesados. Porém, esta semana, quando Philip Toth, 5 anos de idade, ficou preso embaixo de um cano de ferro fundido próximo a um *playground*, Lemerand ergueu o cano com facilidade e salvou a vida da criança. Ao erguer o cano, Lemerand pensou consigo mesmo que o objeto devia pesar cerca de 150 kg. Na verdade, o cano pesava 800 kg, quase uma tonelada. Depois do acidente, Lemerand, seus filhos adultos, os repórteres e a polícia tentaram levantar o cano juntos, mas não conseguiram.

Essa pequena história ilustra o poder da reação de luta ou fuga, e o pico de energia que se torna acessível em situações de grave perigo de vida. Também demonstra que, em uma emergência, você realmente não consegue pensar. Se o Sr. Lemerand pensasse no peso do cano antes de tentar levantá-lo, ou considerasse sua condição cardíaca, provavelmente não conseguiria fazer o que fez. No entanto, a necessidade de agir rapidamente perante o risco de vida ativou um estado imediato de hiperexcitabilidade no qual os pensamentos de Lemerand foram desativados por um instante e ele foi tomado pela reação pura, complexa e bela, muito mais rápida do que o pensamento consciente, e que confere imenso poder e habilidade – uma proeza de compaixão imediata em ação. Entretanto, depois que a ameaça terminou, Lemerand não conseguiu erguer o cano novamente, nem mesmo com muita ajuda.

É fácil ver por que a reação inata de luta ou fuga aumenta as chances de sobrevivência de um animal em ambientes perigosos e imprevisíveis. O mesmo ocorre conosco. A reação de luta ou fuga pode nos ajudar a sobreviver quando enfrentamos situações ameaçadoras. Não se trata de uma resposta simples, como a do reflexo patelar, mas sim de uma inteligência muito evoluída, que nos conduz por situações complexas que ameaçam nossa própria sobrevivência. Portanto, não é ruim que essa capacidade vital exista em nós. Nunca teríamos conseguido sobreviver enquanto espécie sem ela. O problema é quando perdemos o controle sobre essa reação e não sabemos como modulá-la, ou quando aplicamos a energia proveniente do instinto de fuga ou luta a diversas situações em que não há grave ameaça imediata à nossa vida ou bem-estar – porém agimos como se houvesse. É assim que o reflexo de luta ou fuga passa a nos controlar.

Na maior parte do tempo, na vida cotidiana, não enfrentamos situações ameaçadoras. Não nos deparamos com leões da montanha nem com quaisquer outras ameaças no caminho para o trabalho, nem na vida familiar, nem nas situações sociais. Ainda assim, tendemos ou somos até "programados" para entrar no modo de luta ou fuga quando nos sentimos ameaçados, frustrados em nossos objetivos, tolhidos em nossa sensação de segurança ou controle, ou mesmo quando estamos apenas dirigindo na rodovia ou indo para o trabalho e surge algo inesperado no caminho, algo com que teremos de lidar. Nossa mente continua a perceber os eventos como ameaças letais ao nosso bem-estar e senso de eu, mesmo quando não são. Se continuarmos por esse caminho, toda situação estressante (ainda que potencialmente administrável de diversas formas) se torna uma ameaça ao sistema. Nossa resposta de luta ou fuga não cessa, nem mesmo quando estamos livres de situações que ameaçam a vida. Essa resposta também pode ser cronicamente ativada.* Quando isso acontece, sofremos mudanças de funcionamento biológico e psicológico. Ficamos mais sensíveis a todos os problemas associados à hiperexcitabilidade crônica, até o ponto de determinados genes em nossos cromossomos serem ativados e/ou suprarregulados, tais como o gene para os receptores glicocorticoides, que nos tornam cronicamente suscetíveis a estressores, e também os genes que produzem citocinas pró-inflamatórias, que, por sua vez, promovem toda uma gama de doenças inflamatórias quando cronicamente estimulados. A estimulação crônica também encurta os telômeros, como já vimos, levando à aceleração do processo de envelhecimento em nível celular. Todas essas consequências da estimulação crônica podem ser evitadas, ou pelo menos amenizadas e administradas, se aprendermos a reconhecer a tendência de recorrer diretamente a reações totais

---

* O mesmo ocorre no caso do estresse social, que pode ser extremamente ameaçador. Uma das formas mais comuns pelas quais nos sentimos ameaçados se dá quando nossa identidade social, nosso senso de como os outros nos percebem, é ameaçado. Constrangimento, vergonha, rejeição por parte de outras pessoas e pensamentos negativos recorrentes acerca de si mesmo são todos gatilhos em potencial da reação de estresse e suas consequências negativas no corpo. Como seria de se esperar, levamos essas questões para um lado muito pessoal. Mas essa pode ser uma história incompleta de quem somos. Este será um tema importante na Parte IV.

de estresse, e se conseguirmos modular essas reações com uma resposta mais fundamentada na atenção plena. Em parte, isso envolverá admitir que nossas avaliações instantâneas da ameaça são frequentemente imprecisas e geram medo e sofrimento desnecessários. Como veremos na Parte IV, só por descobrir que nem sempre precisamos acreditar em nossos pensamentos ou emoções – ou então que não precisamos levá-los para o lado pessoal quando as circunstâncias e desafios potenciais que enfrentamos não são de natureza pessoal, mesmo se estivermos absolutamente convencidos de que são – pode nos dar muito mais liberdade para responder habilmente a situações da vida em constante mutação. Essa nova forma de ser em relação ao estresse e a estressores em potencial pode ser muitíssimo libertadora.

A reação de luta ou fuga é ativada em animais ao se depararem com membros de outras espécies que costumam vê-los como alimento. Porém, essa reação também entra em jogo no animal que defende sua posição social perante a própria espécie e naquele que desafia o *status* social de outro animal do grupo. Quando a posição social de um animal é desafiada, a reação de luta ou fuga entra em ação e ambos os animais envolvidos na situação lutam até que um se submeta ou fuja. A hierarquia de dominância e submissão é então estabelecida. Quando um animal se submete a outro, ele "aprendeu qual é o seu lugar" e não continua reagindo da mesma forma sempre que for desafiado. Ele passa a se submeter de imediato e isso acalma sua biologia interna, de modo que o estado de hiperexcitabilidade não é mantido continuamente.

Temos muitas escolhas em situações de conflito e estresse social, mas com frequência acabamos presos nos mesmos padrões de dominância e submissão, fugindo ou lutando sempre do mesmo jeito. Ou então, como fazem alguns animais, podemos ficar sem ação e nos afastar emocionalmente quando somos ameaçados. Nossas reações em situações sociais não são muito diferentes das dos animais. Isso não é surpreendente, dado que boa parte da biologia do estresse funciona da mesma forma. Contudo, animais da mesma espécie raramente matam uns aos outros em conflitos sociais como fazem os humanos.

Acabamos de observar que muito do estresse vem de ameaças, reais ou imaginárias, ao nosso *status* social, à forma como os outros nos percebem. A reação de luta ou fuga é ativada **da mesma forma**, mesmo quando não há nenhum risco de vida. Basta nos sentirmos ameaçados.*

Por gerar reações tão rápidas e automáticas, a reação de luta ou fuga costuma criar novos problemas na vida social em vez de nos prover de energia adicional para resolver os problemas existentes. Qualquer coisa que ameace nossa sensação de bem-estar – desafios ao nosso *status* social, ao ego, a crenças mais arraigadas ou ao nosso desejo de controlar as coisas ou de fazer com que sejam de determinada maneira – pode ativar essa reação em algum nível. Podemos ser catapultados para um estado de hiperexcitabilidade, prontos para a fuga ou para a luta, independente de querermos ou não.

⁎

Infelizmente, como acabamos de ver, a hiperexcitabilidade pode se tornar um estilo de vida permanente. Muitos dos pacientes no programa MBSR chegam descrevendo a si mesmos como tensos e ansiosos praticamente o tempo inteiro. Sofrem de tensão muscular crônica, normalmente nos ombros, no rosto, na testa, no maxilar e nas mãos. Todos parecem ter regiões específicas que acumulam a tensão muscular. A frequência cardíaca costuma ser elevada no estado de hiperexcitabilidade crônica. Pode haver uma fragilidade interna, um "frio na barriga", pequenas alterações nos batimentos cardíacos ou palpitações, ou então suor crônico nas palmas das mãos. A vontade de fugir surge com frequência, assim como a vontade impulsiva de descontar a raiva em alguém ou de se meter em brigas e discussões.

Essas respostas são comuns nas situações cotidianas de estresse, e não apenas nas que constituem perigo de vida. Acontecem porque nosso corpo e mente são programados para reagir automaticamente a perigos ou ameaças percebidas, apesar de hoje ser muito raro nos depararmos com grandes predadores carnívoros no dia a dia. Uma vez que a capacidade de

---

* A questão parece ser um pouco mais complicada do que esse modelo sugere, visto que talvez as mulheres tenham reações diferentes das dos homens em alguns tipos de situação desafiadora. A psicóloga Shelley Taylor, da UCLA, sugere que as mulheres também têm uma tendência a "cuidar e fazer amizades" em situações ameaçadoras – cuidando dos filhos e buscando apoio social. Para mais informações a respeito dessas questões e das complexidades da biologia e psicologia do estresse, veja Sapolsky, R., *Por que as zebras não tem úlceras?* São Paulo: Francis, 2008.

ativar a reação de luta ou fuga faz parte de nossa natureza – e já que, como vimos, isso pode gerar consequências biológicas, psicológicas e sociais graves e insalubres se a reação sair de controle com frequência –, é essencial nos mantermos atentos a essa tendência interna de ativação tão fácil, se tivermos alguma esperança de reverter o padrão de toda uma vida de reatividade automática ao estresse, bem como o pesado ônus que o acompanha. Como veremos em breve, a atenção é o elemento crucial para aprender a se libertar das reações de estresse nos momentos de ameaça em que o primeiro impulso é correr ou tomar algum outro tipo de ação evasiva, travar, ou então ficar agressivo e se preparar para uma briga. Não vale a pena cultivar essas atitudes básicas e padrões de relacionamento ao acordar, ao ir para o trabalho ou ao voltar para casa no fim de um dia longo e frustrante. É pouco saudável para os outros e muito pouco saudável para nós.

A essa altura talvez seja útil nos perguntarmos: "O que costumamos fazer nas incontáveis situações em que as pressões internas – que podem levar rápido a uma reação completa de luta ou fuga – acumulam-se em nosso organismo, quando sabemos que lutar (ou seu equivalente) ou correr (ou seu equivalente) simplesmente não são opções viáveis, pois ambas seriam socialmente inaceitáveis e não resolveriam nada?". Continuamos sentindo-nos ameaçados, machucados, temerosos, bravos ou ressentidos. Os hormônios e neurotransmissores do estresse nos preparam para a luta ou a fuga. A pressão arterial se eleva, o coração bate forte, os músculos estão tensos e o estômago, revirado.

Uma forma muito comum de lidar com reações ao estresse em situações sociais consiste em suprimir esses sentimentos. Construímos um muro ao redor deles. Fingimos que não estamos abalados. Dissimulamos, escondendo nossos sentimentos dos outros e, às vezes, até de nós mesmos. Para isso, colocamos os sentimentos no único lugar que nos parece viável: dentro de nós, internalizando-os. Inibimos os sinais externos de reação ao estresse da melhor forma possível (embora qualquer pessoa observadora possa ver ou perceber o que estamos sentindo) e tentamos seguir em frente como se nada tivesse acontecido, mantendo tudo lá dentro. Suprimimos nossas emoções e evitamos lidar com elas e com a realidade da situação.

É fácil perceber como isso é tóxico, especialmente se tiver se tornado uma atitude recorrente no seu dia a dia.

O lado bom de fugir ou lutar é que ambos são exaustivos, e depois que a situação estressante termina, pelo menos você consegue repousar. Suas vias parassimpáticas assumem o comando. A pressão e a frequência cardíaca voltam ao nível basal, seu fluxo sanguíneo é reajustado, os músculos relaxam, os pensamentos e emoções se acalmam e você passa para uma condição geral de recuperação que abrange até mesmo o nível da sua biologia, de seus cromossomos e das famílias de genes que são ativados e desativados.* No entanto, quando você internaliza a reação de estresse, deixa de sentir o alívio que lutar ou fugir finalmente trariam. Você não chega a um pico de energia e não desfruta da liberação física e da recuperação que se seguem, como no caso das gazelas na savana. Em vez disso, continua carregando a estimulação dentro do seu sistema, tanto na forma de hormônios do estresse, que são muito prejudiciais para o corpo, como na forma de pensamentos e emoções agitadas. Não é culpa do seu cérebro, nem do seu corpo. Altos níveis de estresse e forte ativação da amígdala meramente interrompem a atividade do córtex pré-frontal, de modo que suas funções executivas entram em colapso e você perde a capacidade de pensar com clareza e tomar decisões emocionalmente inteligentes, bem no momento em que seria mais necessário. Porém, quando você leva a atenção para a manifestação das situações estressantes no momento em que elas ocorrem, e também para suas reações inconscientes e habituais a elas, seu organismo como um todo torna-se muito mais capaz e eficiente. O córtex pré-frontal pode ser recuperado e ter a sua atividade fortalecida – outra característica típica da resiliência.

A vida cotidiana traz muitas situações diferentes e boa parte delas consome nossos recursos em algum nível. Se, a cada vez que nos depararmos com algum aspecto da catástrofe total, a nossa resposta automática for uma mini (ou não tão mini) reação de luta ou fuga, e se a maior parte do tempo inibirmos sua expressão externa e apenas contivermos suas energias subjacentes, no fim do dia estaremos incrivelmente tensos. Se

---

* Veja como exemplo: Bhasin, M. K.; Dusek, J. A.; Chang, B. H. et al. Relaxation response induces temporal transcriptome changes in energy metabolism, insulin secretion and inflammatory pathways. PloS ONE 8(5): e62817; Maio, 2013. doi10.1371/journal.pone.0062817.

esse padrão se tornar um estilo de vida e se não encontrarmos formas saudáveis de liberar a tensão acumulada, então, no decorrer de semanas, meses e anos, a tendência é cairmos em um estado perpétuo de hiperexcitabilidade crônica, que consideraremos "normal". Estaremos vendo como normal a carga alostática imensa que carregamos, **em muitos casos, sem nem mesmo saber,** e certamente sem ter nenhum tipo de antídoto confiável na forma de práticas e habilidades às quais possamos recorrer nos momentos difíceis para retomar a linha basal livre de estresse. Esse quadro agrava muito o desgaste desnecessário que corpo e mente sofrem.

Existem cada vez mais evidências que indicam que a estimulação crônica do sistema nervoso simpático pode levar à desregulação fisiológica a longo prazo, resultando em problemas como pressão alta, arritmia cardíaca, problemas digestivos (normalmente devido a processos inflamatórios), dores de cabeça crônicas, dores nas costas e transtornos do sono. Além disso, essa desregulação também pode desencadear problemas psicológicos na forma de ansiedade ou depressão crônica, ou ainda ambos. Quando o dano atinge esse nível, passa a ser chamado de **sobrecarga alostática.** É claro que desenvolver qualquer um desses problemas cria ainda mais estresse. Os sintomas tornam-se estressores adicionais que nos influenciam e agravam nossos problemas. Isso é ilustrado na Figura 9 pela seta que parte dos sintomas de hiperexcitabilidade crônica e aponta para a pessoa.

Vemos as consequências desse estilo de vida todos os dias na Clínica de Redução de Estresse. As pessoas nos procuram quando não aguentam mais, quando já estão desesperadas, quando finalmente decidem que precisa existir alguma forma melhor de viver, alguma forma melhor de lidar com seus problemas. Hoje em dia, talvez isso ocorra por terem lido algo sobre atenção plena e a ciência da meditação no jornal, ou visto algo na televisão ou no YouTube. Na primeira aula, às vezes convidamos um participante para descrever como se sente quando consegue ficar completamente relaxado. Muitos dizem: "Não consigo me lembrar. Já faz tanto tempo", ou "Acho que nunca me senti relaxado!". Reconhecem imediatamente a síndrome de hiperexcitabilidade representada na Figura 9. Muitos dizem: "Sou exatamente assim".

Todos nós usamos diversas estratégias de enfrentamento para manter algum equilíbrio e lidar com as pressões da vida. Muitos indivíduos lidam excepcionalmente bem com circunstâncias pessoais muito desafiadoras e já desenvolveram suas próprias estratégias para fazê-lo. Sabem quando parar e fazer um intervalo; exercitam-se com frequência; meditam, fazem yoga ou rezam; ou compartilham seus sentimentos com amigos próximos; têm *hobbies* e outros interesses que ajudam a distrair a mente; lembram de olhar para as circunstâncias ao redor sem perder a perspectiva. Quem faz isso costuma apresentar robustez ao estresse.

Muitos outros, no entanto, lidam com o estresse usando estratégias que podem ser autodestrutivas e que acabam piorando a situação em todos os contextos. Essas tentativas de controle são chamadas de "Enfrentamento Mal-Adaptativo" na Figura 9, pois, apesar de tornarem o estresse mais tolerável e propiciarem algum senso de controle a curto prazo, acabam agravando o estresse que vivenciam a longo prazo. Mal-adaptativo significa que essas respostas são insalubres. Causam ainda mais estresse e apenas agravam as dificuldades e o sofrimento.

Uma estratégia de enfrentamento mal-adaptativa muito prevalente consiste em negar que existe um problema. "O quê? Eu tenso? Não estou tenso", diz o sujeito em negação, mesmo quando sua linguagem corporal e expressões faciais irradiam tensão muscular e emoções não resolvidas. Algumas pessoas levam muito tempo até chegarem **perto** de conseguir admitir para si mesmas que estão carregando armaduras muito pesadas, ou que se sentem magoadas e zangadas por dentro. É muito difícil liberar tensão se você nem admite que a tensão existe. E se você for questionado por outros no que diz respeito ao seu padrão de negação e à sua falta de disposição para nem sequer pensar em algumas áreas da sua vida, emoções fortes poderão surgir e assumir diversas formas, inclusive raiva e ressentimento. Esses são sinais claros de que você está, de fato, resistindo a olhar para algo mais profundo dentro de si mesmo. Portanto, se você está determinado a encontrar uma nova forma de ser – na sua vida e no mundo –, esses sinais de resistência merecem muita atenção. Podem se tornar seus amigos e aliados se você conseguir se voltar para eles, criar espaço e recebê-los em sua atenção com gentileza e autocompaixão. Procure cuidar deles (ou melhor ainda, atendê-los) e fazer amizade com eles. Não é tão difícil quanto talvez pareça.

Ao mesmo tempo, é importante lembrar que a negação nem sempre é mal-adaptativa. Às vezes é uma estratégia temporária eficiente para lidar com problemas relativamente pouco importantes até que você não consiga mais ignorá-los e tenha de prestar atenção a eles e às suas consequências, para então encontrar formas melhores de lidar com eles. E, por infelicidade e tragédia, às vezes a negação é o único recurso que uma pessoa tem, ou acredita ter, perante uma situação danosa ao extremo, como no caso da criança que sofre abusos sexuais e é ameaçada de morte, ou outra ameaça terrível, caso conte alguma coisa a alguém. Alguns dos pacientes que recebemos e que tiveram experiências desse tipo quando crianças não tinham outra opção quando eram muito jovens, especialmente quando o algoz era um dos pais ou alguém que eles deveriam supostamente amar – e, muitas vezes, amavam. Foi o que aconteceu com Mary, cujas experiências traumáticas de menina foram discutidas no Capítulo 5. A negação possibilitou que ela mantivesse sua sanidade em um mundo de loucura. No entanto, mais cedo ou mais tarde, a negação para de funcionar e é preciso criar outra estratégia. No fim das contas, mesmo se a negação foi o melhor que se pôde fazer no momento, ela costuma cobrar um preço alto. É aqui que as terapias para traumas podem ser muito valiosas, especialmente as abordagens baseadas em mindfulness. Um número cada vez maior de pesquisas com animais e humanos demonstra que experiências estressantes e traumáticas na fase inicial da vida predispõem o indivíduo a maior vulnerabilidade no decorrer da vida, caso se depare com situações de muito estresse. Em situações de baixo estresse ele pode se manter bem e saudável, mas, quando surge um nível elevado de estresse, tudo pode cair por terra. A não ser, claro – e agora estamos falando de pessoas, não de animais – que ele cultive estratégias de corpo e mente, como a atenção plena, para regular de modo consciente suas emoções, pensamentos e estados corporais.

※

Recorremos a muitas maneiras insalubres para controlar ou regular o estresse da vida, além de negar que ele existe e fingir que está tudo bem. São insalubres justamente porque, de uma forma ou de outra, evitam a identificação e o enfrentamento dos problemas reais. O chamado *workaholic*, ou viciado em trabalho, é um exemplo clássico. Se você se sente estressado e insatisfeito com a vida familiar, por exemplo, o trabalho é uma desculpa fantástica para nunca ficar em casa. Se o seu trabalho é prazeroso, se recebe *feedback* positivo dos colegas, se sente que tem controle sobre o ambiente, tem poder e *status* e se sente produtivo e criativo, fica fácil mergulhar no trabalho. Isso também pode ser intoxicante e viciante, assim como o álcool, e proporciona um álibi socialmente aceitável para não estar presente com a família, uma vez que o trabalho nunca termina. Algumas pessoas trabalham até não aguentar mais. A maioria o faz de modo inconsciente, com as melhores intenções do mundo, pois lá no fundo relutam em encarar outros aspectos da vida e a necessidade de um equilíbrio saudável. Esse padrão mal-adaptativo foi muito bem documentado no livro de Arlie Hochschild, *The Time Bind: When Work Becomes Home and Home Becomes Work* [O Laço Temporal: quando o trabalho se torna o lar e o lar se torna o trabalho].

Preencher o tempo com **formas de se manter ocupado** é outro comportamento de evitação autodestrutivo. Em vez de encarar seus problemas, você pode correr feito doido de um lado para o outro fazendo coisas boas até que a vida fique tão repleta de compromissos e obrigações que não é mais possível ter tempo para si mesmo. Apesar de toda a correria, talvez você não saiba de fato o que está fazendo. Às vezes, esse tipo de hiperatividade funciona como uma tentativa de se apegar a um senso de controle ou de significado mais profundo, quando ambos parecem estar se esvaindo. Mas agir assim pode gerar o resultado oposto ao desejado, eliminando suas oportunidades de repousar e refletir, de desfrutar o "não fazer".

Também adoramos olhar ao redor em busca de soluções rápidas quando sentimos estresse ou desconforto. Um jeito comum de lidar com o estresse é utilizar **substâncias químicas** para alterar nosso estado físico e mental quando não gostamos do modo como nos sentimos, ou apenas para tornar nossos momentos "mais interessantes". Para lidar com o estresse e desgaste da vida, ingerimos álcool, nicotina, cafeína, açúcar e todo tipo de medicamentos, prescritos ou de venda livre. O impulso de seguir nessa direção costuma partir de um forte desejo de alterar o modo como nos sentimos em algum momento penoso. E temos muitos momentos penosos. O alto nível de dependência de substâncias em nossa cultura é um indicador alarmante da dor que sentimos, e também da nossa ânsia por momentos de paz interior.

Os momentos e humores desagradáveis estão na raiz do padrão de pensamento conhecido como **ruminação depressiva**. Se não forem reconhecidos e acolhidos amorosamente pela consciência, esses momentos podem provocar uma espiral descendente de pensamentos tóxicos e muito imprecisos, levando a episódios de transtorno depressivo maior em alguns casos – especialmente quando já existe uma predisposição para essa condição em razão da história de vida e de experiências que não foram completamente enfrentadas e resolvidas no âmbito emocional e cognitivo. Processos assim têm sido alvo de pesquisas e trabalhos clínicos muito relevantes no campo da **terapia cognitiva baseada em mindfulness** (MBCT), descrita no Capítulo 24.

Muita gente sente que não conseguiria chegar ao fim do dia, ou mesmo da manhã, sem uma xícara de café (ou duas, ou três). Tomar café torna-se uma maneira de cuidar de si mesmo, de parar e de se conectar com os outros, ou consigo. O ato de tomar café tem sua própria beleza e lógica, sua própria cultura e, em moderação, pode ser muito eficiente para ajudá-lo a manter um ritmo constante enquanto enfrenta as demandas do dia. Rituais diários como esse podem aprofundar uma sensação de pausa para apreciação do momento. Outras pessoas usam cigarros com propósito similar. Costuma-se usar cigarros, mesmo que inconscientemente, para enfrentar momentos de estresse e ansiedade. Por muitos anos, uma empresa de cigarros divulgou sua marca como "o intervalo que revigora". Você acende o cigarro, respira fundo e o mundo para por um instante; surge uma sensação momentânea de paz, satisfação, relaxamento, e então você segue em frente... até o próximo momento estressante. O álcool é outro químico usado com frequência para tentar lidar com estresse e dor emocional, possibilitando ainda certo relaxamento muscular e uma fuga temporária do peso dos problemas. Depois de alguns drinques, a vida talvez pareça mais tolerável. Muitos indivíduos se sentem otimistas, sociáveis, autoconfiantes e esperançosos depois de beber. As companhias com quem você bebe tendem a fornecer conforto emocional e social, e a reforçar a ideia de que a bebida pode ajudá-lo a se sentir no controle – e que essa é uma estratégia normal e boa. Claro que isso pode ser verdade, mantendo a moderação e sob circunstâncias que não sejam frequentes e autodestrutivas.

A **comida** também pode ser usada para lidar com o estresse e o desconforto emocional de maneira similar, quase como se fosse uma droga. Muitas pessoas comem sempre que sentem ansiedade ou depressão. A comida se torna uma muleta para atravessar momentos desconfortáveis e também um prêmio depois que eles terminam. Se você sente um vazio por dentro, é muito natural tentar preenchê-lo. Comer é um jeito fácil de fazer isso. Pelo menos você está sendo literalmente preenchido com alguma coisa. O fato de isso não nos fazer sentir melhor por muito tempo não impede que muita gente continue a fazê-lo, com variada intensidade. Usar a comida para se reconfortar pode se tornar outro vício poderoso. Já foi demonstrado bioquimicamente que comer estimula o centro de recompensa do cérebro a liberar opioides que suprimem a via hipotálamo-hipofisária, responsável pela ativação da reatividade ao estresse. Esse processo gera uma sensação agradável de tranquilidade e conforto. Um fato interessante? Os alimentos que fornecem essa sensação de redução do estresse são os mais carregados de gordura e açúcar, aqueles que são mais atraentes para nós, em particular quando nos sentimos abatidos ou estressados. Assim como ocorre com qualquer vício, forma-se um ciclo de uso do alimento para redução temporária do estresse, seguido por mais consumo quando o estresse retorna. Este ciclo é muito difícil de quebrar, mesmo se você já está ciente do padrão. Isto é, a menos que você tenha uma estratégia para quebrar o ciclo, acompanhada de forte determinação para manter a alteração a longo prazo. Esse assunto será mais explorado no capítulo sobre o estresse gerado pela comida.

Há também quem esteja habituado a usar **drogas** para regular seu nível de bem-estar psicológico. Analgésicos (como o narcótico hidrocodona) e tranquilizantes estão entre os medicamentos mais prescritos nos Estados Unidos e também entre os mais abusados. Na Grã-Bretanha existe uma epidemia bem clara de uso de tranquilizantes prescritos por médicos, cujos pacientes sofrem efeitos colaterais extremamente debilitantes e desenvolvem dependência desses medicamentos, o que torna muito mais difícil deixar de usá-los. Tranquilizantes (como Valium ou Xanax) são prescritos com mais frequência para mulheres e por períodos mais longos do que para homens. A mensagem é clara: se você está sentindo algum desconforto, tendo dificuldade para dormir, sofrendo de ansiedade, gritando com os filhos o tempo todo ou reagindo excessivamente a coisas de pouca importância em casa ou no trabalho, basta engolir uma pílula para deixar tudo mais tranquilo e voltar ao seu velho eu, reconquistando o controle da situação. Essa atitude em relação ao uso de medicamentos prescritos como primeira linha de defesa para regular reações de ansiedade, depressão e sintomas de estresse é muito prevalente na medicina. Medicamentos são convenientes e funcionam, ao menos por algum tempo. Por que não fazer uso deles? Por que não proporcionar a alguém uma maneira efetiva e conveniente de sentir que tem mais controle?

Via de regra, essa perspectiva não enfrenta nenhum questionamento na medicina. É um parâmetro tácito por meio do qual o trabalho cotidiano da medicina é conduzido. Médicos são bombardeados por propagandas de medicamentos em revistas médicas, e representantes farmacêuticos sempre deixam amostras grátis de seus produtos mais recentes para testarem com os pacientes, além de blocos de notas, canecas, calendários e canetas, todos estampados com os nomes dos medicamentos. As empresas farmacêuticas que produzem os remédios certificam-se de que a medicina seja praticada em meio a um mar de referências (altamente visíveis) ao uso de medicamentos.

Não há nada de errado com os medicamentos em si. Na verdade, como bem sabemos, os medicamentos exercem um papel fundamental na medicina. Porém, o clima que é criado por campanhas de publicidade e táticas de venda agressivas pode ter forte influência subconsciente sobre os praticantes da arte médica, levando-os a pensar primeiro em **qual** medicamento deveriam prescrever, em vez de pensarem **se** deveriam prescrever algum medicamento como primeira estratégia de abordagem para um problema específico – especialmente se houver um componente importante de estilo de vida relacionado à condição ou doença, ou se o problema e os sintomas incômodos puderem ser positivamente e, às vezes, drasticamente influenciados por meios não farmacológicos, tais como as práticas de atenção plena para dor e ansiedade (ver Parte IV e, especialmente, a história de Claire no Capítulo 25).

É claro que essa atitude acerca dos medicamentos permeia toda a sociedade, não apenas a medicina. Vivemos em uma cultura de consumo de drogas. Com frequência pacientes vão ao médico com a expectativa de "sair com alguma coisa" que os ajude. Se não saem com uma prescrição, às vezes acabam sentindo que o médico não estava realmente tentando ajudar. Se considerarmos apenas os produtos de venda livre para alívio de dor, para controle dos sintomas da gripe e para acelerar ou reduzir o trânsito intestinal, estes já são uma indústria multibilionária nos Estados Unidos. Somos inundados por mensagens dizendo que, se nosso corpo e mente não estiverem gerando as sensações que gostaríamos de sentir, devemos simplesmente tomar o remédio X e reconquistaremos o estado desejado.

Quem pode resistir? Por que alguém se sujeitaria ao desconforto de uma dor de cabeça quando basta tomar uma aspirina ou um Tylenol? Costuma passar despercebido o fato de que tomamos medicamentos em muitas ocasiões apenas para suprimir sintomas de desregulação. Consumimos esses produtos quando surge algum incômodo, para tirar nossa atenção da dor de cabeça ou do resfriado, ou do trato gastrointestinal, em vez de questionarmos se existe algum padrão ou significado mais profundo por trás dos sintomas, do desconforto imediato, e para o qual poderia ser benéfico dirigir nossa atenção. Isso não significa, necessariamente, que você deva deixar de tomar aspirina ou Tylenol. No entanto, poderia levar sua atenção para o impulso de buscar uma solução rápida (e para o forte desejo de suprimir os sintomas) e, antes de se medicar, poderia ao menos fazer uma experiência: leve sua atenção – com autocompaixão e isenção de julgamento – para a experiência que está vivenciando, da melhor forma que puder, pelo menos por um tempo, e veja o que acontece.

Considerando a atitude dominante da nossa sociedade no que diz respeito ao tratamento medicamentoso, causa pouco espanto que haja uma epidemia de uso de drogas ilícitas nos Estados Unidos. A principal motivação dos consumidores de drogas ilícitas consiste, em última análise, na mesma mentalidade, ou seja, se você não gosta das coisas como elas são, tome algo que possa fazê-lo sentir-se melhor. Quando as pessoas se sentem alienadas ou excluídas das normas e instituições sociais dominantes, ficam mais propensas a explorar maneiras de aliviar esses sentimentos de alienação com os recursos mais convenientes e potentes que estejam disponíveis. Drogas são convenientes e têm efeitos muito imediatos. O uso de drogas ilícitas ocorre, atualmente, em todos os níveis da sociedade, começando com o abuso generalizado de drogas e álcool entre os adolescentes. Segundo uma pesquisa nacional sobre uso de drogas e saúde conduzida nos Estados Unidos em 2010, mais de 22 milhões de norte-americanos de 12 anos ou mais (quase 9% da população) usam drogas ilícitas.

Muitas das formas pelas quais as pessoas usam substâncias químicas, legais ou ilegais, para conquistar certo controle, paz de espírito, relaxamento e bem-estar são exemplos potenciais de tentativas de enfrentamento mal-adaptativo, especialmente quando passam despercebidas ou levam a uma dependência nociva. Essas tentativas tornam-se mais insalubres ainda quando deixam de ser apenas habituais e se tornam o único meio, ou então o meio dominante que empregamos para controlar nossas reações ao estresse. São mal-adaptativas, pois podem agravar o estresse a longo prazo, ainda que propiciem algum alívio imediato – e porque rapidamente podem virar obstáculos que impedem nossa adaptação aos estressores com os quais convivemos e ao mundo como ele é. A longo prazo, via de regra, as substâncias químicas não nos tornam mais saudáveis nem mais felizes, pois não nos ajudam a otimizar nossa própria capacidade de autoeficácia, autorregulação, equilíbrio emocional, nem a cultivar nossa profunda capacidade biológica para a homeostase e a alostase.

Na verdade, o uso de substâncias aumenta e agrava o estresse e as pressões com que lidamos. Isso está indicado na Figura 9 pela seta que parte da dependência química e aponta para a pessoa. A dependência de substâncias leva facilmente a um falso senso de bem-estar, a distorções em nossas percepções e ao enfraquecimento da capacidade de enxergar com clareza, de modo que minamos nossa motivação para encontrar formas de vida mais saudáveis. Por meio desses processos, as substâncias químicas podem nos impedir de crescer e melhorar – pelo menos até conseguirmos perceber que existem outras opções.

As substâncias que buscamos para aliviar o estresse também são, por si mesmas, estressoras para o corpo. A nicotina e outros químicos da fumaça do cigarro têm relação com doenças cardíacas, câncer e doenças pulmonares; o álcool influencia determinadas doenças do fígado, coração e cérebro; e a cocaína pode provocar arritmias cardíacas e morte súbita. Todas são psicologicamente viciantes, mas a nicotina, o álcool e a cocaína também são viciantes fisiologicamente.

✳

Uma pessoa pode viver muitos anos oscilando entre episódios de estresse ou reatividade ao estresse seguidos de tentativas mal-adaptativas para manter o corpo e a mente sob controle, seguidas por mais estresse, seguido por mais enfrentamento mal-adaptativo, como demonstrado na Figura 9. Trabalhar demais, comer demais, hiperatividade e dependência de substâncias são hábitos que podem durar muito tempo. Se você prestar atenção, em geral fica evidente que as coisas estão piorando em vez de melhorar. Seu corpo tem algumas coisas a dizer, se você estiver disposto a escutar. E, se você estiver nessa situação, as pessoas próximas provavelmente estão tentando fazer com que você enxergue o que está acontecendo e que busque ajuda profissional. Entretanto, quando seus hábitos se tornam um estilo de vida, é muito fácil desconsiderar o que os outros dizem e até mesmo negar o que seu corpo ou sua mente estão tentando lhe dizer. Seus hábitos propiciam certo nível de conforto e segurança, dos quais você não está disposto a abrir mão, mesmo à custa de sua própria vida. Em última análise, todas as formas de enfrentamento mal-adaptativo são viciantes, e pagamos um preço muito alto por adotá-las, tanto física como psicologicamente. Em outras palavras, o enfrentamento mal-adaptativo nos mantém desregulados e nos impede de atingir a plenitude potencial de vida e amor, e de nos livrar de desilusões e sofrimentos indescritíveis.

Conforme indicado na Figura 9, mais cedo ou mais tarde os efeitos cumulativos da reatividade ao estresse, agravados por maneiras inadequadas e tóxicas de lidar com ele, levarão inevitavelmente a algum tipo de colapso. Em geral isso não demora muito a acontecer, pois nossos recursos internos para manter a homeostase só podem absorver um nível limitado de sobrecarga e abuso antes de sucumbirem e entrarem em colapso. Pesquisas na área da epigenética estão demonstrando isso com muita clareza. É pela **interação** dos nossos genes com o ambiente – e isso inclui escolhas de estilo de vida, comportamento, até mesmo como e o que costumamos pensar e, aparentemente, se praticamos ou não a atenção plena e outras formas de meditação – que o genoma é regulado e nossa suscetibilidade a diversas doenças se torna mais ou menos provável.

Quando não otimizamos nossas opções epigenéticas para promover e nutrir saúde e bem-estar como um todo através das escolhas que fazemos para manter um relacionamento mais sábio com nosso corpo e mente e com o mundo – e nos deixamos ficar à mercê de reações crônicas ao estresse e tentativas mal-adaptativas de enfrentamento –, o que entrará em colapso primeiro dependerá, em grande parte, dos nossos genes, do nosso ambiente e das particularidades do estilo de vida ao qual nos acomodamos. O elo mais fraco em geral cede primeiro. Se você tiver um histórico familiar de doenças cardíacas, talvez sofra um ataque cardíaco, especialmente se outros fatores que aumentam o risco de doenças cardíacas forem características prevalentes em sua vida – como tabagismo, excesso de gordura na dieta, pressão alta e comportamentos cínicos e hostis em relação aos outros.

Alguém com uma desregulação no funcionamento imunológico, por outro lado, terá maior tendência a desenvolver algum tipo de câncer ou condição autoimune. Também neste caso a interação entre os genes, a exposição a agentes carcinogênicos, a dieta e a forma de se relacionar com as próprias emoções pode aumentar ou reduzir as probabilidades desse quadro. Uma queda na função imunológica provocada por estresse também pode aumentar a suscetibilidade a doenças infecciosas.

Qualquer sistema de órgãos pode ser o elo fraco que leva à doença. Para alguns pode ser a pele, para outros os pulmões, para outros a vasculatura cerebral que leva a um acidente vascular cerebral, para outros o trato digestivo, ou os rins. Para outros pode ser uma lesão, como um problema de disco na cervical ou na lombar, agravado por um estilo de vida insalubre. Ou pode ser o fardo que o corpo enfrenta por carregar peso desnecessário e excesso de gordura nos lugares errados, especialmente no abdômen.

Qualquer que seja a forma atual da crise, tentativas mal-adaptativas de lidar com o estresse sempre culminam em algum tipo de colapso. Se o colapso não resultar em morte, então simplesmente se torna mais um estressor imenso que agora você precisa encarar e enfrentar, além de todos os outros que já existiam em sua vida. Na Figura 9, o próprio colapso se torna a origem de mais uma flecha apontando para a pessoa, que passa a precisar de uma adaptação ainda maior.

※

As vias de reação ao estresse também incluem outro ramo, que não está retratado na Figura 9, e que ganha importância quando se enfrenta estresse inevitável e prolongado por muito tempo. Como exemplo podemos pensar em alguém que cuide de um familiar idoso que esteja doente ou tenha Alzheimer, ou então em quem cuide de uma criança com deficiência. Em casos assim, os estressores da vida cotidiana são agravados por todo um outro conjunto de estressores potencialmente desgastantes associados às demandas de longo prazo da situação. Se estratégias adequadas de curto e longo prazo para se adaptar à situação não forem desenvolvidas, as pressões da vida cotidiana podem chegar ao ponto de manter esses cuidadores em um estado constante de hiperexcitabilidade, reagindo repetidas vezes com tensão, irritabilidade e raiva até mesmo a estressores insignificantes. A estimulação contínua com pouco controle real sobre o estressor principal pode levar a um estado em que sentimentos de desamparo e desespero começam a dominar. Em vez de hiperexcitabilidade, a depressão crônica pode se manifestar, levando a um espectro diferente de mudanças hormonais e imunológicas que, no decorrer do tempo, também podem debilitar a saúde e levar a um colapso. Isso ficou claramente demonstrado em um estudo de mães que cuidavam de crianças com problemas crônicos de saúde, no qual a taxa de degradação dos telômeros nos leucócitos e do dano oxidativo foram significativamente maiores do que nas mães de crianças saudáveis; mas, por incrível que pareça, **apenas** para as mães que relataram altos níveis de estresse percebido. Em outras palavras, as mães que encontraram formas de ver o estresse como uma parte esperada da vida e aprenderam a manejá-lo com eficácia (e por isso não relataram níveis altos de estresse percebido) não apresentaram taxas altas de encurtamento dos telômeros, tampouco de dano oxidativo.*

Um colapso proveniente da reatividade ao estresse também pode ocorrer no nível psicológico, além do físico. O excesso de estresse pareado com habilidades de enfrentamento insuficientes pode levar à exaustão de

---

* Epel, E. S.; Blackburn, E. H.; Lin, J.; Dhabhar, F. S. et al. Accelerated telomere shortening in response to life stress. PNAS.2004;101:17312-17315.

nossos recursos emocionais e cognitivos, dando origem a um evento que costuma ser chamado de **colapso nervoso**, uma sensação de estar completamente incapaz de continuar levando sua vida normal. Essa condição pode exigir até mesmo internação e tratamento medicamentoso. Hoje em dia está na moda usar o termo *burnout* para descrever um estado similar de exaustão psicológica total ou quase total, acompanhado de perda de motivação e entusiasmo pelos detalhes da vida pessoal. Aquilo que costumava ser prazeroso já deixou de ser, e o processo cognitivo e a vida emocional ficam gravemente desregulados.

Uma pessoa que passa pelo processo de *burnout* sente-se alienada do trabalho, da família e dos amigos; nada mais parece ter significado. Uma depressão profunda pode surgir em condições assim, levando à perda da capacidade de funcionamento efetivo. A alegria e o entusiasmo desaparecem. E, assim como ocorre nos casos físicos de *burnout*, se houver um colapso psicológico, isso se tornará mais um grande estressor com o qual a pessoa passará a ter de lidar, de uma forma ou de outra.

Esse ciclo, no qual um estressor ativa uma reação de estresse que acaba sendo internalizada, levando a tentativas inadequadas ou mal-adaptadas de manter as coisas sob controle, produzindo ainda mais estressores, mais reações de estresse e, finalmente, levando a um colapso agudo da saúde, que pode até mesmo resultar em morte, é o estilo de vida de muitos de nós. Cair nesse ciclo vicioso pode levá-lo a pensar que a vida é assim mesmo, e que não há alternativa. Talvez você pense que isso seja parte natural do envelhecimento, um declínio esperado de saúde, uma perda normal de energia ou entusiasmo, ou da sensação de controle.

Contudo, ficar preso no ciclo de reação ao estresse não é normal nem inevitável. Como vimos, temos muito mais opções e recursos do que imaginamos para enfrentar os problemas – opções criativas, construtivas, saudáveis. A alternativa saudável que nos impede de cair em qualquer um dos nossos padrões autodestrutivos consiste em parar de **reagir** ao estresse e começar a **responder** a ele. Existem muitas formas de fazer isso, não apenas uma. Esse é o caminho da atenção plena na vida cotidiana.

20
Responder ao Estresse em vez de Reagir

E assim chegamos novamente à importância fundamental de mindfulness. O primeiro e mais importante passo na libertação de toda uma vida de reatividade ao estresse é tomar consciência do que está realmente acontecendo enquanto está acontecendo. Neste capítulo, veremos como fazer isso.

Consideremos mais uma vez a situação do sujeito da Figura 9, que analisamos no último capítulo. Como vimos, em qualquer momento ele pode encontrar uma combinação de estressores internos e externos que podem desencadear uma cascata de sentimentos e comportamentos que temos chamado de **reação automática ou habitual ao estresse**. A Figura 10 mostra o mesmo ciclo de reação ao estresse da Figura 9, mas inclui um caminho alternativo, que chamaremos de **resposta ao estresse mediada por mindfulness**, para diferenciá-la da reação automática ao estresse. A resposta ao estresse é a alternativa saudável à reação ao estresse. De modo geral, podemos considerar a resposta ao estresse mediada por mindfulness (que, às vezes, chamaremos de **resposta ao estresse**, para abreviar) como a alternativa mais saudável à reação menos consciente ao estresse. A resposta ao estresse representa o que poderíamos chamar de estratégia de enfrentamento **adaptativa** ou saudável, em oposição às tentativas mal-adaptativas de lidar com o estresse.

Não é necessário seguir a via da reação de luta ou fuga, nem a via do desamparo, exaustão e depressão cada vez que estivermos estressados. Com treinamento, prática e intencionalidade, podemos realmente escolher não reagir dessas maneiras quando a oportunidade surgir. É aqui que mindfulness entra em cena. A consciência não crítica, sustentada de momento a momento, nos proporciona maior envolvimento e influência sobre o fluxo dos acontecimentos e também sobre nossa relação com eles nos momentos em que mais tendemos a reagir automaticamente e cair na hiperatividade e em tentativas mal-adaptadas de manter as coisas sob certo controle.

Por definição, as reações ao estresse ocorrem de modo automático e inconsciente, embora, como vimos, vários processos cognitivos diferentes – muito evoluídos, integrados e úteis – estejam agindo sob a superfície da consciência. No entanto, assim que intencionalmente trazemos a consciência ao que está acontecendo numa situação estressante, provocamos uma enorme mudança nessa situação e abrimos um campo de possibilidades potencialmente adaptativas e criativas pelo simples fato de não estarmos inconscientes e no modo do piloto automático. Ao contrário, agora estamos empenhados, da melhor forma possível, em estar presentes enquanto a situação estressante acontece. E sendo parte integrante da situação, **o simples ato de manter a atenção plena no que estiver ocorrendo torna possível mudar a matriz da situação, antes mesmo de fazermos qualquer coisa ou de abrirmos a boca para dizer algo**. Essa mudança interior, que permite abraçar o que está se manifestando na consciência no momento presente, pode ter enorme importância, precisamente porque nos dá uma gama de opções para possivelmente influir no que acontecerá a seguir. Trazer a consciência para o momento leva apenas uma fração de segundo, mas pode fazer uma diferença fundamental no desfecho de uma situação estressante. Em suma, disso depende se seguiremos o caminho da "reação ao estresse" ou se, pelo contrário, seguiremos o caminho da "resposta ao estresse" que vemos na Figura 10.

Vejamos como fazê-lo. Se conseguirmos permanecer centrados no momento do estresse e reconhecer tanto o estresse da situação quanto nossos impulsos de reação, já teremos introduzido uma nova dimensão ao cenário. Por isso, não precisaremos reagir automaticamente com os padrões habituais de expressão emocional – sejam quais forem – nem precisaremos suprimir todos os pensamentos e sentimentos associados à excitação aumentada para evitar a perda de controle. **Na realidade,** podemos até nos dar o luxo de sentir-nos ameaçados, temerosos, zangados ou feridos, e de perceber a tensão física nesses momentos. Estando conscientes no momento presente, podemos facilmente reconhecer e identificar essa agitação e contração como aquilo que de fato são: **pensamentos, emoções e sensações.**

FIGURA 10

LIDANDO COM O ESTRESSE
RESPOSTA versus REAÇÃO

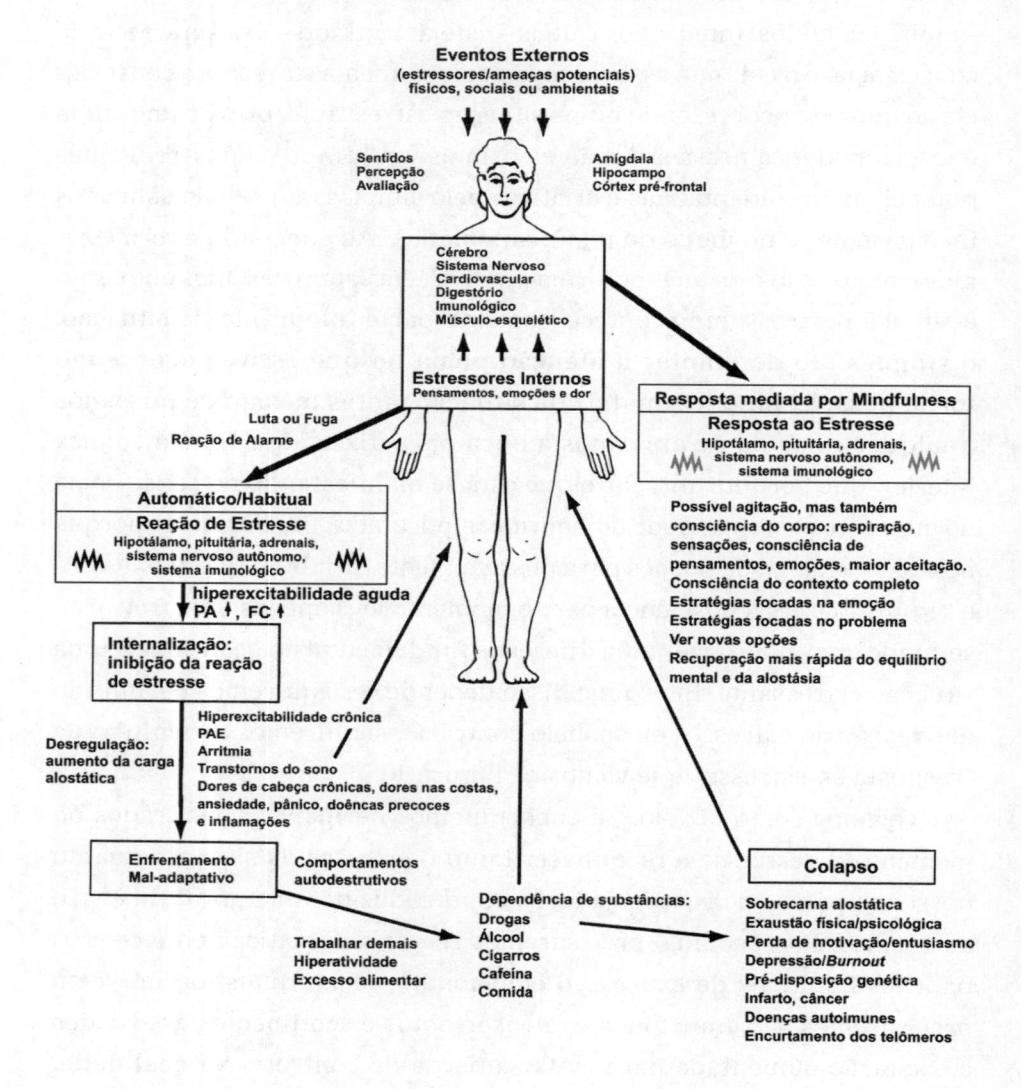

Eventos Externos
(estressores/ameaças potenciais)
físicos, sociais ou ambientais

Sentidos
Percepção
Avaliação

Amígdala
Hipocampo
Córtex pré-frontal

Cérebro
Sistema Nervoso
Cardiovascular
Digestório
Imunológico
Músculo-esquelético

Estressores Internos
Pensamentos, emoções e dor

Luta ou Fuga
Reação de Alarme

Resposta mediada por Mindfulness
Resposta ao Estresse
Hipotálamo, pituitária, adrenais,
sistema nervoso autônomo,
sistema imunológico

Automático/Habitual
Reação de Estresse
Hipotálamo, pituitária, adrenais,
sistema nervoso autônomo,
sistema imunológico

hiperexcitabilidade aguda
PA ↑, FC ↑

Possível agitação, mas também consciência do corpo: respiração, sensações, consciência de pensamentos, emoções, maior aceitação. Consciência do contexto completo
Estratégias focadas na emoção
Estratégias focadas no problema
Ver novas opções
Recuperação mais rápida do equilíbrio mental e da alostasia

Internalização:
inibição da reação
de estresse

Desregulação:
aumento da carga
alostática

Hiperexcitabilidade crônica
PAE
Arritmia
Transtornos do sono
Dores de cabeça crônicas, dores nas costas, ansiedade, pânico, doenças precoces e inflamações

Enfrentamento
Mal-adaptativo

Comportamentos
autodestrutivos

Dependência de substâncias:
Drogas
Álcool
Cigarros
Cafeína
Comida

Trabalhar demais
Hiperatividade
Excesso alimentar

Colapso
Sobrecarga alostática
Exaustão física/psicológica
Perda de motivação/entusiasmo
Depressão/*Burnout*
Pré-disposição genética
Infarto, câncer
Doenças autoimunes
Encurtamento dos telômeros

Essa simples mudança momentânea – da reação impensada para o reconhecimento atento do que se revela interna e externamente – pode reduzir o poder da reação ao estresse e o efeito que ela tem sobre nós. Nesse momento temos uma escolha muito real: ainda podemos seguir o caminho da reação ao estresse, mas já não somos obrigados a fazê-lo. Já não temos de continuar reagindo da mesma forma automática toda vez que alguém nos provoca. Em vez disso, podemos **responder** com maior consciência ao que está ocorrendo e com uma perspectiva mais ampla das alternativas que se abrem para nós, conforme vimos no quebra-cabeça dos nove pontos.

Seria demais pedir a nós mesmos que tivéssemos essa resposta interna numa situação estressante de uma hora para outra, esperando que a consciência e o centramento emocional apareçam do nada quando necessário, ou que a mera força de vontade faça o corpo e a mente ficarem calmos quando na realidade não estão. Contudo, com as práticas formais de meditação, de fato treinamos a mente e o corpo para responder dessa maneira e desenvolver e aprofundar essas mesmas qualidades. É provável que durante o escaneamento corporal, a meditação sentada ou o Mindful Yoga tenhamos experimentado uma série de pequenas reações emocionais e cognitivas, como a impaciência e o aborrecimento. Em termos práticos, somente com o cultivo regular do "músculo" de mindfulness podemos esperar que nossa tranquilidade e consciência se fortaleçam e se tornem confiáveis o suficiente para nos ajudar a responder de modo mais equilibrado e imaginativo diante de situações estressantes.

A capacidade de responder com atenção plena se desenvolve cada vez que experimentamos desconforto, dor ou fortes emoções de qualquer tipo durante a meditação formal e, em vez de reagir, simplesmente observamos, permitindo que sejam exatamente como são. Conforme vimos, a própria prática nos treina para descobrir maneiras alternativas de ver e responder às reações internas de momento a momento. Assim, podemos aprender uma maneira totalmente diferente de **nos relacionarmos** com o que achamos desagradável, repulsivo ou difícil. A prática nos convida a uma nova forma de ser que permite estar mais em contato com o que se manifesta de momento a momento. Portanto, expande nossa sensação de estarmos ancorados e estáveis, ao menos em certa medida, em nosso reconhecimento e avaliação de um acontecimento ou circunstância que apareçam no campo mais amplo da consciência. É um novo modo de ser e de se sentir mais em contato e no controle ao nos relacionarmos com nossa experiência, mesmo quando as coisas estão difíceis. Percebemos, por experiência própria, que a arte de se relacionar com sabedoria – e, portanto, a capacidade de emitir a resposta mais adequada e eficaz – pode surgir da tranquilidade interna, clareza, aceitação e abertura. Descobrimos que não é preciso brigar com nossos pensamentos e emoções, e que não podemos e nem temos de tentar forçar as coisas a serem como queremos em qualquer dado momento.

Uma coisa é certa: sabemos as consequências da reação de luta ou fuga e de suas muitas sequelas quando deixamos que ela se manifeste automaticamente, conforme ilustrado no lado esquerdo da Figura 10. Essa é a rota que seguimos na maior parte de nossa vida. O desafio agora é perceber que, em qualquer momento, realmente temos condições de decidir fazer as coisas de outra maneira, se intencionalmente mudarmos nossa relação com a experiência, seja ela qual for, nesse mesmo instante.

Escolher a resposta no lugar da reação ao estresse obviamente não significa que jamais reagiremos automaticamente à sensação de ameaça, medo ou raiva, ou que nunca faremos nada idiota ou autodestrutivo. Significa apenas que seremos mais conscientes de nossos sentimentos e impulsos no momento em que surgirem. Essa consciência pode ou não amenizar a intensidade da comoção emocional que experimentamos, e isso dependerá das circunstâncias e da constância da nossa prática. Mas, de modo geral, a consciência pode reduzir a agitação do momento ao situar as coisas numa perspectiva mais ampla – ou pode promover uma recuperação posterior mais rápida. Isso é indicado na Figura 10 pelos rabiscos menores que aparecem na caixa rotulada "Resposta ao Estresse", em comparação com a caixa denominada "Reação ao Estresse". Os rabiscos representam a somatória de todos os hormônios do estresse, da atividade do sistema nervoso autônomo e do funcionamento das vias cerebrais e corporais que atuam para amplificar ou diminuir a reação de estresse em qualquer dado momento.

Sejamos realistas: em algumas situações, a excitação emocional e a tensão física são totalmente apropriadas. Em outros momentos, podem ser inúteis, inadequadas ou até mesmo destrutivas. Em ambos os casos, a maneira de lidar com o que quer que surja no momento presente dependerá da nossa capacidade de repousar e confiar na própria consciência, e de nos desvincularmos, do melhor modo possível, da atitude de levar as coisas para o lado pessoal em ocasiões em que, na realidade, não são nada pessoais.

Em algumas situações, a sensação de ameaça está mais ligada ao nosso estado de ânimo e ao contexto em que nos encontramos do que ao próprio evento desencadeante. Se prestarmos atenção aos nossos momentos mais estressantes com uma atitude de abertura e curiosidade, veremos um pouco mais claramente como a perspectiva desequilibrada ou o mal-estar emocional provocado por determinada situação pregressa pode estar contribuindo para uma reação exagerada e injustificada nas circunstâncias atuais. Então, convém lembrar-se de tentar abrir mão, nesse exato momento, dessa visão limitada de nós mesmos – o que significa simplesmente deixar que exista, sem alimentá-la – para ver o que acontece. Tentar confiar que as coisas se tornarão mais harmoniosas se nos empenharmos em receber a situação com um estado de ânimo mais aberto e espaçoso, com um pouco mais de tranquilidade e clareza, e até mesmo autocompaixão. Por que não testar essa possibilidade para nós mesmos uma ou duas vezes? O que temos a perder? É assim que chegamos a uma perspectiva mais ampla.

Se prestarmos atenção plena a um acontecimento estressante, veremos que ocorre uma espécie de **pausa** – momento que percebemos como um tempo extra para avaliar as coisas mais completamente. Por mais difícil que pareça, essa atenção intencional ao momento presente pode ajudar a amortecer os efeitos imediatos da reação ao estresse. E isso será possível se, ao perceber os primeiros indícios da reação ao estresse em nosso corpo e mente, nos permitirmos senti-los, abraçá-los e até mesmo dar-lhes as boas-vindas, mantendo-os amavelmente na consciência. Assim, isso nos proporcionará um pouco mais de tempo para escolher uma resposta mais atenta e talvez mais ponderada em termos emocionais, que amorteça o impulso da fisiologia da reação ao estresse e nos proporcione, no momento da pausa, uma abertura mais criativa. Mesmo que essa pausa dure apenas uma fração de segundo, sua duração mental pode parecer muito maior, atemporal até, e as escolhas aparecerão muito mais acessíveis e vívidas. Essa estratégia também permite recrutar as múltiplas inteligências que possuímos e das quais costumamos nos esquecer. Obviamente, o fato de responder às coisas inesperadas que nos desagradam é uma habilidade que se desenvolve com a prática e pode ser evocada, graças à lembrança, quando mais precisamos dela. Essa lembrança, na verdade, faz parte da própria prática.

Quando fazemos essas experiências, podemos nos surpreender com o número de coisas que costumavam nos irritar e que não mais nos incomodam. Talvez até deixem de parecer estressantes, não porque desistimos e estamos derrotados ou resignados, mas porque há mais espaço, relaxamento e confiança dentro de nós.

Responder desse modo sob pressão é uma experiência que nos empodera, pois estamos mantendo e aprofundando nosso próprio equilíbrio de mente e corpo, nossa capacidade de permanecer centrados, mesmo em situações difíceis. Isto não é uma idealização romântica. É um trabalho árduo, e podemos fracassar repetidamente, ficando presos em nossa própria reatividade inúmeras vezes, apesar das melhores intenções. Isto em si já é uma parte essencial da prática. No cultivo contínuo de mindfulness, o que julgamos serem fracassos pessoais não são fracassos. São dádivas – que revelam informações extremamente úteis – se estivermos abertos a dedicar atenção plena a tudo o que se manifesta na vida, num dia ou num momento, fazendo bom uso de tudo para o trabalho de mindfulness.

※

Como cultivar, de maneira consciente, a resposta ao estresse mediada por mindfulness na vida diária? Da mesma forma que cultivamos a atenção plena nas práticas formais de meditação: de momento a momento, centrados no corpo, na respiração, na própria consciência. Quando somos provocados, ou nos sentimos sobrecarregados, quando surgem as reações de luta ou fuga, podemos tentar trazer a consciência aos maxilares contraídos, à testa franzida, aos ombros tensionados, aos punhos cerrados, ao coração acelerado, às sensações esquisitas no estômago, enfim, a tudo o que pudermos observar no corpo nesse momento. Tomaremos consciência dos nossos sentimentos de raiva, medo ou mágoa à medida que se manifestam dentro de nós. Localizar nossas emoções em determinado lugar do corpo pode ser extremamente revelador e muito útil.

Em momentos como esses, uma alternativa seria dizer a si mesmo: "É isso aí", ou "Essa é uma situação estressante", ou "Agora é uma boa hora de me sintonizar com a respiração e me centrar". Mindfulness prepara a cena para que possamos responder adequadamente, bem aqui, neste momento. Às vezes, quando somos bastante ágeis, conseguimos detectar a reação ao estresse antes que ela se desenvolva completamente, transformando-a em uma resposta mais imaginativa e criativa.

É preciso prática para detectar as reações ao estresse à medida que surgem, mas isso não é motivo para preocupação. Se você é como a maioria das pessoas, terá muitas oportunidades para praticar. Quando estamos dispostos a cultivar atenção plena, cada nova situação é a ocasião para praticar a resposta consciente em vez de reagir da forma habitual. Tenha certeza de que não será possível responder com consciência a **todas** as situações. Não é realista esperar isso de nós mesmos. E provavelmente será difícil detectar os sinais da reação ao estresse assim que surgirem. Mas o mero ato de se lembrar de ampliar a perspectiva em cada um desses momentos nos ensina algo importante sobre a paisagem da reatividade emocional e sobre como transformar os estressores que vivenciamos em desafios e caminhos para o crescimento.* Agora, quaisquer estressores que estejamos enfrentando se tornam como o vento para um marinheiro e demandam habilidade para nos impelir na direção que queremos ir. Como ocorre com qualquer vento, podemos não ser capazes de controlar toda a situação. Talvez, porém, experimentando desse modo, estaremos mais capacitados a assumir uma relação mais sábia e criativa com as circunstâncias, a direcionar a energia envolvida para nossos propósitos, para conseguir navegar em condições difíceis e minimizar alguns dos elementos mais perigosos ou potencialmente nocivos presentes no contexto que enfrentamos.

※

---

* Lembre-se do comentário do pesquisador Dan Gilbert sobre a felicidade, citado no Prefácio: "As pessoas florescem quando desafiadas e murcham quando ameaçadas". É uma distinção importante.

É provável que o melhor lugar para começar seja a respiração. Se conseguirmos dirigir a atenção à respiração, mesmo que por breves instantes, prepararemos o terreno para enfrentar este momento e o seguinte com maior clareza. Como vimos, a própria respiração é tranquilizante, especialmente quando entramos em contato com suas sensações no abdômen. É como um velho amigo que nos ancora e estabiliza, como o pilar que sustenta a ponte sob a qual flui o rio. A respiração também pode nos recordar que vários metros abaixo da superfície agitada do oceano o mar está sempre calmo. Além disso, a respiração nos acompanha em toda parte, está sempre por perto, não importa as circunstâncias e, portanto, é especialmente conveniente quando se trata de recorrer a um verdadeiro aliado no cultivo do equilíbrio emocional.

A respiração nos reconecta de imediato com a tranquilidade e a consciência quando perdemos temporariamente o contato com elas. Se nossa prática tiver sido constante, sem dúvida já sentiremos que a respiração pode nos levar à consciência do corpo nos momentos particularmente estressantes, inclusive de qualquer aumento na tensão visceral ou na contratura muscular. Afinal, as próprias sensações da respiração são uma parte íntima do campo sensorial do corpo e podem nos reconectar com o todo. Ao descansar na consciência da respiração, mesmo que por uma ou duas respirações, também podemos nos lembrar de entrar em contato com nossos pensamentos e sentimentos, tomando consciência deles e de como podem estar se expressando em regiões específicas do corpo sob a forma de contrações ou tensão de algum tipo. Talvez possamos perceber como os pensamentos e sentimentos são reativos. Talvez questionemos sua exatidão.

Se nos mantivermos assentados e estáveis diante de um estressor potencialmente ameaçador – na medida do que for possível administrar – e nos **aproximarmos** dele em vez de nos afastarmos, é muito mais provável que, nesse momento, tenhamos consciência do contexto completo da situação, seja qual for. Nossos impulsos de luta ou fuga – de brigar ou de nos proteger, ou talvez de entrar em pânico, travar ou desmoronar – serão vistos dentro desse quadro maior, juntamente com todos os outros fatores relevantes desse momento. Perceber as coisas dessa maneira nos permite manter a tranquilidade já de saída, ou recuperar o equilíbrio interno mais depressa, caso ele seja ameaçado pela reatividade. Uma gerente de nível médio que completou o programa MBSR pendurou um papel com o problema de nove pontos (ver Capítulo 12) num lugar proeminente na parede do seu escritório para se lembrar de procurar o contexto mais amplo quando se sentisse estressada no trabalho (ver a história de Laurie nas páginas 464 e seguintes).

Quando estamos estáveis e assentados na tranquilidade e na consciência do momento presente, é mais provável que sejamos criativos e enxerguemos novas opções e aberturas onde, momentos antes, não parecia haver nenhuma. Provavelmente veremos soluções novas mesmo para desafios antigos e cansativos, e maneiras de lidar com situações novas difíceis e indesejadas. Também será mais provável termos consciência de nossas emoções e não sermos levados por elas. Será mais fácil manter o equilíbrio e o senso de perspectiva em circunstâncias difíceis – o que poderíamos chamar de **equanimidade**.

Se a causa original de nosso estresse já tiver passado, será mais fácil vermos que, neste momento, o que quer que tenha acontecido, já aconteceu. Acabou. Já está no passado. Essa percepção nos liberta para investir energia no novo momento presente e lidar com quaisquer problemas ou desafios que exijam atenção imediata.

Quando canalizamos e modulamos dessa forma nossa atenção, a recuperação do equilíbrio mental é mais rápida, mesmo em situações muito estressantes – bem como a recuperação do equilíbrio fisiológico (alostase) –, à medida que nossas reações corporais se tranquilizam. Observe na Figura 10 que, ao contrário do caminho da reação automática ao estresse, **a resposta ao estresse mediada por mindfulness não gera estresse adicional**. Não retroalimenta a pessoa com mais flechas de estresse. Respondemos ao evento estressor e, então, está tudo terminado. Seguimos em frente. O momento seguinte trará menos carga remanescente do momento anterior, pois teremos enfrentado e lidado com as demandas da situação anterior com atenção plena. Também teremos fortalecido um pouco o "músculo" da atenção plena. Além do mais, o reconhecimento e a resposta consciente aos estressores, sustentada de momento a momento, minimiza a tensão que acumulamos dentro de nós, tanto no corpo como na mente, reduzindo, assim, a necessidade de encontrar maneiras de lidar com o desconforto que acompanha a tensão internalizada.

Ter uma maneira alternativa de lidar com a pressão pode reduzir nossa dependência das estratégias comuns e mal-adaptativas de enfrentamento, às quais costumamos recorrer quando nos sentimos tensos, e nas quais ficamos aprisionados. Uma graduada que retornou ao programa relatou ter descoberto, no fim de uma sessão de dia inteiro, que seus impulsos mais fortes de pegar um cigarro duravam cerca de 3 segundos. Observou que algumas respirações levavam o mesmo tempo. Então decidiu tentar trazer consciência para a respiração e apenas surfar a onda do impulso de fumar, observando-a crescer e depois diminuir, sem pegar o cigarro. Na última conversa que tivemos, ela relatou que estava sem fumar fazia dois anos e meio.

À medida que o relaxamento e a tranquilidade tornam-se mais familiares por meio da prática formal de meditação, fica mais fácil evocá-los quando precisamos. Então, quando nos sentimos estressados, nos permitimos surfar a onda do estresse. Não temos de lutar nem de fugir. Podemos vivenciar alguns altos e baixos, mas muito menos do que enfrentaríamos se estivéssemos à mercê da nossa reatividade automática.

✻

Toda semana, as turmas da Clínica de Redução de Estresse chegam à aula e contam histórias – às vezes inspiradoras, às vezes divertidas – sobre situações nas quais tentaram enfrentar o estresse de maneira diferente do habitual. Phil relatou que usou a resposta ao estresse para controlar a dor nas costas e melhorar a concentração durante os exames que fez para se tornar corretor de seguros. Lembrando-se de respirar, Joyce conseguiu permanecer tranquila no hospital e lidar com a ansiedade que sentia por causa de uma cirurgia. Pat utilizou a prática para se acalmar e lidar com a humilhação da polícia chegando à sua casa e levando-a para fora no meio da noite, na frente dos vizinhos, porque seu psiquiatra (que ia viajar no fim de semana) entendera por engano, numa conversa ao telefone, que ela queria se suicidar. Janet, a jovem médica, conseguiu controlar sua náusea e medo de voar de helicóptero em missões médicas para salvar vidas. Quando sua irmã começou a hostilidade habitual, Elizabeth decidiu simplesmente ficar em silêncio em vez de devolver na mesma moeda; essa resposta surpreendeu tanto a irmã que começaram a conversar sobre isso, o que levou a uma boa comunicação pela primeira vez em anos.

Doug se envolveu num acidente de automóvel em que ninguém ficou ferido. O acidente não foi culpa dele. Relatou que, em outra ocasião, teria ficado furioso com o outro motorista por ter arruinado seu carro e causado tamanho inconveniente num dia cheio de compromissos. Em vez disso, disse a si mesmo: "Ninguém se machucou, já aconteceu, vamos em frente". Assim, conectou-se com a respiração e, com uma tranquilidade totalmente atípica, passou a lidar com os detalhes da situação.

Marsha veio uma noite ao hospital para sua sessão de MBSR dirigindo a nova *van* de seu marido, que tinha se despedido dela dizendo: "Pelo amor de Deus, tome cuidado com a *van*". E foi o que ela fez. Dirigiu com muito cuidado até o hospital. Ao pensar na segurança do veículo, resolveu deixá-lo no estacionamento subterrâneo em vez de usar uma das vagas abertas. Quando estava entrando no estacionamento, ouviu um barulho estranho vindo do teto da *van*. Tarde demais – não se lembrou da claraboia no teto solar, e o beiral baixo da garagem arrancou a cobertura. Por um segundo, quando se deu conta do que acabava de acontecer, e ante a possível reação de seu marido, ela quase entrou em pânico. Mas em vez disso, riu e pensou: "O mal está feito. Não acredito no que fiz, mas agora já foi". Então, entrou na aula e nos contou sobre o ocorrido, dizendo que ficou bastante surpreendida por ter conseguido controlar o pânico e permanecer tranquila, vendo o humor da situação, e dando-se conta de que o marido simplesmente teria de aceitar o que aconteceu.

Keith nos contou que descobriu que conseguia meditar no consultório do dentista. Geralmente, ficava apavorado de ir ao dentista, e adiava a consulta até que a dor se tornasse insuportável. No entanto, dessa vez se concentrou na respiração e na sensação do corpo afundando na cadeira, até mesmo nos momentos em que o dentista usava a broca. Em vez da habitual tensão nervosa, sentiu-se calmo e centrado. Ficou surpreso ao perceber que isso funcionou muito bem para ele.

☼

Na Parte IV examinaremos em detalhe uma série de aplicações das práticas de mindfulness. Encontraremos muito mais exemplos de pessoas que conseguiram ver e lidar com as coisas de um modo diferente depois de aprenderem a responder ao estresse com atenção plena, em vez de reagirem no piloto automático ou, poderíamos dizer, sem consciência. Talvez, a esta altura, se estivermos praticando por conta própria, poderemos descobrir que também estamos respondendo de modo diferente às pressões e problemas que afetam nossa vida. Isso, claro, é o mais importante.

Mais resiliência perante estressores e menor reatividade ao estresse são características das pessoas que praticam meditação regularmente. Isto foi demonstrado em vários estudos. Daniel Goleman e Gary Schwartz mostraram, no início dos anos 1970, em Harvard, que os meditadores apresentaram maior sensibilidade e envolvimento emocional em comparação com os não meditadores, depois de ambos os grupos terem assistido a um filme que mostrava acidentes industriais em detalhes. Apesar disso, o grupo de meditadores recuperou o equilíbrio físico e mental mais depressa do que o grupo que não meditava.

Mais recentemente, o Projeto Shamatha – o estudo mais abrangente já realizado acerca dos efeitos de um retiro intensivo de meditação (de três meses) – mostrou grandes diferenças tanto em medidas psicológicas quanto biológicas entre os meditadores e um grupo-controle na lista de espera, em um ensaio clínico randomizado sob a direção geral de Cliff Saron, da University of California, em Davis. Essas diferenças incluíram um aumento de 30% nos níveis de telomerase (enzima antienvelhecimento) dos meditadores, bem como mudanças em fatores psicológicos, tais como aumento no controle percebido e redução do chamado neuroticismo (vulnerabilidade ao estresse e às emoções difíceis), que estavam, por sua vez, relacionados ao aumento nas medidas de atenção plena e propósito na vida. Aqueles que elevaram ao máximo o nível de atenção plena até o fim do estudo (medido por uma escala de autorrelato para mensurar mindfulness) tiveram a maior diminuição na produção de cortisol. Uma vez que, em termos gerais, os níveis mais elevados de telomerase refletem menor reatividade ao estresse – e um maior controle percebido é exatamente o que queremos para responder ao estresse em vez de reagir a ele automaticamente –, os resultados desse estudo relatados até agora[*] são

---

[*] Tantos dados foram coletados durante esse estudo que os resultados continuarão a ser analisados e relatados durante os próximos anos. Veja http://mindbrain.ucdavis.edu/labs/Saron/shamatha-project.

uma boa indicação de que a prática intensiva de meditação (esse estudo focou em particular na atenção plena da respiração e em outros objetos de atenção, bem como no cultivo da bondade amorosa e da compaixão) pode levar a uma grande mudança na reatividade ao estresse, que é refletida nos níveis biológico e psicológico.

Em um dos primeiros estudos seminais conduzidos pelo Dr. Dean Ornish e seus colegas, relacionado ao trabalho que será discutido com mais detalhes no Capítulo 31, os portadores de doença coronariana que completaram um programa de mudança de estilo de vida intensivo de 24 dias (incluindo dieta vegetariana com baixo teor de gordura e baixo colesterol, meditação diária e prática de yoga) reduziram consideravelmente suas reações anteriores de elevação da pressão arterial durante uma série de tarefas que induziam ao estresse psicológico – como fazer cálculos aritméticos mentais sob pressão de tempo –, enquanto as pessoas do grupo-controle (que não mudaram sua dieta nem praticaram essas técnicas) não mostraram pressão arterial diminuída como reação ao estresse na segunda medição. Embora seja normal que a pressão arterial suba quando estamos estressados, é notável que as pessoas que passaram pelo programa tenham conseguido mudar sua reatividade ao estresse de modo tão surpreendente em tão pouco tempo.

※

Como vimos, o fato de aprendermos a responder ao estresse com consciência não significa que jamais voltaremos a reagir ou que, às vezes, não seremos dominados pela raiva, pela dor ou pelo medo. Responder com atenção plena aos estressores internos ou externos não significa tentar suprimir nossas emoções. Na verdade, significa aprender a trabalhar com todas as reações, emocionais e físicas para sermos menos controlados por elas e para ver mais claramente o que devemos fazer e como responder de maneira mais eficaz. O que ocorre em qualquer situação específica depende da gravidade do que está acontecendo e do seu significado para nós. Não podemos desenvolver um plano com antecedência para servir de estratégia em todas as situações estressantes. Responder ao estresse requer consciência de momento a momento, receber cada momento como ele vem. É preciso confiar na nossa imaginação e capacidade de criar novas formas de ver e responder a cada instante. Mapearemos novos territórios cada vez que enfrentarmos o estresse dessa maneira. Já não queremos reagir da maneira antiga, mas talvez não saibamos o que significa responder de uma maneira nova e diferente. Cada oportunidade que surgir será diferente. O leque de opções disponíveis dependerá das circunstâncias. Mas, pelo menos, teremos todos os nossos recursos à disposição quando nos depararmos com a situação munidos de atenção plena. Teremos liberdade para ser criativos. Quando cultivamos a atenção plena, nossa capacidade de estar plenamente presentes pode surgir mesmo sob as circunstâncias mais difíceis. Podemos abraçar e aceitar a plena catástrofe. Às vezes isso pode reduzir nossa dor, às vezes não. Entretanto, a consciência traz certo tipo de conforto, mesmo em meio ao sofrimento. Podemos chamá-lo de conforto da sabedoria e da confiança interior, o conforto de ser inteiro.

IV

As Aplicações: Assumir a Catástrofe Total

21
Trabalhando com os Sintomas: Escutando o Corpo

O alívio dos sintomas de vários tipos é uma indústria multibilionária. Ao menor espirro, dor de cabeça ou dor de estômago as pessoas correm até o armário de remédios ou à drogaria em busca de uma solução mágica para acabar com o mal-estar. Há medicamentos disponíveis sem receita médica para tornar mais lento o trato digestivo, outros para acelerá-lo, outros para aliviar a azia ou para neutralizar o excesso de ácido estomacal. Com receita médica podem-se obter drogas para reduzir a ansiedade, como Valium e Xanax, e analgésicos como Percodan. Conforme vimos, os tranquilizantes estão entre os medicamentos mais prescritos no país. Por muito tempo os medicamentos que diminuíam a acidez estomacal, como Tagamet ou Zantac, também só eram vendidos mediante receita médica. Hoje em dia estão disponíveis sem prescrição. Grande parte desses medicamentos é utilizada, sobretudo, para aliviar os sintomas de desconforto e, na maioria dos casos, funcionam muito bem. O problema do uso generalizado de muitas dessas drogas é que a verdadeira causa dos sintomas acaba não sendo tratada porque os sintomas foram temporariamente aliviados.

Essa prática de recorrer a uma droga para aliviar um sintoma no mesmo instante reflete a atitude generalizada de que os sintomas são inconvenientes, ameaças inúteis à nossa capacidade de viver a vida como queremos, e que deveriam ser suprimidos ou eliminados sempre que possível. O problema é que os chamados sintomas são, com frequência, o modo de o corpo nos comunicar um desequilíbrio. São informações sobre algum tipo de desregulação. Ao ignorar essas mensagens ou, pior, suprimi-las, as consequências podem ser sintomas mais graves e problemas mais sérios no futuro. Além disso, com essa atitude deixamos de aprender a escutar e confiar no corpo.

Antes de iniciar nosso programa, os participantes preenchem um questionário com mais de uma centena de sintomas físicos e emocionais comuns, e devem ticar os que considerarem problemáticos no mês anterior. O mesmo procedimento é repetido após o término das oito semanas.

Ao longo das últimas três décadas de ensino do programa MBSR, temos observado algumas coisas interessantes quando comparamos essas duas listas de sintomas. Em primeiro lugar, a maioria das pessoas entra no programa com um número relativamente elevado de sintomas. O número médio é 22, dentre os 110 sintomas possíveis. É um número muito alto. Quando terminam o programa, assinalam em média 14 sintomas, ou 36% menos sintomas do que quando começaram. Essa é uma redução surpreendente em um curto período de tempo, sobretudo para aqueles que apresentaram tantos sintomas no início, sintomas que tinham há muito tempo. Esse é um efeito reproduzível. Vimos a mesma coisa acontecer em praticamente todos os ciclos de oito semanas do programa MBSR ao longo dos últimos trinta e tantos anos.

Poderíamos nos perguntar se essa redução no número de sintomas não seria um efeito indireto do simples fato de os pacientes receberem um pouco de atenção, uma vez que é bem sabido que as pessoas podem se sentir melhor temporariamente quando recebem algum tipo de atenção profissional em um ambiente médico. Podemos imaginar que a redução dos sintomas se deva apenas à vinda ao hospital todas as semanas e à participação num contexto grupal positivo, mais do que a algo especial que as pessoas façam nas aulas de redução de estresse, como a prática de meditação.

Ainda que seja possível, essa hipótese é improvável neste caso. Os participantes da Clínica de Redução de Estresse receberam assistência médica profissional do sistema de saúde por um longo período. Em termos gerais, a maioria dos clientes encaminhados à nossa clínica já convive com sua principal queixa médica, em média, há sete anos. É improvável que a simples vinda ao hospital, a participação numa aula cheia de outras

21 | Trabalhando com os sintomas: escutando o corpo

pessoas com problemas crônicos de saúde e o recebimento de atenção teriam, por si sós, resultado em uma redução importante de sintomas. Entretanto, o que pode certamente contribuir para sua melhora é o fato de os pacientes serem desafiados a fazer algo por si mesmos para melhorar a própria saúde. Essa faceta de sua experiência no programa MBSR é uma ruptura radical em relação ao papel passivo que a maioria das pessoas assume, ou é forçada a assumir, durante o tratamento no sistema de saúde. Como temos salientado, este é um exemplo de medicina mais participativa.

Outra razão que nos leva a suspeitar que a redução de sintomas apresentada pelos participantes do programa MBSR é resultado de algo que eles realmente aprenderam no programa é que a redução se mantém e até melhora após o término do programa. Sabemos disso devido a vários estudos de seguimento (*follow-up*) que mostram informações de mais de quatrocentas pessoas, em diferentes épocas, num período de quatro anos depois de completarem o programa.

Esses estudos mostram também que mais de 90% das pessoas que fizeram o programa dizem que mantiveram a prática da meditação, de uma forma ou de outra, durante até quatro anos após o término do programa. A maioria considera o treinamento feito na Clínica de Redução de Estresse muito importante para a melhora de sua saúde.

※

Ainda que vejamos uma redução impressionante dos sintomas durante as oito semanas do programa MBSR, nas aulas não prestamos muito atenção aos sintomas e, quando o fazemos, não é para reduzi-los nem eliminá-los. Logo de início se percebe que as turmas são uma mescla de indivíduos com diferentes problemas de saúde e situações de vida. Cada pessoa tem uma configuração totalmente diferente e única de sintomas e preocupações, e segue um plano de tratamento médico específico. Em uma sala com vinte a 35 participantes, todos ansiosos e preocupados com seus sintomas e com vontade de se livrar deles, focar essencialmente nos detalhes da situação individual de cada um só incentivaria a preocupação autocentrada e o comportamento de doença. Dado o modo como a mente funciona, uma reunião desse tipo decerto daria lugar a discussões intermináveis sobre "o problema" de cada um, em vez de focar na possibilidade de transformação pessoal. Esse caminho seria pouco proveitoso, exceto pela solidariedade e o apoio do grupo que, apesar de sua qualidade terapêutica indiscutível, não consegue levar a mudanças profundas na visão ou no comportamento das pessoas. No programa MBSR, quando escolhemos nos concentrar no que está "certo" nas pessoas, e não no que está "errado", **sem negar o que está errado**, conseguimos ir além das preocupações autocentradas com os detalhes dos problemas, por mais importante que sejam em outras circunstâncias, e chegar ao cerne da questão, ou seja: como as pessoas podem começar a vivenciar sua própria inteireza **do jeito que são, agora mesmo**.

Nas ocasiões em que voltamos nossa atenção a sintomas de qualquer tipo, em vez de discutir os sintomas como um problema e focar em como eliminá-los, o fazemos com o intuito de entrar em contato com a **experiência** real dos próprios sintomas, naqueles momentos em que mais dominam a mente e o corpo. Fazemos isso de determinada maneira, que denominamos **atenção sábia**. A atenção sábia implica dirigir a estabilidade, a tranquilidade e a clareza de mindfulness para os sintomas e para as reações que eles provocam em nós, sem interpretar de maneira pessoal os eventos e as circunstâncias que não são, na verdade, pessoais. E denominamos essa atenção de "sábia" para distingui-la do tipo habitual de atenção que prestamos aos nossos problemas e crises, que tende a ser muito autocentrada e envolvida numa história ou narrativa, nem sempre correta, que contamos a nós mesmos, e que não conduz à visão mais ampla das opções e caminhos para o cultivo de uma relação diferente com o desagradável e o indesejado.

Por exemplo, quando temos uma doença crônica grave, é de se esperar que fiquemos muito preocupados e talvez assustados e deprimidos, pois nosso corpo não é mais o mesmo e teremos de enfrentar outros problemas no futuro. Consequentemente, prestamos muita atenção nos sintomas, mas muitas vezes esse é um tipo de atenção que não é útil nem transformador, mas sim que causa mais ansiedade e preocupação. É muito frequente que esse tipo de atenção seja reativo, crítico e receoso. Há pouco espaço na mente para aceitação, ou para o reconhecimento de um campo maior de possibilidades de relacionamento com as circunstâncias e desafios. É o oposto da atenção sábia.

21 | Trabalhando com os sintomas: escutando o corpo

O caminho de mindfulness consiste em nos aceitarmos neste exato momento, tal como estamos, com ou sem sintomas, com ou sem dor, com ou sem medo. Em vez de rejeitarmos nossa experiência considerando-a indesejável, nos perguntamos: "O que esse sintoma está dizendo, o que está me contando sobre meu corpo e minha mente neste instante?". Permitimo-nos, ao menos por um momento, entrar de modo direto nas sensações plenas do sintoma. Isso requer um pouco de coragem, especialmente se o sintoma envolve dor, uma doença crônica, ou o medo da morte. Mas a questão é esta: será que podemos, pelo menos, "molhar o dedão do pé na água" por um instante, digamos, por 10 segundos, só para nos aproximarmos um pouco e vermos as coisas com mais clareza? Será que podemos acolher o que está presente, só porque já está aqui, e dar uma olhada ou, melhor ainda, permitir-nos sentir a totalidade de nossa experiência nesses momentos?

Ao adotarmos essa postura incomum em relação à nossa experiência no momento, poderemos tomar consciência também das emoções que às vezes surgem em relação ao sintoma ou à situação que estamos vivendo. Quer se trate de raiva, rejeição, medo, desespero ou resignação, mantemos tudo o que surge na consciência do modo mais imparcial possível. Por quê? Pela simples razão de que a emoção **está aqui, agora**. Já faz parte da nossa experiência. Para termos mais saúde e bem-estar é preciso começar por onde estamos hoje, agora, neste momento, e não de onde gostaríamos de estar. O movimento para fortalecer a saúde só é possível por causa do agora, do lugar onde estamos. **O agora** é a plataforma para todas as possibilidades futuras. Portanto, examinar mais a fundo nossos sintomas e sentimentos acerca deles, e passar a aceitá-los assim como são, é da máxima importância.

Nesse sentido, os sintomas da doença, ou o mal-estar, além dos nossos sentimentos acerca deles, podem ser vistos como mensageiros que trazem informações importantes e úteis sobre nosso corpo ou mente. Nos velhos tempos, se um rei não gostasse da mensagem recebida, às vezes mandava matar o mensageiro. Isso equivale à supressão dos nossos sintomas ou dos nossos sentimentos por serem indesejados. Matar o mensageiro e negar a mensagem, ou ter raiva dela, não são formas inteligentes de aproximar-se da cura. A última coisa que devemos fazer é ignorar ou romper as conexões essenciais que podem completar os circuitos relevantes de retroalimentação e restaurar a alostase, a autorregulação e o equilíbrio. Nosso verdadeiro desafio diante dos sintomas é ver se conseguimos ouvir suas mensagens e realmente escutá-las, levá-las a sério, ou seja, fazer uma conexão plena.

Quando o paciente numa aula de MBSR relata uma dor de cabeça durante o escaneamento corporal ou a meditação sentada, minha resposta costuma ser: "Certo. Agora, pode contar para nós como você **lidou** com ela?".

O que estou querendo saber é: ao tomar consciência de que teve dor de cabeça durante o tempo da meditação, será que você usou a ocasião como oportunidade de olhar para essa experiência que está chamando de dor de cabeça, e que costuma ser sempre um problema, mesmo quando não está meditando? Será que a observou com atenção sábia? Levou a atenção plena, a aceitação e talvez um pouco de gentileza às próprias sensações? Observou os pensamentos naquele momento? Ou a mente começou automaticamente a rejeitar e julgar, a pensar, talvez, que você não estava conseguindo meditar, ou que você "não consegue relaxar", ou que a meditação "não funciona", ou que você é um "meditador ruim", ou que nada pode curar suas dores de cabeça?

Qualquer um pode ter um ou todos esses pensamentos e muitos outros. Em qualquer momento, em reação à dor de cabeça, os pensamentos entram e saem da mente. Como acontece com qualquer outra reação, o desafio é mudar o tipo de atenção para que possamos enxergá-los como **pensamentos** e, desse modo, acolher a dor de cabeça no momento presente porque ela está aqui, de qualquer maneira, gostemos ou não. Será que você consegue decifrar a mensagem dela ao dirigir atenção cuidadosa ao modo como seu corpo está se sentindo agora mesmo? Você tem consciência, **agora**, de um estado de humor ou emoção que pode ter precedido a percepção da dor de cabeça? Será que houve um acontecimento que a desencadeou e que você pode identificar? Como está se sentindo, neste momento, emocionalmente? Sente ansiedade, depressão, tristeza, raiva, decepção, desânimo, contrariedade? Você é capaz de permanecer com seu sentimento neste momento, seja ele qual for? Será que consegue respirar com as sensações da dor de cabeça, o latejamento nas têmporas, seja o que for? Consegue olhar para suas reações com atenção sábia? Consegue observar seus sentimentos e pensamentos e considerá-los apenas sentimentos e pensamentos – como eventos impessoais no campo da consciência? Você consegue se perceber identificando-os como "meus" sentimentos, "minha" raiva, "meus" pensamentos, "minha" dor de cabeça, e então abrir mão do "meu" e apenas aceitar o momento como ele se apresenta?

Quando olhamos com atenção plena para a dor de cabeça, percebendo a constelação de pensamentos e sentimentos – reações, julgamentos, rejeição do indesejado e desejo do que queremos (que podem estar acontecendo em nossa mente) –, talvez possamos perceber em algum momento que não somos a dor de cabeça, no lugar de aceitar esse processo interno de identificação e **nos tornarmos** a dor de cabeça. Talvez seja apenas **uma** dor de cabeça, ou pode ser que seja só uma sensação na cabeça que, neste momento, nem precisa de nome.

O uso que fazemos da linguagem ao personalizar nossos sintomas e doenças é muito sugestivo. Por exemplo, em geral dizemos: "Eu **estou** com dor de cabeça", ou "Eu **peguei** um resfriado", ou "Eu **tenho** febre", quando seria mais exato dizer algo como: "O corpo está manifestando dor na cabeça" ou "se resfriando" ou "fazendo febre". Quando associamos, de modo automático e inconsciente, cada sintoma percebido com os pronomes **eu** e **meu**, a mente já começa a criar algumas dificuldades. Para escutar a mensagem de um sintoma com mais profundidade, livre da interferência de nossas reações exageradas, temos de, primeiro, perceber a forte identificação com o sintoma e, a seguir, abrir mão dela intencionalmente. Se considerarmos a dor de cabeça ou o resfriado **como um processo**, estaremos admitindo que ele é dinâmico e não estático, que não é "nosso", mas um processo em desenvolvimento que estamos vivenciando. Dessa forma, conseguiremos perceber, ou ao menos vislumbrar, que a narrativa que contamos a nós mesmos, seja qual for, não exprime a história completa – e que, ao permanecermos presos nessa narrativa, considerando-a "a verdade dos fatos" sobre a dor, estamos restringindo nossas opções de aprendizagem e crescimento e, portanto, de cura.

Quando observamos um sintoma com o pleno poder de mindfulness, seja tensão muscular, taquicardia, falta de ar, febre, ou dor, é muito mais provável que nos lembremos de respeitar o nosso corpo e de escutar as mensagens que ele tenta enviar. Quando não respeitamos essas mensagens, seja por negação ou por preocupação exagerada e autocentrada com os sintomas, podemos criar situações bem graves para nós mesmos.

Via de regra, o corpo tenta desesperadamente fazer com que suas mensagens cheguem até você, apesar da má conexão com a percepção consciente. Um padre descreveu seu histórico médico na aula um dia, dizendo que depois de ter praticado a meditação por algumas semanas se deu conta de que seu corpo estava tentando conseguir que ele freasse seu estilo de vida acelerado e demasiado estressante por meio de dores de cabeça no trabalho. Ele não escutou, embora as dores de cabeça piorassem. Então, o corpo produziu uma úlcera. Ainda assim ele não escutou. Por fim, teve um leve ataque cardíaco, que o assustou tanto que começou a escutar. Disse que passou a sentir gratidão por ter sofrido o ataque cardíaco e o considerou um presente porque poderia ter morrido, mas não morreu. Ganhou outra oportunidade. Sentiu que esta poderia ser sua última chance de começar a levar o próprio corpo a sério, escutando e respeitando suas mensagens.

22
Trabalhando com a Dor Física: Você Não é Sua Dor

Na próxima vez que você acertar o polegar com o martelo ou bater o queixo na porta do carro, tente fazer uma pequena experiência de atenção plena: veja se consegue observar a explosão de sensações e a profusão de palavrões, gemidos e movimentos corporais violentos que se seguem. Tudo isso acontece dentro de um ou dois segundos. Nesse tempo, se você conseguir rapidamente levar atenção plena às sensações, talvez se perceba parando de praguejar, gritar ou gemer, e talvez note seus movimentos se tornando menos violentos. Enquanto observa as sensações na região atingida, perceba que elas mudam, e veja como as sensações de ardência, queimação, laceração, dor (e muitas outras) fluem em rápida sucessão pela região, misturando-se umas às outras como um jogo de luzes multicoloridas projetadas aleatoriamente numa tela. Continue seguindo o fluxo das sensações enquanto massageia a área atingida, ou coloca gelo ou água fria sobre ela, ou a mantém acima da cabeça, ou a balança no ar, ou faz o que tiver vontade.

Ao conduzir esse pequeno experimento, se sua concentração for forte, notará que há um centro de tranquilidade dentro de você, a partir do qual é possível observar o desenrolar de todo o episódio. Talvez dê a impressão de estar completamente à parte das sensações no corpo, como se não fosse a "sua" dor, mas apenas dor, ou nem mesmo dor, mas sensações intensas que as palavras não conseguem descrever. Talvez você tenha uma sensação de tranquilidade "dentro" da dor, ou "atrás" da dor. Talvez perceba que sua consciência da dor não sente dor e se torna um local de refúgio – não uma fuga, mas um ponto de observação. Se nada disso acontecer, será sempre possível investigar como a consciência e a intenção se relacionam com o que geralmente chamamos de "dor" – da próxima vez que tiver o azar de bater alguma parte de seu corpo.

Bater o martelo no polegar ou bater com a canela em alguma coisa provoca sensações intensas imediatas. Usamos o termo **dor aguda** para descrever a dor que chega de repente. A dor aguda normalmente é muito intensa, mas dura apenas um período relativamente curto de tempo. Ou desaparece por si só, como quando batemos alguma parte do corpo, ou nos força a tomar alguma providência, como buscar cuidados médicos e tratamento. Se tentarmos trazer atenção plena às sensações no instante em que nos machucamos ou sofremos algum acidente, poderemos descobrir que o modo como nos relacionamos com as sensações faz uma grande diferença no grau de dor que realmente sentimos e no sofrimento pelo qual passamos. Isso também afeta as emoções e os comportamentos. Pode ser bastante revelador descobrir que temos uma série de opções para lidar com a dor física, até mesmo com dores muito intensas.

Da perspectiva da saúde e da medicina, a dor crônica é um problema muito mais intratável do que a dor aguda. Por **dor crônica**, queremos dizer dor que persiste no tempo e que não é aliviada facilmente. A dor crônica pode ser constante, ou pode ir e vir. Além disso, a dor pode variar muito em intensidade, desde uma sensação torturante até a simples impressão de algo dolorido.

A medicina lida com a dor aguda muito melhor que com a dor crônica. Geralmente, a causa de uma dor aguda é rapidamente identificada e tratada, o que resulta em sua eliminação. Às vezes, porém, a dor persiste e não responde bem à maioria dos recursos comuns, como medicamentos e cirurgia. Além disso, a causa pode não ser muito bem definida. Se persistir por mais de seis meses ou voltar várias vezes num longo período de tempo, então podemos dizer que aquela dor que começou aguda se tornou crônica. No restante deste capítulo e no seguinte abordaremos principalmente a dor crônica e as maneiras específicas pelas quais podemos usar a atenção plena para acolher a dor (por mais estranho que isso pareça) e explorar as opções de uma relação mais sábia com ela. É este o real significado de **lidar com a dor**, ou aprender a conviver com ela.

Abordaremos também o que foi aprendido sobre a dor e o sofrimento a partir de estudos científicos do desconforto induzido propositalmente.

※

É importante enfatizar que todos os pacientes (com variados problemas de saúde e diagnósticos) encaminhados à Clínica de Redução de Estresse por um profissional ou serviço de saúde já passaram por uma avaliação médica completa antes de serem autorizados a participar do programa MBSR. Isso é extremamente importante a fim de excluir ou confirmar processos patológicos que podem exigir atenção médica imediata. O processo de escutar a própria dor inclui a tomada de decisões inteligentes acerca de como obter a atenção médica adequada. Mindfulness deve ser realizado em conjunto com outros tratamentos médicos, que podem ou não ser necessários para aliviar a dor. O programa MBSR não foi concebido para substituir o tratamento médico. Foi concebido para ser um complemento vital do mesmo.

Como vimos anteriormente, o estresse em si não é ruim Da mesma forma, é importante lembrar que a dor, em si mesma, não é ruim. A dor é um dos mensageiros mais importantes do corpo. Sem sentir dor, poderíamos causar um grande dano ao corpo tocando num fogão ou aquecedor quente sem perceber o risco. Ou poderíamos sofrer uma ruptura do apêndice, por exemplo, sem nos darmos conta da existência de algum problema interno. A dor aguda que sentimos nessas e noutras circunstâncias semelhantes é sinal de algum problema. Ela nos diz, em termos inequívocos, que precisamos prestar atenção imediata e tomar alguma providência para corrigir a situação. É uma reação saudável de alarme. No primeiro caso, tiramos rapidamente a mão do fogão; no segundo, corremos até um hospital. A dor literalmente nos força a agir devido à sua intensidade.

Quem nasce com circuitos de dor incompletos tem enorme dificuldade para aprender habilidades básicas de segurança às quais não damos o devido valor. Sem que estejamos conscientes disso, nossas experiências com a dor física ao longo dos anos nos ensinaram muito sobre o mundo e sobre nós mesmos e o nosso corpo. A dor é um professor muito eficaz. No entanto, se perguntássemos à maioria das pessoas, elas responderiam que a dor, definitivamente, é algo ruim.

Nossa sociedade parece reagir com aversão à dor e até mesmo à mera **ideia** de dor ou desconforto. É por esse motivo que, ao menor sinal de dor de cabeça, apelamos para um remédio, e assim que uma tensão muscular mínima provoca desconforto, mudamos de posição. Como veremos, essa aversão à dor pode ser um obstáculo para aprender a conviver com a dor crônica.

A aversão à dor é, na verdade, uma aversão ao sofrimento, porém aplicada no lugar errado. Em geral, não fazemos distinção entre dor e sofrimento, mas há diferenças muito importantes. A dor é parte natural da experiência da vida. O sofrimento é uma das muitas respostas possíveis. O sofrimento pode surgir da dor física ou emocional. Envolve pensamentos e emoções e o modo como estes configuram o significado de nossa experiência. O sofrimento também é perfeitamente natural. Na verdade, costuma-se dizer que a condição humana é "colorida" pelo sofrimento inevitável. Porém, é importante lembrar que o sofrimento é apenas **uma** das respostas possíveis à experiência de dor. Até mesmo uma dor leve pode gerar grande sofrimento devido ao medo de que possa significar um tumor ou outra doença assustadora. Essa mesma dor pode ser vista como insignificante, uma dor leve ou algo inconveniente quando os resultados de todos os exames afinal indicam que não há sinais de problema grave. Por isso, nem sempre é a dor em si, mas a forma como é interpretada e nossas reações a ela que determinam o grau de sofrimento. E o que mais tememos é o sofrimento, não a dor.

De fato, a elegante pesquisa do psicólogo Daniel Kahneman (ganhador do prêmio Nobel) e outros colaboradores mostrou que somos narradores muito imprecisos da dor que sentimos, depois de a termos sentido. A dor que narramos retrospectivamente (por exemplo, a dor durante um procedimento de colonoscopia) não depende da intensidade ou duração total da dor, mas, surpreendentemente, do seu ponto máximo e do seu nível ao fim do procedimento. Foi demonstrado que isso também é verdade para a dor induzida em ambiente de laboratório. Essa observação tem profundas implicações para o **modo como** recordamos as experiências dolorosas do passado e, portanto, para a quantidade de sofrimento que atribuímos a elas. Kahneman observa que o modo como nos lembramos de um evento é realmente nosso único registro dele, porque a experiência em si não tem voz. "O **eu da experiência** (como é denominado por ele) é aquele que faz a pergunta: 'Está doendo agora?' O **eu das lembranças** (terminologia dele) é aquele que responde à pergunta: 'Como foi de um modo geral?'". Nossa memória tende a gerar uma narrativa que, segundo mostrou a pesquisa de Kahneman, é muito pouco confiável. Somos narradores altamente tendenciosos e instáveis em relação à experiência passada, seja ela de sofrimento ou de bem-estar ou felicidade. Pedir que as pessoas relatem suas experiências momentâneas garante uma precisão muito maior do que pedir que elas avaliem uma experiência retrospectivamente.*

Não há dúvida de que ninguém quer viver com dor crônica, embora isso seja muito comum. Os custos para a sociedade como um todo e para as pessoas que sofrem de dor crônica é muito alto. Segundo um relatório de 2011 do Institute of Medicine, a dor crônica custa para nossa sociedade entre 560 e 635 bilhões de dólares por ano em tratamentos e perda de produtividade. Os custos psicológicos, em termos de sofrimento emocional, são igualmente estarrecedores.

※

A condição de dor persistente pode ser totalmente incapacitante. A dor pode corroer a qualidade da nossa vida. Pode nos subjugar pouco a pouco, causando irritação, depressão e provocando sentimentos de autopiedade, desamparo e desesperança. Podemos sentir que perdemos o controle do nosso corpo e a nossa capacidade de trabalhar, sem falar que deixamos de aproveitar as atividades que normalmente dão prazer e sentido à vida.

Além disso, os tratamentos para dor crônica têm, com demasiada frequência, êxito apenas parcial. Muitas pessoas ouvem finalmente de seu médico ou da equipe de uma clínica de dor, ao término de um curso de tratamento longo e muitas vezes frustrante (que pode envolver cirurgia e prescrição de numerosas drogas) que terão de aprender a conviver com a dor. Entretanto, raras vezes lhes ensinam **como** fazer isso. **Receber a notícia de que temos de aprender a conviver com a dor não deveria ser o fim da linha – deveria ser o começo.** Este é um dos papéis mais

---

* Kahneman, D. *Thinking Fast and Slow*. New York: Farrar, Straus and Giroux; 2012.

importantes que o programa MBSR pode desempenhar na vida de alguém – e no tratamento médico em geral. Pode ser particularmente importante para os soldados e veteranos que retornam de zonas de guerra como Iraque e Afeganistão, com ferimentos físicos e lesões provocadas por explosões, que resultam em traumatismo craniano de gravidade variável, bem como em estresse pós-traumático, sobretudo quando a dor faz parte do quadro.

Na melhor das hipóteses – e isso é raro – o indivíduo com dor crônica continua a receber o apoio de uma equipe clínica multidisciplinar altamente treinada para lidar com dor. A avaliação psicológica e o aconselhamento serão integrados ao plano de tratamento, que pode incluir de tudo – desde cirurgias até bloqueio de nervos, injeções com esteroides, administração intravenosa de lidocaína, relaxantes musculares, analgésicos, fisioterapia e terapia ocupacional e, com sorte, acupuntura e massagem. O objetivo do aconselhamento é: ajudar esse indivíduo a trabalhar com seu corpo e a organizar a vida para ter certo grau de controle; manter uma perspectiva otimista e eficaz; ajudá-lo a se envolver em atividades significativas; e a trabalhar dentro de sua capacidade.

No início das atividades em nosso hospital, a Clínica de Dor dirigida pelo Departamento de Anestesiologia (antes de ser ironicamente fechada por razões orçamentárias, embora a dor fosse uma das principais queixas dos pacientes) encaminhava muitos pacientes para a Clínica de Redução de Estresse e o programa MBSR. O fator decisivo para o encaminhamento era a disposição, por parte do paciente, de tentar fazer algo por si mesmo para lidar com a dor, sobretudo quando não havia resposta plena ao tratamento médico por si só. Em geral, aqueles que têm a atitude de apenas desejar que o médico "tire" a dor, ou "resolva o problema" não são, obviamente, bons candidatos ao programa de mindfulness. Não compreendem a necessidade de assumir alguma responsabilidade pessoal para lidar com seu estado. Além disso, podem interpretar a sugestão de que a mente desempenha um papel na regulação da dor como se a dor fosse imaginária, isto é, que existe somente "na sua cabeça". Não é raro as pessoas pensarem que o médico, ao propor uma abordagem mente-corpo para a terapia de dor, está sugerindo que a dor delas não é "real". Quem tem dor geralmente quer que algo seja **feito** com o corpo para que a dor desapareça – em outras palavras, para que a dor seja eliminada pelo médico.

Isso é natural quando o modelo operacional adotado equipara o corpo a uma máquina. Quando algo está errado com uma máquina, descobrimos o problema e a consertamos. Da mesma forma, quando temos um problema de dor, vamos a um "médico de dor" esperando resolver o que está errado, do mesmo modo que faríamos com o carro.

No entanto, o corpo não é uma máquina. Um dos problemas da dor crônica é que muitas vezes a causa exata da dor não está clara. Às vezes nem os médicos – nem mesmo os especialistas – sabem dizer com certeza por que uma pessoa sente dor. Exames diagnósticos como raios X, mielograma, tomografia e ressonância magnética muitas vezes revelam pouco, mesmo que a pessoa sinta muita dor. E mesmo se a causa da dor for conhecida com precisão num caso específico, os cirurgiões raramente tentam cortar vias nervosas específicas para diminuir a dor. Isso só se faz como último recurso em casos de dor ininterrupta e torturante. Esse tipo de cirurgia costumava ser realizado com maior frequência, mas em geral não funcionava pela simples razão de que os sinais de dor não viajam por "vias de dor" exclusivas e específicas do sistema nervoso.

Por todos esses motivos, as pessoas com dor crônica que procuram tratamento médico e equiparam o próprio corpo a uma máquina – pensando que o médico só precisa descobrir a causa da dor e resolvê-la, seja cortando o nervo certo, seja receitando algumas pílulas mágicas ou injeções – geralmente têm um grande choque, pois as coisas não são tão simples quando se trata de dor crônica.

No novo paradigma a dor não é apenas um "problema do corpo", mas um problema de todo o sistema. Os impulsos sensoriais que se originam tanto na superfície do corpo quanto dentro dele são transmitidos por fibras nervosas até o cérebro, onde essas mensagens são registradas e interpretadas como dor. Isto precisa acontecer antes que sejam consideradas dolorosas pelo organismo. Entretanto, existem muitas vias e estações intermediárias bem conhecidas dentro do cérebro e do sistema nervoso central, por meio das quais as funções cognitivas e emocionais superiores podem modificar a percepção da dor. O enfoque sistêmico da dor abre portas para as diferentes maneiras possíveis de usar nossa mente de modo intencional para influenciar a experiência da dor. É por isso que a meditação pode ser de grande valia para quem precisa aprender a viver com a dor. Portanto, se um médico sugere que a meditação pode nos ajudar com a dor, isso não significa que a dor não seja "real". Significa que o corpo e a mente não são duas entidades separadas e distintas, e que a dor tem sempre uma dimensão mental. Ou seja, sempre podemos influenciar em alguma medida a experiência da dor ao mobilizarmos os recursos internos de nossa própria mente, e um deles é a gentileza em relação a nós mesmos.

※

Essa perspectiva foi corroborada e ampliada por estudos laboratoriais recentes que examinaram os efeitos do treinamento de mindfulness na dor induzida em voluntários sem experiência prévia de meditação, assim como em praticantes de meditação experientes. A dor geralmente é induzida pelo calor ou pelo frio e o procedimento é feito com grande cuidado para evitar qualquer dano ou lesão de tecidos. Em geral, os resultados mostram que as práticas meditativas, semelhantes ou idênticas às utilizadas no programa MBSR, podem ter efeitos impressionantes nos relatos de dor. No momento, grande parte das pesquisas está tentando identificar os mecanismos cerebrais pelos quais a modulação ocorre. Um estudo conduzido por Antoine Lutz, Richard Davidson e seus colegas do Center for Investigating Healthy Minds da University of Wisconsin, descobriu que os meditadores experientes (com mais de 10 mil horas de prática ao longo da vida), que utilizam uma prática meditativa conhecida como "monitoramento aberto" – semelhante à consciência sem escolha que usamos no MBSR – mostraram redução significativa no grau de desconforto relatado mediante determinado nível de estímulo doloroso se comparados ao grupo-controle. No entanto, os meditadores de longo prazo não relataram grau menor de intensidade de dor do que o grupo-controle*. Outro estudo demonstrou que esses resultados estão associados a alterações na atividade cerebral em meditadores experientes, numa rede conhecida por sua relação com a avaliação de "saliência". Aparentemente, os meditadores conseguiram reduzir o pensamento temeroso antecipatório permanecendo no momento presente e, por isso, demonstraram reatividade reduzida ao estímulo doloroso.**

---
* Perlman, D. M.; Salomons, T. V.; Davidson, R. J.; Lutz, A. Differential effects on pain intensity and unpleasantness of two meditation practices. *Emotion*. 2010;10:65-71.
** Lutz, A.; McFarlin, D. R.; Perlman, D. V.; Salomons, T. V.; Davidson, R. J. Altered anterior insula activation during anticipation and experience of painful stimuli in expert meditators. *Neuroimage*. 2013; 64:5 38-546.

Esses resultados corroboram o fato bem conhecido de que existem diferentes dimensões na experiência da dor: sensorial, emocional e cognitiva, sendo que todas contribuem para a sensação geral de sofrimento que acompanha o desconforto físico. Quando reconhecemos esses diversos componentes da experiência global da "dor" dentro de nós mesmos e conseguimos diferenciá-los – algo que aprendemos a fazer no programa MBSR –, podemos reduzir significativamente a experiência do sofrimento, conforme descobrimos em nossos primeiros estudos de pessoas com dor crônica que participaram do programa MBSR,* conforme descrito em detalhe neste capítulo e no seguinte.

Outros estudos, que examinaram praticantes de meditação zen, mostraram que praticantes experientes são menos sensíveis tanto ao desconforto quanto à intensidade, e que neles se vê um espessamento na matéria cinzenta em regiões específicas do cérebro conhecidas por seu envolvimento na experiência de dor.**

Alguns estudos científicos chegam a mostrar que um treinamento muito breve em mindfulness com foco principal na respiração, feito em quatro sessões de 20 minutos, pode ocasionar uma redução impressionante nas avaliações de desconforto por dor (57%) e intensidade da dor (40%), bem como causar mudanças cerebrais em áreas que modulam a experiência de dor.***

Resta pesquisar o motivo pelo qual diferentes laboratórios estão relatando resultados um pouco diferentes para distintas práticas de meditação. Isso acontece com frequência na ciência, sobretudo em campos como este, que é realmente muito novo. No entanto, de maneira geral, esses estudos estão confirmando e ampliando os achados clínicos de nossos estudos iniciais, agora replicados por outros grupos, que demonstram os

---

* Kabat-Zinn, J. An outpatient program in behavioral medicine for chronic pain patients based on the practice of mindfulness meditation: Theoretical considerations and preliminary results. *General Hospital Psychiatry*. 1982; 4:33-47; Kabat-Zinn, J.; Lipworth, L.; Burney, R. The clinical use of mindfulness meditation for the self-regulation of chronic pain. *Journal of Behavioral Medicine*. 1985; 8:163-190. Kabat-Zinn, J.; Lipworth, L.; Burney, R.; Sellers, W. Four-year follow-up of a meditation-based program for the self-regulation of chronic pain: Treatment outcomes and compliance. *Clinical Journal of Pain*. 1986; 2:159-173.
** Grant, J. A.; Courtmanche, J.; Duerden, E. G.; Duncan, G. H.; Rainville, P. Cortical thickness and pain sensitivity in Zen meditators. *Emotion*. 2010; 10:43-53.
*** Zeidan, F.; Martucci, K. T.; Kraft, R. A.; Gordon, N. S.; McHaffie, J. G.; Coghill, R. C. Brain mechanisms supporting modulation of pain by mindfulness meditation. *Journal of Neuroscience*. 2011; 31:5540-5548.

efeitos positivos surpreendentes e de longo prazo do programa MBSR em pacientes com uma ampla gama de situações de dor crônica.

RESULTADOS DO MANEJO DA DOR NA CLÍNICA DE REDUÇÃO DE ESTRESSE

Antes de abordar em maior profundidade a utilização de mindfulness para o manejo da dor, revisitaremos alguns dos resultados obtidos em nossos primeiros estudos de pessoas com dor crônica no programa MBSR da Clínica de Redução de Estresse. Esses estudos demonstraram uma redução notável do nível médio de dor durante as oito semanas do programa, conforme mensurado por um questionário de dor chamado Índice McGill-Melzack de Avaliação de Dor (McGill-Melzack Pain Rating Index, ou PRI). Este é um resultado reproduzível e temos confirmado isso em todas as turmas, ano após ano, entre os pacientes com dor crônica.

Em determinado estudo, 72% dos pacientes com dor crônica atingiram uma redução de, no mínimo, 33% no PRI, ao passo que 61% dos pacientes com dor obtiveram uma redução de, no mínimo, 50%. Isso significa (em termos clínicos) que a maioria das pessoas que chegaram com dor conseguiram reduções significativas nos níveis de dor ao longo das oito semanas em que praticaram meditação em casa e nas aulas semanais no hospital.

Além da dor, examinamos o grau de mudança na imagem corporal negativa dessas pessoas (o grau em que classificaram diferentes partes do corpo como problemáticas). Descobrimos que ao fim do programa houve, em média, uma redução de cerca de 30% na percepção do corpo como problemático. Isso indica que as opiniões e sentimentos negativos acerca do corpo (especialmente fortes quando as pessoas experimentam limitações em suas atividades devido à dor) melhoram significativamente num curto período de tempo.

Ao mesmo tempo, esses mesmos indivíduos também mostraram uma melhora de 30% no grau de interferência da dor em sua capacidade de desempenhar as atividades normais da vida diária, como preparar as refeições, dirigir, dormir e manter relações sexuais. Essa melhora foi acompanhada de uma redução considerável (55%) nos estados negativos de humor, um aumento nos estados positivos de humor e grandes melhoras nas taxas de ansiedade, depressão, hostilidade e tendência a somatizar, isto é, a excessiva preocupação com as próprias sensações corporais. No fim do programa as pessoas com dores crônicas deste estudo relataram menor uso de analgésicos, maior grau de atividade e uma sensação de melhora generalizada.

O mais animador é que essas melhoras parecem duradouras. O resultado de um estudo de seguimento que analisou como as pessoas lidavam com a dor quatro anos após a experiência no programa MBSR mostrou não apenas que foram mantidos grande parte dos benefícios alcançados ao término do programa como também que houve um progresso ainda maior.

Além disso, o estudo de seguimento mostrou que os pacientes com dor continuaram a manter a prática de meditação, muitos com grande intensidade. Noventa e três por cento afirmaram que continuavam a praticar a meditação, de uma forma ou de outra, com alguma regularidade. Quase todos relataram ainda usar a consciência da respiração na vida diária, assim como outras práticas informais de mindfulness. Alguns praticavam formalmente quando sentiam necessidade. Três anos depois, cerca de 42% dos pacientes ainda mantinham a prática formal, pelo menos três vezes por semana, durante pelo menos 15 minutos seguidos, embora no período de quatro anos esse número caísse para 30%. No cômputo geral, isso representa um nível impressionante de disciplina e empenho, considerando que vários anos se passaram desde o primeiro aprendizado das práticas de mindfulness.

No estudo de seguimento também se solicitou aos pacientes com dor que avaliassem a importância da formação recebida no programa MBSR segundo sua percepção naquele momento em que estavam sendo requisitados a responder. Quarenta e quatro por cento dos pacientes (depois de três anos) e 67% (depois de quatro anos) avaliaram a importância do programa entre 8 e 10, numa escala de 1 a 10 (em que 10 significa "muito importante"); e mais de 50% o qualificaram como 10 depois de quatro anos. As respostas para seis meses, um ano e dois anos de seguimento situaram-se entre estes valores: 67% avaliaram entre 8 e 10 aos seis meses, e 52% deram essa avaliação do programa aos dois anos.

Em relação a quanto daquilo que aprenderam na clínica foi responsável pela redução da dor no seguimento, 43% relataram que de 80% a 100%

da melhora da dor foi devida ao que aprenderam no programa MBSR. Outros 25% atribuíram de 50% a 80% da melhoria da dor ao que aprenderam no MBSR. Portanto, conforme relatos dos próprios praticantes, o treinamento de meditação teve efeitos duradouros na melhora da dor.

Em outro estudo comparamos dois grupos de pacientes com dor. As 42 pessoas desse estudo estavam sendo tratadas em nossa clínica de dor do hospital e seguiam protocolos médicos padronizados, que incluíam terapias de apoio, como fisioterapia, mas um grupo de 21 pacientes foi encaminhado também para o programa MBSR na Clínica de Redução de Estresse, além do tratamento clínico para a dor – enquanto o outro grupo ainda não havia sido encaminhado à clínica de estresse. Os dois grupos foram acompanhados por um período de 10 semanas, sendo que o grupo de meditadores foi acompanhado do momento em que começou até o momento em que terminou o programa MBSR, e o outro grupo entre o momento em que começou o tratamento clínico para a dor até 10 semanas depois.

Sabíamos, a partir de estudos anteriores, que se esperava que os meditadores mostrassem grande redução de dor e sofrimento psíquico nas escalas de avaliação. A questão era: como os meditadores se comparariam aos outros pacientes que não estavam praticando meditação na clínica de dor, mas que recebiam tratamentos médicos poderosos contra a dor como, por exemplo, injeções de lidocaína?

Descobrimos que os que não praticavam meditação apresentaram pouca alteração ao longo das 10 semanas em que receberam tratamento na clínica de dor, enquanto os meditadores mostraram grandes melhoras. Por exemplo, o grupo MBSR mostrou uma melhora média de 36% na dor segundo o Questionário McGill-Melzack de Avaliação de Dor, enquanto os que não praticaram não tiveram melhora. O grupo MBSR mostrou uma melhora de 37% em relação à imagem corporal negativa, enquanto os que não meditavam tiveram uma melhora de 2%. O grupo MBSR também mostrou uma melhora de 87% no humor, e os não meditadores uma melhora de 22%; o grupo MBSR teve uma melhora de 77% em sofrimento psíquico, enquanto os não praticantes de meditação tiveram uma melhoria de 11% nesse mesmo quesito.

Embora esse estudo-piloto não fosse randomizado, os resultados já são fortemente sugestivos de que fazer algo por si mesmo – como fazem os pacientes da Clínica de Redução de Estresse ao participar do programa MBSR e realizar as várias práticas de meditação mindfulness em casa, diariamente, conforme sugerido no programa, além do tratamento médico para a dor – pode resultar em muitas mudanças positivas que talvez não aconteçam, ou não de modo tão poderoso, apenas com o tratamento médico. Esse achado ressalta o potencial de uma medicina mais participativa, em que os pacientes colaboram plenamente e participam de todas as tentativas de ajudá-los na promoção da saúde e do bem-estar, explorando seus recursos interiores profundos para aprender, crescer, curar e se transformar por seus próprios esforços sistemáticos de cultivar a atenção sábia e ter maior intimidade e familiaridade com sua mente e corpo.

Uma das descobertas mais importantes que fizemos nas aulas de MBSR é que pacientes com tipos de dor bem diferentes melhoram de maneira semelhante ao se comprometerem com o cultivo regular de mindfulness. Pessoas com dor lombar, cervical, de ombros, nevralgia facial, enxaqueca, dores no braço e no peito, dor abdominal, dor ciática e nos pés e dores provocadas por problemas ligados a causas diversas como artrite, hérnias de disco e distrofias do sistema simpático – todas conseguiram utilizar as práticas de meditação para obter importante redução nos níveis de dor, que provaram ser duradouras. Isso sugere que muitos tipos diferentes de experiência e estados dolorosos podem ser afetados positivamente pelo programa MBSR, que inclui, acima de tudo, a disposição de **voltar-se, confiar e abrir-se para** a experiência da dor de momento a momento, com grande autocompaixão e gentileza, e aprender com ela em vez de se retrair e tentar fazê-la desaparecer; em poucas palavras, convidar até mesmo experiências desagradáveis e indesejadas a se tornarem nossos mestres.

O USO DA PRÁTICA DE MEDITAÇÃO PARA LIDAR COM A DOR

Algumas pessoas têm dificuldade para entender por que insistimos na proposta de **entrar** na dor, já que simplesmente a odeiam e só querem que ela acabe. Elas se perguntam: "Por que não posso apenas ignorar a dor ou me distrair cerrando os dentes, ou simplesmente aguentar se for intensa demais?". Uma razão é que pode haver momentos em que ignorar a dor ou distrair-se não funciona. Nesse momento, é muito útil ter outros truques na manga além de apenas tentar suportar a dor ou aliviá-la com o uso de medicamentos. Diversos experimentos clássicos de laboratório realizados com sujeitos com dor aguda demonstraram que **tomar consciência** das sensações é uma maneira mais eficaz de reduzir o nível da dor intensa e prolongada – mais do que se distrair. Na verdade, mesmo que a distração possa aliviar a dor ou ajudar você a lidar com ela durante algum tempo, levar atenção plena até a dor pode conduzir a novos níveis de descoberta e compreensão sobre nós mesmos e nosso corpo, que nunca seriam atingidos pela distração ou escapismo. Compreender e ver com clareza são uma parte importantíssima do processo de fazer as pazes com a situação e aprender de fato a conviver com ela, em vez de apenas aguentá-la. Uma das maneiras de explicar isso é apontar para a possibilidade de **dissociar** a dimensão sensorial da dimensão emocional e da cognitiva/conceitual da dor, o que significa que elas podem ser mantidas na consciência como aspectos independentes da experiência. Por exemplo, quando reconhecemos que nossos pensamentos sobre as sensações não são as próprias sensações, a experiência da dimensão sensorial e da dimensão cognitiva da dor pode ser modificada de modo independente. Isso também vale para as reações emocionais à experiência sensorial desagradável. Esse fenômeno da dissociação, que permite manter na consciência e acolher qualquer coisa que surja, em um ou em todos os três domínios, de uma forma totalmente diferente, pode nos proporcionar um novo grau de liberdade e reduzir de modo impressionante o sofrimento vivenciado.

Então, por onde começar? Se você está diante de uma condição de dor crônica, é de se esperar que, a esta altura, já tenha praticado alguns dos exercícios de mindfulness propostos na Parte I. Talvez durante a leitura, ou durante suas experiências com as práticas MBSR, tenha surgido um novo modo de olhar para sua situação, ou um desejo de prestar atenção a certas coisas que passavam despercebidas, ou talvez até uma verdadeira **curiosidade** por esse fenômeno que chamamos de dor. Além disso, pode ser que você tenha explorado uma ou mais das práticas formais de meditação guiada do programa proposto no Capítulo 10. Caso contrário, se você quiser se comprometer com o programa MBSR, pelo menos durante as oito semanas seguintes, o que deve fazer agora é firmar o compromisso de destinar e reservar um período de tempo durante o dia para praticar, todos os dias (ou, pelo menos, seis dias por semana), sentindo vontade ou não! É melhor começar com o escaneamento corporal. Em termos práticos, isso significa usar o CD de prática guiada da meditação mindfulness, ou o *download* do escaneamento corporal, e dedicar-se a seguir as instruções (durante pelo menos 45 minutos por dia, seis dias por semana). Isso também significa criar a intenção de praticar como se sua vida dependesse disso, quer goste ou não do escaneamento corporal em determinado dia, e até mesmo se sentir que a prática não está "levando a lugar nenhum".

Todas as sugestões da Parte I são relevantes para o manejo da dor, assim como para quem não tem dor crônica. Isso inclui o cultivo das atitudes descritas no Capítulo 2. Cuidado com a tendência de se identificar como "paciente de dor crônica". Em vez disso, lembre-se sempre de que você é uma pessoa inteira, que simplesmente passou a ter de enfrentar e trabalhar com uma dor crônica da forma mais inteligente possível – em prol da qualidade de vida e do bem-estar. Essa nova perspectiva acerca de si mesmo ganha especial importância se você tiver um longo histórico de problemas de dor e se se sentir sobrecarregado e derrotado pela situação atual e pelas experiências passadas.

Com certeza você sabe melhor do que ninguém que a dor não nos desobriga de outras dificuldades e problemas da vida. Estes devem ser igualmente enfrentados. Podemos lidar com eles da mesma forma que lidamos com a dor. É importante recordar, sobretudo diante de sentimentos de desânimo e depressão, que você ainda tem a capacidade de sentir alegria e prazer. Se você se lembrar de cultivar essa visão mais ampla de si mesmo, seus esforços na meditação terão um solo muito mais fértil para enraizar-se e gerar novas formas de ver e relacionar-se com sua experiência, incluindo a presença e intensidade da dor. A prática de meditação também pode acabar ajudando de maneiras imprevisíveis que nada têm a ver com a dor.

Conforme vimos ao falar de sintomas no último capítulo, fazer cessar a dor não é um objetivo imediato muito útil. Às vezes a dor pode desaparecer por completo, ou diminuir e ficar mais fácil de lidar. O que acontecerá depende de diversos fatores, e apenas alguns estão sob nosso controle "potencial". Depende muito do tipo de dor em questão.

Por exemplo, a dor de cabeça – se comparada à dor lombar – tem mais probabilidade de desaparecer em um curto período de tempo e de não voltar. Em geral, a dor lombar requer mais trabalho e tempo para melhorar. Porém, seja qual for seu problema de dor, é melhor mergulhar completamente na prática regular da meditação (lembrando-se e até mesmo cultivando as atitudes expostas no Capítulo 2) e ver o que acontece. A prática diária da meditação será seu laboratório de dor. **A capacidade de regular ou modular sua experiência de dor e desenvolver uma relação mais saudável com ela será consequência direta da prática do escaneamento corporal, da meditação sentada, do yoga (se for aconselhável no seu caso) e da atenção plena que você trouxer para a vida cotidiana, momento a momento a momento e um dia após o outro.**

※

O escaneamento corporal é, de longe, a prática que mais funciona no início para quem sofre de dor crônica, sobretudo se for difícil fazer movimentos ou ficar sentado e imóvel. Podemos fazê-lo deitados de costas ou em qualquer outra posição estendida que seja conveniente. Tão somente feche os olhos, entre em contato com a sua respiração e sinta como seu ventre se expande em cada inspiração e se contrai durante a expiração. A seguir, conforme descrito no Capítulo 5, utilize a respiração para dirigir a atenção aos dedos do pé esquerdo. Comece a partir daí, mantendo a consciência de momento a momento. Quando a mente estiver atenta a uma região do corpo, a ideia é mantê-la presente nessa região da melhor forma possível, sentindo toda e qualquer sensação (ou talvez a ausência de sensações) e respirando para dentro e para fora dessa região. Cada vez que expirar, procure permitir que o corpo todo afunde um pouco mais na superfície em que estiver deitado, enquanto todos os músculos liberam a tensão e relaxam. No momento de seguir adiante, passando de uma região do corpo para outra, solte-a completamente na sua visão mental e permaneça na quietude durante pelo menos algumas respirações – antes de entrar em contato com as sensações da região seguinte, seguindo todo o percurso até a parte superior da perna esquerda; depois para a perna direita e depois para o restante do corpo. As instruções básicas de meditação sobre como trabalhar com a mente quando ela divaga são válidas também no escaneamento corporal (exceto quando estamos com tanta dor que é impossível nos concentrarmos em outra coisa; o modo de lidar com esta situação está descrito na página 437). Ao notar que em certo momento sua mente está em outro lugar, observe onde ela está e, em seguida, leve a atenção, com gentileza, de volta para a região em que estiver focando. Se estiver usando o CD do escaneamento corporal, quando perceber que a mente divagou, traga a atenção de volta para o foco sugerido pela voz do instrutor no momento.

Prossiga devagar, explorando dessa maneira todo o corpo. À medida que avançar para uma região problemática em particular, em que as sensações de desconforto e dor são bastante intensas, ou tenham sido no passado, trate-a como qualquer outra parte do corpo – em outras palavras, respire com suavidade para dentro e para fora dessa região, observando atentamente as sensações, sentindo-as e abrindo-se para elas, deixando todo o corpo repousar e relaxar a cada expiração. O convite básico consiste em "habitar" cada região do corpo com atenção plena, acolhendo toda e qualquer sensação que surgir, trazendo suavidade e gentileza para você e para seu corpo. Ao mesmo tempo, convide todos os pensamentos e emoções associados a essa região do corpo para que se apresentem e sejam plenamente reconhecidos, sentidos e atendidos, sem ter de corrigir absolutamente nada nesse momento, nem resolver qualquer problema ou dificuldade. Você está apenas "habitando" a região em questão e descansando na consciência. Então, quando chegar a hora de seguir adiante (nós mesmos podemos definir esse momento, caso pratiquemos sem orientação), deixe essa região completamente (se ajudar, tente dizer "até logo" em silêncio, na expiração) e apenas descanse na tranquilidade e no silêncio do momento. Se as sensações de dor não mudarem, ou até mesmo se intensificarem, simplesmente siga adiante para a próxima região do corpo, "habitando-a" com atenção plena.

Se as sensações dolorosas de uma região específica mudarem, tente observar com precisão as qualidades dessa mudança. Permita que elas fiquem totalmente registradas em sua consciência e prossiga com o escaneamento corporal.

Ter expectativa de que a dor desapareça não ajudará. Na verdade, o que ajuda muito é não esperar absolutamente nada. Podemos descobrir que a experiência da dor muda de intensidade tornando-se, por um momento, mais forte ou mais fraca, ou que as sensações de dor mudam, por exemplo, de mais aguda para surda, ou para um formigamento, ou queimação, ou latejamento. Além disso, pode ser útil tomar consciência de pensamentos ou reações emocionais que surgirem em relação à dor, ou ao corpo, à orientação do CD, à própria meditação, ou a qualquer outra coisa. Simplesmente continue percebendo e soltando, percebendo e soltando, respiração por respiração, momento a momento.

Tudo o que você observar em relação à dor ou aos pensamentos e emoções deve ser visto **sem julgamentos**, enquanto você mantém o foco no escaneamento corporal. No programa MBSR fazemos isso todos os dias, durante semanas. Pode ser chato, às vezes até irritante. Mas tudo bem, porque o tédio e a irritação não deixam de ser pensamentos e sentimentos que devemos aprender a soltar. Como já mencionamos em várias ocasiões: "Você não tem de gostar, só tem de fazer", e isso é especialmente válido no caso do escaneamento corporal. Portanto, não importa se você acha o escaneamento corporal relaxante e interessante, ou difícil e desconfortável, ou irritante, pois de qualquer modo essa prática poderá ser muito útil. Conforme vimos, ela é provavelmente o melhor ponto de partida para todo esse processo de familiarizar-se com a experiência e habitar a consciência no corpo assim como ele é. Após algumas semanas, você pode alternar o escaneamento corporal com a meditação sentada e com o yoga se desejar. Mesmo assim, não devemos ter muita pressa em desistir do escaneamento corporal.

Além disso, é importante não ficar muito entusiasmado com o "sucesso" nem muito decepcionado com falta de "progresso" à medida que avançar. Cada dia será diferente. Na verdade, cada momento e cada respiração serão diferentes e não devemos tirar conclusões apressadas, após uma ou duas sessões, sobre a prática ou sobre o seu valor para nós. **O trabalho de crescimento e cura exige tempo**. Requer paciência e consistência na prática de meditação, ao longo de um período de semanas, ou mesmo meses e anos. Se algum problema de dor o aflige há muitos anos, não é razoável esperar que num passe de mágica desapareça apenas porque você começou a meditar. No entanto, se você já tentou de tudo e a dor persiste, o que tem a perder com a prática regular de meditação durante oito semanas, ou até mais? Durante esses 45 minutos por dia será que haveria algo melhor a fazer além de entrar em contato consigo mesmo, com seus sentimentos ou pensamentos e, com bondade e autocompaixão (muito diferente de autopiedade), habitar o domínio do ser? Em momentos de desânimo, apenas observe os próprios sentimentos de desânimo em si, deixe que surjam e deixe que desapareçam, conforme continua a praticar, a praticar e a praticar.

Nos momentos em que a dor for tão intensa que fica impossível dirigir a atenção a qualquer outra parte do corpo, deixe de lado o escaneamento corporal, desligue o CD e apenas leve a atenção diretamente para a própria dor nesse momento. Há diversas maneiras de lidar com a dor além das que já mencionamos. O segredo de todas elas consiste na determinação inabalável de dirigir a atenção, com gentileza, delicadeza, porém com firmeza, para a dor e para dentro dela, por pior que isso pareça. Afinal, é isso que você está sentindo agora, então pelo menos tente aceitá-la um pouco, simplesmente porque já está aqui.

Em alguns momentos, quando você penetra na dor e a encara abertamente, pode parecer que está num combate corpo a corpo com ela, ou que está sendo torturado. É útil reconhecer que estes são apenas pensamentos. Lembre-se de que o objetivo do trabalho com mindfulness não é criar uma batalha entre nós e a dor. Isso só causaria mais tensão e, portanto, mais dor. Mindfulness envolve um esforço determinado para observar e aceitar o desconforto físico e as emoções agitadas, de momento a momento. Lembre-se de que não estamos tentando eliminar a dor, ou fugir da dor; o que queremos é obter informações, aprender, conhecer mais, ganhar familiaridade e até mesmo intimidade com a dor. Se você conseguir assumir essa atitude e permanecer tranquilamente **com** a dor, contemplando-a dessa forma, "acolhendo-a", nem que seja durante uma respiração, ou até meia respiração, este será um passo na direção certa. A partir disso, você poderá ampliar esse acolhimento e manter a tranquilidade e a abertura, enquanto encara a dor durante talvez duas ou três respirações, ou até mais.

Na clínica, usamos a expressão "estender o tapete de boas-vindas" para descrever como se trabalha com a dor e o desconforto durante a meditação. Uma vez que a dor (ou talvez devêssemos começar a nos referir a ela como uma sensação intensa e indesejada) está presente em um momento específico, fazemos o possível para acolhê-la e aceitá-la. Tentamos nos relacionar com a experiência de desconforto da forma mais neutra possível, observando-a sem julgamento e sentindo os detalhes da experiência. Isso implica uma abertura para as sensações "nuas e cruas", sejam quais forem. Respiramos com elas e permanecemos com elas de momento a momento, surfando as ondas da respiração, as ondas da sensação, repousando em nossa atenção, na própria consciência.

Também podemos aprofundar a investigação perguntando a nós mesmos: "Quanto está doendo agora, neste exato momento?". Se você praticar assim, provavelmente descobrirá que, mesmo se sentindo péssimo, se entrar direto nas sensações e se perguntar: **"Neste momento, é suportável? Tudo bem?"**, a resposta será positiva. A dificuldade é que o momento seguinte está chegando, e o próximo também, e "sabemos" que estarão todos repletos de mais dor.

A solução? Tente receber cada momento tal como se apresenta; veja se consegue estar totalmente no presente por um momento, fazendo o mesmo no momento seguinte, e continue assim por todo o período de 45 minutos de prática se necessário, ou até que a intensidade diminua e você possa voltar para o escaneamento corporal. Talvez você também descubra que a experiência que chamamos de "dor" não é monolítica, que as sensações às vezes mudam de momento a momento enquanto as mantemos na consciência.

❊

Conforme já mencionamos, há duas outras dimensões muito importantes da experiência de dor que podem ser exploradas, além da observação das próprias sensações corporais. Podemos também trazer consciência para os pensamentos e sentimentos que surgem em nós acerca das sensações – simplesmente porque os inúmeros elementos que constituem a nossa experiência estão sendo referidos por nós como "dor". Isto também é um pensamento, apenas um rótulo. Não é a experiência em si mesma. Observe se você está rotulando as sensações dessa maneira. Talvez não seja necessário chamá-las de "dor"; talvez isso as faça parecer mais fortes ainda. Por que não olhar e ver por nós mesmos se isso é assim? Talvez então possamos abordar essa experiência de uma forma mais aberta, curiosa, com uma atitude mais amável e leve, como se estivéssemos nos aproximando de um animal tímido tomando sol sobre um toco de árvore numa clareira no bosque.

Quando começar a olhar dessa maneira para sua experiência, descobrirá todos os tipos de pensamento e emoção aparecendo e desaparecendo, comentando, reagindo, julgando, prevendo o pior, sentindo depressão e ansiedade, ansiando por alívio. Comentários como: "Isso está me matando"; "Não aguento mais"; "Quanto tempo isso vai durar?"; "Minha vida acabou"; "Não há esperança para mim"; ou "Nunca vou conseguir superar essa dor" podem passar pela mente em um momento ou outro. Esses tipos de pensamentos vêm e vão constantemente. Muitos nascem do medo ou da ansiedade e trazem uma visão negra do futuro. É bom notar que **nenhum deles é a dor em si**.

Será que conseguimos tomar consciência disso ao praticar? Essa é uma descoberta fundamental. Os pensamentos, além de não serem a própria dor, também não são nós mesmos! E, com toda probabilidade, também não são verdadeiros nem exatos. São apenas as (compreensíveis) reações da mente quando não está preparada para aceitar a dor e deseja que as coisas sejam diferentes do que são, quer dizer, livres de dor. Quando você observar e sentir as sensações experimentadas **como sensações**, pura e simplesmente, perceberá que os pensamentos sobre as sensações são inúteis para nós **neste momento** e que, na verdade, podem piorar o estado das coisas. Então, quando soltamos os pensamentos, permitindo que sejam como são, como vimos antes, começamos a aceitar as sensações apenas porque já estão presentes de qualquer forma. Por que não aceitá-las – por enquanto?

Contudo, você não se sentirá confiante em aceitar as sensações se não perceber que é seu próprio pensamento que rotula as sensações como "ruins". É o pensamento que não quer aceitá-las, nem agora nem nunca, porque não gosta delas e apenas quer que **desapareçam**. Note que agora não é **você** que não aceita as sensações, é apenas o seu pensamento e, como já percebeu por si próprio, você não é seu pensamento.

Será que essa mudança de perspectiva oferece uma alternativa para enfrentar a dor? Que tal se, a título de experimento, você abrir mão desses pensamentos de propósito quando estiver sentindo muita dor? Que tal deixar de lado essa parte de sua mente que deseja que as coisas sejam do jeito dela, mesmo em face de evidências incontestáveis de que não estão assim agora? Que tal aceitar as coisas exatamente como são agora, neste exato momento, mesmo se as odeia, mesmo se você detesta a dor? Que tal dar um passo atrás intencionalmente e, afastando-se do ódio, da ira e da catastrofização, deixar de julgar as coisas apenas aceitando-as – o que significa, vale lembrar – permitir que sejam aquilo que já são? Esta é uma postura muito corajosa em relação a sensações intensas. Não tem nada a ver com resignação passiva ou desistir de lutar.

De repente, em especial se houver um momento de tranquilidade em meio à agitação interna, você pode também perceber que sua **consciência** das sensações, pensamentos e emoções é diferente das próprias sensações, pensamentos e emoções – o aspecto do nosso ser que está consciente não sente dor, nem é em absoluto governado por esses pensamentos e sentimentos. Conhece-os, mas, em si mesmo, não é afetado por eles. Isso é algo que você pode comprovar por si mesmo na próxima vez que experimentar uma sensação ou uma emoção muito intensa. Poderá repousar na consciência e se perguntar: "Minha consciência da dor está doendo?", ou "Minha consciência dos sentimentos de medo, raiva ou tristeza está com medo, zangada ou triste?". Mesmo um breve momento usado para investigar essa questão e determinar o que é verdade para nós pode ser muito útil a fim de cultivar maior intimidade e compreensão sobre a natureza do nosso sofrimento e, possivelmente, revelar novas opções para mudar nossa relação com o sofrimento naquele momento.

Quando estamos praticando o escaneamento corporal ou qualquer outra prática de mindfulness, podemos perceber que, quando nos identificamos com os pensamentos ou sentimentos, ou com as sensações no corpo, ou até com o próprio corpo, existe muito mais confusão e sofrimento do que quando habitamos o domínio da atenção desperta e afetuosa, o domínio do espaço sem julgamento, meramente permanecendo na consciência, sem outra intenção senão estarmos despertos.

Adotamos essa perspectiva de presença aberta e aceitação durante toda a prática de meditação. Entretanto, no fim do escaneamento corporal, podemos recordar que há uma sequência explícita que estimula o cultivo da **consciência sem escolha**, uma desidentificação com todo o movimento da experiência interior, seja a respiração, as sensações, as percepções, os pensamentos ou sentimentos. Quase no fim do escaneamento corporal, depois de soltar o corpo deliberadamente, às vezes convidamos nossos pensamentos e sentimentos, nossas preferências e aversões, os conceitos sobre nós mesmos e o mundo, nossas ideias e opiniões, até mesmo nosso nome, a entrar no campo da consciência e, de modo intencional, os deixamos de lado também, simplesmente permanecendo na consciência em si. No CD, sugere-se que entremos em contato com a sensação de nossa completude no momento presente, assim como somos, sem ter de resolver problemas, nem corrigir maus hábitos, pagar contas, ou obter um grau universitário, nem qualquer outra coisa. Será que conseguimos nos ver como um ser inteiro e completo neste momento e, ao mesmo tempo, como parte de um todo maior? Será que podemos nos sentir como um puro "ser", esse aspecto nosso que é maior que o corpo, está além do nome, dos pensamentos e sentimentos, ideias, opiniões e conceitos; além até mesmo da identificação de nós mesmos com pessoas de tal idade ou de sexo masculino ou feminino?

Ao deixar tudo isso de lado, talvez você chegue a um ponto em que todos os conceitos se dissolvam na quietude e tudo o que resta é a consciência, um conhecer além de qualquer "coisa" a ser conhecida, um conhecer que não é conceitual nem meramente cognitivo. Nessa quietude, podemos nos dar conta de que, seja lá quem formos, "nós" definitivamente não somos apenas o nosso corpo (embora ele seja nosso) e que nosso papel é lidar com ele, cuidar dele e fazer uso dele. O corpo é um veículo muito conveniente e milagroso, mas a custo nos define. O mesmo vale para nossos pensamentos e emoções. Nossas ideias e opiniões não evoluem com o tempo? Talvez não pensemos mais ou não gostemos mais de coisas com as quais nos identificávamos bastante no passado. Isso indica que nosso eu essencial pode ser mais semelhante à consciência do que a qualquer outra coisa na configuração sempre mutável dos agregados que somos, acima de tudo quando aprendemos a habitar a consciência como um "modo padrão" – nosso estado natural de ser – e a incorporá-lo à nossa própria maneira, com amenidade, de instante a instante, dia a dia, nos bons e maus momentos.

Se não somos nosso corpo, portanto não podemos ser a dor do corpo. Nossa natureza essencial tem de ser maior do que a dor. Conforme aprendermos a permanecer e habitar o domínio do ser, nossa relação com a dor e com o desconforto intenso do corpo poderá passar por mudanças profundamente transformadoras e curativas. Essas experiências, até mesmo seus indícios e pistas fugazes, podem nos guiar no desenvolvimento de nossas próprias maneiras de nos reconciliarmos com a dor que sentimos, abrir espaço para ela, fazer amizade com ela, viver com ela – como muitos de nossos pacientes aprenderam a fazer.

Sem dúvida, a prática regular é necessária, como temos ressaltado o tempo todo. É mais fácil falar sobre o domínio do ser do que experimentá-lo. Convertê-lo em algo real na nossa vida, entrar em contato com ele em determinado momento, requer certa dose de intencionalidade e esforço, assim como determinação e, ouso dizer, disciplina. É preciso uma espécie de arqueologia interna, uma escavação que revele nossa completude intrínseca, provavelmente encoberta por várias camadas de opiniões, gostos e aversões, e o espesso nevoeiro de pensamentos e hábitos inconscientes e automáticos, sem falar na dor do passado e na dor presente. Não há nada de romântico ou sentimental acerca do trabalho de mindfulness, tampouco nossa inteireza intrínseca é um construto romântico, sentimental ou imaginário. Está aqui agora, como sempre esteve. É parte do ser humano, tanto quanto ter um corpo e sentir dor são parte de ser humano.

Se você sofre de dor crônica e concorda com esse modo de ver as coisas, talvez agora seja o momento de testar esse enfoque, se ainda não o fez. A única maneira de fazê-lo é começando a praticar e continuar praticando. Encontre e cultive momentos de tranquilidade, silêncio e consciência dentro de si mesmo usando a dor como mestra e guia.

É um trabalho duro e haverá ocasiões em que sentirá vontade de desistir, principalmente se não obtiver resultados rápidos em termos de redução da dor. Porém, ao fazer esse trabalho, lembre-se de que ele exige paciência, gentileza e amorosidade em relação a você mesmo, e até em relação à dor. Isso significa trabalhar dentro de seus limites, mas com gentileza, sem se forçar até o esgotamento, sem insistir até obter sucesso. Os avanços virão no devido tempo se você aplicar sua energia no espírito da autodescoberta. Mindfulness não vence as resistências como um trator. É preciso trabalhar com gentileza pelas beiradas, um pouco aqui e um pouco ali, mantendo sua visão viva no coração, sobretudo nos momentos mais difíceis e dolorosos.

23
Mais Acerca do Trabalho com a Dor

Caros Jon e Peggy: Tenho diversas dores e incômodos, mas me sinto muito bem. Consegui tirar a neve da frente da garagem, que tem 80 metros de comprimento. Respirando, meditando e fazendo pausas frequentes para exercícios com os braços, pernas, costas e pescoço. Senti a musculatura dolorida, mas nada que me incapacitasse. Em 30 anos, nunca mais tinha tentado limpar a frente da garagem com a pá. Gratidão. Pat.

O MANEJO CONSCIENTE DA LOMBALGIA E PROBLEMAS CRÔNICOS NAS COSTAS

Quem nunca teve problema de dor crônica não tem ideia do quanto essa condição pode mudar toda a sua vida e atividades. Muita gente com lesões nas costas não consegue trabalhar, principalmente em empregos que envolvem levantar peso, dirigir ou permanecer em pé por longos períodos. Há quem passe anos vivendo de benefícios da previdência social enquanto tentam recuperar-se o suficiente para voltar à atividade e levar uma vida semelhante à vida normal, ou para serem declaradas incapazes e receberem uma pensão ou seguro por invalidez. Em geral há problemas e batalhas judiciais para receber esses benefícios. Viver com uma renda fixa muito reduzida, ficar preso em casa com dores durante dias, semanas, meses, às vezes até anos, incapaz de fazer o que antes conseguia, é extremamente frustrante e deprimente – não apenas para a pessoa com dor, mas para toda a sua família e círculo de amigos. Isso pode fazer todo mundo se sentir irritado, derrotado e impotente.

23 | Mais acerca do trabalho com a dor

Os efeitos da dor lombar podem ser debilitantes e causar depressão, quer se trate de uma dor incapacitante ou apenas um "problema na coluna" crônico, que obriga a pessoa a tomar cuidado o tempo todo. As coisas mais simples, como inclinar-se sobre a pia para escovar os dentes, pegar um lápis que caiu, entrar na banheira ou sair do automóvel, podem desencadear vários dias ou mesmo semanas de dor intensa, que força a pessoa a ficar de cama tão somente para suportá-la. Não apenas a dor, mas também a ameaça de dor, devido a algum movimento errado, afeta constantemente a possibilidade de levar uma vida normal. Inúmeras coisas devem ser feitas com vagar e cuidado, sem subestimar nada. Levantar objetos pesados pode estar fora de cogitação. Até mesmo erguer objetos muito leves pode causar problemas sérios. E naqueles momentos em que não há dor, a estranha sensação de instabilidade e vulnerabilidade na região central do corpo pode ainda provocar a sensação de insegurança e dependência. Talvez você não consiga ficar em pé ou se virar ou andar com naturalidade. Pode sentir a necessidade de se prevenir ou de se proteger contra pessoas ou circunstâncias que poderão desequilibrá-lo. É muito difícil que seu corpo se sinta "bem" quando seu ponto de apoio central lhe parece instável e vulnerável.

Às vezes, por mais cuidado que se tenha, pode surgir uma dor nas costas. Pode ser que você não tenha feito nada de errado, mas, mesmo assim, os músculos das costas entram em espasmo, provocando uma recaída que pode durar dias ou semanas. Agora você pode estar relativamente bem, no minuto seguinte já pode ter problemas.

Pessoas com dor crônica nas costas tendem a ter "dias bons" e "dias ruins". Em geral, os dias bons são raros. Pode ser muito desanimador viver o dia a dia sem saber como estará se sentindo amanhã, ou o que conseguirá fazer, ou não. É difícil planejar as coisas com certeza, o que torna quase impossível trabalhar num emprego regular e também manter uma vida social. E ocasionalmente, quando você tem um dia bom, pode se sentir tão exuberante (já que, para variar, o corpo se sente "bem", ou normal) que acaba cometendo exageros para compensar todas as vezes em que não conseguiu fazer as coisas. Depois acaba pagando por isso. Torna-se um círculo vicioso.

Um problema nas costas quase nos obriga a estar atentos, pois o resultado de não prestar atenção ao corpo e ao que estamos fazendo pode ser muito prejudicial. A fim de trabalhar sistematicamente com nossas limitações, ficar mais fortes e saudáveis, e para conseguir fazer pelo menos algumas das coisas que queremos, mindfulness se torna essencial.

Na Clínica de Redução de Estresse percebemos que as pessoas que aprendem com mais acerto a regular e a viver com seus problemas de dor crônica são aquelas que assumem uma perspectiva de longo prazo quanto à sua reabilitação. Grandes progressos na mobilidade e redução da dor podem ou não acontecer nas oito semanas do programa MBSR, portanto, é preferível pensar em termos de seis meses, ou até de um ano ou dois, e prosseguir com paciência e persistência, por melhores que sejam as coisas no início. No entanto, a qualidade de vida pode começar a melhorar desde a primeira prática do escaneamento corporal, como vimos no caso de Phil (Capítulo 13). Isso é especialmente verdadeiro se você estiver disposto a trabalhar com seu corpo e os problemas nas costas de maneira lenta e sistemática. Esse compromisso e essa estratégia devem incluir uma noção sensata do que é possível conseguir com um trabalho consistente. Pode ser útil imaginar o estado de suas costas num período de três ou cinco anos, mantendo um programa constante de exercícios físicos com atenção plena, estimulando o corpo inteiro (e não apenas as costas) a ganhar força e flexibilidade. Conheço um cientista muito bem-sucedido que sofre de dores intensas e dedica uma hora por dia para "reintegrar seu corpo" antes de sair e enfrentar o mundo.

Talvez seja útil pensar em si mesmo como um atleta em treinamento de longo prazo. Seu projeto é a reabilitação. O ponto de partida, claro, é sua condição no momento em que decidiu se reconciliar com seu corpo como ele é e trabalhar com ele por toda a vida, se necessário. Simplesmente não há outro ponto de partida. O significado profundo da palavra **reabilitação** vem do verbo francês *habiter*, que significa "habitar". Portanto, a reabilitação não implica apenas tornar novamente capaz. Em um nível mais profundo, significa **aprender a viver dentro do corpo novamente**. Isso, por sua vez, é tornar alguém profundamente capaz.

A longo prazo, uma forma de reabilitar o corpo como um todo, e em especial as costas (se você tem dor crônica), consiste em fortalecer essa região com atenção plena, fazendo os exercícios de fisioterapia prescritos para você, ou praticando o máximo possível de yoga. Em primeiro lugar, é necessário consultar o fisioterapeuta ou o médico para ter certeza de que esses exercícios são apropriados ao seu caso. Podem ser modificados conforme a necessidade, até mesmo diariamente, o que inclui deixar de realizar certas posturas e acrescentar outras. Não é preciso praticar todas elas. Faça apenas os exercícios possíveis para você e evite aqueles que seu médico considera imprudência no seu caso, ou que você sente que são impróprios para o momento. Como vimos, qualquer movimento é yoga, e quaisquer posturas também, se forem realizadas com atenção plena e de modo amoroso.

Qualquer que seja o programa de trabalho corporal consciente que decida seguir, ele precisa ser abordado de modo particularmente lento e suave, sobretudo se envolver problemas nas costas. Uma fisioterapeuta que trabalha com muitos de nossos pacientes comentou certa vez que gosta de trabalhar com aqueles que passaram pelo programa MBSR. Ela diz que são visivelmente mais sensíveis, relaxados e sintonizados com seu corpo durante as sessões de fisioterapia se comparados a outros que não conhecem mindfulness – pessoas a quem nunca se ensinou a **respirar com** os alongamentos e movimentos, e a trabalhar **com** o corpo e **com** as sensações dolorosas, em vez de contra elas. Os próprios participantes dizem a mesma coisa: que a fisioterapia muda depois que aprendem a usar a respiração enquanto se levantam, inclinam e alongam.

Cuidar da totalidade do corpo por meio de exercícios regulares é ainda mais importante para pessoas com problemas de coluna. Devemos recordar que "o que não é utilizado se atrofia". É importante não permitir que o problema nas costas se torne uma desculpa para não cuidar do restante do corpo. Como complemento ao que lhe parece útil na prática do Mindful Yoga, talvez você possa fortalecer seu corpo de modo geral caminhando regularmente, ou se exercitando na bicicleta ergométrica algumas vezes por semana, ou nadando, ou fazendo exercícios na piscina. No espírito do programa MBSR, se você tem a intenção de fazer o possível para reabilitar seu corpo, é importante fazer algo para alongar e fortalecê--lo todos os dias, ou pelo menos a cada dois dias, conforme descrito em detalhes no Capítulo 6, mesmo se for por apenas 5 minutos no início.

Além de trabalhar com o corpo da melhor maneira possível, também sugerimos a prática diária do escaneamento corporal (conforme descrita nos Capítulos 5 e 22) como núcleo da estratégia de reabilitação. Essa prática deve ser utilizada – quer você goste dela ou a odeie no primeiro momento – como um momento de "recorporização", quando você entrará em contato profundo com o corpo de instante a instante, em silêncio, trabalhando com quaisquer sensações que surgirem, abrindo-se, em especial para qualquer dor ou desconforto, acolhendo-os da melhor maneira possível. É útil lembrar-se das atitudes fundamentais das práticas de MBSR e, em particular, da disposição de amabilidade e delicadeza em relação a si mesmo. Por mais apego que tenha à ideia de "conseguir resultados" que, claro, é algo perfeitamente natural, vale a pena investigar se você consegue praticar o escaneamento corporal momento a momento, dia após dia, sem nenhuma expectativa de obter resultados. Esta pode ser a melhor estratégia, tanto a curto como a longo prazo, para conseguir que no decorrer do tempo as coisas se desenvolvam e aprofundem em direção à verdadeira reabilitação.

Se estivermos aposentados ou sem trabalho, temos muito tempo para isso. O tempo pode ser uma carga pesada quando nos vemos obrigados a ficar em casa ou sentimos que, de algum modo, a vida está passando. Podemos nos sentir entediados e frustrados, incomodados e irritados, ou com pena de nós mesmos. Isso pode acontecer com qualquer um. Entretanto, nenhuma dessas avaliações baseia-se nas coisas como realmente são. Trata-se apenas de pensamentos. Se, de maneira intencional, decidirmos investir parte do tempo do dia à reabilitação e à cura, praticando meditação e yoga, podemos transformar uma situação negativa em uma situação criativa. É claro que ninguém quer ter um problema nas costas, mas já que ele existe, podemos escolher a melhor maneira de aproveitar o tempo para nossa reabilitação, assumindo uma perspectiva de longo prazo para esse processo. Lembremo-nos de que se trata do nosso próprio corpo. Ninguém o conhece melhor do que nós mesmos, e ninguém depende dele tanto quanto nós para ter bem-estar, quaisquer que sejam as circunstâncias, seja qual for a nossa idade.

Uma das coisas mais curativas que você pode fazer pelo corpo durante o dia é usar a respiração periodicamente para impregnar e abraçar a região dolorida e desconfortável, convidando-a a relaxar-se, da mesma maneira que usamos a respiração no escaneamento corporal, como descrito no capítulo anterior. Pode-se fazer isso ao direcionar conscientemente a respiração para a região dolorida entrando nas costas, mesclando-se com as sensações e, por exemplo, visualizar e/ou sentir as sensações dolorosas amolecendo e se dissolvendo enquanto expiramos, e o corpo inteiro relaxa, inclusive esta região, na medida do possível. É importante ter a perspectiva de encarar as coisas um dia por vez, até mesmo um momento por vez, intencionalmente, lembrando-se de enfrentar cada dia como ele vier, cada momento como ele vier, e abandonar tanto quanto possível qualquer expectativa de que você deveria se sentir de determinada maneira, ou de que a dor deveria diminuir. Em vez disso, apenas observe a respiração cumprir seu papel e traga o máximo possível de bondade, compaixão e aceitação de si mesmo e da sua situação, momento a momento a momento, de respiração a respiração a respiração. Se for necessário modificar a posição do corpo no escaneamento corporal para obter o máximo benefício, faça isso e seja criativo. Isso inclui a decisão sobre qual superfície escolher para a prática (se um colchonete no chão ou a cama) ou, às vezes, se sentir necessidade, deitar-se de lado em vez de sobre as costas na postura do cadáver; ou qualquer outra coisa que intuitivamente sinta que ajudaria a prática. Lembre-se: não estou brincando quando digo que é importante praticar como se a sua vida dependesse disso. Ela de fato depende.

※

O processo de cura (no sentido de restauração da inteireza, ou *healing*) é realmente uma jornada. O caminho tem altos e baixos. Portanto, não se surpreenda com o surgimento de obstáculos e a impressão de que está dando um passo para a frente e dois para trás. As coisas são sempre assim. Se você estiver cultivando mindfulness, buscando orientação profissional constante e incentivo do seu médico e de outras pessoas que apoiam seus esforços, conseguirá perceber as coisas que estão mudando e ter a flexibilidade de modificar sua rotina quando necessário para acomodar as mudanças de situação e as limitações do momento, sejam quais forem. Todos nós temos limitações. Vale a pena nos familiarizarmos com elas. Nossas limitações nos ensinam muito. Podem nos mostrar o que requer mais atenção e respeito. Tornam-se a parte principal de nossa aprendizagem e crescimento e do cultivo da amabilidade no momento presente, tal como é. A coisa mais importante é acreditar na própria capacidade de perseverar diante dos altos e baixos; não perder de vista sua integridade intrínseca neste exato momento; e o compromisso de realizá-la plenamente no único momento em que isso é possível: agora. Acima e além de todas as tentativas de progredir e chegar a uma situação melhor – embora o progresso e a cura (*healing*) possam se revelar ao longo do tempo –, a verdade é que, de uma maneira muito profunda, o que estamos procurando ou esperando já está aqui. Já somos inteiros, já somos perfeitos, incluindo todas as nossas supostas imperfeições. De fato não há nenhum lugar para ir, nada para fazer, nada para alcançar. Quando praticamos com essa atitude, é como ter um cateter de oxigênio direto no coração. Então, paradoxalmente, grandes realizações se tornam possíveis. Este é o poder da não ação e do não esforço. Outra forma de descrever isso seria **sabedoria**.

※

Levar atenção plena às atividades diárias é muito útil – na verdade, indispensável – quando se tem problemas na coluna e dor nas costas. Como já vimos, às vezes até mesmo levantar um lápis ou estender a mão para pegar o papel higiênico da maneira errada (não é incrível que exista uma "maneira errada" de pegar o papel higiênico?), abrir uma janela ou sair do carro podem desencadear espasmos nas costas e dor aguda. Assim, quanto mais conscientes estivermos do que estamos fazendo, enquanto estamos fazendo, melhor para nós. Fazer as coisas no piloto automático pode causar graves recaídas. Como você provavelmente já sabe, é importantíssimo não virar o corpo enquanto levanta um peso, inclusive se for um objeto muito leve. Em primeiro lugar levantamos, sempre dobrando os joelhos e mantendo o objeto próximo ao corpo, depois viramos o corpo. É conveniente realizar todos os movimentos com consciência da respiração e da posição do corpo. Será que ao sair do carro você vira o corpo e se levanta ao mesmo tempo? Não faça isso. Primeiro uma coisa, depois a outra. Será que você se curva na altura da cintura para empurrar a janela para cima? Não faça isso. Aproxime-se da janela antes de tentar erguê-la. A atenção plena a detalhes como esses pode fazer uma grande diferença e protegê-lo de lesões e de dor.

Ainda por cima, temos o desafio das tarefas domésticas. Há épocas em que não conseguimos fazer nada. Porém, haverá outras ocasiões, dependendo da gravidade da dor, em que será possível fazer algumas coisas com moderação e encará-las como parte do programa para desenvolver força e flexibilidade. Por exemplo, passar aspirador. Erguer e puxar o aspirador pode ser perigoso se tivermos um problema nas costas. No entanto, podemos imaginar maneiras de fazer isso com atenção plena. Os movimentos para passar aspirador podem demandar muito das costas, mas com um pouco de atenção e imaginação podemos transformar esses movimentos em um tipo de Mindful Yoga. A posição de quatro apoios, sobre as mãos e os joelhos, ou a posição agachada, se for possível, é boa para passar aspirador debaixo da cama e do sofá, se nos curvarmos e nos estendermos com consciência, usando a respiração para guiar os movimentos, exatamente como fazemos durante as práticas de yoga. Se passarmos o aspirador dessa maneira, e de modo lento e consciente, saberemos quando o corpo já chegou ao seu limite e daremos ouvidos a essa mensagem. Então poderemos parar e fazer mais um pouco depois de um ou dois dias. Ao parar, talvez seja bom fazer 5 ou 10 minutos de yoga para relaxar e "soltar" o corpo alongando alguns músculos que podem ter ficado retesados.

Desnecessário dizer que não é assim que a maioria de nós passa aspirador ou faz qualquer outra coisa. Podemos descobrir, ao fazer essa experiência, que usando um pouco de consciência, junto com as habilidades desenvolvidas com a prática regular de yoga e meditação, é possível avançar bastante no caminho que transforma trabalho penoso em terapia, e limitações frustrantes em oportunidades de cura. Trabalhamos nos limites do que é possível, ouvindo nosso corpo. Com isso, podemos nos perceber cada vez mais fortes no decorrer das semanas e meses. É claro que quem não tem dor poderia evitar lesões nas costas passando aspirador da mesma forma. E, se passar aspirador for impossível para nós, podemos tentar alguma outra tarefa doméstica e agir de modo semelhante.

Na Clínica de Redução de Estresse costumamos sugerir que as pessoas com dor nas costas adotem uma atitude muito cautelosa e experimental para recuperar as regiões mais comprometidas pelo seu estado. Só porque temos dor não significa que devemos desistir de nosso corpo. É mais uma razão para trabalhar com ele e fortalecê-lo tanto quanto possível, de modo que esteja apto a nos ajudar quando precisarmos dele. Desistir do sexo, da caminhada, de fazer compras, de fazer limpeza ou de abraçar não ajuda em nada.

Faça experiências com atenção plena! Descubra o que dá certo para você e como modificar as coisas para poder exercer as atividades mais importantes da vida diária, ao menos por curtos períodos. Não devemos nos privar de modo automático das atividades normais que dão significado e coerência à vida por medo ou autopiedade. Como já vimos no Capítulo 12, se dissermos: "Eu não consigo...", certamente não conseguiremos. Esse pensamento, ou crença, ou afirmação, torna-se uma profecia autorrealizável; cria sua própria realidade. No entanto, como se trata apenas de um pensamento, talvez não seja uma avaliação tão confiável. Não seria melhor se, nos momentos em que nos pegamos pensando: "Eu não consigo..." ou "Eu nunca conseguirei...", em vez disso, tentássemos pensar: "Talvez, de alguma forma, isso seja possível. Vou tentar fazer (tal coisa) com atenção plena". Ao longo dos anos, um número incontável de pessoas veio me dizer: "Trabalhar dessa maneira salvou a minha vida".

Lembremo-nos de Phil, o caminhoneiro franco-canadense que machucou as costas e cuja experiência com o escaneamento corporal nas primeiras semanas do programa foi relatada de modo sucinto no Capítulo 13. Levou várias semanas até aprender a estar em seu corpo durante o escaneamento corporal e mudar sua relação com o intenso desconforto, possibilitando uma redução impressionante e duradoura da dor. Ele passou por muitos altos e baixos naquelas primeiras semanas, mas persistiu na prática. Finalmente sentiu-se muito mais capaz de modular a dor nas costas e de obter mais controle sobre outras áreas da vida.

Antes de começar a meditar, Phil usava uma unidade TENS (estimulador muscular transcutâneo) todos os dias, que a clínica de dor lhe prescrevera como parte do tratamento. Sentia que não conseguiria aguentar sem o dispositivo e ficava com ele o dia inteiro, todos os dias. Contudo, depois de algumas semanas praticando o escaneamento corporal, descobriu que conseguia passar dois ou três dias sem usá-lo. Ficou muito satisfeito ao conseguir regular a dor por conta própria. Para ele, foi um sinal de seu próprio poder.

Apesar disso, na aula que incluía a prática de yoga, ele se viu mais uma vez numa encruzilhada. Após o término do programa, descreveu a situação da seguinte maneira: "Sabe, eu quase desisti novamente na terceira semana, quando você começou a falar de yoga e todas essas coisas. Pensei: 'Ah, meu Deus, fazer isso vai acabar comigo', mas então você disse: 'Se incomodar, não faça'. Então me dediquei mais ao escaneamento corporal. Mas também fiz um pouco de yoga, aliás, pratiquei bastante durante a sessão de dia inteiro. Alguns dos exercícios me incomodavam, como elevar as pernas, dobrar o corpo e rolar para trás para ficar sobre a nuca. Não posso fazer esse tipo de coisa. Mas faço com frequência as posturas que não me incomodam. Sem dúvida, estou me sentindo mais flexível."

Ao fim das oito semanas, quando reavaliou sua experiência, Phil disse: "Não; a dor não desapareceu, ainda está aqui, mas, quando sinto que aumenta, simplesmente me sento em algum lugar e medito durante 10, 15, 20 minutos. E, quando consigo ficar pelo menos 15 ou 30 minutos, ou mais, posso me levantar e ir embora e nem penso mais na dor por talvez três, quatro, cinco, seis horas, talvez o dia inteiro, dependendo do clima".

Phil também percebeu que as coisas estavam diferentes em casa com sua esposa e filhos. Em suas próprias palavras: "Quando cheguei pela primeira vez à clínica, havia problemas entre nós. Esse problema da dor me dominava muito e também a questão de encontrar outro emprego sem ter a formação que eu achava necessária para a maioria dos empregos [...] tudo isso causava tanta pressão em mim que, sem perceber, eu parecia um louco, sabe? Quero dizer, minha esposa era como uma escrava trabalhando para mim, mais ou menos. Um dia eu estava frustrado e disse a ela: 'Temos de conversar'. Fazia muito tempo que não tínhamos vida sexual, e eu estava subindo pelas paredes. Não consigo ficar várias semanas sem isso, sabe, então eu disse: 'Vamos lá, vamos...', e ela finalmente me fez perceber o que estava acontecendo. Ela disse: 'Há quanto tempo você não diz que me ama? Quanto tempo?'. Nós nos sentamos – temos uma poltrona de dois lugares reclinável, sabe, como uma namoradeira – e ela disse: 'Vamos sentar aqui e ver TV juntos'. Mas quando eu vejo TV, eu vejo TV. Ela falava e eu: 'Ahã, ahã'. Aquilo entra por um ouvido e sai pelo outro. Ela reclamava: 'Você ouviu o que eu acabei de dizer?'. Eu pedia desculpas, dizia que estava assistindo à luta de boxe, ou algo assim. Por fim ela me fez perceber o que estava acontecendo. Depois que eu comecei na Clínica de Redução de Estresse, eu digo: 'Poxa, só agora eu percebi', sabe? Então, agora a gente se afastou da TV. À noite não sentamos mais para assistir TV. Nós saímos. Fazemos uma fogueira todas as noites, quando o tempo está bom, com os vizinhos. Sentamos e conversamos, sabe, e às vezes estamos com outro casal, às vezes apenas conversamos ou ficamos olhando a fogueira, e o fogo chama a minha atenção. Eles conversam, mas é como se estivessem muito distantes. E eu entro automaticamente no exercício da respiração e me sinto muito melhor depois disso. É bem melhor que assistir TV. A relação com minha esposa melhorou 100%, e com as crianças também'".

Sobre o tema de tentar coisas novas, Phil também observou: "Outra coisa que consegui no programa [...] Antes, nunca conseguia falar em público como fiz durante as sessões. Sempre que tentava, sentia meu rosto ficar vermelho como um tomate, pois sou acanhado, tímido, sempre fui. Não sei como consegui falar nas aulas do jeito que falei. Sabe, o que eu disse, sempre que dizia algo, era uma coisa que tinha uma sensação boa. Não vinha de minha boca, vinha de dentro, sabe? Do coração".

MEDITAÇÃO INTENSIVA E DOR

Não é por acaso que a prática de meditação tem algo a nos ensinar sobre o manejo da dor. Durante os últimos 2 500 anos, os praticantes de meditação tiveram muita experiência com a dor e desenvolveram métodos para transcendê-la. Tradicionalmente o treino intensivo de meditação é a principal área de interesse nos mosteiros e centros de retiro especialmente criados para isso. A prática intensiva de meditação pode ser bastante dolorosa, física e emocionalmente, bem como estimulante e libertadora. Imagine como seria ir a um lugar e passar sete dias, ou duas semanas, ou um mês ou três meses em silêncio, fazendo o que fazemos em nossa sessão de dia inteiro (ver Capítulo 8). As pessoas fazem exatamente isso nos retiros de meditação criados para esse propósito. Na verdade, é um grande presente que poderemos dar a nós mesmos quando estivermos prontos.

Quando nos sentamos para meditar, imóveis, sobretudo de pernas cruzadas no chão, por longos períodos de tempo, quase sempre entre meia e uma hora, às vezes mais, e fazemos isso por dez horas por dia, durante dias ou até semanas inteiras, nosso corpo pode começar a doer com uma intensidade insuportável, principalmente as costas, ombros e joelhos. A dor física acaba diminuindo por si só na maioria das vezes, mas sentar-se com ela, mesmo por alguns dias, pode ser bastante desafiador. É possível aprender muito acerca de nós mesmos e da dor quando nos colocamos nesse tipo de situação de propósito. Se estivermos dispostos a encarar a dor, aceitá-la, observá-la e não fugir, ela pode nos ensinar muito. Acima de tudo, aprendemos que podemos lidar com ela. Aprendemos que a dor não é uma experiência estática; ela muda o tempo todo. Descobrimos que as sensações são apenas o que são, e que nossos pensamentos e sentimentos são algo à parte das sensações. Descobrimos que nossa mente desempenha um papel muito importante na criação do sofrimento e também pode desempenhar um papel muito significativo em nossa libertação do sofrimento. A dor pode nos ensinar tudo isso.

Quem participa de retiros de meditação invariavelmente têm de enfrentar a dor física que surge durante as longas sessões. É inevitável nas fases iniciais de um retiro. Decorre de nos sentarmos imóveis em posturas pouco habituais. Também surge quando tomamos consciência da tensão física acumulada despercebida que carregamos no corpo. Por vários motivos as características desse tipo de dor se assemelham muito ao espectro de sensações que ocorrem em estados de dor crônica: regiões um pouco doloridas, queimação, pontadas que mudam de lugar, nas costas, nos joelhos ou nos ombros. Pode-se deter a dor a qualquer momento levantando e caminhando, mas, sobretudo se formos meditadores, escolhemos simplesmente permanecer e tomar consciência dela, como qualquer outra experiência. Em troca, isso nos ensina a cultivar tranquilidade, concentração e equanimidade diante do desconforto. Contudo, não é uma lição fácil de aprender. Temos de estar dispostos a enfrentar a dor repetidas vezes, dia após dia, e a observá-la, respirar com ela, olhar para ela, aceitá-la. Dessa forma, a prática de meditação pode ser um laboratório para investigar a dor, para aprender mais acerca do que ela é, como entrar nela profundamente e, por fim, como nos reconciliarmos com ela.

Conforme vimos no capítulo anterior, estudos recentes sobre meditadores experientes sugerem que eles podem ter uma tolerância muito maior à intensidade da dor do que meditadores iniciantes, uma vez que avaliam as sensações como muito menos desagradáveis do que os iniciantes, no mesmo grau de intensidade. Meditadores experientes também apresentam espessamento em certas partes do cérebro associadas com o mapeamento de sensações e com a regulação da expressão emocional do corpo. Parecem ser capazes de dissociar a dimensão sensorial da experiência de dor das emoções e pensamentos que tantas vezes acompanham e aumentam a experiência do sofrimento. Percebem-na como pura sensação e não a levam para o lado pessoal. Essa dissociação entre a dimensão sensorial e os aspectos emocionais e cognitivos da experiência dolorosa pode resultar em redução significativa no grau de sofrimento associado à exposição a uma experiência de dor. Vemos isso acontecer todos os dias nas aulas do programa MBSR.

OS ATLETAS E A DOR

Assim como os meditadores, os atletas de provas de resistência também conhecem em primeira mão um certo tipo de dor autoinduzida. Conhecem, também, o poder da mente para trabalhar com a dor, para não serem derrotados por ela. Os atletas estão constantemente se colocando em situações que produzirão dor. Não é possível correr uma maratona no ritmo mais rápido e não sentir dor. Na verdade, poucas pessoas conseguem correr uma maratona em qualquer velocidade sem sentir dor.

Por que fazem isso? Porque os corredores, e todos os outros atletas, sabem por experiência própria que é possível lidar com a dor e transcendê-la. Quando o corpo está gritando para parar porque a dor metabólica (quando os músculos não conseguem obter oxigênio suficiente na rapidez necessária) ao fim de uma corrida é tão grande – quer seja uma corrida de 100 metros ou uma maratona de 42 quilômetros, uma ultramaratona ou um triatlo, quer seja nadar ou andar de bicicleta, correr ou qualquer outra coisa – que o atleta tem de buscar dentro de si e decidir, praticamente a cada momento, se ele diminui o ritmo ou se encontra novos recursos para superar algo que uma pessoa normal consideraria um limite intransponível.

Com efeito, a menos que ocorra lesão física (que produz uma dor tão aguda que nos faz parar, e com razão, para evitar uma lesão maior) é sempre a mente que decide desistir primeiro, e não o corpo. Os atletas podem sofrer lapsos de concentração por causa de medo e insegurança e por saberem que enfrentarão um pouco de dor durante o treinamento e a competição. Por esses motivos, e vários outros, hoje muitos atletas e seus técnicos acreditam que o treinamento mental sistemático é tão necessário quanto o treinamento físico, caso desejem atingir seu desempenho máximo. De fato, no novo paradigma, não é possível haver aptidão física completa e um ótimo desempenho em qualquer tarefa sem a aptidão mental. Ambas precisam ser cultivadas em conjunto.

Em 1984, tive a oportunidade de trabalhar com a equipe masculina de remo olímpico dos Estados Unidos treinando os remadores nas mesmas práticas que os pacientes usam no programa MBSR para lidar com a dor crônica. Esses atletas de nível mundial utilizaram as estratégias de mindfulness para melhorar a capacidade de encarar e enfrentar a dor durante os treinos e as competições da mesma forma que os pacientes as utilizam para lidar com a dor, embora esses dois grupos distintos estejam em extremidades opostas do espectro de condicionamento físico.

Talvez interesse aos leitores com problemas lombares crônicos saber que John Biglow, o *single sculler* da equipe norte-americana de remo olímpico de 1984, foi considerado o melhor remador norte-americano daquele ano, apesar do problema lombar de hérnia discal provocado por lesão sofrida em 1979. Após a lesão e um sério revés em 1983, quando sofreu nova lesão, John não conseguia remar mais que 5 minutos seguidos, após os quais tinha de descansar por 3 minutos antes de remar novamente. No entanto, graças ao conhecimento de seus próprios limites, conseguiu se reabilitar treinando com muito cuidado até o ponto de poder exigir de suas costas o enorme esforço necessário para competir em nível mundial. A fim de conquistar a posição de principal remador da equipe olímpica, Biglow teve de competir contra os remadores mais rápidos, fortes e competitivos do país e vencê-los. (As corridas são de 2 mil metros, percorridos em cerca de 5 minutos). Imaginemos a fé, a determinação, a inteligência corporal e a atenção plena necessárias para alguém com um problema crônico nas costas começar a trabalhar em direção a um objetivo desses – quanto mais para atingi-lo! No entanto, a meta que John estabeleceu para si foi significativa o suficiente para sustentá-lo ao longo da estrada extremamente árdua, dolorosa e solitária que ele trilhou.

Durante as Olimpíadas de 2012, realizadas em Londres, o iraniano Behdad Salimikordasiabi, halterofilista na categoria superpesado, levantou 247 kg na primeira tentativa da modalidade arremesso. Junto com sua pontuação no evento chamado de arranque, a pontuação total foi tão alta que, decerto, a medalha de ouro já estava garantida. Porém, como ele ainda tinha direito a duas tentativas, o público enlouqueceu, instigando-o a quebrar o recorde mundial, que havia sido estabelecido por seu próprio professor e mentor. Depois de uma tentativa fracassada, ele se recusou a prosseguir, apesar da insistência da multidão, da sensação inebriante do calor do momento e do fato de ter levantado um peso muito maior nos treinos. Mais tarde, comentou que tinha descansado muito tempo entre os levantamentos e que seu corpo havia "esfriado"; portanto, seria pouco sensato prosseguir naquele momento. Disse que haveria muitas outras ocasiões para tentar quebrar o recorde mundial. Este é um exemplo notável de alguém consciente de seu corpo e capaz de reconhecer e respeitar as limitações do momento, apesar de toda a emoção dos espectadores e, talvez, da sua própria. Podemos não ser capazes de muita coisa no que diz respeito a levantar pesos, mas cada um de nós tem essa mesma capacidade de prestar atenção às mensagens internas do próprio corpo e trabalhar com elas de uma forma que promova nossos objetivos gerais. Nesse sentido, somos todos atletas em treinamento para conquistar o que for possível na nossa situação.

Todos nós podemos conquistar metas assim, seja qual for a situação ou o obstáculo, se definirmos objetivos significativos e trabalharmos com inteligência para atingi-los. Mesmo se não alcançarmos a meta por completo, o esforço em si pode ser animador e terapêutico, caso encontremos significado no processo em si, e trabalhemos com consciência, momento a momento, dia a dia, respeitando nossas limitações, sem nos deixarmos aprisionar por elas. Se tivermos alguma dúvida sobre isso, basta olhar para os atletas cadeirantes nas corridas de rua, ou nos jogos paraolímpicos – espetáculo que provoca lágrimas de inspiração e admiração.

CEFALEIAS

A maior parte das dores de cabeça não é sinal de tumor cerebral nem de outros estados patológicos graves, embora possamos acreditar que sim se sofremos de cefaleias constantes, crônicas e intensas. Contudo, se as dores persistirem ou forem extremamente intensas é sempre importante passar, no mínimo, por um diagnóstico completo para descartar patologias graves, antes de tentar controlá-las com medicação ou meditação. Nesses casos, um médico experiente faz tudo isso antes de encaminhar um paciente com cefaleia para o programa MBSR. A maioria dos pacientes na Clínica de Redução de Estresse com dor de cabeça crônica chega com diagnóstico de cefaleia tensional, enxaqueca, ou ambas. Todos passaram por um exame neurológico completo, que em geral inclui uma tomografia computadorizada para excluir a possibilidade de tumor cerebral.

A maioria das pessoas encaminhadas à clínica com cefaleia crônica responde bem à prática de meditação. Houve o caso de uma mulher que chegou ao programa com histórico de vinte anos de enxaqueca que se medicava diariamente com Cafergot. Passara por numerosas clínicas de tratamento de cefaleia, sem nenhum resultado positivo. Após duas semanas no programa, passou dois dias seguidos sem dor de cabeça. Isso jamais acontecera nos últimos vinte anos. Ela permaneceu sem dor ao longo de todo o curso e por um bom tempo depois.

Basta passar por uma experiência de ver desaparecer uma cefaleia crônica e constante para saber que isso está dentro do reino das possibilidades. A experiência pode mudar completamente a maneira como pensamos a respeito de nosso corpo e da doença, e provocar uma fé renovada na nossa capacidade de controlar e regular o que antes parecia incontrolável e difícil de administrar.

Uma mulher idosa disse a seus colegas de turma que considerou muito apropriada a ideia de dar as boas-vindas à sua enxaqueca. Na próxima vez que sentiu que a dor ia se manifestar sentou-se para meditar e "falou" com sua dor de cabeça. Disse coisas como: "Apareça, se quiser, mas saiba que não serei mais controlada por você. Tenho muito que fazer hoje e não posso passar muito tempo com você". Deu certo, e ela ficou bastante satisfeita com a descoberta.

Há um ponto no CD do escaneamento corporal em que, depois de percorrer quase todo o corpo, sugere-se que respiremos através de um orifício imaginário no topo da cabeça, assim como a baleia pelo espiráculo. A ideia é sentir como se nossa respiração pudesse realmente entrar e sair através desse orifício enquanto permanecemos presentes a todas as sensações, sejam quais forem, com atenção plena e aceitação. Não pretendemos que nada especial aconteça, estamos apenas brincando e experimentando.

Muitas pessoas com cefaleia utilizam esse "orifício" como válvula de escape para sua dor de cabeça. Apenas respiram para dentro e para fora através do topo da cabeça e deixam que a tensão, ou pressão (sejam quais forem as sensações nessa região), fluam para fora do corpo através do orifício, em qualquer medida que isso ocorra. Claro que é mais difícil fazer isso se não estivermos desenvolvendo nossa capacidade de concentração por meio da prática regular da meditação. Porém, se estivermos praticando respirar dessa forma todos os dias como parte de nosso trabalho no escaneamento corporal, quando surgirem sintomas de cefaleia, às vezes descobriremos que eles podem ser dissipados com facilidade, antes de eclodir como uma dor de cabeça completa. No entanto, mesmo que se manifeste uma dor de cabeça completa, esse método poderá ser eficaz para atenuar sua intensidade, ou encurtar sua duração, ou até para dissolvê-la.

À medida que começam a praticar meditação com regularidade, quer tenham ou não dor de cabeça no momento da prática, a maioria das pessoas que vêm para a Clínica de Redução de Estresse com problemas de cefaleia relata que tanto a frequência como a gravidade de suas dores diminuem.

※

Conforme sua prática se aprofunda, você poderá observar que as dores de cabeça não surgem do nada. Geralmente há condições prévias identificáveis que desencadeiam seu início. O problema é que não conseguimos compreender muitos dos gatilhos fisiológicos e, com frequência, ignoramos ou negamos os gatilhos psicológicos ou sociais. Situações estressantes podem sem dúvida provocar dor de cabeça, e muita gente tem consciência dessa conexão, sobretudo se a causa de sua cefaleia for tensional. Por outro lado, muitos relatam que acordam com dor de cabeça, ou que a dor se manifesta sem que haja estresse óbvio, ou quando tudo está bem, nos fins de semana, ou em outros momentos em que não se sentem estressados.

Poucas semanas de prática de mindfulness são suficientes para gerar novas descobertas acerca das cefaleias, sua origem e as ocasiões em que se manifestam. Algumas pessoas descobrem que talvez sejam muito mais tensas e ansiosas do que imaginavam, mesmo durante os fins de semana. Às vezes, percebem que um pensamento ou preocupação específica pode preceder o início da dor de cabeça. Isso pode ocorrer até mesmo quando acordamos de manhã e levantamos da cama. Um pensamento ansioso pode causar tensão antes mesmo que os pés toquem o chão, embora passe completamente despercebido. A única coisa que sabemos é que "acordamos com dor de cabeça".

Essa é mais uma maneira pela qual a atenção plena pode nos ajudar no decorrer do dia. Ajuda-nos a sintonizar com o corpo e a respiração desde o primeiro momento em que temos consciência de estar despertos. Podemos inclusive dizer a nós mesmos: "Estou acordando agora" ou "Estou acordado agora", e **sentir as sensações que acompanham** o ato de levar a consciência para o corpo todo, deitado na cama durante algumas respirações, antes de levantar. Podemos lembrar que estamos saudando um novo dia, cheio de possibilidades desconhecidas, e nos preparar, com abertura interna e vivacidade, para o que possa ocorrer à medida que transcorre o dia.

Com o tempo, essa capacidade de simplesmente descansar na consciência pode nos levar a fazer conexões que antes passavam despercebidas, como, por exemplo, perceber a ligação entre um pensamento que tivemos ao acordar ou uma situação que ocorreu de manhã cedo, talvez até nos primeiros minutos após sair da cama, e uma dor de cabeça que se manifesta mais tarde. Com isso, podemos tentar interromper de modo deliberado a cadeia de acontecimentos que causa a cefaleia ao dirigir a consciência ao pensamento assim que ele surgir, considerando-o apenas um pensamento e deixando-o passar. Ou podemos tomar medidas para mudar nossa relação com uma situação estressante e incômoda e monitorar os resultados de nossos esforços. Também pode ser que tomemos consciência das ocasiões e lugares em que tendemos a ter dor de cabeça e, dessa maneira, identificar os fatores ambientais, como poluição ou alérgenos, que podem desencadear certos tipos de dor de cabeça.

Para algumas pessoas, as cefaleias crônicas podem ser uma metáfora para todas as coisas da vida que estão desconectadas e desreguladas.

Sua vida inteira poderia ser descrita como uma dor de cabeça. Em geral estão tão estressadas na vida cotidiana que nem sequer sabem por onde começar a pensar nos motivos de sua dor de cabeça. Se esse for o seu caso, talvez ajude saber que você não tem de **resolver** nenhum problema antes de começar a descobrir as causas. É necessário apenas começar a prestar uma atenção mais cuidadosa ao que está realmente acontecendo, de momento a momento, ao longo do dia, com ou sem dor de cabeça. Em outras palavras, praticar um estado maior de presença, de corporificação, um estado desperto e consciente. Com o tempo, como já vimos, o movimento de autorregulação ocorrerá de forma natural. A alostase será restaurada, e pode ser que as cefaleias literalmente, e até metaforicamente, se **dissolvam** por si mesmas. Talvez leve anos para resolver esse tipo de situação por completo, mas a tentativa em si, junto com a vontade de aceitar nosso estado e de ter paciência, pode melhorar de modo radical as cefaleias, muito antes da resolução do restante dos problemas.

As duas histórias que se seguem são exemplos de como as cefaleias crônicas podem servir de metáfora para toda situação de vida de uma pessoa em determinado momento no tempo, e como se pode lidar com esse dilema, e talvez transformá-lo, para que conduza, em última análise, não só ao alívio das cefaleias como, ainda mais importante, a algum discernimento e resolução da situação mais ampla.

Fred, um homem de 38 anos de idade, nos foi encaminhado devido à ansiedade associada com apneia do sono, condição caracterizada pela cessação temporária da respiração durante o sono. A apneia era causada por obesidade. Fred tinha 1,78 m de altura e, na ocasião, pesava 170 kg. Além da ansiedade e da apneia do sono, Fred tinha cefaleia crônica. Sempre que ficava estressado, tinha dor de cabeça. Era só subir no ônibus que tinha dor de cabeça. Odiava andar de ônibus ("fico enjoado"), mas, como não tinha carro, dependia dele para se locomover. Dividia o apartamento com um colega e trabalhava como gestor de um ponto de venda. Era tão gordo que o pescoço o impedia de respirar direito quando estava deitado. Era isso que causava a apneia do sono. Seu pneumologista sugerira uma traqueotomia caso ele não perdesse peso imediatamente. Essa perspectiva lhe causou grande ansiedade. Não queria fazer traqueotomia. Um colega nosso que o auxiliava a perder peso sugeriu que fizesse o programa MBSR na Clínica de Redução de Estresse para lidar com a ansiedade.

Fred compareceu à primeira sessão e não gostou nada. Disse a si mesmo: "Não vejo a hora de terminar. Não vou voltar". Quando concordou em fazer o programa, não se deu conta de como seria estar numa sala com outras trinta pessoas. Sempre se sentia desconfortável no meio de muita gente e nunca conseguira falar em público. Era tímido e evitava instintivamente qualquer tipo de situação que pudesse gerar conflitos. Porém, conforme descreveu para mim quando terminou o programa, uma "sensação visceral" o fez voltar para a segunda sessão. Ele se pegou dizendo: "Se eu não fizer isso agora, é provável que nunca faça" e "Todas as outras pessoas têm problemas, do contrário não estariam aqui". Assim, apesar dos sentimentos negativos em relação à primeira aula, Fred decidiu prosseguir. Começou a praticar o escaneamento corporal naquela primeira semana porque era a tarefa, e na sessão seguinte já sabia que "daria certo". Conforme expressou: "Peguei o jeito logo de início". Ele até conseguiu dizer alguma coisa durante a aula acerca de como foi relaxante o efeito de conseguir entrar em sintonia com o corpo.

A partir do momento em que começou a praticar o escaneamento corporal, as dores de cabeça de Fred desapareceram. Isso aconteceu apesar do aumento do estresse em sua vida devido ao crescente ganho de peso e à perspectiva de uma traqueotomia. No entanto, pelo simples fato de "relaxar e soltar-se no momento e gostar disso" ele conseguiu andar de ônibus sem dor de cabeça ou enjoo.

Além disso, tornou-se mais assertivo. Conseguiu pedir ao colega de quarto que saísse quando este parou de pagar o aluguel. Antes sentia que jamais conseguiria fazer isso. À medida que adquiria autoconfiança, começou a se sentir mais relaxado em seu corpo. A prática de yoga o incomodava devido ao excesso de peso e ele não costumava fazê-la. Apesar de ter ganho um pouco de peso durante o programa, não ficou deprimido. Anteriormente, um minúsculo aumento de peso o fazia cair em depressão profunda.

Fred também tinha hipertensão arterial. Antes de entrar no programa MBSR sua pressão chegou a 21/17, que é considerada alta e perigosa. Com o medicamento contra hipertensão, descia para 14/9, em média. Ao completar o programa, a medida passou a ser 12/7, a mais baixa em 15 anos.

Finalmente, submeteu-se a duas tentativas de traqueotomia na mesma semana, mas sem sucesso, pois seu pescoço era tão grosso que não foi possível manter o tubo no lugar. Nas duas vezes o tubo caiu após alguns dias. Ou seja, ele nunca fez a traqueotomia.

Quando o vi novamente um mês depois de terminado o curso, ele estava de dieta e tinha perdido bastante peso. Continuava com a prática de meditação. Disse que nunca se sentira tão seguro de si. A perda de peso aumentou muito sua autoconfiança. Estava feliz pela primeira vez em muitos anos, e a apneia do sono diminuíra com a perda de peso. Teve uma única crise de dor de cabeça depois de terminar o curso.

Em outra turma, uma mulher divorciada de 40 anos, chamada Laurie, foi encaminhada por seu neurologista devido a enxaquecas e estresse laboral. Suas enxaquecas a acompanhavam desde os 13 anos, em geral quatro vezes por semana. Ela começava vendo luzes na frente dos olhos, e depois quase sempre se seguiam náuseas e vômito. Embora estivesse medicada, os remédios só ajudavam quando os tomava no momento exato, antes do aumento da dor de cabeça. Esse momento era sempre difícil de avaliar. Nos quatro meses antes de ser encaminhada à clínica, as enxaquecas de Laurie haviam piorado a tal ponto que teve de recorrer várias vezes ao pronto atendimento do hospital.

Quando a turma de Laurie estava na quarta semana do programa MBSR, pedimos que preenchessem a escala de avaliação de reajustamento social de Holmes-Rahe, além de dar continuidade à prática diária de meditação. Como vimos no Capítulo 18, essa escala é simplesmente uma lista de eventos da vida. A tarefa era marcar todos os itens que correspondiam a eventos de vida no ano anterior: morte do cônjuge, mudança na situação de trabalho, doença na família, casamento, assumir uma hipoteca e diversos outros eventos. Cada item tem uma determinada pontuação, relacionada ao grau de estresse que pode ser gerado pela adaptação a essa mudança. Segundo as instruções dessa escala, uma pontuação superior a 150 significa que estamos sob estresse considerável e, portanto, devemos tomar as medidas necessárias para nos adaptarmos a essas situações com eficácia.

No dia em que discutimos essa tarefa de casa em sala de aula, Laurie obteve a pontuação mais alta da turma na escala de eventos da vida. Contou-nos como ela e seu namorado haviam calculado, incrédulos, as pontuações de ambos. Ela obteve 879 e ele, 700. Caíram na risada quando viram como eram altas as pontuações, pois isso os fez perceber que provavelmente eram mais fortes do que pensavam. Em suas próprias palavras: "É um milagre que não estejamos mortos". Laurie sabia que, em vez de rir, poderiam ter chorado, mas interpretou o riso como um bom sinal, uma resposta saudável.

A vida de Laurie naquele período era dominada pelo medo de que seu ex-marido estivesse tentando matá-la, algo que, segundo nos contou, já havia tentado. Além disso, seus dois filhos tinham sofrido lesões num acidente recente de automóvel, embora sem gravidade, e ela estava passando por muito estresse no trabalho.

Era gerente de nível médio em uma grande empresa que passava por uma restruturação importante, algo que gerava insegurança e muita pressão em todos os funcionários. A situação era ainda mais complicada pelo fato de ela, seu namorado e seu ex-marido trabalharem na mesma empresa.

Na quinta sessão, ela disse que durante a semana vira as "luzes" prodrômicas que costumam sinalizar o início de uma grande crise de enxaqueca. Contudo, pela primeira vez, tomou consciência desses sinais bem no início, quando percebeu apenas algumas luzes, e não a grande quantidade de luzes que já indicava a iminência de uma enxaqueca "impossível de deter", segundo suas palavras. Decidiu, naquele exato momento, tomar um comprimido, ir para a cama e fazer o escaneamento corporal, pensando que talvez conseguiria evitar a ingestão dos outros três comprimidos que deveria tomar em sequência ao longo de várias horas para controlar a dor de cabeça com remédios.

Laurie relatou com certo orgulho que, pela primeira vez desde garota, conseguira, por conta própria, interromper o processo que desencadeia a enxaqueca. Não precisou dos outros três comprimidos. Fez o escaneamento corporal, adormeceu no fim e acordou sentindo-se completamente renovada. Atribuiu seu sucesso a duas coisas: primeiro, à prática da meditação nas semanas anteriores, que a ajudou a ficar mais sensível ao próprio corpo e às sensações. Por isso, ela supôs, foi capaz de perceber os primeiros sinais de alerta da enxaqueca e tomar providências várias horas antes que uma crise total de dor se instalasse. Em segundo lugar, agora que conseguia reconhecer os primeiros sinais de alerta, podia fazer alguma coisa a respeito. Ao menos sentia que tinha uma alternativa para tentar controlar a enxaqueca sem medicamentos. Lidou com a dor de cabeça iminente de maneira nova, experimentando usar seus próprios recursos internos para regular as crises e a si mesma por meio da prática da atenção plena. Laurie continuou sem enxaquecas nas quatro semanas seguintes, ainda que sua vida estivesse num estado de agitação perpétua. Afixou na parede de seu escritório o problema dos nove pontos e tentou responder aos estressores, em vez de apenas reagir a eles.

Na semana que se seguiu ao fim do programa, Laurie teve outra grande crise de enxaqueca. Começou na véspera do Dia de Ação de Graças e continuou por todo o dia seguinte. Recusou-se a ser levada para o pronto atendimento, embora ficasse mais tempo no banheiro vomitando do que ao lado da família, que implorava para poder levá-la ao hospital. Ao seu ver, seus filhos estavam em casa para o jantar de Ação de Graças e ela só conseguia pensar como era terrível sentir-se tão mal no único dia em que podia estar com eles.

Quando a encontrei na manhã seguinte ela estava pálida, confusa e chorosa. Disse que se sentia um "fracasso" depois dos bons resultados que obtivera durante o curso. Esperava que o médico suspendesse o medicamento Inderal caso ela continuasse sem enxaqueca. Agora sentia que devia "esquecer completamente essa possibilidade". Pior ainda, também se sentia um fracasso por não ter nenhuma ideia do motivo da enxaqueca. Disse que não estava estressada devido ao Dia de Ação de Graças. Ao contrário, estava toda animada com a proximidade dessa festa. No entanto, à medida que conversamos acerca dos dias que precederam o feriado, foi se dando conta de que a festa, esse ano, tinha um significado especial; que suas expectativas eram maiores do que o habitual devido à visita dos filhos, que via pouco. Também lembrou que na terça-feira, antes que a enxaqueca se manifestasse com força total, ela vira as luzes e manchas do pródromo, mas não as registrara na consciência. Recordou que o namorado perguntara o que ela faria para o jantar e ela respondeu: "Não sei; não consigo pensar. Me deu um branco".

Este foi, provavelmente, o ponto crítico para ela. Era um sinal de alerta do corpo avisando sobre a aproximação iminente da enxaqueca.

Porém, daquela vez, por algum motivo, a mensagem simplesmente não foi recebida. Depois ela me disse que devia estar muito ocupada, apressada e cansada para ouvir o corpo, apesar da experiência anterior de ter conseguido interromper a enxaqueca ao tomar medidas imediatas quando sentiu os primeiros sinais de alerta.

Assim que o mal-estar em relação a si própria diminuiu, Laurie conseguiu perceber que essa horrível enxaqueca não significava um fracasso pessoal. Pelo contrário, significava que ela poderia se beneficiar de uma sintonia ainda maior com as mensagens de seu corpo. Começou a considerar que seria pouco realista esperar que, após 27 anos com enxaquecas, ela aprendesse a controlá-las em quatro semanas a ponto de nunca mais ter esse problema, especialmente levando em conta as dificuldades de sua vida atual.

Deixando de generalizar essa experiência e evitando assim se transformar num fracasso, Laurie conseguiu ver que essa enxaqueca em particular, naquele momento específico, estava ensinando algo que ela ainda não tinha entendido completamente e que, portanto, poderia ser útil. A dor estava lhe ensinando que ela precisava respeitar aquele período crítico de sua vida em que convergiam: a data próxima do julgamento do divórcio, os problemas no trabalho e a raiva de seu ex-marido. A dor veio ensinar que pressões desse tipo não desaparecem só porque um feriado se aproxima. Na verdade, podem transformar o feriado em carga emocional e levar a expectativas e desejos inconscientes, porém intensos, de que as coisas aconteçam de determinada maneira.

Mais importante ainda, a enxaqueca estava lhe ensinando que, especialmente nesse momento de sua vida, ela não podia se dar o luxo de ignorar ou passar por cima das mensagens do corpo. Era necessário respeitá-las e estar mais preparada do que nunca para cessar qualquer atividade quando surgissem os primeiros sinais, tomar o medicamento e praticar o escaneamento corporal de imediato. Percebeu que, se a catástrofe total de sua situação exigia isso, nada menos que isso adiantaria, caso quisesse em última instância conquistar maior harmonia e libertar-se das dores de cabeça, literal e metaforicamente.

24
Trabalhando com a Dor Emocional: Você Não é Seu Sofrimento – Mas Pode Fazer Muito para Transformá-lo

O corpo não tem o monopólio do sofrimento. A dor emocional, a dor do coração e da mente, é muito mais generalizada e pode ser tão debilitante como a dor física. Essa dor assume diversas formas. Existe o sofrimento da autocondenação, por exemplo, quando nos culpamos por algo que fizemos, ou por algo que não fizemos, ou quando nos sentimos indignos ou pouco inteligentes, sem autoconfiança. Se prejudicamos outras pessoas, podemos também sentir a dor da culpa, uma combinação de autocensura e remorso. Há dor na ansiedade, na preocupação, no medo e no terror. Há dor na perda e no luto, na humilhação e no constrangimento, no desespero e na desesperança. Muitas vezes, dores emocionais de um tipo ou de outro, guardadas no fundo do coração e do corpo, podem nos acompanhar por grande parte da vida, como um pesado fardo, às vezes secreto, às vezes desconhecido até de nós mesmos.

Assim como ocorre com a dor física, podemos estar plenamente atentos à dor emocional e utilizar sua energia para crescer e restaurar nossa inteireza. A chave desse processo é a disposição de dar espaço ao sofrimento, acolhê-lo, observá-lo sem tentar mudar nada, adquirir familiaridade com ele de maneira intencional, convidar sua presença – em outras palavras, estar com ele assim como faríamos com um sintoma, com a dor física, ou com um pensamento que emerge repetidamente.

É difícil transmitir a grande importância dessa mudança de perspectiva que permite aceitar o momento presente, seja qual for, quando a dor emocional vem à tona. Quer seja o medo causado por uma emergência médica que nos leva à UTI, como acontece com algumas pessoas que passam pela clínica; a raiva e a humilhação causadas pela polícia que bateu à nossa porta e nos levou no meio da noite contra a nossa vontade; a frustração e a depressão provocadas por um médico novo que gritou conosco numa sala de espera lotada e nos negou a receita de um medicamento que nos era prescrito fazia anos na mesma clínica – o mais importante é a nossa disposição de cultivar mindfulness **nesses momentos** e imediatamente depois. Tomar consciência do que está acontecendo **enquanto** sentimos a dor é essencial para trabalhar com as emoções.

Sem dúvida, a tendência natural é evitar os sentimentos dolorosos, isolando-se deles tanto quanto possível – ou então ser automaticamente arrastado por um *tsunami* emocional. Em ambos os casos, ficamos demasiado preocupados, nossa mente muito turbulenta para se lembrar de olhar de frente, com olhos de totalidade, para esses momentos – a menos que tenhamos treinado a mente para ver suas próprias perturbações (sejam quais forem, por mais dolorosas que nos pareçam) como oportunidades para responder de novas maneiras, em vez de sermos vítimas de nossas reações. Por fim, o dano causado por negar ou evitar os sentimentos, ou por se perder neles, só agrava o sofrimento.

Assim como ocorre com a dor física, nossa dor emocional também está tentando nos dizer alguma coisa. Ela também é uma mensageira. Os sentimentos precisam ser reconhecidos, ao menos por nós mesmos. Devem ser conhecidos e sentidos em toda a sua força. Não há outra maneira de superá-los. Se ignorados, reprimidos, suprimidos ou sublimados, eles se deterioram, não se resolvem e nos tiram a paz. Inconscientes do que estamos fazendo, se os exagerarmos, dramatizarmos e nos preocuparmos com sua agitação e com as histórias que geramos para validar nossa experiência, podemos acabar presos a padrões que talvez perdurem a vida inteira.

Mesmo em meio às pontadas lancinantes do pesar ou da ira, do remorso corrosivo da culpa, das águas paradas da tristeza e da mágoa e das ondas do medo, ainda é possível estarmos atentos para perceber: neste momento, estou sentindo tristeza, e essa tristeza é **assim**; estou sentindo raiva, e a raiva é **assim**; estou me sentindo culpado, ou triste, ou magoado, ou com medo, ou confuso, e isso é **assim**.

Por estranho que pareça, **conhecer** intencionalmente nossos sentimentos nas horas de sofrimento emocional é algo que contém em si as sementes da cura. Exatamente como ocorre com a dor física, esse aspecto de nós mesmos que consegue **conhecer** os sentimentos, que vê claramente o que são, que pode aceitá-los no presente, enquanto estão acontecendo, sejam quais forem, com toda a sua fúria indisfarçável, se for o caso – ou sob vários disfarces, como a confusão, a rigidez ou a alienação –, essa mesma consciência tem uma perspectiva independente que é externa ao nosso sofrimento. Não é afetada pelas tormentas do coração e da mente. As tempestades sempre seguem seu curso e sua dor tem de ser sentida. Mas, na verdade, elas se desdobram de maneira diferente quando são abraçadas pela consciência. A consciência não é parte da dor. É aquilo que contém a dor, assim como o espaço do céu contém as variações do clima.

Para começar, quando envolta em consciência, a tempestade deixa de ser algo que nos acontece, como se fôssemos vítimas de uma força externa. Estamos assumindo a responsabilidade de sentir o que sentimos no momento porque é isso que está surgindo agora em nossa vida. Esses momentos de dor podem ser vividos de forma tão plena como qualquer outro e, na verdade, podem nos ensinar muito, embora seja muito difícil que tenhamos buscado essas lições de bom grado. No entanto, a relação consciente com uma dor, que de qualquer forma já está se manifestando, permite que estejamos plenamente envolvidos com as nossas emoções, em vez de sermos vítimas delas.

Mesmo que a dor que sentimos pareça tão grande a ponto de não conseguirmos ver, de não termos percepção consciente de um cenário mais amplo, o ato de levar a atenção para a emoção nos permite enxergar e abraçar nossos sentimentos com certo grau de sabedoria. A dor pode ser enorme, mas pelo menos uma brecha se abre ao investigarmos quem está sofrendo, ao observarmos nossa mente se debatendo, rejeitando, protestando, negando, gritando, fantasiando, sofrendo e gerando narrativas que talvez não sejam de todo exatas e, portanto, não muito úteis.

Mindfulness nos permite ver de modo mais claro a natureza da nossa dor e as histórias que construímos em cima dela. Às vezes, isso ajuda a esclarecer a confusão, as mágoas e a turbulência emocional causada, talvez, por erros de percepção ou exageros e pelo desejo de que as coisas sejam de determinada maneira. Da próxima vez que estiver num período de sofrimento, tente escutar uma voz interior serena, que talvez esteja dizendo: "Não é interessante, não é espantoso, tudo o que um ser humano pode ter de aturar? Não é surpreendente a quantidade de dor ou angústia que posso sentir, ou criar para mim mesmo, ou que pode me oprimir?". Quando você tentar escutar essa voz mais tranquila e mais clara dentro do próprio coração, dentro da sua dor, lembre-se de observar o desdobramento das emoções com atenção sábia, com certo grau de desapego. Talvez você se pegue pensando em como as coisas finalmente se resolverão, embora saiba que não há como adivinhar, e que terá de esperar para ver. No entanto, esteja certo de que uma resolução virá, que essa situação é como a crista de uma onda – não pode ficar para sempre elevada, por isso terá de descer. E saiba também que a forma como lida com o que está acontecendo na crista dessa onda pode influenciar a própria resolução. Por exemplo, se em um acesso de raiva dissermos ou fizermos algo que prejudique muito outra pessoa, isso agravará o sofrimento do momento e nos distanciará ainda mais da resolução, que pode acabar sendo muito diferente do que gostaríamos. Dessa maneira, em momentos de grande dor emocional, talvez você consiga aceitar que, no momento presente, não sabe como as coisas se resolverão, talvez nem chegue a gerar nem a acreditar nas histórias que costuma contar a si mesmo – e a partir dessa aceitação poderá começar o processo de cura.

Dentro da dor, mesmo enquanto a sente, você pode discernir que parte dela vem da não aceitação; de rejeitar o que já aconteceu ou foi dito ou feito; de querer que as coisas sejam de outra forma, mais ao seu gosto, mais sob seu controle. Talvez você deseje outra oportunidade. Talvez queira voltar no tempo e fazer algo diferente, dizer algo que não disse. Talvez esteja tirando conclusões apressadas, sem saber a história toda, e sentindo-se magoado sem necessidade devido às próprias reações apressadas. Há muitas maneiras pelas quais sofremos, mas em geral elas são variações de alguns temas básicos.

Se estiver consciente durante as tempestades emocionais, talvez observe em si mesmo a falta de vontade de aceitar as coisas como são, quer goste delas ou não. Talvez parte de você – a parte que teve essa percepção – já tenha, de uma maneira ou de outra, se reconciliado com o que aconteceu, ou com a sua situação. Talvez, ao mesmo tempo, você reconheça que os sentimentos ainda precisam amadurecer, que talvez não estejam prontos para aceitar a situação ou tranquilizar-se. Isso também faz parte.

Assim como ocorre na prática da meditação, a mente tem uma forte tendência a rejeitar as coisas como são quando se trata da **minha** dor, dos **meus** dilemas, da **minha** tristeza. Como Einstein ressaltou (ver Capítulo 12), isso nos aprisiona na identificação com o senso de separação, que nos afasta da capacidade de ver com clareza e sarar, justamente quando mais precisamos dela.

Se, num lampejo, você tiver uma profunda percepção do processo de sofrimento durante o desenrolar da sua dor, permita que seja simplesmente uma observação. Não salte daí para uma autocondenação generalizada por não aceitar as coisas como são ou pela dificuldade em focar o todo maior. Tudo isso são apenas mais pensamentos; pensamentos condenatórios, românticos e idealistas. O que precisamos nesses momentos é tão só sentir o que há para ser sentido, deixar que isso nos percorra, por mais longo que seja esse processo – na medida do possível repousando na consciência e observando os pensamentos e as emoções seguirem seu curso, com certo nível de equanimidade. Talvez a falta de disposição para aceitar o que aconteceu seja totalmente apropriada nesse momento. Podemos nos sentir ameaçados por uma sensação de calamidade ou perigo iminente. Talvez tenhamos sofrido uma perda dolorosa, sido enganados por alguém ou cometido algum erro de julgamento que nos deixou com remorso e sem disposição de "simplesmente aceitar".

Como vimos no Capítulo 2, aceitação não significa **gostar** do que ocorreu, tampouco requer resignação passiva de nossa parte. Não temos de capitular ou nos render. Aqui, o termo aceitação serve apenas para indicar que admitimos que o que aconteceu **já aconteceu** e está, portanto, no passado. Geralmente, a aceitação só vem com o tempo, conforme passa a tempestade e o vento diminui. Entretanto, a cura que pode vir após a devastação depende do quanto conseguimos estar despertos, encarar a energia da tempestade e observar sua fúria com atenção sábia, por mais doloroso que seja.

Insights muito transformadores podem surgir quando estamos dispostos a olhar profundamente para nossa dor emocional enquanto ela se manifesta, bem como para seus desdobramentos. Uma dessas percepções muito importantes é a compreensão da inevitabilidade da mudança, a percepção direta de que, quer gostemos disso ou não, **a impermanência está na própria natureza das coisas e dos relacionamentos**. Vimos isso na dor física, quando observamos mudanças na intensidade e nas idas e vindas de diferentes sensações e mesmo no deslocamento da dor de um lugar para outro do corpo, como às vezes acontece. Observamos isso também em nossos pensamentos, sentimentos e atitudes, que fluem e mudam em relação à dor.

Ao observar atentamente a dor emocional enquanto a estamos sentindo, é difícil não notar a turbulência extrema de pensamentos e emoções indo e vindo, aparecendo e desaparecendo, mudando com grande rapidez. Em momentos de grande estresse, é possível notar a recorrência frequente e implacável de certos pensamentos e sentimentos. Eles voltam muitas e muitas vezes, revivemos o que aconteceu, ou nos perguntamos que outra coisa poderíamos ter feito, ou como foi que aquilo aconteceu. Podemos culpar a nós mesmos ou a outra pessoa repetidas vezes, ou reviver um momento específico, ou imaginar toda hora o que vai acontecer a seguir, ou o que será de nós.

No entanto, se conseguirmos ficar atentos nesses momentos, se observarmos com cuidado, notaremos também que até mesmo essas imagens, pensamentos e sentimentos recorrentes têm um começo e um fim, que são como ondas que surgem na mente e depois desaparecem. Podemos também perceber que nunca são exatamente os mesmos. Cada vez que voltam, são um pouco diferentes. Não são exatamente iguais às ondas anteriores.

É possível observar também a variação da intensidade dos sentimentos. Num momento talvez sintamos uma dor incômoda, em seguida, intensa angústia e fúria, no momento seguinte medo, e depois um incômodo novamente, ou exaustão. Por breves momentos podemos até esquecer completamente que estamos magoados. Ao observar essas mudanças em nosso estado emocional, podemos concluir que nada do que estamos vivenciando é permanente. Na verdade, podemos ver por nós mesmos que a intensidade da dor não é constante; ela muda, aumenta e diminui, vai e vem, assim como nossa respiração vem e vai.

A parte atenta do nosso ser apenas observa o que está acontecendo de momento a momento, nada mais. Não rejeita o ruim, não condena nada nem ninguém, não deseja que as coisas sejam diferentes, nem sequer se perturba. A consciência, como um campo de inteligência compassiva localizado dentro do coração, acolhe todas as coisas e serve como fonte de paz em meio ao tumulto, assim como uma mãe pode ser uma fonte de paz, compaixão e perspectiva para uma criança que está incomodada. A mãe sabe que, seja qual for a perturbação da criança, vai passar. Dessa forma, ela consegue oferecer conforto, confiança e paz a partir de seu próprio ser.

Cultivando mindfulness no coração podemos direcionar uma compaixão semelhante a nós mesmos. Às vezes precisamos cuidar de nós mesmos como se a parte de nós que sofre fosse nosso próprio filho. Por que não mostrar compaixão, gentileza e simpatia em relação ao nosso próprio ser, mesmo enquanto nos abrimos plenamente à dor? Tratar-nos com a mesma amabilidade com que tratamos alguém que sofre constitui, em si mesmo, uma maravilhosa meditação curativa. É uma forma de cultivar a bondade e a compaixão, que não têm limites.

MEDITAÇÃO: "O QUE EU QUERO?"

Uma das principais fontes de sofrimento da vida é o nosso desejo de que as coisas sejam como queremos. Por isso, quando as coisas correm do jeito que queremos, sentimos que tudo está bem e ficamos satisfeitos. E quando não acontece o que esperamos, ou do modo como planejamos, ficamos contrariados, frustrados, irritados, magoados e infelizes – e sofremos.

Curioso: raras vezes sabemos como queremos que as coisas aconteçam – mas queremos que aconteçam da nossa maneira. Quando conseguimos o que queremos, em geral passamos a querer algo mais. Para se sentir feliz ou realizada, a mente sempre busca coisas novas. Poucas vezes ficamos contentes por muito tempo com uma situação tal qual é, por mais que seja relativamente tranquila e satisfatória.

Quando as crianças pequenas ficam chateadas porque não podem ter tudo o que desejam, a tendência dos adultos é dizer: "Nem sempre dá para ser do jeito que você quer". E quando elas perguntam: "Por quê?", respondemos: "Porque não!", ou "Você vai entender quando crescer". Mas isso não passa de ficção, pois a maioria dos adultos se comporta como se não compreendesse a vida muito melhor do que as crianças. Nós também desejamos que tudo aconteça do jeito que queremos. Apenas queremos coisas diferentes das crianças. Será que não ficamos igualmente chateados quando as coisas não saem como queremos? É fácil sorrir para a infantilidade delas, ou se zangar com elas, dependendo do nosso próprio estado de espírito. Talvez só tenhamos aprendido como disfarçar melhor nossos sentimentos.

Para escapar dessa armadilha de sermos sempre tomados por nossos próprios desejos, convém de vez em quando nos questionarmos: "Qual é o meu jeito?", "O que eu quero realmente?", "Eu saberia reconhecê-lo se o tivesse?", "Será que tudo tem de ser perfeito agora mesmo, ou estar sob meu controle total e imediato para que eu seja feliz?".

Se preferirmos, podemos nos perguntar: "Está tudo bem, de modo geral, neste momento?", "Será que **deixei de perceber** que tudo vai bem simplesmente porque minha mente está sempre pensando nas coisas que gostaria de ter, ou das quais deveria me livrar, para ser feliz, como fazem as crianças?". Ou, se não for esse o caso, poderíamos ainda nos perguntar: "Considerando minha infelicidade agora, será que há medidas específicas que eu possa tomar que me ajudem a ter mais paz e harmonia na vida?", "Há decisões a tomar que me ajudariam a encontrar meu próprio caminho?", "Terei algum poder de traçar meu próprio caminho, ou estou destinado a passar o resto da vida sem experimentar a felicidade ou a paz devido ao destino, devido às decisões que tomei ou que foram tomadas por mim, décadas atrás, talvez quando eu era jovem e tolo, ou cego ou inseguro, ou mais inconsciente do que agora?".

Se você procurar incorporar essas questões sobre o próprio caminho na prática da meditação, descobrirá que são muito eficazes para trazê-lo de volta ao momento presente. Tente sentar para meditar com a pergunta: "Neste momento, o que quero?". É suficiente fazer a pergunta. Não é necessário tentar responder. É mais proveitoso apenas refletir sobre a questão, mantê-la viva de momento a momento, para ouvir a resposta dentro do coração. "Qual é o meu próprio caminho?", "O que eu quero?".

※

Muitas pessoas na Clínica de Redução de Estresse logo descobrem que seu próprio caminho pode ser a vida tal qual a estão vivendo. Que outro caminho poderia haver? Começam a perceber que a dor é também uma parte de seu próprio caminho, e não necessariamente um inimigo. Pelo menos parte de sua dor emocional, se não a maior parte, vem de suas próprias ações, ou da inação, e, portanto, pode ser tratada. Ao ver com os olhos da inteireza, as pessoas descobrem que não são seu sofrimento, assim como não são seus sintomas, sua dor física nem sua doença.

Essas descobertas não são mera filosofia abstrata. Têm consequências práticas. Conduzem diretamente a uma aptidão para fazer algo em relação à dor emocional, até mesmo na unidade de tratamento intensivo, ou no carro da polícia, ou no consultório médico, ou no trabalho, ou em qualquer território desconhecido ao qual podemos ser levados quando a vida toma um rumo inesperado, algo que pode provocar emoções muito fortes em nós ou nos outros. O ato de assumir responsabilidade por nossa própria mente nessas ocasiões oferece portas de saída diante do que antes pareciam ser barreiras intransponíveis, paredes sufocantes de medo, falta de esperança e confiança. Essas portas de saída do sofrimento aparecem naqueles momentos quando entendemos: "É isso"; quando percebemos que a vida que estamos vivendo agora mesmo é a nossa vida, a única que temos. Com a disposição de ver as coisas desse modo, é possível aceitar a vida plenamente neste momento, como ela é, quaisquer que sejam suas particularidades. Pelo menos neste momento, o que está acontecendo é o que está acontecendo. O futuro é desconhecido e o que ocorreu no passado já se foi.

Ao visitarmos o momento presente como ele é, seja como for, ao nos acomodarmos na consciência e na aceitação, assentados em certo grau de tranquilidade e clareza de visão, nos tornamos menos suscetíveis aos sentimentos de medo e desesperança que podem surgir nessas horas. Bem dentro da dor já podemos estar dando passos para fazer o que precisa ser feito, para afirmar a nossa própria integridade rumo à cura.

Minha sugestão de que esse caminho é possível e prático, de que pode ser adotado, não implica menosprezar sua dor ou sofrimento. Eles são demasiado reais. Pelo contrário, significa que, embora as confusões emocionais estejam indo e vindo e os sentimentos ruins persistam e pesem sobre nós, sabemos, porque vivenciamos isso, que nossa força e capacidade de crescer e fazer mudanças, de transcender nossas mágoas e perdas mais profundas, não dependem de forças externas ou do acaso. Estão bem aqui, dentro de nosso próprio coração, neste exato momento.

ENFRENTAMENTO FOCADO NO PROBLEMA E ENFRENTAMENTO FOCADO NA EMOÇÃO

O primeiro passo no manejo consciente das emoções consiste em reconhecer para nós mesmos o que estamos realmente sentindo e pensando no momento presente. É útil parar completamente, mesmo que por curtos períodos, para **sentar-se em meditação com a emoção dolorosa**, respirar com ela, senti-la, sem tentar explicá-la ou fazer com que desapareça. Isso, por si só, traz tranquilidade e estabilidade para a mente e o coração.

Mais uma vez, retomando o Capítulo 12, vale a pena lembrar-se de olhar sua situação como um todo. De uma perspectiva sistêmica há dois grandes componentes interagindo na dor emocional. Um deles é o domínio dos **sentimentos**; o outro é o domínio da situação ou do **problema** na raiz dos sentimentos. Ao estar presente para sua dor, você pode se perguntar se é possível separar seu estado emocional dos detalhes daquilo que realmente aconteceu ou está acontecendo. Se você conseguir diferenciar esses dois componentes do dilema, é mais provável que consiga traçar uma rota para chegar à efetiva solução de toda a situação, incluindo seus sentimentos. Se, por outro lado, o domínio dos sentimentos e o domínio do próprio problema se misturam e confundem, como muitas vezes acontece, fica muito difícil ver com clareza e saber como agir com decisão. Essa confusão em si gera mais dor e mais sofrimento.

O enfrentamento focado no problema implica simplesmente tentar focar no aspecto problemático da situação que se está vivendo. Pergunte a si mesmo se está considerando o contexto em toda a sua amplitude, além dos intensos sentimentos acerca do problema. A seguir, pergunte a si mesmo se haveria medidas práticas para lidar com as coisas e resolvê-las no domínio do problema. Se o problema parecer grande demais, procure dividi-lo em partes menores, que sejam mais controláveis. Então você deve agir, **fazer alguma coisa**, ouvir a intuição e o coração, confiar neles. Tente corrigir o problema ou reduzir ao máximo possível a extensão do dano.

Por outro lado, há ocasiões em que absolutamente nada pode ser feito. Se for esta a sua percepção, então não faça nada. **Pratique o não fazer!** Apenas repouse na própria consciência com as coisas exatamente como são. Dessa maneira, você poderá utilizar sua compreensão do não fazer para permanecer com o que acontece no momento, com plena intencionalidade. Essa participação tranquila naquilo que se revela no campo do próprio coração é uma resposta assim como qualquer coisa que você poderia fazer. Por vezes, essa é a resposta mais apropriada possível.

Ao agir com atenção plena (quer isso implique fazer ou não fazer), você está deixando o passado para trás. Ao agir no presente, as coisas mudam em resposta ao que você escolheu fazer e isso, por sua vez, afeta o próprio problema. Esse modo de proceder às vezes é chamado de **enfrentamento focado no problema**. Pode ajudá-lo a agir com eficiência, apesar das fortes reações emocionais, e pode impedi-lo de tornar as coisas piores do que já estão.

Ao mesmo tempo, você pode dirigir a atenção ao que está **sentindo**. Procure tomar consciência da fonte do sofrimento. É a culpa, o medo, a perda? Quais são os pensamentos que passam por sua mente? Eles correspondem exatamente à realidade? Você consegue tão só assistir ao desenrolar dos pensamentos e sentimentos com plena aceitação, vendo-os como uma tempestade, ou como a crista de uma onda com estrutura e vida próprias? Estarão afetando seu discernimento e sua capacidade de ver as coisas com clareza? Estarão sugerindo que aja de um modo que poderá piorar as coisas, em vez de melhorá-las? Levar atenção sábia ao domínio dos sentimentos faz parte do que chamamos de **enfrentamento focado na emoção**. Como vimos antes, o simples fato de contemplar a tempestade com atenção plena influi na conclusão e nos ajuda a lidar com ela. Um passo adicional é dado nesse processo quando você consegue considerar formas alternativas de ver e estar com seus sentimentos, acolhendo-os e acolhendo a si mesmo num abraço de autocompaixão, como uma mãe que abraça o filho, com coração grande o suficiente para, em meio à dor e ao sofrimento, oferecer gentileza, bondade e uma perspectiva mais ampla para si próprio.

Vejamos um exemplo concreto, que combina as estratégias de enfrentamento focadas no problema e focadas na emoção, e como elas podem ser usadas em conjunto:

> Anos atrás, escalei uma montanha na região oeste do Maine com meu filho, Will. Era primavera e ele tinha 11 anos. Nossas mochilas estavam bem pesadas, começava a anoitecer e parecia que uma tempestade se aproximava. Estávamos a meio caminho de uma série difícil de saliências elevadas e nos custava muito avançar, principalmente com as mochilas. Em determinado momento, nos agarramos a uma pequena árvore que crescia na rocha. Olhamos para o vale abaixo e para as nuvens de tempestade se acumulando. De repente, nós dois ficamos assustados. Não tínhamos ideia de como conseguiríamos subir e ultrapassar a saliência seguinte. Parecia que qualquer um dos dois poderia escorregar e cair muito facilmente. Will estava tremendo, morto de medo naquele momento. Não queria subir mais de jeito nenhum.
>
> Nosso medo era muito intenso, mas também constrangedor. Nenhum dos dois queria admitir que se sentia amedrontado, mas essa era a realidade. Eu só conseguia ver duas alternativas: seguir em frente e "aguentar firme", sem prestar atenção aos nossos sentimentos, ou respeitá-los. Sobretudo pela proximidade da tempestade, parecia que nossos sentimentos de medo e incerteza estavam dizendo algo bem importante. Agarrados à arvorezinha, entramos intencionalmente em contato com a respiração e com nossos sentimentos, suspensos em algum lugar entre o cume e o sopé da montanha, sem saber o que fazer. Respirando, ficamos um pouco mais calmos e conseguimos pensar com mais clareza. Conversamos sobre nossas opções, do intenso desejo de prosseguir até o topo, de não querermos nos sentir "derrotados" pelo medo – mas também ponderamos nossa sensação de perigo e de vulnerabilidade naquele momento. Logo tomamos a decisão de respeitar nossos sentimentos e deixar de lado a intenção original. Com cautela, descemos de novo e encontramos um abrigo exatamente quando os

ventos começaram e a chuva forte desabou. Passamos a noite aconchegados no abrigo, felizes por termos tido o bom senso de respeitar o que sentimos. Entretanto, ainda queríamos tentar subir a montanha. Na verdade, queríamos mais do que nunca, para não ficarmos com a sensação de que fora o medo, em última instância, que nos impedira de atingir o cume da montanha.

Por isso, no dia seguinte, durante o café da manhã, desenvolvemos uma estratégia para dividir o problema em partes mais controláveis. Decidimos encarar cada etapa do caminho da forma como ela se apresentasse, concordando que não sabíamos quais seriam as dificuldades que enfrentaríamos para ultrapassar as saliências rochosas carregando as mochilas. Também concordamos que não sabíamos o que aconteceria, ou se seria possível chegar até o topo, mas que de todo modo tentaríamos, lidando com os problemas conforme surgissem.

A subida foi ainda mais difícil do que na noite anterior, pois estava muito escorregadio devido à chuva. Decidimos andar descalços para ver se a tração melhorava. Melhorou muito. Subimos tanto quanto foi possível com as mochilas. Quando chegamos de novo às saliências, a mochila de Will pareceu-lhe grande e pesada demais, puxando-o para trás quando ele procurava lugares na rocha para apoiar os dedos dos pés e das mãos. Então decidimos deixar as mochilas ali e subir tanto quanto possível, apenas para apreciar a vista lá de cima. Alcançamos a arvorezinha novamente e desta vez não havia nenhuma sensação de perigo. Descalços, e sem o peso das mochilas, sentíamo-nos em completa segurança. O que parecia um obstáculo intransponível na noite anterior agora era simples. Dessa vez, sabíamos exatamente como continuar subindo além da pequena árvore. Escalamos a rocha até alcançar um local abaixo do topo, onde a subida ficou muito mais fácil. A vista era espetacular. Estávamos acima das nuvens de tempestade que se dissipavam rápido, observando as montanhas banhadas pelo sol da manhã. Depois de um tempo, deixei Will ali, perfeitamente feliz por estar sozinho. Por mais de uma hora ficou sentado em cima de uma rocha no silêncio da manhã, vislumbrando os vales e as montanhas, enquanto eu descia para buscar as mochilas e levá-las para cima, uma de cada vez. Em seguida, prosseguimos nosso caminho.

Conto essa história porque, quando paramos junto à arvorezinha, vi claramente a importância do sentimento de medo e da nossa capacidade de reconhecê-lo. O medo impediu ações insensatas. Além disso, percebi naquele momento que, **para nós dois**, seria muito importante tentar retomar a mesma rota no dia seguinte, sob melhores condições, e com uma abordagem de solução de problema. Assim, conseguimos lidar de modo criativo com a condição escorregadia da rocha e com o peso das mochilas. Chegamos mais uma vez ao local onde o medo nos fez parar no dia anterior e verificamos se seria possível ir além, agora que o momento era outro.

Acredito que essa experiência mostrou a Will (e reforçou em mim) que é possível trabalhar com o medo; que podemos levar em conta e respeitar a sensação de medo; que o medo pode ser um aliado útil e inteligente; que o medo não foi um sinal de fraqueza da parte dele nem o resultado inevitável de escalar a montanha daquela forma. As coisas podem ser assustadoras num dia; no dia seguinte, não. Era a mesma montanha, éramos as mesmas pessoas, mas diferentes. Nossa disposição de considerar o problema como algo separado de nossos sentimentos e **respeitar** ambos permitiu que fôssemos pacientes, sem deixar que o medo tomasse maiores proporções, tornando-se perigoso em si mesmo ou abatendo nossa confiança. Tal estratégia permitiu decompor o desafio (de como subir até o topo da montanha) em problemas menores, com os quais lidamos à medida que surgiam, um de cada vez, experimentando, sem saber se nossa meta seria atingida, mas pelo menos tentando novamente e usando a imaginação.

※

Em momentos de turbulência emocional e dor pode ser muito terapêutico seguir simultaneamente as duas vias paralelas. Uma delas implica a consciência de seus pensamentos e sentimentos (a perspectiva focada na emoção). A outra envolve trabalhar com a própria situação (a perspectiva focada no problema). Ambas são essenciais para responder com eficiência a situações estressantes e ameaçadoras.

Na abordagem focada no problema, como acabamos de ver, tenta-se identificar com alguma clareza a fonte e o escopo do problema, de modo separado de nossos sentimentos – como fizemos no problema dos nove pontos no Capítulo 12. Tentamos entender o que precisa ser feito, as providências a serem tomadas, os prováveis obstáculos ao progresso e com que recursos internos e externos podemos contar para lidar com o problema na medida de nossa compreensão. Para seguir essa rota, talvez seja necessário tentar coisas que nunca havíamos tentado antes, buscar conselhos e ajuda de outras pessoas, e até aprender novas habilidades que nos permitam lidar com certos problemas. Porém, se dividirmos o problema em partes menores e administráveis, e lidarmos com uma parte de cada vez, veremos que é possível agir com eficiência mesmo diante da dor e da turbulência emocional. Em alguns casos essa abordagem pode diminuir ou até suspender a comoção emocional por tempo suficiente para evitar que ela acabe nos cegando ou intensificando os problemas.

A abordagem de enfrentamento focada em problemas também pode apresentar algumas ciladas, acima de tudo quando nos esquecemos de que é apenas uma das duas rotas paralelas. Há pessoas que lidam com tudo de modo objetivo, baseado na solução de problemas. Nesse processo, podem perder o contato com seus sentimentos acerca da situação, deixando de reconhecer e responder de forma adequada e com inteligência emocional aos sentimentos dos outros. Esse hábito pode gerar muito sofrimento desnecessário e dificilmente leva a uma vida equilibrada.

Ao dirigir a atenção às nossas emoções, observamos os sentimentos e pensamentos da perspectiva de mindfulness e recordamos que o manejo dos sentimentos é possível, como Will e eu fizemos junto à arvorezinha. É possível descobrir, por meio da prática contínua, que as crises emocionais são "administráveis" e que, bem em meio a um momento muito difícil e penoso, podemos expandir intencionalmente a perspectiva que temos de nossos sentimentos, acolhendo-os na consciência. Às vezes essa estratégia é conhecida como ressignificação, isto é, situar o problema dentro de uma perspectiva maior ou diferente. Isso é algo que podemos fazer com nossas emoções, com o problema, ou com ambos. Considerar um problema como oportunidade ou desafio é um exemplo de ressignificação. Outro exemplo é ver nossa dor a partir da perspectiva do sofrimento de outras pessoas, que podem estar em condição pior que a nossa. Mindfulness é a perspectiva última que nos permite perceber a realidade das coisas como são. Chamo isso de "rotação ortogonal da consciência"*. Em um instante tudo

---

* Veja *Coming to Our Senses*, 347-358.

fica diferente devido à consciência e aos *insights* que podem surgir desse espaço inerentemente inteligente, com o coração aberto. Novas aberturas e possibilidades podem se manifestar, ainda que tudo permaneça exatamente como estava, exceto nós mesmos.

※

Momentos de grande turbulência e agitação emocional – tristeza, raiva, medo e luto, momentos em que nos sentimos magoados, perdidos, humilhados, frustrados ou derrotados – são justamente os momentos em que mais precisamos saber que o núcleo do nosso ser é estável e resiliente, que podemos resistir a esses momentos e tornarmo-nos mais humanos ao longo do processo. Isso nos dá tranquilidade quando mais precisamos. Ao observar – com aceitação, abertura e bondade – o desenrolar de nossa dor e assumir, ao mesmo tempo, uma abordagem focada no problema, é possível encontrar um equilíbrio entre enfrentar, respeitar e aprender com a dor emocional de momento a momento, conforme ela se expressa, e agir de modo eficaz no mundo. Isso, em si, minimiza as inúmeras maneiras pelas quais ficamos presos e cegos pela emoção em qualquer momento. Essa cegueira é fortalecida e agravada por padrões emocionais profundamente enraizados e talvez jamais questionados ao longo da vida. A atenção plena aos nossos pensamentos e sentimentos, principalmente aqueles que surgem nos relacionamentos com outras pessoas e em situações estressantes, ameaçadoras e carregadas de emoção, pode desempenhar um papel essencial, ajudando-nos a agir com habilidade em meio à profunda dor emocional. Ao mesmo tempo, esse modo de agir lança sementes que curam o coração e a mente.

MINDFULNESS E DEPRESSÃO

Há muitas formas diferentes de plantar e regar as sementes de mindfulness. Sabemos que dentre as desregulações emocionais que podem causar enorme sofrimento, a depressão é provavelmente a mais frequente. Tem sido descrita como "o cão negro da noite". Buraco negro seria outra metáfora apropriada. A depressão é um grave problema de saúde pública em todo o mundo, em especial em sociedades de maior desenvolvimento tecnológico, e uma fonte inesgotável de infelicidade crônica. Nos últimos vinte anos houve um avanço bastante significativo nessa área – que utiliza o mesmo paradigma, práticas meditativas e formato geral do programa MBSR – com o objetivo de evitar recaídas e novos episódios de depressão maior em pessoas que já foram tratadas com sucesso. Refiro-me ao desenvolvimento e uso disseminado da terapia cognitiva baseada em mindfulness (MBCT).

A MBCT foi desenvolvida por três terapeutas cognitivos, pesquisadores da emoção de renome mundial, com foco principal na depressão: Zindel Segal, da University of Toronto, Mark Williams, da University of Oxford, e John Teasdale, anteriormente da Cambridge University. A história de como desenvolveram a MBCT é contada em seu livro *Mindfulness-Based Cognitive Therapy for Depression*.* MBCT segue o mesmo formato de oito semanas que o programa MBSR, mas foi elaborada especialmente para as pessoas que sofreram múltiplos episódios de depressão clínica (conhecida também como transtorno depressivo maior) e que foram tratadas com sucesso pela terapia cognitiva, ou com antidepressivos, e que na atualidade não estão deprimidas. O risco de recaída de quem teve três ou mais episódios é superior a 90%, e os custos, incluindo os custos em termos de sofrimento humano, são enormes. Teasdale, Segal, Williams e seus colegas demonstraram, em um estudo randomizado apresentado em 2000, que a taxa de recaída das pessoas com histórico de três ou mais episódios de depressão maior que participaram do programa MBCT foi cerca de metade da dos sujeitos do grupo-controle, que receberam apenas cuidados médicos de rotina e prosseguiram com o esquema de tratamento regular. Foi um resultado surpreendente, dado o predomínio do transtorno depressivo maior e o alto risco de recaídas após um tratamento bem-sucedido. O interesse em mindfulness e em MBCT se espalhou rápido pela comunidade de terapeutas cognitivos devido à excelência desses achados científicos. O primeiro livro, escrito basicamente para terapeutas cognitivos, foi seguido por um segundo, do qual também participei, dirigido a um público mais amplo.** A chave para a abordagem MBCT é reconhecer que qualquer esforço para sair da depressão – baseado apenas

---
* Segal, Z. V.; Williams, J. M. G.; Teasdale, J. D. *Mindfulness-Based Cognitive Therapy for Depression*. 2nd ed. New York: Guilford; 2012.
** Williams, M.; Teasdale, J.; Segal, Z.; Kabat-Zinn, J. *The Mindful Way Through Depression: Freeing Yourself from Chronic Unhappiness*. New York: Guilford; 2007.

em tentativas de se convencer a não ficar triste, ou de buscar de uma forma ou de outra mudar a maneira como se sente e pensa sobre as coisas – só agrava o quadro. É preciso apenas aquilo que temos explorado desde o início: mudar a atitude de querer "consertar" o que achamos que está errado em nós (mais um elemento equivocado do domínio do fazer) e adotar uma atitude mental que **permite, aceita** e é apenas **consciente**. Isso é precisamente o que temos experimentado com as práticas de meditação e talvez, pelo menos em algum grau, com o **domínio do ser**. Nesse domínio, conforme ressaltamos inúmeras vezes, consideramos os pensamentos, independente de conteúdo e carga emocional, como eventos que vêm e vão no campo da consciência, como nuvens no céu. Não se deve tomá-los como algo pessoal nem considerá-los verdade. Conforme já mencionado, MBCT é o tratamento recomendado pelo Serviço Nacional de Saúde (NHS) do Reino Unido para pessoas com histórico de três ou mais episódios de depressão crônica, com vistas à prevenção de recaídas. Há crescente literatura científica acerca da MBCT e seus efeitos na prevenção de recaídas de depressão. Está sendo utilizada até mesmo como terapia para pessoas com a chamada depressão resistente ao tratamento. Além disso, foram desenvolvidas aplicações de MBCT para outras condições, como a ansiedade crônica. *

---

* Orsillo, S.; Roener, L. *The Mindful Way Through Anxiety: Break Free from Chronic Worry and Reclaim Your Life.* Berkeley: New Harbinger; 2011. Semple, R.; Lee, J. *Mindfulness-Based Cognitive Therapy for Anxious Children: A Manual for Treating Childhood Anxiety.* Oakland: New Harbinger; 2011.

25

Trabalhando com o Medo, o Pânico e a Ansiedade

Há uma cena maravilhosa em um filme do fim da década de 1970, *Encontros e Desencontros,* em que Burt Reynolds está na seção de móveis de uma grande loja de departamentos com uma jovem (Jill Clayburgh), quando ela tem um ataque de ansiedade bem ali na loja. Enquanto ele, meio atordoado, se esforça para ajudá-la a controlar suas emoções, olha para cima e descobre que os dois estão rodeados por uma multidão de expectadores boquiabertos. Ele grita: "Rápido, alguém tem Valium?", e nesse momento uma centena de mãos começa a procurar freneticamente nos bolsos e nas bolsas.

Vivemos numa era de ansiedade e, desde que o filme estreou, há 37 anos, a ansiedade não diminuiu. Pelo contrário, só aumenta devido à velocidade de nossa vida e à rapidez que exigimos da nossa mente na era digital. Muita gente, na Clínica de Redução de Estresse, chega a nós por problemas relacionados à ansiedade, gerada pelo estresse desenfreado da vida, agravado por problemas de saúde. A ansiedade é um dos estados mentais mais generalizados que encontramos na clínica, e a maioria dos pacientes nos procura ou é encaminhada pelos médicos para aprender a relaxar e a lidar melhor com o estresse.

Se formos sinceros, teremos de admitir que vivemos em um oceano de medo durante grande parte da vida, embora evitemos reconhecer esse fato. De vez em quando, mesmo entre as pessoas mais corajosas, essas sensações de medo vêm à tona. Podem ser em relação à morte, ao abandono ou à traição. Podem resultar de pequenos ou grandes traumas anteriores, ou de desrespeito e abandono crônicos, ou de maus tratos, estupros e até mesmo torturas. Pode ser o medo de sentir dor ou antecipá-la, ou de ficar só, doente ou incapacitado. Tememos que alguém que amamos seja ferido ou morto. Existe o medo do fracasso ou do sucesso, ou o medo de decepcionar outras pessoas, ou o temor sobre o destino da Terra. Quase todos nós temos esses medos; estão sempre presentes, mas costumam eclodir sob certas circunstâncias.

Algumas pessoas lidam com o medo muito melhor do que outras. Geralmente, quando emergem, lidamos com nossos medos ignorando-os, ou negando-os por completo, ou ocultando-os dos outros. No entanto, esse modo de enfrentamento aumenta a probabilidade de desenvolver padrões mal-adaptativos de comportamento (como a passividade ou a agressividade para compensar as inseguranças). Às vezes nos deixamos dominar e imobilizar pela própria sensação de medo; outras vezes nos concentramos nos sintomas físicos ou em outros aspectos menos ameaçadores e mais fáceis de controlar. E muitos indivíduos não conseguem nem sequer recorrer a essas estratégias questionáveis. Para eles é muito difícil, se não impossível, negar, ignorar ou ocultar sua ansiedade. Na ausência de meios eficazes para lidar com a ansiedade, esta pode ter efeitos prejudiciais significativos na capacidade de funcionar no mundo. A ansiedade crônica também pode alimentar padrões extremos do que é chamado de **esquiva experiencial, em que as pessoas tentam evitar a todo custo quaisquer pensamentos, sentimentos, memórias ou sensações físicas que possam causar mal-estar. No entanto, esse medo da própria experiência interior as leva a se afastarem da própria vida.** A ansiedade crônica pode desencadear depressão em algumas pessoas. E também pode nos levar a sucumbir às estratégias inadequadas de enfrentamento (analisadas no Capítulo 19), em todas as suas formas, para evitar ou mitigar o mal-estar.

O cultivo de mindfulness pode ter um impacto positivo nas reações de ansiedade pela via de resposta ao estresse mencionada no Capítulo 20. Em diversos estudos conduzidos em colaboração com nossos colegas no Departamento de Psiquiatria, demonstramos que o programa MBSR reduziu de maneira significativa a pontuação de ansiedade e depressão nos pacientes que apresentavam um diagnóstico médico ou diagnóstico secundário de transtorno de ansiedade generalizada, ou transtorno de pânico no decorrer das oito semanas do programa – melhora que se confirmou durante uma avaliação realizada três anos depois. * ** Mais adiante examinaremos esses dois estudos em detalhe.

Como se pode imaginar, a aplicação de mindfulness à ansiedade crônica consiste em permitir que a própria ansiedade se torne o objeto da atenção não julgadora. Observamos, de modo intencional, o medo e a ansiedade quando eles aparecem, assim como fazemos com a dor. Quando nos aproximamos de nossos medos e observamos que emergem na forma de pensamentos, sentimentos e sensações corporais, estamos em posição muito melhor para reconhecê-los pelo que são, e saber como responder a eles de modo adequado. Assim, estamos menos propensos a ser dominados ou arrastados por eles, ou de sentir necessidade de contrabalançar através de ações autodestrutivas ou autolimitantes.

A palavra **medo** implica a presença de algo específico que está causando esse estado emocional. Em certas circunstâncias ameaçadoras é comum sentir medo ou até terror. É uma das características principais da reação de luta ou fuga. O medo pode ser desencadeado, por exemplo, pela sensação súbita de não conseguir respirar. Quem tem doença pulmonar obstrutiva crônica tem de enfrentar esse tipo de medo e aprender a lidar com o pânico que essa situação provoca. Ser vítima de uma agressão ou descobrir que se tem uma doença incurável são outros exemplos de fatores desencadeantes. Em nível mais prosaico, prazos apertados também podem ser gatilhos do medo.

Nessas circunstâncias, pensamentos ou experiências assustadoras podem levar facilmente a um estado de pânico, movido pelo desespero e por uma sensação de completa perda de controle. A reação de pânico diante de uma situação ameaçadora é muito perigosa e infeliz, pois nos incapacita bem no momento em que mais precisamos estar prontos para pensar com extrema rapidez e clareza a fim de resolver problemas inesperados.

---

* Kabat-Zinn, J.; Massion, A. O.; Kristeller, J.; Petersen, L. G. et al. "Effectiveness of a Meditation--based Stress Reduction Program in the Treatment of Anxiety Disorders". *Am. J. Psychiatry*, 1992; p. 936-943.
** Miller, J. J.; Fletcher, K.; Kabat-Zinn, J. "Three Year Follow-Up and Clinical Implications of a Mindfulness Meditation-Based Stress Reduction Intervention in the Treatment of Anxiety Disorders". *General Hospital Psychiatry*, 1995; 17, p. 192-200.

25 | Trabalhando com o medo, o pânico e a ansiedade

Quando dizemos "ansiedade", estamos falando de um estado emocional altamente reativo, mas sem uma causa ou ameaça imediata identificável com nitidez. A ansiedade é um estado generalizado de insegurança e agitação que pode ser desencadeado por quase qualquer coisa. Às vezes, parece não haver elemento desencadeador. Podemos estar ansiosos e não saber exatamente o porquê. Como vimos no Capítulo 23 ao discutir as dores de cabeça, é possível acordar já trêmulo, tenso e assustado. Se somos atormentados por sentimentos de ansiedade, muitas vezes ela pode parecer desproporcional às pressões reais sob as quais vivemos. Podemos ter muita dificuldade para identificar a causa de nossos sentimentos. Pode-se estar sempre preocupado, mesmo na ausência de algum problema ou ameaça. É possível estar tenso o tempo todo, cronicamente tenso. Pode-se ter uma tendência à "catastrofização" e ficar preso em um modo padrão de sentir que "se não for uma coisa, então será outra", ou seja, há sempre um motivo de preocupação. Quando esse estado mental se generaliza e se converte em uma condição crônica, é chamado transtorno de ansiedade generalizada (TAG). Seus sintomas podem incluir tremores, calafrios, tensão muscular, inquietação, cansaço à toa, falta de ar, palpitação, sudorese, boca seca, tontura ou suor frio, náusea, sensação de nó na garganta, agitação, sobressalto, dificuldade de concentração, dificuldade em adormecer ou dormir por períodos longos e irritabilidade.

Além da ansiedade generalizada, algumas pessoas sofrem do que chamamos de ataques de ansiedade ou ataques de pânico. São episódios nos quais, sem motivo aparente, a pessoa vivencia um período descontínuo de intenso medo e desconforto. Quem sofre de ataques de pânico em geral não tem a menor ideia do motivo e nem do momento em que os ataques ocorrerão. Na primeira vez, pensam que se trata de um ataque cardíaco, devido aos sintomas físicos agudos que se manifestam, como dores no peito, tontura, falta de ar e sudorese profusa. É possível que surja uma sensação de irrealidade, ou também pensamentos de que se está morrendo, ou enlouquecendo, ou perdendo o controle de si mesmo. Pode ser muito mais desconcertante do que reconfortante ouvir do médico que não se trata de um ataque cardíaco e nem de loucura, pois para o paciente está claro que **alguma coisa** está muito errada. Se formos atendidos por um médico capaz de reconhecer nesses sintomas um ataque de pânico, será mais fácil obter a ajuda necessária para controlar a crise. Infelizmente, muitas pessoas que sofrem ataques de pânico recorrem ao Pronto Atendimento e o médico lhes diz que "não há nada de errado". São mandadas para casa sem assistência, ou com uma receita de tranquilizantes.

É um alívio saber o que é uma crise de pânico e que ela não causa morte nem loucura. Porém, o que realmente importa é saber que podemos lidar com esses transtornos corpo-mente mudando a forma como vemos e prestamos atenção aos próprios processos de pensamento e à reatividade. Para aprender esse tipo de manejo, os médicos, psiquiatras, psicólogos e psicoterapeutas encaminham seus pacientes com crises crônicas de pânico para o treinamento no programa MBSR da Clínica de Redução de Estresse.

Conforme indicado anteriormente, entre o início e meados da década de 1990, em colaboração com nossos colegas do Departamento de Psiquiatria, conduzimos um estudo cujo objetivo era avaliar os efeitos do programa MBSR em 22 pacientes encaminhados à clínica com diversos diagnósticos clínicos e que também apresentavam problemas secundários de transtorno de ansiedade generalizada e/ou transtorno do pânico. Esse estudo surgiu porque estávamos verificando uma melhora expressiva nos pacientes que relatavam altos níveis de ansiedade, fato que merecia uma investigação mais sistemática. Além do relato de outros que descreviam maior sensação de controle durante as crises de pânico, houve também, como consequência do programa, uma considerável redução dos valores de ansiedade, ansiedade fóbica e outros sintomas clínicos. Queríamos testar esses resultados de modo mais rigoroso, utilizando indicadores mais sofisticados para monitorar o estado psicológico. Sentimos também a necessidade de confirmar, de modo independente, se as pessoas encaminhadas à Clínica de Redução de Estresse por seus médicos, devido sobretudo aos sintomas de ansiedade e pânico, tinham sido diagnosticadas corretamente. Isso foi possível graças à colaboração de psicólogos e psiquiatras especializados em confirmar diagnósticos de ansiedade secundária (além dos diagnósticos clínicos) e monitorar o progresso ao longo do tempo. Iniciamos o estudo convidando indivíduos encaminhados à clínica de estresse cujo questionário mostrava altos níveis de ansiedade. Todos os que concordaram em participar do estudo passaram por

25 | Trabalhando com o medo, o pânico e a ansiedade

uma longa entrevista com um psiquiatra ou um psicólogo clínico a fim de estabelecer um diagnóstico psicológico preciso. Seus níveis de ansiedade, depressão e pânico foram avaliados toda semana durante a participação nas oito semanas do programa MBSR e durante três meses depois de terminado o programa. As 22 pessoas foram acompanhadas dessa maneira. Três anos depois, conduzimos um estudo de seguimento.

Constatou-se que tanto os níveis de ansiedade quanto os de depressão tiveram queda significativa ao longo das oito semanas do programa MBSR em praticamente todos os participantes do estudo. O mesmo ocorreu com a frequência e a gravidade dos ataques de pânico. Um seguimento após três meses revelou que as pessoas mantiveram a melhora após a conclusão do programa. A maioria delas quase não apresentou crises de pânico no seguimento de três meses. O mesmo ocorreu após três anos. O estudo de seguimento de três anos também mostrou que a maioria ainda praticava meditação, de uma forma ou de outra, de maneiras consideradas importantes e significativas para elas.

Esse estudo, embora tenha envolvido um pequeno número de indivíduos e sem uma condição de controle randomizado para comparação, mostrou claramente que aqueles que sofrem de ataques de pânico e transtorno de ansiedade conseguem fazer uso de seu treinamento em mindfulness para modular os sentimentos de ansiedade e pânico. Os estudos mostraram também que aquilo que os participantes aprenderam no programa de oito semanas produziu benefícios duradouros, assim como vimos nas pessoas com dor crônica no Capítulo 22.

Durante o período em que os participantes do estudo sobre ansiedade estavam recebendo o treinamento MBSR, foram tratados pelos instrutores exatamente da mesma forma como todos os outros integrantes do programa. Na verdade, os instrutores nem sabiam quem estava participando do estudo, e isto nunca foi mencionado nas aulas. A programação MBSR também não sofreu nenhuma alteração com o fim de obter bons resultados especificamente para os pacientes com ansiedade. Os participantes do estudo não se distinguiam dos demais: pessoas com dor crônica, doenças cardíacas, câncer e todos os outros problemas de saúde pelos quais costumam ser encaminhadas. Embora os resultados do estudo mostrassem melhoras expressivas entre as 22 pessoas que foram acompanhadas pelos diversos indicadores de sintomas utilizados, a parte mais interessante é que, em última análise, como acontece com todos os que passam pela clínica, todas elas saíram com sua própria experiência individual e histórias para contar. Os resultados sugerem que a prática de mindfulness pode reduzir de modo significativo a ansiedade, a frequência e a gravidade dos ataques de pânico. No entanto, é nas histórias individuais que podemos ver como a prática de meditação mindfulness pode ser profundamente benéfica para alguém que sofre de ansiedade. O que se segue é um relato de como uma pessoa resolveu com sucesso seus problemas após onze anos de ansiedade crônica e pânico.

A HISTÓRIA DE CLAIRE

Claire, uma mulher de 33 anos, feliz no casamento, com um filho de 7 anos, chegou à Clínica de Redução de Estresse grávida de seis meses de seu segundo filho. Vinha apresentando, de modo intermitente, sensações de pânico e crises reais de pânico durante os últimos onze anos, desde a morte de seu pai. Nos últimos quatro anos, os ataques haviam piorado e a impediam de ter uma vida normal. Claire contou que fora criada numa família de minoria étnica e superprotetora. Aos 22 anos, quando estava prestes a se casar, seu pai morreu. Ela prometera a ele que se casaria de imediato, mesmo se sua morte ocorresse antes do casamento, o que de fato aconteceu. Seu pai faleceu numa quinta-feira, foi enterrado no sábado e no domingo ela estava casada. Contou-nos que não sabia nada acerca do mundo naquela época, pois vivera superprotegida, sempre dentro de casa.

Até aquele momento, Claire se considerava uma mulher feliz e bem ajustada. Seus problemas de ansiedade começaram logo após a morte do pai e o casamento. Coisas sem importância, ou até ilusórias, a deixavam nervosa e preocupada, e sentia-se incapaz de explicar ou controlar esses sentimentos. Começou a pensar que estava enlouquecendo. Esse padrão de pensamento e de sentimentos ansiosos piorou ao longo dos anos. Seu autocontrole diminuía cada vez mais. Quatro anos antes de sua vinda para a clínica, passou por incidentes em que chegou a desmaiar. Nesse ponto foi consultar um neurologista, que receitou tranquilizantes e atribuiu seus problemas à ansiedade.

A partir desse momento, seu maior medo era fazer um papel ridículo e desmaiar no meio de uma multidão. Sentia medo de dirigir e de sair sozinha. Começou a consultar um psiquiatra, que também receitou tranquilizantes e insistiu no uso adicional de antidepressivos, que ela recusou.

Depois de algum tempo de tratamento, Claire e seu marido tiveram a impressão de que aquela abordagem terapêutica consistia num tipo de "lavagem cerebral", que ela não estava sendo levada a sério como ser humano, e que os profissionais se limitavam a medicá-la.

Seu psiquiatra marcava consultas apenas para mudar a medicação e trabalhava em conjunto com um terapeuta que via Claire com regularidade. Ela lembrou que tanto o psiquiatra quanto o terapeuta disseram, em várias ocasiões, que a medicação era a solução de seus problemas, que simplesmente "ela era esse tipo de pessoa" que precisa tomar tranquilizantes todo dia para viver. Argumentavam que o seu caso não era diferente do de indivíduos com hipertensão ou problemas de tireoide, que precisam tomar medicação diariamente para controlar a doença. A mensagem era clara: ela deveria apenas cooperar e parar de resistir ao tratamento. Insistiam em dizer que os ataques de pânico só seriam controlados com a medicação prescrita. E ela seguiu a prescrição, na maior parte do tempo, pelo menos no início.

Entretanto, no fundo, Claire sentia que seu médico e seu terapeuta não se interessavam por ela, a menos que estivesse disposta a aceitar sua posição e acatar a necessidade de medicação. Quando lhes dizia que os remédios não estavam funcionando, que os ataques de pânico continuavam, o psiquiatra simplesmente aumentava a dose. Ela não se sentia ouvida.

Na verdade, sentia-se censurada. Foi acusada de ser teimosa e irracional por recusar-se a prosseguir com os antidepressivos e questionar a necessidade de tomar tranquilizantes por período indeterminado. Sentia-se incomodada porque a duração do tempo de uso dos medicamentos nunca era definida. Tinha a impressão de que seria medicada durante décadas e faria terapia para sempre. Ao perguntar sobre abordagens alternativas para substituir a medicação – como redução do estresse, yoga, relaxamento e *biofeedback* – disseram-lhe que, se quisesse, poderia tentar, que "mal não faria, mas não resolveria o problema".

A gota d'água foi quando soube que estava grávida. Olhando para trás, ela sentiu que a gravidez foi uma bênção, porque resultou em uma grande mudança na sua relação com o mundo da medicina. Ela insistiu em dispensar toda a medicação logo que descobriu que estava grávida, contra a orientação do psiquiatra e do terapeuta. Por algum tempo consultou outro terapeuta que apoiava sua posição e, por fim, decidiu parar completamente as consultas ao psiquiatra devido à contínua batalha de pontos de vista acerca da medicação. Começou então a buscar alternativas. Experimentou a hipnose com a intenção de controlar a ansiedade, o que a ajudou um pouco, mas continuava nervosa e dominada pelo pânico. Finalmente, seu neurologista sugeriu que procurasse a Clínica de Redução de Estresse.

As coisas haviam chegado a tal ponto que sua ansiedade a impedia de pegar o carro e ir a qualquer lugar. Não suportava estar em meio à multidão. A sensação de palpitação era contínua. Não sabia lidar com nenhum tipo de estresse por conta própria. Então, com seis meses de gravidez, Claire se inscreveu no programa de redução de estresse.

Na primeira aula descobriu que o escaneamento corporal a ajudava a relaxar. Não sentiu nenhuma ansiedade durante a prática, mesmo naquela situação, grávida e deitada no chão no meio de trinta pessoas desconhecidas, amontoadas como sardinhas em lata nos tapetes de espuma. De alguma forma, seus pensamentos e sentimentos habituais de ansiedade desapareceram durante as 2,5 horas da primeira sessão.

Claire ficou encantada com aquela experiência, que confirmava sua opinião de que poderia fazer algo por si própria para libertar-se do nervosismo crônico. Praticava todos os dias as meditações guiadas e a cada semana relatava algum progresso. Estava animada, cheia de entusiasmo e parecia bem confiante ao falar durante as aulas. Contou-nos um dia que desligou o rádio de seu carro e começou a seguir a respiração. Disse que se sentiu mais calma ao tomar essa atitude.

Ninguém a orientara a fazer isso. Ocorreu-lhe por conta própria, conforme fazia experiências para integrar sua prática de meditação à vida diária. Quando sentia que estava ficando tensa, permitia-se entrar em contato com a tensão e observá-la. Durante as oito semanas do programa, teve apenas uma crise muito leve de pânico, e isso significou uma mudança radical em relação ao período em que tomava tranquilizantes e tinha várias crises por dia.

No fim das oito semanas, disse que se sentia muito melhor. Estava muito mais confiante e não se preocupava com o medo de perder o controle em público. O medo de deixar o carro em estacionamentos, ou caminhar por uma rua cheia de gente havia desaparecido. Na verdade, começou a estacionar o carro longe do seu destino de propósito para ter a oportunidade de caminhar com atenção no restante do percurso. Além disso, estava dormindo profundamente, o que não acontecia antes.

Claire disse que, de modo geral, sentia-se melhor consigo mesma agora, melhor do que nunca em sua vida, embora reconhecesse que seus problemas não haviam realmente mudado. De alguma forma, apesar do receio acerca do bebê em gestação, devido à medicação ingerida nas primeiras semanas de gravidez, seus pensamentos temerosos não conduziam ao nervosismo e ao pânico. As coisas não pareciam mais tão avassaladoras. Estava confiante em sua capacidade de lidar com as coisas, se necessário, "quando chegasse o momento". Isso era algo que nunca fora capaz de sentir ou dizer antes. No passado, o menor sinal de um pensamento negativo a levava a um estado de agitação nervosa e pânico.

Embora estivesse no nono mês de gravidez, praticava meditação todos os dias. Levantava-se uma hora mais cedo. Ajustava o despertador para as 5 h 30 min da manhã, permanecia deitada por 15 minutos, depois ia para outro aposento e fazia uma das meditações guiadas com os CDs. Alternava o Mindful Yoga num dia com a meditação sentada no outro. Preferia a meditação sentada ao escaneamento corporal, e era a prática que mais utilizava.

Falei com Claire um ano mais tarde e fiquei a par dos últimos acontecimentos de sua vida. Fazia um ano que ela não tomava nenhum medicamento e não tivera nenhuma crise de pânico. Passara por seis pequenos episódios de ansiedade e conseguira controlar todos por conta própria. Seu bebê teve de ser submetido a uma cirurgia dezoito dias após o nascimento para corrigir uma estenose do piloro (estreitamento da válvula entre o estômago e o intestino que faz com que o bebê vomite o alimento ingerido, impedindo a nutrição adequada e o ganho de peso). Durante esse período, Claire praticamente morava no hospital para ficar com o bebê e concentrava-se quase o tempo todo na respiração para permanecer tranquila e lúcida, lembrando-se sempre de não deixar a mente divagar para pensamentos do tipo "o que acontecerá se...". Após a cirurgia, o bebê ficou bem e se desenvolveu normalmente. Claire sentiu que jamais conseguiria lidar tão bem com uma situação tão intensa e estressante se não tivesse praticado o que aprendera no programa MBSR.

※

A história de Claire ilustra perfeitamente que é possível controlar a ansiedade crônica e o pânico com a prática de meditação mindfulness, pelo menos para quem estiver bastante motivado. Sua experiência – e a de muitas pessoas que passaram pela Clínica de Redução de Estresse – sugere que uma abordagem baseada em mindfulness pode ser um bom tratamento inicial para esse tipo de problema, sobretudo para quem não deseja tomar medicamentos.

Com isso não queremos negar a eficácia da medicação no tratamento da ansiedade e do pânico. Certos tranquilizantes e antidepressivos são utilíssimos no manejo de transtornos de ansiedade aguda e ataques de pânico, ajudando as pessoas a recuperar o estado de autorregulação alostática. A medicação também pode ser muito útil em associação com uma boa psicoterapia e orientações comportamentais, além de uma gama de abordagens diferentes, como a terapia cognitiva, a hipnose e, cada vez mais, as intervenções baseadas em mindfulness. Entretanto, infelizmente, a experiência de Claire com o tratamento médico está longe de ser atípica. Muitos pacientes com transtorno de ansiedade consideram que a medicação não ajuda tanto assim e que muitas vezes é utilizada **para substituir** a escuta e a orientação dos pacientes a fim de, por si mesmos, localizarem e aprenderem a habitar o domínio da autorregulação e do equilíbrio interior. Claire estava determinada a enfrentar sua ansiedade e a tentar administrá-la por conta própria porque viu com muita clareza o quanto aquilo arruinava sua vida. Sentia que a dependência dos tranquilizantes não fazia mais do que reforçar uma imagem de si mesma como uma pilha de nervos, um caso perdido. E provou a si mesma que sua intuição estava correta desde o início: que ela não precisava viver a vida como uma inválida, tomando medicamentos para sempre a fim de tratar seus estados mentais como se fossem uma deficiência da tireoide.

※

Agora examinaremos em mais detalhe como a prática da meditação pode ser usada para lidar com sensações de pânico e ansiedade, de modo que não controlem nossa vida. Estas sugestões estão relacionadas às abordagens que exploramos no último capítulo sobre como abrir-se para lidar com todos os tipos de dor emocional.

COMO UTILIZAR A PRÁTICA DE MINDFULNESS NO MANEJO DA ANSIEDADE E DO PÂNICO

A prática de meditação é um laboratório perfeito para trabalhar com a ansiedade e o pânico. O escaneamento corporal, a meditação sentada e o Mindful Yoga nos permitem reconhecer e aceitar qualquer sensação de tensão que apareça no corpo, bem como qualquer pensamento e emoção agitada que surja enquanto habitamos o domínio do ser. As instruções da meditação ressaltam que **não temos de fazer nada** acerca das sensações corporais ou dos sentimentos ansiosos, exceto tomar consciência deles e abandonar os julgamentos e a autocondenação.

Assim, o cultivo da consciência não julgadora de momento a momento equivale a uma forma sistemática de ensinar o corpo e a mente a desenvolverem serenidade e equanimidade em meio a quaisquer sentimentos de ansiedade que apareçam. Isso é exatamente o que Claire fez em sua prática. Quanto mais praticamos, mais confortáveis nos sentimos em nossa própria pele. Quanto mais confortáveis nos sentimos, mais nos aproximamos da compreensão de que **nós não somos a nossa ansiedade e os nossos medos, e que estes não precisam governar nossa vida**.

Ao experimentar momentos de conforto, relaxamento e clareza, mesmo que breves, você notará, tanto durante a prática formal como em outros momentos, que não se sente mais ansioso o tempo todo. Se prestar atenção, verá que a ansiedade varia de intensidade e que ela vai e vem, como todas as coisas. Descobrirá que é um estado mental impermanente, temporário, assim como o tédio ou a felicidade. E esta é uma descoberta muito importante e potencialmente libertadora, porque mostra que é possível viver livre desses estados mentais opressivos, em grande parte porque não os levamos para o lado pessoal – e adotamos uma perspectiva muito mais ampla sobre o que são esses estados mentais em relação à nossa totalidade.

Relembremos a história de Gregg, o bombeiro do Capítulo 3 que, ao tentar colocar a máscara contra fumaça, via-se incapacitado pela ansiedade e impedido de respirar. Quando começou o programa MBSR, a simples observação de sua respiração durante o escaneamento corporal induzia a sensações de inquietude e pânico. No entanto, ao trabalhar com a reação de aversão à própria respiração, logo se deu conta de que havia maneiras de **mudar sua relação** com o que mais o assustava, sem precisar lutar consigo mesmo. Em outras palavras, aprendeu a penetrar "no fundo" de sua inquietação sem tentar se livrar dela ou corrigi-la, soltar-se na consciência do momento presente e permanecer na tranquilidade, na clareza e na serenidade. Antes, Gregg não fazia a menor ideia de que essa possibilidade existia.

Por meio da prática contínua de mindfulness, aprendemos a entrar em contato com nossos recursos internos profundos de relaxamento fisiológico e de tranquilidade e a utilizá-los, mesmo nos momentos em que há problemas a serem enfrentados e resolvidos e, às vezes, até mesmo diante de crises e graves ameaças ao nosso bem-estar. Desse modo, aprendemos também que é possível contar com um núcleo interno confiável e firme. Pouco a pouco, a tensão corporal, a preocupação e a ansiedade mental tornam-se menos invasivas e perdem parte de sua força. Por mais instável e agitada que seja a superfície da mente, podemos aprender a aceitar que é assim e, ao mesmo tempo, experimentar paz interior entrando no espaço subjacente que está sempre aqui, onde o efeito das ondas se atenua transformando-as em suaves ondulações. Isto é o que temos chamado de domínio do ser. Com a prática contínua, podemos aprender a descansar nas profundezas da própria consciência, totalmente despertos, estabelecidos no não fazer e no não lutar. Com a prática contínua também aprendemos a agir (quando for apropriado agir) com clareza e propósito a partir desse fundamento de consciência, como um ser humano plenamente integrado que já somos e sempre seremos.

Como reiteramos inúmeras vezes, uma parte decisiva desse processo de aprendizagem consiste em tomar consciência de que não somos os nossos pensamentos e sentimentos e, portanto, não temos de acreditar neles, nem de reagir a eles, nem de ser movidos ou tiranizados por eles. Durante a prática de meditação, à medida que nos concentramos no objeto de nossa atenção, qualquer que seja, é provável que tomemos consciência de nossos pensamentos e sentimentos como eventos distintos, de curta duração, que se parecem a cada uma das ondas do oceano. Essas ondas surgem na consciência por um momento e depois recuam. Podemos observá-los e entendê-los como "eventos no campo da consciência", que vêm e vão. E quando vão, pelo menos nesse instante, eles se foram. Se não forem alimentados, se dissolvem, e a partir de então, somos livres.

Ao observar o desenrolar de nossos pensamentos de momento a momento, tomamos consciência de que eles carregam diferentes níveis de carga emocional. Alguns são bastante negativos e pessimistas, cheios de ansiedade, insegurança, medo, tristeza, fatalidade e condenação. Outros são positivos e otimistas, alegres e abertos, receptivos e atentos. Outros ainda são neutros, nem positivos nem negativos em seu conteúdo emocional, têm simplesmente um teor prático. Nossos pensamentos seguem padrões bastante caóticos de reatividade e de associação, elaboram seu próprio conteúdo, constroem mundos imaginários e enchem o silêncio de atividades. Os pensamentos com alta carga emocional tendem a ser recorrentes. Quando surgem, tomam posse de nossa atenção como um ímã poderoso, que leva a mente para longe da respiração ou da consciência do corpo.

Ao olhar para os pensamentos como meros pensamentos, deixando de reagir ao seu conteúdo e carga emocional, podemos nos livrar, pelo menos um pouco, da atração ou repulsa que causam em nós. É menos provável que sejamos sugados para dentro deles com tanta intensidade ou frequência. Quanto mais forte a carga emocional, mais o conteúdo do pensamento capta nossa atenção e nos afasta do momento presente. Nosso trabalho é simplesmente tomar consciência e soltar-nos, às vezes de modo impiedoso e implacável, se necessário; sempre com intenção e coragem. Basta tomar consciência e desapegar-nos, tomar consciência e aceitar.

Ao praticar dessa maneira com todos os pensamentos que surgirem durante a meditação, quer tenham teor "bom", "ruim" ou "neutro", quer tenham forte carga emocional ou não, veremos que os pensamentos com conteúdo de ansiedade ou medo parecerão menos potentes e menos ameaçadores. Seu domínio sobre nossa atenção será menor porque agora os consideramos "meros pensamentos" e não mais a "realidade" ou a "verdade". Assim é mais fácil lembrar que não temos de ficar aprisionados em seu conteúdo. É mais fácil ver que contribuímos para a força contínua de certos pensamentos quando os temermos e, ironicamente, nos agarramos a eles.

Desse modo, rompemos a cadeia insidiosa que nos leva de um pensamento ansioso a outro e mais outro, até nos perdermos em um mundo autocriado de medo e insegurança. Em vez disso, será apenas um pensamento com um conteúdo ansioso, do qual tomamos consciência e que deixamos ir embora, voltando à tranquilidade e ao espaço aberto. Surge outro pensamento com teor ansioso, tomamos consciência dele, abrimos mão dele e voltamos à tranquilidade e ao espaço aberto. O processo se repete, pensamento por pensamento por pensamento, nosso foco sempre na respiração (como se fosse uma tábua de salvação, se necessário) para conseguirmos atravessar os tempos mais conturbados.

✳

Trabalhar de maneira consciente com pensamentos e emoções altamente carregados não significa que não valorizamos a expressão de emoções intensas, ou que os sentimentos intensos são ruins, problemáticos ou perigosos, e que devemos empenhar todos os esforços para "controlá-los", livrarmo-nos deles ou suprimi-los. Tomar consciência de nossas emoções, aceitá-las e depois liberá-las, sem necessidade de reagir, não significa que estamos tentando invalidá-las ou nos livrar delas. Significa apenas saber o que estamos vivenciando. É estar plenamente consciente delas como emoções, reconhecendo que sentimos raiva assim, sentimos medo assim, sentimos tristeza assim. Nossa consciência da raiva não está com raiva; assim como nossa consciência do medo não está com medo. Também não está triste. Estabilizar-nos na consciência de emoções intensas também não significa que deixaremos de agir em função de nossos pensamentos e sentimentos, ou de expressá-los em toda a sua força. Significa simplesmente que, quando agirmos, o faremos com mais clareza e equilíbrio interior, porque agora, neste exato momento, temos alguma perspectiva em relação àquilo que sentimos e não estamos sendo impelidos a agir de modo reativo. Abraçada pela consciência, a força de nossos sentimentos poderá ser aplicada de maneira criativa, conforme o caso, para resolver ou dissolver os problemas, em vez de agravar as dificuldades e causar danos a nós mesmos ou aos outros, como tantas vezes acontece quando perdemos nosso centro. Este é outro exemplo de como mindfulness nos ajuda a combinar a abordagem centrada na emoção com a abordagem centrada no problema. É também um exemplo de como a prática da meditação, trazida para a vida cotidiana, com seus altos e baixos emocionais, é uma forma de yoga, que nos convida a trabalhar de modo fluido com qualquer tensão que surgir, a fim de transcender a maneira como habitualmente nos aprisionamos ao levar sentimentos intensos para um lado tão pessoal, reagindo a eles de forma tão automática.

*

À medida que mudamos nossa relação com os pensamentos, prestando atenção aos processos mentais, também percebemos que seria adequado mudar totalmente a forma como pensamos e falamos dos nossos pensamentos e sentimentos. Em vez de dizer: "Tenho medo" ou "Estou ansioso", que identificam "você" com a ansiedade ou o medo, seria mais exato dizer: "Estou vivenciando muitos pensamentos de medo", de modo que não haja uma forte identificação entre os pensamentos e o que "você" é, pois somos muito maiores do que qualquer pensamento ou emoção que possamos ter. Somos mais parecidos com a própria consciência, especialmente se aprendermos, por meio da prática contínua, a **habitar** a consciência como "modo padrão" ou fundamento do nosso ser. Também podemos ir além e dizer para nós mesmos algo como: "Está assustador agora", assim como dizemos "Está chovendo agora". Isso pode nos ajudar a recordar a natureza impessoal dessas emoções e dos pensamentos associados tão fortemente a elas. É um modo de ressaltar que não somos o conteúdo de nossos pensamentos, tampouco somos nossas emoções. Portanto, não há nenhum motivo para nos identificarmos nem com o conteúdo dos pensamentos nem com sua carga emocional, por mais intensa que seja. Em vez disso, podemos apenas ficar conscientes de tudo, aceitando e escutando com cuidado, sentindo talvez como e onde isso está se expressando no corpo a qualquer instante. Dessa maneira, nossos pensamentos não exacerbarão o medo, o pânico e a ansiedade; ao contrário, poderemos utilizá-los para ver mais claro o que há de fato **em** nossa mente. Isso pode ser considerado um gesto fundamental de acolhimento da mente, um modo de cultivar intimidade com seus vários movimentos sem ser sequestrado por eles. Essa intimidade não é um ideal, como já vimos antes. É uma **prática**. Na verdade, é **a** prática fundamental de mindfulness.

※

Ao investigar com mais profundidade o processo do próprio pensamento, partindo da perspectiva da tranquilidade e da atenção plena, é possível concluir, como observamos nos Capítulos 15 e 24, que muitos pensamentos e emoções ocorrem na forma de padrões reconhecíveis, motivados por algum tipo de insatisfação. Existe a insatisfação com a situação presente e o desejo que algo mais aconteça, de possuir alguma coisa que nos faria sentir melhor, mais completos, mais inteiros. Podemos descrever esse padrão como o impulso de obter o que desejamos e de agarrar-nos a isso, como o macaco do Capítulo 2 que, ao segurar firme na banana, fica preso na armadilha, embora a única coisa que precisaria fazer para se libertar fosse soltar a banana.

É desagradável admitir, mas, se investigarmos ainda mais fundo, poderemos descobrir que, por baixo de tudo, esses impulsos são motivados por uma espécie de avidez – desejo de ter "mais para mim" a fim de ser feliz; uma ânsia pelo que não temos e desejamos ter para nos completar. Pode ser dinheiro, ou mais dinheiro, ou tempo, ou controle, ou reconhecimento, ou o amor que queremos, ou mais alimento, embora já tenhamos comido... seja o que for, o fato de sermos movidos por esses impulsos significa que, na realidade, não nos consideramos seres completos. Podemos facilmente ser transformados em escravos de nossos próprios desejos. Todos corremos esse risco.

Existe também o padrão oposto, dominado pelos pensamentos e sentimentos de desejar que certas coisas **não** aconteçam, ou que parem de ocorrer; o desejo de nos livrarmos de certas coisas ou elementos de nossa vida que nos impedem, segundo pensamos, de sentir mais bem-estar, felicidade e satisfação. Esses padrões de pensamento são acionados pelo

25 | Trabalhando com o medo, o pânico e a ansiedade

ódio, desgosto, aversão, rejeição e a necessidade de descartar o que não queremos ou não gostamos a fim de alcançar a felicidade. Neste caso, tornamo-nos escravos de nossas aversões.

A atenção plena levada ao nosso comportamento concreto pode nos fazer perceber que, em nossa mente e em nossas ações, podemos estar presos entre essas duas poderosas motivações: eu gosto/eu quero (avidez) e não gosto/não quero (aversão) – por mais sutis e inconscientes que sejam – a tal ponto que nossas vidas se tornam uma oscilação incessante entre buscar o que gostamos e fugir do que não gostamos.* Essa rota propicia poucos momentos de paz ou felicidade. Como poderia? Sempre haverá motivos para ansiedade. A qualquer momento podemos perder o que temos. Ou nunca obter o que desejamos. Ou podemos conseguir o que desejamos e descobrir que não era bem isso que queríamos, que ainda nos sentimos incompletos.

Se não estivermos atentos à atividade de nossa mente, nem sequer perceberemos o que está acontecendo. O piloto automático, nosso modo inconsciente de funcionamento, nos fará saltar o tempo todo de uma coisa para outra, sem o menor controle. Isso é assim porque pensamos que nossa felicidade depende unicamente de conseguir o que queremos. (Ver a seção "Meditação: 'O que eu quero?'" no Capítulo 24.)

Essa maneira de viver acaba consumindo grande parte da nossa energia. Além disso, tantos aspectos da vida ficam encobertos pela inconsciência que com dificuldade percebemos a realidade: estamos essencialmente bem agora. Talvez seja possível encontrar um núcleo de harmonia dentro de nós mesmos, no meio da catástrofe total do medo e da ansiedade, neste

---

* Essa dicotomia de motivos ou impulsos é refletida nos padrões básicos de comportamento de "aproximação" e "evitação", característicos de todos os organismos vivos. Nossa estrutura cerebral parece refletir essa dicotomia em sua assimetria funcional. Os comportamentos de aproximação estão basicamente associados com a ativação em regiões específicas do córtex pré-frontal esquerdo, ao passo que a evitação está associada com a ativação de áreas semelhantes do córtex pré-frontal direito. Note que essa assimetria é relevante para os resultados que obtivemos em nosso estudo de MBSR no ambiente corporativo, onde encontramos uma mudança no ponto de ajuste emocional, de uma ativação da região direita para uma ativação da região esquerda, ou, em outras palavras, da modalidade evitação/aversão para a modalidade aproximação/permissão/aceitação, característica de maior inteligência emocional. Isso não significa que a "aproximação" seja sempre saudável e que a "evitação" não o seja (especialmente quando toma a forma de avidez e ódio) se comparadas à existência de ambos os impulsos numa consciência atenta que sabe diferenciar entre o que é saudável e o que não é – em outras palavras: a sabedoria.

exato momento. De fato, se pensarmos bem, em que outro lugar encontraríamos harmonia e bem-estar?

A única maneira de nos livrarmos da tirania exercida pelos próprios processos de pensamento, quer tenhamos ansiedade excessiva quer não, consiste em enxergar os pensamentos como são, e distinguir as sementes (às vezes sutis, outras vezes nem tanto) de apego e aversão, de avidez e ódio operando em seu interior. Ao conseguir dar um passo atrás e perceber que não somos os nossos pensamentos e sentimentos, que não temos de acreditar neles, e que certamente não temos de agir em função deles; ao ver com clareza que muitos deles são imprecisos, demasiado críticos e baseados na avidez ou na aversão, teremos encontrado a chave para entender por que sentimos tanto medo e ansiedade. Ao mesmo tempo, teremos encontrado o segredo para manter o equilíbrio. O medo, o pânico e a ansiedade deixarão de ser demônios incontroláveis. Em vez disso, os veremos como estados mentais naturais que podem ser aceitos, com os quais podemos lidar tão bem quanto lidamos com tantos outros. E então, eis que os demônios param de aparecer e nos incomodar tanto. Desaparecem por completo durante longos períodos, e chegamos a nos perguntar para onde foram, ou se algum dia realmente existiram. De tempos em tempos, vemos um pouco de fumaça, apenas o suficiente para recordar que o covil do dragão ainda está ocupado, que o medo é uma parte natural da vida, mas não algo que seja preciso temer.

※

Acreditar na capacidade de enfrentar o que quer que se manifeste é fundamental para o poder de cura que estamos cultivando. Beverly veio para o programa MBSR porque vivia com a incerteza de uma situação muito assustadora. Sofrera um aneurisma cerebral (ruptura de um vaso sanguíneo no cérebro) no ano anterior. Apesar de ter sido reparado cirurgicamente, deixou um ponto frágil na artéria que poderia levar a um segundo aneurisma. Ela procurou a clínica de estresse por estar vivendo um momento de grande ansiedade. Sentia que já não era a mesma e que seu corpo e sistema nervoso às vezes se descontrolavam. Tinha convulsões imprevisíveis e assustadoras, tonturas e problemas com os olhos. Sentia-se insegura com as outras pessoas, mais emotiva do que antes, confusa e assustada.

Eram necessárias várias tomografias do cérebro para monitorar seu estado. Isso a deixava ansiosa e desconfortável. Não gostava de ficar com a cabeça dentro de uma grande máquina e permanecer imóvel por longos períodos. É claro que também temia os resultados desses exames.

Duas semanas depois de começar o programa de redução de estresse, outra tomografia foi solicitada, para tristeza de Beverly. No entanto, enquanto sua cabeça deslizava lentamente para dentro da máquina, por alguma razão ela pensou em levar a atenção aos dedos dos pés, como fizera nas duas últimas semanas durante o escaneamento corporal. Conseguiu manter-se assim durante o exame inteiro, inspirando e expirando a partir dos dedos dos pés, que eram a parte do corpo mais distante da máquina. Assim, sentiu-se mais no controle da situação e conseguiu permanecer relaxada. Passou pelo exame totalmente tranquila e sem pânico, o que surpreendeu tanto a ela mesma quanto a seu marido. Quando chegou à sessão seguinte estava entusiasmada com a descoberta da recente habilidade de controlar o que antes parecia incontrolável.

O corpo de Beverly continua fazendo coisas estranhas que a preocupam muito. Agora, porém, ela sente que tem algumas ferramentas que pode utilizar diariamente para manter-se mais equilibrada. Em especial, acha muito útil a imagem da montanha, estável e imóvel em meio a todas as mudanças de clima que a envolvem. Ela invoca com frequência essa "montanha interior" durante a meditação e em outras ocasiões.* Diz que agora é capaz de aceitar a incerteza de seu estado. Só esse fato já lhe traz mais paz de espírito. A catástrofe total não terminou, mas ela lida com isso de um modo que a faz sentir-se melhor consigo própria e mais otimista acerca do futuro.

Ter a confiança e a imaginação necessárias para assumir e trabalhar com qualquer coisa que surja requer ferramentas poderosas e experiência suficiente para saber como usá-las, além de flexibilidade e presença de espírito para lembrar-se de utilizá-las em circunstâncias difíceis. Beverly manifestou essas qualidades quando decidiu focar a atenção nos dedos dos pés e usar a meditação enquanto se submetia ao exame.

---

* Para mais detalhes acerca da meditação da montanha, veja *Wherever You Go, There You Are*, e a prática guiada da meditação da montanha na Série 2 dos CDs de meditação.

Poucas semanas após a tomografia, ele teve de passar por outro exame de imagem cerebral, desta vez uma ressonância magnética. Porém, quando tentou utilizar o mesmo método que a ajudara durante a tomografia (concentrar-se nos pés), percebeu que não conseguia fazê-lo porque o ruído alto do exame a incomodava muito. No entanto, em vez de se deixar levar pelo pânico, focou a atenção nos próprios sons e de novo descobriu que conseguia permanecer num estado de tranquilidade durante o exame. Assim, além de desenvolver um conjunto de ferramentas para lidar com a ansiedade, Beverly desenvolveu também a imaginação e a flexibilidade para utilizá-las. Respondeu ao novo desafio dos ruídos da máquina de ressonância, em vez de meramente reagir de modo automático naquela situação bastante estressante. Se esperamos conseguir manter o equilíbrio diante do inesperado, uma flexibilidade deste tipo é essencial. Isso também é parte da prática de mindfulness que, como já vimos em diversas ocasiões, consiste também em levar a atenção a todos os aspectos da nossa vida cotidiana, especialmente em situações difíceis e imprevisíveis.

Outro exemplo de um trabalho bem-sucedido com a ansiedade vem de um homem que contou sua história à turma na Clínica de Redução de Estresse. Ele sempre teve uma tendência a entrar em pânico e a sentir medo em meio a multidões, mas fazia seis meses que não tinha nenhum ataque de pânico. Estava participando do programa devido a um problema médico não relacionado com a ansiedade. Em determinado momento durante o programa, foi com amigos assistir a um jogo de basquete dos Celtics no Boston Garden. Quando se sentou em seu lugar, muito acima do piso de madeira, experimentou a habitual sensação de claustrofobia e medo de estar preso num local fechado com muitas pessoas. No passado, essa sensação teria precedido um ataque completo de pânico, que o teria feito correr em busca da saída. Na verdade, só o medo de que isso pudesse ocorrer já o teria impedido de ir até o local do jogo.

Em vez de sair correndo, no entanto, lembrou a si mesmo de que estava respirando. Voltou a se sentar e surfou as ondas da respiração por alguns minutos, concentrando-se nela e deixando de lado os pensamentos de pânico. Após alguns minutos, a sensação passou e ele conseguiu apreciar plenamente o evento.

25 | Trabalhando com o medo, o pânico e a ansiedade

Esses são apenas alguns exemplos de como as pessoas utilizam a prática de meditação da atenção plena e suas aplicações na vida diária para lidar com a ansiedade e o pânico. Juntamente com algumas das outras histórias deste livro, os exemplos podem nos ajudar a entender a importância de nos conectarmos com nosso próprio centro de estabilidade e tranquilidade mental em meio às tempestades do medo, do pânico e da ansiedade, que às vezes desabam em nossa vida, para emergir delas como pessoas mais livres e sábias.

26
O Tempo e o Estresse do Tempo

Pratique a não ação e tudo chegará ao seu devido lugar.
Lao-Tzu, *Tao Te Ching*

Em nossa sociedade o tempo se tornou um dos maiores fatores de estresse – no meio de tantos outros. Com o advento da era digital, da internet, dos aparelhos sem fio e das redes sociais, entramos no mundo surpreendente da chamada "conectividade 24/7" (24 horas por dia, 7 dias da semana). Por um lado, isso facilita muito a vida; por outro, desenvolvemos uma dependência da tecnologia que pode se tornar opressiva, pois a comunicação nunca para. Além disso, tudo acontece com tamanha velocidade que é difícil de acompanhar, até mesmo as coisas de real importância. Assim, às vezes é difícil viver com a tecnologia (basta pensar na sobrecarga de *e-mails*), mas, ao mesmo tempo, é impossível viver sem ela. E isso é só o começo. Os mais jovens nunca conheceram o mundo puramente analógico e estão, como nós, imersos nesse mundo em constante mudança que nunca existiu antes; cheio de promessas, mas também de riscos potenciais, que talvez passem despercebidos para alguém que nunca conheceu outra coisa.

Seja como for, não há dúvida de que o tempo se move cada vez mais rápido enquanto fazemos malabarismos para dar conta de tanta informação. Pode-se entrar em contato com o mundo todo por meio do Facebook, Twitter e similares, mas o contato que temos com nós mesmos é escasso e nem nos damos conta disso, pelo excesso de ocupações e afazeres.

O tempo sempre foi um enorme mistério, e nada indica que deixará de ser. Em alguns estágios da vida pode parecer que nunca há tempo suficiente para fazer o que é necessário. Muitas vezes nos perguntamos para onde foi o tempo; os anos passam tão depressa. Em outras ocasiões, temos a impressão de que o tempo passa muito devagar, e os dias e horas parecem intermináveis. Ficamos sem saber o que fazer com o tempo. Por mais estranho que pareça, estou sugerindo que o não fazer (ou a não ação) intencional é o antídoto para o estresse causado pelo tempo; esse não fazer se aplica tanto às situações em que sofremos por nunca ter "tempo suficiente" quanto às ocasiões em que temos "tempo de sobra". O desafio consiste em pôr essa sugestão à prova em nossa própria vida: ver por nós mesmos se nossa relação com o tempo pode ser transformada pela prática do não fazer – em outras palavras, por meio do cultivo de mindfulness.

Se você se sente completamente assoberbado pela pressão do tempo, talvez se pergunte: "Como conseguirei tirar o tempo que preciso para me dedicar às coisas que 'tenho de fazer' para praticar o não fazer?". Por outro lado, quando nos sentimos isolados e entediados, e a única coisa que temos é tempo, talvez nos perguntemos: "Como é possível preencher esse tempo vazio com 'nada'?".

A resposta é simples e não de todo inverossímil: **o bem-estar, o equilíbrio interior e a tranquilidade existem fora do tempo**. Se você se comprometer a passar algum tempo todos os dias na quietude interior, mesmo que seja por 2 minutos, ou 5, ou 10, nesses momentos sairá completamente do fluxo do tempo. A quietude e a calma, a sensação de bem-estar e a presença desperta que surgem ao abandonarmos o tempo transformam nossa experiência do tempo no momento em que regressamos a ele. Desse modo, o simples ato de dirigir a consciência à experiência do momento presente ajuda-nos a fluir com o tempo durante o dia, em vez de ficar lutando contra ele, ou sendo pressionados por ele.

Quanto mais nos dedicarmos a separar tempo para praticar o não fazer, mais o nosso dia se tornará um não fazer – em outras palavras, mais o nosso dia estará impregnado da consciência ancorada no momento presente e, portanto, fora do tempo. Talvez já tenhamos experimentado isso nas práticas de meditação sentada, ou no escaneamento corporal, ou no yoga. Talvez você já tenha percebido que estar consciente não requer tempo extra, que a consciência simplesmente preenche cada momento, restaura sua inteireza, dá vida ao tempo, oferece um corpo a ele. Portanto, se você estiver sem tempo, estar no presente lhe dará mais tempo ao devolver a inteireza de cada momento que tem. Aconteça o que acontecer, você pode se manter centrado, percebendo e aceitando as coisas como são. É claro que existe também a consciência do que ainda precisa ser feito no futuro, mas sem que isso cause ansiedade exagerada ou perda da perspectiva. Nessa condição, pode-se partir para a ação, mas de modo que o fazer flua a partir do ser, da qualidade centrada, integrada, de um momento de equilíbrio interior, equanimidade e paz.

É possível levar essa orientação às suas comunicações eletrônicas, seja no envio de mensagens de texto, *e-mails*, ficando no Facebook ou no Twitter, ou compartilhando fotos e vídeos – qualquer que seja sua preferência. Como? Em primeiro lugar, mantendo o contato com seu corpo enquanto utiliza esses aparelhos, de modo a permanecer no momento presente. Em segundo lugar, escreva os textos com atenção plena, com consciência do que está fazendo. Se estiver respondendo a dezenas de *e-mails*, encontre seu próprio ritmo, para não ter a sensação de estar "atrasado", como num jogo eletrônico que exige respostas cada vez mais rápidas. Você só está atrasado em sua própria mente, sobretudo quando perde contato com o agente da ação, a saber, com você mesmo e com todo o domínio do ser. Sem a presença atenta, como bem sabemos, podemos clicar na tecla "enviar" antes mesmo de perceber que não queríamos dizer o que dissemos, ou que nos esquecemos do assunto mais importante. Além disso, podemos tomar consciência do impulso de tuitar, de compartilhar uma experiência ou pensamento que parece que estamos tendo e transmitindo às outras pessoas – mas que não estamos tendo na realidade, porque estamos muito ocupados publicando nossa localização e impressões, e sem tempo para entrar na experiência, senti-la e deixar que se revele plenamente sem avaliação nem compartilhamento, ao menos por um instante. São os desafios atuais ocasionados pela aceleração de praticamente tudo, e pelo interminável apetite e impulso de registrar e compartilhar nossa experiência, até mesmo antes de vivenciá-la, de respirar com ela, digeri-la e assimilá-la em nosso próprio coração e mente. Estes são os novos riscos profissionais decorrentes de carregar no bolso ou na bolsa os microssupercomputadores polivalentes sem fio. Fazemos essas coisas só porque é possível – mas será que paramos, mesmo que por um momento ou durante uma respiração, para perguntar o que talvez estejamos perdendo nesse processo de registrar e compartilhar com tanta rapidez?

※

Depois de considerar a sensação de nunca ter tempo suficiente e o que se pode fazer a respeito, imagine a situação oposta: não saber o que fazer com o tempo que está sobrando. Infelizmente é isso o que acontece muitas vezes quando envelhecemos e ficamos mais isolados e frágeis, com alguns dos nossos sentidos menos aguçados do que costumavam ser, o que favorece ainda mais a desconexão. O tempo pode pesar em nossas mãos. Pode acontecer de nos sentirmos vazios, desligados do mundo e de todas as coisas significativas que acontecem. Talvez não possamos sair, ou ter um emprego, ou sair da cama por muito tempo, ou mesmo ler para "passar o tempo". Talvez estejamos sozinhos, sem amigos e parentes, ou longe deles. Talvez não consigamos ou não nos interessemos em compreender a internet. De que maneira o não fazer poderia nos ajudar? Já estamos sem fazer nada e isso está nos enlouquecendo!

Na realidade, é muito provável que, sem ter consciência disso, estejamos fazendo muitas coisas. Para começar, talvez estejamos "fazendo" a infelicidade, o tédio e a ansiedade. Provavelmente passamos algum tempo, e talvez muito tempo, remoendo pensamentos e memórias, revivendo momentos agradáveis do passado ou eventos tristes. Podemos estar "fazendo" raiva de outras pessoas por coisas que aconteceram há muito tempo. Talvez estejamos "fazendo" solidão, ressentimento, autopiedade ou desesperança. Esses redemoinhos internos da mente podem drenar nossa energia. São exaustivos e podem fazer a passagem do tempo parecer interminável. Por si só, a solidão já é um fator de risco para doenças e mortalidade. Como vimos no estudo de Carnegie Mellon, o treinamento em MBSR pode reduzir a solidão e parece ter efeitos diretos no nível genético e celular. Uma forma pela qual isso acontece é transformando a relação com o tempo.

Nossa experiência subjetiva da passagem do tempo parece estar de alguma maneira associada à atividade do pensamento. **Pensamos** sobre o passado e **pensamos** sobre o futuro. O tempo é medido como o espaço entre um pensamento e outro, ao longo de sua interminável sucessão. Ao observar com atenção plena os pensamentos que vêm e vão, estamos cultivando a habilidade de habitar o silêncio e a quietude que repousa além da sucessão de pensamentos, num presente atemporal. Uma vez que o presente está sempre aqui, agora, ele existe fora do passar do tempo.

T. S. Eliot se refere a isso no fim do poema "Burnt Norton", primeiro dos *Quatro Quartetos*:

Ridículo o inútil tempo triste
Que se estende antes e depois.

Quatro Quartetos, seu último e maior poema, trata do tempo, sua beleza, seu mistério e suas "indignidades".

O não fazer é uma postura radical, mesmo que só por um instante. Significa desapegar-se de **tudo**. Significa principalmente observar os pensamentos e deixá-los ir à medida que surgem e desaparecem. Significa dar a nós mesmos a permissão de apenas ser. Se nos sentimos presos no tempo, o não fazer é uma maneira de sair do tempo em que vivemos e adentrar a atemporalidade. Desse modo, também saímos, pelo menos temporariamente, do isolamento, da infelicidade e do desejo de estar engajado e ocupado, de ser parte das coisas e de fazer algo significativo. Quando nos conectamos a nós mesmos fora do fluxo do tempo, já estamos fazendo a coisa mais significativa possível, ou seja, fazendo as pazes com nossa mente, entrando em contato com nossa totalidade, reconectando-nos com nós mesmos. Nas palavras de Eliot, novamente em "Burnt Norton":

O tempo passado e o tempo futuro
Não admitem senão uma escassa consciência.
Ser consciente é estar fora do tempo (...)

Podemos considerar o tempo de que dispomos como uma oportunidade para nos dedicarmos ao trabalho interno de ser e crescer. Então, ainda que nosso corpo não funcione "direito" e que estejamos confinados à nossa casa ou a uma cama, ainda que estejamos nos sentindo um pouco diminuídos em relação ao nosso eu anterior, ainda assim, é possível transformar a vida em uma aventura e encontrar significado em cada momento. Quando nos comprometemos a viver com atenção plena, o isolamento físico pode assumir um novo significado para nós. A incapacidade de permanecer ativo externamente, a dor e o mal-estar decorrentes dessa situação podem ser compensados pela alegria de outras possibilidades, por uma nova perspectiva que nos permite ter uma visão mais otimista acerca de nós mesmos – aí surge a possibilidade de aproveitar o tempo (que tanto custava a passar) como oportunidade para realizar o trabalho de ser, o trabalho do não fazer, a realização da autoconsciência e do entendimento, de estarmos presentes para e com os outros, com bondade e compaixão.

Esse é um trabalho que não tem fim, é claro, e não se sabe aonde nos levará. Seja aonde for, será para longe do sofrimento, do tédio, da ansiedade e da autopiedade, e em direção à inteireza. Os estados mentais negativos não sobrevivem por muito tempo quando se cultiva a atemporalidade. Como seria de outra forma se já estamos corporificando a paz? A consciência concentrada e estável serve como um cadinho no qual os estados mentais negativos são contidos e transmutados.

Se sua condição física permitir realizar pelo menos algumas coisas no mundo, permanecer no não fazer provavelmente o levará a descobrir como se conectar com pessoas, atividades e eventos significativos para você e úteis aos outros. Todo mundo tem algo a oferecer, algo que ninguém mais pode oferecer, algo único e inestimável – **seu próprio ser**. O cultivo do não fazer permite descobrir que, em vez de ter tanto tempo assim, os dias serão curtos demais para fazer tudo o que precisa ser feito. Para isso, entretanto, é preciso permitir que o fazer aconteça a partir do ser. Com esse trabalho, jamais ficaremos desempregados – tenhamos ou não um emprego.

※

De uma perspectiva cósmica, nenhum de nós estará aqui por muito tempo. A duração total da vida humana no planeta é um piscar de olhos, e nossa vida individual, uma fração infinitesimal da imensidão do tempo geológico. Stephen Jay Gould, paleontólogo da Harvard University, já falecido, observou que "a espécie humana habita este planeta há apenas

250 000 anos, que correspondem a aproximadamente 0,00015% da história da vida – a última polegada da milha cósmica". No entanto, da maneira como nossa mente representa o tempo, parece-nos que temos uma longa vida pela frente. De fato, muitas vezes nos iludimos, especialmente quando jovens, sentindo-nos imortais e imutáveis. Em outros momentos, nos percebemos conscientes demais da inevitabilidade da morte e da rapidez da passagem de nossa vida.

Talvez seja o conhecimento (consciente ou inconsciente) da morte que, em última análise, nos faz sentir a pressão do tempo. As palavras **prazo final** certamente passam essa mensagem. Temos muitos prazos: aqueles impostos pelo trabalho e por outras pessoas, e aqueles que impomos a nós mesmos. Corremos para lá e para cá, fazendo isso e aquilo, tentando terminar tudo "a tempo". Muitas vezes estamos tão estressados pela pressão do tempo que fazemos as coisas só para terminar de uma vez por todas, para ticar cada item da nossa interminável lista de afazeres e pensar: "Uma coisa a menos!". Então passamos para o item seguinte, pressionando, passando sob pressão pelos momentos, até nos vermos de novo na situação do jogo eletrônico, fazendo as coisas o mais rápido possível para conseguir dar conta, sabendo que nunca conseguiremos fazer tudo – e às vezes também percebendo que, se não tivermos cuidado, perderemos o que é mais precioso, mais importante e mais fácil de esquecer: a experiência corporificada de quem está fazendo tudo isso. Em outras palavras, uma vez mais: o domínio de ser!

Alguns médicos acreditam que o estresse gerado pelo tempo seja a causa fundamental das doenças de nossa época. A pressão do tempo foi originalmente caracterizada como um dos traços marcantes do comportamento tipo A, aquele com propensão a doenças cardiovasculares. A síndrome do tipo A é, às vezes, descrita como a "doença da pressa". As pessoas que se enquadram nessa categoria são movidas pelo sentido da pressão do tempo para acelerar a realização de todas as atividades diárias. Elas fazem e pensam em mais de uma coisa por vez. Tendem a ser péssimos ouvintes. Interrompem muito e terminam as frases dos interlocutores. Tendem a ser muito impacientes, sentem grande dificuldade de ficar sentadas sem fazer nada ou de pé em filas, e tendem a falar rápido e a dominar situações sociais e profissionais. As pessoas tipo A também tendem a ser altamente competitivas, facilmente irritáveis, cínicas e hostis. Conforme vimos, as pesquisas indicam que hostilidade e cinismo são os elementos mais tóxicos do comportamento propenso a doenças coronárias, ainda que outros considerem esses fatores como oriundos da urgência do tempo. Contudo, mesmo que a continuidade das pesquisas mostre que a urgência do tempo por si só não é fator importante nas doenças cardíacas, ainda assim ela carrega uma toxicidade muito característica. Se não for bem manejado, o estresse do tempo pode corroer a qualidade de vida de alguém e ameaçar sua saúde e bem-estar com facilidade.

Robert Eliot, cardiologista e pesquisador do estresse, descreveu seu próprio estado mental e sua relação com o tempo antes de sofrer um enfarte – na época anterior à internet – do seguinte modo:

> Meu corpo clamava por descanso, mas meu cérebro não escutava. Eu estava atrasado. Segundo meus planos, lá pelos 40 anos eu deveria ser o chefe de cardiologia em uma grande universidade. Tinha 43 quando saí da University of Florida em Gainesville para aceitar o cargo de chefe de Cardiologia na University of Nebraska. Tudo o que eu tinha a fazer era correr um pouco mais e estaria cumprindo o cronograma planejado.

No entanto, seus esforços para estabelecer um centro de pesquisa cardiovascular inovador o fizeram enfrentar uma corrida de obstáculos de vários tipos.

> Comecei a me sentir preso em uma armadilha e a pensar que nunca me libertaria para transformar meu sonho em realidade.
> Em desespero, fiz o que havia feito por toda a vida: acelerei o ritmo. Tentei forçar o andamento das coisas. Atravessei o estado inteiro para oferecer formação local em cardiologia para os médicos rurais de Nebraska e ganhar seu apoio para o programa cardiovascular da universidade. Programei palestras acadêmicas em todo o país e continuamente pegava aviões de um lugar para o outro em cima da hora. Lembro-me de uma viagem em que minha mulher, Phyllis, estava comigo, pois ajudara nas questões comerciais. O seminário foi fantástico e, na viagem de volta para casa, ela queria desfrutar a lembrança dos bons

momentos. Eu não. Examinava às pressas os formulários de avaliação, preocupando-me em aperfeiçoar o seminário seguinte.

Eu não tinha tempo para a família e os amigos, para relaxamento e diversão. Quando Phyllis me deu uma bicicleta ergométrica de presente de Natal, fiquei ofendido. Como encontraria tempo para sentar e pedalar uma bicicleta?

Sentia-me esgotado com frequência, mas não ligava. Minha saúde não era motivo de preocupação. Por que deveria ser? Eu era especialista em doenças do coração e sabia que não tinha nenhum dos fatores de risco. Meu pai viveu até os 78 anos e minha mãe até os 85, ambos sem sinais de doença cardíaca. Eu não fumava. Não tinha sobrepeso. Não era hipertenso. Não tinha colesterol alto nem diabetes. Eu me considerava imune às doenças cardíacas.

Corria, porém, um grande risco por outras razões: forcei-me demais por muito tempo e agora todos os meus esforços pareciam inúteis [...] Fui tomado por um sentimento de desilusão, tive a impressão de ter caído numa armadilha invisível.

Não sabia na época, mas meu corpo estava constantemente reagindo a esse turbilhão interno. Durante nove meses, fui sendo amortecido para o golpe, que chegou duas semanas depois de meu aniversário de 44 anos.

Conforme descreve o Dr. Eliot, certo dia teve um confronto decepcionante, ficou com muita raiva e não conseguiu se acalmar. Após uma noite insone, teve de fazer uma longa viagem para chegar a uma conferência já marcada. Após a palestra, comeu muito no almoço e depois tentou diagnosticar alguns casos, mas sua mente estava nublada e sua visão, turva. Sentiu tontura. Estas foram as condições que imediatamente precederam o ataque cardíaco.

O enfarte do Dr. Eliot o levou a escrever um livro intitulado *Is It Worth Dying For?* [Vale a pena morrer por isso?], no qual descreve como chegou a responder à pergunta do título com um sonoro "não" e começou a mudar sua relação com o tempo e com o estresse. Ele descreve a vida que antecedeu o ataque cardíaco como "uma rotina pesada e sem alegria". E isso vindo de alguém que, de alguma forma, obviamente ama seu trabalho.

Norman Cousins, importante intelectual e editor, descreveu as condições que levaram a seu ataque cardíaco de modo muito semelhante em seu livro *The Healing Heart* [O coração que cura] – escrito **antes** do protocolo de segurança aérea entrar em vigor após os atentados de 11 de setembro de 2001:

> Por alguns anos, a principal fonte de estresse em minha vida foram os aeroportos e os aviões, necessários devido a uma agenda lotada de palestras e congressos. Enfrentar os congestionamentos a caminho dos aeroportos, ter de correr pelos terminais aéreos [...] encarar filas para obter os cartões de embarque e, em seguida, ter o acesso recusado devido ao número excessivo de reservas; a espera por malas extraviadas junto às esteiras de bagagem, as mudanças de fuso horário, as refeições irregulares, o sono insuficiente – essas características do transporte aéreo têm sido a causa de minha melancolia por muitos anos e foram muito abundantes no fim da década de 1980 [...] Voltei de uma viagem agitada para a costa leste pouco antes do Natal e fiquei sabendo que deveria partir de novo em alguns dias para o sudeste. Perguntei à minha secretária sobre a possibilidade de um adiamento ou um cancelamento. Revisamos juntos a agenda e ficou óbvio que apenas um acontecimento realmente grave poderia me livrar desse compromisso. Meu corpo estava escutando. No dia seguinte, sofri o enfarte.

Vamos observar o sentido da pressão do tempo e da urgência nas próprias palavras de ambas as descrições: "atrasado", "planos de carreira", "acelerei o ritmo", "tentei forçar o andamento das coisas", "nenhum tempo para a família ou amigos", "enfrentar o trânsito", "ter de correr" nos terminais aéreos, "encarar filas", "esperar a bagagem", lidar com "mudanças de fuso horário".

Os executivos de sucesso, os médicos e os acadêmicos que viajam muito não são os únicos pressionados pelo tempo. Em nossa sociedade pós-industrial, e agora totalmente digital, todos nós estamos expostos ao estresse do tempo. Colocamos o relógio no pulso de manhã, colocamos no bolso ou na bolsa o *smartphone* com nossa agenda, compromissos, *e-mails* e comentários do Twitter, e saímos de casa. Nossa vida é conduzida pelo relógio e as outras coisas ficam espremidas nos momentos intermediários, ou "enquanto vamos daqui para lá". O relógio determina quando e onde temos de estar em cada momento, e ai de nós se nos esquecermos! O tempo e o relógio nos conduzem de uma coisa à outra. Para muitos isso se converteu em um "estilo de vida". Somos movidos diariamente por todas as obrigações e responsabilidades e, no fim do dia, caímos na cama exaustos. Se mantivermos esse padrão por longos períodos, sem descanso adequado e sem reabastecer as reservas de energia, o colapso será inevitável, de uma maneira ou de outra. Por mais estáveis e robustos que sejam nossos circuitos alostáticos, eles poderão sofrer um colapso se não forem equilibrados e recalibrados de tempos em tempos para reduzir a carga alostática e o desgaste diário.

Hoje em dia, transmitimos o senso de urgência até para nossos filhos. Quantas vezes dizemos para crianças pequenas: "Anda depressa, não vai dar tempo" ou "Eu não tenho tempo"? Nós os apressamos para se vestir, comer, preparar-se para a escola. Pelo conteúdo da nossa fala, por meio de nossa linguagem corporal, por corrermos de lá para cá, transmitimos a eles a mensagem clara de que não existe tempo suficiente.

Essa mensagem tem chegado às crianças com muita clareza. Hoje em dia não é incomum que crianças se sintam estressadas e apressadas desde cedo. Em vez de seguirem seu próprio ritmo interno, elas são pegas rapidamente pela esteira rolante da vida de seus pais e aprendem a ter pressa e consciência do tempo. Isso pode produzir efeitos deletérios sobre seu ritmo biológico e, como acontece com os adultos, causar vários tipos de distúrbio fisiológico e estresse psicológico. Por exemplo, a hipertensão arterial começa na infância em nossa sociedade, com aumentos pequenos, mas significativos, detectáveis até em crianças de 5 anos. Isso não acontecia em sociedades pré-industriais, onde a hipertensão arterial era quase desconhecida. Algo no nosso estilo de vida é responsável por esta situação, além dos fatores meramente nutricionais. Talvez seja o estresse do tempo.

※

Antigamente nossas atividades tinham muito mais sintonia com os ciclos do mundo natural. Os habitantes de um local permaneciam mais no mesmo lugar. Não viajavam para muito longe. A maioria morria no mesmo lugar em que nascera e todos se conheciam em sua vila ou aldeia. A luz do dia e a escuridão ditavam ritmos muito diferentes de vida. Muitas tarefas não podiam ser realizadas à noite por falta de luz. O ato de se sentar em torno da fogueira à noite, única fonte de calor e luz, de algum modo desacelerava as pessoas, tranquilizava e aquecia. Olhando para as chamas e brasas, a mente se concentrava no fogo, sempre diferente, mas sempre o mesmo. Todos podiam observar o fogo momento após momento, e noite após noite, mês após mês, ano após ano, ao longo das estações, e descobrir que, diante dele, o tempo parava. Talvez o ritual de sentar-se ao redor de fogueiras tenha sido a primeira experiência de meditação da humanidade.

Outrora, o ritmo dos indivíduos era o ritmo da natureza. O mundo era totalmente analógico. Um agricultor só podia arar determinada quantidade de terra por dia, à mão ou com um boi. Só se conseguia percorrer determinada distância, a pé ou a cavalo. Havia profunda conexão entre os seres humanos, seus animais e suas necessidades. O ritmo dos animais ditava o ritmo do dia e os limites do tempo. Quem valorizava seu cavalo sabia que não devia obrigá-lo a percorrer longas distâncias nem a correr rápido demais. Só era possível a comunicação presencial ou, em caso de necessidade, por meio de tambores ou sinais de fumaça.

No mundo atual nosso estilo de vida é quase completamente independente dos ritmos naturais. A eletricidade iluminou a escuridão e, com isso, a distinção entre dia e noite ficou muito menor. É possível trabalhar depois que o Sol se põe. Não é mais necessário desacelerar o ritmo por falta de luz. Além disso, temos também automóveis e tratores, telefones e aviões, rádios e televisões, fotocopiadoras, computadores portáteis e *tablets*, dispositivos sem fio de todos os tipos, cada vez menores e mais poderosos, bem como uma espécie de universo alternativo na internet. Todos esses avanços tornaram o mundo menor e reduziram de modo impressionante o tempo que levamos para fazer coisas ou para encontrá-las, para nos comunicarmos, para ir a algum lugar, ou para terminar um trabalho. Os computadores aumentaram a tal ponto a capacidade de trabalho que – embora isso seja tremendamente libertador em certo sentido – todo mundo acaba se sentindo mais pressionado do que nunca para obter mais resultados em menos tempo. As expectativas próprias e alheias continuam aumentando de maneira exponencial à medida que a tecnologia nos proporciona o poder de fazer cada vez mais, cada vez mais rápido. No lugar de nos sentarmos em torno da fogueira durante a noite em busca de luz, calor e algo para olhar, podemos ligar um interruptor e continuar a fazer o que estávamos fazendo. Além disso, podemos assistir à televisão e vídeos do YouTube, navegar pela rede, ou viver na blogosfera e acreditar que estamos relaxando e diminuindo o ritmo. Na verdade, talvez se trate apenas de mais bombardeio sensorial.

No futuro próximo, com as próximas levas de produtos tecnológicos que já existem ou que estão a caminho – compras *on-line*, televisões "inteligentes", publicidade e transmissão direcionadas, lares eletrônicos com funções ativadas por voz e robôs pessoais, com quem poderemos falar e que cuidam de nossas necessidades –, teremos cada vez mais formas de distração, mais maneiras de permanecer ocupados e de fazer mais coisas ao mesmo tempo, com o consequente aumento das expectativas. Já podemos dirigir **enquanto** tratamos de negócios (aumentando muito a taxa de acidentes por casa da desatenção e das multitarefas ao volante), podemos fazer exercício **enquanto** processamos informações, podemos ler **enquanto** assistimos a programas em telas divididas no *tablet*, podemos ver duas, três ou quatro coisas ao mesmo tempo na TV. Nunca ficamos desconectados do mundo, de conteúdos e de exigências que podem facilmente se tornar viciantes. No entanto, será que algum dia estaremos conectados a nós mesmos?

QUATRO MANEIRAS DE SE LIBERTAR DA TIRANIA DO TEMPO

O fato de a tecnologia deixar o mundo mais acelerado não significa que ela deva governar nossa vida até o ponto de levar ao estresse extremo e, talvez, à morte prematura pela rotina exaustiva da vida moderna. Há muitas maneiras pelas quais podemos nos libertar da tirania do tempo. A primeira é lembrar que o tempo é um produto do pensamento. Minutos e horas são convenções estabelecidas para facilitar os encontros, a comunicação e o trabalho harmônico. Entretanto, não possuem um significado absoluto, como Einstein gostava de salientar para o público leigo. Parafraseando sua explicação do conceito de relatividade: "Se você está sentado em cima de um fogão quente, um minuto pode parecer uma hora, mas se está fazendo algo prazeroso, uma hora pode parecer um minuto".

É claro que sabemos disso por experiência própria. A natureza é muito justa. Todos temos 24 horas por dia para viver. O modo como consideramos esse tempo e o que fazemos com ele pode fazer toda a diferença para a sensação de ter "tempo suficiente", "tempo demais", ou "falta de tempo". Por isso, precisamos olhar para nossas expectativas em relação a nós mesmos. Precisamos tomar consciência do que estamos tentando realizar, se estamos pagando um preço alto demais por isso ou se, nas palavras do Dr. Eliot, é algo pelo qual "vale a pena morrer".

Uma segunda maneira de nos libertarmos da tirania do tempo consiste em viver mais no presente. Desperdiçamos uma enorme quantidade de tempo e energia ruminando o passado e nos preocupando com o futuro. Esses momentos quase nunca são satisfatórios. Em geral, produzem ansiedade e uma sensação de urgência, gerando pensamentos como: "O tempo está se esgotando" ou "Aqueles eram bons tempos". Como já vimos muitas vezes, praticar a atenção plena de momento a momento nos conecta com a vida no único tempo que temos para viver: agora mesmo. Qualquer coisa que façamos adquire maior riqueza quando abandonamos o modo de piloto automático e agimos com consciência e aceitação. Se estiver comendo, realmente coma durante esse tempo. Isso pode implicar a escolha de não ler uma revista ou assistir à televisão durante a refeição. Se estiver cuidando de seus netos, então **esteja** realmente com eles. Quando nos envolvemos de modo completo, o tempo desaparece. Se estiver ajudando seus filhos com a lição de casa ou apenas conversando com eles, não faça isso com pressa, ou enquanto fala ao telefone, ou verifica disfarçadamente os *e-mails*. Faça o esforço de estar plenamente presente. Mantenha o contato visual. Aproprie-se desses momentos, desacelere o tempo. Esteja no seu corpo. Desse modo, não pensará que as outras pessoas estão "tomando" seu tempo. Todos os seus momentos serão seus. Se quiser recordar o passado e fazer planos para o futuro, então faça **isso** também com consciência. Recordar **no presente**. Planejar **no presente**.

O cerne da atenção plena na vida diária é fazer com que cada momento seja nosso. Mesmo se estiver apressado, o que às vezes acontece, pelo menos tenha pressa de modo consciente. Tome consciência da respiração, da necessidade do movimento rápido, e faça isso de modo atento até que não seja mais necessário. Em seguida, solte e relaxe intencionalmente, da melhor forma possível, dê um tempo para se recuperar, caso necessário. Se perceber que sua mente está fazendo listas e forçando-o a cumprir cada um de seus itens, traga a consciência para seu corpo e para a tensão física e mental, que podem estar aumentando, e lembre-se de que alguns desses itens com certeza podem esperar. Se estiver quase atingindo seu limite, pare completamente e se pergunte: "Vale a pena morrer por isso?" ou "Quem está correndo, e para onde?".

Uma terceira forma de nos libertar da tirania do tempo é dedicar, de modo intencional e regular, um pouco de tempo apenas para ser. Em outras palavras – meditar. Precisamos criar e proteger nosso tempo para a prática formal de meditação porque é muito fácil cancelar a prática e considerá-la desnecessária ou um luxo, pois, afinal, ela é vazia de "fazer". Quando a cancelamos e dedicamos esse tempo ao fazer, acabamos perdendo o que pode ser a parte mais valiosa da nossa vida: o tempo para apenas ser.

Todas as formas de meditação mindfulness abordadas e praticadas aqui implicam, como já vimos, sair do fluxo do tempo e permanecer na quietude, em um presente eterno. Isso não significa que cada momento de nossa prática será um momento de atemporalidade. Isso depende do grau de concentração e tranquilidade que trazemos para cada instante. Contudo, o simples compromisso de praticar o não fazer – de deixar de lutar, de não julgar nossa tendência de julgar – desacelera o tempo e nutre a atemporalidade em nós. Ao dedicarmos alguns momentos todos os dias para desacelerar o próprio tempo, ao nos presentearmos com um tempo formal dedicado a simplesmente ser, fortalecemos a capacidade de agir a partir do ser e habitar o momento presente no restante do dia, quando o ritmo tanto do mundo exterior quanto do mundo interior pode ser muito mais implacável. Por isso é tão importante organizar a vida reservando todo dia um tempo para apenas ser, para descansar na consciência e simplesmente permanecer desperto.

Uma quarta forma de nos libertarmos do tempo consiste em, de algum modo, simplificar a vida. Conforme relatei acima, certa vez realizei um programa MBSR de oito semanas apenas para juízes. Juízes tendem a ser estressadíssimos pela carga esmagadora de trabalho. Um deles se queixou de que nunca tinha tempo suficiente para rever os casos ou para fazer leituras prévias adicionais e se preparar para eles, e que não tinha tempo suficiente para estar com a família. Ao examinarmos como usava o tempo livre, vimos que ele lia religiosamente três jornais todo dia e também assistia ao noticiário na televisão durante uma hora por dia. Só os jornais já demandavam uma hora e meia. Isso equivalia a uma espécie de vício.

É claro que ele sabia como estava usando o tempo. Porém, por alguma razão, não percebeu que estava optando por usar até 2,5 horas por dia com as notícias, quase todas as mesmas em cada jornal e na TV. Quando discutimos isso, ele logo se deu conta de que poderia ganhar tempo para outras coisas que queria fazer se deixasse de ler dois jornais e assistir ao noticiário na TV. De maneira intencional, parou com esse hábito viciante e agora lê um jornal por dia, não assiste ao noticiário na TV e dispõe de duas horas a mais por dia para fazer outras coisas.

Simplificar a vida, ainda que em pequenas coisas, pode fazer grande diferença. Se preenchermos todo o nosso tempo, não sobrará nada e nem nos daremos conta disso. Simplificar pode significar priorizar as coisas que temos de fazer e desejamos fazer e, ao mesmo tempo, **escolher conscientemente desistir de certas outras**. Isso significa aprender a dizer "não", às vezes, até mesmo para coisas que queremos fazer ou para aqueles de quem gostamos e a quem queremos ajudar, de modo a proteger e preservar algum espaço para o silêncio, para o não fazer e para tudo aquilo a que dissemos "sim".

Após o minirretiro de mindfulness de dia inteiro no hospital, na sexta semana do programa MBSR, uma mulher que sofria de dor fazia alguns anos descobriu que no dia seguinte não sentiu nenhuma dor. Além disso, despertou naquela manhã com uma sensação diferente em relação ao tempo. Parecia-lhe de algum modo precioso. Quando recebeu o telefonema de sempre de seu filho, dizendo que levaria as crianças para que ela e o marido tomassem conta durante o dia, viu-se dizendo a ele para não as trazer porque não poderia tomar conta delas naquele momento, que precisava ficar sozinha. Ela sentiu que precisava proteger aquele incrível momento em que se viu livre da dor. Sentiu que tinha de preservar o silêncio precioso daquela manhã em vez de preenchê-lo, mesmo que fosse com seus netos, por quem, obviamente, sentia um amor imenso. Queria ajudar o filho, mas, dessa vez, precisou negar para fazer algo por si mesma. E o marido, ao sentir alguma coisa diferente nela, talvez a tranquilidade interna, a apoiou.

O filho não conseguia acreditar. Sua mãe nunca negara antes. Ela não tinha nada para fazer naquela manhã. Para ele parecia uma loucura. No entanto, ela sabia, talvez pela primeira vez em muito tempo, que valia a pena proteger certos momentos, simplesmente para que nada acontecesse – porque esse "nada" é muito precioso.

※

Segundo o ditado popular, "tempo é dinheiro", mas algumas pessoas têm bastante dinheiro e não têm tempo suficiente. Não lhes faria mal trocar um pouco do dinheiro por mais tempo. Durante muitos anos, trabalhei três ou quatro dias por semana e ganhei menos do que precisava. Sentia que o tempo era mais importante, sobretudo quando meus filhos eram pequenos. Queria estar disponível para eles tanto quanto possível. Mais tarde, trabalhei em tempo integral no hospital da Faculdade de Medicina durante muitos anos. Isso implicava passar mais tempo longe de casa e, de muitas maneiras, sentir mais a pressão do tempo. Tanto quanto possível, pratiquei o não fazer momento a momento em meio ao campo da ação, e tentei, muitas vezes sem conseguir, me lembrar de não assumir compromissos demais.

Tenho a sorte de poder escolher o número de horas e o tipo de trabalho que realizo. E o trabalho que faço, em todas as suas formas, é um trabalho de amor. A maioria das pessoas não tem tanto poder de decisão acerca do que fazem e de quanto tempo investem nisso. Ainda assim, há muitas formas de simplificar a vida. Talvez não seja necessário correr tanto ou ter tantas obrigações ou compromissos. Talvez não seja preciso que a TV fique ligada o tempo todo em casa. Talvez possamos usar menos o carro. Talvez não seja necessário falar tanto tempo ao celular. E talvez não precisemos de tanto dinheiro. Dedicar algum tempo para dar atenção e refletir sobre maneiras de simplificar a vida pode nos ajudar a recuperar a posse do tempo. De qualquer forma, esse tempo já é nosso. Podemos aproveitá-lo e habitar todos os nossos momentos. Não serão "nossos" para sempre.

Certa vez, um jornalista perguntou a Mahatma Gandhi: "O senhor trabalha 15 horas por dia, todos os dias, há quase cinquenta anos. Não acha que já é hora de tirar férias?". Gandhi respondeu: "Estou sempre de férias".

O significado da palavra **férias** está muito relacionado às palavras "desocupado" e "vazio." Quando praticamos estar completamente no presente, a vida em sua inteireza é totalmente acessível a nós em todos os momentos, precisamente porque estamos fora do tempo. O tempo se esvazia, e nós também. Portanto, nós também podemos estar sempre de férias. E quem sabe aprenderemos, se praticarmos durante o ano inteiro, a aproveitar mais as nossas férias.

Mas somente no tempo é que o momento no roseiral,
O momento sob o caramanchão batido pela chuva,
O momento da correnteza na igreja ao cair da bruma,
Podem ser lembrados, envoltos em passado e futuro.
Somente através do tempo é o tempo conquistado.

T. S. Eliot, "Burnt Norton", *Quatro Quartetos*

27
O Sono e o Estresse do Sono

Dentre todas as coisas que fazemos com regularidade, dormir é uma das mais extraordinárias e menos valorizadas. Imagine: uma vez por dia, deitamo-nos sobre uma superfície confortável e abandonamos o corpo durante várias horas. É um tempo sagrado também. Somos muito apegados ao sono e quase nunca pensamos em desistir de algumas horas dele, mesmo se for para atingir objetivos pessoais. Quantas vezes já ouvimos as pessoas dizer: "Sem minhas oito horas de sono fico uma pilha de nervos"? E se sugerirmos a alguém que se levante uma hora mais cedo, ou mesmo 15 minutos, para ter tempo de incluir outras atividades importantes, encontraremos muita resistência. As pessoas se sentem ameaçadas quando interferimos com seu tempo de sono.

Ironicamente, um dos sintomas mais comuns e precoces do estresse é a dificuldade para dormir – seja porque é difícil adormecer devido à incessante tagarelice mental, seja porque despertamos no meio da noite e não conseguimos voltar a dormir. Ou ambos. Em geral, acabamos nos revirando na cama, tentando relaxar e tranquilizar a mente, dizendo a nós mesmos que é importante descansar porque amanhã será um dia cheio – mas nada disso adianta. Quanto mais tentamos adormecer, mais despertos ficamos.

Na verdade, não podemos nos **forçar** a dormir. O sono é uma dessas condições dinâmicas, como o relaxamento, nas quais temos de aprender a nos soltar. Quanto mais tentamos adormecer, mais tensão e ansiedade criamos, o que nos faz despertar.

27 | O sono e o estresse do sono

Quando dizemos: "Vou dormir", a própria linguagem sugere "ir a algum lugar". Talvez seja mais adequado dizer que o sono "toma conta de nós" nas condições certas. Conseguir dormir é um sinal de que a vida está harmônica. Dormir o suficiente é um ingrediente básico da boa saúde. Quando estamos privados de sono, nosso raciocínio, estado de ânimo e comportamento tornam-se irregulares e pouco confiáveis, o corpo se esgota e ficamos mais vulneráveis às doenças.

Nossos padrões de sono estão intimamente relacionados com o mundo natural. O planeta completa uma volta em torno de seu eixo a cada 24 horas, e isso cria ciclos de luz e escuridão, nos quais se baseia o ciclo biológico dos seres vivos, como se vê nas variações diárias conhecidas como **ritmo circadiano**. Esses ritmos se manifestam por flutuações diárias na liberação de neurotransmissores no cérebro, no sistema nervoso e na bioquímica de todas as nossas células. Esses ritmos planetários básicos estão embutidos em nosso sistema. De fato, os biólogos nos falam de um "relógio biológico" controlado pelo hipotálamo, que regula o ciclo vigília-sono e que pode ser perturbado por longas viagens de avião, pelo trabalho no turno da noite e por outros padrões de comportamento. Seguimos o mesmo ciclo do planeta e nosso padrão de sono reflete essa conexão. Quando é perturbado, leva algum tempo para se reajustar, para voltar ao normal.

Uma mulher de 75 anos foi encaminhada à Clínica de Redução de Estresse com um problema de sono que começara um ano e meio antes. Além disso, apresentava também hipertensão incipiente, controlada com medicamentos. Trabalhara como professora e estava aposentada fazia dez anos. Relatou que, na maioria das noites, simplesmente não conseguia dormir e passava a noite inteira "bem confortável, sem agitação", mas acordada. O médico receitara uma dose mínima de tranquilizante para ajudá-la a relaxar, mas ela via a perspectiva de tomar remédio com "temor e tremor". Tomou metade de um comprimido algumas vezes, o que de fato a ajudou a dormir, mas odiava fazer isso e parou a medicação. Chegou à Clínica de Redução de Estresse com a expectativa de aprender a dormir melhor sem depender de medicação.

E conseguiu. Manteve com dedicação a prática de meditação durante todo o curso. Não gostava da meditação sentada porque, segundo ela, sua mente divagava muito, mas amava o yoga e praticava todo dia, muito mais do que prescrevíamos. No fim das oito semanas ela estava dormindo, conforme suas próprias palavras, "maravilhosamente bem" todas as noites e ficou muito satisfeita por tê-lo conseguido sem o uso de remédios.

※

Quando temos dificuldade para dormir, o corpo pode estar tentando nos dizer algo sobre o modo como estamos levando a vida. Assim como todos os outros sintomas mente-corpo, é uma mensagem que vale a pena escutar. Em geral, trata-se de um sinal de que estamos passando por um momento de estresse e é de se esperar que, se e quando a causa for resolvida, nosso padrão de sono voltará por si ao normal. Às vezes é útil levar em conta quanto exercício temos feito. O exercício físico regular, como caminhadas, yoga ou natação, pode fazer grande diferença na qualidade do sono em qualquer idade, conforme nossa própria experiência poderá revelar.

Às vezes as pessoas pensam que precisam de mais sono do que realmente é necessário. A necessidade de sono varia à medida que crescemos e sabemos que diminui conforme envelhecemos. Para alguns, quatro, cinco ou seis horas de sono por noite são o suficiente, embora talvez eles sintam que "deveriam" dormir mais tempo.

Quando temos dificuldade para adormecer, talvez seja bom sair da cama e fazer outra coisa por um tempo, algo que apreciamos, ou que sabemos que nos fará sentir bem. Gosto de pensar que, quando não consigo adormecer, mesmo que eu queira, pode ser porque talvez o sono não seja necessário naquele momento. Quando tenho dificuldade de adormecer, a segunda coisa que faço é meditar. A primeira é me revirar na cama e ficar incomodado, até que tomo consciência do que estou fazendo. Se depois de algum tempo não conseguir voltar a dormir, me levanto da cama, me enrolo em um cobertor quente, sento na minha almofada e apenas observo minha mente. Isso me oferece a oportunidade de olhar mais detidamente para aquilo tão perturbador que me impede de dormir bem. Outra possibilidade é fazer a postura do cadáver, deitar de costas na cama e praticar o escaneamento corporal.

Às vezes, basta meditar por meia hora dessa forma para tranquilizar a mente até conseguir adormecer. Outras vezes, o efeito da meditação pode nos levar a fazer outra coisa (como trabalhar em um projeto favorito, fazer listas, ler um bom livro, ouvir música, caminhar ou dar uma volta), ou simplesmente aceitar o fato de que a mente está agitada, chateada, com raiva, medo qualquer que seja seu estado nesse momento e envolvê-la em consciência, sem ter de fazer alguma coisa a respeito. O meio da noite é também um bom momento para fazer yoga, embora isso possa nos despertar ainda mais.

Essa maneira de lidar com a insônia exige o reconhecimento e a aceitação de que, quer gostemos quer não, estamos acordados. Não adianta "catastrofizar" e pensar que nosso dia será péssimo porque ficaremos exaustos se não voltarmos a dormir – talvez isso nem seja verdade. Não sabemos. E ficar tentando forçar o sono também não ajuda. Então, por que não deixar o futuro cuidar de si mesmo? Uma vez que já estamos despertos neste momento, por que não despertar de vez?

※

Conforme mencionado brevemente na Introdução, a prática de mindfulness vem, sobretudo, da tradição de meditação budista, embora seja encontrada, de uma forma ou de outra, em todas as tradições e práticas contemplativas. O curioso é que não há Deus no budismo, o que o torna uma religião muito incomum. O budismo se baseia na reverência a um princípio, corporificado em um personagem histórico conhecido como Buda. Diz a história que alguém se aproximou do Buda, considerado então um grande sábio e mestre, e perguntou: "Você é um deus?" ou algo desse tipo, ao que ele respondeu: "Não; eu sou desperto". A essência da prática de mindfulness consiste em trabalhar para despertar do estado de inconsciência autoimposto no qual estamos de hábito, mas não imersos inevitavelmente.

Na maior parte do tempo tendemos a funcionar a tal ponto na modalidade de piloto automático, que seria possível afirmar que estamos mais adormecidos do que despertos, mesmo quando acordados. Em *Walden* – uma verdadeira rapsódia de mindfulness – Henry David Thoreau disse: "Devemos aprender a despertar novamente e a nos mantermos despertos, não por um auxílio mecânico, mas por uma infinita expectativa da aurora, que não nos abandona nem no sono mais profundo".

Se assumirmos o compromisso de estar **plenamente** despertos durante a vigília, nossa visão de não conseguirmos dormir em determinados momentos mudará com nossa visão de todo o resto. Todos os nossos momentos despertos, durante o ciclo de 24 horas de rotação do planeta, podem ser considerados uma oportunidade de praticar a presença plena e a aceitação das coisas como são, inclusive o fato de a mente talvez estar agitada e de não conseguirmos dormir. Se fizermos isso, o sono tenderá a cuidar de si mesmo. Talvez não aconteça quando você acha que deveria acontecer; talvez não dure tanto quanto você pensa que deveria durar; talvez seja mais descontínuo do que você acha que deveria ser. Chega de tantos "deveria".

Se esse enfoque parece radical, vale a pena dedicar um momento para pensar nas alternativas. Existe uma indústria multimilionária de medicamentos para regular o sono. Essa indústria é prova da nossa perda coletiva de homeostase ou alostase e da desregulação generalizada de nossos ritmos biológicos básicos. Muita pessoas dependem de pílulas para conseguir dormir ou permanecer adormecidas. O controle e a regulação de seus ritmos internos e ciclos naturais são entregues a um agente químico, que restabelece a homeostase. Será que esse não deveria ser um recurso de última instância, depois de todos os outros terem falhado?

Na Clínica de Redução de Estresse fazemos muita gente adormecer, não porque seja essa a nossa intenção, mas porque o escaneamento corporal é muito relaxante. Se o praticarmos quando estivermos cansados, é facílimo adormecer, embora o convite básico da prática de escaneamento corporal seja o de "despertar", isto é, o de entrar em uma condição de consciência aberta e relaxada conforme observamos e habitamos as distintas regiões do corpo. É por isso que algumas pessoas custam a ficar acordadas durante toda a prática e talvez tenham de praticar de olhos abertos, ou na posição sentada. Outras passam semanas sem conseguir chegar ao fim do CD. E outras "apagam" quando observam os dedos do pé esquerdo, que é onde em geral começamos, ou na altura do joelho esquerdo! Quando praticamos juntos na classe, a orientação do instrutor às vezes é interrompida pelos roncos, que provocam sorrisos e risadinhas, mas já são esperados. Quase todos estão com algum grau de privação de sono e, quando começam a relaxar, a tendência é cair na inconsciência. Assim, precisamos **aprender** a como ficar despertos à medida que relaxamos cada vez mais. É uma habilidade que também se aprende e aprendê-la tem muito valor. Simplesmente requer prática, prática e mais prática.

Quando as pessoas chegam à clínica buscando ajuda para resolver suas dificuldades para dormir, recebem permissão explícita de tocar o CD de escaneamento corporal na hora de dormir para ajudá-las a pegar no sono, com a condição de assumirem também o compromisso íntimo de usar o CD uma vez por dia em algum outro horário para permanecerem despertas. E funciona! A maioria com transtorno de sono relata uma melhoria acentuada após algumas semanas de prática do escaneamento corporal (como exemplo, ver os gráficos de sono de Mary na Figura 3, Capítulo 5). Além disso, muitas outras param de tomar remédios para induzir o sono antes do término das oito semanas. À medida que o curso avança, o restabelecimento da homeostase fica patente na sala.

Quando querem adormecer ou voltar a dormir, alguns participantes do programa MBSR acham igualmente eficaz, e mais fácil, concentrarem-se apenas na respiração enquanto estão na cama, deixando que a mente siga a inspiração enquanto o ar entra no corpo, e depois durante todo o percurso de volta, permitindo ao corpo tão somente "afundar e se fundir" ao colchão a cada expiração. Podemos imaginar que expiramos até os confins do universo, e inspiramos a partir de lá, percorrendo todo o caminho de volta até o corpo.

※

Dediquemos alguns momentos para examinar com mais detalhe como nos preparamos para dormir à noite. Em certo momento, deitamos em uma superfície macia, em um quarto escurecido, fechamos os olhos e deixamos que o colchão nos sustente enquanto nos acomodamos sob os lençóis. As coisas começam a ficar mais vagas e, pouco a pouco, nos entregamos e um sono delicioso nos envolve. Devido a esse hábito de adormecer em certas condições, quando praticamos o escaneamento corporal (deitados em uma superfície confortável, com os olhos fechados), devemos aprender a entrar em um relaxamento cada vez mais profundo, porém, mantendo a consciência do momento presente, atentos àquela região do corpo que é o nosso foco. Devemos aprender também a reconhecer quando uma bifurcação se aproxima: de um lado, temos ausência de clareza, falta de consciência e sono. Como vimos, este é um caminho extremamente benéfico que devemos percorrer com regularidade, pois o sono nos ajuda a permanecer saudáveis e a restabelecer nossos recursos físicos e psicológicos. O sono é uma bênção. Do outro lado, temos o estado de vigília, maior consciência e profundo bem-estar, fora do tempo. Este também é um estado muitíssimo revigorante, que vale a pena cultivar com regularidade. É muito diferente do sono em termos fisiológicos e psicológicos. O ideal é cultivar diariamente tanto o sono como o estado desperto, e saber quando um é mais importante que o outro. Ambos são bênçãos, de maneiras diferentes.

※

Nosso grande apego ao sono em geral provoca preocupação com as consequências da falta de sono. Contudo, ao compreendermos que o corpo e a mente podem se autorregular e corrigir alguns dos desequilíbrios ocasionalmente presentes nos padrões do sono, é possível utilizar o desequilíbrio do sono como veículo de crescimento, assim como outros sintomas, até mesmo a dor ou a ansiedade, para experimentar níveis mais profundos de inteireza. No entanto, isso requer o desenvolvimento crescente da escuta profunda aplicada à vida.

Eu mesmo tive poucas noites de sono ininterrupto quando meus filhos eram pequenos. Tinha de me levantar inúmeras vezes durante a noite. De vez em quando ia para a cama bem cedo, compensando a falta de sono dessa maneira. Contudo, na maior parte das vezes, meu sistema, ao que parece, ajustou-se a dormir e a sonhar menos e, durante esses anos, consegui me sair muito bem.

Creio que um dos motivos pelos quais não fiquei esgotado nem doente foi porque não lutei contra a situação. Aceitei-a e tornei-a parte de minha prática de meditação. No Capítulo 7 mencionei que, quando meus filhos eram bebês, muitas vezes me via caminhando de um lado para o outro no meio da noite com eles no colo – confortando, cantarolando, embalando – e usando a caminhada, o canto, o embalo e os tapinhas no ombro para tomar consciência deles como meus filhos, tomar consciência de seus sentimentos, de seus corpos, do meu próprio corpo, da respiração deles, da minha respiração – para tomar consciência de ser o pai deles. É claro que teria preferido voltar logo para a cama, mas já que essa não era uma opção, criei uma oportunidade de praticar o estado mais desperto possível. Ao adotar essa perspectiva, o fato de estar acordado e fora da cama à noite tornou-se apenas mais uma forma de treinamento e crescimento, como pessoa e como pai.

E ainda que nossos filhos agora estejam crescidos e vivendo suas próprias vidas, de vez em quando ainda acordo no meio da noite. Às vezes, sinto prazer nisso. Quando acontece, saio da cama e medito, faço yoga, ou ambos. A seguir, dependendo de como me sinto, volto para a cama ou trabalho em projetos que desejo concluir. O meio da noite é muito tranquilo – sem telefonemas, sem interrupções, sobretudo quando mantenho distância dos *e-mails*, por mais tentador que seja ler as mensagens e me comunicar com o mundo. Ler *e-mails* também pode ser maravilhoso, especialmente se realizado com um mínimo de atenção plena e alegria em conectar-me com as pessoas com quem desejo me relacionar. No entanto, a noite oferece outras dádivas preciosas demais para serem ignoradas. Em primeiro lugar, o silêncio. As estrelas, a Lua e a madrugada podem ser espetaculares e proporcionarem uma sensação de conexão que não obteríamos sem a consciência do céu noturno. Em geral minha mente relaxa depois que paro de tentar dormir e, em vez disso, me concentro em estar presente tanto quanto possível às preciosas dádivas dessas horas.

É claro que as pessoas são diferentes umas das outras e têm ritmos diferentes. Algumas funcionam melhor tarde da noite, outras de manhã bem cedo. É muito útil descobrir como podemos usar as 24 horas que temos a cada dia da maneira que funciona melhor para nós. E só podemos descobrir isso ouvindo com atenção nossa mente e nosso corpo, deixando que nos ensinem o que precisamos saber, tanto nos momentos difíceis como nos mais tranquilos. Como de costume, isso significa deixar de lado um pouco da nossa resistência à mudança e à experimentação, e talvez dar-nos a permissão de sentir entusiasmo para explorar as situações não observadas e, muitas vezes, limitantes da vida. Nossa relação com o sono e com todas as horas do dia e da noite constitui um objeto muito proveitoso de atenção plena. Aprenderemos muito sobre nós mesmos se nos preocuparmos menos com a falta de sono e prestarmos mais atenção ao fato de estarmos plenamente despertos.

28
O Estresse Gerado pelas Pessoas

Talvez alguns já tenham notado que as outras pessoas podem ser uma grande fonte de estresse. Todos têm momentos em que sentem que os outros estão controlando sua vida, fazendo exigências em relação ao seu tempo, sendo demasiado hostis ou difíceis, não fazendo o que esperamos que façam, ou não parecendo se preocupar conosco e com nossos sentimentos. Todos conseguem se lembrar de determinadas criaturas que causam estresse, criaturas que preferimos evitar, embora isso muitas vezes não seja possível, pois convivemos com elas, ou trabalhamos com elas, ou temos obrigações que as envolvem e que têm de ser cumpridas. Na verdade, aqueles que causam grande estresse podem ser os mesmos que amamos profundamente. Todos sabem que as relações amorosas, além da alegria e do prazer, podem trazer grandes dores emocionais.

As relações com os outros seres humanos oferecem infinitas oportunidades de praticar mindfulness e, assim, reduzir o que às vezes chamo de "estresse gerado pelas pessoas". Como vimos na Parte III, nosso estresse não pode ser atribuído apenas a estressores externos, pois o estresse psicológico surge da **interação** entre nós e o mundo. Portanto, no caso dos indivíduos que "nos estressam", precisamos assumir responsabilidade pela nossa parte nesses relacionamentos, por nossas próprias percepções, pensamentos, sentimentos e comportamentos. Como em qualquer outra situação desagradável ou ameaçadora, é comum reagirmos, inconscientemente, com alguma versão da reação de luta ou fuga quando temos um problema com alguém, o que costuma piorar as coisas a longo prazo.

Muitos de nós desenvolvemos hábitos profundamente arraigados para lidar com conflitos interpessoais, hábitos que são parte de nossa herança, do modo como nossos pais interagiam entre si e com os demais. Algumas pessoas sentem-se tão ameaçadas por conflitos ou sentimentos de raiva que fazem qualquer coisa para evitar uma explosão. Quando esse é o caso, tendemos a não mostrar nem dizer a ninguém como nos sentimos de verdade; procuramos evitar conflitos a todo custo sendo passivos, aplacando a raiva do outro, cedendo ao outro, culpando a nós mesmos, dissimulando – seja lá o que for.

Alguns talvez lidem com seus sentimentos de insegurança criando conflitos por onde passam. Para eles, todas as relações pessoais são vistas em termos de poder e controle. As interações tornam-se ocasião de exercer controle de uma forma ou de outra, de impor a própria vontade, sem pensar nem ligar para os outros. As pessoas que se relacionam dessa maneira tendem a ser agressivas e hostis, muitas vezes sem nenhuma consciência de como são percebidas pelos outros. Por puro hábito, podem ser irritantes, abusivas, insensíveis. Sua fala tende a ser dura, tanto na escolha de palavras quanto no tom de voz. Podem agir como se todos os relacionamentos fossem lutas para afirmar seu controle. O resultado é que geralmente deixam um rastro de maus sentimentos naqueles com quem convivem.

Todos têm uma combinação desses diferentes modos de ser dentro de si – por um lado, a evitação experiencial e, por outro, a agressividade, a dureza, a insensibilidade – que talvez não se manifestem ao extremo, mas estão presentes ou latentes em algum grau. Como vimos no Capítulo 19, o impulso profundamente automático de luta ou fuga influencia nosso comportamento mesmo quando não corremos risco de morte. Ao sentirmos que nossos interesses ou nossa posição social estão ameaçados, podemos reagir sem consciência para proteger ou defender nossa posição antes mesmo de perceber o que estamos fazendo.* Em geral, esse comportamento agrava os problemas aumentando o nível de conflito, interna e externamente. Outra possibilidade é agirmos de maneira submissa. Isso é

---

* Daniel Goleman refere-se a isso como "sequestro da amígdala". Ocorre no momento em que o córtex pré-frontal – responsável pelo funcionamento executivo, tomada de perspectiva e regulação emocional, entre outras coisas – não modula os sinais enviados pela amígdala quando esta detecta uma ameaça ao organismo, mesmo se for imaginária.

feito à custa de nossos próprios pontos de vista, sentimentos e autoestima. Contudo, uma vez que também temos a capacidade de refletir, pensar e estar conscientes, contamos com uma ampla gama de possibilidades que vão muito além de nossos instintos inconscientes profundamente arraigados. Entretanto, precisamos cultivar essas opções de modo proposital. Elas não emergem por meio de mágica, sobretudo se os hábitos interpessoais estiverem dominados pelo comportamento automático defensivo ou agressivo, sobre o qual nunca refletimos. Mais uma vez, trata-se de escolher uma resposta em vez de ser levado por uma reação.

Os relacionamentos baseiam-se em conexão e interconexão, naquilo que poderíamos chamar de **relacionalidade intrínseca**. Quando as pessoas se dispõem a se comunicar com honestidade e franqueza e, ao mesmo tempo, com respeito mútuo, pode ocorrer um intercâmbio de perspectivas diferentes que talvez as conduza a novas maneiras de ver e de estar juntas. Somos capazes de comunicar muito mais do que medo e insegurança uns para os outros quando nossas emoções tornam-se parte do alcance legítimo da nossa consciência. Mesmo quando nos sentimos ameaçados, zangados ou amedrontados, temos o potencial de melhorar muito nossos relacionamentos se levarmos atenção plena ao domínio da própria comunicação. Por exemplo, e como vimos no Capítulo 15, a confiança afiliativa, que ficou fortalecida nos participantes do programa de redução de estresse, pode ser uma alternativa saudável à busca incessante e unidirecional de poder nos relacionamentos.

※

A palavra **comunicação** sugere um fluxo de energia por meio de um vínculo comum. Como no termo **comunhão**, implica uma união, uma junção ou compartilhamento. Assim, comunicar-se é unir, ter um encontro ou união de mentes. Não implica necessariamente concordar. Significa ver a situação como um todo e compreender o ponto de vista do outro, assim como o próprio, com abertura, coração e presença, na medida do possível.

Quando, sem perceber, estamos totalmente absortos em nossos próprios sentimentos e apegados aos nossos pontos de vista e objetivos, é quase impossível ter uma comunicação genuína. Facilmente nos sentiremos ameaçados por qualquer um que pense de maneira diferente da nossa e tenderemos a manter relacionamentos apenas com sujeitos cuja visão de mundo coincida com a nossa. Consideraremos estressantes as interações com aqueles cujas perspectivas sejam opostas à nossa. Quando nos sentimos pessoalmente ameaçados, é fácil assumir uma postura de oposição que acaba se degenerando em "nós" contra "eles". Isso dificulta muito a possibilidade de comunicação. Quando nos fechamos em perspectivas limitadas, não conseguimos ir além dos nove pontos e perceber todo o sistema, do qual nós e nossos pontos de vista somos apenas uma parte. Porém, quando ambos os lados de uma relação expandem o domínio de seu pensamento e se dispõem a considerar o ponto de vista do outro, e ter em mente o sistema como um todo, então novas e extraordinárias possibilidades emergem à medida que os limites imaginários, porém restritivos, são dissolvidos em nossa mente.

É possível chegar a uma comunicação harmoniosa mesmo entre grandes coletividades, como nações, governos e até partidos políticos, bem como entre indivíduos – basta que percebam as consequências de tratar o outro como inimigo e, portanto, como inferior a um ser humano. Como explicar o fato de países que estavam em guerra duas gerações atrás, uns tentando matar os cidadãos dos outros (como Estados Unidos, Alemanha e Japão), terem hoje uma aliança tão forte e economias tão entrelaçadas? Ou como imaginar que o *apartheid* na África do Sul terminaria sem guerra racial, mas com a atuação vital da Comissão da Verdade e da Reconciliação, que revelou, identificou, confrontou e sustentou na consciência pública, sem recriminações, casos individuais de enorme brutalidade e sofrimento que foram perpetrados ao longo de décadas – em que vítimas e agressores expressaram cara a cara toda a sua dor e tristeza? De que outra forma explicar os amplos canais de comunicação e comércio entre os Estados Unidos e a China que durante tantos anos estiveram fechados?

Mesmo quando uma das partes assume para si a responsabilidade de pensar no sistema como um todo e a outra parte não, o sistema inteiro é alterado e podem surgir novas possibilidades de resolução de conflito e entendimento mútuo. É claro que essas aberturas potenciais podem ter uma vida curta, interrompida, e até ameaçada e encerrada por retrocessos unilaterais a modos de pensar e agir mais antigos e autocráticos. Exemplos disso aparecem diariamente na mídia. Ainda assim, apesar da grande resistência daqueles que se beneficiam do *status quo*, ou que estão obcecados por uma perspectiva ideológica específica, o panorama geral de compreensão mútua por meio da comunicação é otimista, creio eu, na medida em que os meios reais e virtuais de compartilhar informação e promover o intercâmbio social, econômico, educacional e cultural influem na comunicação em escala global, não só de governo para governo, como também de grupo para grupo e de indivíduo para indivíduo – algo confirmado pela chamada Primavera Árabe de 2011 e suas complexas, porém promissoras, consequências; e também pelos movimentos em prol da democracia que vão criando raízes em inúmeras nações, às vezes de modo doloroso, e apesar de obstáculos aparentemente insuperáveis. Cada vez mais, economistas e cientistas políticos sérios buscam modelos conceituais abrangentes para compreender essas tendências sociais, econômicas e geopolíticas, suas origens e promessas de longo prazo. Exemplo disso é *The Price of Civilization*, último livro de Jeffrey Sachs, macroeconomista da University of Columbia, em que apresenta o argumento convincente de que mindfulness pode ser o principal veículo para a conciliação de muitos dos elementos discordantes básicos que ameaçam o bem-estar das nações do mundo e dos indivíduos em todos os níveis. Examinaremos esse tema em mais detalhes no Capítulo 32, sobre o estresse gerado pelo mundo.

※

Quando abordamos o assunto do estresse gerado pelas pessoas e os problemas de comunicação no programa MBSR, geralmente na sexta semana, dividimos a turma em pares para realizar uma série de exercícios de atenção plena, originalmente adaptados da arte marcial aiquidô pelo falecido autor e aiquidoca George Leonard. Esses exercícios nos ajudam a representar **com nosso corpo**, em parceria com um colega, a experiência de responder em vez de reagir em situações estressantes e ameaçadoras. Para isso, simulamos diferentes situações possíveis de interação emocional entre duas pessoas e exploramos as energias desses diferentes modos de ser no relacionamento para conseguir vivenciar em primeira mão o que acontece no plano interno.

No aiquidô, o objetivo da prática é manter a tranquilidade, sem perder o centro, enquanto somos atacados fisicamente. O desafio é utilizar a energia irracional e desequilibrada do próprio atacante para dissipar sua agressão sem se machucar e sem atacar o atacante. Isso requer a disposição de aproximar-se dele e, ao mesmo tempo, estabelecer com ele um real contato, sem se colocar diretamente no lugar mais perigoso, isto é, bem na sua frente.

Durante a aula, quando fazemos esses exercícios, os parceiros se alternam nos papéis de atacante e atacado. Estruturamos esse exercício de modo que, em cada situação hipotética, o atacante sempre represente uma situação ou alguém que está "partindo para cima de você" – em outras palavras, causando-lhe estresse, representando o estressor. Quem é atacado (ou estressado) tem várias opções em resposta ao estressor. Em todas as situações, o atacante se aproxima do parceiro da mesma maneira, isto é, com os braços estendidos para a frente e caminhando rápido em direção aos ombros do outro, com a intenção de dar um encontrão ou de empurrá-lo, em outras palavras, passar por cima dele.

Na primeira situação hipotética, quando o atacante se aproxima, o atacado deita no chão e diz algo assim: "Tudo bem, faça o que quiser; você tem razão, a culpa é minha", ou "Não faça isso, não foi minha culpa; foi outra pessoa que fez isso". Observamos o que ocorreu com o parceiro e alternamos os papéis. Todos sempre consideram essa situação desagradável em ambos os papéis, mas reconhecem que habitualmente agimos assim no mundo real. Muitas pessoas compartilham, de maneira espontânea, histórias em que se sentem o capacho da família ou aprisionadas em sua própria passividade, intimidadas por outros mais poderosos. Os atacantes costumam admitir que também se sentem frustrados nessa situação, quando o atacado simplesmente se submete e se rende. Desejam alguma conexão e impacto, e isso não acontece.

A seguir passamos para outra situação hipotética, em que o atacante se aproxima e o atacado se esquiva no último minuto, o mais rápido que puder para que o atacante passe reto. Não há contato físico. Isso geralmente deixa os atacantes ainda mais frustrados. Esperavam um contato e ele não aconteceu. Os atacados que se esquivaram sentem-se muito bem desta vez. Pelo menos não foram atropelados. No entanto, percebem que não é possível agir sempre assim, pois teriam de evitar e fugir de situações e de pessoas estressantes o tempo todo. Isso acontece muitas vezes com os casais: um busca contato e o outro o rejeita ou o evita a todo custo. Esses papéis agressivos e passivos (e, às vezes, passivo-agressivos, de evitar o contato como modo de nos vingarmos do outro) podem ser muito dolorosos para ambas as partes quando se tornam hábitos arraigados, pois não há contato, nenhuma comunicação. É solitário e frustrante. No entanto, as pessoas podem viver e de fato vivem relacionando-se habitualmente com as outras por meio dessas posturas passivas e agressivas básicas, mesmo com os mais próximos.

Na terceira situação hipotética, em vez de sair da frente e se afastar, o atacado empurra de volta. Resiste ao ataque com teimosia. Os dois lados acabam se empurrando pelos ombros, sem usar os braços. Para intensificar a situação e torná-la mais carregada emocionalmente, convidamos as duplas a gritar: "Eu tenho razão, você é que está enganado!", um para o outro, enquanto se empurram. Isso leva a um rápido esgotamento. Ao cessar a ação, fechamos os olhos e trazemos a atenção para o corpo e as emoções do momento. As pessoas sempre dizem, depois de terem acalmado a respiração, que essa situação é melhor do que aquela em que o parceiro estava sendo passivo. Pelo menos existe um contato. Descobrem que, ainda que lutar seja exaustivo, pode ser estimulante também. Estabelecer contato, afirmar nossa posição e expressar nossos sentimentos nos faz sentir bem. Quando fazemos esse exercício, fica um pouco mais claro por que tanta gente na prática é viciada (e fica empacada) nesse modo de se relacionar. Isso pode gerar uma sensação boa, até certo ponto.

Entretanto, esse exercício também deixa uma sensação de vazio. Geralmente, as duas pessoas envolvidas no conflito acham que têm razão. Uma tenta forçar a outra a ver as coisas "do seu jeito". No fundo, ambas sabem que é muito improvável que a outra mude seu modo de pensar mediante força, intimidação e luta. No fim das contas, ou nos adaptamos a uma vida de perpétuo combate, ou uma das partes acabará se submetendo toda vez, em geral alegando que faz isso para "salvar a relação". Podemos até mesmo considerar normais esses padrões de relacionamento. Mesmo sendo dolorosos e exaustivos, tendemos a sentir conforto e segurança nas coisas que já conhecemos, no que é familiar. Pelo menos não temos de enfrentar os riscos desconhecidos de ver ou fazer as coisas de modo diferente e, desse modo, ameaçar o *status quo*.

Muitas vezes esquecemos os custos físicos e psicológicos de viver assim, não só para as duas partes da relação, mas também para os outros ligados a elas, como filhos e avós, que podem estar observando e sofrendo, dia após dia, o impacto desse tipo de relacionamento. Por fim, nossa vida pode ficar restrita a uma visão muito limitada de nós mesmos, dos nossos relacionamentos e das nossas opções. O conflito eterno não parece ser um bom modelo para a comunicação, para o crescimento ou para a mudança.

O último exercício dessa série é chamado **entrar e harmonizar**. Essa opção representa a resposta ao estresse mediada por mindfulness em oposição às várias reações de estresse habitual que acabamos de vivenciar nas situações hipotéticas. A atitude de entrar e harmonizar consiste em estar centrado, em estar desperto e consciente. Requer que estejamos conscientes da outra pessoa como um estressor, sem perder nosso próprio equilíbrio mental ou o centramento no corpo como um todo. Também devemos estar centrados em nossa respiração e na perspectiva da totalidade da situação, sem reagir devido ao medo, mesmo que o medo esteja presente, o que é muito provável na vida real dos encontros estressantes. No nível físico, entrar e harmonizar implica ir de encontro ao atacante; posicionar os pés de modo a dar um passo em sua direção, mas também ligeiramente para o lado, ao mesmo tempo agarrar o pulso do braço estendido mais próximo de nós. No aiquidô, esse movimento é a **entrada**. Ao entrar no ataque, conseguimos contornar o pior impacto, ao mesmo tempo em que nos aproximamos e fazemos um contato seguro e que inspira respeito. Estamos totalmente envolvidos. A própria posição do nosso corpo comunica a ideia de que estamos dispostos a enfrentar e a lidar com o que está acontecendo, que não seremos atropelados. Não tentamos controlar o atacante com força bruta. Em vez disso, seguramos seu pulso e logo passamos a nos "harmonizar" com seu movimento, girando nosso corpo, aproveitando o impulso do atacante para virar e olhar na mesma direção que ele. Ainda temos seu pulso seguro em nossa mão. Nesse momento, ambos estão vendo a mesma coisa; por um instante, compartilham a mesma perspectiva: a do atacante.

Uma das virtudes do movimento de entrar e harmonizar é a de evitar o impacto frontal, situação em que a força e o impulso do outro poderiam nos ferir ou subjugar. Ao mesmo tempo, estamos estabelecendo um contato firme e claramente comprometido. E a disposição de movimentar-se com a outra pessoa, de girar aproveitando o impulso do atacante comunica (metaforicamente com o nosso corpo) que estamos dispostos a ver as coisas do seu ponto de vista, que estamos receptivos e dispostos a olhar e escutar. Isso permite que o atacante mantenha sua integridade, porém, ao mesmo tempo, comunica que não temos medo de fazer contato, nem estamos dispostos a deixar sua energia nos oprimir ou ferir. Nesse momento nós nos tornamos parceiros em vez de adversários, quer a outra pessoa (o atacante) saiba quer não, quer queira quer não queira.

É claro que, tendo chegado a esse ponto por meio do movimento de entrar e harmonizar, ainda não temos nenhuma ideia do que vai acontecer no momento seguinte – mas agora temos algumas opções. Uma delas é aproveitar a energia contida no impulso do atacante para fazê-lo girar em torno do ponto de contato (o ponto em que nossa mão domina o seu pulso) para ambos realizarmos um novo giro que nos ofereça a possibilidade de mostrar ao outro como **nós** vemos as coisas – uma vez que agora estamos ambos voltados para a outra direção. O que acontece em seguida se torna uma dança sobre a qual nem ele nem nós temos controle. Porém, se mantivermos nosso centro, teremos controle de nós mesmos no momento presente e, portanto, ficaremos muito menos vulneráveis. É impossível planejar o que acontecerá, pois depende muito da situação. Temos de confiar na nossa própria imaginação e habilidade de ver as coisas de um jeito novo quando o momento se revelar.

É claro que não devemos tentar isso na vida real quando somos atacados fisicamente se não tivermos treinamento na arte marcial do aiquidô. Mesmo assim, a resposta mais evoluída seria dar a volta e afastar-se, ou correr, se necessário. Isso vale até mesmo entre os faixas pretas mais bem treinados. Chama-se sabedoria.

Os exercícios que estou descrevendo aqui devem ser entendidos de modo metafórico. Se pudermos nos lembrar de entrar e harmonizar, de dar um passo levemente para o lado, entrar em contato e girar quando estamos nos sentindo atacados por alguma comunicação ou circunstância, descobriremos que teremos mais opções para responder (em vez de reagir) em situações com pesada carga de estresse, em especial quando envolvem a comunicação com pessoas cuja perspectiva ou objetivos são muito diferentes dos nossos.

Tive um supervisor no hospital – pouco depois de entrar na Clínica de Redução de Estresse e antes de integrar o corpo docente da faculdade de medicina – cujo modo de se relacionar era dizer coisas como "seu filho da ...", com um grande sorriso no rosto. Ele me causava muito estresse, porque sua hostilidade impedia uma relação de trabalho eficaz. Porém, acabei percebendo, após algumas tentativas muito frustradas de comunicar minhas necessidades, que ele não fazia ideia de que estava sendo hostil. As pessoas sob sua supervisão ficavam aflitas e desesperadas. Muitas vezes, tinham discussões terríveis com ele e iam embora com raiva, magoadas e, acima de tudo, frustradas por não terem recebido apoio, por não se sentirem vistas e reconhecidas. Era uma atitude muito pouco profissional. Um dia, em seu escritório, quando me encontrei com ele para pedir que assinasse algo de rotina para a clínica, ele sorriu e me disse algo hostil. Ali mesmo, decidi enfrentá-lo. Com muita gentileza, mas sem rodeios, perguntei se ele estava ciente de que cada vez que se dirigia a mim, dizia algo que me colocava para baixo. Também aproveitei a oportunidade para dizer, com a máxima sinceridade, que eu tinha a sensação de que ele não gostava de mim pessoalmente, e que desaprovava o trabalho que eu desenvolvia com meditação e yoga, bem como minhas tentativas de construir uma Clínica de Redução de Estresse eficaz para o hospital.

Sua resposta foi de grande espanto, pois ele não fazia a menor ideia de que estava me insultando e passando a impressão de não gostar de mim e desaprovar o que eu fazia. O resultado dessa única conversa foi uma grande melhora em nossa relação profissional, que passou a ser menos estressante para mim. Começamos a nos entender melhor, em parte porque escolhi evidenciar e depois fazer contato e me envolver com seus ataques inconscientes, em vez de resistir a eles e reagir com raiva, mágoa e frustração. Após esse incidente, a relação dele com as outras pessoas sob sua supervisão também ficou mais fácil. Quando ele saiu do hospital devido a uma oferta de emprego, pediu-me que lhe escrevesse uma carta de recomendação, o que fiz com prazer.

O caminho de "entrar e harmonizar" nos momentos em que nos sentimos atacados ou ameaçados de alguma maneira, obviamente, envolve correr certos riscos, já que não temos como saber o que o antagonista fará a seguir, nem como reagiremos. Contudo, se estivermos comprometidos a ir ao encontro de cada momento com atenção plena – com o máximo possível de serenidade e aceitação, e com um senso da própria integridade e equilíbrio – soluções novas e criativas (que talvez levem a um novo nível de compreensão e maior harmonia) muitas vezes surgirão quando forem necessárias. Em parte, isso exige que estejamos em contato com nossos sentimentos, aceitando, reconhecendo e até compartilhando-os, conforme apropriado, sem hostilidade nem de modo defensivo. Essa capacidade de estar em relação sábia com nossos pensamentos e sentimentos, e com os pensamentos e sentimentos de outras pessoas que podem pensar de modo muito diferente do nosso, é conhecida como **inteligência emocional**. Quando um dos dois em uma relação conflituosa assume a responsabilidade de se relacionar de modo diferente, isso muda toda a dinâmica do relacionamento, mesmo que o outro seja completamente reticente nesse sentido. O próprio fato de ver de modo diferente e manter o próprio centro em face do indesejado, do difícil e do ameaçador, implica menor reatividade emocional da nossa parte, e menor vontade de forçar um tema ou um resultado, mesmo que seja desejável para nós. Por que permitir que a dinâmica dos planos de outra pessoa desequilibre nosso corpo e nossa mente, bem no momento em que precisamos de todos os recursos internos de clareza e força?

A paciência, a sabedoria e a firmeza que emergem de um momento de atenção plena geram frutos quase imediatos em meio ao calor de uma situação interpessoal estressante, porque a outra pessoa em geral sente que não podemos ser intimidados ou tomados de surpresa. Ela sentirá nossa tranquilidade, autoconfiança e disposição de dar um passo adiante, de entrar, de se envolver – e, com toda a probabilidade, se sentirá atraída por essa atitude, que corporifica uma presença sincera e equânime, uma paz interior e um equilíbrio sutilmente contagiantes. Uma vez mais, não estamos falando de um resultado ideal, mas sim de um modo de estar na relação, uma prática em si mesma, contínua e sempre em desenvolvimento ao prestarmos atenção plena à relação. Podemos "fracassar" inúmeras vezes, mas, se permanecermos abertos, aprenderemos a nos fortalecer cada vez mais.

Quando estamos dispostos e seguros o suficiente para escutar as outras pessoas e entender seus desejos e pontos de vista sem ficarmos constantemente reagindo, objetando, argumentando, lutando, resistindo ou afirmando que nós estamos com a razão, elas se sentirão ouvidas, acolhidas, aceitas, satisfeitas. Isso é bom para qualquer um. E, então, será muito mais provável que escutem o que temos a dizer, talvez não de imediato, mas assim que as emoções perderem intensidade. Haverá mais possibilidade de comunicação, de acordo, de reconhecimento e de reconciliação das diferenças. Dessa maneira, a prática de atenção plena terá um efeito curativo sobre seus relacionamentos.

Os relacionamentos podem ser curados tanto quanto o corpo e a mente. Isso acontece, basicamente, por meio do amor, da gentileza e da aceitação. Contudo, a fim de promover a cura dos relacionamentos ou desenvolver a comunicação eficaz, que é a base dessa cura, precisamos cultivar uma consciência da **energia** das relações, incluindo os domínios da mente e do corpo, dos pensamentos, sentimentos, fala, preferências e aversões, motivações e objetivos – não somente os das outras pessoas, mas também os nossos – à medida que se revelam a cada momento no presente. Se quisermos curar ou resolver o estresse associado às nossas interações com os outros – sejam filhos ou pais, cônjuge ou ex-cônjuge, chefe ou colega, amigos ou vizinhos –, a atenção plena na comunicação é de suma importância. Esse é o coração da inteligência emocional.

Uma boa maneira de aumentar a atenção plena na comunicação é fazer um diário de comunicações estressantes durante uma semana. Pedimos aos participantes do programa MBSR para fazer isso na semana anterior à aula sobre comunicação (na Semana 5). A tarefa é tomar consciência de uma comunicação estressante por dia durante o momento em que ela ocorre. Essa tomada de consciência abrange a pessoa com quem estamos tendo dificuldades, a forma como tudo aconteceu, o que realmente desejávamos dela ou da situação, o que ela queria de nós, uma ideia do que estava de fato acontecendo, qual foi o resultado, e também um relato de como nos sentíamos quando tudo aconteceu. Esses itens são registrados diariamente em um caderno e depois compartilhados e discutidos em aula. (Ver amostra da folha de registro no Apêndice).

A turma chega com observações variadas e ricas sobre seus padrões de comunicação, dos quais anteriormente não tinha consciência. O simples registro de comunicações estressantes mencionando pensamentos, sentimentos e comportamentos enquanto ocorrem pode oferecer pistas importantes sobre como adotar comportamentos diferentes para tornar nossas aspirações tão eficientes quanto possível. A essa altura do programa, algumas pessoas já compreenderam que grande parte de seu estresse vem de não saberem como afirmar suas próprias prioridades na interação com os outros. Talvez não saibam comunicar o que sentem, ou acham que não têm o direito de sentir o que estão sentindo. Ou talvez tenham medo de expressar seus sentimentos com honestidade. Algumas se sentem absolutamente incapazes de dizer não aos outros, mesmo sabendo que dizer "sim" só as prejudicaria. Sentem-se culpadas por fazerem algo para si ou terem seus próprios planos. Estão sempre prontas para servir aos outros em detrimento de si mesmas – não por terem transcendido suas próprias necessidades físicas e psicológicas e se tornado santas, mas porque acreditam que é isso que "deve" ser feito para ser uma "boa pessoa". Infelizmente, isso significa que sempre ajudam os outros, mas se sentem incapazes de nutrir ou ajudar a si mesmas, pois acham que isso as tornaria "egoístas" ou autocentradas. Assim, dão prioridade aos sentimentos dos outros, mas pelas razões erradas. No fundo, talvez estejam fugindo de si mesmas, ou então queiram ganhar a aprovação alheia por terem aprendido a ser assim. Trata-se de uma espécie de falso altruísmo.

Este tipo de comportamento pode criar enorme tensão, pois a falta de consciência do papel que adotamos e do nosso apego a ele nos impede de reabastecer nossos recursos internos. Podemos chegar à exaustão "fazendo o bem" à nossa volta e ajudando os outros. No fim, estamos tão esgotados que não conseguimos ajudar a nós mesmos nem fazer algo de bom. A fonte de estresse não é fazer coisas para os outros, e sim a falta de paz e harmonia em nossa mente quando nos envolvemos em ações desse tipo.

Se decidirmos que temos de dizer "não" com mais frequência e impor certos limites em nossos relacionamentos de modo a trazer mais equilíbrio para a vida, descobriremos que há vários modos de fazer isso. Muitas maneiras de dizer "não" mais causam problemas do que resolvem. Se reagirmos às exigências alheias negando-as com raiva, criaremos ressentimento à nossa volta e agravaremos o estresse. Quando sentimos que alguém se aproveita da nossa boa vontade, automaticamente o atacamos, fazendo-o sentir-se culpado, ou ameaçado ou inadequado. O emprego de linguagem e tom de voz agressivos intensifica esse ataque. De modo geral, a primeira coisa que fazemos é reagir dizendo "não" de maneira inflexível. Em algumas circunstâncias, podemos chegar a insultá-lo. Nesse caso pode ser muito útil treinar a postura assertiva, que equivale à atenção plena a sentimentos, fala e ações.

A postura assertiva baseia-se na suposição de que podemos estar em contato com o que sentimos de fato. Isso vai muito além de conseguir dizer "não" quando queremos. Trata-se da nossa capacidade mais profunda de conhecer a nós mesmos, interpretar as situações de forma apropriada e enfrentá-las com consciência. Ao tomarmos consciência dos nossos sentimentos enquanto os sentimos, conseguimos sair do modo passivo ou hostil que emerge automaticamente quando estamos incomodados ou somos ameaçados. O primeiro passo em direção à postura assertiva é a prática de investigar como estamos nos sentindo realmente. Em outras palavras, praticamos a atenção plena dos nossos estados emocionais. Isso não é fácil, sobretudo se fomos condicionados durante a vida inteira a acreditar que é errado ter certos pensamentos e sentimentos. Sempre que eles surgem, o reflexo é torná-los inconscientes e perder totalmente a atenção plena. Outra possibilidade é a autocondenação – quando surge a culpa pelo que estamos sentindo e tentamos ocultar isso dos outros. Podemos ficar aprisionados em nossas próprias crenças acerca do que é bom e do que é mau e, por fim, negarmos ou suprimirmos nossos sentimentos.

A primeira aula sobre postura assertiva ensina que nossos sentimentos são simplesmente sentimentos! Não são bons nem maus. "Bom" e "mau" são apenas julgamentos impostos aos sentimentos, por nós mesmos ou pelos outros. A ação assertiva requer uma consciência não julgadora de nossos sentimentos, exatamente como são. Isto é, em si, uma corporificação da autocompaixão, da gentileza e, em última análise, da sabedoria.

Muitos homens cresceram num mundo dominado pela mensagem de que os "homens de verdade" não têm (e, portanto, não devem mostrar) certos tipos de sentimento. Devido a esse condicionamento social, os rapazes e homens, na maioria das vezes, têm dificuldade para tomar consciência de seus verdadeiros sentimentos, pois supõem que sejam "inaceitáveis", portanto, precisam ser rapidamente negados ou reprimidos. Isso torna a comunicação eficaz muito difícil nos momentos de grande carga emocional, quando nos sentimos ameaçados ou vulneráveis, ou vivenciamos dor, tristeza ou mágoa.

A melhor maneira de sair desse dilema consiste em suspender os julgamentos e a censura em relação às nossas emoções – assim que tomarmos consciência disso – e escutar nossos sentimentos, aceitá-los como são, porque já estão aqui. Mas é claro que isso implica querer ser mais aberto e sincero, pelo menos consigo mesmo. Talvez signifique também comunicar-se de modo diferente com base numa consciência mais encarnada, que transmita com mais precisão nossa perspectiva e nossos sentimentos.

Os homens têm dificuldades em comunicar seus sentimentos mesmo em situações que não são ameaçadoras. Fomos tão condicionados a desvalorizar a comunicação dos verdadeiros sentimentos que muitas vezes esquecemos que isso é possível. Simplesmente continuamos fazendo o que estamos fazendo e esperamos que os outros **adivinhem** o que queremos ou o que estamos sentindo, sem termos de falar. Ou então deixamos para lá. Fazemos o que queremos fazer, não importam as consequências. Sentimos que nossa autonomia ficaria ameaçada se compartilhássemos nossos planos, intenções ou sentimentos. Esse comportamento pode ser uma fonte de infinita irritação para as mulheres.

Quando sabemos o que sentimos e lembramos a nós mesmos, por meio da prática, que nossos sentimentos são apenas sentimentos e que não há problema em tê-los e senti-los, podemos começar a explorar maneiras de levar esses sentimentos em conta sem deixar que criem problemas para nós. Os sentimentos complicam nossa vida, seja quando somos passivos e não lhes damos importância, seja quando somos agressivos e reagimos a eles de modo exagerado. A postura assertiva, que é fruto da inteligência emocional, implica a consciência dos sentimentos e a capacidade de comunicá-los de maneira que nos permita manter nossa integridade, sem ameaçar a integridade alheia. Por exemplo, se sabemos que queremos ou precisamos dizer "não" em determinada situação, podemos aprender a dizê-lo de maneira não agressiva. Talvez possamos primeiro informar a outra pessoa que, se as circunstâncias fossem outras, teríamos prazer em atender o seu pedido (se este for realmente o caso), ou reconhecer de alguma forma que respeitamos suas necessidades. Não é preciso dizer o motivo do nosso "não", a menos que queiramos fazê-lo.

Para ter postura assertiva, é muito útil lembrar de expressar o modo como estamos nos sentindo em determinada situação fazendo afirmações a partir do "eu", em vez de "você". As declarações a partir do "eu" transmitem informações sobre nossos sentimentos e pontos de vista. Não estão erradas; são simplesmente afirmações sobre nossos sentimentos. Entretanto, quando não estamos à vontade com nossos sentimentos, às vezes acabamos culpando a outra pessoa pelo que estamos sentindo, sem ao menos perceber. Podemos dizer coisas como: "Você me deixa furioso!" ou "Você está sempre fazendo exigências!".

Será que podemos perceber que essas afirmações transmitem a mensagem de que é o outro que está no controle dos **nossos** sentimentos? Estamos literalmente entregando a ele o poder sobre nossos sentimentos, sem assumir responsabilidade pela nossa parte no relacionamento, dinâmica que obviamente inclui duas pessoas.

Uma alternativa seria dizer algo assim: "Eu me sinto muito mal quando você diz isso ou faz aquilo". Isso é mais exato, pois comunica como você se sente diante do acontecido. Dá espaço para que o outro escute o que você está dizendo acerca dos seus sentimentos ou pontos de vista, sem que se sinta culpado ou atacado. Além disso, não estamos lhe passando a mensagem de que ele tem mais poder do que realmente tem.

Talvez ele não compreenda. Mas, pelo menos, fizemos uma tentativa de comunicar o que sentimos sem começar uma briga. E é aqui que a dança começa, como no aiquidô. O que faremos ou diremos a seguir depende das circunstâncias. Ao manter a atenção plena em toda a situação e em nossos pensamentos e sentimentos, é muito mais provável chegar a algum tipo de entendimento, acomodação ou anuência em discordar sem perder ou abrir mão de sua dignidade e integridade – por ser passivo ou agressivo.

A parte mais importante da comunicação eficaz é tomar consciência tanto dos nossos próprios pensamentos, sentimentos, discursos e linguagem corporal, quanto da situação. É também fundamental lembrar que nós e a nossa "posição" fazemos parte de um sistema social maior. Se expandirmos o campo da consciência para incluir todo o sistema, isso nos permitirá ver e respeitar o ponto de vista da outra pessoa e também **sentir com** seus pensamentos e emoções (isto é, ter empatia). Assim teremos melhores condições de ouvir e realmente escutar, ver e compreender, falar e saber o que estamos dizendo, e agir de maneira eficaz e assertiva, com dignidade e respeito pelo outro como ser humano completo. Na maior parte do tempo, o cultivo desse enfoque – que podemos chamar de **Caminho da Consciência** – pode resolver conflitos potenciais e criar mais harmonia e respeito mútuo. Nesse processo, é muito mais provável que você obtenha o que deseja e necessita em seus encontros com as outras pessoas. E elas também!

29
O Estresse Gerado pelos Papéis

Um dos maiores obstáculos à comunicação eficaz, que nos impede de **conhecer** nossos verdadeiros sentimentos, é o fato de ficarmos facilmente presos a vários papéis pessoais e profissionais. Pode ser que não tenhamos consciência disso, ou então que não consigamos fugir das rígidas limitações que esses papéis impõem às nossas atitudes ou comportamentos. Os papéis têm uma dinâmica própria, a dinâmica do passado, do modo como outras pessoas faziam as coisas, as expectativas que temos em relação a nós mesmos de como deveríamos fazer as coisas, ou o modo como pensamos que os outros acham que deveríamos agir. Os homens podem, de maneira inconsciente, assumir papéis habituais com as mulheres, e as mulheres com os homens, os pais com seus filhos, e os filhos com seus pais. Os papéis profissionais, sociais, aqueles que adotamos quando estamos doentes – todos podem ser limitantes se não tomarmos consciência deles e das formas pelas quais moldam nosso comportamento em diferentes situações.

O estresse dos papéis é efeito colateral do nosso hábito arraigado de fazer – ocasião em que o domínio do ser fica eclipsado. Os papéis podem ser um grande obstáculo ao nosso desenvolvimento contínuo como seres humanos – que poderíamos chamar de crescimento psicológico ou até espiritual – e podem tornar-se fonte de muita frustração e sofrimento. Todos temos opiniões muito firmes acerca de quem somos, de qual é nossa situação, do que fazemos, de como as coisas devem ser feitas, de quais são os parâmetros dentro dos quais podemos trabalhar, de quais são as regras do jogo e também das limitações que nosso papel nos impõe. Em geral, essas opiniões são influenciadas por crenças profundas relativas ao que pode (e ao que não pode) ser feito, qual é o comportamento adequado em uma situação específica, o que nos deixa à vontade, e o que significa ser _____ . Esse vazio se preenche com: mãe, pai, filho, irmão, cônjuge, chefe, trabalhador, atleta, professor, advogado, juiz, padre, paciente, homem, mulher, gerente, executivo, líder, médico, cirurgião, político, artista, banqueiro, conservador, radical, liberal, capitalista, socialista, avô, avó, ancião.

Todas essas formas de agir no mundo refletem um componente convencional, em geral um conjunto de expectativas tácitas que nutrimos quanto ao que significa ser "bom" no que fazemos. Cada papel pode conferir a nós uma identidade, bem como um manto de importância, autoridade ou poder. Um pouco de identificação é fundamental para conhecer nosso papel ou vocação, mas grande parte consiste meramente em uma postura, uma criação da nossa própria mente, um apego a um ponto de vista específico e uma expectativa em relação a si mesmo com a qual nos envolvemos. Se não conseguirmos perceber que começamos a trilhar esse caminho, o envolvimento com o papel pode acabar nos causando muito sofrimento e impedir que sejamos quem somos de verdade enquanto fazemos o que nos cabe fazer. A dinâmica e as demandas dos nossos papéis, juntamente com essas expectativas inconscientes e autoimpostas, podem restringir nossos papéis e acabar se transformando em prisões criadas por nós mesmos em vez de serem veículos para expressar a inteireza do nosso ser, nossa sabedoria e as formas singulares pelas quais podemos compartilhar isso com o mundo.

A atenção plena ajuda a liberar os efeitos negativos do estresse excessivo gerado pelos papéis porque, mais uma vez, grande parte do estresse vem da falta de consciência, de uma visão parcial, ou de percepções equivocadas. Só o reconhecimento da nossa participação no estresse que atribuímos aos nossos papéis nos levará a agir de maneira criativa para restaurar o equilíbrio e a harmonia.

Um dia, algo aconteceu de maneira surpreendente durante a aula. Abe, um rabino de 64 anos de idade, que veio para a clínica por causa de uma doença cardíaca e que passava recentemente por problemas nos relacionamentos pessoais, teve dificuldades com o exercício de "entrar e harmonizar", descrito no último capítulo. Depois de tentar fazê-lo com um parceiro, ele simplesmente ficou parado, parecendo desconcertado. Seu corpo refletia seu estado de confusão. Então, de repente, exclamou em voz alta: "É isso! Eu nunca giro! Fico com medo de me machucar se girar!".

Percebeu que não girava o corpo quando era atacado, que ficava rígido quando tentava agarrar o pulso do parceiro. Por isso não havia uma mescla harmoniosa de sua energia com a do "atacante".

A seguir, em um metafórico lampejo intuitivo, fez a ligação entre o exercício e suas relações em geral. Deu-se conta de que nunca "girava" em seus relacionamentos, que estava sempre rígido, que somente sustentava o próprio ponto de vista, mesmo ao fazer de conta que se colocava no lugar do outro. E tudo porque tinha medo de se machucar.

A seguir, Abe deu um passo adiante. Disse, apontando para seu parceiro no exercício: "Posso confiar nele. Só está tentando me ajudar".

Abe sacudiu a cabeça, atônito, enquanto via as implicações de toda essa experiência. Chamou-a de um novo tipo de aprendizagem. Seu corpo ensinou-lhe em questão de minutos o que as palavras nunca teriam conseguido transmitir. Por um momento, libertou-se de um papel com o qual estava tão identificado que nem conseguia vê-lo. Agora Abe deve manter viva essa consciência recém-adquirida e encontrar outras maneiras de se relacionar com as pessoas e potenciais conflitos.

※

É fácil sentir que o papel ao qual estamos confinados é o pior de todos. Pensamos que outras pessoas, em outros papéis, ou até no mesmo papel, nunca teriam os problemas que nós enfrentamos – mas isso não é verdade. O simples fato de conversar com aquelas que se encontram numa situação parecida ou completamente diferente da nossa pode ser curativo, pois permite ver as coisas de uma perspectiva mais ampla. Sentimo-nos menos isolados e menos sozinhos em nosso sofrimento ao saber que há gente que também está ou já esteve em papéis e circunstâncias semelhantes e que se sente como nós.

Se estivermos dispostos a falar de nossos papéis, outras pessoas poderão espelhar nossa situação para que possamos ver e, assim, nos ajudarão a enxergar novas opções, que nossa mente pode ter deixado de lado por serem "impensáveis". Parecem inconcebíveis apenas porque nossa mente está tão apegada a certa maneira de ver, ou porque estamos tão inconscientes de nossos papéis, que nem conseguimos ver as opções.

Um dia, em sala de aula, uma mulher de 40 e poucos anos, encaminhada com doença cardíaca e ataques de pânico, relatou seus problemas com um de seus filhos adultos, que a desrespeitava muito, mas se recusava a sair de casa, ainda que este fosse o desejo dela e de seu marido. Sentiam-se num constante beco sem saída, em que o filho se recusava a sair e a mãe, por sua vez, pedia que ele saísse, mas sentia culpa por não o querer por perto, temerosa com o que poderia acontecer ao filho se ele fosse embora. Sua revelação ocasionou uma manifestação espontânea de solidariedade e conselhos dos colegas da turma que tinham passado por situações semelhantes. Tentaram ajudá-la a perceber que seu amor pelo filho a impedia de ver com clareza que ele precisava sair de casa; ele até mesmo pedia, mediante seu comportamento, que ela o empurrasse para o mundo. Mas o amor de uma mãe é tão forte que muitas vezes pode levá-la a ficar presa num papel e numa dinâmica que não estão mais funcionando, que não são mais úteis nem para o filho nem para a mãe nem o pai.

Sofremos em todos os tipos de papel. De modo geral, não é o papel em si, mas nossa relação com ele que o torna estressante. Em condição ideal, queremos usar nossos papéis como oportunidades para fazer um bom trabalho, para aprender, crescer e ajudar os outros. Porém, precisamos ser muito cautelosos para não nos identificarmos tanto com determinada visão ou sentimento a ponto de ficarmos cegos para a extensão do que está realmente acontecendo, restringindo assim nossas opções e ficando confinados em padrões habituais que acabam nos frustrando e impedindo de crescer.

Cada papel vem acompanhado de determinado conjunto de estressores potenciais. Por exemplo, suponha que assumimos um papel no trabalho que nos identifica como líder inovador, como solucionador de problemas difíceis. Nesse caso, podemos nos sentir desconfortáveis e estranhos se a empresa tiver êxito e as coisas estiverem sob controle. Podemos ser uma daquelas pessoas que funcionam melhor sob pressão, sob constantes ameaças, crises e catástrofes iminentes que requeiram toda a nossa energia. Pode ser difícil encontrar satisfação nas situações em que obtivemos êxito e conseguimos certa estabilidade. Talvez seja preciso buscar novos moinhos de vento para enfrentar a fim de se sentir bem e atuante. Esse padrão pode ser um sinal de que estamos presos em um papel específico. A essa altura, estamos apenas alimentando um vício crônico pelo trabalho e, ao mesmo tempo, desvalorizando nossos outros papéis e obrigações.

Se esse vício de trabalhar afetar de forma negativa a qualidade da vida familiar, por exemplo, podemos estar inadvertidamente semeando muita infelicidade futura. Podemos ser bem-sucedidos em algumas áreas, mas descobrir que deixamos de nos relacionar bem com nossos filhos, ou cônjuge, ou netos, como vimos, no Capítulo 26, o caso do Dr. Eliot e o estresse gerado pelo tempo.

Podemos estar cavando um abismo entre nós e a família. Nossa mente se ocupa com os detalhes do trabalho e ficamos absorvidos em nossos próprios problemas (que a família desconhece ou talvez não ache interessantes). Não estamos muito presentes, nem física nem emocionalmente. Já não sabemos tanto da sua vida, de como se sentem, do que lhes acontece a cada dia. Mesmo sem perceber, aos poucos vamos perdendo a capacidade de entrar em sintonia com os entes que mais amamos e que mais nos amam, talvez até a capacidade de expressar nossos sentimentos por eles. Podemos estar aprisionados em nosso papel profissional e incapazes de assumir os muitos outros papéis da vida. Podemos ter esquecido o que é mais importante para nós. Podemos ter esquecido quem somos.

Todos os que ocupam posições de poder e autoridade no trabalho correm o risco desse tipo de alienação. Chamamos isso de "estresse do sucesso". O poder, o controle, a atenção e o respeito que obtemos no papel de profissional podem se tornar intoxicantes e viciantes. É difícil fazer a transição entre ser a autoridade que comanda, que dá ordens, que toma decisões importantes afetando pessoas e políticas institucionais, e ser um pai ou mãe, um marido ou esposa, papel em que somos apenas alguém comum. Nossa família não ficará necessariamente impressionada pelas decisões profissionais que tomarmos e que envolvem milhões de dólares, ou pelo fato de sermos uma pessoa importante e influente. Continua sendo necessário levar o lixo para fora, lavar os pratos e passar tempo com os filhos, ou seja, ser uma pessoa comum, como todo mundo. Nossa família sabe quem somos de verdade. Conhece o lado bom, o feio e o malvado – o tipo de coisa que podemos ocultar em nossa vida profissional para manter uma imagem prestigiosa que inspira respeito. Os familiares nos veem quando estamos confusos e inseguros, estressados, doentes, tristes, irritados, deprimidos. Amam-nos pelo que somos, não pelo que fazemos. Contudo, talvez passem a sentir muita falta de nós, ou talvez se sintam longe de nós se subestimarmos nosso papel na família e esquecermos como deixar de lado nossa persona profissional. Na verdade, se nos identificarmos em demasia com o papel profissional ou com a satisfação que o trabalho proporciona, poderemos comprometer tanto nossos relacionamentos que a distância afetiva criada se tornará intransponível. A essa altura, obviamente, os familiares talvez nem queiram mais se esforçar para ter contato conosco.

O embate entre nossos múltiplos papéis e a forma como nos puxam em diferentes direções é uma manifestação contínua da catástrofe total desse admirável mundo novo que estamos reinventando sem parar, agora em grande velocidade. Temos de enfrentar e lidar com isso. Temos de chegar a algum tipo de equilíbrio. Sem ter consciência dos perigos potenciais do estresse gerado pelos papéis, o dano pode ser causado muito antes de percebermos o que está acontecendo. Esta é uma das razões por trás de tanta alienação entre homens e mulheres, nas famílias, entre pais e filhos jovens, e entre filhos adultos e pais idosos. Certamente é possível crescer e mudar dentro de um papel sem abandoná-lo. No entanto, os papéis podem nos confinar e limitar nosso crescimento se nos fecharmos dentro deles.

Quanto mais consciência trouxermos para nossos vários papéis, mais provável será funcionarmos de modo eficaz sem nos prendermos a eles. Podemos até nos arriscar a sermos nós mesmos em todos os diversos papéis. Em algum momento poderemos sentir confiança suficiente para sermos fiéis a nós mesmos e mais autênticos em tudo o que escolhermos fazer. É claro que isso implica estar disposto a enxergar e abandonar a bagagem antiga que já não serve mais. Talvez estejamos empacados no papel do mau garoto, ou da vítima, ou do capacho, ou da pessoa fraca, ou do incompetente, do dominante, da grande autoridade, do herói, daquele que está sempre ocupado, daquele que está sempre correndo, que não tem tempo, ou o papel da pessoa doente, ou do sofredor. Quando estivermos fartos disso, poderemos decidir trazer um elemento de atenção sábia a esses papéis. Poderemos praticar abrir mão deles e permitir-nos expandir até a plena extensão do nosso ser, mudando a maneira como fazemos as coisas e respondemos a elas. Na verdade, existe apenas uma maneira de fazer isso – é preciso um comprometimento rigoroso, e ao mesmo tempo gentil e autocompassivo, de reconhecer nossos próprios impulsos de cair no trivial, nos padrões e tendências mentais habituais e limitantes, e de nos dispormos a abandoná-los no mesmo momento em que surgirem. Como Abe viu tão claramente, temos de virar, virar e virar para permanecer renovados e evitar os caminhos já muito batidos.

Talvez haja algo a aprender no fato de o ideograma chinês para "avanço" ser expresso como "virada".

30
O Estresse Gerado pelo Trabalho

Todos os fatores estressantes que examinamos até agora (ou seja, as pressões do tempo, das outras pessoas e dos papéis limitantes) convergem no âmbito do trabalho. Podem ser bastante agravados por nossa necessidade de ganhar dinheiro. A maioria de nós precisa trabalhar para ganhar a vida, e boa parte dos serviços são estressantes em potencial, por diversas razões. Mas o trabalho também nos conecta com o mundo mais amplo; é um modo de fazer algo útil, de contribuir com energia e empenho para uma atividade significativa que não se limita apenas ao salário recebido no fim do mês. A sensação de contribuir com algo – alimentar as pessoas, ou ajudá-las a chegar aonde precisam ir, ou cuidar de sua saúde, ou ser útil de outras maneiras, colocando ao seu serviço nosso conhecimento e habilidades – pode nos ajudar a sentir que somos parte de algo maior, algo pelo qual vale a pena trabalhar. Se pudéssemos ver nosso trabalho dessa forma, ele seria mais tolerável ou, melhor ainda, profundamente gratificante, mesmo em circunstâncias difíceis.

Os indivíduos que não podem trabalhar de jeito nenhum, devido a doenças ou lesões, muitas vezes sentem que dariam tudo para voltar às suas funções, para não ter de ficar na cama ou dando voltas dentro de casa. Quando a capacidade de sair e de se conectar com o mundo fica limitada, na realidade qualquer trabalho pode parecer gratificante. Muitas vezes nos esquecemos ou não damos valor ao fato de o trabalho poder dar significado e coerência à vida, e estes são proporcionais ao grau do nosso interesse e envolvimento com ele. Em períodos de desemprego elevado, é claro, a necessidade de trabalho e as humilhações e agruras pelas quais passa quem foi demitido (e não consegue encontrar outro emprego, ou tem de trabalhar por um salário muito menor do que antes, em alguma atividade que talvez não queira executar) criam enorme estresse pessoal, além de familiar e social.

Como sabemos, algumas profissões em particular são degradantes e exploradas. Algumas condições de trabalho são de alto nível tóxico tanto para a saúde física como psicológica, ou ambas. O trabalho pode prejudicar a saúde. Alguns estudos mostram que homens (estes estudos específicos foram realizados com homens) em postos de trabalho com pouca liberdade de tomar decisões, mas grande exigência de desempenho – como garçons, operadores de computador em escritórios ou cozinheiros de refeições rápidas – mostram maior prevalência de ataques cardíacos do que os homens em postos de trabalho com mais controle. A prevalência se mantém sem contar a idade e outros fatores (como o tabagismo).

Porém, mesmo que tenhamos uma função com muita autonomia, um bom salário e atividades que nos interessem, ou que amemos, o trabalho sempre apresenta desafios que deixam claro para nós que nunca estamos totalmente no controle, mesmo quando pensamos estar. A lei da impermanência ainda se aplica. As coisas continuam a mudar. Não há como controlar isso. Sempre existirão pessoas ou forças que perturbam nosso trabalho, que ameaçam nosso emprego e papel social, por mais poder que pensemos ter acumulado. Além disso, em geral há limites intrínsecos ao quanto podemos fazer para mudar as coisas ou resistir a certas mudanças dentro do mundo empresarial ou industrial, mesmo que objetivamente nos pareça que temos muito poder e influência. Basta pensar por um momento em como seria difícil (mesmo se quiséssemos) regular o mercado de ações e a indústria financeira global em prol da estabilidade. Até mesmo o presidente dos Estados Unidos é incapaz de fazê-lo, e talvez nem sequer deseje fazê-lo. Pensemos na recessão de 2008, provocada e depois agravada por espertalhões do setor bancário e do mercado imobiliário, enlouquecidos pela perspectiva de vender casas a uma multidão, sabendo que não teriam condições de pagar. Como consequência, as economias da classe média do mundo inteiro foram drenadas, causando o desemprego de muita gente. Talvez o equilíbrio e algum grau de sanidade sejam restabelecidos, mas os danos individuais podem ser colossais e duradouros. A memória coletiva dessas lições objetivas é muito curta no meio empresarial e financeiro e, portanto, os erros tendem a se repetir em ciclos. Isso em si é um tipo de doença provocada pela mente humana ao perder sua bússola moral, algo que acontece com muita facilidade no mundo do trabalho, em meio a tantas pressões competitivas para "ter sucesso" e "fazer o negócio crescer".

No tocante ao trabalhador individual, o estresse laboral, a insegurança, a frustração e o fracasso podem ser experimentados em qualquer função e em qualquer faixa salarial, desde o porteiro até o presidente executivo, do garçom, trabalhador de fábrica ou motorista de ônibus até o advogado, médico, cientista, chefe de polícia ou político. Muitos empregos são intrinsecamente estressantes, como já vimos, devido à combinação de pouca liberdade para tomar decisões e muita responsabilidade. Corrigir esse problema ou torná-lo mais tolerável implica na reorganização do trabalho em si, ou em melhor compensação para os funcionários. No entanto, como é improvável que as descrições de cargo sejam redefinidas a curto prazo para diminuir o estresse laboral, os trabalhadores são forçados a adaptar-se da melhor forma possível utilizando seus próprios recursos. Nossa capacidade adaptativa de enfrentamento pode modificar a influência das circunstâncias estressantes sobre nós. Como vimos na Parte III, o nível de estresse psicológico que vivenciamos depende de como interpretamos as coisas – em outras palavras, da nossa atitude, da nossa habilidade de fluir com a mudança ou, no outro lado do espectro, da nossa tendência a transformar qualquer pequena dificuldade em pretexto para briga, preocupação ou desespero.

※

Se não tomarmos cuidado, podemos sofrer um esgotamento em qualquer emprego, por mais que aparentemente tenhamos controle e autoridade na tomada de decisões. Muitas vezes isso ocorre porque, com o tempo, somos levados a tentar realizar cada vez mais nas limitadas 24 horas do dia ao nosso dispor. Isso é bem verdadeiro nos dias de hoje, por causa da enxurrada de comunicações eletrônicas que aceleram o trabalho. Ou então, com maior probabilidade, se não tomarmos cuidado, o excesso de trabalho comprometerá o próprio trabalho, no sentido de reduzir nossa capacidade de realizar bem e completar as tarefas, dadas as constantes distrações e multitarefas com que estamos envolvidos. Tony Schwartz, escritor e estudioso de longa data do desempenho e da excelência nos negócios, escreveu no *New York Times* que os estudos mostram que "paradoxalmente, a melhor maneira de fazer mais parece ser dedicando mais tempo a fazer menos [...] à renovação estratégica – incluindo exercícios durante o dia, breves cochilos à tarde e mais horas de sono, mais tempo fora do escritório e férias mais longas e mais frequentes – tudo isso aumenta a produtividade, o desempenho no trabalho e, claro, melhora a saúde". Em outras palavras, temos de desenvolver estratégias pessoais para manter nossa energia e atenção, renovar esses recursos e evitar a contínua distração, ou um ritmo de trabalho tão incessante que prejudique o nosso desempenho. Além disso, obviamente, é preciso manter consciência de momento a momento do que está acontecendo dentro de nós e à nossa volta, para poder tornar mais saudável a nossa relação com tudo isso. No entanto, falar é mais fácil do que fazer, a menos que estejamos praticando mindfulness em todos os aspectos da vida.

Se quisermos manejar com habilidade o estresse laboral, devemos ver nossa situação com os olhos da inteireza, sejam quais forem as características do nosso trabalho. É muito útil manter as coisas em perspectiva, e podemos nos perguntar de vez em quando: "Que trabalho estou realmente fazendo e qual é a melhor maneira de fazê-lo nas circunstâncias em que me encontro?". Como vimos, é muito fácil cair nos padrões repetitivos dos nossos papéis, sobretudo quando realizamos o mesmo trabalho durante um longo período. Se não tomarmos cuidado, deixaremos de ver cada momento como novo, cada dia como uma aventura. Em vez disso, nos sentiremos aprisionados na repetitividade e previsibilidade de cada dia. Ameaçados por novas ideias ou mudanças de padrões e regras, ou por pessoas que entram na empresa, nos pegaremos resistindo à inovação e à mudança, e tornando-nos excessivamente protetores daquilo que construímos.

Não é incomum que no trabalho funcionemos no piloto automático, da mesma forma que em outros momentos da vida. Como se manter completamente desperto e viver o momento no contexto laboral se a atenção plena não for algo que valorizamos em nossa vida como um todo? Conforme vimos, o modo do piloto automático pode nos conduzir no dia a dia, mas não nos libera da sensação de esgotamento devido às pressões, rotinas e à monotonia das atividades cotidianas, especialmente se nos sentimos alienados de um propósito maior. Podemos nos sentir tão estagnados no trabalho como em qualquer outra área da vida. Ou até mais. Podemos sentir que não temos alternativa, que estamos limitados pela realidade econômica, por escolhas de vida feitas no passado, por todo tipo de coisas que nos impedem de mudar de emprego, ou avançar, ou fazer o que queremos de fato. Contudo, talvez não estejamos tão estagnados assim. O estresse do trabalho pode ser muito reduzido apenas com o compromisso intencional de cultivar tranquilidade e consciência no contexto do trabalho, e de deixar que a atenção plena oriente ações e respostas a todos os estressores com que temos de lidar. Podemos nos tornar menos reativos e confiar mais na autonomia das nossas ações.

Como já vimos em numerosas ocasiões, a mente pode gerar mais limitações do que as existentes na realidade. É fato que todos nós vivemos dentro de determinada realidade econômica e temos necessidade de ganhar a vida de acordo com nossas habilidades, mas, muitas vezes, não sabemos de verdade quais são esses limites, assim como não conhecemos os limites da capacidade de cura do corpo. No entanto, sabemos que a clareza de visão geralmente não prejudica, e talvez ofereça novas perspectivas sobre as possibilidades. Podemos nos treinar para ver aberturas, e não apenas limitações e barreiras, para mudanças satisfatórias.

Levar a prática de meditação para a vida profissional pode viabilizar grandes melhoras na qualidade de vida no trabalho, seja este qual for. Nem sempre temos de abandonar um trabalho estressante para que a vida profissional comece a mudar de maneira positiva. Às vezes, a simples decisão (a título de experimento) de tornar o trabalho uma parte da nossa prática meditativa – uma parte do nosso trabalho sobre nós mesmos – pode converter a noção de trabalho como obrigação em algo que sabemos como fazer e escolhemos fazer. Essa mudança de perspectiva pode levar diretamente a uma mudança no significado do trabalho para nós. O trabalho pode tornar-se um veículo que usamos de modo intencional para aprender e crescer. Os obstáculos se tornam desafios e oportunidades; as frustrações, ocasiões para praticar a paciência e a compaixão; o que as outras pessoas fazem ou deixam de fazer, ocasiões para sermos assertivos e nos comunicarmos de modo eficaz; e as lutas de poder, ocasiões para assistir ao jogo da cobiça, aversão e ignorância nas outras pessoas e em nós mesmos. Claro que, às vezes, podemos ter de deixar um emprego quando vemos que não vale a pena o esforço de prosseguir nesse caminho, dadas as circunstâncias.

Quando introduzimos a consciência como fio condutor da nossa visão e ações de momento a momento, dia a dia de trabalho, quando nos levantamos de manhã e nos preparamos para ir trabalhar e quando encerramos o expediente e nos preparamos para voltar para casa, o trabalho realmente acaba se tornando algo que **escolhemos** fazer, todos os dias, de uma forma que vai além da necessidade de ter um emprego para ganhar dinheiro ou para "chegar a algum lugar" na vida. Estamos levando para a vida profissional as mesmas atitudes que cultivamos como fundamento da atenção plena em outros aspectos da vida, de tal modo que os momentos seguem um ao outro, sem quebra de continuidade. Em vez de deixar o trabalho governar completamente nossa vida, estamos agora em posição de conseguir maior equilíbrio em relação ao trabalho.

É verdade que há obrigações, responsabilidades e pressões que temos de enfrentar e manejar, que talvez estejam além do nosso controle e nos causem estresse, mas será que o mesmo não ocorre em todos os outros aspectos da vida? Se determinadas pressões fossem eliminadas, em pouco tempo outras entrariam em seu lugar. Precisamos comer. Precisamos de conexão com o mundo mais amplo de uma forma ou de outra. Haverá sempre algum aspecto da catástrofe total a ser enfrentado em algum lugar, em algum momento. E o mais importante é **como** enfrentamos essas coisas.

Quer sejamos autônomos, quer trabalhemos numa grande organização ou numa pequena empresa, seja o nosso local de trabalho um edifício ou a rua, tenhamos ou não amor pelo que fazemos, ao começar a olhar para o trabalho com atenção plena, estaremos levando todos os nossos recursos internos a cada dia de trabalho. Isso nos permitirá assumir um enfoque de resolução de problemas no dia a dia e, portanto, lidaremos melhor com o estresse no trabalho. Desse modo, mesmo se chegarmos ao ponto de fazer uma grande transição de carreira, talvez por termos sido despedidos, ou por termos pedido demissão, ou porque resolvemos entrar em greve, estaremos mais bem preparados para lidar com essas mudanças, por mais difíceis que sejam, com equilíbrio, força e consciência. Estaremos mais bem preparados para lidar com o tumulto emocional e a reatividade que sempre acompanham as grandes crises e transições de vida. Uma vez que, de qualquer modo, teremos de passar por períodos difíceis caso essas coisas aconteçam, é melhor ter todos os nossos recursos e força à disposição para lidar com isso da melhor forma possível.

※

Muitas pessoas vêm para a Clínica de Redução de Estresse devido a problemas relacionados ao estresse e decorrentes de pressões no trabalho. Não raro, consultam em primeiro lugar o médico da atenção primária, com uma ou mais queixas físicas persistentes, como palpitações, dor de estômago devido ao nervosismo, dores de cabeça e insônia crônica, com a expectativa de que o médico diagnostique o problema e o trate, consertando o que está errado. Quando o médico sugere que não é nada sério, que é "apenas estresse", elas se sentem irritadas e indignadas.

Um homem, gerente da fábrica da maior empresa de alta tecnologia do país, chegou à clínica com queixa de episódios de tontura durante o trabalho e uma sensação de "ter perdido o controle de sua vida". Quando o médico sugeriu que seus sintomas eram causados pelo estresse no trabalho, ele não acreditou de início. Embora fosse responsável pelo controle de qualidade de toda a produção, negava sentir-se estressado. Ainda que certos aspectos do trabalho o incomodassem, para ele isso não era "grande coisa". Suspeitava que houvesse um tumor cerebral ou algo "físico" por trás desses problemas. Ele disse: "Pensei que tinha alguma coisa errada dentro de mim [...] Quando a gente se sente prestes a cair durante o trabalho e fica procurando onde se segurar, a gente pensa: 'O estresse é uma coisa, mas tem de haver algo de muito errado para que isso aconteça'". Sentia-se tão mal fisicamente durante o trabalho, e voltava para casa à noite em tal estado de tensão nervosa, que muitas vezes tinha de parar o carro no acostamento para recuperar o controle de si mesmo. Pensou que estava ficando louco. Acreditava também que morreria por falta de sono. Segundo nos contou, passava noites inteiras acordado. Assistia o noticiário até as 23 h 30 min e depois ia para a cama. Conseguia dormir por uma hora, talvez das 2 h às 3 h da manhã. Então despertava e ficava pensando nas atividades do dia seguinte. Sua esposa percebeu que o marido estava sob muito estresse, mas por algum motivo ele não via dessa forma, talvez porque simplesmente não conseguisse acreditar que o estresse podia fazer tão mal. Além disso, não combinava com seu papel, com sua imagem de si mesmo como um líder forte. Quando foi encaminhado à clínica, os problemas no trabalho já se arrastavam havia três anos, e as coisas estavam atingindo um ponto crítico.

Quando o curso terminou, ele já não tinha ataques de tontura e dormia profundamente durante a noite. As coisas mudaram por volta da quarta semana, quando escutou colegas em sua classe descrever sintomas como os seus, e contar como conseguiram regulá-los e sentirem-se mais no controle. Ele começou a apreciar a ideia de que talvez também pudesse fazer algo para chegar à regulação e ao controle dos próprios sintomas. Percebeu que, de fato, seus sintomas estavam diretamente relacionados ao estresse no trabalho. Observou que piorava no fim do mês, quando as remessas tinham de ser despachadas, os lucros computados, e a pressão era palpável. Nessas ocasiões, corria como um louco e "tirava o couro" dos seus funcionários, como dizia. Mas, devido às meditações diárias, ele agora tinha consciência do que estava fazendo e sentindo, e descobriu que podia usar a consciência da respiração para relaxar e quebrar o ciclo automático da reação ao estresse, antes que este se acumulasse.

Ao término do curso, olhando em retrospecto, ele sentiu que foi sua atitude em relação ao trabalho que mudara, mais do que qualquer outra coisa. Atribuiu isso ao fato de estar prestando mais atenção ao seu corpo e ao que o incomodava. Começou a ver a si mesmo, sua mente e seu comportamento sob uma nova luz e percebeu que não tinha de levar as coisas tão a sério. Começou a dizer para si mesmo: "O máximo que podem fazer é me demitir. Não vou me preocupar com isso. Estou fazendo o melhor que posso. Agora vou viver um dia de cada vez". Ele usava a respiração para se manter calmo e centrado, para evitar atingir o que chamou de "ponto sem retorno". Agora, quando se vê numa situação estressante, imediatamente percebe uma tensão nos ombros e diz a si mesmo: "Calma, vamos mais devagar". Como ele me explicou: "Agora consigo sair do estado de tensão. Nem mesmo preciso me sentar. Só relaxo. Posso estar conversando com alguém e entrar direto num estado de relaxamento".

Sua mudança de perspectiva se reflete na forma como vai trabalhar de manhã. Começou a dirigir em estradas secundárias, em menor velocidade, praticando a respiração no caminho para o trabalho. No momento em que chega lá, já está pronto para o dia. Antes, costumava circular nas avenidas principais da cidade, como ele diz, "brigando com as pessoas nos semáforos". Hoje consegue ver e admitir, também para si mesmo, que antes de chegar ao trabalho ele já estava uma pilha de nervos. Agora sente-se uma pessoa diferente, "dez anos mais jovem", diz. Sua esposa não consegue acreditar, e ele mesmo ficou muito surpreso.

Ficava chocado ao ver a que ponto as coisas tinham chegado, que ele tivesse chegado a um "estado mental tão inacreditável". "Eu fui uma criança muito tranquila. Depois, aos poucos, as coisas no trabalho começaram a me afetar, principalmente quando comecei a ganhar muito dinheiro. Gostaria de ter feito esse programa dez anos atrás".

Mas não foi apenas sua atitude em relação ao trabalho e a consciência de sua reatividade que mudaram. Tomou providências para se comunicar melhor com os seus empregados e fez mudanças reais na forma como as coisas estavam sendo feitas. "Depois de praticar meditação por algumas semanas, tomei a decisão de que era hora de começar a confiar mais nas pessoas que trabalham para mim, que eu tinha de fazer isso. Convoquei uma grande reunião e disse: 'Ei, pessoal, vocês estão sendo muito bem pagos para fazer esses trabalhos e eu não vou mais carregar vocês no colo. Quero que façam isso, aquilo e mais aquilo e, se for demasiado, vamos contratar mais gente, mas é isso que deverá ser feito e vamos fazer isso juntos. Vamos trabalhar em equipe'. E está dando certo. As coisas não saem exatamente como eu gostaria, mas acabam sendo feitas, de algum modo, e a gente tem de estar disposto a ceder e a viver com isso. Assim é a vida, eu acho. Consigo ser muito mais eficiente, e estamos ganhando muito dinheiro". Portanto, agora ele sente que é mais produtivo no trabalho, embora esteja enfrentando muito menos estresse. Ele percebeu que perdia muito tempo fazendo coisas que outros funcionários deveriam assumir. "Como gerente de fábrica, você tem de fazer as coisas certas para manter o navio flutuando e na direção certa o tempo todo. Embora eu agora não esteja trabalhando tão duro, consigo produzir mais. Agora tenho tempo para sentar na minha mesa e planejar, ao passo que antes havia sempre cinquenta pessoas atrás de mim, constantemente me consultando com esta ou aquela dúvida".

Este é um exemplo de como alguém conseguiu trazer a prática da meditação para a vida laboral. Ele conseguiu perceber com maior clareza o que estava realmente acontecendo no trabalho e, como resultado, reduziu o estresse e livrou-se dos sintomas, sem ter de parar de trabalhar. Se tivéssemos dito no princípio que esse seria o resultado de deitar-se e observar seu corpo durante 45 minutos por dia no decorrer de oito semanas, ou de prestar atenção à sua respiração, ele pensaria, com toda a razão, que estávamos loucos. Mas, como se encontrava em uma situação-limite, comprometeu-se a fazer o que seu médico e nós recomendamos, apesar da aparente "loucura". Na realidade, demorou quatro semanas para que ele percebesse como a prática de meditação era relevante para a sua situação. Quando a conexão foi feita, ele conseguiu explorar seus próprios recursos internos. Conseguiu frear o ritmo e apreciar a riqueza do momento presente, ouvir o seu corpo e colocar sua inteligência em ação.

※

Neste planeta, poucos de nós, não importa de qual profissão, deixariam de se beneficiar de maior consciência. Não apenas seríamos mais calmos e relaxados, mas, com toda probabilidade, se considerássemos o trabalho como um contexto no qual podemos aprimorar a força interior e a sabedoria de momento a momento, tomaríamos melhores decisões, nos comunicaríamos melhor, seríamos mais eficientes e talvez também no fim do dia sairíamos do trabalho mais felizes.

DICAS E SUGESTÕES PARA REDUZIR O ESTRESSE NO TRABALHO

1. Quando acordar, dedique alguns momentos de silêncio para afirmar que decidiu ir ao trabalho hoje. Se for possível, faça uma breve revisão do que tem a fazer até o fim do dia, e lembre-se de que as coisas podem ou não acontecer dessa forma.
2. Tome consciência de todo o processo de preparação para ir trabalhar. Isso pode envolver tomar banho, vestir-se, tomar o café da manhã e

relacionar-se com quem você vive. De vez em quando, entre em contato com a respiração e o corpo.
3. Ao sair de casa, não se despeça das pessoas de maneira mecânica. Estabeleça contato ocular com elas, toque-as e fique presente nesses momentos, demorando-se um pouco. Caso saia de casa antes que elas despertem, escreva um bilhete desejando bom dia e expressando seus sentimentos.
4. Se você costuma caminhar até o transporte público, tome consciência do seu corpo respirando, andando, parado em pé enquanto espera o veículo, entrando e saindo dele. Caminhe até o trabalho com atenção plena. Tanto quanto possível, deixe de lado o celular. Tente sorrir internamente. Se você vai de carro, dedique alguns momentos para estabelecer contato com a respiração, antes de ligar o motor. Lembre-se de que agora você vai dirigir até o trabalho. Alguns dias, pelo menos, tente dirigir sem ligar o rádio. Apenas dirija e permaneça com você mesmo, de momento a momento. Deixe de lado o celular. Quando estacionar, reserve alguns momentos para ficar simplesmente sentado e respirando antes de sair do carro. Caminhe até o trabalho com atenção plena. Respire. Se seu rosto estiver tenso e sério, tente sorrir ou, se isso parecer exagerado, esboce um sorriso.
5. Enquanto estiver no trabalho, reserve um momento de vez em quando para monitorar suas sensações corporais. Há tensão nos ombros, rosto, mãos ou costas? Como está a sua postura neste momento? O que sua linguagem corporal está dizendo? Com consciência, solte qualquer tensão, o máximo que puder, enquanto expira, assumindo uma postura que expresse equilíbrio, dignidade e vigilância.
6. Movimente-se com tranquilidade enquanto estiver no trabalho. Caminhe com atenção plena. Não se apresse, a menos que seja necessário. E, nesse caso, tome consciência de que está se apressando.
7. Tente fazer uma coisa de cada vez, dando toda a atenção que cada atividade merece por tanto tempo quanto necessário, sem se distrair nem permitir distrações, como checar os *e-mails* ou mensagens de texto. Em geral, as evidências dos estudos mostram que não só a multitarefa não funciona, como piora o desempenho de cada tarefa que tentamos realizar.

8. Faça intervalos frequentes, se possível, e utilize-os para realmente relaxar e se renovar. Em vez de tomar café ou fumar um cigarro, tente sair do prédio por 3 minutos e caminhar, ou ficar parado e respirar. Ou faça rotações do pescoço e ombros em sua mesa (ver Figura 7). Ou feche a porta do escritório, se puder, e sente-se em silêncio por 5 minutos, seguindo a respiração.
9. Passe seus intervalos e a hora do almoço com pessoas com quem você se sente à vontade. Caso contrário, talvez seja melhor ficar sozinho. Mudar de ambiente na hora do almoço pode ajudar. Decida almoçar em silêncio, com atenção plena, uma ou duas vezes por semana.
10. Outra possibilidade é não almoçar. Saia e faça exercícios todos os dias, se puder, ou alguns dias por semana. O exercício é uma excelente maneira de reduzir o estresse. A possibilidade de fazer isso dependerá da flexibilidade que o seu trabalho oferece.
11. Tente parar por um minuto a cada hora e tomar consciência da respiração. Perdemos muito mais tempo do que isso em devaneios no trabalho. Use essas minimeditações para entrar em contato com o presente e apenas ser. Use esses momentos para reunificar-se e recuperar-se. O único requisito é lembrar-se de fazê-lo. Isso não é tão fácil porque nos deixamos levar com muita facilidade pelo impulso do "modo fazer".
12. Use as dicas diárias em seu ambiente como lembretes para centrar-se e relaxar – o toque do telefone, o tempo ocioso antes de uma reunião, o tempo de espera até que alguém complete um trabalho antes de passá-lo para você. Em vez de relaxar "desligando-se", relaxe com atenção plena.
13. Esteja atento à sua comunicação com os colegas durante o dia de trabalho. É satisfatória? Alguma é problemática? Pense em uma maneira de melhorá-la. Tome consciência das pessoas que tendem a se relacionar com você de forma hostil ou passiva. Pense em algum modo mais hábil de aproximar-se delas. Tente ver seus colegas de trabalho com os olhos da inteireza. Pense em como ser mais sensível aos sentimentos e necessidades deles. De que maneira você pode ajudar os colegas estando mais consciente, com o coração mais aberto? De que maneira a consciência do tom de voz e da linguagem corporal, tanto a sua como a dos outros, poderia favorecer a comunicação?

14. No fim do dia, reveja o que você fez e faça uma lista do que terá de fazer no dia seguinte. Classifique os itens da lista pela prioridade, de modo a saber o que é mais importante.
15. Ao sair do trabalho, tome consciência de caminhar e respirar novamente. Fique atento à transição que chamamos de "sair do trabalho". Observe seu corpo. Você está exausto? Caminha erguido ou cabisbaixo? Qual é a expressão em seu rosto? Você está no momento presente, ou sua mente pensante está sendo levada para o futuro?
16. Se voltar para casa em transporte público, preste atenção na respiração e ao modo como você caminha, fica em pé ou sentado. Observe se está se apressando. Volte a relaxar e tente se apropriar desses momentos entre o trabalho e sua casa, tanto quanto de qualquer outro momento da vida. Esteja consciente do impulso de preenchê-los com o celular. Tanto quanto possível, mantenha a consciência desse impulso e deixe o telefone de lado. Veja se consegue desfrutar de sua própria companhia, pelo menos por alguns momentos. Ou, se estiver dirigindo, use alguns momentos para ficar sentado no carro antes de dar a partida. Dirija para casa com atenção plena. A não ser em caso de urgência, deixe o celular de lado. Consegue estar consciente dessa decisão? Consegue estar consciente do impulso de simplesmente ignorar sua decisão e efetuar uma ligação de qualquer maneira?
17. Antes de entrar em casa, tome consciência de que fará isso. Esteja atento a essa transição que chamamos de "chegar em casa". Tente saudar as pessoas com atenção plena e manter o contato ocular, em vez de gritar para anunciar sua chegada.
18. Assim que possível, tire os sapatos e a roupa de trabalho. Mudar de roupa pode completar a transição do ambiente de trabalho para o de casa e permitir que você se integre com mais rapidez e consciência aos papéis não profissionais. Se for possível, dedique 5 minutos a meditar antes de fazer qualquer outra coisa, mesmo que seja cozinhar ou jantar.
19. Lembre-se de que a verdadeira meditação é o modo como você vive sua vida. Dessa maneira, tudo o que faz pode tornar-se parte da sua prática meditativa se estiver disposto a habitar o momento presente e a acolhê-lo em sua consciência, em seu corpo, "abaixo" dos pensamentos.

Os itens acima foram mencionados meramente como dicas e sugestões para levar sua prática de mindfulness para o contexto do trabalho. Em última instância, é claro, cada um deve decidir o que mais o ajuda a reduzir qualquer estresse relacionado ao trabalho. Sua criatividade e imaginação são, nesse sentido, seus recursos mais importantes.

31
O Estresse Gerado pela Alimentação

Não é possível levar uma vida saudável na nossa sociedade globalizada complexa sem prestar pelo menos alguma atenção ao que estamos colocando para dentro do corpo. Nossa relação com a comida mudou tanto nas últimas gerações que o exercício de uma nova forma de inteligência, ainda em desenvolvimento, pode ser necessário para distinguir o que é de valor e nutritivo dentre as incríveis opções que nos são apresentadas.

Por exemplo, já vão longe os dias em que comíamos diretamente o que vinha da terra, consumindo um pequeno número de alimentos, os mesmos produtos que alimentaram nossa cultura de modo exclusivo e imutável ao longo de milênios. Até o início do século XX, nossa dieta mudou pouco de geração para geração. Era intimamente dependente da capacidade individual de conseguir alimentos por meio da caça e da coleta e/ou seu cultivo por meio da agricultura e da criação de gado. Ao longo do tempo, passamos a saber o que era comestível na natureza e o que não era, e nossos corpos se adaptaram a dietas de determinadas regiões, climas, culturas e grupos isolados. A obtenção ou o cultivo de alimentos absorvia a maior parte da energia de todos os membros do grupo social. Comíamos o que conseguíamos obter do ambiente, para viver da melhor maneira possível. Bem ou mal, sujeitos a toda a imprevisibilidade e inconstância, vivíamos num equilíbrio homeostático intrínseco com o ambiente natural. Vivíamos de acordo com a natureza, e não separados dela.

Continuamos sendo parte da natureza, mas talvez hoje com muito menos consciência das nossas conexões íntimas com ela, pois conseguimos manipulá-la grande parte do tempo para que sirva aos nossos fins.

Nos países de primeiro mundo, a relação que mantemos com a alimentação sofreu uma grande transformação em direção à maior complexidade, e aquele que hoje chamamos de "consumidor" tem infinitas possibilidades de escolha. Antigamente, éramos todos produtores de alimentos, de um modo ou de outro. Hoje, a grande maioria da sociedade vive física e psicologicamente separada da produção de alimentos. Embora no nível biológico ainda seja necessário comer para viver, em termos psicológicos podemos dizer que há muita gente que vive para comer, tamanhas são as nossas preocupações psíquicas com alimentos que pouco têm a ver com a fome física.

Além disso, agora somos o tempo todo expostos a alimentos que não existiam dez ou vinte anos atrás, alimentos sintetizados ou processados em fábricas e que estão relacionados apenas remotamente a qualquer coisa reconhecível como um produto natural ou de cultivo local. Hoje, nos países desenvolvidos, é possível obter qualquer alimento que quisermos em qualquer época do ano graças a um sistema de distribuição que transporta os alimentos por grandes distâncias em questão de dias. Nessas sociedades, são muito poucos os que dependem do cultivo de alimentos, da caça ou da coleta dos frutos da terra. Não há mais necessidade de dedicar todo nosso tempo e energia à obtenção de alimentos para garantir a sobrevivência.

Tornamo-nos uma nação de consumidores de alimentos. Apenas uma pequena percentagem da população está envolvida na produção de alimentos – uma grande mudança em relação ao que acontecia tempos atrás. Agora compramos alimentos em grandes supermercados, verdadeiras cornucópias, templos de abundância e consumismo. Nossa experiência é de poder escolher entre os milhares de diferentes tipos de alimentos nas gôndolas do supermercado. Isso nos libera da necessidade de adquiri-los todos os dias. O único requisito é ter dinheiro suficiente para comprá-los. A refrigeração e o congelamento, as conservas e embalagens (e, claro, a adição de conservantes) nos permitem armazenar alimentos em casa de modo que podemos comer o que quisermos quando tivermos vontade. Esses avanços são milagrosamente libertadores e todos nos beneficiamos e desfrutamos da disponibilidade de tantos alimentos, que são produto do cuidadoso melhoramento genético e cultivo dos últimos dois séculos, incluindo muitas das frutas e legumes em nossos mercados: laranja, pomelo, maçã, ameixa, abacaxi, couve, cenoura, beterraba e assim por diante, todos muito bem formados.

A produção de alimentos e o sistema de distribuição são exemplos perfeitos da interdependência e interconexão coletivas. Os canais de distribuição de alimentos são a circulação arterial do corpo social, e os caminhões frigoríficos, os vagões ferroviários e aviões são os veículos de transporte especializado de abastecimento dos tecidos e células da sociedade que trazem alimentos de importância vital (deixando de lado por um momento a questão da enorme emissão de carbono e a sustentabilidade desse estilo de vida). Uma greve geral de caminhoneiros acarretaria a falta de abastecimento nas cidades em questão de dias. Simplesmente não haveria alimentos nas prateleiras dos supermercados. Não costumamos pensar nessas coisas.

Outra coisa em que não pensamos tanto é que o abastecimento de alimentos se concentrou em um pequeno número de corporações gigantescas – as agroindústrias – que fornecem quase tudo o que encontramos nas gôndolas dos supermercados. Nossos avós não reconheceriam como alimento talvez 70% do que está nas prateleiras. Mas é provável que logo ficassem entusiasmados tanto com a milagrosa conveniência da aquisição de alimentos da vida moderna (o que chamamos de compras), como com a sedução inimaginável dos alimentos de alto teor calórico e ricos em gordura.

※

Sem dúvida alguma, enquanto população, estejamos mais saudáveis do que nunca. Embora muita gente atribua grande parcela disso à nossa dieta alimentar, isso é verdadeiro em parte. A água potável e o saneamento desempenharam um papel muito importante na redução da mortalidade e no aumento da longevidade. No que diz respeito à saúde da nossa sociedade, é provável que tenhamos chegado a um ponto crítico de mudança. Há cada vez mais provas convincentes de que a saúde nos Estados Unidos – e em muitos outros países do primeiro mundo que, infelizmente, seguem sua liderança – está sendo prejudicada por doenças associadas a um consumo excessivo de alimentos em geral e de determinados alimentos em particular, doenças ocasionadas pela riqueza e abundância. É muito provável que, pela primeira vez na história, os filhos não serão tão saudáveis e robustos como seus pais. Basta considerar a epidemia de obesidade que cresce de maneira rápida e inexorável desde meados da década de 1970, impulsionada por diversos fatores, mas principalmente pelo aumento do tamanho das porções alimentares e pelo consumo de um grande número de calorias vazias em alimentos sintetizados e pobres em nutrientes, como refrigerantes.

Nossa saúde também está sendo ameaçada pela exposição a centenas ou mesmo milhares de produtos químicos no meio ambiente, aos quais o corpo humano nunca foi exposto antes em nossa história evolutiva como espécie porque só foram inventados nas últimas décadas. Muitos desses produtos químicos são resíduos de fertilizantes e pesticidas utilizados pelo agronegócio, bem como poluentes provenientes de outras indústrias que se introduzem na cadeia alimentar a partir de um ambiente cada vez mais contaminado. Outros são aditivos e conservantes utilizados pela indústria de alimentos, às vezes sem terem sido bem testados. Em conjunto, esses produtos químicos estão colocando nossas redes bioquímicas homeostáticas primorosamente evoluídas em um grau desconhecido de risco de perturbação e danos celulares e teciduais. Digam o que disserem os especialistas, nós não sabemos o que a exposição a alguns desses produtos químicos dos alimentos causará nas próximas gerações ou ao longo de uma vida de consumo. O que sabemos é que estamos jogando (com nosso corpo e com o corpo de nossos filhos) uma espécie de roleta-russa química – na maioria dos casos, sem que o consumidor saiba que é um participante involuntário desse jogo. Como parte de um programa de televisão pública sobre o tema, realizado em colaboração com a Mount Sinai School of Medicine, Bill Moyers, jornalista televisivo muito respeitado, testou sua própria carga corporal de produtos químicos tóxicos. Os resultados revelaram 84 substâncias químicas distintas em seu sangue e urina, até mesmo produtos químicos perigosos de uso comum, como as dioxinas, PCBs e ftalatos, além de compostos como DDT, cujo uso foi proibido nos Estados Unidos há mais de quarenta anos. Muitas dessas substâncias entram em nosso corpo por meio dos alimentos, embora existam outros canais de exposição ambiental, inclusive produtos de consumo habitual e outros de uso doméstico.

Dada sua grande importância para nossa saúde, caso ainda não tenhamos começado a fazer isso, convém prestar atenção, de uma maneira sensata, aos alimentos que ingerimos ao longo de toda a nossa vida, sem cair no alarmismo nem no fanatismo. A máxima "somos o que comemos" é bastante verdadeira. Temos de considerar com atenção plena o que compramos e colocamos para dentro do corpo a fim de administrar e modular os danos potenciais para a saúde durante todo o ciclo de vida, sobretudo nos períodos particularmente vulneráveis como a gravidez e o aleitamento materno, a infância e a adolescência.

A obesidade está se convertendo depressa demais numa epidemia global, tanto em crianças como em adultos, e o mesmo acontece com o diabetes, a síndrome metabólica e as doenças cardiovasculares. Em 1990, ano em que este livro foi publicado pela primeira vez, dez estados nos Estados Unidos tinham uma prevalência de obesidade inferior a 10%, e nenhum estado apresentava prevalência igual ou superior a 15%, de acordo com os dados dos Centros de Controle e Prevenção de Doenças. Até o ano 2000, não havia nenhum estado com prevalência de obesidade inferior a 10%. Vinte e três estados registravam prevalência entre 20% e 24%, e nenhum deles superava os 25%. Em 2010, não havia nenhum estado com prevalência inferior a 20%; 36 tinham prevalência de 25%; e doze deles (Alabama, Arkansas, Kentucky, Louisiana, Michigan, Mississipi, Missouri, Oklahoma, Carolina do Sul, Tennessee, Texas e Virginia Ocidental) apresentavam prevalência não inferior a 30%. Esse é um fenômeno realmente assombroso e não existem respostas definitivas acerca de como retardá-lo ou revertê-lo. A nova lei de assistência à saúde de 2012 nos Estados Unidos dedica bilhões de dólares ao longo de vários anos para tratar dessa questão, incluindo o esforço comunitário de organizar aulas para ensinar as pessoas de alto risco, em suas próprias comunidades, sobre alimentação saudável, exercícios e outras escolhas de estilo de vida.

É evidente que a dieta desempenha papel fundamental em uma ampla gama de doenças crônicas, mesmo naquelas recentemente descritas, como a síndrome metabólica, que parece estar na origem de diversas doenças devido a processos inflamatórios no nível celular e no nível tecidual. As doenças relacionadas à alimentação são mais preponderantes em algumas populações e grupos sociais do que em outros. Naturalmente, também estão fortemente relacionadas com a pobreza.

Sabe-se que uma dieta rica em gordura animal e colesterol é um fator importante de risco para doença arterial coronariana, na qual as artérias do coração são bloqueadas por placas de gordura que depois se calcificam. Esse processo começa na infância. As doenças cardiovasculares são mais frequentes do que todas as outras doenças reunidas. Assim, se quisermos ter uma vida saudável e desfrutar de bem-estar e energia física, é importantíssimo prestar atenção ao que comemos e a toda nossa relação com a comida. Felizmente, no que diz respeito à alimentação, há cada vez mais evidências de que podemos fazer inúmeras coisas para viver de modo mais saudável.

Quando os cientistas querem criar uma doença arterial coronariana em animais, eles os submetem a uma dieta que equivale a ingerir *bacon*, ovos e manteiga por seis meses ou mais. Essa dieta é muito eficaz para entupir as artérias do coração. Há níveis muito elevados de colesterol e gordura saturada na manteiga, na carne vermelha, no hambúrguer, no cachorro-quente e nos sorvetes – itens muito populares na dieta norte-americana. Em países como a China e o Japão, cujas dietas contêm menos carnes e gordura animal e mais peixe e arroz, a incidência de doenças cardíacas é muito menor. No entanto, estes países têm elevadas taxas de certos tipos de câncer, como o câncer de esôfago e estômago, que parecem estar relacionados ao consumo elevado de alimentos curados, em conserva e defumados. É curioso que, à medida que essas sociedades asiáticas adotam uma dieta mais americanizada, ocorre um aumento espetacular de doenças cardíacas e obesidade. Isso não significa que não podemos incluir *bacon* ou ovos em nossa dieta, mas apenas que, dada nossa situação individual e riscos, seria bom encontrarmos algum tipo de equilíbrio, questionarmos nossas compras e hábitos alimentares que podem ser prejudiciais, e buscarmos maneiras mais saudáveis de nutrir a nós mesmos e à nossa família.

Embora a relação da dieta com o câncer seja menos evidente do que no caso das doenças cardíacas, há evidências consideráveis que apontam para uma influência da dieta no câncer de mama, cólon e próstata. Nestes casos, também, a quantidade total de gordura na dieta parece desempenhar papel significativo. Há algumas evidências de que pessoas cuja dieta é rica em gordura têm níveis mais baixos de algumas funções imunológica (por exemplo, a atividade das células exterminadoras naturais ou *natural killer*, que, como vimos, parecem proteger o organismo contra o câncer); quando essas pessoas mudam para uma dieta com teor de gordura total menor (incluindo as gorduras de origem animal **e** vegetal), há um aumento na atividade das células exterminadoras naturais. Muitos estudos em animais também mostram uma ligação entre dieta e câncer, e a gordura da dieta desempenha o maior papel. O consumo excessivo de álcool, especialmente associado ao tabagismo, também parece aumentar a probabilidade de desenvolver certos tipos de câncer.

Tempos atrás, em 1977, o Comitê Especial de Nutrição do Senado declarou que os norte-americanos estavam matando a si mesmos por comer em excesso. Mal sabiam eles quão profética seria sua advertência. Na época, a recomendação do Comitê foi reduzir as calorias obtidas da gordura de 40% para 30%, das quais apenas 10% deveriam vir da gordura saturada, e os outros 20% das gorduras mono e poli-insaturadas. Em consequência, recomendaram que a perda de calorias provenientes da gordura deveria ser compensada pelo aumento das calorias obtidas a partir dos carboidratos complexos. Fizeram esta recomendação por julgá-la viável, e não por entenderem que 30% era o nível ideal de gordura na dieta. Na dieta chinesa tradicional só 15% das calorias totais vêm de gorduras. Em culturas nativas tradicionais, como os índios Tarahumara, do México, famosos por seus corredores de ultramaratona, apenas cerca de 10% do total de calorias são provenientes de gorduras, e quase nenhuma delas vem da gordura animal. As pesquisas sobre os Tarahumara têm mostrado que não há praticamente nenhuma incidência de doença cardíaca ou pressão arterial elevada em sua população. Nos Estados Unidos, os cientistas interessados em nutrição têm estudado os adventistas do Sétimo Dia, porque a maioria deles é vegetariana e entre eles há também uma incidência muito baixa de doenças cardíacas e câncer.

Acontece que existem muitas maneiras de tomar consciência e transformar nossa relação com a alimentação em todos os níveis. Embora esse tema não seja mais incluído de modo explícito no currículo formal de MBSR (como ocorreu durante os primeiros anos do programa), ter consciência dos alimentos que compramos, do modo de prepará-los, do que comemos, e de como nos sentimos depois das refeições (escutando as mensagens do corpo) pode fazer uma diferença muito grande na qualidade de vida, no grau de saúde e até mesmo na nossa longevidade.

Quando formos às compras e estivermos pensando no que preparar para as refeições, um conselho que pode levar a bons resultados vem de Michael Pollan, autor de *The Botany of Desire* [A Botânica do Desejo] e *The Omnivore's Dilemma* [O Dilema do Onívoro], entre outras obras importantes e influentes acerca da crise alimentar do país. Ele elaborou a questão de modo elegante e sucinto:

"*Coma alimentos, principalmente plantas, sem exagerar.*"

Trata-se de um bom conselho. No entanto, é fácil falar, mas não tão fácil fazer. Esta é uma boa frase para ter em mente e partir para a ação se tivermos essa ousadia. Por um lado, o conselho nos faz questionar se o que estamos colocando em nosso corpo é realmente **alimento** ou alguma outra coisa. É de vital importância compreender a prescrição de Pollan e colocá-la em prática nos nossos padrões alimentares diários. A máxima de Pollan é o que os praticantes do zen chamariam de *koan*: revela cada vez mais ao longo do tempo. Pode nos ensinar muito e configurar nossa experiência e nossas decisões se as mantivermos no primeiro plano da consciência ao longo dos dias, semanas, meses e anos.

※

O trabalho pioneiro realizado durante mais de trinta anos pelo Dr. Dean Ornish e seus colaboradores, do Preventive Medicine Research Institute em Sausalito e na University of California em San Francisco, demonstrou de modo consistente que, se mudarmos nosso estilo de vida de modo abrangente (incluindo o que escolhemos comer e o que escolhemos não comer), é possível retardar, deter e até mesmo reverter a progressão da doença coronária grave, bem como a do câncer de próstata na fase inicial.

A abordagem de Ornish implica mudar não só a forma como comemos, mas também, e tão importante quanto, a maneira como vivemos. A base do regime é uma dieta principalmente vegetariana, composta de alimentos integrais, rica em fibras, pobre em gordura e carboidratos refinados, como açúcar e farinha branca, e rica em frutas e vegetais, grãos integrais, leguminosas e produtos de soja, suplementada com óleo de peixe ou óleo de linhaça. Além disso, requer exercício moderado na forma de caminhadas, assim como a prática contínua de yoga e meditação. É importante também o cultivo de amor e intimidade nos relacionamentos. Tanto em pacientes cardíacos como em pacientes com câncer de próstata, os níveis de colesterol caíram de modo substancial, sem necessidade de medicamentos para redução de colesterol. Essa mesma abordagem parece inverter também a progressão do diabetes tipo 2, uma das principais sequelas das dietas geradoras de obesidade.

Os indivíduos que participaram do estudo de câncer de próstata apresentaram mudanças epigenéticas surpreendentes como resultado desse tipo de dieta, prova de que nossos próprios cromossomos são afetados de modo positivo por tais mudanças no estilo de vida, conforme vimos anteriormente no trabalho de Elissa Epel, Cliff Saron, David Creswell e outros. Em particular, a expressão de elevado número dos chamados "genes pró-inflamatórios" foi desativada (regulada negativamente é o termo técnico), reduzindo assim os processos inflamatórios que produzem doenças dentro do corpo. Centenas de oncógenes, conhecidos por promover o câncer de próstata, o câncer de mama e o câncer de cólon, também foram desativados. Ao mesmo tempo, a expressão dos genes que são promotores de saúde foi ativada (regulada positivamente).

Essas alterações foram observadas em apenas três meses de programa por ensaios clínicos randomizados e constituem forte evidência de que nosso corpo realmente responde às nossas escolhas de estilo de vida e, em particular, às escolhas alimentares em um nível molecular capaz de promover a saúde se prestarmos atenção a essas escolhas e modificarmos o modo como vivemos.

Além disso, nossa velha amiga telomerase (que, como você se lembra, é a enzima que controla o envelhecimento mediante a reparação e o alongamento das extremidades dos cromossomos) aumentou significativamente em homens com câncer de próstata em fase inicial que seguiram o programa de Ornish. Isso sugere que as mudanças abrangentes de estilo de vida que adotaram podem ter levado sua biologia celular na direção de maior longevidade e menor estresse. Em pessoas que passaram pelo menos cinco anos no programa, os telômeros aumentaram de comprimento.

O trabalho do Dr. Ornish é uma demonstração notável da resiliência e flexibilidade do corpo humano e de sua capacidade de curar a si mesmo se tiver oportunidade. Uma vez que essas doenças progridem ao longo de décadas no corpo antes de se manifestarem ou de recebermos um diagnóstico, os resultados da investigação são importantíssimos. Revelam que, mesmo depois de anos de um processo crônico e patológico, podemos fazer algo, não somente para detê-lo, mas também para reverter os danos. E isso pode ser feito não por medicamentos, mas por pessoas que tomam consciência da própria capacidade de mudar decisivamente sua vida e sua saúde – e que então **modificam** de fato o modo como vivem e se alimentam.

No estudo sobre doenças cardíacas realizado pelo Dr. Ornish, as pessoas que estavam no grupo-controle receberam um excelente cuidado médico tradicional durante o decorrer do estudo. Seguiram as recomendações convencionais mais recentes defendidas pela maioria dos cardiologistas, ou seja, reduzir a ingestão de gordura para cerca de 30% e se exercitar com regularidade. No entanto, não fizeram as mudanças radicais realizadas pelo outro grupo em seu estilo de vida, que incluía um compromisso com a prática diária de yoga e de meditação. Apesar de seguirem as orientações médicas convencionais para pacientes com doenças cardíacas, os indivíduos do grupo-controle apresentaram progressão da doença. Suas artérias coronárias estavam, em média, mais obstruídas um ano depois, como seria de esperar em uma doença tão progressiva.

O trabalho do Dr. Ornish com pacientes portadores de doença arterial coronariana foi o primeiro a demonstrar que uma mudança no estilo de vida pode melhorar o funcionamento do coração e de fato reverter a aterosclerose sem a intervenção médica de alta tecnologia que, de qualquer forma, não consegue reverter a doença cardíaca. Esses homens e mulheres conseguiram melhorar o funcionamento do coração mudando seu modo de vida: praticando meditação e yoga (uma hora por dia), fazendo caminhadas frequentes (três vezes por semana), reunindo-se com regularidade para praticar e oferecer apoio mútuo e, obviamente, mudando a dieta alimentar.

Estudos de seguimento por até cinco anos têm demonstrado que a doença continua regredindo, caso as pessoas mantenham essas mudanças de estilo de vida. Atualmente, o Medicare [serviço médico do governo norte-americano] cobre o programa de Ornish por considera-lo uma intervenção aprovada de estilo de vida. Convém lembrar que não se trata de uma questão de perda de peso, mas de uma alimentação saudável e de escolhas conscientes. Quando nos alimentamos pela saúde, e não pela perda de peso, é muito mais provável que nos tornemos saudáveis e percamos os quilos extras, sem recuperá-los. Nem todas as dietas que resultam em perda de peso são realmente saudáveis. Um estudo realizado durante mais de dezesseis anos com 40 mil mulheres suecas mostrou que "dietas de baixa ingestão de carboidratos e alta ingestão de proteínas estão associadas a maior risco de doenças cardiovasculares". Outro estudo, publicado no *New England Journal of Medicine*, mostrou que as dietas de alta proteína e baixo carboidrato estão associadas à doença arterial coronariana, mesmo quando não aumentam os fatores de risco cardíaco tradicionais, como a pressão arterial ou os níveis de colesterol.

Uma das descobertas mais interessantes e importantes dos estudos do Dr. Ornish foi que, quanto mais as pessoas mudavam sua dieta e estilo de vida, mais elas melhoravam, em qualquer idade. O que parece ser mais importante é o modo de comer e viver **em geral**, e o grau de gentileza e autocompaixão que trazemos para essa iniciativa. O Dr. Ornish gosta de ressaltar que, com um enfoque amável e atento, é impossível errar. Em vez de pensar em "fazer regime" – porque as dietas, por definição, tratam do que não podemos comer e do que devemos fazer – o único requisito é a disposição de avançar numa direção mais saudável e fazer mudanças contínuas e regulares. O fato de seus pacientes manterem durante muitos anos as mudanças adotadas de estilo de vida é, em parte, um testemunho a favor da prática de yoga e meditação, pelo menos na minha opinião. A disciplina e a intenção se fundem em jeito de ser. Em vez de pensar: "Tenho de seguir esta dieta", ou "Tenho de praticar esta meditação ou yoga", a atitude é meramente: "É assim que vivo minha vida". O resto acontece com muito mais facilidade a partir daí, como vimos em mais detalhes no Capítulo 2.

31 | O estresse gerado pela alimentação

Ainda assim, a mudança da nossa relação com a comida não é tão fácil, mesmo se decidirmos que queremos ou precisamos mudar por questões de saúde. Isso fica evidente em vista de todos os esforços que as pessoas fazem para perder peso sem sucesso. Se, por qualquer motivo, decidimos que precisamos mudar a dieta a fim de promover a saúde e prevenir ou retardar processos de doença, teremos de fazê-lo com profundo compromisso e disciplina interna, nascidos da inteligência e não do medo, da paranoia, ou da preocupação excessiva com a própria aparência. Nossa aparência e peso melhorarão por si mesmos se nos entregarmos ao processo e confiarmos nele. Isso implica ter atenção plena da relação que mantemos com a comida em todos os níveis. Devemos tomar mais consciência de nossos comportamentos automáticos e até viciantes com relação à alimentação, de nossos pensamentos e sentimentos e de costumes sociais associados à alimentação. É muito improvável, nessas áreas, que observemos nosso comportamento de modo sistemático e sem julgamento, pois isso requer de nossa parte um firme compromisso de nos libertarmos da nossa relação mal-adaptativa e orientada pelo hábito no que diz respeito à alimentação, tanto quanto desenvolver um estilo de vida mais saudável, coerente e integrado.

Como vimos, o treinamento sistemático da mente pode ser profundamente benéfico quando procuramos detectar e nos libertar de comportamentos automáticos e inconscientes e das motivações e impulsos subjacentes que os mobilizam e geram tanto sofrimento. Nossa relação com o alimento não é exceção. Por esse motivo, a prática da atenção plena pode ser muito útil para fazer e manter mudanças saudáveis no que diz respeito à alimentação e à maneira como fazemos as compras, cozinhamos e comemos. Na verdade, a consciência e, em certa medida, também a mudança, chegam naturalmente à área da alimentação, à medida que a prática de meditação se fortalece e começamos a levar a atenção a todas as atividades da vida diária. Quando começamos a prestar atenção à vida diária, é difícil olhar para o domínio da comida. O exercício da uva-passa apresentado no início pode ter sido esclarecedor, mas continha apenas as sementes de uma investigação muito mais profunda da nossa relação com o que colocamos para dentro de nosso corpo em matéria de nutrientes.

A comida certamente ocupa um papel fundamental na vida. Comprar o alimento, prepará-lo, servi-lo, comê-lo, participar do ambiente físico e social em que comemos e limpar tudo depois – tudo isso requer muito esforço e energia de nossa parte. Todas essas atividades implicam escolhas e comportamentos aos quais podemos prestar atenção. Além disso, podemos ser mais conscientes de questões como a qualidade dos alimentos, sua forma de cultivo ou preparação, seu local de origem e seus ingredientes. Também podemos prestar atenção a quanto comemos, com que frequência, em que momentos e como nos sentimos depois de comer. Por exemplo, podemos prestar atenção a como nos sentimos depois de ingerir certos alimentos ou determinada quantidade de comida, e se sentimos que é diferente quando comemos rápida ou lentamente, ou em determinados momentos. Podemos levar atenção plena ao apego e à ânsia por alimentos específicos, ao que nós e nossos filhos vamos comer ou deixar de comer e aos hábitos familiares em relação à alimentação. Pode também ser muito útil levar a atenção a quanto, quando e onde falamos de comida e alimentação. Todas essas áreas vêm à luz quando levamos a atenção plena ao domínio da alimentação.

Assim como os aspectos mais elementares da alimentação, como a alegria e o prazer que a comida proporciona, devemos viver a experiência visual de um alimento delicioso e nutritivo, sentir seu aroma e seu gosto, saboreando-o a valer antes de passar para o próximo bocado. Os aspectos sociais da preparação e da ingestão do alimento são do mesmo modo básicos e nutritivos. A alegria de sentar-se à mesa com a família e os amigos numa refeição, com nossos colegas de trabalho ou em casa, é uma das dimensões mais profundas e humanas da vida.

※

De modo geral, é bastante difícil mudar nossos hábitos, e os hábitos alimentares não são exceção. Comer pode ser uma atividade muito carregada de emoções para nós, tanto social como culturalmente. A relação que estabelecemos com a comida foi condicionada e reforçada ao longo de toda a vida. O ato de comer tem muitos significados diferentes. Temos associações emocionais com determinados tipos de alimento, com a ingestão de determinadas quantidades, com refeições em locais específicos e com determinadas pessoas. Essas associações com a comida podem fazer parte de nosso senso de identidade e bem-estar. Quando estamos fortemente identificados com elas, ou sentimos que perderemos algo muito significativo se alterarmos nossa alimentação, poderemos enfrentar mais dificuldade para mudar nossa dieta do que sentiríamos para mudar qualquer outro aspecto do estilo de vida. Por isso, o enfoque suave e sem esforço de mindfulness, quando trazido à alimentação, pode ser, ao mesmo tempo, transformador e curativo. Em vez de perder aquilo que mais tememos perder, podemos descobrir que estamos restabelecendo e reconfigurando as conexões que são mais significativas para nós, transformando-as em algo ainda mais importante, alegre e gratificante.

※

Talvez a melhor maneira de começar seja não tentar fazer nenhuma mudança, mas apenas prestar bastante atenção ao que exatamente estamos comendo e como isso nos afeta. Tente observar exatamente qual é o aspecto de seu alimento e sentir o sabor enquanto você come. Na próxima vez que você se sentar para uma refeição, olhe realmente para o alimento no seu prato. Qual é a textura dele? Olhe para as cores e formas. Sente o aroma? Como se sente ao observá-lo? Qual é o sabor? É agradável ou desagradável? Como se sente assim que acabou de comer? Era isso o que você queria? Caiu bem?

Repare em como se sente uma ou duas horas após a refeição. Como está seu nível de energia? Comer aquele alimento deu-lhe mais energia, ou o fez se sentir pesado e lento? Como está sua barriga? O que você acha agora daquilo que comeu antes?

Quando as pessoas na clínica de estresse começam a prestar atenção à alimentação dessa maneira, algumas observações interessantes vêm à tona. Algumas descobrem que ingerem determinados alimentos mais por hábito do que por preferência ou vontade. Outras observam que certos alimentos perturbam seu estômago ou resultam em fadiga mais tarde. Essas conexões passavam despercebidas antes. Muitas relatam que agora sentem mais prazer em comer, já que estão conscientes desse ato de uma maneira nova.

Nos primeiros anos do programa, percebemos que alguns participantes relatavam mudanças em seus padrões alimentares bem antes de tocarmos no assunto de mindfulness e alimentação ao fim das oito semanas. Talvez isso seja resultado da meditação da uva-passa na primeira aula e da conversa sobre a experiência. Essas mudanças espontâneas nos padrões alimentares continuam a ocorrer à medida que os participantes do programa dão mais atenção à alimentação como parte da prática diária da meditação informal.

Quase nenhum dos pacientes que chega à clínica pretende perder peso ou mudar de dieta. No entanto, muitos começam a comer mais devagar naturalmente, o que pode ser, de novo, resultado da meditação da uva-passa. Nas semanas seguintes, muitas vezes relatam que estão satisfeitos comendo menos e estão mais conscientes de seus impulsos de usar a comida para satisfazer necessidades psicológicas. Alguns realmente perdem peso durante as oito semanas tão só porque prestaram atenção dessa forma, sem a intenção de perder peso.

Por exemplo, Phil, o motorista do caminhão com dor nas costas que conhecemos nos Capítulos 13 e 23, também mudou sua relação com a comida enquanto participava do programa MBSR. De fato, ele perdeu quase sete quilos. Em suas palavras: "Na verdade, não estou fazendo nenhuma dieta. Estou prestando atenção enquanto como. Às vezes eu me percebo ao comer, respiro mais profundamente, desacelero um pouco. A vida é uma correria incessante, mesmo quando não estamos indo a lugar algum, estamos sempre correndo, correndo, correndo. A gente faz tudo rápido, engole a comida e, duas horas mais tarde, está com fome de novo, porque não sente o gosto de nada, só passa correndo pela comida. Você se sente cheio, mas como eu disse, as papilas gustativas têm muito a ver com tudo. Se você nem sente o gosto, logo vai ter fome de novo, porque não saboreou nada do que comeu. É assim que eu vejo hoje em dia. Eu como menos quando desacelero, porque mastigo mais a comida, sinto o sabor. Sabia que nunca consegui fazer isso antes? Gostaria de perder mais sete quilos. Se eu continuar comendo devagar, perdendo só um pouco toda semana, como agora, é provável que consiga me manter assim. Se a gente perde peso muito depressa, quando termina a dieta, os quilos voltam. Com a meditação, aprendi que você tem de estabelecer objetivos para si mesmo, sabe, e depois de fixar a meta, ir atrás dela, sem se distrair. Quando você vai a algum lugar, a meta está sempre na sua mente. Você pensa nisso".

Para todos é importante prestar pelo menos alguma atenção na relação com a comida e com o que se sabe atualmente das ligações entre dieta e saúde. Dessa forma, podemos começar a tomar decisões mais esclarecidas sobre como escolheremos viver. Como sempre, o principal é a própria consciência. No programa MBSR, não defendemos nenhuma dieta em particular. Defendemos que as pessoas prestem atenção a essa área de sua vida, como a todas as outras, em vez de deixá-la a cargo do piloto automático. Incentivamo-las a informar-se e fazer as mudanças que julgam importantes, implementando-as durante um período relativamente longo de tempo, a fim de aumentar a probabilidade de sucesso, em termos da saúde geral. A maioria dos pacientes com quem trabalhamos está convencida de que há espaço para fazer mudanças saudáveis em sua dieta e, nesse sentido, o programa MBSR é muitas vezes um ponto de virada para eles.

Entretanto, mesmo se decidirmos que queremos fazer mudanças na nossa dieta para melhorar a saúde e reduzir os riscos de doenças cardíacas e câncer, ou simplesmente para desfrutarmos mais a comida ou nos sentirmos melhor e com mais energia, nem sempre é fácil saber como iniciar mudanças saudáveis. Também não é fácil mantê-las ao longo do tempo. Nossos hábitos e costumes de uma vida inteira têm uma dinâmica própria que precisa ser respeitada e administrada com inteligência. No estudo sobre doença cardíaca do Dr. Ornish, os participantes receberam bastante apoio durante a mudança de dieta e a adesão ao novo regime. Tiveram aulas de culinária vegetariana, abriram mão inteiramente de muitos alimentos, e tiveram as casas abastecidas com uma variedade de alimentos saudáveis já preparados e lanches para manter no congelador enquanto aprendiam a cozinhar e a comprar os novos alimentos.

Se quisermos introduzir mudanças para reduzir a ingestão de colesterol e gordura, para diminuir a quantidade de certos alimentos, ou apenas a quantidade de comida que consumimos, será muito difícil fazê-lo por conta própria. Os hábitos e costumes de uma vida inteira são difíceis de mudar sem apoio externo. Se quisermos mudar nossos hábitos alimentares, precisamos realmente saber, em primeiro lugar, por que estamos tentando fazer essas mudanças. Depois, teremos de **recordar** o motivo todos os dias, e até mesmo de momento a momento, conforme nos depararmos com uma miríade de impulsos, oportunidades e frustrações que podem nos afastar de nosso objetivo. Em outras palavras, temos de acreditar profundamente em nós mesmos e em nossa visão do que é saudável e importante para nós. Decerto precisaremos informações confiáveis sobre alimentos e nutrição e precisaremos também nos conscientizar de nossa relação com a comida e o ato de comer para poder tomar decisões inteligentes acerca de onde comprar, o que comprar e qual a melhor forma de preparar os alimentos.

Nesse quesito é que a simples aplicação da consciência de momento a momento aos alimentos e ao ato de comer pode ser essencial para trazer mudanças positivas. Da mesma forma que a atenção plena pode ter uma influência positiva sobre nossas relações com a dor, o medo, o tempo e as pessoas, ela também pode ser usada para transformar nossa relação com a comida.

Por exemplo, muita gente utiliza o ato de comer como uma forma importante de reduzir o estresse. Quando estamos ansiosos, comemos. Quando estamos sós, comemos. Quando estamos entediados, comemos. Quando nos sentimos vazios, comemos. Quando nenhuma outra coisa funciona, tendemos a comer. Esse comer automático é excessivo. Não fazemos isso para nutrir o corpo ou para saciar a fome real. Nós o fazemos, acima de tudo, para nos sentirmos melhor emocionalmente, e também para preencher o tempo.

Aquilo que comemos nesses momentos pode resultar em uma dieta pouco saudável. As recompensas e guloseimas que nos damos para nos sentirmos melhor tendem a ser gordurosas e doces: biscoitos, balas, bolos, tortas e sorvetes. São ricos em gordura oculta e açúcar. Ou tendem a ser salgados, como batatas fritas e salgadinhos, patês e pastas de vários tipos. Estes também têm teor elevado de gordura oculta.

Também temos a tendência a decidir o que é mais conveniente entre as opções disponíveis. As redes de *fast-food* se especializam em alimentos ricos em gordura animal, colesterol, sal e açúcar, embora hoje em dia elas próprias estejam mudando e oferecendo alternativas mais saudáveis, como bufês de salada e alimentos assados em vez de frituras. Muitos restaurantes agora dão destaque aos alimentos saudáveis para o coração, como peixe e frango assados, mas a maioria ainda não presta atenção a essas questões e prepara os alimentos com teor de gordura mais elevado do que o necessário. Não é fácil encontrar comida saudável quando estamos longe de casa e tentamos encontrar um local para comer. Às vezes pode ser mais saudável não comer nada até encontrar o que de fato queremos. Nesses momentos, podemos voltar à prática da paciência e relaxar na sensação de estarmos incompletos ou privados de alimento.

Se quisermos melhorar nossa saúde, olhar para a dieta torna-se importantíssimo. Não é apenas uma questão de gordura animal e colesterol, doenças cardíacas e câncer. Há evidências consideráveis de que os norte-americanos comem demais e que nossa dieta rica em açúcar promove processos inflamatórios crônicos em todo o corpo. Há todo um novo campo, chamado de medicina funcional, que procura elucidar esse tipo de problemas e relacioná-los à nossa singularidade genética, uma vez que cada um de nós tem uma configuração única de genes que podem nos predispor a determinadas alergias e sensibilidades alimentares ou processos inflamatórios.

Outros fatores relacionados ao estilo de vida podem interagir com nossa dieta, para melhor ou para pior. Os homens normalmente ingerem cerca de 2 500 calorias por dia, e as mulheres cerca de 1 800. No entanto, enquanto sociedade, somos relativamente sedentários. Na atualidade não queimamos as mesmas calorias no trabalho que as gerações anteriores. Dirigimos automóveis para ir a locais diversos e passamos muito tempo na posição sentada no trabalho. Dirigir e sentar não queimam calorias da mesma forma que caminhar e fazer trabalho braçal.

Os Centros para Controle e Prevenção de Doenças relataram em 2006 que o consumo de calorias entre as mulheres havia aumentado em 22% nos trinta anos entre 1971 e 2000. Entre os homens o aumento foi de 7%. Esses números refletem o aumento no tamanho das porções ao longo dos últimos trinta anos ou mais, bem como a própria epidemia de obesidade, e ressaltam o porquê da grande importância de outros fatores de estilo de vida para enfrentar essa crise. Todas as evidências sugerem uma alta probabilidade de que ficaremos mais saudáveis, mesmo sem mudar nossa dieta de nenhuma outra forma, se apenas ingerirmos um pouco menos de comida.

Contudo, em nossa sociedade, a mera sugestão de que podemos estar comendo em excesso se tornou perigosa. A prevalência dos transtornos alimentares, em particular entre mulheres jovens e adolescentes, nos sensibilizou para as distorções de imagem corporal vividas por elas. Às vezes, a relação com a comida chega a ser tão patológica que passam fome e ainda assim consideram que seus corpos magérrimos estão acima do peso (**anorexia nervosa**); ou ingerem tantos alimentos aos quais não conseguem resistir que se seguem episódios de vômito induzido para impedir o ganho de peso (**bulimia**). Há um forte componente emocional subjacente a esses transtornos e muitas vezes um histórico de trauma. O sofrimento contínuo e o ódio em relação a si próprio são enormes; é de cortar o coração. Não podem ser abordados nem tratados sem uma honestidade radical, uma enorme compaixão e o restabelecimento de um sentido confiável de conexão e interconexão após o trauma.

Em parte, os transtornos alimentares podem ser uma consequência infeliz da flagrante obsessão de nossa sociedade pós-industrial com a aparência externa, tanto quanto a sua tendência a objetificar os corpos e a noção de beleza, especialmente no que diz respeito às mulheres. Em vez de cultivar a atenção à experiência interior, à gentileza e à aceitação de si mesmo, temos a tendência à autocondenação caso não nos adequemos aos padrões estabelecidos de peso, altura e aparência externa. Assim, nos tornamos uma sociedade muito alienada de nossos corpos como são na realidade e buscamos uma imagem eterna e ideal. Somos uma sociedade de seguidores de dietas radicais e que não funcionam, consumidores de coquetéis químicos, conhecidos como refrigerantes *diet* – e tudo isso em busca do corpo "perfeito".

No entanto, há pouca sabedoria em todos os modismos associados à alimentação e às dietas. Por que não bebemos água em vez de refrigerante *diet*? Por que seguir dietas complicadas e, em seguida, se empanturrar de alimentos proibidos? Talvez seja a hora de percebermos que nossa energia está sendo mal direcionada. Nossa obsessão com o próprio peso e a aparência é muito maior do que a preocupação de curar a nós mesmos e otimizar nosso bem-estar e felicidade. Se começarmos a prestar atenção ao básico – como, por exemplo, ao que a mente está fazendo no momento presente, ao que estamos colocando dentro do corpo e por que motivo –, faremos progressos mais substanciais a fim de alcançar mais saúde com muito menos neuroticismo e desperdício de energia. Essa mudança de estilo de vida pode ser conquistada pelo processo de tomar muito mais consciência da sensação de habitar o próprio corpo com gentileza e autoaceitação durante todo o dia, ou mesmo por breves momentos se além disso não for possível. Em seguida, mais especificamente, trazer a consciência à experiência de momento a momento ao escolher a comida, olhar para o alimento, cheirar, mastigar e saboreá-lo, também percebendo como nos sentimos antes, durante e depois de cada bocado. Comer com atenção plena tem mais a ver com encontrar um equilíbrio flexível e suave do que com um modo de ser rígido e artificial. Quanto mais nos mantivermos na experiência do **processo**, aceitando quaisquer sentimentos e emoções que surgirem, por mais aversivos que sejam, mais o corpo, a mente e o próprio alimento nos ensinarão aquilo que precisamos saber. A mudança em direção a uma forma mais saudável de alimentação se revelará nesse processo.

Quando tocamos no assunto da atenção plena em relação à dieta e à saúde, às vezes revisamos com nossos pacientes as diretrizes de sociedades científicas e profissionais nacionais que se ocupam da dieta norte-americana. Por exemplo, o Instituto de Medicina da Academia Nacional de Ciências recomenda que se reduza, ou que se evite completamente, o consumo de alimentos em conserva, alimentos defumados e carnes embutidas, devido à sua possível relação com certos tipos de câncer. Em termos práticos, isso significa desistir ou reduzir drasticamente o consumo de salame, mortadela, carne enlatada, salsicha, presunto, *bacon* e cachorro-quente. A American Heart Association recomenda: redução do consumo de carne vermelha e ingestão apenas de leite com baixo teor de gordura ou desnatado; eliminação de leite integral e creme de leite; redução de queijos gordurosos; restrição da ingestão de ovos, que contêm 300 miligramas de colesterol por ovo. (A dieta Ornish para reverter a doença de coração contém cerca de 2 miligramas de colesterol por dia). No entanto, os ovos fazem parte da minha dieta diária há muitos anos. Mas eu, por natureza, tenho um nível bem baixo de colesterol e uma boa proporção. Assim, muitas das escolhas alimentares específicas que fazemos podem ser uma questão de nossa configuração genética, quando seguimos orientações nutricionais específicas para a saúde ideal.

Que alimentos essas organizações sugerem para substituir aqueles que devemos evitar ou reduzir? Recomendam aumentar o consumo de frutas e legumes frescos, de preferência crus ou cozidos com cuidado para que seus nutrientes não sejam destruídos ou dissolvidos. Alguns vegetais, como o brócolis e a couve-flor, parecem ter efeito protetor contra alguns tipos de câncer, talvez devido aos antioxidantes naturais que contêm. Essas organizações também recomendam a introdução de mais grãos integrais, como trigo, milho, arroz e aveia em nossa dieta, embora o milho e o arroz possuam elevado índice glicêmico e possam não ser bons para alguns indivíduos, sobretudo em grandes quantidades. Os cereais integrais são encontrados em pães, na forma de cereais para o café da manhã ou lanche e como uma parte importante do jantar. São as melhores fontes de carboidratos complexos, que devem constituir cerca de 75% das calorias da nossa ingestão diária de alimentos. A sensibilidade ao glúten também precisa ser levada em conta, pois muitas pessoas já são sensíveis aos grãos e aos alimentos processados que contêm glúten. Em geral, uma dieta anti-inflamatória é mais propícia para a saúde.

Além de fornecer carboidratos complexos e nutrientes, os grãos integrais, as frutas e hortaliças também dão volume à dieta, pois contêm as cascas externas dos grãos e vegetais, conhecidas como fibras. As fibras ajudam a mover a comida através do trato intestinal, reduzindo a quantidade de tempo que os tecidos do sistema digestório são expostos a resíduos da digestão, que podem ser tóxicos e devem ser eliminados com eficiência pelo corpo.

※

Em resumo, prestar atenção à nossa relação com a alimentação é importante para a saúde. Escutar o corpo e observar a atividade mental relativa à comida pode nos ajudar a fazer e a manter mudanças saudáveis de dieta. Se nossa prática de meditação for firme, estaremos naturalmente mais em contato com o alimento e com o modo como nos afeta. Estaremos naturalmente mais conscientes dos nossos desejos por determinados alimentos, conseguiremos ver esses desejos como pensamentos e sensações, o que pode facilitar o processo de soltá-los antes de reagir a eles de modo automático.

Quando funcionamos na modalidade do piloto automático, tendemos a agir (no caso, comer) em primeiro lugar, e só depois tomar consciência do que fizemos e lembrar que, na realidade, não queríamos ter feito assim. A atenção plena em relação ao momento em que estamos comendo, ao que comemos, ao sabor do alimento, ao local de procedência, sua composição e como nos sentimos depois de ingeri-lo, se praticada de modo constante, flexível e com senso de humor, não como obsessão, pode provocar uma mudança saudável nessa área tão importante de nossa vida, muitas vezes tão carregada emocionalmente.

DICAS E SUGESTÕES PARA A ATENÇÃO PLENA À ALIMENTAÇÃO E PARA COMER DE FORMA CONSCIENTE

1. Comece a prestar atenção a toda essa área da sua vida, exatamente como tem feito com o corpo e com a mente. Tente fazer uma refeição com atenção plena, em silêncio. Desacelere seus movimentos de modo que possa observar o processo inteiro com cuidado.
2. Veja a descrição de como comer a uva-passa com atenção no Capítulo 1. Tente desligar o celular enquanto estiver comendo.
3. Observe as cores e texturas de seu alimento. Aprecie de onde este alimento vem e como foi cultivado ou feito. É sintético? Vem de uma fábrica? Alguma coisa foi colocada nele? Você consegue ver os esforços de todas as outras pessoas envolvidas para que esse alimento chegasse até você? Vê como ele estava ligado à natureza? Consegue ver os elementos naturais, a luz do Sol e a chuva, nas hortaliças, frutas e grãos?
4. Pergunte a si mesmo se você quer este alimento em seu corpo antes de ingeri-lo. O quanto disso você quer em seu abdômen? Ouça seu corpo enquanto se alimenta. Consegue detectar quando ele diz: "Já chega"? O que você faz nesse momento? Que impulsos surgem em sua mente?
5. Tome consciência de como seu corpo se sente nas primeiras horas após a refeição. A sensação é de peso ou leveza? Você se sente cansado ou com energia? O que isso pode estar tentando lhe dizer? Costuma ter excesso de gases ou outros sintomas de desregulação? Relaciona esses sintomas a determinados alimentos ou combinações de alimentos aos quais você pode ser sensível?
6. Ao fazer compras, tente ler os rótulos das embalagens de cereais, pães, alimentos congelados. O que está escrito? São ricos em gordura, em gordura animal? Há adição de sal e açúcar? Quais são os primeiros

ingredientes listados? (Por lei, eles têm de ser listados em ordem decrescente de quantidade, sendo que o primeiro ingrediente é o mais abundante).
7. Tome consciência de seus desejos impulsivos. Pergunte a si mesmo de onde vêm. O que você realmente quer? Será que obterá isso se ingerir este alimento em particular? Consegue comer somente uma porção pequena desse alimento? Está viciado nele? Pode tentar deixá-lo de lado desta vez e apenas observar o seu desejo como um pensamento ou uma sensação? Consegue pensar em outra coisa para fazer neste momento que seja saudável e dê a você mais satisfação pessoal do que comer?
8. Ao preparar os alimentos, está fazendo isso com atenção plena? Tente uma meditação de descascar batatas ou de cortar legumes. Consegue estar totalmente presente enquanto descasca, enquanto corta? Tente tomar consciência da sua respiração e de todo o corpo enquanto descasca ou corta os legumes. Quais são os efeitos de fazer as coisas desta maneira?
9. Olhe para suas receitas favoritas. Quais são os ingredientes necessários? Quanto creme de leite, manteiga, ovos, banha, açúcar e sal contêm? Procure alternativas se decidir que não deseja mais cozinhar determinada receita. Atualmente, há muitas receitas deliciosas disponíveis que são pobres em gordura, colesterol, sal e açúcar. Algumas utilizam o iogurte desnatado em vez do creme de leite, o azeite em vez de banha ou manteiga e sucos de fruta para adoçar.

32

O Estresse Gerado pelo Mundo

Aparentemente, nosso mundo, o corpo celeste que chamamos de planeta Terra, está com "febre". O diagnóstico é grave, o prognóstico não é bom e as coisas podem piorar muito de acordo com a maioria dos cientistas. Apesar de todo o conhecimento científico e das modelagens climáticas dos supercomputadores, não se sabe com certeza como o paciente deve ser tratado, pois nunca se viu um caso como este. Alguns dos sintomas que levaram a esse diagnóstico são a elevação mundial da temperatura – graças ao enorme aumento da quantidade de dióxido de carbono e outros gases de efeito estufa na atmosfera, provocados pela queima de combustíveis que contêm carbono – e o derretimento muito rápido das geleiras e das calotas polares. Essa febre é principalmente resultado de nossa atividade como seres humanos, pois agora há muitos de nós no planeta. A agricultura, a pecuária e as indústrias, junto à destruição das florestas tropicais e à poluição dos oceanos, estão alterando os ciclos naturais que têm mantido a homeostase planetária finamente equilibrada por dezenas de milhares de anos. Como resultado, o próprio mundo, nossa casa, agora está sendo estressado como nunca antes no decurso da história humana. As possíveis consequências dessa tendência cada vez mais acelerada – para o futuro e para o futuro de nossos filhos, os filhos de seus filhos e, de fato, para toda a nossa espécie e as outras espécies também – são em grande parte desconhecidas, mas os presságios não são bons.

Então, talvez seja a hora de acordar para as consequências e os custos imprevistos de nossas ações, não apenas como indivíduos, mas também como espécie – não só para nossa própria saúde, mas também para a saúde do mundo inteiro no futuro. Isto porque todos esses fenômenos estão interligados. Todos derivam da mente e da atividade humana. Quando a mente humana conhece a si mesma, é possível obter sabedoria e toda a beleza, compreensão e compaixão que a história humana tem mostrado: as artes, as ciências, a arquitetura, as maravilhas tecnológicas, a música, a poesia, a medicina, tudo o que se encontra nos grandes museus, universidades e salas de concerto. E, quando a mente humana não conhece a si mesma, temos a ignorância, a crueldade, a opressão, a violência, o genocídio, o holocausto, a morte e a destruição em dimensões colossais. Por essa razão, a atenção plena não é um luxo, seja em pequena ou em grande escala. Em pequena escala ela é uma estratégia de libertação para sermos mais saudáveis e mais felizes como indivíduos. Em ampla escala, é uma necessidade vital se quisermos sobreviver e prosperar como espécie, se quisermos incorporar plenamente e pôr em prática o nome de nossa espécie – *Homo sapiens sapiens* – a espécie que sabe, e que sabe que sabe; em outras palavras, a espécie que é consciente e que sabe que é consciente. A partir da nossa era, quaisquer que sejam os desdobramentos da história humana, mindfulness será um fator importante necessário, com potencial crítico, dada a condição do nosso frágil planeta e de seus ecossistemas e ciclos homeostáticos. Por isso, é bom que a atenção plena esteja encontrando receptividade tanto no discurso como na ação política e econômica, como veremos.

※

Relembrando o capítulo anterior sobre o estresse relacionado à alimentação, tendemos a tomar como certa a abundância de alimentos saudáveis no primeiro mundo. Mas mudanças planetárias, como as secas, estão sobrecarregando seriamente o fornecimento de alimentos em certas partes do mundo e, com o aquecimento planetário, a pressão sobre nossas fontes de alimento só aumentará. Portanto, mais uma vez, já que vivemos em um mundo todo interconectado, faríamos bem em começar a reconhecer o quanto nosso bem-estar individual e nossa saúde, e os de nossa família e descendentes, dependerão dessas forças ecológicas e geopolíticas maiores. Por exemplo, no futuro será cada vez mais difícil escolher uma dieta saudável em um mundo poluído e com escassez de alimentos. Existem muitos fatores que desconhecemos e que podem ter efeitos negativos a longo prazo sobre nossa saúde.

Por exemplo, ainda que estejamos seguindo uma dieta com pouco colesterol, baixos teores de gordura, sal e açúcar, e rica em carboidratos complexos, frutas, verduras e fibras, podemos correr o risco de contrair doenças caso o abastecimento de água esteja contaminado com produtos químicos de descargas tóxicas ilegais, ou se o peixe que comemos estiver poluído com mercúrio ou bifenilos policlorados (PCBs), ou ainda, se houver resíduos de pesticida nas frutas e legumes que ingerimos.

Por isso, quando pensamos na relação entre saúde e alimentação, é importante considerar a dieta num sentido mais amplo do que normalmente fazemos. A qualidade dos alimentos que compramos, o local onde foram cultivados ou colhidos, a forma como cresceram e o que foi adicionado a eles são variáveis importantes. A consciência desses aspectos interligados de alimentação e saúde permitirá, pelo menos, que tomemos decisões inteligentes que minimizem os riscos na ausência de conhecimento sobre o estado de certos alimentos; decisões acerca do que devemos comer no cotidiano e o que devemos comer apenas de vez em quando. Os escritos de Michael Pollan, já mencionado, são muito úteis nesse sentido.

Talvez hoje seja necessário ampliar de modo abrangente nossa definição de alimento e o que ela inclui. Gosto de pensar que alimento é tudo aquilo que ingerimos e absorvemos, que nos dá energia ou que nos permite fazer uso da energia contida em outros recursos. Se pensarmos dessa forma, decerto precisamos incluir a água nessa categoria. É um alimento absolutamente vital. E o mesmo podemos dizer do ar que respiramos. A qualidade da água que bebemos e do ar que respiramos afeta diretamente nossa saúde. Algumas das fontes de abastecimento de água do estado de Massachusetts foram tão contaminadas que as cidades tiveram de importar água de outras localidades. Hoje em dia, diversos poços no estado também estão bastante contaminados. Em Los Angeles são muitos os dias em que há alertas de poluição do ar devido a altas concentrações de produtos químicos. Crianças, idosos e mulheres grávidas são aconselhados a ficar em casa nesses dias. E indo de carro para Boston partindo do oeste do estado, em muitos dias pode-se ver uma massa de ar castanho-amarelada pairando sobre a cidade. É difícil acreditar que respirar esse ar, dia após dia, seja uma dieta saudável para a vida. Muitas das nossas cidades estão assim atualmente, algumas durante a maior parte do tempo. Em outros países, o problema é ainda pior.

É evidente que temos de começar a considerar como alimento o ar que respiramos e a água que bebemos, e prestar atenção à sua qualidade. Podemos filtrar a água da torneira que usamos para beber e cozinhar só por segurança, ou comprar água engarrafada. Embora pareça uma pena ter de pagar ainda mais do que já estamos pagando pela água; a longo prazo, pode ser uma medida inteligente, sobretudo para mulheres grávidas ou para quem está tentando incentivar os filhos a beber água em vez de refrigerante. Claro, isso dependerá da boa procedência da água e também de saber se a água engarrafada é de fato melhor. Em alguns casos pode não ser, dependendo do material de que a garrafa é feita.

Proteger-se do ar poluído é outra preocupação. Se vivemos perto de centrais elétricas ou outro tipo de indústria, ou mesmo se apenas moramos na cidade, pouco se pode fazer em nível individual, exceto ficar longe de fumantes e talvez prender a respiração quando um ônibus urbano passar. Só a ação política e legislativa durante um período prolongado terá efeito sobre a qualidade do ar e da água. São esses os motivos pelos quais os cidadãos que se preocupam com a saúde podem colocar algo de sua energia em ação em prol da mudança social. É do interesse de todos cuidar do mundo natural. É fácil poluir o meio ambiente, mas não é tão fácil limpá-lo. Nós, como indivíduos, não sabemos detectar a contaminação em nossa alimentação. Dependemos das instituições para manter o suprimento de alimentos livre de contaminação. Se não o fizerem, ou se não conseguirem estabelecer normas ou testes adequados, nossa saúde e a saúde das gerações futuras poderão enfrentar riscos muito maiores, que só agora estamos começando a perceber.

Por exemplo, pesticidas como o DDT e produtos químicos industriais como os PCBs da indústria eletrônica são encontrados em toda a natureza, inclusive, como vimos, em nossa própria gordura corporal e no leite materno. Pesticidas que foram proibidos nos Estados Unidos, como o DDT, continuam a ser vendidos por fabricantes norte-americanos aos países do terceiro mundo. É irônico, porque esses pesticidas são utilizados em culturas de exportação para os Estados Unidos, como no caso do café e do abacaxi. Assim, recebemos de volta em nossa própria comida os resíduos dos venenos que exportamos para outros lugares. Isto foi descrito num relato persuasivo em *Circle of Poison* (Círculo do Veneno), de David Weir e Mark Shapiro.

O problema é que, embora os fabricantes de pesticidas saibam disso, os consumidores em geral não sabem. Pensamos que nossas leis nos protegem com regulamentações sobre o que é permitido ou proibido utilizar nas plantações, mas nossas leis não governam os níveis de pesticida usados em alimentos cultivados em outros países como Costa Rica, Colômbia, México, Chile, Brasil e Filipinas, de onde geralmente procedem alguns produtos que chegam até nós, como café, banana, abacaxi, pimentão e tomate. Além disso, os pesticidas utilizados no terceiro mundo são quase sempre aplicados no campo por trabalhadores agrícolas sem qualquer instrução sobre o uso seguro desses produtos para minimizar a contaminação dos alimentos, e que mal sabem como se proteger deles durante o uso. Segundo a Organização Mundial de Saúde, mais de 1 milhão de pessoas são envenenadas por pesticidas no terceiro mundo todos os anos, e milhares delas morrem. Enquanto isso, o ambiente global está cada vez mais sobrecarregado de pesticidas. A Agência de Proteção do Meio Ambiente relata que mais de 2 milhões de toneladas de pesticidas são utilizados por ano apenas nos Estados Unidos. O efeito contínuo desse tipo de saturação do ambiente e da cadeia alimentar é desconhecido, mas é improvável que seja benéfico.

Voltando à própria Terra, só muito recentemente nos demos conta de que vivemos num pequeno e frágil planeta que compartilhamos, que pode ser exaurido e, por fim, degradado pelas atividades da nossa precoce espécie. Sabemos agora que nossa interconexão nos liga ao próprio planeta. Sua ecologia, assim como a do corpo humano, é um sistema dinâmico robusto, mas também delicado, com seus próprios mecanismos de homeostase e alostase, que podem ser estressados e perturbados. Tem seus próprios limites, para além dos quais pode rapidamente parar de funcionar. Se não conseguirmos perceber que nossa atividade humana coletiva pode desequilibrar os ciclos da Terra, criaremos as sementes de nossa própria destruição.

A grande maioria dos cientistas ambientais pensa que já avançamos demais por esse perigoso caminho. Pouco a pouco o mundo está começando a reconhecer que a atividade humana pode poluir os oceanos de uma forma impensável, criar chuva ácida que desnuda as florestas da Europa e arrasar as florestas tropicais restantes, que fornecem uma fração significativa do oxigênio que respiramos e que não podem ser substituídas, a não ser por florestas tropicais. A atividade humana também degrada as terras agricultáveis a ponto de não poderem mais produzir alimentos. Polui a atmosfera com dióxido de carbono, aumentando assim a temperatura média da superfície da Terra. Destrói a camada de ozônio da atmosfera, liberando fluorcarbonetos e aumentando assim nossa exposição à radiação ultravioleta perigosa do Sol. Polui nossa água e o ar que respiramos e contamina o solo, os rios e os animais selvagens com produtos químicos tóxicos.

Ainda que essas questões pareçam distantes de nós – ou soem como uma intimidação fantasiosa de amantes românticos e histéricos da vida selvagem e da natureza –, os efeitos sobre nós não permanecerão tão remotos nas duas próximas décadas caso a destruição do meio ambiente não seja detida e a emissão de gases de efeito estufa drasticamente reduzida. Ao que parece, já estamos vendo as consequências em tempestades de intensidade cada vez maior, como o furacão Katrina, que devastou Nova Orleans em 2005, e o furacão Sandy, que inundou muitas partes da Nova York e Nova Jersey, em 2012. Essas tempestades podem se tornar muito mais comuns nos próximos anos, e serão grandes estressores na nossa vida e na das gerações futuras. Poderemos ver um aumento na incidência de câncer de pele se a atmosfera continuar perdendo a capacidade de filtrar os raios ultravioleta da luz do Sol pela destruição da camada de ozônio. Talvez haja também um aumento nos casos de câncer em geral, abortos espontâneos e defeitos congênitos por causa do maior tempo de exposição a substâncias químicas no ambiente e, talvez, nos alimentos também.

Todos os dias vemos informações e discussões sobre esses temas nos jornais e também na internet, mas em geral não prestamos a devida atenção, como se não nos dissessem respeito ou se não houvesse esperança.

Às vezes parece, de fato, que não existe nada que nós, como indivíduos, possamos fazer.

Mas o simples fato de estarmos mais conscientes e informados acerca desses problemas e de sua relação com nossa saúde individual e com a saúde do planeta como um todo pode ser um primeiro passo positivo e importante para provocar mudanças no mundo. No mínimo, mudaremos a nós mesmos, estando mais informados e conscientes. Somos uma pequena, mas significativa, parte do mundo, talvez mais significativa do que pensamos. Quando mudamos a nós mesmos e ao nosso próprio comportamento, mesmo que seja num grau modesto, como, por exemplo, prestando atenção ao consumo de energia e aos recursos não renováveis e reciclando materiais reutilizáveis, nós, de fato, mudamos o mundo.

Esses problemas afetam nossa vida e saúde, neste exato instante, quer saibamos disso quer não. São uma fonte de estresse psicológico, além de estresse físico. O bem-estar psicológico pode depender da possibilidade de encontrar algum lugar na natureza para ir e tão somente escutar os sons do mundo natural, sem os sons da atividade humana, dos aviões, automóveis e máquinas. Ainda mais inquietante é saber que um acidente ou ataque nuclear poderia, em poucos minutos, destruir grandes setores da vida como a conhecemos. Esse é um estressor psicológico com que todos nós convivemos, mas em que não gostamos de pensar. No entanto, nossos filhos sabem, e alguns estudos mostram que eles estão profundamente perturbados com a possibilidade de destruição nuclear.

A menos que modifiquemos radicalmente o curso da história com um novo tipo de pensamento baseado na compreensão da totalidade, os exemplos do passado não constituirão razões para otimismo. Afinal de contas, nunca se inventou um sistema de armas que não tenha sido usado, com exceção dos mísseis balísticos de médio alcance. A destruição dessas armas por parte dos Estados Unidos e da antiga União Soviética, acompanhada da redução controlada de armamento nuclear e das tentativas de garantir a segurança dos estoques existentes, foi certamente um passo a fim de eliminar a possibilidade de uma guerra nuclear, mas foi apenas um primeiro passo. Os próprios norte-americanos, em outras circunstâncias, é claro, julgaram possível e moralmente defensável incinerar duas cidades inteiras cheias de gente. Isso mostra que não apenas os "outros" são capazes de desencadear a violência, inclusive a violência nuclear, contra populações civis, mediante a combinação certa de circunstâncias. Nós somos "o outro lado". Talvez seja necessário deixar de pensar em termos de "nós" e "eles", "mocinhos" e "bandidos", e começar a pensar em termos de "todos nós". Quando não pensamos nem sentimos profundamente a importância de levar em consideração e incluir a todos, a tendência das políticas, como muitos especialistas afirmam, será sempre de criar inimigos na pessoa dos "outros", em vez de criar condições para uma verdadeira cura global.

Nós também, como sociedade, precisamos ser mais conscientes da ameaça ao meio ambiente e à nossa saúde representada pelos resíduos radioativos da fabricação de armas nucleares e usinas nucleares. No momento não existe uma forma realista de evitar a contaminação do meio ambiente com esses resíduos altamente radioativos, que permanecem tóxicos por centenas de milhares de anos. As indústrias nucleares e o governo sempre minimizaram o perigo da radioatividade para as populações civis e continuam a fazer isso até hoje. Mas o perigo é inegável. O plutônio fabricado pela indústria bélica é a substância mais tóxica conhecida pela humanidade. Basta um átomo de plutônio dentro do corpo para causar a morte. Centenas de quilos de plutônio, o suficiente para fabricar muitas bombas nucleares caseiras, desapareceram dos armazéns nucleares aqui nos Estados Unidos e no exterior.

Estas são questões que, sem sombra de dúvida, merecem nossa atenção consciente. Encontramos informações a respeito disso todos os dias, quer estejamos conscientes quer não. Talvez devêssemos expandir nosso conceito de dieta para reconhecer que inclui também as informações, imagens e sons que absorvemos de uma forma ou de outra, em geral sem a menor consciência. Vivemos imersos num mar de informações. A verdade é que somos expostos a uma "dieta" constante de informações por meio de jornais, rádio, televisão e plataformas *wireless* de todos os tipos. Será que os nossos pensamentos, sentimentos e nossa visão de mundo não são moldados por essa "dieta", muito mais do que gostaríamos de admitir? Será que a informação não é, em si mesma, um importante estressor, em muitos aspectos? Por que razão a frase "bombardeio de informação" é tão comum em nosso discurso coloquial? É verdade. Estamos nos afogando em informação; é demais. Contudo, ao mesmo tempo, não cultivamos suficientemente o conhecimento, que poderia levar à compreensão que, por sua vez, poderia levar à sabedoria. Estamos muito longe de compreender e de ter sabedoria "em excesso".

Vamos considerar, por exemplo, o fato de estarmos constantemente imersos em um mar de más notícias vindas do mundo inteiro, um mar de informações sobre morte, destruição e violência. É uma dieta constante, tanto assim que pode passar despercebida. Durante a Guerra do Vietnã, era normal muitas famílias norte-americanas jantarem enquanto assistiam às cenas de batalha do dia e ouviam notícias sobre a contagem de corpos. Era surreal. As redes noticiosas e os militares reconfiguraram o modo como recebemos as notícias sobre as zonas de guerra, de modo que não fomos expostos da mesma forma a essas imagens das guerras do Iraque ou do Afeganistão. No entanto, se quisermos vê-las, provavelmente poderão ser encontradas no YouTube. Mantenha seu rádio ligado por um tempo, qualquer dia, e é provável que ouça detalhes vívidos acerca de estupros, assassinatos e, de vez em quando, tiroteios inimagináveis nas escolas. Isso sem falar nas notícias do exterior.

Essa é a dieta que consumimos todo dia. É inevitável tentar imaginar que tipo de efeitos pode exercer em nós, individual e coletivamente, o conhecimento tão vívido e atualizado acerca de todas essas desordens e catástrofes perturbadoras, apesar de não termos praticamente nenhuma capacidade imediata de influenciá-las – a não ser por meio do nosso empenho, muitas vezes surpreendente e edificante, de apoiar, material e moralmente, por meio de redes sociais, aqueles que estão em crise. Ainda assim, um efeito provável da absorção de tantas más notícias é que podemos, aos poucos, nos tornar insensíveis ao que acontece com as outras pessoas. O destino dos outros pode se tornar mais um elemento do pano de fundo de violência no qual vivemos. A menos que seja apavorante demais, talvez passe despercebido.

De uma forma ou de outra, tudo isso nos afeta, assim como todas as propagandas às quais estamos expostos. Não podemos deixar de notar isso quando meditamos. Começamos a ver que a mente está cheia de todos os tipos de coisa, que se infiltram a partir dos noticiários ou anúncios. Na verdade, os publicitários recebem salários muito altos para descobrir maneiras eficazes de nos influenciar e despertar em nós o desejo de comprar o que anunciam.

A televisão, os filmes e nossa cultura obcecada por celebridades também figuram como grande parte da nossa dieta padrão hoje em dia, transmitida 24 horas por dia e sete dias por semana via cabo, satélite, YouTube, *download* e *streaming* para nossos televisores e dispositivos móveis. Na família média norte-americana a televisão fica ligada sete horas por dia, de acordo com alguns estudos, e muitas crianças assistem de quatro a sete horas por dia – mais tempo do que passam fazendo qualquer outra coisa na vida, exceto dormir. Estão, portanto, expostas a quantidades enormes de informação, imagens e sons, em grande parte frenéticos, violentos, cruéis e causadores de ansiedade – e tudo isso é artificial e bidimensional, sem relação com as experiências reais da vida, além do ato de assistir televisão.

Isso para falar apenas da televisão. As crianças também estão expostas a imagens de extrema violência e sadismo em filmes de terror populares. As simulações grotescas e realistas de matanças, estupros, mutilações e esquartejamentos são muitíssimo populares entre os jovens. Essas simulações vívidas já se tornaram parte da dieta das mentes jovens, que têm poucas defesas contra esse tipo de distorção da realidade.

Essas imagens têm enorme poder de perturbar e distorcer o desenvolvimento de uma mente equilibrada, em especial se não houver nada igualmente forte na vida da criança para contrabalançá-las. Para muitas crianças, a vida real não é nada em comparação à emoção dos filmes e jogos de computador e, até mesmo para os cineastas, fica cada vez mais difícil manter o interesse dos telespectadores, a menos que tornem as imagens mais realistas e mais violentas a cada nova versão.

Essa dieta generalizada da violência para as crianças norte-americanas tem efeitos psicológicos. Sem dúvida, exerceu seus efeitos na sociedade – basta observar a epidemia de *bullying* nas nossas escolas e a ladainha de horror dos assassinatos em massa nas escolas e locais públicos. Basta pensar em Columbine, Aurora, Tucson e Milwaukee, sendo que os três últimos aconteceram com poucos anos de diferença, e os dois últimos, apenas algumas semanas. E então veio o massacre de crianças na Sandy Hook Elementary School, em Newtown, Connecticut. São cada vez mais numerosas as notícias de adolescentes e adultos jovens que matam outras pessoas, alguns depois de ver filmes que usam como inspiração, como se a vida real fosse apenas uma extensão dos filmes em sua própria mente; como se as vidas, os medos e a dor de outras pessoas não tivessem o menor valor nem importância. Essa dieta parece catalisar uma desconexão profunda dos sentimentos humanos de empatia e compaixão, a ponto de muitas crianças não se identificarem com a dor de alguém que é vítima de violência. Um artigo recente sobre a violência entre adolescentes informou que, aos 16 anos de idade as crianças norte-americanas já testemunharam passivamente, em média, 200 mil atos de violência, incluindo 33 mil assassinatos, na televisão ou no cinema.

O bombardeio do nosso sistema nervoso com imagens, sons e informações é particularmente estressante quando se torna ininterrupto. Se ligarmos a televisão no momento em que acordamos, se ouvirmos rádio no carro a caminho do trabalho, se assistirmos ao noticiário quando chegamos em casa, e depois vermos televisão ou filmes à noite, estaremos enchendo nossa mente de imagens que não têm relação direta com nossa vida. Por mais maravilhoso que seja o *show*, por mais interessante que seja a informação, é provável que continuem a ser bidimensionais para nós. Terão pouco valor duradouro. No entanto, ao consumir constantemente uma dieta desse tipo, que alimenta a fome da mente por informação e diversão, estamos excluindo algumas alternativas muito importantes da vida: tempo de silêncio, de paz, de apenas estar aqui sem que nada aconteça; tempo para pensar, brincar, fazer coisas verdadeiras, socializar com as pessoas. A agitação contínua de nossa mente pensante, que percebemos de maneira tão clara na prática da meditação, é realmente alimentada e agravada por televisão, rádio, jornais, revistas, filmes e internet. Estamos o tempo todo introduzindo na mente mais coisas, que gerarão mais reações, mais pensamentos, mais preocupações, mais obsessões e mais coisas para lembrar – como se nossa vida diária não produzisse o suficiente por conta própria. A grande ironia é que fazemos isso para aliviar as preocupações, para afastar a mente dos problemas, para nos distrair, para nos animar, para relaxar.

Mas não é assim que funciona. Assistir televisão quase nunca promove relaxamento fisiológico. Na verdade, funciona como um bombardeio sensorial. Além disso, é viciante. Muitas crianças são viciadas em TV e não sabem o que fazer quando está desligada. É uma fuga tão fácil do tédio, que não chegam a enfrentar o desafio de encontrar outras formas de passar o tempo como, por exemplo, brincadeiras de faz de conta, desenho, pintura e leitura. A televisão é tão hipnotizante que os pais a utilizam como babá. Quando está ligada, conseguem pelo menos alguns momentos de paz. Muitos adultos também são viciados em novelas, seriados ou noticiários. Não se pode deixar de pensar sobre o efeito dessa dieta nas relações e comunicações familiares. O mesmo vale para os *videogames*, atualmente indispensáveis para estimular o aprendizado e o entretenimento das crianças.

※

Todas essas observações e perspectivas são apresentadas apenas para nos fazer refletir. Cada um desses tópicos pode ser visto de diversas perspectivas. Não há respostas "certas", e nosso conhecimento acerca dos meandros desses temas é sempre incompleto. Apresento-os aqui como exemplos de nossa interface com o que poderíamos chamar de **estresse do mundo**. Seu propósito é nos provocar e nos desafiar a examinar mais detidamente nossos pontos de vista e comportamentos, nosso entorno local, para podermos cultivar mais atenção plena e talvez uma forma mais deliberada e consciente de viver em relação a esses fenômenos que tanto afetam e orientam nossa vida, saibamos ou não, gostemos ou não.

Cada um de nós tem de encontrar sua própria maneira de ver o estresse do mundo. Ele afeta a todos, mesmo se achamos que podemos ignorá-lo. Tocamos nesses temas na Clínica de Redução de Estresse precisamente porque não vivemos num vácuo. O mundo exterior e o mundo interior não são mais separados do que a mente e o corpo. Acreditamos que é importante que nossos pacientes desenvolvam estratégias conscientes para reconhecer e lidar com esses problemas, e outros mais pessoais, a fim de levar atenção plena à totalidade de sua vida e lidar habilmente com todas as forças presentes no contexto pessoal.

O estresse do mundo só se tornará mais intenso no futuro. No início dos anos 1970, Stewart Brand, autor do conhecido *Whole Earth Catalog*, previu a tecnologia de difusão seletiva e a TV conectada, que transmitem apenas as informações que queremos saber quando chegamos em casa no fim do dia. Isso já existe atualmente, mas é provável que, em termos do que está por vir, não tenhamos visto nada ainda. No entanto, já estamos num mundo em que nosso acesso à informação não para e nos acompanha a todos os lugares por meio de vários dispositivos sem fio portáteis, *feeds* no Twitter, postagens no Facebook e *downloads* automáticos. Os robôs pessoais estão no horizonte, e seus protótipos já estão em operação em locais específicos, como os veículos exploradores de Marte, e disponíveis no comércio em brinquedos como o *Furbys*. As casas totalmente digitais estão muito próximas da realidade. Ainda que, por um lado, tudo isso possa ser libertador e proporcionar mais liberdade e flexibilidade, por outro lado temos de estar vigilantes ante a possibilidade de nos tornarmos meros processadores de informação ambulantes e consumidores de entretenimento.

Quanto mais complicado o mundo fica, e quanto mais invade nosso próprio espaço psicológico pessoal e nossa privacidade, mais importante será praticar o não fazer. Ele será necessário simplesmente para proteger nossa sanidade e desenvolver uma compreensão maior de quem somos além de nossos papéis, além de nossos códigos PIN, além de nossos nomes de usuário e senhas, além de nossos números de cartão de crédito e da previdência social. É muito provável que a meditação se torne uma necessidade absoluta para que possamos reconhecer, entender e combater os estressores da vida numa era de mudança acelerada, e para nos lembrarmos do que significa ser humano.

Nenhuma das mudanças iminentes e dos desafios mencionados aqui é insuperável. Todos foram criados pela mente humana e por suas expressões no mundo exterior. Esses desafios podem igualmente ser superados e compreendidos pela mente humana se aprendermos a avaliar e a desenvolver sabedoria e harmonia, e a ver nossos próprios interesses em termos de inteireza e interconexão. Isso requer que estejamos um passo adiante dos impulsos mentais que chamamos de medo, ganância e ódio. Para fazer isso, temos de trabalhar sobre nós mesmos e no mundo também. Se entendermos que não podemos ser saudáveis num mundo degradado além de sua capacidade de recuperação e cura, talvez aprendamos a tratar o mundo e a nós mesmos de maneira diferente. E isso não se limita a tentar erradicar os sintomas, quaisquer que sejam. Requer também a compreensão e o aprendizado de como lidar com as causas subjacentes.

Viver a Catástrofe Total

Assim como acontece em relação à nossa própria cura interior, o resultado dependerá da sintonia fina com nosso próprio instrumento: o corpo, a mente, o coração, nossos relacionamentos com os outros e com o mundo. Para conseguir um efeito positivo nos problemas do nosso entorno mais amplo, precisaremos sintonizar e reajustar continuamente nosso próprio centro, nosso coração, cultivando consciência e harmonia na vida individual e em nossa família e comunidade. A informação em si não é o problema. Devemos aprender a trazer atenção sábia para a informação que está à nossa disposição, contemplá-la e discernir a ordem e a conexão dentro dela, para que possamos usá-la a serviço de nossa saúde e cura individual, coletiva e planetária.

※

Há alguns sinais de esperança nas frentes política, econômica e tecnológica. A atenção plena aparece cada vez mais como algo convencional na sociedade e nas instituições, tornando-se parte do discurso coloquial e, esperamos, cada vez mais incorporada à prática diária. Por exemplo, conforme mencionado no capítulo sobre o estresse das pessoas, Jeffrey Sachs, macroeconomista respeitadíssimo, recentemente fez uma defesa apaixonada e bem fundamentada da atenção plena em seu livro *The Price of Civilization*, segundo o qual a atenção plena precisa estar no centro de qualquer tentativa de resolver os grandes problemas que enfrentamos como país e, por conseguinte, como parte do mundo. Curiosamente, ele chama seu trabalho de "economia clínica", uma perspectiva que se inspira no modo como o médico aborda o paciente. Baseado numa notável carreira e na experiência acumulada em crises econômicas na América Latina, Leste Europeu e África nos últimos 25 anos, ele diagnostica o problema da nossa economia da seguinte forma:

> Na raiz da crise econômica norte-americana há uma crise moral: o declínio da virtude cívica entre a elite política e a elite econômica da América. Não é suficiente ter uma sociedade de mercados, leis e eleições se os ricos e poderosos não se comportam com respeito, honestidade e compaixão em relação ao resto da sociedade e do mundo. A América desenvolveu a sociedade de mercado mais competitiva do mundo, mas

dissipou sua virtude cívica ao longo do caminho. Sem restaurar um ambiente de responsabilidade social, não obterá recuperação econômica significativa e sustentada [...].

Precisamos estar prontos a pagar o preço da civilização com múltiplos atos de boa cidadania: arcar com nossa justa parte dos impostos, educar-nos sobre as necessidades da sociedade, atuar como fiscais para as gerações futuras e lembrar que a compaixão é a cola que mantém unida a sociedade [...] Os norte-americanos são geralmente liberais, moderados e generosos. Não são essas as imagens dos norte-americanos que vemos na televisão ou os adjetivos que vêm à mente quando pensamos na elite rica e poderosa da América. Mas as instituições políticas dos Estados Unidos quebraram, de modo que o grande público já não leva em conta essas elites. E, infelizmente, o colapso da política também envolve o público em geral. A sociedade norte-americana está tão profundamente distraída pelo consumismo que não consegue manter os hábitos de cidadania efetiva.

Citando tanto Buda como Aristóteles, Sachs defende um "caminho do meio", um caminho de moderação e equilíbrio entre trabalho e não trabalho (que ele chama, curiosamente nos dias de hoje, de "lazer"), economia e consumo, interesse próprio e compaixão, individualismo e cidadania. Ele escreve: "Precisamos de uma **sociedade consciente**, que leve novamente a sério nosso próprio bem-estar, nossas relações com os outros e o funcionamento de nossa política". Em seguida, passa a mostrar em detalhes como isso pode ser feito e explica como é urgente assumir a responsabilidade coletiva pelo sucesso desse plano. Na segunda metade do livro, Sachs enumera oito dimensões de nossa vida em que a atenção plena é crucial para a satisfação individual e a felicidade, assim como para o bem-estar social e econômico:

1. **Mindfulness de si próprio: moderação pessoal para escapar do consumismo.**
2. **Mindfulness do trabalho: equilíbrio entre trabalho e lazer.**
3. **Mindfulness do conhecimento: cultivo da educação.**
4. **Mindfulness dos outros: exercício de compaixão e cooperação.**

5. Mindfulness da natureza: conservação dos ecossistemas do mundo.
6. Mindfulness do futuro: responsabilidade de poupar para o futuro.
7. Mindfulness da política: cultivo da deliberação pública e de valores compartilhados para a ação coletiva por meio de instituições políticas.
8. Mindfulness do mundo: aceitação da diversidade como um caminho para a paz.

Esta é uma receita notável para trazer ética e sanidade de volta ao corpo político de maneira prática, para que possa restaurar sua homeostase, sua saúde e sua promessa. Só podemos esperar que tenha uma influência generalizada, especialmente no que ele chama de "geração do milênio", os filhos da internet (que tinham de 18 a 29 anos em 2010), entre os quais ele vê o maior potencial de transformação e cura. Que todos nós, jovens e não tão jovens, possamos despertar para esta nova oportunidade e habitá-la plenamente no modo como vivemos nossa vida, trabalhamos e buscamos nossos sonhos. As alternativas são sombrias e horríveis demais. Talvez a magnitude e a urgência dos desafios nos motivem a escolher uma vida mais consciente, em nível global.

Há outras tentativas inspiradoras que já estão trazendo mais atenção plena a vários aspectos do corpo político, neste país e no exterior. Uma delas é o trabalho de Tim Ryan, há seis anos congressista democrata de Ohio, mencionado no Capítulo 14. O próprio Ryan é um dedicado praticante de meditação e yoga e defende incansavelmente no Congresso os programas baseados em mindfulness em áreas tão diversas quanto saúde, educação, exército, economia, negócios, meio ambiente, energia e justiça criminal. Diz ele:

Como líder político, sei que para tornar o mundo um lugar melhor necessitamos de aplicações práticas que tenham sido testadas e comprovadas. E quando descubro aplicações que funcionam, gosto de dar a oportunidade de que as pessoas as conheçam. Creio que estaria negligenciando meu dever de congressista se não fizesse a minha parte para tornar a atenção plena acessível ao maior número possível de pessoas em nossa nação.*

---

* Tim Ryan, *A Mindful Nation: How a Simple Practice Can Help Us Reduce Stress, Improve Performance, and Recapture the American Spirit*. New York: Hay House; 2012; xxii.

Atualmente existe pelo menos uma pessoa no Congresso, dentre os 435 membros da Câmara dos Representantes e cem senadores, comprometida com a prática de mindfulness na vida pessoal e com sua adoção e aplicação a longo prazo em áreas importantes do corpo político. Com o tempo, posso imaginar uma adesão muito maior entre seus colegas. Tim Ryan talvez tenha passado da idade de ser considerado membro da geração do milênio, com a qual Jeffrey Sachs está contando, mas ele vem mostrando o caminho para a geração mais jovem, enquanto angaria o apoio material adequado – tanto para mais pesquisas quanto para a implementação estratégica de programas baseados em mindfulness para promover o profundo bem-estar da nação. Ele descreve sua visão da seguinte maneira:

> Como um país de imigrantes, inovadores e aventureiros, sabemos como nos adaptar, mudar e desenvolver habilidades para avançar. Agora precisamos mudar nossas redes neurais coletivas e criar uma nova dinâmica na América. Precisamos nos unir e atualizar nossos sistemas econômicos e governamentais. O modelo industrial, que resultou em organizações grandes, burocráticas em excesso, que não se comunicam bem umas com as outras e perdem contato com os eventos mais básicos, é um método ultrapassado para organizar e governar a sociedade. Precisamos de novas maneiras de pensar e de nos mobilizar. Precisamos reinvestir no povo do nosso país a fim de aproveitar sua profunda capacidade de inovação, de modo que todo cidadão possa nos ajudar a criar um modelo para organizar a sociedade. Precisamos de sistemas que ajudem os cidadãos a participarem criativamente, ajudando-nos a enfrentar esses desafios. Ainda que não saibamos exatamente quais ideias transformarão de modo positivo nosso modo de vida, mindfulness nos ajudará a discernir as melhores ideias emergentes nesse tempo acelerado [...] Mindfulness não fará com que isso aconteça, mas nos permitirá tocar no potencial de cada cidadão e organizar todos os talentos deste grande país. Uma nação atenta é mais capaz de mudar de rumo e abrir caminho quando as circunstâncias o exigem. *

---

* Ibid p. 143-144 em *A Mindful Nation*, de Tim Ryan.

A narrativa de Ryan é profundamente inspiradora. Espero que a geração do milênio e todas as outras gerações não estejam apenas escutando, mas também se apaixonando pelo que poderia acontecer se permanecessem fiéis a si mesmas no amplo abraço da interconexão.

Isso ocorre em particular no caso de mindfulness aplicado às novas tecnologias, conforme relatado pelo congressista Ryan em seu livro. Por exemplo, o Google tem vários programas de mindfulness para os membros de sua equipe e os promove não somente em sua sede no Vale do Silício, mas também em seus centros pelo mundo. Chade-Meng Tan, um dos primeiros engenheiros do Google, que originalmente ajudou a desenvolver as buscas do Google em idiomas asiáticos, criou, com um grupo seleto de consultores (Mirabai Bush, Daniel Goleman, Norman Fischer, Marc Lesser e Philippe Goldin), um programa baseado em mindfulness para o Google e para os ambientes de negócios em todo o mundo. Chama-se Search Inside Yourself (SIY). Meng há pouco tempo publicou um livro com o mesmo nome, que é *best-seller* nos Estados Unidos e em muitos outros países. Além disso, o Google tem realizado programas MBSR para seus funcionários há muitos anos, conduzidos por Renee Burgard. Os funcionários costumam ir de um a outro desses dois programas à medida que aprofundam sua prática de mindfulness e procuram novas maneiras de aplicar a atenção plena, não apenas para regular o estresse em sua própria vida, mas também para catalisar mais *insight*s e criatividade nas próximas e promissoras áreas da inovação. Líderes inovadores, como Jenny Lykken e Karen May, chefe de Meng no Google, estão usando mindfulness para lidar com o desafio de criar um clima organizacional ideal e promover a integração entre o trabalho e a vida.

No Vale do Silício, o interesse por mindfulness e suas aplicações não se limita ao Google. O programa MBSR e outros programas baseados em mindfulness existem na Apple, também conduzidos por Burgard. Arturo Bejar e outros engenheiros do Facebook estão desenvolvendo elementos de mindfulness em sua plataforma para resolver conflitos entre os 1,1 bilhão de usuários do Facebook, ajudando as pessoas a serem mais conscientes de seu estado mental, de suas emoções e do modo como se comunicam. Colaboram em um programa de pesquisa com Dacher Keltner, da University of California, Berkeley, e seu grupo, que estuda os efeitos de mindfulness e da compaixão na redução de conflitos e na melhoria da comunicação entre os usuários. Há líderes no Twitter, como Melissa Daimler, e em outras empresas, que estão aplicando mindfulness nas áreas de eficácia e aprendizagem organizacional.

Alguns dos mais respeitados inovadores do Vale do Silício estão incorporando mindfulness em suas empresas. Por exemplo, a Medium (criada por um dos fundadores do Twitter) e a Asana (criada por um dos fundadores do Facebook) apoiam mindfulness em suas empresas por meio de programas, palestras e outras iniciativas. Dustin Moskovitz e Justin Rosenstein, cofundadores da Asana, afirmam: "As empresas que não estão *mindful* ficam perdidas, perdem os melhores funcionários, tornam-se complacentes e deixam de inovar". Eles dizem que, da mesma forma que mindfulness e a reflexão contribuem com o crescimento pessoal, essas práticas também ajudam as organizações a evoluir e a descobrir seu pleno potencial.

Todos os anos, uma reunião chamada Wisdom 2.0, criada, organizada e animada por Soren Gordhamer, reúne a liderança do mundo da tecnologia com os líderes do movimento mindfulness para promover diálogo e inovação. Esta reunião é muito significativa e tocante, pois os inventores e administradores das novas tecnologias baseadas na Web – em sua maioria membros da geração do milênio e, em muitos casos, jovens já riquíssimos – também compreendem os lados potencialmente obscuros de suas próprias criações e estão interessados na utilização de mindfulness para descobrirem novas formas de usar e viver com as inovações digitais de tal modo que não promovam o vício e a desconexão com os elementos análogos e inestimáveis de uma vida proveitosa. Os principais filantropos associados ao Vale do Silício, como Joanie e Scott Kriens, da Fundação 1440 (cujo nome representa o número de minutos de cada dia), estão usando seus recursos para promover mindfulness e, de um modo geral, as habilidades autênticas de relacionamento nas escolas, na área da saúde e no local de trabalho.

※

Voltando por um momento ao domínio da política, mindfulness também está se tornando parte da política do Reino Unido. Vários membros da Câmara dos Comuns e da Câmara dos Lordes estão interessados em mindfulness e no seu potencial social e econômico, e têm praticado juntos num curso de oito semanas dirigido por Chris Cullen e Mark Williams, do Oxford University Centre for Mindfulness. Um dos principais participantes desse grupo é Chris Ruane, ex-professor e membro da Câmara dos Comuns que representa eleitores do norte do País de Gales. Outro é Richard Layard, economista da London School of Economics e membro da Câmara dos Lordes. Em 4 de dezembro de 2012, Chris Ruane proferiu um discurso apaixonado e contundente na Câmara dos Comuns descrevendo o potencial da atenção plena para lidar com o elevado desemprego juvenil, um problema gigantesco no Reino Unido. Lorde Layard está empenhado em defender uma nova métrica econômica, além do produto interno bruto, que levaria em conta os elementos psicológicos humanos na avaliação da saúde da economia e da nação. Ele defende essa mudança social por meio de um grupo que fundou, chamado Action for Happiness. Muitas das opiniões de Lorde Layard são expostas em seu livro *Happiness: Lessons from a New Science* [Felicidade: Lições de uma Nova Ciência]. Juntos, Ruane e Layard estão defendendo outro ciclo do programa de mindfulness para atender ao interesse crescente de seus colegas no Parlamento. Um florescimento de interesse e prática parecido está ocorrendo no parlamento sueco, liderado por um cineasta que também é instrutor de MBSR, Gunnar Michanek.

※

Desde fevereiro de 2013, está disponível nos Estados Unidos a revista *Mindful* e seu *site*, www.mindful.org, dedicados exclusivamente a cobrir esse campo emergente em todas as suas diversas manifestações, sobretudo a comunidade global de profissionais e seus esforços, que assumem formas muito diversas de transformar e curar nosso mundo. Recebo *e-mails* de amigos e colegas que são professores da MBSR em lugares distantes como Pequim, Teerã, Cidade do Cabo, Buenos Aires e Roma – todos relatando o que estão fazendo, como vão as coisas e os próximos encontros e programas internacionais de treinamento em mindfulness.

※

Todos os avanços que relatei aqui teriam sido inimagináveis poucos anos atrás. Em conjunto, dão a clara impressão de que coisas que pareciam impossíveis há apenas alguns anos já estão acontecendo. E esse é realmente o caso. O movimento de mindfulness que vem acontecendo nas correntes principais da medicina, da saúde, da psicologia e da própria neurociência teria sido considerado inconcebível em 1979. No entanto, já é uma realidade. Também inconcebível era a ideia de que os National Institutes of Health, dos Estados Unidos, financiariam a pesquisa de mindfulness com dezenas de milhões de dólares por ano, o que está acontecendo agora; ou que o National Health Service, no Reino Unido, recomendaria mindfulness sob a forma de Terapia Cognitiva Baseada em Mindfulness (MBCT) como tratamento de escolha na prevenção de recaídas de depressão, o que ocorre hoje em dia. Às vezes digo que, da perspectiva de 1979, esses fatos eram ainda menos prováveis do que a hipótese de que a expansão do universo – desencadeada, segundo os cosmólogos, pelo Big Bang há 13,7 bilhões de anos – seria repentinamente interrompida e revertida para virar uma grande implosão. No entanto, a verdade é que todas essas coisas e muitas mais aconteceram. Tudo isso são sinais muito promissores de que (espero) estejamos diante do início de um grande movimento global que nos estimule a acordar como espécie e a voltar a ver, a cultivar maior intimidade e compreensão em relação às várias dimensões ocultas do nosso próprio ser.

Escrevi alhures que, em certo sentido, a espécie humana pode ser vista como a doença autoimune do planeta. Somos, ao mesmo tempo, a causa e a vítima do estresse da Terra. Mas isso não precisa continuar. Somos a causa quando não estamos conscientes dos múltiplos efeitos que nossa atividade tem no mundo, muitos dos quais se tornaram tóxicos. Mas também podemos ser agente de cura e de prosperidade se despertarmos. Então seremos os grandes beneficiários de nossa própria sabedoria incorporada e transformada em ação. Este trabalho mal começou e precisará da contribuição de praticamente todos os habitantes do planeta, da maneira que for possível. Talvez este seja nosso trabalho e chamado coletivo: descobrir e incorporar o que é mais profundo e melhor dentro de nós como seres humanos – para o bem do mundo e de todos os seres, humanos e de outras espécies.

❊

E assim fechamos o círculo. Do mundo externo voltamos ao mundo interno, do todo maior voltamos à pessoa individual, cada um de nós encarando sua própria vida, com sua própria respiração, seu corpo e sua mente. O mundo em que vivemos está mudando a uma velocidade cada vez mais acelerada e, quer estejamos conscientes quer não, quer gostemos disso quer não, estamos enredados nessas mudanças de modo inexorável. Muitas das mudanças no mundo atual seguem definitivamente na direção de maior paz, harmonia e saúde. Outras são prejudiciais. Todas são parte da catástrofe total.

O desafio, claro, está em descobrir como devemos viver. Diante do estresse do mundo e do estresse alimentar, do estresse laboral e do estresse dos papéis, do estresse das pessoas, do estresse do sono, do estresse do tempo e dos nossos próprios medos e dores, o que faremos esta manhã ao acordar? Como agiremos hoje? Será que podemos ser um centro de paz, sanidade e bem-estar agora mesmo? Será que podemos viver em harmonia com nossa própria mente, coração e corpo agora mesmo? Será que podemos colocar nossas inteligências múltiplas para trabalhar a nosso favor na vida interior e no mundo exterior que, aliás, nunca foram separados?

Milhares de extraordinárias pessoas comuns que passaram pela Clínica de Redução do Estresse ao longo dos últimos 34 anos, junto com talvez milhões de outras pessoas que descobriram mindfulness por meio de MBSR e de outros programas baseados em mindfulness em todo o mundo, enfrentaram esses desafios de viver com maior confiança, resiliência e sabedoria, cultivando a consciência de modo sistemático e amoroso em suas vidas e, assim, descobrindo por si mesmas que existe de fato um poder curativo em mindfulness.

Não podemos prever o futuro do mundo, nem mesmo os próximos dias, mas nossos futuros individuais estão intimamente ligados a ele. Porém, o que de fato podemos fazer, e muitas vezes não conseguimos, é nos apropriarmos do presente, de forma plena, o melhor que pudermos, momento a momento. Conforme vimos, é aqui que o futuro se cria, o nosso e o do mundo. Como escolhemos ser e o que escolhemos fazer é importante. Isso faz diferença. Na verdade, faz toda a diferença.

Após examinar uma série de aplicações concretas de mindfulness nesta parte do livro, é hora de voltar à prática em si e encerrar com uma parte final na qual encontraremos mais sugestões práticas para nos conectarmos com o cultivo de mindfulness, aplicá-lo à nossa vida e descobrir outras comunidades e pessoas que compartilham o mesmo amor por essa forma de ser e de fazer.

DICAS E SUGESTÕES PARA LIDAR COM O ESTRESSE DO MUNDO

1. Preste atenção à qualidade e à origem do alimento que você ingere e da água que bebe. Como é a qualidade do ar no lugar onde você vive?
2. Tome consciência da sua relação com a informação. Com que frequência você lê jornais e revistas? Como se sente depois? Quando prefere ler? Esse é o melhor modo de utilizar esses momentos? Você age segundo a informação que recebe? De que maneira? Você tem consciência da ânsia por notícias e informação a ponto de indicar um vício? Com que frequência você verifica seus *e-mails*? E o telefone celular para conferir mensagens, textos e *tweets*? Como seu comportamento é afetado pela necessidade de ser estimulado e bombardeado com informações, ou de transmitir o que está fazendo e pensando? Você mantém o rádio ou a TV ligados o tempo todo, mesmo quando não está assistindo nem ouvindo? Você lê o jornal por horas apenas para passar o tempo? Com que frequência você busca distrações e como?
3. Tome consciência de como você usa a televisão. Que programas escolhe assistir? Que necessidades eles satisfaz em você? Como você se sente depois? Quantas vezes você assiste? Qual é o estado de espírito que leva você a ligar a TV? Qual é o estado de espírito que o leva a desligá-la? Como seu corpo se sente depois?
4. Que efeitos têm, sobre seu corpo e mente, ver ou escutar más notícias ou imagens violentas? Você costuma ter consciência disso? Observe se você se sente impotente ou deprimido frente ao estresse e à angústia no mundo.
5. Tente identificar questões específicas com as quais você se preocupa e que, se trabalhar com elas, poderão ajudá-lo a se sentir mais engajado e mais forte. O simples fato de fazer **algo**, mesmo que seja algo

muito pequeno, muitas vezes pode ajudá-lo a sentir que suas ações têm um impacto, que elas contam, e que você está conectado de modo significativo com o mundo. Você pode se sentir mais eficaz se, em sua vizinhança, ou cidade, identificar um importante problema de saúde, segurança ou meio ambiente e fizer o possível para resolvê-lo, talvez aumentando a consciência de outras pessoas a respeito de um problema potencial, ou agindo para solucionar um problema já identificado. Uma vez que você é parte do todo maior, pode ser internamente transformador assumir alguma responsabilidade pela cura externa no mundo. Lembre-se do ditado: "Pense globalmente, aja localmente". Funciona ao contrário também: "Pense localmente, aja globalmente". Da melhor maneira possível, encontre outras pessoas com a mesma opinião para fazê-lo em comunidade, uma vez que você é sempre parte de um todo muito maior, mesmo sendo uma totalidade em si mesmo.

V

O Caminho
Da Consciência

33
Um Novo Começo

À medida que outro ciclo do programa MBSR da Clínica de Redução de Estresse se aproxima do fim, olho ao redor uma última vez e fico admirado com as pessoas que embarcaram juntas nessa jornada de auto--observação, aceitação e cura há meras oito semanas. Seus rostos parecem diferentes agora. Sentam-se de modo diferente. Agora sabem como se sentar. Começamos esta manhã com um escaneamento corporal de 20 minutos, depois passamos à meditação sentada por 20 minutos, mais ou menos. A quietude foi primorosa. Dava a impressão de que poderíamos ficar ali eternamente.

É como se agora soubessem de algo muito simples que antes lhes escapava. São as mesmas pessoas de antes e a vida delas não parece ter sofrido grandes mudanças. Entretanto, à medida que cada uma compartilha com o grupo o que esse percurso significou, fica claro que suas vidas parecem ter passado, em nível muito sutil, por uma autêntica mudança.

Elas não querem parar neste ponto. Isso acontece todas as vezes em que um ciclo de oito semanas chega ao fim. Sempre nos sentimos como se estivéssemos apenas começando. Então, por que parar? Por que não manter reuniões semanais e continuar praticando juntos?

Paramos por muitas razões, a mais importante tem a ver com o desenvolvimento da autonomia e da independência. Nosso aprendizado nessas oito semanas precisa ser posto à prova no mundo, quando precisarmos recorrer aos nossos próprios recursos internos. Isso faz parte do processo de aprendizagem, parte importante de integração da prática na vida cotidiana.

Viver a Catástrofe Total

A prática não precisa parar apenas porque o programa MBSR terminou. Na verdade, o propósito do programa é que a prática continue. Essa jornada é para toda a vida. Está apenas começando. As oito semanas apenas serviram para dar a partida, ou redirecionar a trajetória em que estamos. Ao finalizar as sessões, é apenas como se disséssemos: "Muito bem, agora vocês conhecem o básico. A partir deste momento, devem caminhar com as próprias pernas. Vocês sabem o que fazer. Façam". Ou, melhor ainda: "Vivam". É como se, nesse momento, tirássemos de propósito os suportes externos para que os pacientes mantenham e integrem em suas vidas o impulso de mindfulness por conta própria. Se quisermos ter a força para enfrentar e trabalhar com a catástrofe total da vida, nossa prática de meditação precisa de uma chance para se desenvolver por conta própria, dependendo apenas de nossa intenção e compromisso, e não de um grupo, não de um programa hospitalar.

Quando, 34 anos atrás, demos início à clínica e ao que acabou sendo conhecido como MBSR, acreditávamos que, após as oito semanas de treinamento, as pessoas continuariam praticando por conta própria. Então, se quisessem regressar depois de seis meses, ou um ano ou mais, teriam a opção de participar do que chamamos de "programa para graduados", com a intenção de aprofundar a prática. Esse modelo tem funcionado bem ao longo dos anos. As aulas para graduados são muito requisitadas e muitos deles também voltam regularmente para participar da nossa sessão de dia inteiro. As aulas para esses graduados tomaram muitas formas diferentes, às vezes cinco sessões, às vezes seis ou mais, às vezes espaçadas uma vez por mês, às vezes uma vez por semana. Por vezes há temas específicos. No entanto, todas tratam basicamente de como manter o embalo ou reanimar a prática de cada um, aprofundá-la e integrar mindfulness em todos os aspectos da vida diária, para viver de forma plena o que mais amamos.

✳

Para você, leitor, é importante recordar que as aulas, grupos, sessões de acompanhamento, CDs de meditação guiada, *downloads*, aplicativos e livros podem ser muito úteis em certas ocasiões, mas não são essenciais. O essencial é a sua visão e o seu compromisso de praticar hoje e levantar amanhã e praticar também, mesmo que sua agenda esteja lotada. Se você seguir o esquema do programa MBSR que nossos pacientes seguem, conforme descrito no Capítulo 10, as oito semanas devem ser tempo suficiente para levar a prática de meditação ao ponto em que começa a se converter em um modo de vida natural. Você decerto perceberá, antes do fim das oito semanas, que o verdadeiro aprendizado vem de dentro de você. Então, relendo as seções deste livro, mergulhando nos livros da lista de leitura do Apêndice e, quando possível, localizando pessoas e grupos com a mesma mentalidade com quem possa meditar, você poderá reforçar e manter sua prática à medida que ela cresce e se aprofunda. Nunca houve tantas oportunidades para fazê-lo, seja local ou globalmente, de modo presencial ou *on-line*, não importa onde você viva.

※

Olhando ao redor da sala agora, estou impressionado com o alto nível de entusiasmo que todos parecem nutrir em relação ao que realizaram nesse breve período de tempo, e também pelo grande e evidente respeito e admiração mútua por sua força e determinação. A grande assiduidade de todos refletia esse compromisso.

Edward não perdeu um dia de prática. Depois de começar a praticar (dois meses antes do início do programa com o CD de escaneamento corporal) seguindo minha sugestão no nosso primeiro encontro, seu esforço é ainda mais impressionante para mim. Ele sente que sua vida depende disso. Reserva um tempo para praticar a meditação sentada diariamente na hora do almoço no trabalho, em seu escritório ou no carro estacionado. Ao chegar em casa depois do trabalho, a primeira coisa que faz é praticar com o CD de escaneamento corporal. Só então prepara o jantar. Ele diz que praticar dessa maneira levanta seu ânimo e faz com que se sinta capaz de lidar com os altos e baixos físicos e emocionais decorrentes da AIDS – que incluem a fadiga frequente e os numerosos exames e protocolos aos quais é submetido.

Peter sente que fez grandes mudanças em sua vida, que o ajudarão a se manter saudável e a prevenir outro ataque cardíaco. Sua tomada de consciência ao surpreender a si mesmo lavando o carro à noite na entrada de casa foi um grande alerta para ele. Também continua a praticar todos os dias.

Beverly, cujas experiências foram descritas no Capítulo 25, sente que o programa a ajudou a se tranquilizar e a acreditar que, apesar dos dias ruins, pode ser ela mesma. Como vimos, utilizava seu treinamento em meditação para enfrentar o medo que sentia durante os procedimentos de diagnóstico médico que a assustavam.

Logo que o programa terminou, Marge foi submetida a uma cirurgia para remover um tumor benigno do abdômen, de modo que não consegui falar com ela por vários meses. Eu emprestara a ela uma cópia do vídeo do hospital com o programa de redução de estresse que fiz anos atrás, *The World of Relaxation*, que ela usava em casa para se preparar mentalmente para a cirurgia e para ajudá-la com a recuperação nas semanas seguintes, além de sua prática de meditação regular. * Ela me contou, mais tarde, que ficou acordada durante a cirurgia de uma hora, sob anestesia peridural, e passou esse tempo meditando. Ouviu os médicos falarem sobre dissecar o tumor do intestino grosso, mas conseguiu permanecer tranquila. Quando voltou para casa, praticou a meditação repetidas vezes na esperança de acelerar e aprofundar o processo de recuperação. E, ao contrário do que ocorrera nas cirurgias anteriores, a dor não lhe causou nenhum problema quando passou o efeito da anestesia. Antes de iniciar o programa, segundo disse, sentia-se muito tensa. Agora se sente muito mais relaxada e tranquila, mesmo que a dor nos joelhos continue a mesma de sempre.

As dores de cabeça de Art acabaram diminuindo, e ele sente que pode usar a respiração para evitar que elas apareçam em situações estressantes. Sente-se mais relaxado, mesmo sob a pressão natural do trabalho policial, que continua. Está ansioso para se aposentar. Preferiu o yoga dentre todas as práticas e afirma que sentiu um novo nível de relaxamento na sessão de dia inteiro, em que o tempo deixou de existir por completo.

Phil, o caminhoneiro franco-canadense do qual já falamos várias vezes, passou por algumas experiências surpreendentes com a prática. Sua maneira de falar e sua disposição de compartilhar o que lhe acontecia tocaram a todos na turma dele. Sente-se mais capaz de se concentrar e não se viu tão dominado pela dor nas costas quando fez o exame para

---

* Disponível em DVD e CD em www.betterlisten.com.

tornar-se corretor de seguros. Sente que a dor é mais controlável e que a capacidade de apreciar o tempo com a família enriqueceu sua vida.

Oito semanas mais tarde, Roger continua mais ou menos na mesma situação de vida. Completou o programa (o que me surpreendeu) e diz que está mais relaxado e menos dependente de remédios contra a dor, mas ainda não tem muita clareza sobre como enfrentar sua situação doméstica. Perdeu a paciência em pelo menos uma ocasião e a esposa teve de obter um mandado judicial para mantê-lo longe da casa. Claramente, precisa de alguma atenção individual. No entanto, já fez terapia antes e rejeita minha sugestão de retomá-la neste momento.

Esta manhã, Eleanor está radiante. Veio à clínica devido a ataques de pânico. Desde que o programa começou, não voltou a ter crise alguma, mas sente que, se isso acontecer, saberá como lidar com ela. A sessão de dia inteiro foi extremamente importante para ela, pois se conectou com um nível de paz interior que, segundo disse, jamais sentiu em sessenta anos.

E Louise – que nos contou no primeiro dia que seu filho a tinha "obrigado" a participar do programa dizendo: "Mãe, funcionou para mim e agora você vai fazer também, de qualquer jeito!" – descobriu que, logo no início, sua atitude em relação à vida mudou, bem como a dor de artrite reumatoide e as restrições que isso impunha à sua capacidade de viver da maneira que desejava. Descobriu que conseguia "se distanciar" de sua dor no escaneamento corporal e, em seguida, aprendeu a encontrar seu próprio ritmo ao longo do dia. Algumas semanas atrás, disse exultante à classe que no fim de semana iria de carro a Cooperstown, algo que antes seria inconcebível. É claro que visitou o Baseball Hall of Fame com a família e amigos, e cada vez que se cansava das multidões e do alvoroço delas, saía, encontrava um lugar para se sentar, fechava os olhos e simplesmente praticava a meditação, sem nenhum acanhamento, apesar das pessoas circulando agitadas de lá para cá. Sabia que era isso que precisava fazer para manter-se equilibrada nesse dia potencialmente difícil. Praticou diversas vezes nesse dia e durante todo o fim de semana, e assim conseguiu aproveitar o passeio. "Meu filho tinha toda a razão", comentou. "No início achei que era loucura, mas isso me proporcionou outra oportunidade na vida".

Loretta, que chegou à clínica com hipertensão, também percebeu mudanças em sua vida. Trabalha como consultora em empresas e órgãos públicos. Disse que, antes do programa, estava sempre com medo de mostrar aos seus clientes os relatórios que havia feito. Agora sente-se muito mais confiante com relação ao seu trabalho. Declarou: "Que importa se eles não gostarem? Na verdade, que importa se eles **gostarem**? Agora consigo ver que o mais importante é que **eu** me sinta bem com o trabalho que fiz. Sinto-me muito menos ansiosa com meu trabalho e minha produção está muito melhor também".

Essa descoberta – "Que importa se eles **gostarem**?" – expressa com muita clareza o crescimento de Loretta nas últimas oito semanas. Ela se deu conta de que pode ficar prisioneira tanto de aprovação e aplauso quanto de críticas e fracassos. Percebeu que deve definir suas experiências em seus próprios termos, para que tenham real significado para ela. O resto é apenas uma elaborada ficção, uma ilusão, na qual podemos ficar facilmente aprisionados.

O *insight* de Loretta e sua capacidade de incorporá-lo em sua vida são um exemplo perfeito de como é fácil ficar preso em uma história e pensar que ela representa a realidade quando este não é o caso.* Sua compreensão é um exemplo do que entendemos por **sabedoria**, pois reflete a clareza e as novas possibilidades que podem aflorar quando deixamos de confundir a narrativa que elaboramos dentro da nossa cabeça com a realidade, e passamos da modalidade padrão de narrativa autorreferente para a modalidade do não saber (mais corporificada, no momento presente), do estarmos centrados no corpo e numa consciência amável e aberta. Quanto mais praticamos, mais isso acontece de forma natural.

Hector termina o curso com a sensação de ter aprendido a controlar melhor a raiva. Ele foi lutador e carrega sem esforço seus 140 quilos, como um pássaro enorme, mas delicado. Para mim foi muito divertido fazer com ele os exercícios de aiquidô. Ele sabia como sustentar seu centro fisicamente – e agora sabe como fazer isso emocionalmente também.

※

---

* Lembremo-nos do estudo da University of Toronto mencionado no Prefácio, que discute a função da rede narrativa da linha média no córtex pré-frontal e como sua atividade diminuía – e a atividade da rede lateral do momento presente aumentava – após o programa MBSR. A experiência de Loretta é uma ilustração gráfica desse fenômeno: dois modos distintos de autorreferência que podem ser influenciados pelo treinamento em mindfulness.

33 | Um novo começo

Todas essas pessoas e muitas outras que estão concluindo o programa esta semana, com outros instrutores, têm se empenhado muito. A maioria mudou de uma maneira ou de outra, ainda que nossa ênfase fosse, e continue a ser, no não esforço e na autoaceitação. Os ganhos obtidos pela maior parte deles não vieram da ociosidade ou da passividade; não vieram unicamente de frequentar as aulas todas as semanas e de dar apoio mútuo, mas vieram, sim, do que poderíamos chamar de solidão do meditador de "longa distância", de sua disposição de praticar por conta própria quando sentiam e também quando não sentiam vontade – sentar e ser, permanecer no silêncio e na quietude e ir ao encontro de sua própria mente e corpo. Todos os benefícios vieram da prática do não fazer, mesmo quando sua mente e seu corpo resistiam e clamavam por algo mais divertido, algo que exigisse menos esforço.

Antes de terminarmos, Phil, que agora se tornou o contador de histórias da turma, compartilha conosco a seguinte lembrança que o acompanha, segundo diz, desde os 12 anos de idade, sem saber exatamente por quê. De repente, seu significado se esclareceu, esta semana, enquanto praticava:

Costumávamos ir a uma igreja batista no Canadá. Era uma igrejinha, com talvez cerca de 90 fiéis, sabe? Havia muitos problemas na igreja naquele momento. E meu pai não era o tipo de pessoa que vai a uma igreja onde sempre tem algum tipo de problema. A igreja tem de ser unida, sabe, todos trabalhando juntos. Então, ele me disse: "Vamos sumir daqui por um tempo". Conhecíamos uma igrejinha no campo, no meio do nada. Lá eram só quatro ruas e a igreja. Os fiéis eram só os agricultores, um grupo de talvez dez, quinze ou vinte pessoas no máximo e, bem, pensamos em dar um reforço, sabe. O número de fiéis aumentaria, e poderíamos conhecer gente nova e fazer amigos.

Quando chegamos, descobrimos que nessa nova igreja não havia pastor. Os pastores iam e vinham, e a cada domingo aparecia um diferente. Naquele domingo estávamos lá, esperando, esperando, e nenhum pastor aparecia. Alguém propôs que começássemos a cantar alguns hinos. Então nos reunimos e começamos a cantar, mas o pastor não chegava e estava ficando tarde. Então, um dos presentes se levantou e sugeriu que lêssemos alguma passagem da Bíblia para depois comentarmos alguma coisa. Ninguém disse nada, nem queria fazer nada. Então um cara se levantou. Não tinha nenhuma educação, não sabia ler, nada disso. Era um lavrador muito simples, talvez o que algumas pessoas chamariam de ignorante, mas não era bobo, sabe, era só analfabeto. Como não conseguia ler a Bíblia, perguntou se alguém poderia ler para ele uma passagem que conhecia. O tema era a doação. E então, sendo um lavrador, ilustrou com o seguinte exemplo: "É como se o porco e a vaca tivessem uma conversa. E o porco diz pra vaca:

— Como é que você ganha os melhores grãos, comprados numa loja, e eu só recebo as sobras, o lixo?

— Veja, — disse a vaca — eu dou algo todos os dias aos nossos donos, mas, para eles conseguirem tirar algo de você, vão ter de esperar que você morra.

— É isso — concluiu o lavrador — que o Senhor quer de nós: que a gente dê algo todos os dias, que a gente entregue a nossa alma. Honre o Senhor diariamente e será recompensado de mil formas diferentes. E não seja como o porco, que espera até morrer para dar algo ao Senhor. Era sobre isso que se tratava a mensagem. E isso é o que continuava a vir à minha mente conforme eu fazia o escaneamento corporal. [...] e finalmente um dia me ocorreu que é a mesma coisa com o programa de redução de estresse. Você tem de dar algo, você tem de realmente trabalhar nisso, você tem de dar graças ao seu corpo, reconhecer seus olhos. Não espere até ficar cego e dizer: "Oh, meu Deus, meus olhos". Ou seus pés; não espere até que você esteja quase paralisado ou algo assim [...] sua mente, quero dizer, dizem que, se você tivesse fé suficiente, do tamanho de um grão de sal, você poderia mover montanhas. A mesma coisa... a maioria dos médicos diz que usamos muito pouco do nosso cérebro. O cérebro é uma coisa muito poderosa, assim como uma bateria de carro. Tem todos os tipos de poder, mas, se você não tem boas conexões, não vai conseguir nada dele. Você tem de exercitar seu cérebro para colocá-lo para trabalhar – em outras palavras, para que possa obter algo dele, sabe? *

---

* As intuições de Phil precederam em várias décadas as pesquisas científicas que mostraram os efeitos positivos do MBSR no cérebro.

E eu digo: "Meu Deus, é mais ou menos esse o significado deste programa [MBSR]. Eu meio que associei as duas coisas. Mas essa mensagem espiritual que o lavrador nos passou na igreja naquele dia foi muito poderosa. Fiquei arrepiado quando ouvi e ainda fico. Como eu disse, isso me ocorreu e apenas traduzi, pois é a mesma coisa com nosso próprio corpo. Você tem de dar para conseguir receber. Eu dediquei a este programa muito esforço e tempo. Às vezes, não sentia vontade de dirigir 160 km só para isso. Mas compareci a todas as sessões, nunca perdi um encontro, sempre cheguei na hora. Mas, sabe, é fácil quando você começa a ter um retorno. Se puser na cabeça que você quer tentar, faça o melhor que pode, dê toda a atenção que puder, você vai ter um retorno, sabe?

※

Na conclusão do curso, fica evidente para a maioria que, ainda que as sessões tenham terminado, este é apenas o começo. A jornada dura a vida inteira. Se essas pessoas encontraram um sentido nesse enfoque, não é porque foram convencidas por alguém, mas porque experimentaram por si mesmas e descobriram seu valor. Este é o caminho simples de mindfulness – o caminho de estar consciente da própria vida. Às vezes chamamos isso de Caminho da Consciência.

Percorrer o caminho da consciência significa viver uma vida de consciência e requer que continuemos a prática de meditação. Se não o fizermos, o Caminho tende a ficar coberto e obscurecido. Torna-se menos acessível, muito embora a qualquer momento você possa decidir voltar a trilhá-lo novamente, pois está sempre aqui. Mesmo se não estiver praticando há algum tempo, assim que voltar à sua respiração, ao momento, descansando na consciência como seu novo modo padrão, sua base principal, você estará aqui mais uma vez, de volta ao Caminho – que também não é caminho algum, porque na realidade não há nenhum lugar aonde ir, nada para fazer e nada para alcançar. Já somos inteiros, completos assim como somos neste momento – e isso é perfeito –, no abraço cálido de nossa própria consciência.

Tendo esta perspectiva, se você estiver cultivando mindfulness de modo sistemático, é praticamente impossível parar. Mesmo não praticar é praticar de certa maneira, se você estiver consciente de como se sente em comparação com o tempo em que praticava regularmente, e como isso afeta sua capacidade de lidar com o estresse e a dor.

A maneira de manter e nutrir mindfulness é desenvolver uma motivação diária na prática de meditação e mantê-la, como se nossa vida dependesse disso. Agora sabemos, por experiência direta, de um modo não conceitual, que realmente depende. Os próximos dois capítulos nos darão algumas recomendações concretas e práticas para mantermos tanto a prática formal quanto a prática informal da atenção plena, de modo que este Caminho da Consciência possa continuar proporcionando clareza, direção, significado e beleza à nossa vida, à medida que ela se revela.

34

Mantendo a Prática Formal

A parte mais importante do trabalho com atenção plena é manter viva a prática pessoal. A maneira de fazê-lo é praticando. Isso precisa ser parte de nossa vida, da mesma maneira que comer ou trabalhar. Mantemos a prática viva dedicando tempo para ser, para não fazer, independentemente de todos os ajustes necessários para isso. Dedicar um tempo à prática formal todos os dias é como alimentar-se todos os dias. É importantíssimo.

As práticas específicas que escolhemos em determinado momento (ou o uso de CDs, aplicativos ou *downloads* para orientação) não são tão importantes quanto manter constante a prática. Ponto final. As várias práticas que você faz por conta própria e com as meditações guiadas são apenas maneiras de trazê-lo de volta a si mesmo e de se lembrar que é possível (agora, neste momento, não importa o que esteja acontecendo) descansar na própria consciência. O mais importante é sempre voltar ao momento presente. O melhor conselho para qualquer tipo de questão quanto à prática de meditação é seguir praticando. Simplesmente continue olhando para o que surgir na consciência, sem julgamento e com amabilidade, em especial quando se tratar de um padrão, dilema, pensamento ou sentimento recorrente. Com o tempo, a prática tende a ensinar o que você precisa saber. Se você se sentar em meditação com suas perguntas e dúvidas, elas tenderão a se dissolver nas semanas seguintes. O que parecia incompreensível torna-se compreensível, o que parecia obscuro se torna claro. É como se realmente estivéssemos deixando nossa mente se assentar e aprendendo a descansar em sua natureza essencial, que é pura consciência. Thich Nhat Hanh, o venerável e respeitadíssimo professor vietnamita de meditação, poeta e ativista pela paz, usa a imagem do suco de maçã turvo, cujas partículas sólidas se assentam no fundo do copo, para descrever a meditação. Sente-se com tudo o que está presente – desconforto, ansiedade ou confusão, com tudo o que está presente – e a mente se tranquilizará sozinha. Isso acontece se você for paciente o bastante e se conseguir se lembrar de simplesmente **repousar... repousar... repousar** na consciência, sem fazer nada, apenas mantendo-se desperto e aberto.

Pode ser útil reler de vez em quando a Parte I "A Prática de Mindfulness", à medida que se aprofunda na prática de meditação, bem como os capítulos sobre as aplicações de mindfulness da Parte IV que forem mais relevantes para você. Muitas coisas que nos pareciam óbvias no início podem começar a ter importância à medida que a prática se desenvolve. E alguns detalhes que talvez não tenham sido significativos para nós no início podem se tornar muito mais relevantes. As instruções são tão simples que é fácil interpretá-las de modo equivocado. Todos nós temos de as escutar e ler inúmeras vezes. Ao reler as instruções, nossa compreensão e clareza se aprofundam, não tanto em relação aos detalhes da prática, mas em relação ao que realmente somos como seres humanos. Também pode ser muito útil escutar o modo como diferentes instrutores de MBSR conduzem a mesma prática. Em geral, escutar as instruções de outras pessoas nos abre para novas compreensões.

Mesmo as instruções sobre tomar consciência da respiração podem ser facilmente mal interpretadas. Por exemplo, muita gente que ouve a instrução de "observar" a respiração ou de "prestar atenção à respiração" entende isso como "pensar" na respiração. Não é a mesma coisa. A prática não está nos pedindo que pensemos sobre a respiração. Está nos convidando a explorar a experiência de **estar com** nossa respiração, observando-a, **sentindo-a**. É verdade que, quando a mente divaga, pensar sobre a respiração vai trazê-la de volta à consciência. No entanto, nesse ponto, você deve voltar a **sentir** as sensações da respiração, surfando as ondas da respiração, com atenção plena de momento a momento e de respiração a respiração. Lembre-se de que o mais importante é a consciência, e não a respiração, nem qualquer outro objeto de atenção.

As instruções sobre como lidar com os pensamentos também são muitas vezes mal compreendidas. Não estamos sugerindo que pensar é ruim nem que se deva suprimir os pensamentos para poder se concentrar na respiração ou no escaneamento corporal, ou em uma postura de yoga. A maneira proveitosa de lidar com o pensamento é observá-lo apenas como pensamento, **estar consciente dos pensamentos como eventos no campo da consciência**. Então, dependendo da prática, podemos fazer várias coisas. Por exemplo, se você quiser desenvolver a tranquilidade e a concentração por meio da respiração como o principal objeto de atenção, poderá intencionalmente soltar os pensamentos e voltar para a respiração ao perceber que o pensamento desviou sua atenção da respiração. Soltar não significa afastar-se, fechar-se, reprimir ou rejeitar os pensamentos. É mais gentil do que isso. Você permitirá que os pensamentos façam o que fazem enquanto mantém a atenção na respiração tanto quanto possível, momento a momento.

Outra maneira de trabalhar com os pensamentos é observando-os em vez de observar a respiração, deixando que o processo de pensar se torne o principal objeto de atenção, junto com os pensamentos individuais. Nessa prática (que fazemos por um curto período de tempo no fim do CD de meditação sentada guiada) simplesmente trazemos nossa atenção para o fluxo do próprio pensamento. Ao fazer isso, não estamos orientados para o conteúdo de nossos pensamentos, mesmo que estejamos cientes de seu conteúdo. Deixamos tão só que o conteúdo e a carga emocional de um pensamento registrem-se em nossa consciência e nos dedicamos a ver os pensamentos como pensamentos, como algo que surge espontaneamente dentro da mente, assim como as nuvens e os padrões climáticos da atmosfera, observando-os ir e vir, sem sermos arrastados pelo seu conteúdo.

Na prática de mindfulness é normal que os pensamentos aflorem. Procuramos não censurar nem julgar os pensamentos à medida que os observamos. Isso é algo que pode ser difícil de fazer, principalmente se, quando crianças, fomos condicionados a acreditar que certos pensamentos eram "maus" e que, por tê-los, nós também éramos maus. O trabalho da prática de mindfulness é muito gentil. Por que não aceitar e observar qualquer pensamento ou sentimento que se manifestar? Por que suprimir o conteúdo aversivo e favorecer o conteúdo agradável se, nesse processo, comprometemos a oportunidade de ver-nos com clareza e conhecer nossa mente como ela é?

Aqui entra o trabalho de aceitação, que algumas pessoas chamam de **aceitação radical**. Devemos nos lembrar da necessidade de sermos amáveis e bondosos com nós mesmos enquanto nos permitimos ser receptivos, não apenas à respiração, mas a qualquer momento e ao que quer que surja. Ao mesmo tempo, podemos reconhecer que alguns pensamentos são úteis e podem reduzir nosso sofrimento, e outros não são tão úteis e podem ser tóxicos e gerar sofrimento extra. Nenhum de nossos pensamentos é um inimigo. Cada um deles tem algo valioso para nos ensinar se o virmos pelo que é – um pensamento – e se descansarmos na consciência de suas idas e vindas, sem nos deixarmos envolver por ele, nem nos torturarmos por seu conteúdo e emoção.* Como já ressaltamos inúmeras vezes, esta orientação em si é uma prática que se aprofunda com o passar do tempo, se alimentada de modo regular.

À medida que cultivamos mindfulness de modo sistemático na vida e na prática formal de meditação, veremos repetidas vezes que a mente invariavelmente nos puxa, afastando-nos do olhar interno profundo e da consciência de nossa experiência interna de ser. A mente nos arrasta para o exterior – para o que temos de fazer hoje, o que está acontecendo na vida, quantos *e-mails* não respondemos – e nos sobrecarrega a cada momento e a cada dia que passa. Quando esses pensamentos, sejam quais forem, capturam nossa atenção e envolvemo-nos com seu conteúdo por um instante, a consciência cessa nesse momento. Assim, a verdadeira prática não está na técnica que estamos usando, mas no compromisso de oferecer atenção sábia à experiência, interior e exterior, de momento a momento – em outras palavras, está na nossa disposição de ver e soltar, ver e deixar

---

* Este é um domínio ao qual a terapia cognitiva baseada em mindfulness fez profundas contribuições. Como já vimos, pessoas que passaram por vários episódios de depressão maior são mais propensas a recaídas, ainda que não estejam deprimidas, devido a um padrão desregulado de pensamentos e emoções conhecido como "ruminação depressiva". Mindfulness nos ensina uma nova forma de nos relacionarmos com os pensamentos, sem acreditar em seu conteúdo, e vendo-os como meros acontecimentos produzidos na mente, como nuvens que vêm e vão, e nos quais não devemos ficar aprisionados. Ver William, L.; Teasdale, J.; Kabat-Zinn, J. *The Mindful Way Through Depression: Freeing Yourself from Chronic Unhappiness*. New York: Guilford, 2007. Essa abordagem também vem sendo usada com quem sofre de ansiedade generalizada, pânico e outras condições emocionais opressivas.

ser, sejam quais forem os pensamentos e emoções que preocupam a mente em qualquer momento específico.

Outros problemas também podem surgir, além daqueles decorrentes de compreender mal as instruções da meditação, e podem prejudicar a prática. Um dos grandes problemas é pensar que estamos chegando a algum lugar. Assim que você perceber que está se sentindo proficiente na meditação ou que está entrando em "estados especiais" ou "espaços bons", precisa ter cuidado e observar muito, muito de perto, o que está acontecendo em sua mente. Ainda que seja muito natural sentir satisfação diante de sinais de progresso – como concentração mais profunda e tranquilidade, *insights* relevantes e até libertadores, sensações de relaxamento e autoconfiança, mudanças no corpo e na própria consciência corporal (que são novas e agradáveis para você) –, é muito importante deixar isso simplesmente acontecer sem fabricar uma grande história ou narrativa acerca dessas experiências, e sem querer atribuir a si mesmo o mérito por elas terem acontecido. Por um lado, como vimos, assim que a mente comenta uma experiência, ela nos distancia da experiência e a transforma em outra coisa: uma narrativa. Além disso, não é exatamente verdadeiro a mente afirmar que "você" é responsável, que você fez alguma coisa. Afinal de contas, a essência da prática é não fazer.

A mente corre atrás de tudo e de qualquer coisa. Em um minuto pode estar observando o quão maravilhosa é a prática da meditação, no minuto seguinte tenta nos convencer do contrário. Nenhum desses pensamentos provém da sabedoria. O importante é reconhecer o impulso, assim que surgir, de construir uma história sobre como é boa a prática de meditação, e trabalhar conscientemente com esse impulso, do mesmo modo que fazemos com qualquer outro pensamento, vendo-o claramente como pensamento, como narrativa, deixando-o manifestar-se e depois ir embora. Caso contrário, podemos cair na armadilha de ficar falando muito, em nossa própria mente e com os outros, a respeito dos resultados maravilhosos das práticas de mindfulness e do Mindful Yoga; do quanto nos ajudaram; de como seriam úteis a todos. Pouco a pouco, o proselitismo ocupará o lugar da prática. Quanto mais falamos, mais energia dissipamos – energia que poderia nos servir melhor se praticássemos. Se ficarmos vigilantes em relação a essa armadilha comum da meditação, nossa prática crescerá em profundidade e maturidade, e nossa mente será menos governada por suas próprias ilusões. Por essa razão, recomendamos às pessoas que fazem o programa MBSR na clínica, no começo das oito semanas, que não contem a muita gente que estão meditando, e que tentem não falar sobre suas meditações, apenas praticá-las. Esta é a melhor maneira de fazer uso daquelas energias bem-intencionadas e entusiasmadas, mas muitas vezes difusas, confusas e impulsivas da mente, que querem compartilhar no mesmo instante uma experiência nova com todo mundo. Vamos redirecionar a energia desse entusiasmo diretamente para a nossa prática. Em outras palavras, quando surgir o impulso de falar sobre os benefícios da meditação, é melhor ficar em silêncio e meditar um pouco mais. Isso vale para *twits* e postagens no Facebook também.

Esta breve revisão abordou alguns dos mal-entendidos mais comuns acerca da prática formal. Todos são facilmente corrigidos se lembrarmos da frase que vi numa camiseta um dia. Dizia: "Meditação – não é o que você pensa!".

※

No Capítulo 10 esboçamos o cronograma do programa MBSR de oito semanas. Por conveniência, o cronograma da prática formal está resumido abaixo. Talvez seja bom praticar usando os CDs da Série 1 *Guided Mindfulness Meditation Practice,* como fazem nossos pacientes. Assim saberá exatamente o que se espera de você momento a momento, e terá o benefício da dimensão tonal que a orientação verbal proporciona. Sugiro que você siga este programa por oito semanas e depois continue sozinho, com ou sem os CDs. Outras sugestões para manter seu ânimo e compromisso são dadas após o cronograma de oito semanas.

Programa de Prática de Oito Semanas

Semanas 1 e 2:	Pratique o escaneamento corporal pelo menos seis dias por semana e 45 minutos por dia (CD 1). Pratique sentar com consciência da respiração 10 minutos todos os dias em momentos distintos da prática do escaneamento corporal.
Semanas 3 e 4:	Alterne, se possível, o escaneamento corporal com o Mindful Yoga (CD 2) por 45 minutos, seis dias por semana. Continue sentando com consciência da respiração entre 15 e 20 minutos por dia. Tente expandir o campo da consciência até incluir a sensação do corpo como um todo sentado e respirando.
Semanas 5 e 6:	Pratique a meditação sentada (CD 3) durante 45 minutos por dia alternando-a com o escaneamento corporal ou o Mindful Yoga. Se ainda não o fez, experimente fazer a meditação caminhando com atenção plena por conta própria. Na Semana 6, pode introduzir o yoga na posição em pé e algumas outras posturas (*Mindful Yoga 2*) a essa combinação. Continue praticando a meditação sentada (CD 3) em dias alternados.
Semana 7:	Pratique 45 minutos por dia fazendo sua própria seleção de práticas, uma de cada vez, ou combinadas. Tente não utilizar os CDs esta semana e pratique por conta própria, da melhor forma possível. Sinta-se livre para voltar a utilizar os CDs se neste momento for difícil fazer de outro modo.
Semana 8:	Volte a utilizar os CDs. Pratique o escaneamento corporal pelo menos duas vezes nessa semana. Continue com a prática de meditação sentada e com o Mindful Yoga seguindo a programação escolhida por você. Inclua a meditação da caminhada formal, se quiser.

DEPOIS DAS OITO SEMANAS

- Faça a meditação sentada todos os dias. Se sentir que a meditação sentada é sua principal forma de prática, pratique-a **pelo menos 20 minutos** por vez e, de preferência, de 30 a 45 minutos. Para ajudar a aprofundar sua prática, utilize o CD para orientá-lo pelo menos uma ou duas vezes por semana durante os primeiros meses. Se sentir que o escaneamento corporal é sua principal forma de prática, certifique-se de fazer a meditação sentada também por pelo menos 5 a 10 minutos por dia. Se sentir que está tendo um dia ruim e não tem absolutamente tempo algum, então sente-se por 3 minutos ou 1 minuto. Todo mundo pode dispor de 1 minuto. Mas, quando fizer isso, que seja um minuto concentrado de não fazer, abandonando a noção de tempo. Mantenha o foco na respiração e na sensação do corpo como um todo, sentado e respirando.
- Se possível, tente sentar para meditar na parte da manhã. Terá um efeito positivo sobre todo o seu dia. Outros bons momentos para a prática são: (a) assim que você chegar em casa do trabalho, antes do jantar; (b) antes do almoço, em casa ou no escritório; (c) à noite ou tarde da noite, especialmente se não estiver cansado; (d) a qualquer momento – todo momento é um bom momento para a prática formal.
- Se sentir que o escaneamento corporal é a sua principal forma de prática, faça-o todos os dias durante **pelo menos** 20 minutos de cada vez e, de preferência, até 35 minutos. Nesse caso também pode ser bom usar o CD para orientação uma ou duas vezes por semana durante os primeiros meses.
- Pratique o yoga quatro ou mais vezes por semana durante 30 minutos ou mais. Verifique se você está fazendo isso com atenção plena, especialmente com consciência da respiração, das sensações corporais e do repouso entre as posturas. Faço isso no início da manhã antes da meditação sentada, praticamente todos os dias, em um espaço criado para essa finalidade.
- Experimente os CDs da Série 2 e da Série 3 (*Guided Mindfulness Meditation Practice*), que oferecem uma gama de meditações guiadas, em sua maioria, mais curtas.
- Veja o que acontece à medida que sua prática evolui e se aprofunda. Explore os vários livros da lista de leitura que despertarem seu interesse para dar sustentação à prática contínua.

34 | Mantendo a prática formal

De vez em quando, especialmente se já estivermos acostumados a praticar por conta própria, a prática em grupo pode ser uma maravilhosa experiência de apoio e aprofundamento. Sempre que posso, faço questão de ir a palestras, aulas ou sessões em grupo, e também procuro participar de períodos de prática intensiva prolongada em retiros de meditação dirigidos por um professor, semelhantes à nossa sessão de dia inteiro, só que duram mais tempo, às vezes uma semana ou dez dias, às vezes ainda mais. Os retiros podem constituir uma parte importantíssima do processo de aprofundar a prática e apropriar-se dela. Além disso, a exposição a diferentes professores de mindfulness muito experientes e eficazes, cada um com sua maneira própria de articular a prática de mindfulness (e a estrutura universal do *dharma* na qual ela surgiu e foi desenvolvida), pode ser de raro valor para revigorar nossa prática, bem como para aprofundar nossa perspectiva sobre o não fazer e as infinitas profundidades de mindfulness, uma vez que esteja plenamente incorporada.

Além de retiros, podemos tentar pesquisar grupos na cidade onde vivemos, com quem podemos sentar e praticar de vez em quando e com mais regularidade. Isso é muito fácil de achar por meio da internet. Também podemos encontrar recursos de todos os tipos para aprofundar nossa prática, incluindo conversas no YouTube e opções de grupos e eventos. Existem ainda programas MBSR acessíveis *on-line*.

Costumo participar de retiros em dois centros de mindfulness diferentes: Insight Meditation Society (IMS) em Barre, Massachusetts, e Spirit Rock Meditation Center, em Woodacre, Califórnia. Ambos oferecem retiros de meditação mindfulness liderados por alguns dos professores de meditação mais eficazes e experientes do mundo. Muitos desses professores também viajam e orientam retiros em diferentes partes do país. É possível encontrar informações sobre seus programas e retiros nos seguintes *sites*: www.dharma.org e www.spiritrock.org.

Tanto o IMS como o Spirit Rock têm orientação budista. No entanto, como regra geral, sua ênfase está na relevância universal e humana da atenção plena e suas aplicações práticas na vida cotidiana. Não fazem proselitismo, e podemos incorporar com facilidade o que nos atrai e abandonar o resto. Qualquer pessoa com treinamento em MBSR ou em outros programas baseados em mindfulness reconhecerá imediatamente que a prática básica que lhe é familiar está no cerne dos programas desses centros, ainda que algumas das formas e rituais possam ser diferentes (como os cânticos e as reverências). Ambos os centros oferecem excelentes ambientes de apoio para aprofundar a prática de meditação e conhecer outras pessoas que se dedicam a viver em mindfulness.

Além dos retiros, pode ser interessante procurar programas MBSR no seu bairro. Muitos hospitais e centros de educação comunitária agora oferecem MBSR e outros programas baseados em mindfulness. Minha sugestão é falar com o instrutor e ver se surge uma sensação de vínculo e conexão entre vocês. Não tenha vergonha de perguntar ao instrutor sobre sua relação com a prática de mindfulness e o tipo de treinamento profissional que recebeu (MBSR, MBCT etc.). Sugiro que você se inscreva somente se tiver uma impressão de autenticidade, integridade e presença por parte do professor. Na cidade de Nova York há uma equipe de professores de MBSR que compartilham um *site* comum e prestam apoio mútuo: www.mindfulnessmeditationnyc.com. Lugares como o Open Center e o Omega Institute, em Rhinebeck, ambos no estado de Nova York, também oferecem programas periódicos sobre mindfulness, assim como muitos outros centros nos Estados Unidos e em todo o mundo. Para quem mora na área de Boston, recomendo também o Cambridge Insight Meditation Center para aulas de meditação e meditações em grupo. Aqui a prática é ensinada a partir da perspectiva da tradição da floresta tailandesa, que também tem orientação budista. A qualidade do ensino é excelente e a comunidade atendida é ampla e variada. Sem dúvida, há muitos centros budistas maravilhosos nos Estados Unidos e em todo o mundo que podem ser recursos inestimáveis para apoiá-lo em sua prática. Além da tradição Theravada, existem também centros zen e tibetanos, com professores sérios de enorme prestígio, que podem ser de grande ajuda, se os rituais e os costumes não forem impedimento. Na verdade, podem até mesmo ser uma ajuda poderosa se compreendidos corretamente.

✳

Por fim, apenas sente-se, apenas respire, apenas descanse na presença, na consciência. E, se você sentir vontade, permita-se sorrir por dentro, ainda que só de leve.

35
Mantendo a Prática Informal

Querido Jon: eu poderia escrever um livro sobre o quanto progredi em relação ao controle da minha ansiedade desde que participei do programa de redução de estresse. A atenção plena de momento a momento se converteu, para mim, em algo essencial, e a cada dia confio mais em minha capacidade de enfrentar o estresse. Abraço, Peter.

Como vimos, a essência de mindfulness consiste em prestar atenção, de propósito, no momento presente, sem julgar. Portanto, manter a prática informal significa prestar atenção, estar desperto e apropriar-se dos momentos da melhor maneira possível e tanto quanto possível. Isso pode ser muito divertido. Podemos nos perguntar a qualquer momento: "Estou totalmente desperto?"; "Sei o que estou fazendo agora?"; "Estou plenamente presente no processo?"; "Como meu corpo se sente agora? E a minha respiração?"; "O que minha mente está fazendo?".

Já abordamos várias estratégias para trazer mindfulness à vida diária. Podemos prestar atenção quando estamos em pé, andando, ouvindo, falando, comendo e trabalhando. Podemos prestar atenção aos nossos pensamentos, estados de ânimo e emoções, aos nossos motivos para fazer as coisas ou para sentir certas sensações, e, naturalmente, às sensações do corpo. Podemos prestar atenção em outras pessoas, crianças e adultos, na sua linguagem corporal, sua tensão, seus sentimentos e falas, suas ações e as consequências dessas ações. Podemos prestar atenção ao ambiente, à sensação do ar em nossa pele, aos sons da natureza, à luz, às cores, às formas, ao movimento, às sombras.

Enquanto despertos, sempre podemos estar atentos. A única coisa necessária é querer e lembrar-se de trazer a atenção ao momento presente. Mais uma vez, é importante enfatizar que prestar atenção não significa "pensar em". Significa perceber diretamente o que está acontecendo. Os pensamentos serão apenas um aspecto da nossa experiência, que pode ser mais ou menos importante em qualquer momento específico. Ser consciente significa ver o todo, percebendo o conteúdo e o contexto de cada momento. O pensamento nunca pode abarcar tudo, mas, quando vamos além do pensamento e entramos em contato direto com o que estamos vendo, ouvindo e sentindo, podemos perceber sua essência. Mindfulness é ver e saber que estamos vendo, ouvir e saber que estamos ouvindo, tocar e saber que estamos tocando, subir a escada e saber que estamos subindo a escada. Talvez alguém argumente: "Claro que eu sei que estou subindo a escada quando estou subindo a escada" – mas mindfulness significa não apenas saber disso enquanto ideia, mas **estar em contato com a experiência** de subir a escada, a consciência de momento a momento dessa experiência. Mindfulness é um conhecimento **não conceitual** ou, melhor ainda, um conhecimento **mais que conceitual** – é a essência da consciência. Ao praticar desta forma, podemos nos libertar do modo piloto automático e, aos poucos, passar a viver mais no momento presente e conhecer nossas energias de maneira mais plena. Então, como vimos, será possível responder de modo mais adequado às mudanças e às situações que podem gerar estresse, pois estaremos conscientes do todo e da nossa relação com ele. Podemos praticar isso a qualquer hora, em qualquer lugar, desde que estejamos dispostos a permanecer despertos.

No Capítulo 9, o tema da aplicação de mindfulness à vida cotidiana foi examinado em linhas gerais e deve ser revisto de vez em quando para manter esse aspecto da prática. Talvez seja interessante complementá-lo com o livro *Wherever You Go, There You Are*, que escrevi sobre o tema de mindfulness na vida cotidiana. O Capítulo 10 sugere uma série de exercícios informais de consciência que fazemos no MBSR, juntamente com as práticas formais de mindfulness. O mais importante é entrar em contato com a respiração em vários momentos ao longo do dia. Como já vimos, isso ajuda a nos ancorar no presente, a nos estabilizar em nosso corpo e a nos manter centrados e despertos no momento.

Também praticamos estar atentos a toda uma série de atividades rotineiras, como acordar de manhã, lavar o rosto, vestir-se, tirar o lixo, cumprir algumas tarefas. A essência da prática informal é sempre a mesma e implica perguntar: "Estou aqui, agora?"; "Estou desperto?"; "Estou em meu corpo?". O próprio ato de perguntar nos traz ao presente e nos põe mais em contato com o que estamos fazendo.

※

As práticas informais recomendadas como lição de casa nas oito semanas de MBSR estão listadas abaixo. Elas acompanham as práticas formais descritas no capítulo anterior. É claro que cada um pode inventar suas práticas. Quando isso começa a acontecer de modo espontâneo é um bom sinal de que a prática está se tornando estável. A vida oferece infinitas oportunidades criativas. Cada aspecto de nosso dia e de nossa vida tem o potencial de fazer parte da prática informal. Afinal de contas, a verdadeira prática, conforme já ressaltamos várias vezes, é o modo como vivemos a vida no único momento que temos para vivê-la, ou seja, neste momento.

Semana 1: Durante esta semana, faça pelo menos uma refeição em mindfulness.

Semana 2: Nesta semana, tome consciência de um evento agradável por dia enquanto estiver acontecendo. Registre-o, junto com seus pensamentos, sentimentos e sensações corporais, no Diário de Eventos Agradáveis ou Desagradáveis (ver Apêndice) e procure identificar padrões. O que faz uma experiência ser "agradável"? Além disso, tome consciência de pelo menos uma atividade rotineira: levantar da cama pela manhã, escovar os dentes, tomar banho, cozinhar, lavar a louça, levar o lixo para fora, fazer compras, ler para seus filhos, colocá-los na cama, levar o cão para passear e assim por diante. De maneira leve, simplesmente veja se consegue estar presente com o que estiver fazendo, incluindo a sensação de estar em seu corpo.

Semana 3: Nesta semana, tome consciência de um evento desagradável por dia enquanto estiver acontecendo. Registre o evento e suas sensações corporais, pensamentos, sentimentos e reações/respostas no Diário de

Registro de Eventos Agradáveis ou Desagradáveis (ver Apêndice). Procure notar os padrões subjacentes. O que faz a experiência ser "desagradável"? Durante esta semana, também faça um esforço para se "flagrar" em diferentes momentos do dia. Tome consciência da tendência de cair no modo piloto automático e observe em que circunstâncias isso ocorre. Observe o que em geral afasta você do seu centro. Que coisas você não está querendo ver? Que pensamentos e emoções dominam o dia? O que acontece com a consciência do corpo quando o piloto automático assume o controle?

Semana 4: Esteja ciente de todas as reações de estresse durante a semana, sem tentar mudar nenhuma. Traga a consciência para qualquer momento em que você possa se sentir preso, bloqueado, fechado emocionalmente, ou entorpecido, se esses sentimentos surgirem. Não tente corrigi-los de maneira alguma, mas apenas mantê-los na consciência sendo o mais amável que puder.

Semana 5: Traga a consciência aos momentos em que você se descobrir reagindo, ou recaindo em velhos hábitos de pensamento e contração emocional. Experimente responder em vez de reagir, se conseguir notar a reação se formando. Caso contrário, veja se consegue transformar uma reação que já está acontecendo em uma resposta mais consciente, mesmo que não seja muito elegante. Tente ser o mais criativo possível a esse respeito, talvez notando se, às vezes, você leva as coisas para o lado pessoal quando, na verdade, elas não são pessoais, e se isso desencadeia uma reação emocional. Tome consciência de qualquer reação que surgir durante a prática de meditação formal. Você se percebe reagindo durante o escaneamento corporal, ou o yoga, ou a meditação sentada? Se for o caso, mantenha esses momentos na consciência o melhor que puder. As práticas formais oferecem um solo muito rico para discernir a reatividade na mente e cultivar respostas alternativas. Leve a consciência a uma comunicação difícil por dia durante a semana, e anote no Diário de Registro de Comunicações Difíceis ou Estressantes (ver Apêndice): o que aconteceu; o que você queria da comunicação; o que a outra pessoa queria; e o que realmente ocorreu. Procure identificar os padrões durante a semana. Será que esse exercício revela algo acerca dos seus estados mentais e suas consequências na comunicação com os outros?

Semana 6: Esteja consciente do que você escolherá comer esta semana: a procedência do alimento, seu aspecto, a quantidade, suas reações à comida ou ao fato de pensar em comê-la, e como você se sente depois. Tente fazer isso com interesse, curiosidade e bondade em vez de julgamentos. Esteja ciente de outras maneiras pelas quais você "ingere" e "digere" o mundo (através dos olhos, ouvidos, nariz, etc.) ou, em outras palavras, da sua dieta de imagens, sons, notícias, TV, poluição do ar, e assim por diante. Em especial, seja consciente das outras pessoas e da qualidade dos relacionamentos que você mantém com elas. Tente gerar silenciosamente uma atitude de bondade e gentileza em relação às pessoas que você ama e em relação àquelas que você nem conhece, à medida que se relaciona ou passa por elas na rua.

Semana 7: Assim que acordar, preste bastante atenção nesse processo e fique na cama pelo tempo suficiente para perceber que você está acordado e que é um novo dia, um novo começo de vida – talvez até mesmo permanecendo na cama por alguns minutos, repousando na consciência sem nenhuma programação, talvez na postura do cadáver. Se isso parecer importante para você, tente acordar um pouco mais cedo do que o habitual para que possa meditar na cama por alguns minutos, deitado, sem sentir as pressões do tempo. No fim do dia, quando estiver deitado na cama e pronto para dormir, entre em contato com a respiração de modo suave, apenas uma ou duas inspirações e expirações, à medida que você se desliga das atividades cotidianas e se entrega ao sono. Continue experimentando enviar bondade amorosa silenciosamente para os outros e para si mesmo.

Semana 8: Esta é a última semana formal do programa MBSR. Segue-se à oitava aula. Por essa razão, muitas vezes dizemos que a oitava semana é o resto da sua vida. Em outras palavras, não tem fim. Assim como ocorre com a prática e com a vida, ela se estende por sucessivos momentos presentes, até que deixe de existir. Você só tem momentos para viver. É assim com todos nós. Então, por que não viver o tempo que lhe resta com a maior atenção possível? Não é isso que significa viver uma vida plena, potencialmente feliz e sábia?

EXERCÍCIOS ADICIONAIS DE CONSCIÊNCIA QUE PODEM AJUDAR

1. Tente permanecer atento por 1 minuto a cada hora. Esta é uma prática que você pode incluir como prática formal.
2. Entre em contato com a respiração, onde quer que esteja, o maior número de vezes possível ao longo do dia.
3. Dirija sua consciência à relação entre os sintomas físicos de um mal-estar que talvez esteja sentindo (enxaqueca, dor, palpitação, respiração rápida, tensão muscular, etc.) e os estados mentais que os precederam. Anote isso numa folha de registro durante uma semana inteira.
4. Permaneça atento às suas necessidades de meditação formal, relaxamento, exercício, dieta saudável, sono suficiente, intimidade, afiliação e humor e dê-lhes a devida atenção. Essas necessidades são os pilares fundamentais da saúde – aumentam a resiliência ao estresse e proporcionam satisfação e coerência à vida, razão pela qual convém darmos a elas especial atenção.
5. Faça o possível, depois de um dia ou de um acontecimento especialmente estressante, para relaxar e recuperar o equilíbrio. A meditação, o exercício cardiovascular, o fato de passar um tempo com os amigos, servir e ser prestativo em geral e dormir o suficiente favorecem o processo de recuperação.

※

Em resumo, cada momento em que estamos despertos é um momento ao qual podemos trazer maior quietude, consciência e presença corporificada. Esperamos que as sugestões apresentadas aqui para o cultivo de mindfulness na vida cotidiana sejam complementadas e até superadas pelas suas próprias.

36
O Caminho da Consciência

Em nossa cultura, não estamos tão familiarizados com a noção de caminhos ou trilhas. É um conceito que vem da China antiga; é a noção de uma lei universal de todas as coisas, incluindo o ser, o não ser e a natureza mutável de tudo. Isso é conhecido como Tao ou, apenas, "o Caminho" com "C" maiúsculo. O Tao é o mundo se revelando segundo suas próprias leis. Nada é feito ou forçado, tudo simplesmente acontece. Viver de acordo com o Tao é entender o não fazer e o não reagir. Nossa vida já está se fazendo. O desafio é conseguir ver dessa maneira e viver de acordo com o modo como as coisas são, entrar em harmonia com todas as coisas e todos os momentos. Não tem nada a ver com passividade ou atividade. Transcende os opostos. Este é o caminho do *insight*, da sabedoria e da cura. É o caminho da aceitação e da paz. É o caminho da mente-corpo olhando em profundidade para si mesma e conhecendo a si mesma. É a arte da vida consciente, de conhecer nossos recursos internos e os recursos externos e de saber também que, na essência, não há interior nem exterior. É profundamente ético.

Há ainda muito pouco disso em nossa educação.* Como regra geral, nossas escolas não enfatizam o ser ou o treino da atenção, embora essa situação esteja mudando depressa. Quando a atenção plena não é ensinada na escola, não nos resta senão entender o domínio do ser por conta própria. A

---

* Agora há um movimento forte e crescente para trazer a atenção plena à educação primária e secundária, bem como para o currículo de faculdades e universidades.
Diagramador, excluir este espaço de nota de rodapé.

educação moderna ainda se centra no domínio do **fazer**. Infelizmente, trata-se de um fazer fragmentado e desnaturado, um fazer divorciado de quem faz e do que podemos aprender sobre o domínio do ser. Com frequência, demasiadas vezes, nosso fazer está sob a pressão do tempo, como se estivéssemos sendo empurrados pelo ritmo do mundo, sem podermos nos dar o luxo de parar para encontrar nosso rumo, para saber quem está fazendo todo o fazer e por qual motivo. A consciência em si não é muito valorizada, e não aprendemos acerca de sua riqueza e como nutri-la, usá-la e habitá-la – a consciência pode compensar as limitações e, às vezes, a tirania do pensamento, oferecendo um contrapeso ao pensamento e às emoções, atuando como uma dimensão independente da inteligência, o que de fato ela é.

Teria sido muito útil ter aprendido na escola, talvez por meio de alguns exercícios simples no ensino fundamental, que não somos nossos pensamentos, que podemos vê-los surgir e desaparecer, sem nos apegarmos a eles nem persegui-los. Mesmo se não entendêssemos isso na época, teria sido muito bom escutar essa mensagem. Da mesma forma, teria sido útil saber que a respiração é uma aliada que leva à tranquilidade se simplesmente a observarmos. Ou que, para sentir que temos uma identidade não é preciso correr de lá para cá o tempo todo – fazendo coisas, esforçando-nos ou competindo – e que, quando nos permitimos ser apenas, já somos fundamentalmente inteiros.

Talvez não tenhamos recebido essas mensagens na infância – exceto talvez aquelas gerações que assistiram ao *Mister Rogers' Neighborhood* ou à *Vila Sésamo*. Mas não é tarde demais. O momento certo para começar é quando decidimos que é hora de reconectar com o domínio da nossa própria inteireza. Nas tradições do yoga, nossa idade é medida a partir de quando começamos a praticar. A partir dessa perspectiva, talvez tenhamos apenas alguns dias, semanas ou meses de idade! Nada mal.

Por estranho que pareça, este é o verdadeiro trabalho que desenvolvemos com as pessoas encaminhadas por seus médicos à Clínica de Redução de Estresse. Consiste em explorar a noção de que existe uma maneira de ser, uma maneira de viver, uma maneira de prestar atenção que é semelhante a começar de novo, que é libertadora em si mesma, neste exato momento, em meio a todo o nosso sofrimento e à agitação da vida. Entretanto, explorá-la apenas como uma ideia ou uma filosofia seria um exercício estéril do pensamento, uma forma de preencher com mais ideias nossa mente já abarrotada.

Você está sendo convidado – no mesmo espírito que convidamos nossos pacientes, e no espírito permanente de mindfulness e do MBSR – a trabalhar para tornar o domínio do ser um aliado em sua vida, para percorrer o caminho de mindfulness e ver por si próprio como as coisas se transformam quando mudamos a maneira de ser em relação ao corpo, à mente, ao coração e ao mundo. Como vimos no início, é um convite para embarcar numa jornada da vida inteira, um convite para ver a vida como uma aventura na consciência.

Esta aventura tem todos os elementos de uma busca heroica, uma busca de nós mesmos ao longo do caminho da vida. Pode parecer extravagante, mas vemos nossos pacientes como heróis e heroínas no sentido grego, vivendo suas próprias odisseias pessoais, lutando contra os elementos e o destino, e agora embarcando nessa jornada de cura e de percepção da inteireza, finalmente a caminho de casa.

No fim das contas, não é preciso procurar muito longe para se reconectar com o eu mais profundo. A qualquer momento você está muito perto de casa, muito mais perto do que pensa. Se puder simplesmente perceber a riqueza **deste** momento, **desta** respiração, encontrará aí quietude e paz. Pode-se estar em casa agora, no seu corpo assim como ele é, neste momento assim como ele é.

Ao trilhar o caminho da consciência, trazemo-la sistematicamente para a experiência de viver, o que só torna a vida mais vibrante, mais real. Não importa se ninguém nunca lhe ensinou a fazer isso, ou se isso vale a pena fazer. Quando você estiver pronto para esta missão, ela o encontrará. É parte do Caminho que as coisas se revelem assim. Cada momento é na verdade o primeiro momento do resto de nossas vidas. Agora é de fato o único momento que temos para viver.

A prática de mindfulness proporciona uma oportunidade de caminhar pela estrada da vida com os olhos abertos, despertos em vez de semi-conscientes, respondendo com consciência ao mundo em vez de reagir de modo automático, sem pensar. O resultado final é sutilmente diferente do outro modo de viver, no sentido de que sabemos que estamos trilhando um caminho, que estamos seguindo uma vereda, que estamos despertos e conscientes. Ninguém nos dita esse caminho. Ninguém nos diz para seguir "o meu caminho". A questão é que há somente um caminho, que se manifesta de tantas maneiras diferentes quantos povos, costumes e crenças existem.

Nosso verdadeiro trabalho, com "T" maiúsculo, é encontrar **nosso próprio caminho**, navegando com os ventos da mudança, os ventos do estresse, da dor e do sofrimento, os ventos da alegria e do amor, até percebermos que, em certo sentido, também nunca deixamos o porto, nunca estivemos separados do nosso verdadeiro eu – estamos sempre em casa em nossa própria pele, ou podemos estar, se nos lembrarmos.

Não há como falhar nesse trabalho se o abordarmos com sinceridade e constância. A meditação não é outra forma de dizer relaxamento. Se realizarmos um exercício de relaxamento e, ao término, não estivermos relaxados, é sinal de que fracassamos em certo sentido. No entanto, quando praticamos mindfulness, a única coisa importante é a disposição para olhar e estar com as coisas do modo como elas são neste exato momento, inclusive o desconforto, a tensão e nossas ideias sobre o sucesso e o fracasso. Se houver essa disposição, não haverá como fracassar.

Da mesma forma, não haverá fracasso se enfrentarmos o estresse em nossa vida com atenção plena. A mera consciência do estresse é uma resposta poderosa que muda tudo e abre novas opções para o crescimento e para a ação.

Contudo, às vezes essas opções não se manifestam imediatamente. Podemos ter clareza do que não queremos fazer, mas carecer de clareza quanto ao que queremos fazer. Esses também não são exemplos de fracasso. São momentos criativos, momentos de não saber, momentos de ter paciência centrados no não saber. Mesmo a confusão, o desespero e a agitação podem ser criativos. Podemos trabalhar com isso se estivermos dispostos a estar no presente de momento a momento com consciência. Esta é a dança de Zorba perante a catástrofe total. É um movimento que nos leva para além do sucesso e do fracasso, a um modo de ser que permite que todo o espectro de nossas experiências de vida – de nossas esperanças e de nossos medos – se manifeste dentro do campo da vida em si, florescendo a cada momento em que estamos totalmente presentes com ela, para ela e nela.

O Caminho da Consciência tem uma estrutura própria. Neste livro exploramos essa estrutura em detalhes. Mencionamos sua ligação com a saúde e a cura, o estresse, a dor e a doença e todos os altos e baixos do corpo, da mente, do coração e da própria vida. É um caminho a percorrer, a ser cultivado pela prática diária. Em vez de uma filosofia, é uma maneira de ser, uma maneira de viver nossos momentos e vivê-los plenamente. Esse caminho só se torna seu se for percorrido por você.

Mindfulness é a viagem de uma vida inteira ao longo de um caminho que, em última instância, não leva a lugar nenhum, apenas a quem somos. O Caminho da Consciência está sempre aqui, sempre acessível para nós, a cada momento. No fim das contas, talvez sua essência só possa ser capturada pela poesia e pelo silêncio da paz que há em nosso corpo e mente.

Assim, chegando a este ponto em nossa jornada, deixaremos o momento ser acalentado na visão do grande poeta chileno Pablo Neruda, no poema "A callarse" ("A se calar"):

Agora contaremos até doze
e ficaremos todos quietos.

Por uma vez sobre a terra
não falaremos em nenhum idioma,
por um segundo estaremos parados,
sem mover tanto os braços.

Seria um minuto flagrante,
sem pressa, sem automóveis,
todos estaríamos juntos
em uma quietude instantânea.

Os pescadores do mar frio
não fariam mal às baleias
e o trabalhador do sal
olharia suas mãos rotas.

Viver a Catástrofe Total

Os que preparam guerras verdes,
guerras de gás, guerras de fogo,
vitórias sem sobreviventes,
vestiriam um traje puro
e andariam com seus irmãos
pela sombra, sem nada fazer.

Não confundam o que quero
com a inação definitiva:
a vida é só o que se faz,
não quero nada com a morte.

Se não podemos ser unânimes
movendo tanto nossas vidas,
talvez não fazer nada uma vez,
talvez um grande silêncio possa
interromper esta tristeza,
este não entender jamais
este ameaçar-nos com a morte,
talvez a terra nos ensine que
quando tudo parece morto
então tudo está vivo.

Agora contarei até doze
E tu te calas e eu me vou.

Posfácio

Houve muito progresso em várias frentes desde que este livro apareceu pela primeira vez em 1990. Por um lado, a Clínica de Redução de Estresse aqui descrita, desde o ano 2000 sob a direção do meu colega e amigo de longa data Dr. Saki Santorelli, continuou a prosperar na University of Massachusetts por mais treze anos, em grande parte graças à sua notável liderança, visão e habilidade em navegar as águas turbulentas de um tempo muito difícil na medicina. Em setembro de 2013, a clínica celebrou seu 34º ano de funcionamento ininterrupto. Mais de 20 mil pacientes completaram o programa MBSR de oito semanas. Os atuais professores e funcionários da clínica são insuperáveis em sua devoção a transmitir com eficácia a prática da atenção plena, na qualidade do trabalho que fazem e nos efeitos profundos que têm sobre as pessoas que participam do programa ao ajudá-las a se conhecerem melhor e a se tornarem mais plenamente o que são, na medida do possível. Tenho profunda gratidão por todos os instrutores e funcionários do MBSR, enquanto comunidade, que contribuíram para o sucesso do programa ao longo dos anos – eles estão listados na seção "Agradecimentos".

Nos últimos vinte anos, o trabalho descrito neste livro espalhou-se pelo mundo, na forma do programa MBSR e outros programas baseados em mindfulness. Se por um lado isso nos parecesse improvável, por outro fez muito sentido e pode ser visto como um avanço muito positivo. Talvez tenha acontecido no momento perfeito para que o mundo tome conhecimento do poder de mindfulness e possa utilizar seu potencial transformador e curativo. No começo foi com relativa lentidão, e depois disseminou-se cada vez mais rápido em hospitais, centros médicos, clínicas e uma série de outras instituições, como escolas, empresas, prisões, quartéis militares e alhures. Em parte, o impulso foi dado pelo trabalho da Clínica de Redução de Estresse, apresentado num programa especial da televisão educativa, em 1993: *Healing and the Mind,* com Bill Moyers, visto por mais de 40 milhões de telespectadores ao longo dos anos. Como esse programa de 45 minutos foi muito bem trabalhado pelo talentoso produtor David Grubin e pelos editores, e apresentado em forma de meditação guiada – num uso bastante incomum da televisão, envolvendo os espectadores diretamente no processo e na prática de mindfulness junto com os pacientes que participavam do grupo – exerceu um impacto muito profundo na audiência.

Nosso trabalho na clínica também tem sido apresentado em muitos outros programas, noticiários de televisão e artigos na mídia ao longo dos anos e, agora, cada vez mais, na mídia estrangeira também.

O desenvolvimento da terapia cognitiva baseada em mindfulness – com sua poderosa lógica teórica e ensaios clínicos bem desenhados e executados – que demonstram e confirmam sua eficácia – também desempenhou papel importante na disseminação do interesse por mindfulness nos círculos de psicologia e psicoterapia. O mesmo vale para o desenvolvimento de instrumentos de autorrelato, que se propõem a "medir mindfulness" e deram origem a um rico e crescente corpo de pesquisa. Estudos sobre os efeitos do MBSR e outras formas de prática de meditação sobre a atividade cerebral, a estrutura e a conectividade do cérebro também aceleraram o trabalho na área crescente da neurociência, agora conhecida como neurociência contemplativa. Muitos desses estudos foram realizados em monges e em outros praticantes com dezenas de milhares de horas de prática e treinamento em meditação. Richard Davidson e seus colaboradores no Laboratory of Affective Neuroscience e no Center for Investigating Healthy Minds foram pioneiros nessa área. A University of Wisconsin tem seu próprio Centro de Mindfulness e uma excelente equipe de instrutores de MBSR, liderada por sua fundadora, Katherine Bonus.

O Mind and Life Institute e seu fórum de pesquisa anual catalisaram uma comunidade crescente de jovens cientistas e médicos do mais alto nível. Essa instituição também tornou muito mais aceitável a carreira de pesquisador nessa área graças ao financiamento estratégico para jovens pesquisadores, viabilizado pelas Bolsas de Pesquisa Varela (homenagem ao falecido Francisco Varela, cofundador do Mind and Life Institute, neurocientista, filósofo e erudito muito comprometido com a meditação), bem como bolsas para pesquisadores seniores.

Em 1995, criamos um instituto abrangente, conhecido como Center for Mindfulness in Medicine, Health Care, and Society (CFM), que abarca não apenas a Clínica de Redução de Estresse, mas também todas as iniciativas e projetos que foram surgindo de nosso trabalho até então, muito além da própria clínica. O CFM agora oferece programas de todos os tipos, baseados em mindfulness, em escolas e empresas, além do trabalho com pacientes clínicos. Abriga ainda um instituto, chamado Oasis, para educar e formar profissionais de saúde e outros interessados na complexidade da prática de mindfulness e seu ensino em diferentes configurações institucionais. O instituto Oasis oferece um programa de certificação de instrutor do programa MBSR, e é frequentado por profissionais do mundo todo.

O CFM também colabora com outras instituições em uma série de projetos de pesquisa em andamento e organiza uma conferência internacional anual de mindfulness que em 2013 estava em sua 11ª edição. Centenas de cientistas, médicos e educadores de todo o mundo participam dessas reuniões e compartilham suas iniciativas e estudos uns com os outros – uma bela e crescente comunidade global. Muitos desses professores de mindfulness agora estão escrevendo livros especializados e obras voltadas para o público em geral a fim de expressar suas perspectivas sobre mindfulness, MBSR, MBCT e outras intervenções baseadas em mindfulness. Estão também estudando e escrevendo sobre práticas de meditação para o cultivo de amor e compaixão, bem como o cultivo do que alguns psicólogos estão chamando **qualidades humanas virtuosas**, tal como generosidade, perdão, gratidão e bondade.

Todas essas iniciativas, de diferentes grupos no mundo inteiro, estão impulsionando e aprofundando o crescente interesse e a compreensão de mindfulness como uma prática real, e não meramente uma filosofia ou uma boa ideia. O campo das intervenções baseadas em mindfulness vai se tornando cada vez mais multifacetado. Os programas de MBSR e outros programas modelados a partir dele são oferecidos atualmente até mesmo por centros budistas de meditação, como o Insight LA.

De 1992 a 1999 dirigimos uma clínica gratuita de MBSR no centro velho e decadente de Worcester (com creche gratuita no local e transporte gratuito), onde as aulas eram dadas em espanhol e inglês. Essa clínica e as centenas de pessoas a quem ela serviu demonstraram a universalidade de MBSR e sua adaptabilidade a contextos multiculturais. Também realizamos um programa de quatro anos para internos e funcionários do Instituto Correcional de Massachusetts, e demonstramos sua eficácia para atingir grande número de internos e reduzir os índices de hostilidade e estresse. Um dos nossos colegas, George Mumford, que coliderou a clínica do centro velho de Worcester, também ministrou o programa aos Chicago Bulls e depois aos Los Angeles Lakers durante suas temporadas de campeonato.

Quem quiser maiores informações sobre o CFM e a Clínica de Redução de Estresse, suas oportunidades de formação profissional e a localização dos programas MBSR (que conhecemos) em todo o mundo, visite o *site* do CFM em www.umassmed.edu/cfm.

Em seu Prefácio, Thich Nhat Hanh descreve este livro como "uma porta que se abre tanto para o *dharma* (da perspectiva do mundo) como para o mundo (da perspectiva do *dharma*)". Embora a palavra *dharma* não seja mencionada na presente obra, a não ser neste parágrafo do Prefácio, e em outros dois lugares, eu diria que precisamos dela no nosso vocabulário, pois não há maneira de traduzi-la. Durante muitos anos, hesitei usá-la porque não me parece necessário ao ensino de MBSR, e nunca a utilizamos nesse contexto. Ainda assim, isso se faz necessário durante o treinamento de professores do programa MBSR, que, como Thich Nhat Hanh viu, está profundamente enraizado no *dharma*. É muito equivocada a suposição, por parte dos futuros professores do programa MBSR, de que mindfulness é apenas mais uma "técnica" cognitivo-comportamental desenvolvida dentro da estrutura conceitual da psicologia clínica do Ocidente. Este seria um profundo mal-entendido acerca das origens de mindfulness e do programa MBSR e da profundidade de seu potencial de cura e transformação. Por razões óbvias, não podemos ensinar aquilo que não entendemos, e mindfulness não pode ser compreendido sem o cultivo corporificado por meio da prática, desapegado dos resultados, por mais desejáveis que sejam. Para quem estiver interessado em mais detalhes sobre esse tema, escrevi um artigo extenso intitulado "Some Reflections on the Origins of MBSR, Skillful Means, and the Trouble with Maps". Pode ser encontrado no livro *Mindfulness: Diverse Perspectives on Its Meaning, Origins, and Applications*, que coeditei com Mark Williams (Oxford University Mindfulness Center). Podemos também consultar um capítulo chamado "Dharma", que se encontra no meu livro *Coming to Our Senses*. Essas tentativas de utilizar o termo e empregá-lo dentro do campo das intervenções baseadas em mindfulness pretendem oferecer um contexto mais explícito a quem quiser entender as tradições que deram origem ao programa MBSR e nas quais suas práticas se baseiam. MBSR foi concebido desde o início como um experimento para testar se a visão de mundo norte-americana, a medicina norte-americana e a atenção à saúde seriam receptivas a essa perspectiva transformadora e liberadora do *dharma* – caso fosse contextualizada num vocabulário universal e apresentada em um formato e idioma facilmente acessíveis e de senso comum. MBSR e seus "primos" são expressões – por mais limitados que possam ser em alguns aspectos – da profunda sabedoria decorrente de práticas descobertas e refinadas há milênios na Índia e mantidas vivas e refinadas por séculos em múltiplas tradições (em sua maioria, mas não exclusivamente, budistas) em todas as civilizações da Ásia.

Possa mindfulness, em sua expressão mais universal, ser valioso em nossa vida e em todos os seus relacionamentos, tanto internos quanto externos. Que sua prática de mindfulness continue a crescer, florescer e nutrir sua vida e seu trabalho de momento em momento, dia a dia. E que o mundo se beneficie desse florescimento potencialmente ilimitado dentro do seu coração.

Agradecimentos

Em se tratando de uma iniciativa como esta, há um grande número de pessoas a agradecer, porque o programa MBSR é muito cooperativo e disseminado e se baseia não apenas no colaguismo, mas na amizade profundamente significativa baseada no *dharma*. A limitação de espaço não me permite agradecer individual e nominalmente a todos os colegas e amigos que contribuíram para o aprofundamento das intervenções baseadas em mindfulness, e das práticas contemplativas de modo geral, ao longo de 25 anos, desde que este livro apareceu pela primeira vez, bem como àqueles que contribuíram para o trabalho do MBSR nos anos anteriores. Você sabe que ajudou. Por favor, saiba o quanto respeito o que você fez, está fazendo e, mais ainda, quem você é. Seu trabalho e a nossa conexão passada ou atual dentro da crescente comunidade de propósitos e práticas tem sido minha inspiração para revisar e atualizar este livro. Espero que contribua um pouco para promover seu trabalho e para o florescimento de cursos de mindfulness no mundo.

Muitas pessoas contribuíram direta e indiretamente para este livro em diferentes estágios. Começando do início: sem a fé e o apoio de Tom Winters, Hugh Fulmer e John Monahan, a Clínica de Redução de Estresse nunca teria sido criada. Foram eles os primeiros médicos a enviar seus pacientes. James E. Dalen, diretor clínico da UMMC até 1988, e a seguir reitor da Faculdade de Medicina da University of Arizona, foi seu defensor fervoroso desde o início e é meu amigo desde então.* Judith K.

---

* Jim entrevistou a mim e a vários colegas médicos que se dedicam ao ensino de mindfulness na edição inaugural de uma nova revista, *The Medical Round Table*. Dalen, J.; Kabat-Zinn, J.; Krasner, M.; Sibinga, E. Guidance clinicians can give their patients for identifying and reducing stress. *The Medical Round Table* 2012, 1: 7-16.

Agradecimentos |

Ockene, diretora da Divisão de Medicina Preventiva e Comportamental da Faculdade de Medicina da University of Massachusetts, tem dado apoio e incentivo contínuo há mais de trinta anos, em primeiro lugar durante meu mandato como diretor da Clínica de Redução de Estresse e, a partir de 1995, também como diretor executivo do Center for Mindfulness in Medicine, Health Care and Society (CFM); e, desde 2000, a Saki Santorelli, em seu papel de diretor executivo do CFM. Agradeço o empenho e o trabalho árduo de Judith para transformar a medicina e a atenção à saúde por meio das mudanças na maneira como nós, enquanto indivíduos, escolhemos viver nossa vida (nossas escolhas de estilo de vida) – e para desenvolver uma política esclarecida que promova a melhoria da saúde da sociedade como um todo.

Palavras não podem expressar a gratidão e apreço que nutro pelo meu amigo e colega de longa data, Saki Santorelli, que conheço desde 1981, quando ele frequentou minhas aulas como primeiro estagiário naquele que se tornou, ao longo do tempo, o programa de treinamento do centro para profissionais de saúde. Saki vinculou-se à clínica em 1983, como instrutor, e trabalha lá ininterruptamente desde então. Faço reverência a ele por seu grande coração, sua visão, sua criatividade e sua liderança excepcional do Centro de Mindfulness – numa época repleta de desafios para o Centro que ele superou com grande perspicácia, fortaleza e sabedoria. Nessa mesma época, também presidiu e orientou um período de notável aprofundamento e expansão das atividades e do impacto do CFM, através de pesquisas colaborativas e programas ampliados de formação profissional oferecidos pelo Instituto Oasis, que ele fundou e desenvolveu, tendo também implementado a Conferência Científica Internacional Anual: Investigating and Integrating Mindfulness in Medicine, Health Care, and Society, realizada todos os anos desde 2003. Estas iniciativas visionárias têm contribuído para um profundo avanço do MBSR e da pesquisa sobre mindfulness e educação em muitos campos diferentes no mundo inteiro.

Gostaria de agradecer também aos milhares de médicos e outros profissionais de saúde do Centro Médico da University of Massachusetts, atualmente conhecido como UMASS Memorial Medical Center, e da comunidade da Nova Inglaterra, que encaminharam seus pacientes à Clínica de Redução de Estresse ao longo dos anos. Sua fé na clínica e, sobretudo, na capacidade de seus pacientes de crescer, mudar e, em última análise, influenciar o curso da sua própria saúde como complemento aos seus tratamentos médicos – tudo isso deu o tom aos nossos esforços para ajudar seus pacientes a mobilizar os próprios recursos internos para a cura por meio do programa MBSR e de uma medicina mais participativa.

Minha esposa, Myla Kabat-Zinn, contribuiu muitíssimo para a primeira edição, que leu em sua totalidade, trazendo a cada página sua sensibilidade à linguagem, ao excesso e aos lapsos de clareza. Sou imensamente grato por sua paciência inabalável, firme apoio e tolerância durante os longos períodos em que fiquei absorto na revisão e por sua orientação editorial acerca no Prefácio a esta edição.

Quero expressar também um profundo e cordial agradecimento a Elissa Epel e Cliff Saron pela paciência em me instruírem sobre os resultados dos conceitos mais recentes acerca da reatividade ao estresse. Quaisquer incorreções, simplificações ou imprecisões na seção de estresse certamente não se devem à sua vigilância e recomendações, mas às minhas tentativas de manter as coisas relativamente simples. Quero agradecer também a Paul Grossman por seus aportes muito úteis à seção dedicada ao estresse. Também sou grato a Dean Ornish pela ajuda na descrição de seu trabalho pioneiro. Agradeço a Zindel Segal, Mark Williams e John Teasdale pelo privilégio de trabalhar com seres tão notáveis e modestos, cujo impacto no mundo tem sido tão grande devido ao desenvolvimento do MBCT e de uma base de pesquisas originais. Sou grato pelos muitos e maravilhosos anos de conversas, colaborações e aventuras pessoais e profissionais, com as quais aprendi e continuo aprendendo tanto.

Quero agradecer a Priyanka Krishnan, minha editora na Random House, pelo prazer de trabalhar com ela e sua equipe, incluindo Shona McCarthy. Priyanka ponderou com cuidado e sabedoria cada elemento deste livro e mostrou grande eficiência nesse processo, ao mesmo tempo em que deixava um generoso espaço para as iniciativas do autor. Também quero agradecer ao editor da primeira edição – Bob Miller –, que adquiriu este livro numa época em que a publicação de um livro sobre meditação era um ato radical e corajoso – por sua amizade e apoio nos últimos 25 anos.

Quero expressar meu profundo apreço e gratidão aos colegas professores, passados e presentes, que se dedicaram ao programa MBSR na

Agradecimentos

clínica, por sua corporificação de atenção plena e coração pleno [*mindfulness* e *heartfulness*] e pelo exemplo que representam para os profissionais que formam no mundo todo, pelo simples fato de serem como são: Melissa Blacker, Adi Bemak, Katherine Bonus, Kasey Carmichael, Jim Carmody, Meg Chang, Jim Colosi, Fernando de Torrijos, Pam Erdmann, Paul Galvin, Cindy Gittleman, Trudy Goodman, Britta Hölzel, Jacob Piet Jacobsen, Diana Kamila Lynn Koerbel, Florence Meleo-Meyer, Kate Mitcheom, David Monsour, George Mumford, Peggy Rogenbuck-Gillespie, Elana Rosenbaum, Larry Rosenberg, Camila Skold, Rob Smith, David Spound, Bob Stahl, Barbara Stone, Carolyn West, Ferris Urbanowski, Zayda Vallejo, Susan Young, e Saki F. Santorelli. Peggy Rogenbuck-Gillespie foi a primeira professora que contratei na clínica e foi sugestão dela incluir o registro dos acontecimentos agradáveis e desagradáveis nas tarefas para casa das Semanas 2 e 3.

Minha reverência especial a Bob Stahl pelo papel desempenhado por ele de modo amoroso e constante na organização e promoção do desenvolvimento da comunidade de professores de MBSR da Baía de San Francisco, há mais de 25 anos, e em especial por seu trabalho no CFM, com Florence Meleo-Meyer, na formação de instrutores MBSR em todo o mundo.

Fico profundamente grato e, muitas vezes, impressionado com o intenso envolvimento de toda a equipe administrativa, do passado e do presente, que tem atuado de modo consistente e criativo no trabalho da clínica e do CFM: Jean Baril, Kathy Brady, Leigh Emery, Monique Frigon, Dianne Horgan, Brian Tucker, Carol Lewis, Leslie Lynch, Roberta Lewis, Merin MacDonald, Tony Maciag, Kristi Nelson, Jessica Novia, Norma Rosiello, Amy Parslow, Anne Skillings e René Theberge.

Também quero agradecer aos membros do Conselho Consultivo do CFM sob o mandato de Saki: Lyn Getz, Cory Greenberg, Amy Gross, Larry Horwitz, Maria Kluge, Janice Maturano, Dennis McGillicuddy e Tim Ryan. Larry é amigo e consultor entusiasmado do CFM desde 1995, quando veio nos ajudar com o nosso primeiro processo de planejamento estratégico. Maria Kluge tem sido um grande apoio para o Centro, além de ser professora do programa MBSR nos Estados Unidos e na Alemanha.

| *Agradecimentos*

Gostaria de agradecer a todos os meus mestres pelas inúmeras dádivas recebidas.

Finalmente, agradeço a todas as pessoas que vieram à Clínica de Redução de Estresse como pacientes, compartilharam suas histórias durante as sessões e permitiram que as incluíssemos neste livro. Eles expressaram uma esperança quase unânime de que suas experiências pessoais com a prática de meditação e o programa MBSR pudessem ajudar a inspirar outras pessoas que sofrem com desafios de vida semelhantes a encontrar bem-estar, paz e alívio.

Apêndice

Folhas de registro

Leituras recomendadas

Recursos

CDs de prática guiada de meditação mindfulness com Jon Kabat-Zinn:

Informação sobre encomendas

Diário de tomada de consciência de situações agradáveis ou desagradáveis

Instruções: Durante uma semana, fique atento a uma situação agradável por dia **enquanto ela estiver acontecendo**. Mais tarde, utilizando um diário como sugerido abaixo, registre em detalhes o episódio e como se sentiu em relação a ele. Na próxima semana, esteja atento a uma experiência estressante ou desagradável por dia, e registre-a de maneira semelhante.

	Qual foi a situação?	Você estava ciente das sensações agradáveis (ou desagradáveis) na mesma hora em que a situação acontecia?	Como seu corpo se sentia durante essa experiência? Descreva detalhadamente as sensações.	Que sensações, pensamentos e estado de espírito estavam associados ao evento?	Que pensamentos passam pela sua mente agora, enquanto realiza estes registros?
Segunda-feira					
Terça-feira					

Quarta-feira	Quinta-feira	Sexta-feira	Sábado	Domingo

Diário de tomada de consciência de comunicações difíceis ou estressantes

Instruções: durante uma semana, todo dia, fique atento a uma situação de comunicação difícil ou estressante **enquanto ela estiver acontecendo**. Mais tarde, utilizando um diário como o sugerido abaixo, registre os detalhes de sua experiência.

	Descreva essa conversa. Com quem foi? Qual foi o assunto?	Como surgiu a dificuldade?	O que você realmente desejava da pessoa ou da situação? O que de fato obteve?	O que a outra pessoa desejava? O que de fato obteve?	Como se sentiu durante e após o ocorrido?	A questão já foi resolvida? Se não, como poderia ser resolvida?
Segunda-feira						
Terça-feira						

Quarta-feira	Quinta-feira	Sexta-feira	Sábado	Domingo

Leituras recomendadas

MEDITAÇÃO MINDFULNESS: ESSÊNCIA E APLICAÇÕES

Albers, Susan. *Eat, Drink, and Be Mindful*. Oakland, CA: New Harbinger, 2008.

Analayo, Satipatthana. *The Direct Path to Realization*. Cambridge: Windhorse Publications, 2008.

Amaro Bhikkhu. *Small Boat, Great Mountain*. Redwood Valley, CA: Abhayagiri Monastic Foundation, 2003.

Bardacke, Nancy. *Mindful Birthing*. San Francisco: HarperCollins, 2012.

Bartley, Trish. *Mindfulness-Based Cognitive Therapy for Cancer*. Oxford: Wiley Blackwell, 2012.

Bauer-Wu, Susan. *As folhas caem suavemente*. São Paulo: Palas Athena, 2014.

Bays, Jan Chozen. *Como domar um elefante: 53 maneiras de acalmar a mente e aproveitar a vida*. São Paulo: Alaúde, 2013.

Bays, Jan Chozen. *Mindful Eating*. Boston: Shambhala, 2009.

Beck, Joko. *Nada de especial: Vivendo zen*. São Paulo, Saraiva, 1994.

Bennett-Goleman, *Tara: Alquimia emocional*. Rio de Janeiro: Objetiva, 2001.

Biegel, Gina. *The Stress Reduction Workbook for Teens*. Oakland, CA: New Harbinger, 2009.

Bodhi, Bhikkhu. *O nobre caminho óctuplo: O caminho para o fim do sofrimento*. Edições Nalanda, 2015.

Boyce, Barry, ed. *The Mindfulness Revolution: Leading Psychologists, Scientists, Artists, and Meditation Teachers on the Power of Mindfulness in Daily Life*. Boston: Shambhala, 2011.

Brantley, Jeffrey. *Desacelere!* São Paulo: Elsevier, 2008.

Carlson, Linda, e Michael Speca. *Mindfulness-Based Cancer Recovery*. Oakland, CA: New Harbinger, 2011.

Leituras recomendadas

Chokyi Nyima, Rinpoche. *Present Fresh Wakefulness*. Boudhanath, Nepal: Rangjung Yeshe Books, 2004.

Davidson, Richard J., e Sharon Begley. *O estilo emocional do cérebro: Como o funcionamento cerebral afeta sua maneira de pensar, sentir e viver*. Rio de Janeiro: Sextante, 2013.

Davidson, Richard J., e Anne Harrington. *Visions of Compassion*. New York: Oxford University Press, 2002.

Didonna, Fabrizio. *Clinical Handbook of Mindfulness*. New York: Springer, 2008.

Epstein, Mark. *Pensamentos sem pensador. Psicoterapia pela perspectiva budista*. Rio de Janeiro: Gryfus, 2001.

Feldman, Christina. *Compassion: Listening to the Cries of the World*. Berkeley, CA: Rodmell Press, 2005.

Feldman, Christina. *Silence: How to Find Inner Peace in a Busy World*. Berkeley, CA: Rodmell Press, 2003.

Germer, Christopher. *The Mindful Path to Self-Compassion*. New York: Guilford, 2009.

Germer, Christopher, Ronald D. Siegel, e Paul R. Fulton, eds. *Mindfulness e psicoterapia*. Porto Alegre: Artmed, 2015.

Gilbert, Paul. *The Compassionate Mind*. Oakland, CA: New Harbinger, 2009.

Goldstein, Joseph. *Mindfulness: A Practical Guide to Awakening*. Boulder, CO: Sounds True, 2013.

Goldstein, Joseph. *Dharma. O caminho da libertação*. Bertrand Brasil, 2004.

Goldstein, Joseph, and Jack Kornfield. *Seeking the Heart of Wisdom*. Boston: Shambhala, 1987.

Goleman, Daniel. *Foco*. Rio de Janeiro: Objetiva 2014

Goleman, Daniel. *Como lidar com emoções destrutivas: Para viver em paz com você e os outros*. São Paulo: Campus, 2016.

Goleman, Daniel. *Emoções que curam. Conversas com Dalai Lama*. Rio de Janeiro: Rocco, 1999.

Gunaratana, Bante Henepola. *The Four Foundations of Mindfulness in Plain English*. Boston: Wisdom, 2012.

Gunaratana, Bante Henepola. *Atenção plena em linguagem simples*. São Paulo: Gaia, 2017.

Hamilton, Elizabeth. *Untrain Your Parrot and Other No-Nonsense Instructions on the Path of Zen*. Boston: Shambhala, 2007.

Hanh, Thich Nhat. *A essência dos ensinamentos do Buda*. Rio de Janeiro: Rocco, 2001.

Hanh, Thich Nhat *The Miracle of Mindfulness*. Boston: Beacon Press, 1976.

Kabat-Zinn, Jon. *Atenção plena para iniciantes*. Rio de Janeiro: Sextante, 2017.

Kabat-Zinn, Jon. *Letting Everything Become Your Teacher: 100 Lessons in Mindfulness*. New York: Random House, 2009.

Kabat-Zinn, Jon. *Arriving at Your Own Door: 108 Lessons in Mindfulness*. New York: Hyperion, 2007.

Kabat-Zinn, Jon. *Coming to Our Senses: Healing Ourselves and the World Through Mindfulness*. New York: Hyperion, 2005.

Kabat-Zinn, Jon. *Wherever You Go, There You Are*. New York: Hyperion, 1994, 2005.

Kabat-Zinn, Jon, e Richard J. Davidson, eds. *The Mind's Own Physician: A Scientific Dialogue with the Dalai Lama on the Healing Power of Meditation*. Oakland, CA: New Harbinger, 2011.

Kabat-Zinn, Myla, e Jon Kabat-Zinn. *Everyday Blessings: The Inner Work of Mindful Parenting*. New York: Hyperion, 1997.

Kaiser-Greenland, Susan. *Meditação em ação para crianças: Como ajudar seu filho a lidar com o estresse e a ser mais feliz, gentil e compassivo*. Teresópolis: Lúcida Letra, 2016.

Krishnamurti, J. *Nossa luz interior*. São Paulo: Ágora, 2000

Levine, Stephen. *Um despertar gradual*. São Paulo: Pensamento, 1987.

McCowan, Donald, Diane Reibel, e Marc S. Micozzi. *Teaching Mindfulness*. New York: Springer, 2010.

McQuaid, John R., e Paula E. Carmona. *Peaceful Mind: Using Mindfulness and Cognitive Behavioral Psychology to Overcome Depression*. Oakland, CA: New Harbinger, 2004.

Mingyur, Rinpoche. *Alegre sabedoria: Abraçando mudanças e encontrando liberdade*. Teresópolis: Lúcida Letra, 2016.

Mingyur, Rinpoche. *A alegria de viver: Descobrindo o segredo da felicidade*. São Paulo: São Paulo: Elsevier, 2007.

Olendzki, Andrew. *Unlimiting Mind: The Radically Experiential Psychology of Buddhism*. Boston: Wisdom, 2010.

Orsillo, Susan, e Lizbeth Roemer. *The Mindful Way Through Anxiety*. New York: Guilford, 2011.

Packer, Toni. *The Silent Question: Meditating in the Stillness of Not-Knowing*. Boston: Shambhala, 2007.

Penman, Danny, e Vidyamala Burch. *Mindfulness for Health: A Practical Guide to Relieving Pain, Reducing Stress and Restoring Wellbeing*. London: Piatkus, 2013.

Ricard, Matthieu. *Why Meditate? Working with Thoughts and Emotions*. New York: Hay House, 2010.

Ricard, Matthieu. *Felicidade: A prática do bem-estar*. São Paulo: Palas Athena, 2007.

| *Leituras recomendadas*

Ricard, Matthieu. *O monge e o filósofo: O budismo hoje*. São Paulo: Mandarim, 1998.

Rosenberg, Larry. *Living in the Light of Dying*. Boston: Shambhala, 2000.

Rosenberg, Larry. *Breath by Breath*. Boston: Shambhala, 1998.

Ryan, Tim. *A Mindful Nation*. New York: Hay House, 2012.

Ryan, Tim. *A Heart as Wide as the World*. Boston: Shambhala, 1997.

Ryan, Tim. *Lovingkindness*. Boston: Shambhala, 1995.

Salzberg, Sharon. *Real Happiness*. New York: Workman, 2011.

Santorelli, Saki. *Heal Thy Self: Lessons on Mindfulness in Medicine*. New York: Bell Tower, 1998.

Segal, Zindel V., Mark Williams, e John D. Teasdale. *Mindfulness-Based Cognitive Therapy for Depression: A New Approach to Preventing Relapse*. 2nd ed. New York: Guilford, 2012.

Semple, Randye J., e Jennifer Lee. *Mindfulness-Based Cognitive Therapy for Anxious Children*. Oakland, CA: New Harbinger, 2011.

Shapiro, Shauna, e Linda Carlson. *The Art and Science of Mindfulness: Integrating Mindfulness into Psychology and the Helping Professions*. Washington, DC: American Psychological Association, 2009.

Sheng-Yen, com Dan Stevenson. *Hoofprints of the Ox: Principles of the Chan Buddhist Path as Taught by a Modern Chinese Master*. New York: Oxford University Press, 2001.

Siegel, Daniel J. *The Mindful Brain: Reflection and Attunement in the Cultivation of Well-Being*. New York: Norton, 2007.

Silverton, Sarah. *Viver agora: Um programa revolucionário de combate ao estresse, à ansiedade e à depressão*. São Paulo: Alaúde, 2012

Smalley, Susan, e Diana Winston. *Fully Present: The Science, Art, and Practice of Mindfulness*. Philadelphia: Da Capo, 2010.

Snel, Eline. *Quietinho feito um sapo*. Rio de Janeiro: Bicicleta Amarela, 2016.

Spiegel, Jeremy. *The Mindful Medical Student*. Hanover, NH: Dartmouth College Press, 2009.

Stahl, Bob, e Elisha Goldstein. *A Mindfulness-Based Stress Reduction Workbook*. Oakland, CA: New Harbinger, 2010.

Sumedho, Ajahn. *The Mind and the Way*. Boston: Wisdom, 1995.

Suzuki, Shunru. *Mente Zen, Mente de Principiante*. São Paulo: Palas Athena, 2017.

Thera, Nyanaponika. *The Heart of Buddhist Meditation*. New York: Samuel Weiser, 1962.

Tolle, Eckhart. *O Poder do Agora*. Rio de Janeiro: Sextante, 2002.

Trungpa, Chogyam. *Meditação na ação*. São Paulo, Cultrix, 1969

Urgyen, Tulku. *Rainbow Painting*. Boudhanath, Nepal: Rangjung Yeshe, 1995.

Leituras recomendadas |

Varela, Francisco J., Evan Thompson, e Eleanor Rosch. *A Mente Corpórea*. Instituto Piaget, 2001.

Wallace, Alan B. *Minding Closely: The Four Applications of Mindfulness*. Ithaca, NY: Snow Lion, 2011.

Wallace, Alan B. *A Revolução da atenção: Revelando o poder da mente focada*. Petrópolis: Vozes, 2008.

Williams, J. Mark G. e Jon Kabat-Zinn, eds. *Mindfulness: Diverse Perspectives on Its Meaning, Origins, and Applications*. London: Routledge, 2013.

Williams, Mark, e Danny Penman. *Mindfulness: A Practical Guide to Finding Peace in a Frantic World*. London: Little, Brown, 2011.

Williams, Mark, John Teasdale, Zindel Segal, e Jon Kabat-Zinn. *The Mindful Way Through Depression*. New York: Guilford, 2007.

OUTRAS APLICAÇÕES DE MINDFULNESS E MAIS LIVROS SOBRE MEDITAÇÃO

Brown, Daniel P. *Pointing Out the Great Way: The Stages of Meditation in the Mahamudra Tradition*. Boston: Wisdom, 2006.

Loizzo, Joe. *Sustainable Happiness: The Mind Science of Well-Being, Altruism, and Inspiration*. New York: Routledge, 2012.

McLeod, Ken. *Wake Up to Your Life: Discovering the Buddhist Path of Attention*. San Francisco: HarperCollins, 2001.

CURA

Bowen, Sarah, Neha Chawla, e G. Alan Marlatt. *Prevenção de recaída baseada em mindfulness para comportamentos aditivos: Um guia clínico*. Rio de Janeiro: Editora Cognitiva, 2015

Byock, Ira. *The Best Care Possible: A Physician's Quest to Transform Care Through the End of Life*. New York: Penguin, 2012.

Byock, Ira. *Dying Well: Peace and Possibilities at the End of Life*. New York: Riverhead Books, 1997.

Fosha, Diana, Daniel J. Siegel, e Marion F. Solomon, eds. *The Healing Power of Emotion: Affective Neuroscience, Development, and Clinical Practice*. New York: Norton, 2009.

Gyatso, Tenzin. *A Vida de Compaixão*. Bertrand, 2002.

Gyatso, Tenzin. *Ética para o novo milênio*. Rio de Janeiro, Sextante, 2000.

Halpern, Susan. *The Etiquette of Illness: What to Say When You Can't Find the Words*. New York: Bloomsbury, 2004.

Lerner, Michael. *Choices in Healing: Integrating the Best of Conventional and Complementary Approaches to Cancer*. Cambridge, MA: MIT Press, 1994.

McBee, Lucia. *Mindfulness-Based Elder Care: A CAM Model for Frail Elders and Their Caregivers*. New York: Springer, 2008.

Meili, Trisha. *I Am the Central Park Jogger: A Story of Hope and Possibility*. New York: Springer, 2003.

Moyers, Bill. *A cura da mente*. Rio de Janeiro, Rocco, 1995.

Ornish, Dean. *Amor e Sobrevivência: A base científica para o poder curativo da Intimidade*: Rio de Janeiro: Rocco, 1999.

Ornish, Dean. *The Spectrum: A Scientifically Proven Program to Feel Better, Live Longer, Lose Weight, and Gain Health*. New York: Ballantine Books, 2007.

Pelz, Larry. *The Mindful Path to Addiction Recovery: A Practical Guide to Regaining Control over Your Life*. Boston: Shambhala, 2013.

Remen, Rachel. *Histórias que curam: Conversas sábias ao pé do fogão*. São Paulo: Ágora, 1998.

Simmons, Philip. *Learning to Fall: The Blessings of an Imperfect Life*. New York: Bantam, 2002.

Sternberg, Esther M. *Healing Spaces: The Science of Place and Well-Being*. Cambridge, MA: Harvard University Press, 2009.

Sternberg, Esther M. *The Balance Within: The Science Connecting Health and Emotions*. New York: W. H. Freeman, 2001.

Tarrant, John. *The Light Inside the Dark: Zen, Soul, and the Spiritual Life*. New York: HarperCollins, 1998.

Wilson, Kelly G. *Mindfulness for Two: An Acceptance and Commitment Therapy Approach to Mindfulness in Psychotherapy*. Oakland, CA: New Harbinger, 2008.

ESTRESSE

LaRoche, Loretta. *Relax – You May Have Only a Few Minutes Left: Using the Power of Humor to Overcome Stress in Your Life and Work*. New York: Hay House, 2008.

Lazarus, Richard S., e Susan Folkman. *Stress, Appraisal, and Coping*. New York: Springer, 1984.

McEwen, Bruce. *O fim do estresse como nós o conhecemos*. São Paulo: Nova Fronteira, 2003.

Rechtschaffen, Stephen. *Time Shifting: Reorientando o tempo*. Rio de Janeiro: Rocco, 1997.

Sapolsky, Robert M. *Por que as zebras não têm úlceras*. São Paulo: Francis, 2008.

Singer, Thea. *Stress Less: The New Science That Shows Women How to Rejuvenate the Body and the Mind*. New York: Hudson Street Press, 2010.

Leituras recomendadas |

DOR

Burch, Vidyamala. *Viva bem com a dor e a doença: O método da atenção plena:* São Paulo: Summus, 2011.

Cohen, Darlene. *Finding a Joyful Life in the Heart of Pain: A Meditative Approach to Living with Physical, Emotional, or Spiritual Suffering.* Boston: Shambhala, 2000.

Dillard, James M. *The Chronic Pain Solution: Your Personal Path to Pain Relief.* New York: Bantam, 2002.

Gardner-Nix, Jackie. *The Mindfulness Solution to Pain: Step-by-Step Techniques for Chronic Pain Management.* Oakland, CA: New Harbinger, 2009.

Levine, Peter, e Maggie Phillips. *Freedom from Pain: Discover Your Body's Power to Overcome Physical Pain.* Boulder, CO: Sounds True, 2012.

McManus, Carolyn A. *Group Wellness Programs for Chronic Pain and Disease Management.* St. Louis, MO: Butterworth-Heinemann, 2003.

Sarno, John E. *Healing Back Pain: The Mind-Body Connection.* New York: Warner, 2001.

TRAUMA

Emerson, David, e Elizabeth Hopper. *Overcoming Trauma Through Yoga: Reclaiming Your Body.* Berkeley, CA: North Atlantic Books, 2011.

Epstein, Mark. *The Trauma of Everyday Life.* New York: Penguin, 2013.

Karr-Morse, Robin, e Meredith S. Wiley. *Scared Sick: The Role of Childhood Trauma in Adult Disease.* New York: Basic Books, 2012.

Karr-Morse, Robin. *Ghosts from the Nursery: Tracing the Roots of Violence.* New York: Atlantic Monthly Press, 1997.

Levine, Peter. *Uma voz sem palavras: Como o corpo libera o trauma e restaura o bem-estar.* São Paulo: Summus, 1999.

Levine, Peter. *Healing Trauma: A Pioneering Program for Restoring the Wisdom of Your Body.* Boulder, CO: Sounds True, 2008.

Ogden, Pat, Kekuni Minton, e Claire Pain. *Trauma and the Body: A Sensorimotor Approach to Psychotherapy.* New York: Norton, 2006.

Sanford, Matthew. *Waking: A Memoir of Trauma and Transcendence.* Emmaus, PA: Rodale, 2006.

van der Kolk, Bessel, Alexander McFarlane, e Lars Weisaeth, eds. *Traumatic Stress: The Effects of Overwhelming Experience on Mind, Body, and Society.* New York: Guilford, 1996.

POESIA

Bly, Robert. *The Kabir Book*. Boston: Beacon, 1971.

Bly, Robert, James Hillman, e Michael Meade. *The Rag and Bone Shop of the Heart*. New York: HarperCollins, 1992.

Eliot, T. S. *Quatro Quartetos*. Lisboa: Relógio D'Água, 2004.

Hafiz. *The Gift: Poems by Hafiz*. Trans. David Ladinsky. New York: Penguin, 1999.

Hass, Robert, ed. *The Essential Haiku*. Hopewell, NJ: Ecco Press, 1994.

Lao-Tsu. *Tao Te Ching*. (há várias traduções para o português).

Mitchell, Stephen. *The Enlightened Heart*. New York: Harper and Row, 1989.

Neruda, Pablo. *Five Decades: Poems 1925–1970*. New York: Grove Weidenfeld, 1974.

Oliver, Mary. *New and Selected Poems*. Boston: Beacon, 1992.

Rilke, R. M. *Selected Poems of Rainer Maria Rilke*. New York: Harper and Row, 1981.

Rumi. *The Essential Rumi*. Trans. Coleman Barks. San Francisco: Harper, 1995.

Ryokan. *One Robe, One Bowl*. Trans. John Stevens. New York: Weatherhill, 1977.

Shihab Nye, Naomi. *Words Under the Words: Selected Poems*. Portland, OR: Far Corner Books, 1980.

Tanahashi, Kaz, *Sky Above, Great Wind: The Life and Poetry of Zen Master Ryokan*. Boston: Shambhala, 2012.

Whyte, David. *The Heart Aroused: Poetry and the Preservation of the Soul in Corporate America*. New York: Random House, 1994.

Yeats, William Butler. *The Collected Poems of W. B. Yeats*. New York: Macmillan, 1963.

OUTROS LIVROS DE INTERESSE, ALGUNS MENCIONADOS NO TEXTO

Abrams, David. *The Spell of the Sensuous*. New York: Vintage, 1996.

Blakeslee, Sandra, e Matthew Blakeslee. *The Body Has a Mind of Its Own: How Body Maps in Your Brain Help You Do (Almost) Everything Better*. New York: Random House, 2007.

Bohm, David. *A totalidade e a ordem implicada*. São Paulo: Cultrix, 2001.

Chaskalson, Michael. *The Mindful Workplace: Developing Resilient Individuals and Resonant Organizations with MBSR*. Chichester, West Sussex: Wiley-Blackwell, 2011.

Doidge, Norman. *O cérebro que se transforma: Como a neurociência pode curar as pessoas*. Rio de Janeiro: Record, 2011.

Gilbert, Daniel. *O que nos faz felizes*. Rio de Janeiro: Campus-Elsevier, 2007.

Goleman, Daniel. *Inteligência ecológica: O impacto do que consumimos e as mudanças que podem melhorar o planeta*. Rio de Janeiro: Campus: 2009.

Goleman, Daniel. *Inteligência social: O poder das relações humanas*. Rio de Janeiro: Elsevier, 2006.

Leituras recomendadas |

Goleman, Daniel. *Inteligência emocional: A teoria revolucionária que redefine o que é ser inteligente*. Rio de Janeiro: Objetiva, 1995.

Kaza, Stephanie. *Mindfully Green: A Personal and Spiritual Guide to Whole Earth Thinking*. Boston: Shambhala, 2008.

Kazanjian, Victor H., e Peter L. Laurence. *Education as Transformation: Religious Pluralism, Spirituality, and a New Vision for Higher Education in America*. New York: Peter Lang, 2000.

Lantieri, Linda. *Building Emotional Intelligence: Techniques to Cultivate Inner Strength in Children*. Boulder, CO: Sounds True, 2008.

Layard, Richard. *Felicidade: Lições de uma nova ciência*. São Paulo: Bestseller, 2006.

Marturano, Janice. *Mindfulness na liderança: Como criar espaço interior para liderar com excelência*. São Paulo: WMF, 2017.

Nowak, Martin. *Super Cooperators: Altruism, Evolution, and Why We Need Each Other to Succeed*. New York: Free Press, 2011.

Osler, William. *Aequanimitas*. New York: McGraw-Hill, 2012.

Osler, William. *A Way of Life*. Springfield, IL: Charles C. Thomas, 2012.

Sachs, Jeffrey D. *The Price of Civilization: Reawakening American Virtue and Prosperity*. New York: Random House, 2011.

Snyder, Gary. *The Practice of the Wild*. San Francisco: North Point, 1990.

Watson, Guy, Stephen Batchelor, e Guy Claxton, eds. *The Psychology of Awakening: Buddhism, Science, and Our Day-to-Day Lives*. York Beach, ME Weiser, 2000.

Recursos

Existem muitas associações de mindfulness e programas em todo o mundo ministrados em diversos idiomas. Você pode encontrá-los facilmente na internet por meio do Google ou de outros mecanismos de busca. Esta lista contém alguns centros dos quais temos conhecimento nos países de língua inglesa, bem como outros *sites* que também podem ser uma fonte de informação ou oferecer algum suporte.

Center of Mindfulness in Medicine, Health Care, and Society
University of Massachusetts Medical School
Worcester, Massachusetts
http://www.umassmed.edu/cfm/index.aspx

Oxford Mindfulness Centre
University of Oxford, Reino Unido
http://oxfordmindfulness.org

Centre for Mindfulness Research and Practice
Bangor University, Gales do Norte
http://www.bangor.ac.uk/mindfulness

Mindfulness Research Guide
Uma publicação mensal *online* e gratuita para se manter informado acerca dos estudos de pesquisa científica de mindfulness e suas aplicações.
http://www.mindfulexperience.org/research-centers.php

Clinical Education and Development and Research
University of Exeter, Reino Unido
http://cedar.exeter.ac.uk/mindfulness/

University of California Center for Mindfulness
San Diego, Califórnia
https://health.ucsd.edu/specialties/mindfulness/Pages/default.aspx

University of Wisconsin Center for Mindfulness
UW Health Integrative Medicine
Madison, Wisconsin
http://www.uwhealth.org/alternative-medicine/mindfulness-based-stress-reduction/11454

Mindful Birthing and Parenting
University of California, San Francisco
San Francisco, Califórnia
http://www.mindfulbirthing.org

Duke University Medical Center
Integrative Medicine
Durham, Carolina do Norte
http://www.dukeintegrativemedicine.org/classes-workshops-and-education/mindfulness-based-stress-reduction

Jefferson University Hospitals
Filadélfia, Pensilvânia
http://www.jeffersonhospital.org/departments-and-services/mindfulness/public-programs

Awareness and Relaxation Training
San Francisco, Califórnia
http://www.mindfulnessprograms.com

MBSR British Columbia
Vancouver, Canadá
http://www.mbsrbc.ca

Openground Mindfulness Training
Sydney, Austrália
http://www.openground.com.au

Mindful Psychology
Auckland, Nova Zelândia
http://mindfulpsychology.co.nz/mindfulness/

Institute for Mindfulness South Africa
Cidade do Cabo, África do Sul
http://www.mindfulness.org.za

CDs de práticas guiadas de meditação mindfulness com Jon Kabat-Zinn: Informação sobre encomendas

Há três kits de CDs de práticas guiadas de meditação mindfulness que podem ser adquiridos diretamente nos sites a seguir:

www.mindfulnesscds.com
ou
www.jonkabat-zinn.com

Todos as coleções estão disponíveis para download.

Coleção 1 (4 CDs) - Aqui se encontram as práticas guiadas de meditação e yoga descritas neste livro, que constituem o programa de prática formal do MBSR (Programa de Redução de Estresse Baseado em Mindfulness): *Meditação do escaneamento corporal, Mindful Yoga 1, Meditação sentada* e *Mindful Yoga 2*. Cada programa tem 45 minutos de duração. Estas são as práticas guiadas de meditação oficiais utilizadas pelos pacientes do Dr. Kabat-Zinn em suas aulas na Clínica de Redução de Estresse.

Coleção 2 (4 CDs) - Estas práticas guiadas de meditação foram elaboradas para os que desejam opções mais breves para ajudá-los a desenvolver e/ou aprimorar uma prática pessoal de meditação mindfulness.

Esta coleção inclui as meditações da Montanha e do Lago (cada uma com 20 minutos de duração), além de uma seleção de outras práticas em posição sentada e deitada, com duração de 10, 20 e 30 minutos. Essa coletânea foi inicialmente desenvolvida para acompanhar o livro *Wherever You Go, There You Are*.

Coleção 3 (4 CDs) - Estas práticas guiadas de meditação foram originalmente desenvolvidas para acompanhar o livro *Coming to Our Senses* e utilizam a linguagem sensorial própria daquele livro. Estão presentes as práticas mindfulness de respiração (*Breathscape*) e de outras sensações corporais (*Bodyscape*), dos sons e da audição (*Soundscape*), dos pensamentos e emoções (*Mindscape*), a prática da consciência sem escolha (*Nowscape*) e uma meditação do amor (*Heartscape*). A coleção contém ainda um guia rápido sobre meditação em movimento. Todos os programas têm duração de 20 a 30 minutos.

Índice Remissivo

Abuso, 138-139, 144, 334, 335, 383
    perdão, 195
Aceitação, 84, 142, 255
    câncer e, 312,
    dor emocional e, 468-485
    dor física e, 419, 439
    escaneamento corporal e, 149
    radical, 634
    sintomas e, 415
Acupuntura, 388
Adaptação
    a mudanças, 23
    doenças adaptativas, 347
    síndrome de adaptação geral, 347
Ader, Robert, 258
Adictivos, comportamentos, 383-389
AIDS, 40, 61, 253, 263, 623
Ainsworth, Mary, 334
Aiquidô, exercícios de, 538-545, 553
Álcool, uso de, 359, 384-385, 578
Alegria empática, 87
Alimentação
    adicção e, 386-387, 390
    câncer e, 578, 579, 580
    como estratégia de enfrentamento, 386, 390
    componente genético e, 589, 591
    dieta e refrigerantes *diet,* 590
    doença e, 576-582
    estilo de vida e, 588-590
    estresse e, 572-594
    meditação da, 73-75
    mindfulness na, 583-594
    mudança de padrões de, 585
    mudança de relação com a, 572-574
    obesidade e excesso alimentar, 576-582
    qualidade da comida e, 575, 578, 587
    recomendações sobre, 593-594
    toxinas e, 575, 597
    transtornos alimentares, 576-582, 589-590
Alostase, 337, 358, 360, 365, 366, 381, 389, 403, 416, 530
Amígdala, 33, 321, 366, 369, 372, 373, 374, 380, 396, 535n
Amor, 23, 31, 45, 74, 184, 198, 245, 269, 269, 270, 271, 272, 332, 330, 332, 334, 335, 336, 364, 390, 502, 545, 554, 556, 580, 622, 645, 650
    mindfulness como ato radical de, 23, 272
    próprio, 84, 313
Animais, 322, 329, 350, 377
Animais de estimação, 322, 323, 329
Ansiedade, 32, 43, 203, 486-507 (veja também Pânico)
    aguda, 496
    caminhada meditativa e, 183
    consciência de momento a momento e, 499
    definição de, 489
    desapegar, 499-500, 506
    exemplos de redução da, 490-497
    medicação para a, 387
    mindfulness e, 387, 488, 497-507, 634n
    pensamentos, sentimentos e, 499-504
    reação à, 283
    respiração e, 98-100
    sistema nervoso simpático e, 381
    transtorno de ansiedade generalizada, 487, 488, 491, 496
    transtorno de ansiedade social, 321, 322n

| *Índice remissivo*

Antidepressivos, 493, 496
Antonovsky, Aaron, 303, 304-306, 350
Aristóteles, 609
Assertividade, 547-550
Atemporalidade, cultivo da, 509, 512, 513
Atenção sábia, 145, 414-417, 431, 471, 473, 478, 557, 608, 634
Atenção sem escolha, 125, 131, 441
Atitudes, 239
    saúde e, 285-286, 299-305, 310, 322
Atitudes fundantes das práticas de mindfulness, 76-88,
    aceitação, 84
    confiança, 81, 87
    importância das, 76-77
    mente de principiante, 81
    não julgar, 78, 133, 313
    não lutar e não fazer, 82, 87, 149-151, 158, 170, 265, 324, 450, 498, 627, 647
    outras qualidades, 87-88, 437
    paciência, 80, 87, 112, 118, 436
    soltar, 85
Atletas, 456-458, 656
Atrofia de desuso, 161, 162
Autodisciplina, 88-92
Autoeficácia, 301-303, 352
Automático, modalidade piloto, 66, 71, 235-239, 365, 450, 503, 529, 561
Autorregulação, 289, 337-341, 359, 416, 462

Bandura, Albert, 301, 302, 304
Bartley, Trish, 314
Begley, Sharon, 318
Bejar, Arturo, 612
Benson, Herbert, 288
Bernard, Claude, 357, 360, 370
Bernhard, Jeffrey, 259
Berra, Yogi, 57
Biglow, John, 457
Blackburn, Elizabeth, 27
Bohm, David, 242
Bondade, 87, 269-273, 317, 318, 325, 437, 513, 655
Bonus, Katherine, 662
Bowlby, John, 334
Brady, Kathy, 50
Brand, Stewart, 606
Buda, 529, 609
Budismo e meditação, 54, 529, 639-640, 656-657

Burgard, Renee, 612
Burnout, 393, 560
Burns, Harry, 293
"Burnt Norton" (T. S. Eliot), 512, 525
Busca de resultados, 83
Bush, Mirabai, 612

Cafeína e café, 384, 385, 389
Caminhada maluca, 195-196
Caminhada meditativa, 179-187, 217
Cambridge Insight Meditation Center, 640
Câncer, 37, 257, 259, 263, 276, 279, 311, 359
    alimentação e, 578, 579, 580
    célula exterminadora natural (natural killer cell – NK) e, 257
    depressão e, 310-312
    desenvolvimento do, 311-312
    de mama, 256, 309-310, 313, 577, 580
    de ossos, 250-251
    de pele, 262, 600
    de próstata, 289, 313
    de pulmão, 308-309
    emoções e, 306-313
    estilo de vida e, 289
    estresse e, 391
    exposição a radiação, toxinas e, 311
    leucemia, 311
    mindfulness para, 313
    sistema imunológico e, 257, 310-311, 391
    solidão e, 320
Cannon, Walter B., 370
Cardiopatia, 40, 47, 139, 162, 193, 255, 281-282, 302, 552, 554
    alimentação e, 577, 581
    cardiomiopatia idiopática, 185
    cigarro e, 389
    estilo de vida e, 407
    hiperexcitação crônica e, 381
    hostilidade, cinismo e, 314-317
    influências sociais sobre, 320-324
    Ornish sobre a, 581, 587
    solidão e, 321
Carlson, Linda, 313
Carmichael, Kacey, 193
Catástrofe total (da condição humana), 18, 22, 45-57, 650
    definição de, 45-46
Catastrofização, 300

Índice remissivo

CDs e downloads, 65, 127, 199, 214-219, 682
    como obter, 682
    Mindful Yoga, 165, 168, 635-638
    para problemas de insônia, 531
Cefaleia (veja Dor de cabeça)
Center for Mindfulness in Medicine Health, Care and Society, 655
    Oasis Institute, 655
    Website, 656
Centrar, 103, 156, 330, 395, 397, 400, 405, 419, 501, 507, 510, 544, 650
    aiquidô, 538, 541, 542, 626
    lembretes para, 569
    pensamento para estar, 401
    respiração para, 106, 565, 642
Cérebro, 274, 339
    amígdala, 33, 321, 366, 369, 372, 373, 374, 380, 396, 535n
    córtex pré-frontal, 36, 258, 366, 372, 373, 380, 396, 503n, 535n, 626n
    desenvolvimento do, 275
    estilo emocional e, 26
    funcionamento executivo e, 275, 372, 380, 525n
    hipocampo, 366, 372, 396
    MBSR, práticas meditativas e, 26-27, 29-30, 275, 286, 296, 427, 626, 628
    modulação da dor e, 426-427
    neuroplasticidade do, 34, 274
    rede narrativa, 34, 626n
    resposta ao estresse e, 369-374
    senso de eu, racionalidade, regiões e, 306
    sistema imunológico e, 257
Chesney, Margaret, 314
Circadianos, ritmos, 527
Clayburg, Jill, 486
Clínica de Redução de Estresse, 9, 18, 20, 21, 39, 41, 61, 65, 77, 121, 139, 144, 185, 203, 226, 239, 240, 265, 404, 412, 476, 543, 653
    CFM e, 655-656
    compromisso com o tempo de prática, 90, 211, 213
    diretor da, 652
    dor e, 428-431, 446, 451
    dor de cabeça e, 458-467
    estresse gerado pelo mundo e, 606
    fundação da, 19, 224-225, 543
    hiperventilação e, 99
    motivos de adesão a, 83, 94, 139, 198, 335, 38, 421, 424, 486, 490, 650

pânico e, 492-497, 506
papel central de mindfulness, 243, 430, 616
prática da meditação e, 156, 249
problemas de sono e, 527, 530
problemas laborais e, 564-567
problemas mundiais e, 606
"tarefa de casa" problema de nove pontos, 235
trabalho na, 63
transformações na, 40-51, 189-190, 249-252, 255, 413, 453, 506, 621
yoga e, 157
Cocaína, 389
Coerência, sensação de, 304-305, 323, 352
    MBSR e, 305-306
Cohen, Nicholas, 258
Colapso nervoso, 393
Comida (ver Alimentação)
Compaixão, 87, 270, 272, 313, 317, 318, 325, 513, 655
    treinamento em, 317-318
Complementariedade, 291-292
Comportamento do enfermo, 161
Comportamento social, 377-378
Comportamento tipo A e tipo B, 314-315, 418, 514-517
Compromisso, 76, 88-95, 304
Compulsão alimentar, 295
Comunicação, 536-550
    aiquidô como metáfora da, 538-544, 552-553
    assertividade e, 547-550
    conceito de, 536
    cura e, 545
    diário de comunicações estressantes, 545-546
    digital/ eletrônica, 510-511, 602
    "eu" *versus* "você", 549
    trabalho estressante e, 569
Concentração, 66, 103, 107, 108, 118, 119, 180, 217, 435, 633
Conexão, conectividade, 96, 164, 229-247, 326-342
    contato físico e, 320-322, 329-330
    dispositivos eletrônicos como obstáculo à, 91
    experiência na infância, 330-337
    experimento na casa de repouso e, 326-327
    funcionamento psíquico, 233
    na sociedade, 234, 328
    prática da meditação e, 239-241

problema dos nove pontos e, 235
relacionamentos e, 327-328, 536
saúde e, 337-342
universo e, 164
Confiança, 316, 325
afiliativa, 318, 319, 536
mindfulness e, 81-82, 87-88
Consciência, 19, 25, 26, 76, 641-646 (veja também Mindfulness e Momento presente)
caminho da, 55, 550, 629-630, 647-652
conhecimento não conceitual e, 131
de momento a momento, 78, 157, 561, 563
exercícios para a, 649
familiarizar-se com a, 103
respiração e, 106-107
rotação ortogonal da consciência, 243, 482
sem escolha ou aberta, 126, 131, 216
Consciência corporal, 71-72, 157
alimentação e, 393
desconfortos e, 118-120
escaneamento corporal e, 132-154
insegurança ante a, 132-133
meditação sentada e, 126, 128
saúde e, 160
sintomas e, 71
yoga e, 167
Consciência de momento a momento, 20, 41, 52, 90, 157, 204-210
ansiedade e, 497
dor e, 434, 437-438, 449
resposta ao estresse e, 394-395, 397-404, 407-408
Contato físico (veja Toque)
Controle, 21, 323
autoeficácia e, 301, 352
estresse e, 350, 352-353, 406
estresse laboral e, 559, 560
experimento em casa de repouso e, 326-328
ocupação e, 384
relacionamentos e, 535
resposta ao estresse e, 395, 394, 395, 506
robustez psicológica e, 303
Coração, 97
efeito de treinamento, 162
frequência cardíaca, 162, 337, 371, 378
Corpo
colapso, 390-393
cuidados com o, 156, 157
cura e, 241
descanso para o, 160

escutando as mensagens do, 160, 341, 390, 411-418, 517, 592, 593
estar no, 156, 157, 163, 167
homeostase e alostase, 358, 360
mudanças ao longo da vida, 356-357
reação de estresse do, 369-375
sabedoria do, 365
sistemas fisiológicos do, 357-358
Corpo-mente e saúde, 19n, 40, 159, 223-228, 274-297, 298-325
biofeedback e, 289
estratégias de regulação e, 383
evolução da, 285- 297
influências sociais e, 320-324
padrões motivacionais, 318
paradigma dualista e, 286
pensamentos e, 282-287, 298-325
visão pessoal e, 223-224
vontade de viver e, 279
Córtex pré-frontal, 36, 258, 366, 372-373, 380, 396, 503n, 535n, 626n
Cousins, Norman, 289-290, 517
Crenças, 43 (veja também Corpo-mente e saúde)
conduta autolimitadora e, 238-239
estresse e, 352
impacto na saúde, 227-228, 281-287, 323-324
Creswell, David, 321, 580
Crianças e infância, 105, 330-331, 333
abuso, 138-139, 144-145, 334-335, 383
criação com atenção plena, 332-333
experiência e saúde, 330-331
pertencimento e interdependência na, 331-332
pesquisa sobre apego, 334
relacionamento pais e filhos, 307, 330-331
Cromossomos, 26, 27, 225, 275, 359, 376, 380, 580
Cullen, Chris, 614
Cura, 159, 228, 250-273, 449
atitude e, 77, 324-325
definição de, 254, 273
escaneamento corporal e, 248-252
exemplos de, 253-254
expectativas e, 262-265
experimento da psoríase e, 35, 36n, 259-262, 259n
inteireza e, 248, 252, 255
medicina corpo-mente e, 40, 274-297
meditação da bondade amorosa e, 269-273

Índice remissivo

mindfulness e, 227
não agir e, 256
natureza da, 252
problemas nas costas, 449
propósito da, 255-256
psiconeuroimunologia e, 256-265
relacionamentos e, 545
transformação da visão e, 248-249
vídeo para uso em hospital, 265-269
visualizações, 261-264
yoga e, 159, 248, 252

Daimler, Melissa, 613
Davidson, Richard, 35n, 36n, 257, 318, 372, 373n, 426, 654
Dependência de substâncias, 384-389
Depressão, 34, 43, 392, 483, 491
    câncer e, 310-311
    estresse e, 391-392
    mindfulness para a, 483-485, 634n
    solidão e, 321
Depressiva, ruminação, 43, 298, 385
Desamparo, 43, 259, 310, 353, 392, 394
    aprendido, 258-259
Desatenção, 338-339
Descartes, René, 286
Desconexão, 337-338
Desesperança e desespero, 299, 353, 392, 423, 468, 476, 511
Desordem, 338, 365
Despertar, 163, 526, 529, 530
Desregulação, 338, 347, 365, 393, 412
Dharma, 15, 639, 656-657
Disciplina da consciência, 243
Dispositivos eletrônicos, 91, 510, 560, 598
Doença (veja também Câncer e Cardiopatia)
    crônica, 19, 32, 42, 44, 255, 414, 415
    dietas e, 576-582
    estresse e, 346, 347, 365-367
    fatores que predispõem à, 308, 318-319, 323
    fundamentos genéticos e moleculares da, 276, 390
    mudança de vida e, 360-363
    origem na desconexão, 337
    perspectiva unificada sobre a, 274-297
    prevenção e, 278
    sintomas e, 71, 411-418
    sobrecarga alostática e, 381
    solidão e, 37, 321, 511

Doença pulmonar obstrutiva crônica, 488
Domínio do ser, 23, 53, 89, 93, 111-131, 158, 159, 240, 252, 254, 255, 437, 442, 485, 497, 498, 510, 514, 551, 647-648
Dor, 22, 419-467
    aguda, 420, 432
    atletas e, 456-458
    aversão à, 422
    clínicas, 423-424
    como feedback, 339, 421
    conectar-se com a, 431, 437
    crônica, 32, 163, 420-423, 433
    dissociação da experiência da, 432, 456
    emocional, 468-485
    escaneamento corporal e, 134, 146-147, 434-438, 448
    estudo sobre a modulação da, 426-427, 454-456
    exercício de fisioterapia e função da, 446-447
    função da, 423
    índice de avaliação de, 428
    intensa, 437
    MBSR e modulação da, 142-143
    medicação e, 386-387
    medição de dor, índice de McGill-Melzack, 428, 430, 692
    meditação intensiva e, 454-456
    meditação para a, 118-119, 431-434
    mindfulness e, 419-443
    nas costas, lombar, 40, 146, 193, 249-250, 444-467
    no peito, 62, 253
    observar sem julgar e, 436, 438
    pensamentos sobre a, 431-432, 438-440
    prática em lidar com a, 435-436
    respiração e, 434, 448-449
    sessão de meditação de dia inteiro e, 188-201
    sistema nervoso e, 425-426
    sofrimento frente à, 422, 427, 468-485
    soltar e, 438-439, 449
    tratamento médico da, 423, 423-425
    visão sistêmica da, 425-426
    viver com a, 423
Dor de cabeça, 25, 458-467
    enxaqueca, 62, 459, 464-467
    identificando os desencadeantes da, 460
    mindfulness para a, 416-417

Dossey, Larry, 292, 293
Dualismo, 286

Einstein, Albert, 244-245, 472, 520
Eliot, Robert, 515
Eliot, T. S., 512, 525
Emocional, dor, 192, 468-485
    aceitação e, 467-474
    enfrentamento baseado na emoção, 478-479, 501
    enfrentamento baseado no problema, 477- 483,
    meditação "o que eu quero", 474-476
Emoções
    assertividade e, 547-550
    câncer e, 306-313
    comportamento autolimitante e, 238-239
    córtex pré-frontal e, 372-372, 380
    dor e, 440-443
    exercícios de consciência e, 110
    escaneamento corporal e, 144-145
    hipertensão e, 314
    hormônios e, 374
    identificação com as, 412
    meditação da bondade amorosa e, 198
    mindfulness das, 122, 129-130, 324-325, 500-501
    psiconeuroimunologia e, 256-259
    reatividade às, 379-380, 400-401, 431-432, 514
    reprimidas, 138-139, 144-145
    resiliência e, 372, 380
    resposta ao estresse e, 395, 397
    saúde e, 317-318
    seis dimensões do estilo emocional, 318
    sessão de meditação de dia inteiro e, 191-192, 197-201
    sintomas e, 415, 416
    sistema límbico e regulação das, 372-373
    sobre o próprio corpo, 132-134
    soltar as, 85-87
    toxicidade das, 323
    viscerais, 373
Encontros e desencontros (filme), 486
Enfarte, 61, 162, 389, 391, 418, 623
    animais de estimação e taxa de sobrevivência, 322
    autoeficácia e, 302-303
    estresse do tempo e, 514-520

exercício e, 162
    falta de controle no trabalho e, 559
    prevenção e tratamento, 276-277
Engel, George, 285-287
Epel, Elissa, 27, 368, 392n, 580, 661
Epigenética, 26, 275, 390-391, 580
Epigenéticos, fatores, 262, 279, 289, 390-391, 580
Epstein, Ron, 284, 285n, 286
Equanimidade, 19, 68, 87, 142, 373, 403, 455, 472, 497, 510, 544
Escala para medir reajustamento social, 360-361
Escaneamento corporal, meditação do, 132-145, 156
    aceitação e, 149-152
    ansiedade e, 497
    atitude de não forçar e, 149-152
    benefícios da, 137-138
    como processo de purificação, 147-149
    cura e, 248-252
    dor e, 134, 146-147, 434-438, 443
    exemplos de casos, 138-144
    exercícios para a, 152-154
    frequência da prática, 136
    postura do cadáver e, 157, 449
    problemas iniciais com a, 145
    programa de prática, 214-219, 637-638
    respiração e, 134-136
    sentimentos reprimidos e, 138-139, 144-145
    sono e, 530
Escape Fire (documentário CNN), 19n
Espírito de luta, 310
Estilo de atribuição, 300
Estratégias de enfrentamento
    com foco na emoção, 478-479, 501
    com foco no problema, 477-483, 501
    mal-adaptativas, 382-389, 394-395
Estresse, 32, 33, 36, 210, 345, 354, 394-395, 382, 389 (veja também Telômeros)
    adicções e, 383-389
    alimentação e, 588, 589
    bom e mau, 361-362
    catástrofe total e, 18-22
    controle e, 43-47, 384
    crônico, 28, 367
    desenvolvimento do cérebro e, 275
    distúrbios do sono e, 139-140, 526-533
    doença e, 365-367

Índice remissivo |

doenças adaptativas e o, 347
doenças relacionadas com o, 139, 418
fisiológico, 345-349
gerado pelas pessoas, 534-550
hipertensão e, 314
hormônios do, 370, 373, 374, 379, 398
laboral, 464, 560-571
mindfulness e resposta ao, 360
mudança e, 31, 355-365
perspectiva transacional do, 350-352
problemas vitais maiores e, 25-32, 257, 360-363
psicológico, 349-354, 534, 560, 35
reatividade e, 364-393, 487-489
respiração e, 402-403, 569
robustez ao, 303-306, 355, 382
sistema imunológico e, 28, 259, 346-347
sobrecarga alostática e, 360, 381
sono e, 139-140, 526-533
sucesso e, 555
telômeros e, 27-22, 275-276, 405, 579
Estresse, Clínica de Redução do (veja Clínica de Redução do Estresse)
Estresse, reação (automática/habitual) ao, 364-393
acontecimentos externos e, 364-367
acontecimentos internos e, 367
amígdala, 33, 321, 366, 369, 372, 373, 374, 380, 396, 535n
conjuntura social e, 388-289
diagrama, 366-369
diferenças de gênero, 378n
estratégias mal-adaptativas e, 382-389
interiorização do, 379-380
reação de luta/fuga e, 368n, 370, 370n, 380n, 395, 488, 534-535
resposta *versus* reação a, 394-400
Estresse, resposta (mediada por mindfulness) ao, 360, 376-377, 394-408, 403, 541
ansiedade e, 488
consciência de momento a momento e, 78, 395, 397-404, 407, 561
diagrama, 396
enfrentamento adaptativo *versus* mal--adaptativo, 394
exemplos de, 404-405
exercícios de aiquidô e, 541-542
pausa, 399
respiração e, 403-403
resposta *versus* reação a, 394-400
resultado ante problemas, 403

Estresse alimentar (veja Alimentação)
Estresse laboral, 560-571
dicas para reduzir o, 567-571
prática de mindfulness no trabalho, 562-567
robustez ao, 304
Estresse pós-traumático, transtorno de (TEPT), 144-145
Estresse social, 376n, 377, 378
Estressores, 346-350, 401
agudos, 367-368, 368n
ameaças e, 402-403, 488-489
crônicos, 367, 392
definição de, 346
externos, 364-369
hiperexcitabilidade crônica e, 376, 378, 381, 392
internos, 367
meios de comunicação como, 603-606
Eudaimonia, 373
Eustresse, 361-362
Exercício, 446-447, 528, 569
Expectativas, 262-265, 521, 552
Expressão genética (positiva ou negativamente regulada), 580

Facebook, 613
Feedback, 338, 339, 354, 384, 416
Felicidade, 24-25, 29-31, 33-34, 203, 204
estudo de Harvard com iPhone, 33, 34, 66, 68
Fischer, Norman, 612
Física, 291-292
Folkman, Susan, 350
Fracasso, 150, 151, 255, 400, 466
Frankl, Victor, 305
Fredrickson, Barbara, 317
Friedman, Meyer, 315
Fumo, 359, 384, 385, 389, 578

Gaia, hipótese de, 234
Gandhi, Mahatma, 525
Generosidade, 87, 317, 655
Genoma Humano, projeto do, 276
Genômica e proteômica, 276
Gentry, Doyle, 314
Germer, Christopher, 317
Gilbert, Dan, 31
Gilbert, Paul, 317

Índice remissivo

Glaser, Ron, 257
Goldin, Philippe, 321, 322n, 612
Goleman, Daniel, 406, 535n, 612
Google, 612
Gordhamer, Soren, 613
Gould, Stephen Jay, 513
Gratidão, 82, 655
Green, Alyce, 289
Green, Elmer, 289
Greer, S., 309
Gross, James, 321
Grubin, David, 654

Harlow, Harry, 329
Hatha yoga (veja Yoga)
Healing and the mind (série de TV com Bill Moyers), 18, 654
Health Enhancement Program (HEP), 35
Hiperatividade, 127, 384, 390, 395
Hiperexcitação, 288, 370, 375, 395
  crônica, 377, 378, 381, 392
Hipertensão, 47, 139, 381
  alimentação e, 578
  estilo de vida e, 407
  pressão do tempo e, 518-519
  raiva e, 314
  redução da, 141, 264
Hiperventilação, 98-99, 282
Hipnose, 288
Hipocampo, 372
Hipócrates, 289
Hipotálamo, 372-374, 527
Hochschild, Arlie, 384
Holmes, Thomas, 360, 362, 464
Höltzel, Britte, 33n
Homeostase, 298, 358, 360, 389, 390, 530, 531, 578, 575, 595, 599, 610
Hormônios do estresse, 370, 373, 374, 379, 398
Hostilidade, 44, 254, 314-317, 325, 404, 429, 515, 444, 656

Imagem corporal, 133-133, 160-161, 590
Impermanência, 205, 355-357, 473
Imunosupressão, 258
Inconsciência, 67-71, 354, 364-365, 503
Infarto (veja Enfarte)
Inflamação
  genes pró-inflamatórios e dieta, 580
  redução de estresse, hiperexcitabilidade e, 376
  redução por MBSR, 35, 37n, 321
  regulação genética e, 288-289
Influências sociais na saúde, 320-324, 328
Insegurança, 43, 44, 132-133, 238, 240, 489, 499, 500, 536, 560
Insight Meditation Society (IMS), 639
InsightLA, 656
Inteireza, 21, 55, 155, 225, 229-247, 356-357
  na biologia, 231-233
  características da,
  cura e, 248-249
  dor emocional e, 477
  Einstein e a, 244-247
  estresse laboral e, 561
  Jung e a, 95, 244
  na natureza, 235
  na psicologia, 233-234
  na sociedade, 235
  prática de meditação e, 239-241
  prática de yoga e, 164-165
  problema dos nove pontos e, 235
  resolução de problemas e, 239
Inteligência emocional, 275, 544, 545
Intencionalidade, 23, 26, 85, 88-94, 197, 212, 373, 394-395, 442, 478, 582, 622
Interconexão, 26, 55, 226, 227, 232-233, 234-236, 241, 246, 248, 273, 328, 342, 536, 574, 590, 599, 612
Isolamento, 37, 240, 248, 293, 320, 323, 328-329, 334, 337, 512, 513

James, William, 19
Julgamento, atitude julgadora, 78-79, 133
Jung, Carl G., 95, 244

Kahneman, Daniel, 422, 42
Kazantzakis, Nikos, 45
Kelly, Georgia, 267
Keltner, Dacher, 612
Kielcot-Glaser, Janice, 257
Killingsworth, Matthew, 24
Kissen, David, 308
Koan, 579
Kobasa, Suzanne, 303, 304, 327, 350
Krasner, Mick, 285, 286
Kriens, Joanie e Scott, 613

Índice remissivo |

Langer, Ellen, 326
Lao-Tzu, 508
Layard, Richard, 614
Lazar, Sara, 33n
Lazarus, Richard, 350
Lemerand, Arnold, 375
Leonard, George, 588
Lesser, Marc, 612
Lombalgia, 146, 193, 249-250, 431, 444-454, 456-458
Lown, Bernard, 281-284, 367
Lutz, Antoine, 35n, 426
Lykken, Jenny, 612

Massachusetts, Universidade de, 9, 18 (veja também Clínica de Redução do Estresse)
May, Karen, 612
McClelland, David, 318-319
McCloud, Carolyn, 319
McEwen, Bruce, 360
McGill-Melzack, índice de medição de dor, 428, 430, 692
Medicamentos
    dependência de, 384
    para alívio dos sintomas, 411-412
    para ansiedade/pânico, 386, 396
    para dor, 386
Medicina, 21, 223-228, 225n, 274-297
    ampliando o modelo operacional de, 225-226
    avanços tecnológico-científicos e, 278-281
    dor, novas abordagens, 424
    limitações da, 278-281
    mindfulness e, 284-285, 293, 294-296
    modelo biopsicossocial e, 286
    modelo de conexão e saúde na, 337-341
    mudança de paradigma, 227, 293, 294, 299, 425, 484
    novos focos da, 224-228
    novos paradigmas e, 274-276
    papel do paciente na, 280
    perspectiva unificada, 274
    relação médico-paciente e, 284
    revolução na física e, 291-293
    significado etimológico de, 242
    tradicional, 243, 279-280
Medicina comportamental, 40, 224, 227, 294, 295
Medicina funcional, 589

Medicina integrativa, 225, 262, 294, 295, 350
Medicina participativa, 39, 225, 225n, 262, 277, 293, 293, 413, 431
Médicos, 274
    burnout, 285, 285n
    feedback e, 340
    formação dos, 257, 284, 285
    relação médico-paciente, 284-285, 294
Meditação, 17-19, 66, 77, 244
    budista, 41, 53, 529, 642, 639, 656, 657
    caminhando, 179-187, 217
    de monitoramento aberto, 426
    dor (percepção da) e, 425-427, 456
    em grupo, 640
    erros na, 631-634
    escaneamento corporal, 132-154
    estilo emocional e, 318
    etimologia, 242
    formal, 56, 75, 153, 404, 630
    informal, 108, 214, 586, 630
    medicina corpo-mente e, 287
    motivação e, 91, 94, 212, 219, 223, 224, 299
    prática, 150
    programação da, 23, 91, 214-216, 637-638
    projeto Shamata e, 406
    respiração e, 98-101
    retiros, 639
    rotação na consciência, 248
    yoga e, 155
Meditação andando, 179-187, 217
Meditação da bondade amorosa, 198, 269, 272
Meditação da montanha, 196, 197n, 505, 505n
Meditação da uva passa, 73-75, 583
Meditação do escaneamento corporal (veja Escaneamento corporal)
Meditação "o que eu quero?", 474-475
Meditação sentada, 111-131, 497
    consciência do corpo todo e, 126-129
    consciência sem escolha e, 125-131
    desconforto do corpo e, 118-120
    em uma cadeira, 114-117
    emoções e, 129-131
    exercícios para a, 128-131
    instruções básicas para a, 116-118
    modulação da dor e, 433-434, 435
    no chão, 114-115
    outros objetos de atenção da, 125

| *Índice remissivo*

pensamentos e, 120-125, 129-130
posturas para a, 114-117
programa de prática para a, 214-219, 637
respiração e, 115, 116-118, 125-156, 128
som e, 126, 129
tempo de, 125
Meditação transcendental (MT), 288
Meditação Zen, 427
Medo, 353, 370, 377, 468-503 (veja também Ansiedade)
Mente de principiante, 78, 81, 88, 136
Michanek, Gunnar, 614
Mind and Life Institute, 654
 bolsas de estudo Varella, 654
Mindfulness ou atenção plena, 17, 18, 19, 20, 22, 23 (veja também Prática de mindfulness e Redução de estresse baseada em mindfulness)
 benefícios de praticar, 22, 228
 bondade, compaixão e, 317-318, 655
 caminho da consciência em, 630
 como ato radical, 23, 31, 272
 como rotação ortogonal da consciência, 243, 482
 cultivo de, 17-18,
 definição de, 26, 27, 340-341
 educação em, 647-648
 em empresas, 257-258, 373, 601-613
 estudos científicos sobre, 21, 24n, 25, 27, 28, 29-30, 33-37, 317, 341, 615, 654-655
 modelo AAI e, 341
 modo de, 63
 motivações para cultivo de, 22, 223
 movimentos globais e, 613-615, 654
 natureza de, 68
 observando através das lentes de, 230-231
 paz no mundo e, 538
 pensamentos e, 26, 67, 129-130, 324-325, 341-342, 416, 497-504, 547, 633
 prática de, 65, 75, 89-94, 155, 211-219, 442, 631-640
 programas baseados em, 295, 314
 relação médico-paciente e, 284-285
 relacionalidade e, 29, 322, 328
 saúde e, 337-342
 sociedade, 609-611
 terapia para trauma e, 362-363
 transformação e, 17, 19, 107
 valor de, 70-71, 74, 155-156

Modelo biopsicossocial, 286-287
Modo fazer, 158, 569
Modo ser, 65, 158-159, 203
Momento presente (viver no presente), 19, 23, 24, 26, 74, 80, 95, 148, 223, 567, 570, 590, 650
 aparatos eletrônicos e, 91n, 510
 conexão e, 330
 cura e, 255, 256, 266, 267, 283, 450
 divagação mental, 24, 34, 66, 80
 dor e, 416, 426, 442, 469, 471, 476
 emoções e, 500
 entrar e harmonizar, 542
 escaneamento corporal e, 149, 157
 estresse e, 351, 380, 395, 399, 403
 meditação sentada e, 119-120
 mindfulness e, 19, 24, 26, 27, 52, 113, 214, 626, 641, 642
 não fazer e, 158, 509
 não saber e, 626, 626n, 650
 o que eu quero, 475
 presença aberta, 216
 respiração e, 115, 128
 sono e, 531
 tempo e, 509, 521
 trabalho e, 570
 yoga e, 157-158, 168-169
Montagu, Ashley, 329
Morris, Tina, 309
Moskovitz, Dustin, 693
Motivação de afiliação não estressante, 319
Motivação de poder estressante, 318
Moyers, Bill, 18, 575, 654
Mudança, 355-363
 aceleração da, 31, 486, 607
 adaptação à, 31, 346, 355-363, 606
 de vida, 359
 escala de eventos de vida estressantes, 360-362-361-364, 464
 estresse laboral e, 559
 na alimentação, 586-594
Mumford, George, 656, 662
Mundo, estresse do, 54, 55, 595-618
 armas nucleares e, 601-602
 crises ambientais e, 595-596, 598-600
 dicas e sugestões, 617-618
 meios de comunicação e, 605
 poluição do ar e da água, 597-599
 problemas econômicos e políticos, 608
 sugestões para abordar o 617-618
 violência e, 604-605

Índice remissivo |

Não apego, 86-87
Não causar danos, 87
Não fazer, 64, 112-113, 124, 135, 324, 384, 450, 478, 627
    cura e, 256, 262-265
    estresse e, 509-513
Não julgar, 26, 78-79, 132-133
Não lutar, 82-84, 88, 148, 149-152, 158, 168-169, 265, 324, 450, 498, 627, 647
Neff, Kristin, 317
Negação, 144, 309, 310, 382-383
Neruda, Pablo, 651
Nervo vago, 371-372, 374
Neurociência contemplativa, 274-286
Neuroticismo, 406
Nove pontos, problema dos, 235-237, 397, 403, 466

Obesidade, 161, 339, 391, 462, 576
Omega Institute, 640
Open Center, The, 640
Ornish, Dean, 289, 407, 579, 580, 582, 587, 591
Otimismo, 299-301, 310, 313, 323

Paciência, 80, 118
Pânico, 488-489
    ataques de, 489-507, 554
    definição, 489
    motivação de aversão ou ganância, 502-504, 503n
    pensamentos, sentimentos e, 499-504
    prática de mindfulnes para o, 497-500
Papéis, estresse devido aos, 551-557
Paradigma, mudança de, 226, 243, 296, 337, 425, 484
Parassimpático, sistema nervoso, 371, 380, 381n
Patel, Chandra, 289
Paz mental, 94, 151, 253, 365, 389, 404, 505
Peabody, Francis W., 280
Pelletier, Kenneth, 289
Pensamento(s),
    ansiedade e, 499-504
    como estressores, 367
    conduta autolimitadora e, 238
    corpo como objeto do, 132-133
    divagação mental ou pensamento independente de estímulo, 24, 34, 66, 80, 632
    envelhecimento e, 27, 28
    foco nos, 68
    força de atração dos, 97
    meditação sentada e, 120-125
    mindfulness e, 26, 67, 129-130, 324-325, 341-342, 416, 497-504, 547, 633
    psiconeuroimunologia e, 256-265
    realidade distorcida e problemas criados pelo, 23, 124-125, 201, 299, 367
    resposta ao estresse, 397
    saúde e, 256-265, 281-287, 299-301, 322-325
    sintomas e, 416
    sobre a dor, 431-432, 438-440
    soltar e, 85-87, 88
    tempo como produto do, 521-522
Percepções e saúde, 298-299
Perdão, 87, 195, 198, 269-271, 655
Perfil motivacional, 318-319
Pessimismo, 299-301
Placebo, efeito, 287
Pollan, Michael, 579, 597
Posturas
    na meditação sentada, 114-115
    no yoga, 157, 167-178
Prática de mindfulness
    de dia inteiro, 188-201, 78-88, 448
    caminhada meditativa e, 179-187
    começar a, 211-219
    escaneamento corporal e, 132-154
    fundamentos atitudinais da, 78-88
    meditação sentada e, 111-131
    na vida cotidiana, 202-210
    respiração e, 96-110
    yoga e, 155-178
Preconceitos, 78-79
Psicologia positiva, 299
Psiconeuroimunologia, 256-265
Psoríase, estudo da, 35, 35n, 259-264
    fototerapia e fotoquimioterapia, 261
Purificação por zonas, 147

Qualidades humanas virtuosas, 655
Quill, Tim, 285

Rahe, Richard, 360, 362, 464
Raiva, 44, 353, 407, 516, 626
    hipertensão e, 314
    mindfulness da, 325
    perdão e, 198
    supressão da, 309

| *Índice remissivo*

Reação de luta ou fuga, 370, 374, 370n, 380, 380n, 394, 398, 488, 534
   amígdala e a, 33, 321, 369, 372, 373, 374, 380, 396, 535n
Reações de alarme, 369-380
Realidade, 80, 148, 150, 227, 233, 244, 245, 278, 291-292, 312
   aceitação/enfrentamento e, 142, 255, 312
   impermanência, 205
   mídia, mentes jovens e distorção da, 604
   momento presente e, 150-152
   pensamentos e distorção da, 23, 124-125, 201, 299, 367
   profecia autorrealizável, 452
   revolução na física e, 292
Recordar, 113, 155, 156, 164
Recorporização, 155-156, 313, 448
Rede neural narrativa, 34, 626n
Redução de estresse baseada em mindfulness (MBSR), 9, 20-23, 39-41, 47, 54, 63, 214-218, 224, 226, 621-630 (veja também Clínica de Redução de Estresse)
   amígdala e 321
   ansiedade social e, 321, 322, 322n
   autodisciplina e, 88-91
   autoeficácia e, 302
   caminhada meditativa e, 180, 185
   cds e downloads, 56, 57, 165, 169, 213-214, 682
   certificação de instrutores de, 655
   como ponto de partida, 21, 89, 162, 622
   compromisso, 21, 33, 39, 77, 88-94, 121, 125, 159, 166, 182, 223, 264, 432, 634
   consciência corporal e, 71
   crenças e, 54
   definição de, 75
   dharma e, 656-657
   dor, redução e enfrentamento, 419-467, 523
   frequência da prática, 213
   influência na medicina, 21, 39, 226, 294
   inteireza, 21, 240-241
   meditação sentada e, 111-131
   motivações e, 93, 111, 124, 198, 223, 253, 296-297, 424
   participantes como "seres milagrosos", 232
   período do dia para praticar, 93
   pesquisas científicas, 21, 25, 33, 57, 257, 321, 372, 426-430, 487, 490, 503n, 626n, 628n, 654
   princípios gerais, 196, 656
   programa de oito semanas, 20, 21, 23, 33, 36, 39, 40, 126-127, 189, 212, 214-219, 241, 269, 538, 623, 637, 653

   programa para juízes, 522-523
   programas baseados em, 35, 212, 293, 295, 314, 612-613, 616, 653-656
   propósito da, 324, 411
   recorporização, 156
   regra fundamental, 159
   resistência ao estresse, senso de coerência e, 305-306
   respiração e, 102, 126
   retiros e programas online, 639-640
   sessão de dia inteiro, 188-197
   sintomas e doenças de pacientes, 40, 139, 144, 185, 200, 208, 255, 328, 412, 415, 421
   sistema imunológico e, 257-259, 261-262, 263
   solidão e, 37, 320, 511
   tarefas para casa, 643-645
   tédio e, 67, 116, 436
   transformação, 12, 19, 139, 249, 255, 264-265, 273, 404-405, 511
   tratamento médico e, 39, 295, 421
   traumas latentes, 138-139, 144-145, 145n
   visão pessoal e, 93, 223-224
   Worcester Inner City Clinic, 39, 656
   yoga e, 157-160, 163, 165
Relacionamentos, 26, 27, 534-550
   assertividade e, 547-550
   conexão e, 328, 536
   cura e, 545
   estresse gerado pelos papéis, 551-557
   estudo sobre o apego e, 333-334
   exercícios de aiquidô e, 538-542, 553
   influências sociais na saúde e, 320-324
   pai-filho, 307, 331-333
   relacionalidade intrínseca, 536
   saúde e, 308, 316
   toque meramente formal, 329
Relaxamento, 77, 120, 650
   ansiedade e, 498
   consciência corporal e, 71-72
   respiração diafragmática e, 104-106
   resposta de, 291
   vídeo para hospitais, 268
Respiração, 96-110
   ansiedade e, 98-100
   como ponte entre emoções e corpo, 241
   como resposta ao estresse, 402-403, 569
   controle consciente da, 97
   coração e, 97

Índice remissivo

diafragmática, 104-106
dor de cabeça e, 459
dor e, 427-428, 431-434, 448-449
duas formas de prática, 114-115
escaneamento corporal e, 134-136
exercícios de, 109-110
experiência com mindfulness da, 67, 213
fisioterapia e, 159
hiperventilação e, 98
meditação sentada e, 116, 118, 125-126, 128
mindfulness e, 67, 97-103, 208, 213, 402,-403, 433-434, 531, 569, 632-633
  ritmo da, 97
  sono e, 531
  yoga e, 167
Ressignificação, 482
Reston, James, 288
Retroalimentação, 289, 337-339
Reynolds, Burt, 486
Riso, terapia do, 290
Ritmo circadiano, 527
Robustez psicológica, 303, 319, 352, 382
  controle, compromisso, desafio e, 303
  MBSR e, 305
Rodin, Judith, 326-327
Rosenbaum, Elana, 193
Rosenstein, Justin, 613
Rosiello, Norma, 189
Rotação ortogonal da consciência, 243, 482
Ruane, Chris, 614
Ryan, Tim, 293, 610, 611, 612

Sabedoria, 19, 27, 450, 503n, 542, 615
Sachs, Jeffrey, 609
Salimikordasiabi, Behdad, 458
Santorelli, Saki, 36n, 49, 191, 653
Sapolski, Robert, 378n
Saron, Cliff, 406, 580, 661
Saúde, 227
  atitudes e crenças, 280-287, 298-305, 310, 322-324
  conexão e, 327-342
  consciência corporal e, 160
  emoções pró-sociais e, 317-318
  estilo emocional, 36, 209-210, 318, 341
  estresse do tempo e, 514-520
  inteireza e, 242-243

medicina corpo-mente e, 40, 223-228
modelo AAI de, 341
pensamentos e, 40, 257-265, 282-287, 298-305
perspectiva unificada sobre a, 274-297
reatividade ao estresse e, 365-367
traços de personalidade e, 314-316, 318-319
Schwartz, Gary, 289, 337, 338, 340, 406
Schwartz, Tony, 561
Search Inside Yourself, 612
Segal, Zindel, 484
Seligman, Martin, 299, 300, 301
Selye, Hans, 346-347, 349, 360, 361
Shamatha, Project, 406
Shapiro, David, 289
Shapiro, Mark, 599
Shapiro, Shauna, 337, 340
Siegel, Dan, 334
Simplificar a vida, 522-524
Síndrome de adaptação geral, 347
Sintomas, 71, 411-418
  mindfulness dos, 416-417
  redução de sintomas por meio de MBSR, 412-413
  uso de medicamentos para aliviar os, 411-412
Sistema endócrino, 373
Sistema imunológico
  câncer e, 257, 311-312, 314, 391
  células exterminadoras (NK) e, 257, 265, 578
  dieta e, 578-582
  efeitos do MBSR no, 36, 37, 257-258
  estresse e, 28 , 257, 259, 346
  influência psicológica no, 267-265, 287
Sistema límbico, 372-373 (veja também Amígdala e Hipotálamo)
Sistema nervoso
  autônomo, 370-373, 398
  dor e, 425-426
  parassimpático, 371, 380, 380n
  reação ao estresse e, 369-375, 370n, 380
  simpático, 371, 373, 374, 381
Sistêmica, perspectiva, 237
  da dor, 237
  modelo de conexão em saúde, 337-341, 425-426
Sócrates, 70

Solidão, 37, 203, 257, 320, 511, 627
Soltar, abrir mão, 85-87, 323, 633
    cura e, 252
    dor e, 439, 448-449
    escaneamento corporal e, 149
    estresse provocado pelos papéis e, 556-557
    meditação sentada e, 122-123, 128
    não fazer e, 512
    pensamentos e, 85-87, 88
Sofrimento, 22, 23, 33, 241, 394-408
    dor emocional e, 468-485
    dor *versus*, 421-422
Sono e o estresse do sono, 139-140, 526-533
Speca, Michael, 313
Spirit Rock Meditation Center, 639
Stair, Nadine, 61
Sugestão, poder da, 287

Tan, Chade-Meng, 612
Tao, 647
Taylor, Shelley, 378n
Teasdale, John, 484
Televisão, 648
    efeitos tóxicos da, 603-604
    vídeo de redução de estresse, 266-269, 624
Telômeros e telomerase, 28, 275-276, 359, 368-369, 392, 406, 579
Tempo e o estresse do tempo, 32, 508-525
    atemporalidade, 509, 512, 513
    ciclos naturais e, 518-520
    era digital e, 508-509, 510, 520, 560
    expectativas e, 521
    formas de libertar-se do, 520-524
    meditação formal e, 522
    não fazer e, 509-512
    ocupações e, 384, 521
    pensamento e, 521-522
    preencher o, 80, 204, 384
    priorizar o, 89
    saúde e, 514-518
    simplificar a vida, 522-524
    tempo para si, 91
    viver no presente e, 520-524
Terapia cognitiva baseada em mindfulness (MBCT), 54, 293, 385, 484, 634n, 654, 655
Terapia do riso, 290
Thich Nhat Hanh, 15, 632, 656

Thomas, Caroline B., 307, 308, 330
Thomas, Lewis, 231
Thoreau, Henry D., 88, 529
Tolerância, 87
Toque, 320-321, 330
Trabalho, adição ao, 383, 390, 555, 558-571
Traços de personalidade, 318
Tranquilidade
    dor emocional e, 471, 476
    dor física e, 419, 435, 442, 455, 505
    em meio ao estresse, 400, 402-403
    foco na respiração e, 102, 103, 106, 108, 402
    meditação e, 125, 192, 197, 497, 562
Tranquilizantes, 386, 496
Transtorno de ansiedade generalizada (TAG), 487, 489, 490
Transtorno de ansiedade social, 320, 322, 322n
Transtorno do estresse pós-traumático, 144
Trauma com "t" minúsculo e com "T" maiúsculo, 240, 334, 362
    medo e, 486, 363, 363n, 383
    perda de alguém próximo, 368
    sobreviventes do campo de concentração, 304-305
    terapia do, 363
Tristeza, 52, 364, 468, 468-470, 472, 483, 548
Twitter, 613

Van der Kolk, Bessel, 263n
Varela, Francisco, 655
Visão pessoal, 94-95, 223-224
Visualizações, 262-264

Walsh, Roger, 243
Weinberger, Joel, 319
Weir, David, 599
Western Collaborative Group Study, 315
Williams, Mark, 484, 614, 657, 661
Williams, Reford, 315-317
Winnicott, Donald W., 334
Wisconsin, Universidade de, Center for Investigating Healthy Minds, 426, 654
    centro de mindfulness da, 604
    estudos da, 35, 36, 203, 329, 426, 654
Wisdom 2.0, 613
World of Relaxation (vídeo), 266-267, 624, 624n

Índice remissivo |

Yoga (Hatha Yoga), 155-178, 497
    benefícios do, 157-158, 162-163, 167
    cd de, 165, 637
    começar com a prática de, 167
    como meditação, 158
    conceito de, 164-165
    confiança e, 81-82
    cura e, 248, 252
    importância do, 161-162
    modo ser e, 158-159
    modulação da dor e, 434, 435-436, 452-453
    no programa MBSR, 165
    postura do cadáver no, 157, 167, 449
    posturas do, 157, 166-178
    programa de prática do, 164, 167-170, 637-638
    respiração e, 167-170
    terapia do trauma e, 362
    transtornos do sono e, 527-529

Zen Peacemakers Association, 700
Zorba, o grego (filme), 45, 47, 290, 650

Sobre o Autor

Jon Kabat-Zinn, Ph.D., é cientista, escritor e professor de meditação. É Professor Emérito de medicina na Faculdade de Medicina da Universidade de Massachusetts, onde fundou o Programa de Redução de Estresse Baseado em Mindfulness – MBSR, a Clínica de Redução de Estresse e o Centro de Mindfulness em Medicina, Assistência Médica e Sociedade.

Além deste livro, é também o autor de *Wherever You Go, There You Are: Mindfulness Meditation in Everyday Life* (Hyperion, 1994, 2005), *Nossos filhos, nossos mestres* (em coautoria com Myla Kabat-Zinn; Objetiva, 1998) e *Coming to Our Senses: Healing Ourselves and the World Through Mindfulness* (Hyperion, 2005). É coautor (com Williams, Teasdale e Segal) de *The Mindful Way Through Depression: Freeing Yourself from Chronic Unhappiness* (Guilford, 2007). Autor de *Arriving at Your Own Door: 108 Lessons in Mindfulness* (Hyperion, 2007); *Letting Everything Become Your Teacher* (Random House, 2009). Editor de *The Mind's Own Physician: A Scientific Dialogue with the Dalai Lama on the Healing Power of Meditation* (com Richard Davidson, New Harbinger, 2011). Autor de *Mindfulness for Beginners: Reclaiming the Present Moment and Your Life* (Sounds True, 2012). Coeditor de *Mindfulness: Diverse Perspectives on its Meaning Origins, and Applications* (com Mark Williams, Routledge, 2013). Seus livros já foram publicados em mais de 35 idiomas.

Em 1971 doutorou-se pelo MIT em biologia molecular, no laboratório de Laureate Salvador Luria, ganhador do Prêmio Nobel. Dedica sua carreira de pesquisador às interações da mente e do corpo para a obtenção da cura, e às aplicações clínicas do treinamento de meditação mindfulness para pessoas com dores crônicas ou transtornos ligados ao estresse. Seu trabalho tem contribuído para o aumento da divulgação do mindfulness nos meios e instituições mais convencionais, como a medicina, psicologia, assistência médica, escolas, empresas, prisões e esportes profissionais. Hospitais e centros médicos em todo o mundo agora oferecem programas clínicos baseados no treinamento em mindfulness e MBSR.

Ele é membro fundador do Fetzer Institute e membro do Society of Behavioral Medicine. Recebeu o prêmio Art, Science, and Soul of Healing Award, do Institute for Health and Healing, California Pacific Medical Center de San Francisco (1998); o segundo Annual Trailblazer Award, por seu "trabalho pioneiro no campo da medicina integrada", do Scripps Center for Integrative Medicine de La Jolla, Califórnia (2001); o Distinguished Friend Award, da Association for Behavioral and Cognitive Therapies (2005); o prêmio Inaugural Pioneer in Integrative Medicine Award, do Bravewell Philanthropic Collaborative for Integrative Medicine (2007); o prêmio Mind and Brain de 2008, do Center for Cognitive Science, da Universidade de Torino, Itália; e o Pioneer in Western Socially Engaged Buddhism Award em 2010, da Zen Peacemakers Association.

Ele é fundador do Consortium of Academic Health Centers for Integrative Medicine (CAHCIM), além de ser membro do conselho do Mind and Life Institute, grupo que organiza debates entre o Dalai Lama e os cientistas do Ocidente, a fim de promover uma compreensão mais aprofundada das diferentes maneiras de conhecer e investigar a natureza da mente, emoções e realidade. Ele e sua esposa, Myla Kabat-Zinn, estão engajados no apoio a iniciativas para promover mindfulness na educação primária e secundária, além de estimular relações parentais mais conscientes.

Texto composto em Versailles LT Std Impresso
em papel Offset 75gr na Paym Gráfica